◆ 21世纪高等院校特色财经专业系列教材

货币金融学

(第二版)

谢绵陛 ◎ 主编

厦门大学出版社
XIAMEN UNIVERSITY PRESS
国家一级出版社
全国百佳图书出版单位

图书在版编目(CIP)数据

货币金融学/谢绵陛主编.—2版.—厦门:厦门大学出版社,2018.7(2020.7重印)
(21世纪高等院校特色财经专业规划教材)
ISBN 978-7-5615-7024-1

Ⅰ.①货… Ⅱ.①谢… Ⅲ.①货币和银行经济学-高等学校-教材 Ⅳ.①F820

中国版本图书馆CIP数据核字(2018)第151295号

出 版 人 郑文礼
责任编辑 许红兵
封面设计 李嘉彬
技术编辑 朱 楷

出版发行 厦门大学出版社
社 址 厦门市软件园二期望海路39号
邮政编码 361008
总 编 办 0592-2182177 0592-2181406(传真)
营销中心 0592-2184458 0592-2181365
网 址 http://www.xmupress.com
邮 箱 xmupress@126.com
印 刷 厦门市金凯龙印刷有限公司

开本 787 mm×1 092 mm 1/16
印张 27
字数 628千字
印数 2 001~4 000册
版次 2018年7月第2版
印次 2020年7月第2次印刷
定价 56.00元

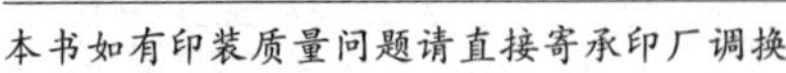

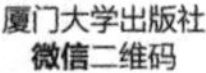
厦门大学出版社
微信二维码

厦门大学出版社
微博二维码

前　言

自亚当·斯密《国富论》发表以来，经济学的基本命题："经济发展主要源于社会分工和专业化，分工和专业化的发展又受制于市场规模"已经成为现代社会几乎没有疑义的命题。但自此以后，关于市场规模（包括市场交易的规模、市场交易范围等）为什么能够发展、如何能够发展等问题，却从主流经济学中消失了。经济实践的发展并不因为经济理论的不关注而停滞。自19世纪以来，经济生活中的交易内容从一般的商品交易、资金使用权交易（货币借贷），到资本交易和风险交易等复杂内容的交易不断扩张，交易规模也已经不可同日而语。这种市场交易范围和交易规模的无限扩张，正是得益于金融所提供的服务。

世界各国的货币制度从银本位、金本位、金汇总本位、布雷顿森林体系到现代国际货币体系的发展，在世界范围内形成了统一的、相对稳定的一般等价物，满足了国际贸易发展的需要，使得分工和专业化在国际范围内得以实现。商业银行以市场中介身份汇集了资金供给与需求信息，使资金使用权的交易更容易进行。股票债券等资本市场的发展为实现公司所有权的交易创造了条件。而保险、期权和期货的发展，为以市场交易方式实现风险管理提供了便利。

基于以上理解，本教材将金融业定义成：为跨期的价值交换提供服务的一个专门的服务性行业。金融学就是研究金融业运行，以及公司、个人等经济主体如何运用金融服务实现资源配置和财富管理目标的基本现象、基本方法和一般规律的一门学科。货币金融学作为金融学科的入门基础课也将围绕"为交易服务"这一核心目的，介绍金融的基本现象、基本概念和基本理论。

本教材的编写力求实现以下特点：

1.围绕一个核心：金融为交易服务

金融机构通过创造金融工具、建立交易平台、制定交易制度，为交易提供便利，降低交易风险和成本，提高交易效率。本教材在充分理解金融目标的条件下，认识金融发展的内在逻辑和发展规律；理清金融业的主体是"为交易服务"，而非交易的主体；交易的主体是千千万万个独立的经济个体。是否交易、如何交易、何时何地交易等问题是经济个体自主选择的结果；交易只是实现个体经济目标的一种手段和方法，金融为该手段的便利实现提供了工具、方法和环境等。交易也是一个广义和发展的概念，正是金融的发展赋予了交易内涵的延伸和扩展。

本书围绕"为交易服务"这一核心目的组织课程内容，介绍金融的基本现象、基本概念和基本理论。首先将内容分为两个部分：金融现象和金融理论。金融现象指客观存在的金融活动及其演变过程；根据为交易服务所使用的方式和方法的不同又将金融现象分为三类：金融工具、金融机构和金融制度。金融理论是对金融基本现象的解释，包括利率理论、货币需求和供给理论（包括通货膨胀理论）等。

2.以历史分析的方法介绍金融现象的发展，揭示金融发展的基本规律和逻辑

金融现象的演变过程有其内在的逻辑和方法，对这些内在逻辑和方法的理解，需要通过对金融工具和金融制度的历史演变过程的梳理、归纳和总结，因此，本教材将从历史演变的视角介绍金融工具、金融机构和金融制度的发展。比如通过对金融工具的发展和演变的介绍，体现出交易工具化、金融工具发展的标准化和证券化的金融规律；以商业银行、投资银行和交易所等金融机构的发展与演变阐述以交易信息的聚集、交易过程的组织和协调为核心的市场化手段在金融发展中的作用。

3.贯彻"以应用为导向"的宗旨，以培养解决问题的"工科"性思维为目标

应用导向的核心是能识别实践问题，然后应用一般性的工具、方法和技术等解决问题。通过分析和展示市场经济发展过程中存在的各类交易困难和难题，介绍相关金融机构如何通过标准化、证券化、市场化和制度化等金融技术，创造金融工具，建立交易平台，制定交易制度，为交易提供便利，降低交易风险和成本，提高交易效率。通过该模式介绍金融现象的同时，培养识别问题的能力，同时传授解决问题的一般性金融技术和手段。

4.突出金融知识的实用性和趣味性

以专栏的形式，通过讲故事、读金融新闻、学关键金融历史事件等方式，突出金融知识的实用性和趣味性。每一章都是通过案例等导读引入，并在相关内容中适当穿插历史事件、案例分析、金融演变故事、金融新闻等专栏，以此激发学生对金融知识的学习兴趣、对金融理论的探究欲望，更好地理解金融发展的逻辑和规律，以及金融理论与实践的密切关系。

5.突出自主探究、联系实践的特征

在作业编排上，安排了访问关键金融机构网站，查找、收集并自主分析关键实时数据、信息资料，调研公众对金融知识的认知等作业，增加金融理论知识学习的时效性和实践性。

货币金融学是高等院校经济类专业的核心课程，是金融学专业的基础理论课程。本课程的主要任务是使学生对金融领域的金融工具、金融机构和业务、金融制度有较全面的理解和较深刻的认识，特别是对金融的基本目的和基本方法有较为深刻的认识，掌握观察和分析金融问题的正确方法，培养辨析金

融理论和实践问题的能力，为金融、经济等专业课程的学习奠定良好的基础。本教材主要适用于金融学和经济学各专业的本科教学，对广大金融从业人员提高金融理论水平也具有较高参考价值。

本教材自 2014 年出版以来，经过四年多的使用，收到了不少读者和老师的反馈意见和建议。本次修订主要是对第一篇的金融工具的各章进行了重新编写，希望更好地反映金融工具的发展规律和创造技术；第 12 章修订了复式薄记技术和制度，希望能更好也体现复式薄记的技术逻辑及其与金融制度的有机结合；第 13 章增加了一些更符合实际的利息应用例子。

本教材由谢绵陛负责大纲拟定、总纂和统稿工作。具体的分工情况为：谢绵陛编写绪论和第 1、3、4、9、11、12、13、14 章；谢绵陛和肖扬编写第 2 章；王秀珍编写第 5 章；纪宣明编写第 6 章；肖扬清编写第 7 章；王平编写第 8、10 章；陈蕾编写第 15 章。

本教材的出版得到了集美大学财经学院特色教材编写项目的支持，感谢厦门大学出版社领导和编辑的关心和帮助。

受编者水平与学识的限制，书中难免存在不妥之处，真诚希望专家、同行和读者不吝指正。

谢绵陛

2018 年 5 月

于集美学村

附：《货币金融学》主要内容和建议学时分配

教学内容	学习要点	学时
绪论	从经济增长、分工、交易、市场的内在逻辑关系，认识金融的角色——为交易服务。 掌握金融工具、金融机构、金融制度等金融现象之间的内在逻辑关系。 这是一个提纲携领式的绪论，在入门时给学生一个纲领式的学习指引，复习时帮助学生对所学内容进行系统性消化，形成系统性的认识。	2
第一篇　金融工具		
第一章　货币	掌握货币、票据的含义和功能。 了解货币形式的主要演变，货币创造的标准化、证券化技术。 掌握货币的计量	2
第二章　票据	掌握票据的含义和功能。 理解票据的演变过程，票据创造的标准化、证券化技术。 了解票据实践应用的主要形式：汇票、本票和支票。	2

续表

教学内容	学习要点	学时
第三章　股票和债券	掌握股票、债券的含义、功能和主要类别 理解股票、债券创造的标准化、证券化技术。 了解股票和债券工具的发展过程和规律。 了解债券评级。	4
第四章　期货和期权	掌握期货、期权的内涵、功能和主要类别。 理解期货、期权创造的标准化和证券化技术。 掌握衍生工具交易的保证金和逐日结算制度 了解衍生工具的套期保值应用	4
第二篇　金融机构和组织		
第五章　商业银行	理解商业银行的发展演变规律。 掌握商业银行的主要业务内容,理解商业银行对货币创造的作用。 理解商业银行对间接资金融通的市场化作用。	4
第六章　中央银行	理解中央银行发展演变规律及其和商业银行的相互关系。 掌握中央银行的主要业务内容,中央银行业务对货币创造的作用。 理解中央银行对维护币值稳定的作用和意义。	4
第七章　支付体系	了解支付结算体系的发展演变规律及其与中央银行和商业银行的相互关系。 理解支付体系的主要构成。 理解支付体系与货币符号化的关系。	2
第八章　投资银行	了解投资银行的发展过程。 理解投资银行的主要业务及其对股票、债券、衍生工具等金融工具创造、交易的作用。	2
第九章　交易所	了解交易所的发展过程,交易所和投资银行的相互关系。 理解交易所对衍生工具等金融工具的创造,交易的作用。 掌握交易指令、交易机制和集合竞价交易机制。 理解证券交易市场化的主要内容和意义。	4
第十章　其他金融机构	了解金融公司、投资基金、保险公司、政策性银行、合作金融机构等其他金融机构的主要业务和分类。 理解各类其他金融机构在整个金融体系中的作用和地位。	2
第三篇　金融制度		
第十一章　货币制度	掌握货币制度的主要内容。 掌握金属货币制度、信用货币制度的内涵及发展演变过程。 理解货币制度对保证货币有效性的作用和意义。	2
第十二章　股份公司制度和证券交易制度	掌握公司法人制度、有限责任制度、股份公司制度、财务会计制度、证券发行审核、上市交易制度等的主要内容。 理解这些制度对保证股票、债券等金融工具有效性的作用和意义。 理解资本市场发展与有限责任制度、财务会计制度的相互关系。	4

续表

教学内容	学习要点	学时
第四篇　金融理论		
第十三章　利息理论	理解人类对利息本质的认识过程，理解利息对资本形成的作用和意义。 掌握利率、贴现率、收益率的概念、表现形式和相互关系。 掌握利率应用问题的一般形式和分析方法。 掌握利率期限结构概念，理解利息决定理论和期限结构理论及其演变过程。	4
第十四章　货币需求和供给理论	掌握货币需求、货币供给的概念和主要影响因素。 掌握基础货币、货币乘数和商业银行存款货币的创造过程。 理解货币需求、货币供给理论及其演变过程。 掌握通货膨胀的概念，了解通货膨胀的主要成因和治理对策。	4
第十五章　资产定价理论简介	了解资产定价理论的发展过程。 了解资产定价理论一般方法的基本思路和逻辑。	2
课时合计		48

目 录

第二篇　金融机构

第三篇 金融制度

第四篇　金融理论

绪 论

一、经济增长来源于分工深化和市场扩张

(一)经济增长的历史图景

根据经济计量史学家的研究,世界经济历史的发展过程大致可用图 0.1 给予粗略概括。大约在公元 1800 年(工业革命)之前,世界人均收入水平基本维持在生存水平,没有显著提高,该现象被称为“马尔萨斯陷阱”。托马斯·罗伯特·马尔萨斯牧师(Thomas Robert Malthus,1766—1834 年)在《人口论》中认为:人口膨胀会刺激生产发展,产出增加又成为人口膨胀的动力;但人口膨胀的压力最终会受到自然资源的约束,然后形成剧烈的生存竞争,达到临界状态时,爆发战争、瘟疫等,使人口水平下降。该现象表现在人均收入上就如图 0-1 所示:人均收入只能围绕生存水平上下波动而无法突破。

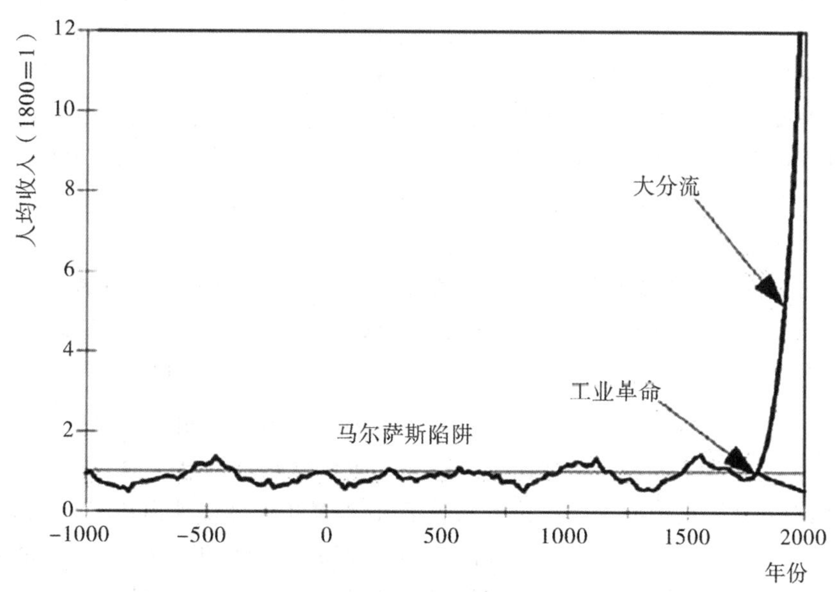

图 0-1 世界经济史图景①

① Gregory Clark.A Farewell to Alms:A Brief Economic History of the World,Princeton University Press,2008.

但19世纪工业革命之后,"马尔萨斯陷阱"在大多数国家被打破了。公元2000年左右,多数国家的人均收入大约是公元1800年的12倍左右。同时,还有少数的不发达国家的人均收入仍然维持在生存水平,甚至还有所下降。这就是经济史学家所说的"大分流"现象。

为什么在工业革命之后,大多数国家的人均收入会突破"马尔萨斯陷阱",而少数国家仍然陷在"陷阱"之中?

(二)社会分工和市场扩张

关于经济为什么会发展的问题,最原始和朴素的答案来源于亚当·斯密的《国富论》(1776年)。《国富论》开篇即指出:劳动生产力的提高来源于劳动分工。在现代社会,该解释已是稍微具备一定知识的人都应该知道的,已无须更多的论述。《国富论》中描述的制针厂的例子深刻揭示了分工对劳动生产力提高的意义。

劳动生产力的最大提高以及生产中技能、熟巧和判断力的进一步完善看来都是分工的结果。

就以制造大头针作为一个例子。这是一个极不重要的制造业,然而它的分工却常引起人们的注意。一个没有受过专门训练的工人(分工已经使制针业成为一种独特的行业),又不熟悉制针机械的操作(可能同样是由于分工才导致了机器的发明),即使再努力,一天恐怕也难制造出一枚大头针。而且肯定绝对制造不出20枚。但是现在大头针的生产情况就不同了,它不仅是一个独特的行业,而且被细分成了许多工种,其中的绝大部分又同样成为了独特的行当:一个人拉(铁)丝,一个人锤直,一个人切割,一个人削尖,一个人磨光铁丝的另一端以便装上回头。制作这个回头又需要两三道不同的作业。……我就看见过一个这种小厂。厂里总共只雇用了10个工人,其中有些人还要连续完成两三种作业。他们非常穷困,因而对装备必要的机器也十分冷漠。但是当他们努力干的时候,他们一天也可以生产12磅左右的大头针。而一磅有4 000多个中号大头针。因而这10个人一天便可制造出48 000枚大头针。每个人做了48 000枚大头针的1/10,一天也就做了4 800枚大头针。

但是如果他们都分散开单独地劳动,而且又没有受过这个独特行当的训练,他们一个人肯定一天做不了20枚大头针,也许一天连一枚都还完不成。那就是说他们绝对完成不了他们现今由于适当的分工和组合所能完成的1/240,甚至1/4 800。

社会分工并非天然可行,劳动分工的程度受到市场规模的制约。当某一商品的市场需求很小时,专门从事该商品生产的生产者无法出售其全部产品。或者该商品的市场需求足够大,但其他生活用品的市场供给却不足,该商品生产者即使出售了其专业生产的全部产品,却无法买到生活所需的其他商品,从而该商品生产者也无法将其全部时间和精力用于该商品的专业分工生产,而必须匀出部分时间为自己生产其他必需品。

相反,当市场扩张到足够大的时候,原来完全不可能进行专业分工的产业也变得可行。例如,肯尼亚的花卉产业,鲜花的保鲜期很短,如果市场仅限于肯尼亚国内或周边地区,肯尼亚这样的非洲贫穷国家根本不可能从事专业的鲜花生产;但在现代高度发达的鲜花销售模式下,特别是在荷兰的鲜花拍卖为主的销售体系之下,肯尼亚所产鲜花的60%

在荷兰鲜花拍卖市场售出，并销往美国、英国、法国等。如此大而便利的市场使得远在几千公里之外的肯尼亚花农可以从事专业的鲜花生产。

荷兰爱士曼鲜花拍卖市场①

全荷兰一共有6家鲜花拍卖市场，这些拍卖市场都位于交通方便、离种植农户比较近的地方，用当地种植户的话说，从市场到地头儿，只有“扔块石头就能到的距离”。

爱士曼是荷兰最大同时也是全球最大的鲜花拍卖市场，场内共设14座拍卖钟、5间拍卖室。每年，上万个鲜花种植农户通过荷兰的鲜花拍卖市场销售自己种植的鲜花和绿植。当地的朋友告诉我们，每天有价值1 600万欧元、总共4 800万束各种鲜花、绿植，从这里走向世界各地。除了荷兰本地的鲜花外，还有期货鲜花，以及从肯尼亚、以色列等国进口的花卉在这里转口，走向全球各个角落。

想知道一天的时间，鲜花如何从农户到您的家里么？一起来看看。鲜花或者绿植到你手中，其实经过很多道手，具体运作流程是这样的：种植户——库房——拍卖市场——冷库——质量检测——拍卖——分销区——运输——装船——销售商铺。

鲜花的一天，实际是从每天下午5点开始的：下午5点钟种植户将鲜花送进库房；晚上8点开始装车运输，10点抵达拍卖市场；晚上10点半的时候，鲜花已经安全地进入冷库了；凌晨4点钟，开始质量检测，5点钟拍卖开始；早晨7点，工人将卖出的鲜花进行分装；上午11点鲜花被运至港口和机场，售出的鲜花大部分装船，少部分上了飞机；下午4点钟，鲜花到达最终销售商户手中；5点钟的时候，新一轮的鲜花拍卖循环又开始了。

就是说，当拍卖市场7点钟开门的时候，很多鲜花的拍卖已经完成了。来参加拍卖的商户，通常都要清晨5点，甚至更早就来到这里。每个商户都有专属自己的IC卡，将卡插入电脑，就开始一天的工作。

虽然每天有那么多交易在进行，但这里可不像一般拍卖市场那般热闹。没有人喊价，也没有人落锤，只有一只只硕大的拍卖钟在随时显示鲜花买与卖的价格、数量等等信息。

看看鲜花拍卖师的工作：凌晨5点来到市场，用IC卡打开电脑，电脑上，与拍卖钟上显示同样的内容，如果中意哪一款花，就进入拍卖流程。跟所有拍卖一样，鲜花拍卖也是有底价的；但跟一般拍卖不同的是，鲜花的拍卖是从最高价到最低价的。

拍卖完成，接下来的包装运输等等程序，就进入了拍卖市场的流程，你一点也不用操心，每一篮鲜花都有自己的条码，按照上面的信息，鲜花会按部就班地到达你希望的目的地。而拍卖师一天的工作，也就此结束。

拍卖的结束，就意味着市场工作流程的启动。工人们的一天是从凌晨4点开始的。他们很早来到这里，将经过检测的花按照各种拍卖顺序整理好。一旦拍卖程序开始，被拍出的鲜花就进入包装、分配、运输等各流程，这些工作人员就开始了忙而有序的工作。

（三）市场、分工和交易

“市场”最原初的含义是指交易的聚集场所，是交易者之间有意或无意协调的结果。

① 张晓光：《看荷兰鲜花如何走向全球》，《经济参考报》2012-02-03.

市场通过交易的聚集使交易信息的搜寻和传递、交易的实现变得更加容易。市场的具体形式有农贸市场、集市,以及现代社会高度组织、高度协调的证券市场等。市场既可以是一个有形的物理场所,也可以是无形的虚拟网络空间,比如淘宝网、Amazon 以及完全实现电子网络交易的现代证券交易所等。

"市场"还特指一种手段,如在市场经济,"使市场在资源配置中起决定性作用"等语境中,市场指的是一种资源配置的手段,相对应的是"计划经济"。市场配置资源本质是通过自愿的市场交易实现资源配置,重点是自愿的价值交换;任何一方都能拒绝,而且在共同遵守的规则下任何一方都自愿地接受交易条款。

市场还可能指的是一种交易结果或交易潜力。如,人们通常所说的市场规模、市场大小、市场占有率以及市场供给和市场需求等。特别地,市场供给是指在给定条件下,某一商品或某类商品的卖方能够且愿意向社会提供的用于出售的该(类)商品的数量。市场需求是指在给定条件下,某一(类)商品的买方能够且愿意通过交易而购入的该(类)商品的数量。可见,市场供给和市场需求就是可能的交易潜力;该交易潜力在特定的条件下通过交易得以实现,实现的结果就是交易量或成交量。

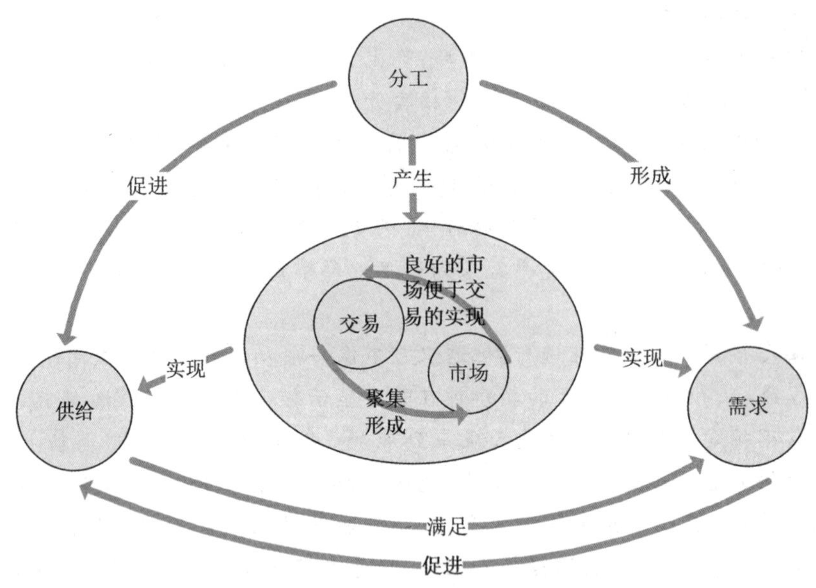

图 0-2 分工、交易与市场的逻辑

市场发展就是交易规模和交易范围的扩大和延伸。在高度分工的社会,市场供给和需求通过交易得以实现的均衡水平就是现代经济的发展水平。

因此,交易是市场的基本经济行为,是市场机制下的分工得以实现的核心环节。交易产生的原因是分工,分工使专业的生产者生产出远超自己需求的商品,该商品对其生产者是没有消费价值的。同时,分工使专业的生产者产生了对其他商品的需求。因此,分工使专业生产者必须用自己的产品交换别人的产品;只有该交易能够实现,该分工才能持续。交易的本质并非"等价交换","等价"只是交易的结果,而"不等价"才交易的原因。是因为交易物品对交易双方各自的价值不同才形成交易。交易会增进交易双方的总福利。

市场供给与需求均衡水平的提高来源于分工、交易所促进的供给与需求的螺旋式循环上升。因为分工、专业化生产提高了生产效率,创造了更多的供给;当供给通过交易,满足了其他人的需求之后,生产者也提高了自己的需求水平,自身的需求提高之后又反过来帮助其他人所创造的供给得以实现,从而使得供给与需求的均衡水平不断提高,而这种提高的核心除了分工和专业化之外,就是使供给与需求得以实现的交易。

综上分析可见,市场供给和需求是经济增长的表象,分工和交易才是经济增长的原动力。供给、需求、分工、交易和市场之间的关系可以用图 0-2 表示。

二、金融通过为交易服务,使市场扩张而成为现代经济的核心

科斯定理指出:只要财产权是明确的,并且交易成本为零或者很小,那么,无论在开始时将财产权赋予谁,市场交易的最终结果都是有效率的。虽然该定理一般被认为是关于解决市场失效的理论,强调了产权制度和交易成本的重要性,但实际上,该定理恰恰从另一个角度证明了交易的重要性,产权明晰使交易可以进行,交易成本为零使交易容易进行,而交易本身才是解决问题的核心环节。

主流经济学关于交易的论述也基本只是至此为止,而交易的困难不仅仅只有产权是否明晰的问题,交易成本的大小也只是一个关于交易困难的混合性的、模糊的概念。如果回顾金融的发展历史和主要的金融成果,会发现几乎所有的金融成果都是围绕解决各类交易困难而产生和进化的。

(一)交易的复杂性

市场发展就是交易规模和交易范围的扩大,但要实现市场发展却存在很多困难和障碍:

1.交易对手的匹配困难。在原始易物交易时代,交易对手的匹配是交易得以实现的基础。例如:有一农户有多余的粮食两担,想用它来换布匹以改善生活。为了实现该交易,他就必须在他的周围找到有剩余布匹,愿意交换,并且刚好要换的是粮食,要换的数量也必须大致相当的交易对手。而这种情况出现的概率并不高。因此,该农户希望的交易就难以实现。

2.交易的时间和空间障碍。寻找合适的交易对手,直观的手段就是扩大寻找的范围。范围的扩大有两种方式。一是纵向的时间延伸:现在找不到合适的对手就等待,直到合适的交易对手出现。该方式的实现必须满足的条件是:交易的商品可以储存或可以转化成可储存的等价物。货币的出现在一定程度上解决了这一问题。二是横向的空间延伸:在附近地区没有合适的交易对手时,就到更远的区域去寻找。跨空间交易的实现前提,一是商品货物的物理流动(交通运输,这不是本学科的研究范畴),二是货币资金的跨空间转移。

3.巨额的交易标的缺乏交易对手,复杂化的交易内容导致交易标的不易界定。随着社会经济的发展,交易内容也日益复杂多样。组建或转让公司者希望出售公司的所有权;需要借入大量资金者,要出售大量的债券。这些交易内容通常规模大、持续时间长,交易内容不易界定,也难以找到单个的交易对手。生活水平提高之后,人们不再满足于当下的好生活,还希望在未来也能保持生活水平不下降,但随着年龄增大,收入会下降,还会面临生病等各种不确定因素。企业的经营者也面临着其产品的出售、原材料采购甚至公司资

产价值波动等风险。因此,有人希望将未来的不确定性(风险)出售,当然,这类风险是一种负资产,并且它的界定和交易都是复杂的。

4.交易的不确定性降低交易参与意愿。交易的不确定性主要有两个方面。一是过程的不确定性,指交易可能无法按照预定的计划完成,使交易参与的一方或双方遭受损失。现代的金融交易,多数是跨期的价值交换,交易的最终完成,通常都要跨越一定的时期。比如,资金的借贷交易,从资金的借出到偿还有一个期限;股票的购买到权益的实现是没有期限的;期货和期权从最初的交易到最后的履约、交割与结算也有一定的期限。由于存在一定的时间跨度,交易参与者的境况可能发生变化,交易参与者有可能出现无力履约,或因亏损而产生违约的动机等。二是交易标的价值的不确定性。交易标的物品的价值难以准确判断或估计,比如股票的价值期权合约的价值等。不论是交易过程的不确定性,还是交易标的价值的不确定性,都会降低交易者的交易意愿。

5.市场交易的信息交流困难和无序需要增强市场交易的组织性和规范性以提高交易效率。市场交易是一个复杂的交易情形,在该情形中,存在多个买者和多个卖者,买者和卖者都希望找到合适的交易对手;卖者希望找到愿意支付较高价格的买者,买者希望找到愿意以较低价格出售的卖者,以便以更优的价格实现交易;此外,交易者还必须找到能够满足其交易数量要求的交易对手,有大量标的需要交易的交易者可能要找到多个交易对手以完成交易。因此,市场交易还是一个交易信息的搜寻过程。买者必须找到合适的卖者,卖者必须找到合适的买者。交易信息的获取对交易达成具有决定性的作用。集市交易只是初步实现了交易在空间和时间上的协调,市场交易者之间还是存在信息分散、难以有效搜寻的问题,需要进一步有序组织交易信息传递、撮合匹配交易需求以达成交易的高级市场,如现代的证券交易所等。

(二)金融创造交易工具,组织交易市场

金融通过创造金融工具,让普通的经济个体能够方便使用金融工具完成各自的交易需求。通过组织和协调交易过程、建立交易市场,在有组织的交易市场上,规范交易信息的传递,撮合交易需求以达成交易,提高交易效率。通过建立金融制度、打击金融工具造假等破坏交易秩序的行为,维护金融发展成果。可见,金融的目标就是解决交易发展面临的所有问题,为价值的跨期交换提供服务。

1.创造交易工具——金融工具

金融工具主要有三类:一是货币性工具,包括货币和票据等;二是资本性工具,主要是股票和债券;三是衍生性工具,主要有期货、期权等。

货币为所有的价值交换提供了基础性的工具——一般等价物,解决了交易对手匹配的基础性困难。早期的商品货币和称量货币是人类无意识自发创造货币的结果。从铸币开始,人类开始有意识地通过标准化、证券化等技术手段创造货币。标准化的铸币解决了交易过程中称量、成色鉴定的不便。货币的证券化(银行券、银票)等解决了跨地区交易携带贵金属货币的困难,同时也从无意识到有意识地解决了金属货币不足的问题。通过货币的证券化、提供汇兑服务等手段,还解决了货币资金跨空间转移的困难。

股票为难以交易的公司和企业的所有权交易提供了工具,债券为巨额的资金使用权交易创造了便利工具,这些工具的创造让那些即使不知股票和债券为何物的人也能方便

地参与交易,也让公司和企业等机构可以通过出售股票和债券的方式获得大额资本。

期权期货等金融衍生工具的创造则以标准化的手段有效地界定了风险交易的内容,为以交易方式实现风险管理创造了条件。

2.组织交易市场或经纪大额的、复杂交易

金融工具解决了基础性的交易工具、规范化交易标的问题,交易者具体使用金融工具实现交易的过程,还需要解决交易信息搜寻、高效实现交易的问题。金融通过组织交易过程、构建交易市场的方式提供交易服务。而对于无法利用金融工具,大额的、复杂的交易,金融则直接提供信息传递、谈判等交易经纪服务。

金融市场组织主要有两类:

一是商业银行提供的货币资金使用权交易市场。商业银行提供的存贷款服务,实际上就是商业银行以小额零售的方式买入货币资金使用权(吸收存款),再以大额批发的方式卖出货币资金使用权(发放贷款)。通过集聚资金供给和需求的信息,形成了一个货币资金使用权交易的市场,为资金使用权交易提供便利。在该市场中,商业银行实际上是资金使用权交易的一个做市商。此外,商业银行吸收存款发放贷款的过程也是一个存款货币创造的过程。

二是各类证券交易所。交易所通过创立交易平台,为交易者提供标准化的交易信息传递工具(指令)和科学的交易执行机制,为所有的证券交易提供便利。交易市场化的核心是交易信息的聚集和有效传递,交易的高效组织和协调。现代的交易所是协调程度最高的市场。

此外,股票、债券的发行,公司的兼并与收购等大额的价值交换还需要额外的交易服务。这些大额的、非标准化的交易过程有可能需要一次性找到大量的交易对手,也可能交易对手之间缺乏信任,交易标的的价值评估存在难度。所有这些问题都制约了大额交易的进行。投资银行运用其所拥有的金融技术和资源,为这些交易提供经纪和代理服务,解决每一笔大额交易所存在的具体困难,使这些交易能够顺利开展。

(三)建立金融制度,维护交易秩序和金融发展成果

金融通过标准化、证券化手段创造了金融工具,为交易带来便利的同时,也为欺诈行为打开了方便之门。由此,开户了一部金融欺诈与反欺诈的金融发展史。

金融工具的使用使所有的交易都是跨期的信用交易。最简单的一手交钱一手交货的即时现金交易也是跨期的信用交换;获得货币的一方,本质不是为了货币,货币最终要换成他所需要的其他商品或服务。这种跨期信用交易的实现需要金融工具的真实性、有效性作保证。货币不能是假币、劣币或者贬值;股票和债券等工具相关的公司信息、权益必须是真实、可靠的,交易者能据此判断其价值;交易过程的相关信息必须是透明的,不能有欺诈和操纵行为。但标准化和证券化的金融工具恰好为货币造假、贬值,股票等证券的相关信息造假、权益缩水等带来了可能。正如当货币严重贬值时,人们会放弃使用货币而退回到以物易物交易一样,当股票等金融工具造假横行时,人们也会放弃使用或不参与。这有可能从根本上摧毁金融发展成果。

为巩固规范化和标准化的金融成果,要对欺诈行为进行制约和打击。经济个体从自身的长期利益出发有诚信交易的动机,在初步的金融标准化和规范化成果出现之后,这种个体的诚信动机上升到行业自律。当整个行业认识到维护金融标准化和规范化等成果有利于行业的长远利益时，行业自律规范逐步上升为国家强制行为——金融制度。当然后发国家的金融制度更有可能是模仿和学习的结果，而不是自然演变的结果，但从制度的起源看，应是自然演变的成果。因此，金融制度的作用就是以国家的强制力量，维护金融发展成果，使便于交易发展的金融工具和金融运作机制能长期有效发挥作用，不至于因欺诈行为的发生而影响人们对使用金融工具的信心。

金融制度主要有货币制度、公司和财务制度以及证券交易制度等。这些制度的实施和执法行为就是金融监管。

综上所述，金融为交易服务的主要途径包括：通过创造金融工具、组织市场交易，降低各种交易障碍，挖掘潜在交易者；使不可交易、不方便交易的内容变得可交易，扩大交易内容范围；通过横向的空间拓展、纵向的时间拓展，扩大市场范围；通过建立金融制度和金融监管活动，维护交易秩序。

三、金融之交易逻辑

认识事物的本质，要从现象入手，理清现象之间的逻辑关系，掌握其发展的根本目的。理解金融也不例外，分析金融现象之间的逻辑关系，认清金融发展的目的和技术手段，才能对金融发展过程中的问题有正确的认识，进而实现真正的金融创新。

（一）金融现象

通常，金融现象可分为三大类，即：金融工具、金融机构和金融制度。认清金融发展的核心目的，有助于理清金融现象之间的逻辑关系。前述关于金融之于交易的作用和角色已充分表明了所有的金融现象都指向一个核心目的——为交易服务，使交易更容易。

金融工具是普通经济个体都能够方便使用，借之完成交易的工具，是金融思想和金融技术的结晶，是金融领域中耀眼的明珠。比如股票，现在连文化水平很低的人都能够便利地买卖股票，也就是买卖公司的所有权。这在股票及其完善的制度安排出现之前，是不可想象的。

金融机构主要有商业银行、中央银行、投资银行、交易所等。他们运用金融技术，通过创造和完善，或帮助创造金融工具，组织交易市场等活动为交易服务，是掌握金融思想和金融技术的能动核心。如央行和商业银行的货币创造，投资银行的股票和债券的发行，交易所对期货、期权合约的创设等。金融机构也可以直接以经纪商、做市商等身份帮助完成交易。如商业银行的存贷业务实际上是做市行为，投资银行参与的收购与兼并活动是经纪行为。

金融制度是防范和打击破坏金融体系运行和金融发展成果的游戏规则，其本身也是金融发展成果的体现。

（二）金融技术

金融技术是金融机构用以创造金融工具、解决各类交易难题的措施和方法。主要有标准化、证券化、市场化、制度化以及金融定价技术。

标准化和证券化是创造金融工具的基本技术手段。标准化就是使交易对象规范、统一。如材质、形状的统一，合同条款的统一等。标准化使五花八门的交易需求有了共同的交易对象，简化了交易过程的议价内容、计量和鉴定交易对象的麻烦。如一般等价物从实物货币到金银、铸币等的发展，首先是币材的标准化，然后是成色、计量单位的标准化。标准化可以使巨额的、长期的资产化整为零，变长为短，使之易于交易，如股票和债券等。

证券化是指各类权益或义务的书面表达。证券化一方面使交易工具的创造突破了自然资源的约束，能够根据交易的实际需要创造交易工具，如信用货币的发展；另一方面，使可交易的内容突破了人们想象力的制约，使许多原本不可交易或难以交易的内容变得容易交易，如公司所有权的交易——股票、远期商品的交易——期货、买卖权力的交易——期权、指数的交易——指数期货和期权、债权的交易——债券、商业银行抵押贷款组合的交易——抵押贷款支持债券等等。因此，证券化不仅是现有的关于银行贷款资产证券化这一狭义的概念，它实际上早已有之，是金融工具发展的普遍性技术和手段。

制度化是将金融非正式规划等发展成果上升为国家法律的过程，也是金融发展的又一种手段，它通过打击造假和欺诈等行为，规范金融活动，以巩固金融发展的成果。

市场化是将分散的交易活动在固定的时间和场所有序地组织和协调。市场交易存在搜寻交易信息（包括交易对手、交易数量、对交易价格的要求等信息）的困难，金融机构通过集聚和组织交易信息，使交易需求信息有序传递，然后再协调交易需求以组织交易。如商业银行通过吸收存款、发放贷款，实际上就是聚集了货币资金供给与需求信息，然后再以做市商的身份组织交易，实现间接的资金借贷活动。交易所通过交易指令的传递，集聚各类证券等的供给与需求信息，再以一定的交易执行系统撮合交易的完成。市场化的核心是对交易信息的聚集和组织，然后按照一定的规则组织交易。

金融定价技术为复杂金融工具提供合理确定价值的基本方法和手段，它使交易者能够科学界定交易对象的合理价值，以降低交易的盲目性，从而促进交易规模和范围的扩大。例如：复式记账技术为股票的定价提供了基础性的可靠信息，使股票交易得以发展；期权定价理论解决了期权定价问题，促进了全球期权交易规模的迅猛发展。金融定价技术是金融实践和金融理论发展的结果。

（三）金融之交易逻辑

交易障碍、金融技术和金融目的是理解各金融现象之间逻辑关系的基石。如图0-3所示，金融机构运用金融技术，通过创造金融工具、建立金融制度、组织交易过程等措施，解决各类交易障碍，最终实现为交易服务的金融目的，使经济个体能方便地通过交易活动实现财富管理和资源的有效配置。

综上所述，金融服务业是为交易提供服务的一个经济分工，它既可以为现有的交易排除困难和障碍，提供便利，也可以为难以进行交易的资源创造交易条件和方法，甚至工具。

四、金融的内涵和金融理论

（一）金融的内涵

我国传统上，多数将“金融”简单地定义为“资金融通”，认为银行是从事间接资金融通的，而金融市场是从事直接资金融资的。在西方也有以兹维博迪和罗伯特·莫顿为代表的经济学派，定义金融学是一项在不确定环境下针对人们怎样跨期配置稀缺资源的研究。也有人认为金融就是跨期的价值交换（陈志武），强调金融的价值交换功能。其本质是突

金融机构
商业银行
中央银行
投资银行
交易所
其他金融机构
金融技术
标准化
证券化
制度化
市场化
金融定价技术
金融工具
货币
票据
股票
债券
期权
期货
维护工具的真实、有效，巩固金融发展成果
金融制度
交易一般等价物的需求
交易的时间和空间障碍
巨额标的化整为零，长期标的化长为短
将难以交易的、虚拟的资源或权益证券化，使之可交易；无限扩大交易内容范围
所解决的交易障碍
降低由于造假、欺诈等导致的不确定性
实现交易信息的聚集、交易的协调和组织
降低交易时价值判断的盲目性
金融的目的：
为交易服务，使经济个体想交易就能交易
支付结算体系：所有交易实现后，承担价值符号传递的高速公路

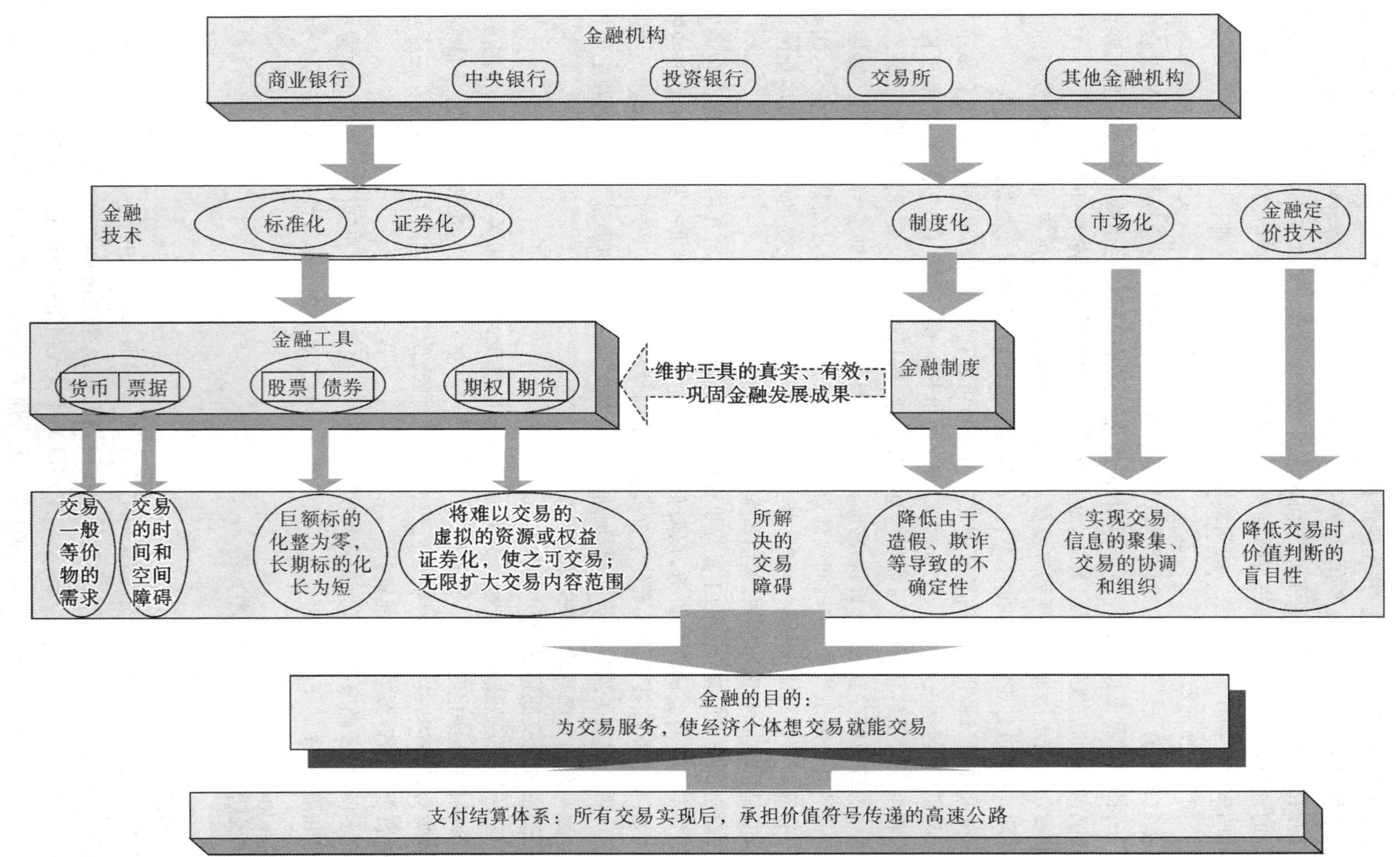

图0-3　金融之交易逻辑

出金融实现目的的基本手段——价值交换，或称为“交易”。还有一种定义是：金融是一门关于财富管理的艺术和科学（Lawrence J. Gitman）。该定义强调了经济个体的金融目的——财富管理，实现保值增值，规避风险。

本书认为后两种定义的综合能够帮助人们更好地理解金融。故将金融定义为：通过价值交换，或交易，实现财富管理目标的一门艺术和科学。

1.金融研究或服务的对象是财富管理，而不是财富创造。不像工业、农业等其他产业，金融并不直接创造财富，但它通过财富管理而间接地创造财富。

2.“金融就是跨期的价值交换”指明了财富管理的手段——价值交换，或交易。

交易是市场经济最基本的经济活动。人类社会通过分工、专业化、规模化获得技术进步，提高生产效率，但分工必须通过交易才能得以实现；分工和专业化通过交易实现专业化生产的同时获得生活的多样化需求。

而金融为交易服务。金融为交易提供一般等价物——货币；为难以交易的标的提供易于交易的工具——股票、债券、金融衍生工具等；提供便利的、集中交易的场所——银行、证券交易所等。因此，金融被称为现代市场经济的核心。金融业以间接的、提供交易服务、促进分工进而提高效率的方式创造价值。

在金融业之外，是金融业的服务对象。可以分为三大类，分别是个人、公司和国家。他们都利用金融业提供的金融工具、交易场所或交易规则、交易设施等交易服务进行着各自的财富管理。研究个人如何运用金融工具、金融市场进行财富管理的专业方向称为个人金融或家庭金融。研究公司或企业如何运用金融工具、金融市场进行财富管理或资产管理的专业方向称为公司金融。研究国家如何运用金融工具、金融市场进行财富管理或经济管理的专业方向称为公共财政（Public Finance），也称为宏观金融。宏观金融的研究甚至还包括如何运用金融工具和金融市场进行国与国之间的合作、竞争等博弈活动。

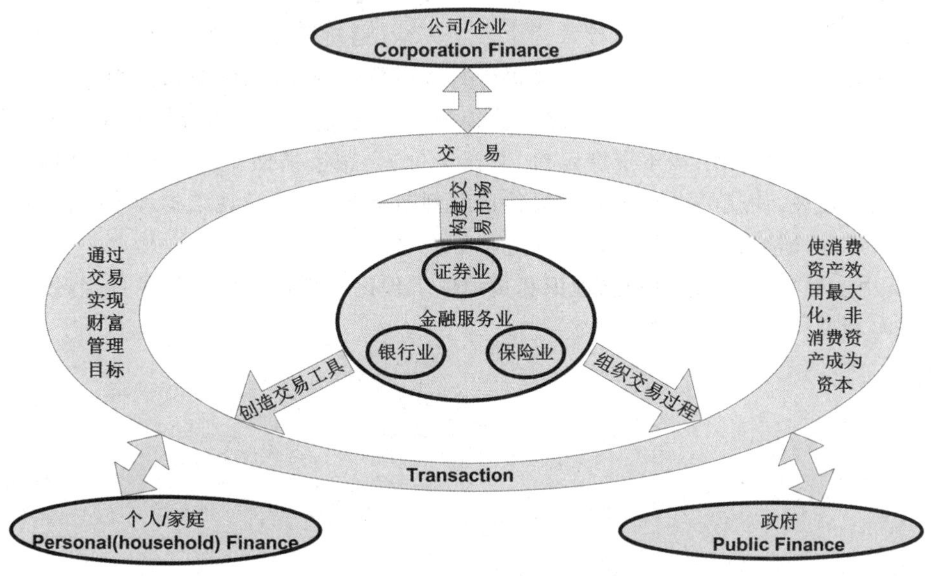

图 0-4　金融服务与应用的逻辑构架

3.金融既是一门科学也是一门艺术

艺术通常是指对于一些需要解决的复杂问题,只能凭个人的直觉和感悟,通过创造性的思维,直接提出解决方案和思路。而科学则指对于所要解决的问题,可以通过对某些已知前提进行逻辑推理得到解决方案或措施。同时,科学与艺术之间也并非存在泾渭分明的界限。当人们对艺术解决的问题进行有条理、科学的深入分析之后,它就能逐步成为科学能解决的问题。比如:围棋通常被认为是艺术问题,人们要运用高超的创造性思维进行博弈。但如今,当AlphaGo已经可以战胜世界围棋高手时,我们发现围棋也已经可以是一个科学问题了。

在金融领域,金融的艺术性主要体现在金融工具的创造、复杂交易结构的建构、金融制度和金融环境的创设,以及对未来不确定性的预期等方面。从事这些工作的金融人才需要有更高的金融直觉和感悟,更强的创造性思维。通常是一些高层管理岗位,是高层次的应用型人才。

金融的科学性主要体现在微观经济主体借助金融服务业提供的工具和环境通过交易实现财富的保值和增值方面。经过近百年的发展,这些金融的微观应用已经形成了一系列完整的科学理论和方法,使得人们面临日常金融新问题时,能够有现成的理论和方法可用,能够用规范的方法提出问题的解决方案。在教育上,这部分内容也是最容易实施、最容易传承的。

(二)金融理论

金融现象是金融世界中发生或存在的客观事实,而金融理论是对金融现象的解释。传统的金融理论主要关注对利息(率)、货币数量和通货膨胀等金融现象的解释。

利息理论探究利息的产生、性质、影响和决定利率变动的因素等问题。对利息的认识决定了是否可以有偿放贷,利率可以多高。

货币供求理论在宏观上研究整个社会对货币需要量的决定因素,货币的供给过程,如何实现货币供给与需求的均衡,导致货币供求失衡(通货膨胀或紧缩)的原因是什么。对货币供求理论的认识,指导着各国中央银行对货币数量的调控、保持币值稳定。

现代金融理论重点关注除货币之外的金融工具的定价问题和市场交易的组织问题,主要包括证券组合选择、资本资产定价、期权定价、金融市场微观结构理论等内容。资产定价理论的发展,使交易者对金融工具的价值判断不再盲目;微观结构理论探究如何高效组织交易过程,研究信息如何融入价格过程等内容。

“货币金融学”主要介绍利息理论和货币供求理论。现代金融理论是各金融专业课程的学习内容。

第一篇◎金融工具

工具是指能够方便人们完成工作的器具，因此，工具具有很强的目的性和便利性。金融工具也不例外：首先，金融工具是为价值的跨时间、跨空间转移服务的，即为交易服务；其次，金融工具的使用能使交易更方便。

货币是一般等价物，它为所有的价值交换提供交易媒介，是基础性金融工具。票据既是赊销赊购的凭证，也是资金融通的凭证；当其独立流通时，也充当了一定的货币职能。货币和票据统称为货币性金融工具。

股票是投资者向公司提供资本的权益合同，是公司的所有权凭证，是交易公司所有权的工具。债券是债权债务凭证，是交易资金使用权的工具。股票和债券的发行和交易主要是为公司企业、政府等机构筹集资本、投资获取收益的工具，统称为资本性金融工具。

期货和期权等金融衍生工具是特殊的权益凭证，是关于在未来交易某种标的物的权利或义务的凭证，是交易风险的工具，能让交易者通过交易的方式实现风险管理。这类工具都是建立在未来交易某种标的物之上的特殊权益合约，因此，统称为衍生工具。

金融工具的创造和发展过程始终使用了标准化和证券技术。标准化提高交易对象的可替代性，聚焦交易需求，提高交易对象的市场规模。货币、债券、股票、期权和期货等金融工具都是标准化的结果。货币从早期的贝壳、石头、布匹等实物货币过渡到金银货币，实现了币材的标准化；再从称量货币发展到铸币，实现了形状、重量、成色和货币单位等的标准化；从铸币到银行券、信用货币的发展过程，实现了信用货币的国家统一发行，实际是对货币信用来源的标准化。现代票据是对普通赊销赊购凭证和短期借贷凭证在格式、语义、流通功能等标准化的结果。股票是对公司所有权的权益份额及股权所隐含的权利和义务标准化的结果，债券是对资金借贷合约条款标准化的结果，期货是对一般远期合约的标准化，交易所交易的期权是对一般买卖权力的标准化。

一般商品的交换容易实现实际占有的交换，交易也相对容易进行。而对于公司所有权、买卖商品的权利等难以实现实际占有的价格形态，实现交易的重要手段就是证券化；证券化是对不同价值形态占有的书面表述和共同约定。股票是对公司所有权的证券化，期权和期货是对买卖某种标的物品权利或义务等权益的证券化。证券化使原本不可交易或难以交易的价值形态变得可交易，它扩大了交易的内容范围。同样，对于某些价值形态的实际占有并非必需的，证券化也能使之更容易交易和转让。如货币作为交易媒介，实际占有不是必要的；因此，货币实现证券化和符号化之后，也使得以货币为媒介的交易活动变得更加便捷。

总之，证券化和标准化是金融工具得以创造和发展的两项基本的金融技术。金融工具是金融思想和金融技术的结晶，是金融世界中耀眼的明珠。

本篇主要学习货币、票据、股票、债券、期权和期货等基本金融工具。

第一章

货币

本章导读

在人类历史上，货币的种类形形色色，有些货币现象会令人感到惊奇。

雅浦岛是一个人口只有五六千人的太平洋小岛。岛上居民使用一种巨大的石块作为货币，当地人称这种石币为费(Fei)。小的直径约 30 cm，大的可达 3 m(厚约 50 cm，重达 4 吨)。石币越大，质地越好，其所代表的价值便越高。石币中间有一个孔，方便搬运。受石币重量所限，有时交易结束后，重量很大的石币也不用搬运转移，而是在费上作标记，表示所有权已经易手。只要大家认可，便承认了财富的转移。岛上有一户人家，他祖先曾得一巨大且质地佳的石币，由于运回雅浦岛的途中遇上海难而石沉大海，但当地的居民仍相信，即便在物理上石币已从众人眼前消失，但理论上石币依然存在，只是不在拥有者家中，所以这户人家仍拥有石币代表的价值，也可以用它进行交易。

货币是人们既熟悉又陌生的一个概念，作为普通大众每天都在使用，但很多人又无法知道货币从何而来，未来将向何处去？你能理解石币为什么能成为货币吗？在互联网时代，比特币会是未来的货币吗？美国犹他州参议院 2011 年 3 月 10 日以 17∶7 通过一项法案，要求犹他州认可金银币为本州法定货币。在英国公投脱欧之后，前美联储主席格林斯潘也认为应恢复“金本位”。你觉得人类还会回到使用金币的时代吗？

在本章我们主要思考以下问题：

1.什么是货币？是哪些特征使一项标的物成为货币？

2.货币产生之后除了发挥其基本职能之外，又产生了哪些额外的作用？

3.在实践中，如何确认哪些是货币，哪些不是？如何计量？

第一节　货币的产生与发展——从实物货币到价值符号

一、货币的历史演变过程

(一)实物货币时期

货币是商品交易的一般等价物,它的产生是因为物质交换和商品交易的需要,其发展过程也是随着商品交易的发展而发展的,并且是个相互促进的过程。

在原始社会,人类过着自给自足的生活,人与人之间几乎没有物质交换,因此也不需要货币。随着社会的进步,开始出现剩余产品,出现简单的物物交换。在物物交换过程中,人们逐步发现,要完成所需要的交易面临很多困难。比如,捕鱼张三有多余的鱼想要换一些大米,却发现其周围只有想用兔子换鱼的人,如果继续寻找交易对手,他的鱼可能就要腐烂了。牧马李四想用一匹马换一些靴子、衣物和粮食,结果发现难以实现一次完成交易。这些困难主要是交易对手不匹配和交易物品的价值量不匹配等问题。面临这些困难时,人们自然想到变换交易方式。张三勉强把鱼先换成兔子,毕竟兔子还能活着,然后再寻找下一次的交易机会;李四也可能先把马换成几十双靴子,然后再逐步将多余的靴子换成想要的衣物和粮食等。这就是寻找一般等价物的过程,将一个完整的交易过程转换成两个交易步骤(也可能是多个交易步骤),首先将自己多余的物品换成一般等价物,然后再将一般等价物换成自己想要的物品。

人们选择一般等价物的首要标准是:下一次遇见我想要的物品时,对方会很容易接受我现在持有的物品。因此,一般等价物的首要特征便是普通接受性;其次是价值相对稳定,不易腐烂等;第三是价值量相对较小或者容易分割。人类历史上,在不同的时期、不同的地区都曾出现过种类繁多的物品被充当为一般等价物。比如,我国早期的贝壳、布匹;北美殖民地时期的烟叶;二战时期德国集中营里的卷烟;太平洋小岛上的石头等等。这类货币被称为早期的实物货币。

(二)金属货币时期

随着生产技术的发展和社会的进步,人类开始开采和提炼各种金属。人们发现各类金属,特别是金和银,价值稳定,容易分割和保存,更适合充当交易的一般等价物。世界各地都先后选择了金银作为货币,从而进入了金属货币时代。因此,马克思曾指出“金银天然不是货币,但货币天然是金银”①。

在早期的金属货币时代,人们只是简单地使用金银作为一般等价物,每次使用时需要称量,鉴定成色(称为称量货币)。虽然解决了交易对手的问题,具体交易过程还是

① 但这句话不是放之四海而皆准的,它也只是在当时的历史条件下是正确的,现在金银显然不是货币,货币也不是金银。

很麻烦。为了简化交易过程，有些商家或官府将金银按照一定的重量和成色铸成一定的形状，并标上铭文（称为铸币）；以便人们使用，从而在交易时只需清点个数、验证铭文而无须称量和鉴定成色。同时，由于金银的价值量比较高，小额交易可能用不到一个单位的标准铸币而无法进行，于是人们采用其他贱金属，如铜、铁等，铸成特定的形状，如铜钱等（称为辅币），供小额交易使用。有时还强制约定贱金属辅币与标准金银铸币的比价关系。

（三）代用货币时期

金属货币的使用，提高了交易的便利性，促进了社会分工和技术进步。随着社会进步和财富积累，人类社会又出现了大规模的跨区域的交易需要。大量金属货币的跨区域运输产生了新的安全性和高成本的问题。先发展起来的商家或政府部门开始提供汇兑等服务；或者由于财富的积累，需要货币的鉴定和保管服务。不论是汇兑服务、还是保管服务，需要这类服务者通常先将一定量的金属货币交给提供服务者，后者再开出各类收据给前者，最后在原地或异地出示收据取回相应的金属货币。这些收据就是各类的票据，如：我国古代的飞钱、便钱、交子等。人们早期的理解是这些收据需要换回金属货币，才能用于交易或支付活动；但在有些应急和特定的条件下，持有这些收据之人试着用这些收据进行交易，结果发现是可行的，于是逐步地，持有这些收据的人也不急于将其换回金属货币，这些收据就在社会承当起了交易的一般等价物的作用，其等价的依据就是这些收据上注明的金属货币的数量。这些收据就是典型的代用货币，因为真实的金属货币都相应地保存在出具这些票据的商家或机构，这些票据不过是代替这些金属货币在社会流通，因此这仍然是金属货币的时代。

由于这些票据不会及时回流，相应的商家会积累起较多的金属货币，并成为人们申请借贷的对象。初始的借贷是商家直接给付金属货币，借贷者留下借条给商家。这时商家是利用别人的金属货币进行借贷活动，并获取利息；他在同一笔金属货币上获得了两笔收入，一是原来的汇兑手续费或保管费，二是后来的借贷利息。但形成的后果是，当票据持有者前来申请换回金属货币时，可能没有足够的金属货币支付，从而丧失信用引起纠纷。

为解决这些问题，这些商家必须尽量让已开出的票据在市场上流通时间更长，同时维护及时兑付的信誉；越能及时兑付，人们越放心持有他的票据，同时尽量少用金属货币支付，保留足够的金属货币以保证票据的兑付。采取的措施主要有：一是将票据制作成更便于使用和流通的形式。比如金额规范统一，便于不同规模的交易使用；票面上不注明持票人、到期时间，任何人持票人都可以出示兑付。这就是我国历史上的银票和庄票，以及欧洲国家的银行券（banknotes）等。二是尽量给借贷申请人支付票据而不是金属货币，如果借贷者本身就需要商家的汇兑服务，这就是自然的过程；否则，只有当商家提供的票据能被普遍接受，借贷者取得票据之后能够及时用于其交易等经营活动时，这个过程才能进行。当某些商家的财富和支付信用积累到一定程度，并且有意识地经营这类汇兑和借贷活动之后，这个过程就自然出现了。同时，这类商家经营汇兑和借贷活动的收益将逐步超过其他业务的收益，并逐步转变成专营汇兑和借贷业务，这就出现了我国明清时期南方的钱庄、北方的票号和西方国家的银行。

给借贷者提供的是票据而不是金属货币时，人类社会就出现了新的货币形式——信用货币。例如，当票号等机构因提供汇兑服务收入100两银币，然后开出100两银票，此时这100两银票只是代替100两银币在社会上流通，发挥货币的职能；当票号再以这100两银币为基础向贷款人开出另一张100两银票时，在这两张银票流回票号之前，社会上就有了200两银票流通，而真实的金属货币仍然就是100两银币，这多出来的100两银票就是信用货币，它是建立在票号能“及时兑付银票”的信用基础上的货币。但这只是部分的信用货币，是向真正信用货币过渡的起始阶段。

信用货币的出现带来了货币现象的两个突破。一是货币数量不再受制于自然资源的约束，为人类社会的分工发展、交易规模的扩大和技术进步等奠定了重要基础。二是货币也逐步失去了与客观价值基础的联系，逐步演变成没有客观价值基础的价值符号。

当货币脱离客观价值基础时，货币的发展又面临新的问题。钱庄、票号和西方国家的银行等机构，发现可以凭自己的信用创造货币（开出银票、庄票和银行券等）并获取利息收入时，就有充分发挥其信用多创造货币，多获取利息收入的激励；但这种信用货币创造得越多，就越容易出现无法兑付的现象，并丧失信用。这是一对无法调和的矛盾。这些商家需要在这两者之间努力寻找平衡，有些商家控制不好，有些控制得好一些，从而，不同商家发行的银票，在社会上被接受的程度也不同；被接受程度高的能按面值流通，而被接受程度低的只能以低于面值流通。比如，当你用面值100两的李家银票购买商品时，对方可能只愿意按80两计收，这时你也只能无奈接受，因为找李家票号兑换银子时，他总能找各种理由推三阻四，让你很难兑换成功。在这种情况下，市面上流通的银票就五花八门，价值不一，从而导致货币和经济秩序混乱。更有甚者，有的商家几乎或完全失去信用，从而引起挤兑、纠纷和社会动荡。

这种情况下，通常由政府部门介入调解、整顿，然后授权少数信用较好的商家发行这类银行券或银票，甚至直接取缔私人发行银行券和银票的权力，政府设立相关部门统一垄断发行。例如，公元10世纪末，我国的四川成都（益州）一带由于商品经济的发达和使用铁钱的不便，有些富有商户（称为交子铺户）就开始发行交子为商品交易提供便利。由于商人追求利益的本性，交子流行后不久就出现了过度发行、兑付纠纷等问题，公元1004—1007官府介入调解、整顿，整顿之后只授权16家富户连保发行交子。但此后不久交子的发行又再次陷入混乱。1023年，宋朝因与西夏交战，军费增加和民间发行交子的混乱，下令交子铺停止发行交子，改由朝廷设益州交子务，由政府垄断发行交子，即“官交子”[①]。至此，货币就有了国家信用的特征。但至此开始，官府也是滥用货币发行，包括后来的南宋、元朝和明朝的早期，在交子之后，先后发行了钱引、会子、中统钞、至元钞，大明宝钞等。最终都因为过度发行、过度贬值而废止。直到新中国成立，我国各朝代政府没有再试图垄断货币的发行，货币秩序也一直比较混乱，既有政府铸造的金银铸

① 贾大泉：《宋朝四川商品经济的繁荣与交子的产生》，载《贾大泉自选文集》，四川人民出版社2013年版。

币、铜钱，也有进口的铸币（如墨西哥的银币——鹰元等）[①]，以及民间钱庄和票号等发行的庄票和银票等流通。这也是我国商品贸易难以发展，社会分工难以深化，技术进步缓慢的重要原因。

（四）信用货币时期

西方国家在经历私人银行券发行秩序混乱之后，主要的早期工业化国家都先后通过授权垄断或成立国家独立机构（中央银行）垄断的形式垄断其国内银行券的发行，并且逐步强制流通和取消自由兑换。1694 年以私营方式成立的英格兰银行，在成立之初就将其 120 万英镑的资本金借给政府，并获得政府授权以政府债券为准备（抵押）发行银行券的权利；1797 年法国人即将登陆英国的消息传到伦敦，银行的挤兑风潮出现了。如果英格兰银行因挤兑而垮掉，那么英国的经济体系就要崩溃。情急之下，政府出台了临时法案，宣布暂停兑付。暂停兑付的决定延续了十几年。1826 年英国政府核准英格兰银行拥有伦敦周围 65 英里范围内享有银行券的垄断发行权；1833 年英国议会又再次通过法案，规定英格兰银行发行的银行券为无限法偿货币，即在交易和支付活动中不能拒绝接受英格兰银行的银行券。1844 年，英国颁布了《英格兰银行条例》，英格兰银行成为唯一能够发行英镑的银行，于 1946 年被收归国有。在英格兰银行之后，世界各国先后模仿英格兰银行的货币发行模式成立了中央银行垄断货币发行，强制货币流通。至此，社会上使用的货币已经与具有内在客观价值的金属货币渐行渐远，逐步演变成了价值符号，成为国家信用货币。

在国家信用施行之初，各国还在一定程度上保留信用货币对金银货币的可兑换，但这种可兑换是脆弱的，不可持续的。

第一，因为国际贸易，金银会跨国流动，导致各国的金银储备不均衡。国家强制力的有效范围只在一国之内，一国不会轻易接受他国的信用货币；在国际贸易中，人们还是会保持对具有客观价值的金属货币的依赖。由于经济发展的差异，金银会流向经济发达国家。比如，在二战之后，1945 年美国曾持有世界当时黄金储备的 60%（21 770 吨）。金银流出的国家如果要保持货币与金银的可兑换和稳定的兑换比例，就只能收缩货币发行数量，这将导致本国的货币不足，制约经济发展；或者接受他国货币，这对于一个主权国家都是不可接受的。在这种情况下，多个国家会通过协商，形成一个能维持各国货币稳定和国际贸易秩序的货币安排。比如，1944 年由美国牵头 44 个国家参与的《布雷顿森林体系》规定：(1)以美元为国际贸易结算货币；(2)美元直接与黄金挂钩（制定了 35 美元/1 盎司的官方金价），其他国家货币与美元挂钩，各国持有的美元可按官价向美国兑换黄金；(3)各国央行有义务维持各国货币与美元的比价稳定。在这种规定之下，意味着各国都不能滥发货币，这在一定时期内维持了各国的货币稳定和经济发展。

第二，金银的自然储量是有限的，并且每年的开掘量也不高，而世界经济总量却在快速增长，需要的货币数量也越来越多。

---

① 1901 年，清政府对于中国境内流通的银元进行了一个调查，结果发现其中的 1/3 都是墨西哥银元。

表1　世界总产出、黄金、白银累计产量的历史变迁

时间(公元)	1 500	1 800	2 000
世界 GDP(亿美元)①	2 471	6 944	827 623②
黄金累计产量(万吨)③	0.36	1.53④	16.52⑤
白银累计产量(万吨)⑥	21.5	37.5	136.7⑦

如表1所示,世界经济总量自工业革命以来,增长了近120倍,而黄金的累计产量却只有增长11倍左右,白银仅增长3.6倍左右。因此,如果要维持信用货币与金属货币的兑换比例,货币的供给量根本无法满足经济增长的对货币的需要量。

在以上两个因素的作用下,布雷顿森林体系这一国际货币安排也仅维持了不到30年的时间,在1973年美国政府拒绝了别国政府按照35美元兑1盎司的比率自由兑换黄金。至此,货币与黄金就几乎彻底脱钩,货币真正进入了价值符号的时代。交易活动所需的价值标准不再有客观的价值基础,而完全取决于人类智慧的调控,承担这一职能的机构——中央银行和商业银行也在人类社会的经济活动中扮演起了前所未有的重要角色。

二、货币演变的规律

(一)标准化

标准化是一种技术手段,就是让一类物品或对象具有一致的特征,包括规格、质量和成色等等,目的是使该类物品或对象能被更大范围使用,并且容易互换或替代,能提高使用的简便性。作为交易一般等价物的货币最重要的要求就是能被普遍接受。因此,用标准化的手段创造货币就是自然的选择。

从实物货币币材的五花八门,到金银货币,实现了币材的统一和标准化;从金银称量货币到铸币,实现了形状、重量和成色的标准化,提高了使用过程的便利性。在代用货币时期,标准化首先是对形式不一的票据条款,包括金额、时间、署名以及权利和义务等内容进行简化、规范和统一,形成了银行券和银票等标准化的票据;其次,是在代用货币向国家

---

① 维基百科,转引自《世界经济千年史》(英文名:The World Economy:A Millennial Perspective),[英]安格斯·麦迪森(Angus Maddison)著,伍晓鹰、许宪春、叶燕斐、施发启译,北京大学出版社2003年11月第1版。按购买力平价计。

② 2012年。

③ 综合 David Zurbuchen,http://www.gold-eagle.com/article/worlds-cumulative-gold-and-silver-production 和 W.C.Butterman and Earle B.Amey III,https://pubs.usgs.gov/of/2002/of02-303/OFR_02-303.pdf.

④ 根据区间产量估计。

⑤ 2008年。

⑥ David Zurbuchen,http://www.gold-eagle.com/article/worlds-cumulative-gold-and-silver-production.

⑦ 2004年前的估计数年加2005年之后的统计数据10.4万吨得2012年的累计数。

信用货币过渡时，对信用来源的标准化，由各种各样的商人私人信用标准化成统一的国家信用，再次规范了代用货币的价值基础，使货币的使用范围从私人所能影响的有限区域扩大到整个国家甚至多个国家，提高了货币被普遍接受的范围。

（二）证券化和符号化

证券化是指对权益的书面确认。持有借条表明持有人有权在特定的时间收回特定的本金和利息，持有汇票表明有权收回当初委托转移运输的金银等货币。持有这些书面凭据就相当于持有相应的权益和价值，标准化之后的书面凭据就是各类证券，比如银票、银行券等。这类证券转移、转手和交易很容易，而货币作为交易的一般等价物，仅仅在交易过程中作为中介转手，并不需要特定价值的实际占有；证券化之后的价值形态，最适合承担货币职能，因此，银行券和国家信用的纸币就逐步取代了金属货币。

书面凭据和证券的本质就是对权益的记载，就是特定含义的符号记录。在纸媒体时代，人类的信息只能记录在纸面上，当人类跨入电子媒体时代，计算机网络系统成了人类最重要的信息记录媒体，当人类在网络系统上构建起公正、可靠、安全的价值记录体系之后，纸币等纸媒体记载的权益关系就自然转移到了计算机网络记载体系上，这就有了现代的存款货币等电子化的真正意义上的货币符号化。货币符号化之后就是一个由记账符号、记账方法、记账规则、记账载体（计算机网络系统）构成的完整记账体系。

（三）信用的延伸和滥用

信用的本质是相信某种承诺，通常通过特定的信息记载以传递这种承诺。交易就是人与人之间的合作，如果没有一定的信用，任何交易都无法进行。货币作为交易的一般等价物，其发展和演变过程，也处处体现信用的作用。铸币的形状和铭文传递的是该铸币包含一定数量的特定成色的金或银，因此，人们使用时不再称量、鉴定成色；银票是票号承诺见票给付票面金额的银币；银行券是银行承诺见票可兑换特定金额的金或银；国家发行的纸币是承诺其具有特定的内在价值，通常是承诺保持既有价值，即币值稳定。因此，信用的内涵和使用范围的延伸是货币发展和演变的重要线索。

信用在形成之后，也存在被滥用的风险。一是被盗用。因为信用的具体表现就是某种承诺的记载，容易被造假。自铸币使用以来，人类社会就不断与假币作斗争。二是被信用所有者过度使用以致破产。信用的使用几乎没有显性的成本，所有者都有过度使用的冲动。银行券的超发，国家信用纸币的泛滥都是信用的滥用。前者通常导致银行挤兑和破产，后者导致社会动态、政府更替。我国从北宋后期发明“交子”以来，经过南宋、元、明初，近 200 多年的时间里，每届政府都滥用政府信用，屡屡超发货币，不断换旧币发新币。从金融角度看，这也是宋朝灭亡、元朝短命的重要原因。

最后，货币信用是一种特殊的公共信用，有人信任并使用它，其他人也就容易信任它，从而形成良性循环，成为真正有价值的货币；反之，如果有人不信任而拒绝使用，也会形成恶性循环，使之破产。18 世纪中期，由于战争等原因，英格兰银行的银行券曾经暂停兑换。当时的银行家弗朗西斯·巴林反对恢复兑换，他认为这种公共信用的倒退会产生不可估计的后果，认为信贷从来不应该授之于社会动乱，而应该使英格兰银行券成为法定货币，同时货币量要进行控制，保持英格兰银行的独立性，防止政府干预货币发行。

英格兰银行券的挤兑风波[①]

1745年，詹姆斯二世的孙子发动叛乱，要求归还其祖父的王位，而英国军队失败的消息传到了伦敦，恐慌又起。战乱年代，还是金银能够保值，要是英国政府更迭，英格兰的银行券岂不是废纸一堆了？于是人们开始到英格兰银行进行兑付，把银行券兑换为贵金属。为了应对挤兑的压力，英格兰银行采取了拖延战术，用零钱进行支付，恐慌情绪会随着时间而慢慢平复，挤兑的危机也就解除了，英格兰银行的拖延战术屡试不爽。与此同时，英格兰银行召集了一次会议，大商人、贸易商和银行家都参加了，在会议上他们达成了一个共识：保持公共信用。为了避免危机，1100多人在这项决议上签了字，不拒绝使用英格兰银行券，而且会尽最大努力用同样的方式支付彼此的款项。这一承诺实际上默认了英格兰银行券等同于货币。正因为商人们使用银行券进行支付，所以挤兑停止了，一切恢复了往日的平静。英格兰银行的信誉经受了市场的考验，这也为后来英格兰银行成长为中央银行奠定了基础。

第二节　货币类型和职能

一、货币的主要类型

（一）按货币历史演变分

按货币的演变过程，货币大概可以分为实物货币、金属货币、纸币和存款货币。

1.实物货币

实物货币是在人类社会早期那些曾经充当过交易一般等价物的特殊商品。在人类历史上曾经作为货币的特殊商品主要有布匹、贝壳、牲畜、龟背、动物的牙齿及兽角、毛皮、盐巴、特殊的石块等等。其主要特征是价值稳定，相对容易保存，价值量适中等，具有充当交易一般等价物的主要性质，充当货币时基本保持其原有形态，其作为货币的价值与其作为普通商品价值相等。主要缺点是体积笨重、质量不一、不易分割、难以携带，有的甚至容易磨损和腐烂。实物货币不是理想的交易媒介，随着社会进步逐步被金属货币所取代。

2.金属货币

金属货币是以金属为币材的货币，它又分为称量货币和铸币。

金属具有实物货币不可替代的优越性。其价值相对稳定，易于分割、保存，便于携带等。因此，在金属熔炼技术和矿山开采技术发展之后，金、银和铜等金属在商品交换中逐步成为交易对象，最后取代实物货币成为主要币材。

金属货币最初是以条块状流通的，每次交易时要称量、鉴定成色，这种货币称作称量货币。称量货币在交易中使用不便，难以适应商品生产和交换发展的需要。随着商人阶

① 孙兴杰：《英格兰银行：事实上的中央银行》，《长江商报》2013-11-19。

层的出现,信誉好的商人在货币金属块上打上商人印记,标明其重量和成色,用于流通,于是出现了最初的铸币,后来为了便于识别,又将金属铸成特定形状,通常为圆形,即私人铸币。当铸币使用突破区域范围后,国家便开始管理货币,设立专门的铸币厂开始铸造货币,这就出现了国家铸币;但私人可以将自己的金银交给铸币厂,缴纳一定费用后铸成相应的国家铸币。

3.纸币

纸币是以纸张为币材印制成特定形状、标明一定金额的货币。纸币又分成兑现纸币和不兑现纸币。兑现纸币是指持有人可以随时向发行机构或政府兑换成金属铸币或金银条块的纸币,它是商人提供金属货币的汇兑和保管等服务时,对其提供的票据进行标准化、规范化之后而创造出来的,其效力与金属货币完全相同。不兑现纸币是不能兑现成金属铸币和金银条块的纸币,它只有货币价值而没有币材价值。它是在兑现货币基础上,由于相对于金属货币存量而过度发行,不能及时兑付,通过暂停兑付、增加兑付难度,直到拒绝兑付、政府强制流通而形成的。目前,各国流通的纸币大都是不兑现纸币。

4.存款货币

存款货币是记录在银行账户上,可以通过开立支票或转账等实现交易支付的货币。在政府垄断货币发行之后,客户仍然有保管、汇兑纸币等需求,银行在提供这类服务时,虽然不能再发行具有货币流通性质的票据,但在银行体系扩大之后,银行可以通过提供转账服务,让银行客户通过账户之间的转账实现交易支付,从而使存款成为新的货币。

例如:郭靖在工商银行存了 1 000 元,并有了自己的存款账户,杨过和黄蓉也有工商银行的账户;郭靖找杨过买了件衣服,需支付 500 元,他通过自助或通知银行的方式,让银行从自己的账户转 500 元到杨过的账户;不久,杨过又因进货,通知将 500 元从自己的账户转到黄蓉的账户。这就相当于银行开出了一张"票据",然后在郭靖、杨过和黄蓉之间转让和流通,不过这张"票据"不是有形的,而仅仅是通过各种形式的指令(这种指令既可以开立支票,也可以通过网络或 ATM 机通知银行),在他们三个人的银行账户之间进行账户划转而已。因此,存款因转账而成了货币。更重要的是,虽然郭靖用了 500 元,但对工商银行而言,郭靖存进来的钱始终留在银行,银行也可以"挪用"这些存款进行放贷,形成新的存款货币。这与金属货币时代的银行券和银票货币的创造逻辑是一样的。

现代社会,存款货币已经成为主要的交易媒介。有些国家已经几乎不用现金,根据国际清算银行的资料,现金仅占瑞典经济活动的 2%。

(二)按货币价值与币材价值的关系分

按货币价值与币材价值的关系分,货币可分为商品货币、代用货币和信用货币。

1.商品货币

商品货币的货币价值就是币材的价值,早期的实物货币和金属货币都属于商品货币。其主要优点是货币价值具有客观的基础,不存在贬值等风险。缺点是实物和金属币材使货币的运输和保管困难。

2.代用货币

代用货币通常就指可兑现纸币,是代替实质货币在市场上流通的货币。代用货币的币材就是纸张,币材本身没什么价值,其价值表现为可以随时兑换成具体的金属货币,因此,代用货币仍然具有客观的价值基础。其优点是成本低,便于携带,方便使用。

3.信用货币

信用货币的币材是一些特殊纸张、贱金属,或者根本没有币材,就是一些记账符号。信用货币的价值与币材无关,也没有客观的价值基础。为什么没有客观价值的纸张等可以成为货币与有价值的商品进行交换?原因是货币不过是交易的媒介而已,本质上并非交易的目的。例如:郭靖想用5双跑鞋换1部手机,并且也能实现交易,那么这种交易就是等价交换。即:

$$5\text{双跑鞋}=1\text{部手机}$$

或者写成:

$$\frac{5\text{双跑鞋}}{1\text{部手机}}=1$$

现在由于交易不便,我们引进了货币,即先用5双跑鞋换X单位的货币,然后再用X单位的货币换1部手机。用式子可以表示为:

$$\frac{5\text{双跑鞋}}{X\text{单位货币}}\times\frac{X\text{单位货币}}{1\text{部手机}}=1$$

由以上数学式子可知X取非零的任何值都不影响等式的成立。如果取X=5,1单位的货币价值就是1双跑鞋;若取X=1,1单位货币的价值就是5双跑鞋或1部手机。因此,货币价值是否具有客观价值基础对实现交易并不重要,重要的是货币价值的稳定,因为有了货币之后,所有的交易都是跨期的。

虽然信用货币已经没有了客观的价值基础,但其价值的演变通常都有连续性。从代用货币向信用货币演变时,信用货币通常继承代用货币时的价值。如美国宣布拒绝美元自由兑换黄金时,市场上流通的美元价值也基本维持在35美元/1盎司黄金的价值左右;当一国面临恶性通货膨胀,废除旧币发行新币时,也会规定新旧货币之间的兑换比例。因此,信用货币虽然没有了客观的价值基础,但其价值也不会任意指定,随意变动。

在现代社会,不兑现纸币、小额的辅币和银行的存款货币都属于信用货币。

(三)按使用范围分

根据货币使用的国土范围,货币通常分为国内货币和国际货币。

在现代信用货币制度下,信用货币的流通是以一国政府的强制实施作保证的。通常一国国内只能流通本国政府发行的货币,称为国内货币,也称为本币;而他国货币不能在国内流通,统称为外币。而在国际贸易等国际交往中,货币的使用主要取决于自愿原则;经济发达国家的生产能力强,其商品和服务会有更多的国际需求,其货币也会被普遍地接受,而成为国际货币。历史上英镑、美元、日元、欧元等都曾是重要国际货币。近年来,我国的人民币也被越来越被多国家所接受。

有些国际货币会被一国央行作为储备资产持有,以应付国际贸易逆差和国际债务清偿等问题,这类货币也称为储备货币。此外,由于黄金具有客观价值基础,虽然现在也很少用于国际支付,但仍然被多数国家作为储备资产持有;在一定意义上,黄金还可以被看成是国际货币。

二、货币的主要职能

(一)交易媒介

货币是为解决交易困难而产生的,是交易的一般等价物,因此,交易媒介是货币的基本职能。作为交易媒介,货币极大地解决了交易对象匹配、跨空间、跨时期等种种交易难题,为深化社会分工提供了保证,促进了技术进步和社会发展。

交易媒介职能包括流通手段和支付手段职能。作为流通手段,货币是人类为解决交易困难而寻找并进而创造出来的特殊而又被普遍接受的价值形式,是所有交易的中心。在人们不断地利用货币进行交易的过程中,货币在不同的交易者之间进行转让、流通。

早期人们认为,作为流通手段的货币必须是现实的货币而非观念上的货币。因为货币作为商品交换的媒介时,它是包含或代表一定的价值量来同商品相交换的,交易双方必须是一手交钱,一手交货。实际上,随着科技手段的发展,作为流通手段的货币也可以是观念上的货币,即符号货币或存款货币。例如前述郭靖、杨过和黄蓉之间的交易,就是500元的存款货币在他们三人的存款账户之间转移和流通而实现的。

作为支付手段,通常指货币用于结清因赊销赊购、劳务购买、税收、借贷等行为而产生的债权债务关系,本质上是交易的跨期完成而产生的需要用货币结清交易的一个过程。

(二)价值尺度

价值尺度是交易媒介功能的延伸。尺度就是比较,有交易就有比较,因此所有可交易的物品和劳务都具有价值尺度的功能。例如,用5双跑鞋交换1部手机,跑鞋和手机就可能是互相成为价值尺度,可以说1部手机值5双跑鞋,也可以说1双跑鞋值0.2部手机。但有了货币就有了统一、标准的价值尺度,即使没有交易也可以进行价值衡量。有了统一的价值度量标准,对经济活动就方便进行规划、评价,提高经济决策科学性和有效性。

有了货币才使会计核算成为可能。例如,有一个家庭生产了2 000千克的大米、10头羊和20只鸡,买进了100尺布、5双鞋和1头牛,但我们很难知道这个家庭是收入多了还是支出多。一个企业、一个国家也类似。统一用货币进行价值核算时,能够方便地衡量不同投资项目的成本和收益,选择较优的投资项目;能方便地评价、比较公司或企业的经营绩效,进而还可以核算一国的宏观经济。

统一的价值尺度还提高了经济社会的分工、合作的水平和效率。正如建造大厦需要有标准的长度单位一样,建设"经济大厦"也需要标准的价值尺度。想象一下,当建造"帝国大厦"的工程师和工人们手上拿的皮尺的单位都不一样时,有的是米,有的是英尺,有的是丈等等,这些也都是长度单位,那么,这座大厦的建造过程会是什么情景?如果他们的长度单位还会随时间而变,又会是怎样的情景?货币的价值尺度功能对经济建设的作用正如长度单位对于大型建筑的作用一样,其核心的功能在于价值尺度的统一、标准和稳定。但在信用货币制度下,币值的稳定却是对人类智慧的最大考验。

(三)价值贮藏手段

货币通过跨期的价值交换实现价值贮藏,也是交易媒介功能的延伸。货币作为交换媒介把"物品A—物品B"的直接交换,转变成了"物品A—货币—物品B"的间接交换。

这一转变之后,人们手中物品 A 变成了货币,有时并不急于进行第二步的交易,这时原来的物品 A 就被转换成货币而贮藏起来。等到需要之时,再将货币换成需要的物品 B。

大多数用于消费的物品和劳务的价值是不能贮藏的。食品会腐败,布匹会老化等等;劳务也只是个过程。要贮藏这类价值最好的方法就是转换成货币,持有货币。换成货币对个人来说是价值贮藏。但对整个社会而言,食品等最终会腐烂,是不可能贮藏的;这类价值贮藏的本质是交易,是互通有无;购买食品的人现在先用于消费,等你需要时,再重新生产还给你。劳务价值的贮藏也类似,年轻的时候多劳动,多积累货币等财富;年老时用货币购买食品、看护等服务,就实现了价值的贮藏和跨期消费。这种价值贮藏手段有效地提高了人类社会的生活水平。

货币的价值贮藏职能提高了人类社会的财富积累,在财富积累的基础上,就能实现货币资金的借贷,进而能有效动员社会资源,提高社会的财富创造能力。

货币要能实现价值贮藏职能必须保证自身的价值稳定。如果货币持续贬值,它就失去了价值贮藏职能,人们会选择其他的价值贮藏手段,比如价值比较稳定的黄金、珠宝、房屋或土地等。如果是急剧贬值,甚至可能失去交易媒介职能,而回到以物易物的状态。

第三节　货币的本质和计量

一、货币的本质

(一)对货币本质认识的历史过程

历史上对货币本质的认识经历了货币金属论、货币符号论和马克思的一般等价物理论。

16 世纪的重商主义学派认为,货币用于交换,必须有与交换对象等值的价值,金银等贵金属具有实质价值,是财富,因而货币天然是贵金属,不能被其他商品所代替,金银是一国真正的财富。因此,重商主义者极力建议国家发展对外贸易,以换取国外的金银。这种把货币等同于贵金属的观点,被称之为“货币金属论”。

在货币金属论主导下,有些国家禁止金银货币输出,阻止外国商品的输入。甚至不惜将本国的生活必需品也大量出口以换取货币。结果导致国内货币泛滥,产品枯竭,物价上涨,民不聊生。在这种情况下,诞生了“货币符号论”,否定重商主义的理论基础——货币财富观。

货币符号论,又叫货币工具论。它从货币的关键职能即流通手段和支付手段等角度认识货币,完全否定货币的商品性和价值性,认为货币不是财富,主张货币只是一个符号,一种票证,是名目上的存在,是便利交换的技术工具。货币价值是由国家权威或法律赋予的;货币是商品价值的符号;是观念的计算单位,可以不具有实质价值,可以用任何材料制成。货币符号论的缺点是完全否定了货币的价值,实际上是混淆了货币的交换价值与商品使用价值的关系。

马克思以劳动价值论为基础,区分了商品的交换价值和使用价值,提出了一般等价物理论，认为货币是从商品世界中分离出来的，固定充当一般等价物的特殊商品，它反映一定的社会生产关系，但货币本身没有阶级性。

现代金融经济学家主要从实践的角度，从货币的普通接受性、交易媒介（支付手段、流通手段）和价值尺度等方面界定货币。凯恩斯把货币界定为“具有一般购买力的，能被用来结清债务合同价格的东西”；现代货币学派代表弗里德曼认为，货币是购买力的“栖息所”，具有为一般人能接受的交换媒介的职能；美国当代金融学家托马斯·梅耶认为，任何一种能执行交换媒介、价值标准或完全流动的，具有财富贮藏手段职能的物品都可看成是货币。

（二）关于货币本质的若干问题

1.货币价值与币材使用价值的关系

早期的实物货币和金属货币都有内在足值的使用价值，与一般商品交换时，基本上能够实现等值交换。但是，当具有使用价值的实物商品充当货币之后，其使用价值的存在就是一个矛盾。一是要靠使用价值的存在保证其能够作为货币进行交换，它的使用价值就不能被消费而实现其价值。二是货币作为流通手段，需要在一定的时间内保持其货币特征，由此，币材的使用价值就可能因腐败或老化而被浪费，即使金银等不会老化腐败，也因为使用价值的闲置而浪费。而货币需要足值的观念完全是建立在以物易物基础上的，实际上充当交易媒介的货币并非交易的目的，而是实现交易的手段和工具，并不需要足值的币材。因此就有了现代的信用货币。但币材没有价值，并不等于货币没有价值。

2.货币符号与货币价值的关系

货币从商品货币、称量货币、铸币等“足值货币”演变为银行券、纸币等“不足值货币”，是货币历史的第一次革命；而现代的电子货币、记账货币的出现则是货币历史上的第二次革命，即货币从有形货币向无形化、标准化发展与演变，其符号化特征愈发突出。

现代信用货币已不是通常意义上的商品，不具有内在价值和使用价值，而是一般等价物所需要的统一的、标准化的价值符号。

货币价值则是通过交换得以体现的。如，100 单位的货币可以购买 1 双跑鞋，则 1 单位货币的价值就是百分之一双跑鞋，以此类推。

3.信用货币与财富的关系

对个体而言，货币是财富，是资产；持有货币可用于交易具体商品，并获得相应的使用价值。但对发行者而言，货币则是负债；现钞是中央银行的负债，存款货币是商业银行的负债。对整个社会而言，货币是一项重要的基础性交易工具，并不服务于具体的消费目的。信用货币就是债权债务凭证，全社会的债权债务之和应该为 0，货币不是财富。

4.货币发行收入和通货膨胀税

金属货币流通条件下，私人部门向铸币场提供黄金和白银时，作为对原材料的支付，私人部门收取一定数量的金银铸币，这些铸币所含金或银的总量少于他们所提供的原始金和银的总量，两者之间的差额被称为铸币成本。在正常情况下，它只反映铸币的劳动价值，铸币可以自由铸造。但在某些情况下，有些政府会恶意降低铸币的真实金银含量，这种好处就成为国家的额外收入，称为“铸币税”。

纸币流通条件下，纸币本身几乎没有价值，只是价值符号。政府发行货币不能直接用于商品和劳务的购买。中央银行发行货币本质上是创造不支付利息的、标准化债券（钞票）贷给商业银行收取利息，该利息收入就构成了中央银行的货币发行收入，该收入理论上可记录为央行的自有资金。商业银行获得贷款之后，转贷给企业或个人收取利息，商业银行赚取利差；企业和个人获得贷款之后可以用于购买劳务、原材料或消费品而进入流通，另一些企业或个人通过销售商品或提供劳务而获得货币收入又转存入银行，银行又可再利用该存款继续发放贷款。货币就如此源源不断地在社会上流通，中央银行就可能不断地获得利息收入。如果该收入能转为国家的财政收入，就形成了国家的财政收入，用于财政支出。

现代国家的央行管理体制逐步实现央行独立，央行的收入不能直接转为财政收入，该渠道就不成立了；这些发行收入就只能在央行账户流转，从而不影响社会的收入分配。

当央行过度发行货币时，首先获得贷款的政府、企业或个人，将过多的货币用于购买商品或劳务等，导致物价上升，经过商品交易途径逐步传播，最后导致全社会的物价普通上涨。这种物价不同步上涨，贷款等负债金额不随物价调整的特征，最后导致了社会财富的重新分配，财富从后获得资金者流向先获得资金者，从债权人流向债务人。而政府和企业通常是最大的债务人，在货币超发时，也最先获得资金；从而财富就从普通个人流向政府和企业，这就是通常所说的“通货膨胀税”。货币如果恶性过度发行将可能被社会大众弃用，导致经济衰退、社会动荡甚至政府垮台等后果。

综合以上分析，作为价值尺度的货币可能是任意的符号，其价值量通过交易得以体现。任何与货币交易的商品的价值量就是其价格，相反，货币的价值量就是相应商品价格的倒数。由于货币与所有商品交易，货币的价值量就表示为一般商品价格（代表性商品篮子的价格）的倒数。作为流通手段的货币需要具体的、稳定的价值形态。债权债务凭证就是一种相对稳定的特殊价值形态，其稳定性表现为受到债权债务关系的制约，不易随意变动和调整；同时，债权债务凭证没有具体的使用价值，只有货币价值。因此，现代信用货币的本质可以认为是充当一般等价物的特殊价值形态。

二、货币计量

认识货币的本质是为了能在实践中具体确认什么是货币，什么不是货币。对整个社会而言，货币不是财富，并非多多益善。过多的货币会导致币值不稳定、通货膨胀。但货币不足也会制约经济发展。因此，在实践中，准确计量货币总量是控制货币供应水平、实现货币稳定的基础性工作。

货币计量的目的是测度货币持有部门在购买商品、劳务、金融和非金融资产时拥有货币的可能性。货币总量是中央银行在决定货币政策时所密切关注的指标，货币总量的变动是实现币值稳定（物价稳定）等最终政策目标的中间目标。

（一）货币计量理论依据

在一般意义上探讨货币时，主要强调某类资产在具有“普遍可接受性”条件下作为交易媒介和价值贮藏的职能；但在货币计量实践中，“流动性”（liquidity）日益成为区分货币层次和计量的重要标准。

现代信用货币最初都是银行发行的，是银行的债务凭证。在现代中央银行制度下，中央银行发行的纸币、商业银行创造的存款是标准货币。但在实践中，还有很多的价值形态在发挥着交易媒介等货币职能,有的很容易转换为标准货币,如定期存款、流通中的票据、债券等。

货币,对于持有者来说就是一项资产,可以最方便地交易成其他资产。但除了货币之外,其他资产也可以实现这一目的。如一个人想买一辆汽车,最容易的方式就是用现金购买。但他也可能用他持有的票据、定期存款的存单、债券、股票等资产去交换,只要卖汽车的人愿意接受;或者他也可能将这些资产先换成现金,然后去购买汽车。因此,很多资产都具有一定的"货币性"。

现阶段,世界各国普遍以资产的流动性的强弱作为划分和计量货币的主要依据。"流动性"是指一项资产及时转变为现实购买力并不受损失的能力。社会公众持有的各类资产中,根据流动性从强到弱,大致可分为以下类别:

1.现金

即居民手持现金和企业单位的备用金。这类资产可随时作为流通手段和支付手段,故具有最强的购买力。

2.活期存款

活期存款可以通过签支票、自助转账、POS 机转账等方式进行支付和流通,与现金具有类似的购买力。

3.定期存款

定期存款可以提前取现,但需支付一定的利息成本,因此其流动性低于活期存款。

4.股票和债券

在证券市场发达的条件下,股票和债券也相对容易变现,但急于变现时,可能会降低成交价格,要支付较高的变现成本。

5.票据

主要指各类商业票据,由于面额大,受众范围有限,因此流动性更低。

6.其他各类资产

房屋、汽车等各类资产均具有特定的使用价值,更加难以变现,流动性更低。

(二)货币计量实践

1.国际货币基金组织的统计口径

由于各国金融发展路径和发展阶段的不同,各类金融工具的使用习惯和形式也各不相同,因此,在货币计量上各国也存在差异。为了便于国际比较,国际货币基金组织推荐了一个货币计量的统计口径。

(1)M0(现钞)

指流通于银行体系外的现钞,包括居民手持现金和企业单位的备用金。具体统计时,它等于中央银行的货币发行总量减去商业银行的库存现金。

(2)M1(狭义货币)

M1＝M0＋商业银行的活期存款。M1 是现实的购买力,是各国货币政策调控的主要对象。

(3)M2(广义货币)

M2＝M1＋准货币。

准货币一般由定期存款、储蓄存款、外币存款及各种短期信用工具，如银行承兑汇票、短期国库券等构成。准货币能够较为容易地转化为现实货币，进而增大流通中的货币量。M2包括了一切可能成为现实购买力的货币形式，自20世纪80年代以来，成为各国货币供应量调控的重点。

2.中国货币计量实践

我国对货币层次的研究起步较晚，参照国际货币基金组织的划分口径，现阶段我国货币计量划分为以下三个层次：

(1)M0＝流通中现金

主要包括企业、个人、机关团体、非存款类金融机构所持有的硬币和现钞总和，即中央银行发行的货币扣减银行业存款类金融机构库存现金后的货币总额。

(2)M1＝M0＋企业单位活期存款＋农村存款＋机关团体部队存款＋个人持有的信用卡类存款

(3)M2＝M1＋城乡居民储蓄存款＋企业存款中具有定期性质的存款＋外币存款＋信托类存款

(4)M3＝M2＋金融债券＋商业票据＋大额可转让存单等

其中，M1是通常所说的狭义货币，流动性较强，是国家中央银行重点调控对象。M2是广义货币，M2与M1的差额称为准货币，流动性较弱；M3是考虑到金融创新的发展而设立的，暂未测算。图1-6是我国近年来的货币供应量变化情况。

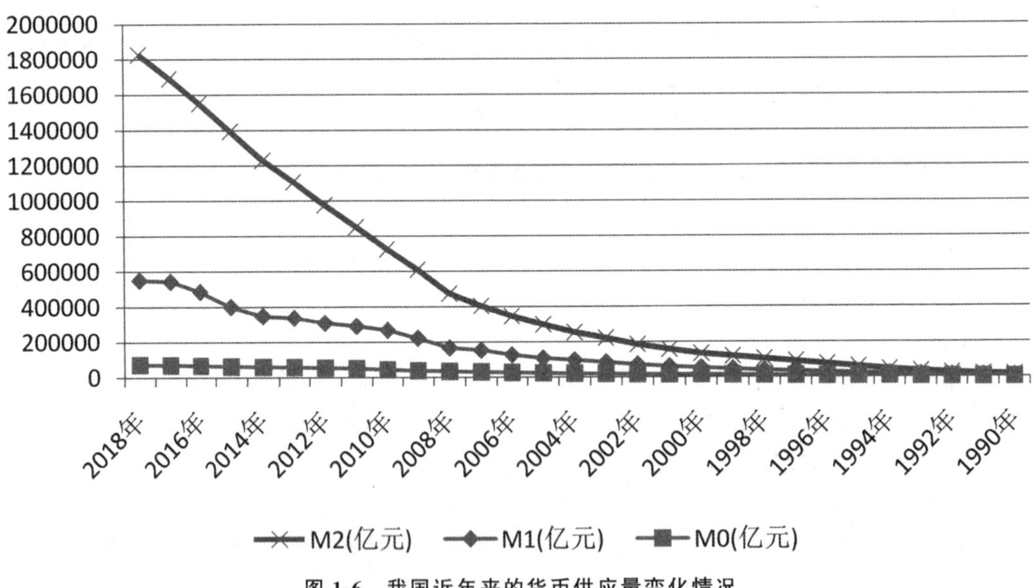

图1-6　我国近年来的货币供应量变化情况

3.美国的货币计量实践

美国自20世纪70年代以来，在各种信用流通工具不断增加和金融状况不断变化情况下，先后多次修改货币计量的不同层次指标。目前美国货币层次划分和统计的情况是：

M1＝流通中的现金＋活期存款＋非银行发行的旅行支票＋其他支票存款[可转让存

单(NOW)+自动转账服务存单(ATS)+信贷协会权益份额+互助储蓄机构活期存款]

M2=M1+储蓄存款(包括货币市场存款账户的余额)+小额定期存款[低于$ 100 000,扣除个人退休金账户(IRA)和储蓄机构的Keogh余额[1]]+零售货币市场共同基金余额[扣除在货币市场共同基金的个人退休金账户(IRA)和Keogh余额]

M3=M2+大额定期存单(10万元以上)+定期回购协议+定期欧洲美元存款

L=M3+银行承兑票据+商业票据+储蓄债券+短期政府债券

目前,常规公布的是M1和M2。

《乔家大院》里的货币[2]

《乔家大家》是上个世纪末热播的一部反映山西晋商乔致庸发家经历的连续剧。

乔致庸继承家业之后,在朋友孙茂才的帮助下,发展壮大了乔家贩卖南方茶叶和北方皮毛的生意。在生意做大之后,为了保证远距离大量运送金银货币的安全,雇用了自己的保镖队伍;同时,为了经营的方便,在南方的主要茶叶产地和北方的皮毛交易聚集地,如武夷山、包头、成都等,都设立了他自己的办事处,在南方可以用出售皮毛的收入收购茶叶,而在北方却相反。这样,他的资金就可以在当地流转,减少跨区域的运送量。

乔致庸开拓了这些贸易商路之后,其他人也开始跟风,毕竟生意一家做不完,乔致庸也乐于助人。谢逊就是其中之一,但谢逊本小,雇不起保镖。一天,谢逊壮着胆子,找到了乔致庸,希望能把他的银子运到武夷山,他可以付点运费。乔致庸同意了,收到了谢逊的银子,并给谢逊开了张收据,告诉谢逊可以凭收据到武夷山兑取银子。这实际上是一项双赢的合作,乔致庸没有增加运输成本,却获取了额外的运费;谢逊只要付少量的运费就可实现银子的跨区域转移。

前面几次合作,谢逊很谨慎,每次到了武夷山都是首先去找乔致庸的办事处将银子先兑换出来。到此为止,发挥交易媒介作用的还是那个银子,乔致庸开出的凭证仅仅起到汇兑凭证的作为。次数多了之后,谢逊对于兑取银子的事也比较放心了,便有点大意。有一次,谢逊到武夷山之后,当晚与朋友小聚,喝多了,忘了去兑换银子,而第二天一早就是茶商交易的赶集日,如果错过了,他这次贩卖茶叶的生意可能要泡汤。他万分着急,在无奈之下,只好带着他的汇银收据去茶叶市场。在市场上,谢逊看好了一批茶叶,也谈好了价钱。支付时,谢逊拿出了乔致庸开给他的收据,希望用这张收据支付茶叶款。茶商陈家洛起初一愣,他是第一次碰到有人想用"一张纸"来买他的茶叶,经过谢逊的再三解释,陈家洛勉强接受了。交易成交之后,陈家洛赶紧去找乔致庸的办事处兑换银子,结果顺利完成,谢逊和陈家洛悬着的心总算放了下来。至此,汇兑凭据因意外而充当了一次交易媒介,发挥了支付功能,作了一回"货币"。但因陈家洛及时将汇兑凭据兑换回银子,该"货币"也就瞬间消失了。

此后,陈家洛又多次收到类似的汇兑凭据,每次也都能顺利地兑换成银子。次数多

---

① IRA和Keogh账户是不同类别人群的个人退休金账户,有一定的支取限制,比如可支取的年龄、每月支取限额等。

② 本故事纯属虚构,目的是说明货币、票据等的演变逻辑。

了，陈家洛对兑换银子一事也很放心，放心之后，反而不急于去兑换银子，而是将汇兑凭据留在手中，有需要的时候再去兑换，有时也用这些凭据购买皮毛、粮食等商品。当陈家洛也用这些凭据购买商品时，这些凭据不仅具有支付功能，同时也发挥了流通功能，它在不同的交易者手中流通转让，让很多人觉得用它进行交易比直接用银子还方便。而在乔致庸这边，根据估计，谢逊从太原到武夷山是一个月的行程，正常情况，一个月左右谢逊的汇兑凭据会被送来兑换银子，乔致庸也备足了银子以供兑换。正是由于乔致庸的讲信用，他开出的票据，被大家认可，在市面上流通起来了，反而不会及时回流，经常在外额外多流通了 6～12 个月，直到票据磨损了，不得已才回流。由于乐于助人，又能赚取运费，乔致庸开出的票据越来越多，他手中持有的银子也越来越多。

此时，情况发生新的变化，社会上的人都发现乔致庸虽然生意做得很大，银子却不紧张，手头经常有闲置的银子。杨过也是做小生意的，资金有限，想找乔致庸借银子。起初，乔致庸很谨慎，认为银子都是别人的，别人随时会回来兑取，不肯轻易出借。随着时间推移，他发现虽说理论上会被随时兑取的银子，实际上却有非常稳定数量的银子在自己的手上，乔致庸也逐步壮起胆子，将银子借给杨过，收取额外的收益——利息。

此时，货币产生了新的质变，乔致庸实际上是“挪用”了客户的银子，他开出的汇兑凭据也没有了十足的兑换保证，乔致庸利用了别人对他的信用进行盈利。这也是“部分准备制”的开端，“部分准备制”对“挪用”行为进行了合法化。

而黄蓉找乔致庸借银子时，不仅要借银子，还需要汇兑服务。当这两项业务同时进行时，乔致庸的银子没有任何变化，仅仅是收到了一项债权凭证(黄蓉的借条)，又开出了一张债务凭证(汇兑收据)；据此，就能获得利息和汇费收入(见附表 1-1)。

附表 1-1　乔致庸的资产负债表变化

资产	负债	备注
银子：+1 000	汇票—谢逊：+1 000	谢逊的汇兑业务
银子：-1 000		杨过的借贷业务
贷款—杨过：+1 000		
贷款—黄蓉：+1 000	汇票—黄蓉：+1 000	黄蓉的借贷和汇兑业务，实际上是谢逊和杨过两项业务的合并

乔致庸发现了这个无本万利的盈利渠道之后，就努力开拓这一项目。为了使该项目能够做大，他发现最重要的问题是让人们相信他开出的汇兑凭据能够保证及时兑换成银子，其次，他的汇兑凭据能够方便地用于支付。为了实现这个目标，他首先对他开的汇兑凭证进行改革，事先印制、固定金额、不记人名和时间，加上防伪措施等，结果制成了标准的银票；其次，虽然类似黄蓉的业务可以无限扩大，但为了保证银票的及时兑换，他总是有所克制，比如，如果库房存有的银子有 1 万两，这类无中生有的业务就只做到 5 万两。他也总是尽量不用银子，多用银票；像杨过的借贷就尽量不用银子，而改为支付银票，因为杨过拿到银票也一样能实现用于购买和支付等，因为有人要就行。结果这项业务做大之后，它的盈利水平远远超过了乔致庸的传统业务，乔致庸甚至放弃了贩卖茶叶等传统业务，专做汇兑、借贷等业务，他的店铺就成了山西票号，取名“大德通”。

乔致庸发财之后，其他富商也开始模仿，市场上先后冒出了日升昌、三晋源、志成信等无数的票号。票号之间形成竞争，有的票号无法约束自己的扩张冲动，会过度发行银票，而无法及时兑付，导致其银票在市场上的接受程度下降。一天，杨过拿着一张100两的三晋源银票找三晋源兑换银子，三晋源的伙计告诉杨过，今天他的掌柜不在，请他明天再来；明天再来时，柜台伙计又说今天管钥匙的伙计生病了，请他过两天再来。杨过急着用钱，只好勉强继续用银票去交易；但实际上，三晋源因过度发行银票，库存银子不足，无法兑换；社会上的其他人也有过类似杨过的经历。因此，大家都不大愿意接受三晋源的银票；杨过又只能用银票，结果他只好把他的100两银票当80两用，才被其他人接受。

现在社会上流通的银票五花八门，流通价值不一，交易活动又陷入混乱。更有甚者，有的票号遇上谢逊等脾气大的，直接砸上门来，引起轰动，导致其所有客户都同时要求兑换，结果该票号的银票完全无法兑付。这就是“挤兑”。

出现“挤兑”等较大的银票纠纷之后，政府开始介入调解。政府还发现这是一门好生意，同时对社会经济的发展又很重要。结果政府直接宣布取消票号发行银票的权利，只能由政府设立的“官票号”发行银票，并强制要求所有人都不得拒绝政府的银票作为支付工具。这个“官票号”就是后来的中央银行。而民间的票号虽然不能发行传统银票了，但仍然可以政府的“官票”为基础，通过借贷和汇兑“官票”等业务发行“虚拟银票”——银行存款。

本章小结

货币发展从实物货币、金属货币（铸币）、代用货币到现代信用货币的演变，遵循的基本目的是为交易服务，解决交易困难。因此，货币被称为交易的一般等价物。标准化和证券化是货币发展演化的基本金融技术和演化逻辑，标准化实现币材、计量单位、货币形状甚至信用来源等的统一和规范，使得货币更易于使用，增强货币的普遍接受性。证券化解决了商品货币时代币材的使用价值与货币价值的内在矛盾，也使得货币供给更具弹性，能根据商品交易对货币的需求而调整。信用的内涵和使用范围的延伸是货币发展和演变的重要线索；货币信用形成之后，存在被盗用和过度使用等滥用风险。

货币的种类，如果按演变过程，可分为实物货币、金属货币、纸币和存款货币。若按货币价值与币材价值的关系分，可分为商品货币、代用货币和信用货币。不兑现纸币、小额的辅币和银行的存款货币都属于信用货币。若根据货币使用的国土范围，通常分为国内货币和国际货币。

交易媒介是货币为交易服务的基本职能，它包括支付手段和流通手段；在充当交易媒介的基础上，它又派生了价值尺度和价值贮藏的职能。货币的使用带来了标准的价值尺度，为人类社会的分工与合作创造了基础性条件。

作为价值尺度的货币可能是任意的符号，其价值量通过交易得以体现。作为流通手段的货币需要具体的、稳定的价值形态。债权债务凭证是一种相对稳定的特殊价值形态，其稳定性表现在其价值受到债权债务关系的制约，不能随意变动和调整；同时，债权债务凭证没有具体的使用价值，只有货币价值。因此，现代信用货币的本质是充当一般等价物的特征价值形态。

货币计量的目的是测度货币持有部门在购买商品、劳务、金融和非金融资产时拥有货币的可能性。在货币计量实践中，“流动性”是各国作为划分和计量货币的主要依据。“流动性”是指一项资产及时转变为现实购买力并不受损失的能力。国际货币基金组织推荐的货币层次划分和计量标准分为三个层次：

(1)M0，指流通于银行体系外的现钞，包括居民手持现金和企业单位的备用金。

(2)M1，包括 M0 和商业银行的活期存款。

(3)M2，包括 M1 和准货币。准货币一般由定期存款、储蓄存款、外币存款及各种短期信用工具，如银行承兑汇票、短期国库券等构成。

复习思考题

1.简述货币的主要类型。

2.货币的职能有哪些？

3.如何理解货币的本质？

4.如何理解标准化、证券化对货币创造的作用？

5.请分析信用在货币发展和演变过程的作用。

6.什么是“流动性”？举例说明流动性的重要意义。

7.简述货币层次的划分和货币计量方法。

作　业

1.请收集中国近 30 年来的货币供应量(M0，M1 和 M2)和 GDP 的发展变化情况，据此分析你对货币的理解，以及货币供应量与经济发展的关系。

2.请对你身边的人(至少 20 个样本)作一个关于“货币是什么”的调查，并作调查分析报告。

第二章

票据

本章导读

2016年1月22日农业银行晚间发布公告：农业银行北京分行票据买入返售业务发生重大风险事件，经核查，涉及风险金额为39.15亿元。

重庆市公安局移送审查起诉认定：2015年3月，王波（另案处理）经人介绍与姚尚延、张鸣结识。2015年5月，王波与姚尚延共谋挪用票据二次贴现用于购买理财产品等经营活动。后姚尚延、张鸣、王冰、刘咏梅共谋，利用分别承担的审查审批客户提交的票据及资料、办理票据封包移交及入出库手续等职务便利，共同将已入库保管的银行承兑汇票票据包提前出库交由王波使用。王波将挪用票据二次贴现后的资金部分用于购买理财产品和支付票据回购款，部分用于高风险股票投资交易等活动。但因投资不当，资金产生巨额亏损。同年9月，他明知自身已资不抵债、根本不具备回购票据的能力，故意隐瞒将提前出库票据二次贴现所得资金的真实用途以及资金链断裂的财务状况，继续与农业银行北京分行开展票据买入返售业务。截至2015年12月，共发生业务39笔，涉及票据381张、票面金额合计人民币32 307 359 670.2元。

根据北京银监局2017年11月17日公布的"京银监罚决字〔2017〕1号、京银监罚决字〔2017〕19号"：

对中国农业银行北京市分行给予罚款合计1 950万元的行政处罚。

对姚尚延、张鸣、王冰、刘咏梅分别给予禁止终身从事银行业工作的行政处罚。

对龙芳给予禁止10年内从事银行业工作，取消终身的董事和高级管理人员任职资格的行政处罚。①

该案例表明，票据是一项十分重要的金融工具。那么票据是什么？是如何产生和创造的？对经济有何意义？

本章主要思考以下问题：

1.票据的发展过程；

2.票据主要形式；

3.票据的主要功能和特征。

---

① 凤凰财经：《中国农业银行39亿票据大案真相曝光》，http://finance.ifeng.com/a/20171119/15803714_0.shtml，2017-11-19.

第一节 票据概述

在货币发展的代用货币阶段，人类社会创造了种类繁多的各类信用凭据，这些信用凭据通过对凭据形式和信用来源等方面进一步标准化之后就形成了现代的信用货币，但传统的信用凭据仍然具有一些信用货币无法替代的交易功用。因此，这些传统的信用凭据在另一条发展路径上，以“票据法”为约束，进行有限标准化之后，形成了现代的票据。

早期的信用利用口头承诺方式进行。口头承诺仅凭双方当事人的相互信任建立起来，一般是无形的，对双方都无约束，有较大的道德风险，经常发生毁约失信情况。为制约双方当事人信守合约，人们便将信用工具从口头承诺形式发展到挂账信用形式，即将债权债务关系用记账的方式反映在账簿上。挂账信用是一种有形的信用工具，它比原始的口头承诺前进了一步。但由于挂账信用不规范，难以受到监督和有效的制约，并且挂账信用无法流通，使用范围有限，于是，人们便创造出完善的书面信用工具。这种书面信用工具可将借贷双方的权利和义务反映在具有一定格式的书面凭证上。由于这种书面凭证具有一定的格式[①]，能准确记载借贷双方的权利和义务，明确偿还日期和偿还金额，又经过一定的法定程序，能有效约束双方的行为，因此，它具有法律效力，可以偿还、转让、贴现。这种具有一定格式并可用于证明债权债务关系的书面凭证叫做票据。

票据是市场经济中货币信用发展到现代阶段的产物，它既是反映现代化经济生活中债权债务关系的重要凭证，又是促进市场经济高速高效运行的信用工具、支付工具和流通手段。票据从其签发、背书、承兑、保证，一直到支付等各阶段的行为和责任，都是在严密完善的票据法的管辖下规范运作的。票据在现代国内国际结算中占核心地位，票据融资成为我国社会融资总规模的重要组成，票据市场是我国利率市场化最早、最充分的金融货币子市场，票据是一种高效率、高质量和高度规范化、统一化的工具。

一、票据的起源与发展

(一)外国票据的起源与发展

在罗马帝国时代，产生了票据的雏形。当时的“自笔证书”，与现代的票据相似。自笔证书由债务人做成后交债权人持有，债权人请求给付时，必须先提示证书，当其获得付款时，须将证书返还债务人。

---

① 即一定程度的标准化，这种标准化是各国或者国际组织通过专门的票据法来进行规定的，具有法律强制性。在票据法方面即所谓票据的要式性，它是指票据的形式必须符合法律规定，票据上的必要记载项目必须齐全且符合规定。各国法律对票据必须具备的形式条件和内容都做了详细规定，各当事人必须严格遵守这些规定，不能随意更改。只有形式和内容都符合法律规定的票据，才是合格的票据，才会受到法律保护，持票人的票据权利才会得到保障。此外，在票据发行和流通转让的票据行为中，也有法律规定必须符合的要件，如下文中提及的背书和承兑行为等。

本票的起源,应属 12 世纪意大利兑换商发行的“兑换证书”。当时,意大利贸易极盛,商人云集,货币兑换十分重要,兑换商不仅从事即时兑换货币业务,而且兼营汇款。甲地兑换商收受商人货币后,向商人签发兑换证书,商人持此证书,向兑换商在乙地的分店或者代理店请求支付款项,支取乙地通用的货币。这种兑换证书,相当于现代的异地付款的本票,被认为是欧洲国家票据的起源。

汇票的胚胎是 12 世纪中叶意大利兑换商发行的“付款委托书”。兑换商向其他商人发行异地付款证书时,附带一种付款委托证书,持证人请求付款时,必须同时向付款人提示两种证书,否则不予付款。13 世纪以后,付款委托证书逐渐独立发生付款证书的效力,始脱胎而成汇票,发展至今。

支票最早产生于荷兰,17 世纪时传到英国,19 世纪中叶后,再由英国传至法国、德国,逐渐被世界各国采用。

(二)我国票据的起源与发展

我国在唐代出现了一种名为“飞钱”的票券,学者们多认为“飞钱”是我国现代汇票的起源。唐宪宗(公元 806 年—820 年)时期,各地茶商交易,往来频繁,但交通不便,携带款项困难。为方便起见,创制了飞钱。商人在京城长安(今西安)把现金支付给地方(各道)驻京的进奏院及各军各使等机关,或者在各地方设有联号的富商,由他们发给半联票券,另半联票券则及时送往有关的院、号,持券的商人到目的地时,凭半联票券与地方的有关院、号进行“合券”,然后支取现金。当时,飞钱只是一种运输、支取现金的工具,不是通用的货币。唐代,还使用过一种叫“帖”的票券,有学者认为,“帖”可为我国支票的起源。

到宋代,出现了“便钱”和“交子”。宋太祖开宝三年(公元 970 年),官府设官号“便钱务”。商人向“便钱务”纳付现金,请求发给“便钱”;商人持“便钱”到目的地向地方官府提示付款时,地方官府应于当日付款,不得停滞。这种“便钱”类似现代的“见票即付”的汇票。宋真宗时期,蜀地(今四川)出现“交子”,地方富户联办“交子铺”,发行称为“交子”的票券,供作异地运送现款之工具。后来,官府设“交子务”专办此事,发行“官交子”。“交子”与现代的本票相似。

明朝末年(公元 17 世纪),山西地区商业发达,商人设立“票号”(又叫票庄、汇兑庄),在各地设立分号,经营汇兑业务以及存放款业务。名为汇券、汇兑票、汇条、庄票、期票等的金钱票券大为流行,票号逐渐演变,叫做“钱庄”,19 世纪中叶进入盛期。票号签发的这些票券,类似现代的汇票和本票。

山西票号

票号即票庄、汇兑庄,主要办理国内外汇兑和存放款业务,是为了适应国内外贸易的发展而产生的。票号产生于中国的封建社会。在票号出现以前,人们用雇佣镖局运送现银的办法支付交易,费时误事,开支大,不安全。从嘉庆、道光年间开始,民间有了信局,通行各省,官吏及商人迫切要求以汇兑取代运现,因此诞生了票号。

最早的票号产生于道光年间。最早,山西平遥人雷履泰代替别人管理一家“日升昌”颜料铺,由于颜料铺的生意兴隆,雷履泰把经营范围扩大到了四川,经常到四川采购颜料。但是,雷履泰出入四川采购颜料必须随身携带大量的现金,在以行路难著称的蜀道上长途跋涉，风险极高，一旦碰到抢劫的匪徒，后果不堪设想。于是，雷履泰就决定由日升昌开出票据，凭票据到四川指定的地点可以兑换现银，即当时的通用货币。这种方式类似我们今天的汇票，大大提高了支付的效率，降低了交易中的风险。雷履泰用金融票据往来的方式，代替施行了几千年来商业往来必须用金、银作为支付和结算手段的老办法。在意识到这种新的结算方式的发展前景后，雷履泰干脆把“日升昌”改造成了一家专门的票号。

“日升昌”是一家特殊的商号。它的与众不同是因为它经营的商品不是一般货物，而是金融票据、存款、贷款和汇款这些业务，它是中国历史上第一家做这样生意的商号。雷履泰虽然只开办了“日升昌”这一家票号，但他实际上是开创了一个全新的行业。在此后的一百多年的时间里，别人效仿“日升昌”模式，开设了许多家类似的商号。因为它们都以经营汇票为主，而且又都是由山西人开办，所以当时的人们和后来的研究学者都把它们统称为“山西票号”。票号办理汇兑、存放款，解决了运送现银的困难，加速了资金周转，促进了商业繁荣。

清朝末年，西方银行业进入我国，钱庄逐渐衰落。我国固有的票据规则终被外来票据制度取代。1929 年，国民政府制定票据法，规定票据为汇票、本票和支票，与西方国家票据制度接轨，我国原有的各种票据遂被淘汰。

新中国成立后，曾一度限制票据的使用，当时规定：汇票、本票在国内不得使用，汇票仅限国际贸易中使用，个人不得使用支票，企业与其他单位使用以转账支票为主。进入 20 世纪 80 年代，随着改革开放深入到各个方面，票据在我国逐渐开始大规模使用，目前我国使用的《中华人民共和国票据法》(1995 年颁布)和《支付结算办法》(1997 年颁布)规定的票据基本上与国际通行的票据一致，我国的票据使用和发展也进入了一个崭新的时期。2004 年 8 月 28 日，经全国人民代表大会常务委员会通过，对《票据法》进行了修正，使其更适应新形势下经济发展的需要。

2000 年以来，我国商业汇票市场规模迅速扩张。但长期以来，商业汇票市场饱受遗失、损坏、抢劫、假票、克隆票等问题的困扰，诸如此类的保管风险、传递风险、诈骗风险等给银行和企业带来了极大的风险隐患和安全成本。2009 年 11 月 2 日，中国人民银行建成电子商业汇票系统(简称 ECDS)，首批接入电子商业汇票系统的有 11 家全国性银行、2 家地方性商业银行、3 家农村金融机构和 4 家财务公司。2017 年 1 月 1 日起，银监会要求单张金额在 300 万以上的商业汇票必须通过电票系统办理。

纸质票据通过邮递或人工传递方式存在两大风险：一是票据在回笼途中可能遗失；二是由于收票人不够专业，回笼的票据可能存在瑕疵，需要重新退回更换新票。票据电子化后，这些风险将消除。存储在人民银行电子商业汇票系统中的电子票据，通过采用电子签名和可靠的安全认证机制，能够保证其唯一性、完整性和安全性，相对于纸质票据，被克隆、变造、伪造以及丢失、损毁等各种风险将大为降低；电子商业汇票的出票、保证、承兑、交付、背书、质押、贴现、转贴现、再贴现等一切票据行为均在 ECDS 上记载做成，并支持在线交割票款，相对目前纸质票据要多次审验审核、查询照票、长途运转交付等操作环节，不仅大大降低了人力及财务成本，而且将交付及交易时间由几天缩短至几小时或几十分钟，将加速物流和资金流，提升金融和商务效率。

二、票据的概念

票据的概念有广义和狭义两种。广义的票据泛指各种有价证券和凭证，如债券、股票、提单、国库券、发票等等。狭义的票据仅指以支付金钱为目的的有价证券，即出票人根据票据法签发的，由自己无条件支付确定金额或委托他人无条件支付确定金额给收款人或持票人的有价证券。

我国和很多其他国家一样，主要是指狭义的票据，即汇票、支票及本票的统称。《中华人民共和国票据法》(以下简称《票据法》)规定的票据，是出票人约定自己或委托付款人见票时或在指定时间向收款人或持票人无条件支付一定金额并可以流通转让的有价证券。它是以支付金钱为目的的特定证券。

关于票据，特别要注意以下三点：

第一，票据是书面或电子凭证。票据是出票人签发的，约定他人或自己向收款人付款的书面或电子指示，必须是书面或电子的，而不是口头的，否则无法签名。

第二，票据的付款指示是无条件的。这意味着付款不能有限制或附带条件，即没有先决条件，是自己的承诺或对他人的命令而不是请求、商量或征求意见等。

如若付款指示附加了条件，此汇票为无效汇票，不具有法律效力。

第三，票据支付的是确定金额。必须以金钱表示，即币种加数字，不能用货物数量等表示，并且金额必须确定，不能模棱两可，如“付大约 2 000 美元”、“付 5 000 欧元加利息”等这些表示都不是确定的金额。

三、票据的分类

(一)根据出票人不同分

根据出票人不同，票据分为商业票据和银行票据。商业票据是公司或企业开立的，银行票据是商业银行开立的。不同出票人的票据，主债务人身份和信用状况不同，在流通转让时市场上接受的程度、出价会有差异。

(二)根据付款时间不同分

根据付款时间不同，票据分为即期票据和远期票据。即期票据是见票即付，票面没有付款时间的记载的视为即期支付。远期票据是在未来某一特定时间支付，通常票据的付款时间在一年以内。

(三)根据收款人不同分

根据收款人不同，票据分为记名票据、不记名票据。记名票据有明确的收款人或者是其指定人。不记名票据，也称来人票据，则没有记载特定的收款人名称，或直接记载来人字样。

(四)根据是否有商品交易为基础分

根据是否有商品交易为基础，商业票据分为真实票据和融通票据。

真实票据是指以真实的商品交易活动为基础而开立的票据，它反映真实的经济活动，是由于商品交易时，买方资金不足或支付不便而开立的。通常因支付不便而开立的是即期票据，因资金不足而开立的是远期票据。而卖方收到远期票据后会用于转让购买自己所需商品或支付债务等，从而使票据具有类似于货币的流通、支付功能；或者向银行申请贴现获得货币资金。银行通过贴现向社会注入货币，早期的银行理论认为给真实的经济活动提供货币资金是保证银行放贷安全、控制社会货币数量的基本准则。因此，银行进行票据贴现时，要努力识别票据的“真实”性。

融通票据，又称“金融票据”或“空票据”，不是以商品交易为基础，而是专门为了融通资金签发的一种特殊票据。它是当事人双方达成协议后产生的，一方（通常为资金需求者）作为债务人（出票人）签发票据，另一方作为债权人（受票人）给予承兑，出票人于票据到期前将款项送达承兑人，以备清偿。融通票据有商人出票、商人承兑的，也有商人出票、银行承兑的，还有银行出票、银行承兑的。它并不反映真实的物资周转，只是为套取资金而签发，常被投机者所利用。

例如，如果甲企业因为某种原因出现了资金暂时短缺，需一笔周转资金。但是由于甲企业规模小，经营状况不稳定，银行认为其信用程度不高，不肯贷款给甲，于是甲企业打算向关系很好的乙企业借钱。于是开出一张两个月后到期的汇票交由乙企业承兑，乙承兑后就负有对该票据的支付责任。显然甲企业对乙企业未给付任何对价，如货物、劳务、金钱等。即甲、乙两企业之间没有真实的商品或劳务交易，汇票的开立只是建立在双方的信用之上。此时，甲企业可拿此汇票筹措资金，譬如到银行贴现。从而甲企业就得到了短期资金的融通。如果到期（两个月以后）甲企业的资金状况有所好转，可将汇票金额交付给乙企业，由乙企业负责兑付汇票。如果甲企业仍然没有足够资金，乙企业也得承担支付责任，而甲、乙企业之间的债权债务关系，只能通过其他渠道解决。

（五）根据出票人与付款人的关系分

根据出票人与付款人的关系不同分为汇票、支票和本票。

汇票是出票人签发的，委托付款人在见票时或者在指定日期无条件支付确定的金额给收款人或者持票人的票据。汇票是一张“支付命令”，命令第三方给收款人支付确定的金额。第三方是否同意支付是汇票的关键，因此，汇票需要第三方确认同意支付，该过程就是承兑。如果该第三方是银行，就是银行承兑汇票；如果是普通的公司或企业，就是商业承兑汇票。汇票是经济中使用最为广泛的一种票据，也是其他票据的基础。

支票是出票人签发的，委托办理支票存款业务的银行或者其他金融机构在见票时无条件支付确定的金额给收款人或者持票人的票据。因此，支票是以金融机构为付款人的即期票据，是汇票的特例。

本票是出票人签发的，承诺自己在见票时无条件支付确定的金额给收款人或者持票人的票据。实际上就是一张“欠条”。如果出票人是银行，并且是无记名、无期限、定额的，它就是一张银行券。现钞就是中央银行签发的本票。因此，统一货币发行之后，各国都禁止银行签发无记名、无期限的定额本票。

第二节 票据的实践应用

实践中，各国的票据法对票据的规范主要根据出票人和付款人的关系对票据分类，并做出具体的要式规范和使用规范。

我国1995年颁布的《票据法》规定，票据包括汇票、本票和支票。

一、汇票

汇票是经济中使用最为广泛的一种票据，也是其他票据的基础。

根据我国《票据法》，汇票是出票人签发的，委托付款人在见票时或在指定日期无条件支付确定的金额给收款人或者持票人的票据。

国际上影响力广泛的英美法系的典型代表《英国票据法》①中关于汇票的定义是，汇票是一人向另一人签发的要求即期、定期或在可确定的将来时间向指定人或来人支付一定金额的无条件支付命令。

以上两种定义的实质是相同的。

其要式性体现为票据法规定了票面的必要记载项目，一般而言，汇票有如下必要记载项目：(1)"汇票"字样；(2)无条件支付命令；(3)付款时间(或期限)；(4)出票地点和日期；(5)付款人名称及地址；(6)收款人名称；(7)出票人名称及签名；(8)一定金额的货币。

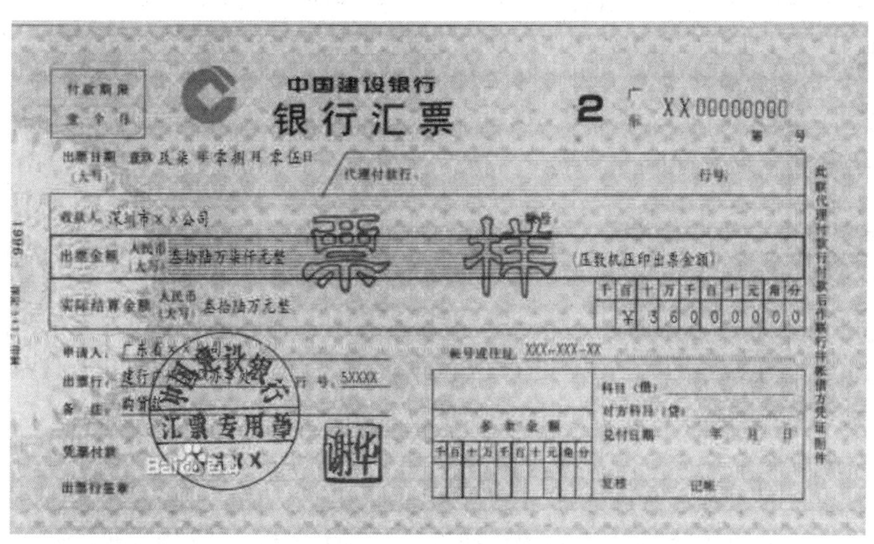

中国建设银行
银行汇票 2
XX00000000
收款人：深圳市××公司
票样
(压数机压印出票金额)
¥ 3 6 0 0 0 0 0 0
申请人：广东省××
账号或住址 XXX-XXX-XX
行号 5XXXX
汇票专用章
年 月 日

图 2-1 银行汇票票样

① 国际上的票据法还有其他如《日内瓦统一法》等，但本章仅以《英国票据法》为代表来定义汇票，也是因为事实上关于汇票的定义并无差异。

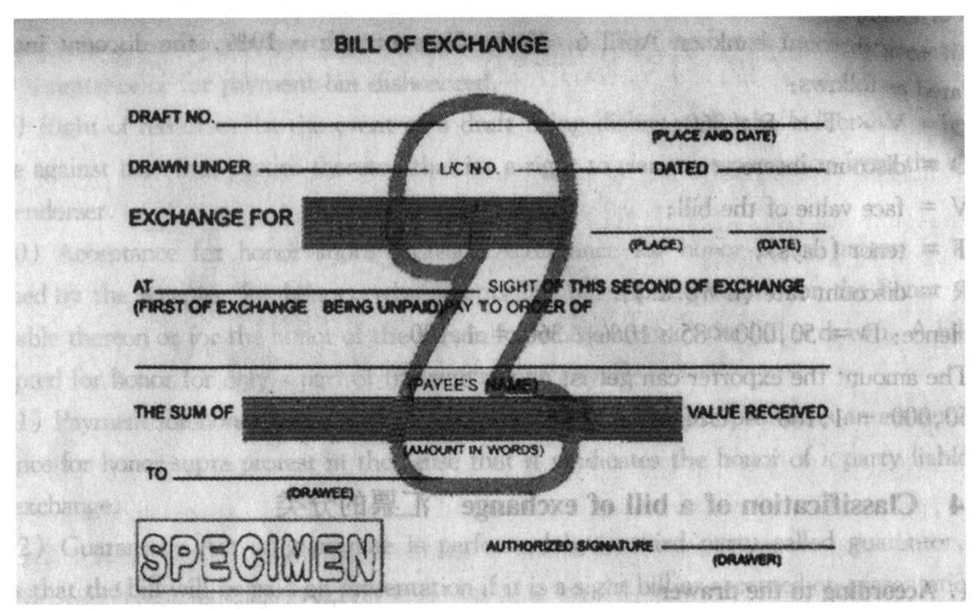

BILL OF EXCHANGE

DRAFT NO. ______ (PLACE AND DATE)

DRAWN UNDER ______ L/C NO. ______ DATED ______

EXCHANGE FOR ______ (PLACE) (DATE)

AT ______ SIGHT OF THIS SECOND OF EXCHANGE

(FIRST OF EXCHANGE BEING UNPAID) PAY TO ORDER OF

______ (PAYEE'S NAME)

THE SUM OF ______ VALUE RECEIVED

(AMOUNT IN WORDS)

TO ______ (DRAWEE)

SPECIMEN

AUTHORIZED SIGNATURE ______ (DRAWER)

图 2-2 国际贸易结算中的汇票票样

在电子化、信息化高度发展的今天，汇票除了有纸质的还有电子的，以适应时代发展特征，加速商品经济中资金的安全快速周转。

电子商业汇票则是由出票人以数据电文形式制作的，委托付款人在指定日期无条件支付确定的金额给收款人或者持票人的票据。与纸质商业汇票相比具有以数据电文形式签发、流转，并以电子签名取代实体签章的突出特点，其对于杜绝伪造、变造票据案件，降低企业结算成本、提升结算效率、控制融资风险具有十分重要的作用。电子商业汇票具有安全性大大提升，传递及保管成本大大降低，票据的支付结算效率大大提高，同时，资金融通的操作成本也将大幅降低等优势。

二、本票

本票，也称期票，是出票人发出的在见票或未来一定期间内无条件向收款人支付一定金额的支付承诺书。本票是出票人自己的债务承诺，所以即便是未来付款的本票，也不需承兑。我国本票都是银行本票。尽管有许多本票在票据上印有“不得转让(Not Negotiable)”字样，已丧失了流通票据的部分性质，但人们仍将其列为流通票据。收款人可以是出票人指定的其他人，也可以是执票来人(即不记名)。但一般各国不允许银行开出见票即付的不记名本票，因为这种本票性质上相当于钞票，会加剧通货膨胀，扰乱货币秩序。

根据我国《票据法》的规定，本票的绝对必要记载项目有：(1)“本票”字样；(2)无条件支付承诺；(3)确定的金额；(4)收款人名称；(5)出票地点及时间；(6)制票人签章。

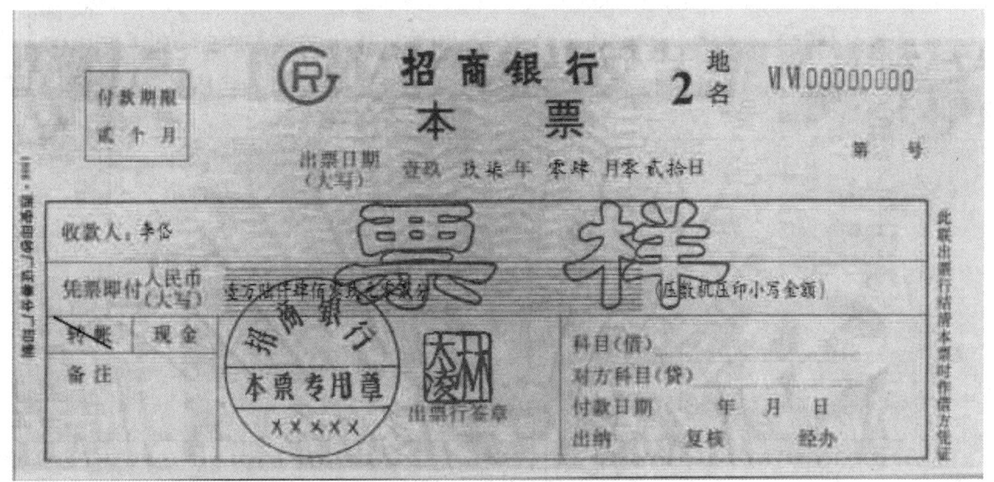
付款期限
贰个月
招商银行
本票
2 地名
WW00000000
第 号
出票日期（大写） 壹玖 玖柒年 零肆 月零贰拾日
收款人：李四
凭票即付 人民币（大写）
（压数机压印小写金额）
转账 现金
备注
招商银行 本票专用章 ×××××
出票行签章
科目（借）
对方科目（贷）
付款日期 年 月 日
出纳 复核 经办
此联出票行结清本票时作借方凭证

图 2-3 银行本票票样

三、支票

支票，是活期存款人（出票人）向自己的开户银行（受票人）发出的要求无条件向收款人支付一定金额的支付命令书。支票一般是各银行制作在存款人开立支票存款账户后交付给存款人使用的，有本行 logo、存款人账号，存款人一般只需填写出票时间、收款人、大小写金额，并在右下角签字。支票一般是见票即付的，所以也无须承兑。有空白支票，即可以除了出票人签字外其他栏空白任由收款人填写金额和收款人名称；也有空头支票，是出票人在银行的账户余额不足以支付支票票款，银行会拒付该支票。

支票根据是否必须转账，分为现金支票和转账支票。写明是转账支票必须转账，写明现金支票只能先支取现金。这是我国的用法。国外是分为普通支票和划线支票，划线支票是在普通支票上加上两条平行线的支票，这种支票只能转账，它有效地克服了普通支票可能被冒领现金的局限。

我国《票据法》规定，支票必要记载项目有：(1)“支票”字样；(2)无条件支付的委托；(3)确定的金额；(4)付款人名称；(5)出票日期；(6)出票人签章。以上内容缺一不可，否则，支票无效。不过，支票金额可由出票人授权补记。

汇票、本票、支票中，在商业领域使用得最广泛的是汇票，西方国家支票的使用也极普遍，我国支票的使用相对较少，尤其是个人支票。

2017 年，我国票交所办理票据承兑业务 14.63 万亿元，其中，电子商业汇票（以下简称“电票”）承兑发生额为 13.02 万亿元，电子银行承兑汇票（以下简称“银票”）承兑 11.12 万亿元，；电子商业承兑汇票（以下简称“商票”）承兑 1.9 万亿元。到年末，电票未到期承兑余额为 8.62 万亿元，其中电子银票为 7.1 万亿元，电子商票为 1.52 万亿元。

纸票业务方面，票交所 2017 年全年累计登记纸质票据承兑业务 620.95 万笔，金额 1.61万亿元。其中纸质银票 618.91 万笔，金额 1.59 万亿元；纸质商票 2.04 万笔，金额

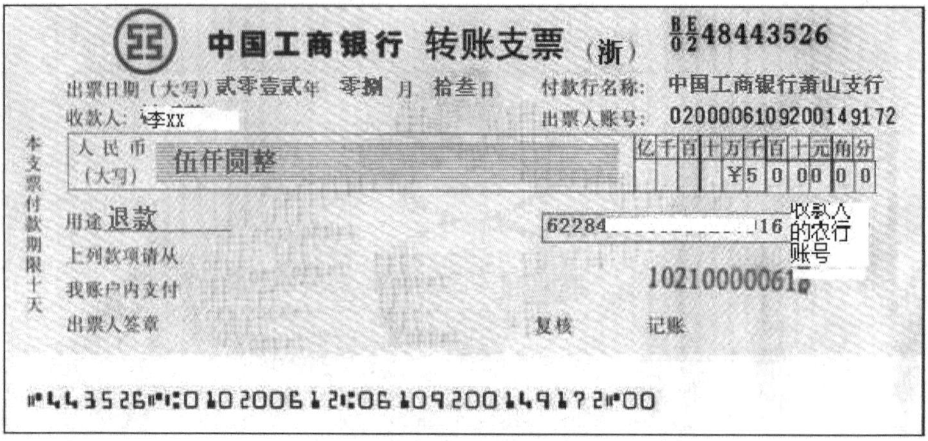

中国工商银行 转账支票（浙） BE 02 48443526
出票日期（大写）贰零壹贰年 零捌 月 拾叁日 付款行名称：中国工商银行萧山支行
收款人：李XX 出票人账号：0200006109200149172
本支票付款期限十天
人民币（大写）伍仟圆整 | 亿 千 百 十 万 千 百 十 元 角 分 | ¥ 5 0 0 0 0 0
用途 退款 62284……16 收款人的农行账号
上列款项请从
我账户内支付 10210000061
出票人签章 复核 记账
⑈443526⑈:010200612:061092001491721⑈00

图 2-4 转账支票票样

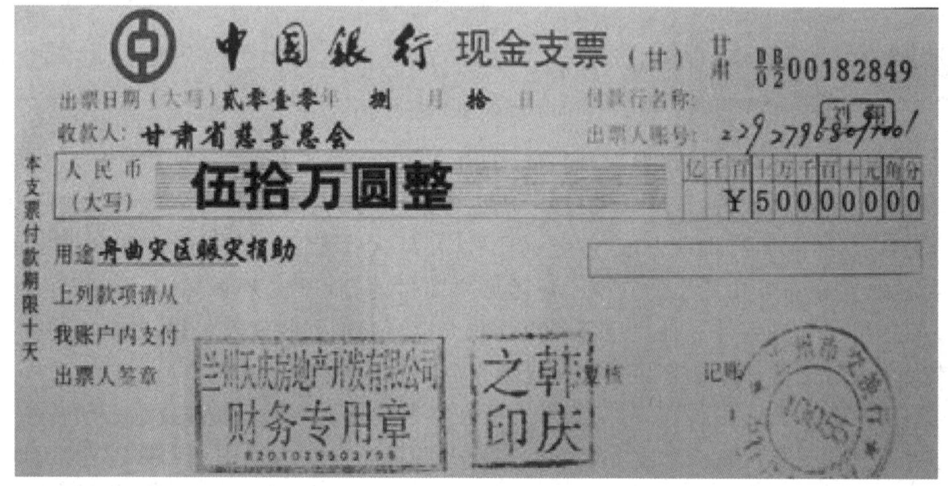

中国银行 现金支票（甘） 甘肃 DB 02 00182849
出票日期（大写）贰零壹零年 捌 月 拾 日 付款行名称：
收款人：甘肃省慈善总会 出票人账号：
本支票付款期限十天
人民币（大写）伍拾万圆整 | 亿 千 百 十 万 千 百 十 元 角 分 | ¥ 5 0 0 0 0 0 0 0
用途 舟曲灾区赈灾捐助
上列款项请从
我账户内支付
出票人签章 兰州天庆房地产开发有限公司 财务专用章 韩之庆印 复核 记账

图 2-5 现金支票票样

231.22亿元。到年末，未到期承兑余额达到 1.16 万亿元。另据对主要商业银行的调查，2017 年纸票承兑业务呈显著下降趋势。全年主要商业银行累计承兑纸质商业汇票 1.69 万亿元，同比大幅下降 69.23%。

第三节 票据的主要特性和功能

一、票据的特征

票据起源于债权债务关系，但与普通的债权债务凭证相比，经由《票据法》标准化之后的票据则是以收付金钱为目的的特定证券，以无条件支付一定金额为其核心内容。履行票款支付义务时，出票人可以自己付款，也可以委托他人付款。与普通的债权债务凭证相比，无因性、要式性、流通转让性是票据的基本特征。无因性和要式性是票据标准化的核心手段，流通转让性是票据标准化的目的和结果。

(一)无因性

票据的开立通常都有特定的原因。出票人在票面要求受票人付款给收款人一般是由于他们之间存在着债权债务关系或者资金关系。如受票人是出票人的债务人，或者受票人有出票人的存款，也可能是受票人愿意向出票人贷款；而出票人让受票人支付款项给票面的收款人可能是出票人对收款人负有债务，或者是从收款人处购买了货物，或者是以前有欠款。

这些原因是票据当事人权利义务的基础，是票据原因。这些原因如果存在瑕疵，可能会影响最后票款的支付。如果票据已经经过多轮的转让、流通，最后可能导致很多原来不相关的各方也陷入债权债务纠纷，这将导致票据难以流通转让。

票据法强调票据一旦做成，票据上的权利便与其原因关系相分离，成为独立的票据债权债务关系，不再受先前原因关系存在与否的影响。如果收款人将票据转让给他人，对于票据的受让人而言，无须调查票据原因，只要是合格票据，便确定能享受相应的票据权利。票据权利完全依照票据上文义所记载的内容确定，不能进行任意解释或根据票据以外的其他文件来确定。这就是票据的无因性，它将票据转让前手的原因予以切断，使其不能对抗后手，以此保证票据的流通。

(二)要式性

要式性是指票据的形式必须符合法律规定，票据上的必要记载项目必须齐全且符合规定。各国法律对票据必须具备的形式条件和内容都做了详细规定，各当事人必须严格遵守这些规定，不能随意更改。只有形式和内容都符合法律规定的票据，才是合格票据，才会受到法律保护，持票人的票据权利才会得到保障。

此外，票据的要式性还表现在票据流通转让过程中票据行为上。票据行为一般有出票、背书、承兑、付款、担保、贴现等，其中出票、背书、承兑在要式性的要求上特别突出。

1.出票

出票包含两个动作：开票(或写成)并签字；交付。交付是物权的自愿转移，是票据生效不可缺少的行为。一般将出票称为主票据行为，是基本的票据行为，其他票据行为都是在票据存在之后才能发生，是附属票据行为。

出票完成后，出票人就成为主债务人，承担担保承兑和付款的责任。若受票人承兑而不付款，则出票人应当承担清偿票款的责任。收款人取得票据后，即取得票据上的权利。

2.背书

背书是持票人在票据背面或粘单签名，并交付给受让人，以转让票据及票据权利的行为。包含两个动作，一是在票据背面或粘单上记载有关事项并签名。二是交付。

汇票、本票、支票都可以经背书而转让，但记载了“不得转让”字样或限制收款人的票据是不能背书转让的，而不记名收款人即来人票据则不需背书即可仅凭交付转让。

3.承兑

承兑是远期汇票的受票人在汇票上签名，表示完全同意出票人指示到期付款的行为。

它包括两个动作，首先是完成记载及受票人签名。其次是完成交付，可以是实际交付，也可以是推定交付(受票人承兑后将汇票留下，以其他方式通知持票人该汇票已承兑并告知承兑日期)。

承兑后，承兑人成为主债务人，出票人及其他汇票债务人的债务责任向后顺延一位。

承兑对远期汇票是非常重要的票据行为，承兑之后它才具有法律效力。在票据市场上，未到期的已承兑的远期汇票才能申请贴现。而本票是出票人自己的债务承诺，即使是未来付款也无须承兑；支票基本上是即期的，无须承兑。

要式性的目的是保证票据语义理解的一致性，避免在转让过程中产生理解偏差或歧义，保证流通转让的顺利。

(三)流通转让性

票据可凭交付或背书交付后进行转让，这是票据的基本特征。票据转让不同于一般债权和书面凭证的转让，有如下特征：

(1)票据转让无须通知原债务人。通常一般债权债务的转让，需通知原债务人。而票据权利的转让，仅凭交付或背书后交付即可完成，不必通知原债务人。票据法的这一规定有效地提高了票据转让的效率。

(2)正当持票人的权利不受前手票据权利缺陷的影响，可以获得完整的权利。该特征使票据受让人只需关注本身的交易及票据信息，而无须了解之前的转让过程是否存在缺陷；该特征提高了票据的普遍接受性，使之成为重要的支付和流通手段。

票据法对票据形式和语义的规范在一定程度上决定了票据是标准化的债权债务凭证。但票据的标准化非绝对的标准化，即票据会因出票人的不同，在内容的表达形式(如纯文字式、表格式，横向、纵向等等)上会有一定的差异，但同一种票据，其内容的构成项目是相同的，必须符合本国或者出票地的票据法的规定。对语义和行为的理解也要根据票据法。

二、票据的主要功能

票据是商品经济中非常重要的金融工具，从经济角度来看，票据具有汇兑、支付和流通、信用和融资等功能。

(一)汇兑功能

汇兑是票据的原生功能，主要用于解决货币支付的空间间隔问题。在票据产生的最初阶段，票据几乎成了转移资金的专门工具，它解决了由于跨区域或跨国家贸易活动带来的直接携带或运送现金的不便。利用票据，可在甲地将现金转化为票据，再在乙地将票据转化成现金或票款，通过票据的转移、清算等过程实现资金的转移，这种方式不仅简单、方便、迅速，而且很安全。

(二)支付和流通功能

支付是票据的基本功能。在现实经济生活中，随时都会发生支付的需要，如果都以现金支付，不仅费时费力，而且成本高效率低。如果以银行为中介，以票据为手段进行支付，只需办理银行转账即可，方便、准确、迅速、安全。票据不仅可以进行一次性支付，还可通过背书、交付进行流通转让。票据到期时，通过最后持票人同付款人之间的清算，就可以使此前发生的所有各次交易同时结清。

从支付和流通角度讲，票据被誉为“商人的货币”。由于背书人对于票据的付款具有担保责任，票据的背书次数越多，负责担保的人就越多，该票据的可靠性就越强，票据的价值就越高。流通性是票据，特别是汇票的显著特征；任何持票人都可以通过向债权人转让票据来清偿债务。作为流通工具，票据完善了自身的支付功能，扩大了市场的流通手段。因此，票据具有很强的货币性。

（三）信用和融资功能

信用功能是票据的核心功能，也被称为“票据的生命”。

在现代商业经济中，企业的生产过程从支付资金购买原材料到产成品出售收回资金都有一定时间周期，如果原始资金不足，很难开展生产经营活动，因此，生产经营周期性决定了企业经营活动有资金或实物融通的需要。另一方面，从供应商来看，可能由于竞争等，也愿意通过赊销赊购等方式提供融通。这种实物或资金融通称为商业信用，这种信用保障程度较低，并且难以转让和提前收回资金，并影响供应商自己的生产经营过程，从而阻碍商业信用的发展。引进票据结算后，由买方向卖方开出约期支付票据，则可使债权标准化的形式明确，提高商业信用的可靠性，确定清偿时间，使转让手续简便，且还可通过贴现提前获取现金。这就是票据的信用和融资功能，它使得市场的分工协作变得更加顺畅。

本章小结

在货币发展的代用货币阶段，人类社会创造了种类繁多的各类信用凭据，这些信用凭据通过对凭据形式和信用来源等方面进一步标准化之后就形成了现代的信用货币，但传统的信用凭据仍然具有一些信用货币无法替代的交易功用。这些传统的信用凭据在另一条发展路径上，以“票据法”为约束，进行有限标准化之后，形成了现代的票据。

现代票据指以支付金钱为目的的有价证券，即出票人根据票据法签发的，由自己或委托他人无条件支付确定金额给收款人或持票人的有价证券。

票据既是反映现代化经济生活中债权债务关系的重要凭证，又是促进市场经济高速高效运行的信用工具、支付工具和流通手段。票据从其签发、背书、承兑、保证，一直到支付等各阶段的行为和责任，都是在票据法的管辖下规范运作的。

票据可以分为商业票据和银行票据。按照付款时间不同，票据分为即期票据和远期票据。按照收款人不同，票据分为记名票据、不记名票据。按照是否以商品交易为基础，商业票据分为真实票据和融通票据。根据出票人与付款人的关系不同，票据分为汇票、支票和本票。

汇票是经济中使用最为广泛的一种票据，也是其他票据的基础。根据《票据法》，汇票是出票人签发的，委托付款人在见票时或在指定日期无条件支付确定的金额给收款人或者持票人的票据。

本票，也称期票，是出票人发出的在见票或未来一定期间内无条件向收款人支付一定金额的支付承诺书。一般各国不允许银行开出见票即付的不记名本票，因为这种本票性质上相当于钞票。

支票，是活期存款人(出票人)向自己的开户银行(受票人)发出的要求无条件向收款人支付一定金额的支付命令书。支票根据是否必须转账，我国分为现金支票和转账支票。国外分为普通支票和划线支票。

无因性、要式性、流通转让性是票据的基本特征。正是由于票据有这三个特性，票据标准化才得以充分体现。票据具有汇兑、支付、流通、信用和融资等功能。在现代市场经济中，其支付、流通、融资功能更为凸显，这些功能体现了票据的货币性。

复习思考题

1.什么是票据？其常见的分类有哪些？分别是如何分类的？

2.试区分经济中转让的三种方式：过户转让、交付转让和流通转让。

3.什么是无因性？什么是要式性？

4.什么是汇票？汇票票面有几个当事人？他们之间的债权债务关系是怎样的？

5.什么是本票？本票票面有几个当事人？他们之间的债权债务关系是怎样的？

6.什么是支票？有人说“支票是一种特殊的即期汇票”，你觉得特殊在哪些方面？

7.我国票据法及实际银行业务中自20世纪八九十年代便已允许个人支票的使用，为何至今我国个人支票的应用极少、差强人意呢？请自行查阅相关资料，说出你的看法。

第三章

债券和股票

本章导读

1990 年 12 月 19 日，上海证券交易所在上海浦江饭店正式挂牌成立，时任上海市市长朱镕基敲响开业之锣。当时上市交易的仅有 30 种国库券、债券和 8 只股票；这 8 只股票分别为延中实业、真空电子、飞乐音响、爱使股份、申华实业、飞乐股份、豫园商城和浙江凤凰。

深圳证券交易所于 1990 年 12 月就开始试营业，之前先后发行了深宝安、深发展、深万科、深金田、深达声、深金田、深振业、深华新、深锦兴、深安达、深原野等十只股票，其中深发展、深万科、深金田、深安达、深原野等 5 只股票于深交所试营业前就在深圳特区证券公司公开柜台上市交易。1991 年 7 月 3 日，深圳证券交易所正式开业。

1992 年 1 月 19 日开始，邓小平对深圳进行了为期 4 天的考察，在了解了深圳股市情况后，他指出："有人说股票是资本主义的，我们在上海、深圳先试验了一下，结果证明是成功的。看来资本主义有些东西，社会主义制度也可以拿过来用，即使错了也不要紧嘛！错了关闭就是，以后再开，哪有百分之百正确的事情。"

小平考察讲话一锤定音，为中国证券市场的发展定了调。从此，中国股市进入快速发展阶段。到 2017 年年底，国内共有上市公司 3 485 家，股票总市值达 567 475 亿元，当年利用境内外证券市场募集资本总额达 35 416 亿元。

为什么我国现代的股票和债券市场会发生如此巨大的变化？它对我国的经济发展有何作用？

在本章我们主要思考以下问题：

1.股票和债券是什么？其主要作用是什么？

2.股票和债券是如何创造的？

第一节　资本性工具的产生与发展

一、资本性工具概述

在现代市场经济环境下，资本是企业为从事生产经营活动所需的相关经济资源。资本的起源与归属是分工与专业化；分工与专业化的发展需要资本，大规模资本的运用又进一步促进了分工与专业化的深化。

在现实生活中，资本首先表现为一定的物，如货币、机器、厂房、原料、商品等，体现在企业资产负债表的资产方。其次，这些资源是如何获得的，归谁所有，则体现在资产负债表的负债和所有者权益方。如果通过借贷获得则体现为负债，如果是企业的所有者（股东）投入则体现为股本等所有者权益；因此，资本是投资者对企业的投入，体现在资产负债表的右侧，分为债务资本与权益资本，分别归债权人和公司所有者（股东）所有，企业对其资本不拥有所有权。因此，从政治经济学的角度看，资本的本质不是物，而是体现在物上的生产关系。

从生产效率提高角度看，即企业如何最大化地为社会创造商品或提供服务，或企业如何发展壮大，有两个方面的工作可做。一是在企业内部，在给定已有资源的条件下，通过对资产方的不同类别资产的优化配置，实现效率提高、盈利积累而发展壮大。这是属于企业生产经营管理的研究范畴。二是放眼企业外部，通过负债、募集新股东投入新股本，甚至直接收购、兼并其他企业、出售部分或全部企业等方式，在更大的经济环境下优化配置资源。这就是金融领域的研究范畴，也称为资本运营，或资本交易。

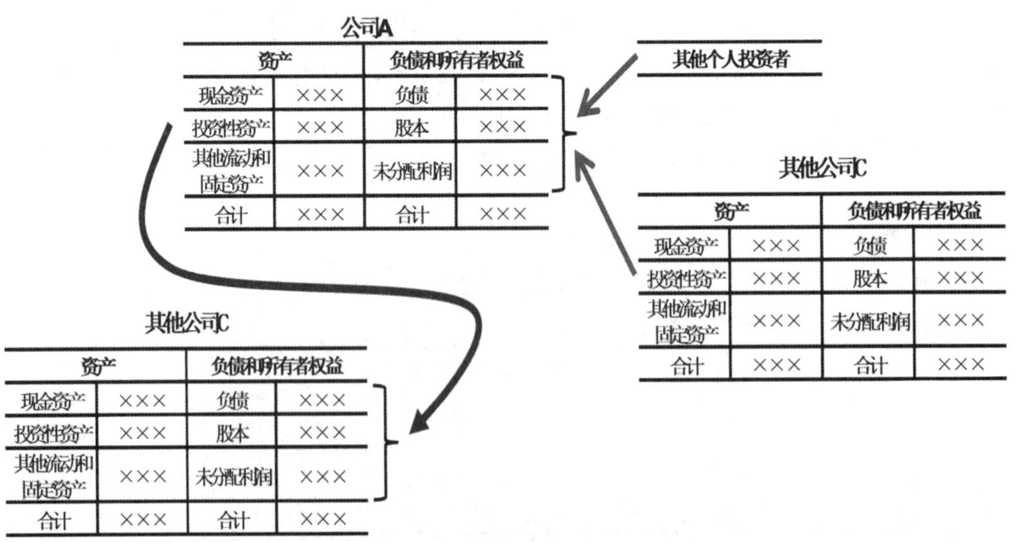

图 3-1　资本交易形成的公司之间及公司与个人投资者之间的关联关系

如图 3-1 所示，公司或企业通过资本交易（投资性资产/负债或所有者权益），与其他公司企业或个人形成交易关联。与个人的交易主要就是向公众募集资本，直接扩大公司或企业的规模；与其他公司间的交易，就形成公司间的控制或被控制关系，在不同的公司间实现经济资源的优化配置。

资本交易存在其独特的困难：一是资本交易标的价值量大，难以在少数几个交易对手间完成，通常需要大量的、不确定的公众参与才能完成。二是为了保证公司企业等的持续或永续经营，资本的有效期限都很长，如果没有接力等特殊机制，将极大限制参与资本交易的参与者，从而使大规模的资本交易难以完成。为了解决资本交易存在的困难，金融为资本交易创造了特殊的金融工具——资本性工具。本章所指的资本性工具是指公司或企业等经济主体发行的，用于筹集短期或长期资本的标准化工具。根据资本的两个不同的来源渠道，资本性工具一般分为债券和股票两类。

债券是一种金融契约，是政府、金融机构、工商企业等直接向社会借债筹措资金时，向投资者发行，同时承诺按一定利率支付利息并按约定条件偿还本金的债权债务凭证。债券购买者或投资者与发行者之间是一种债权债务关系，债券发行人即债务人，投资者（债券购买者）即债权人。债券是一种社会化、标准化的债务凭证，是一种有价证券。

股票是股份公司发行的所有权凭证，是其为筹集资金而发行给各个股东作为持股凭证并借以取得股息和红利的一种有价证券。每股股票都代表股东对企业拥有一个基本单位的所有权。每个股东所拥有的公司所有权份额的大小，取决于其持有的股票数量占公司总股本的比重。股票是股份公司资本的构成部分，可以转让、买卖，但不能要求公司返还其出资。

历史上最大规模的资本募集

2014 年 5 月阿里巴巴正式宣布赴美上市，选择在纽约证券交易上市，并以“BABA”作为其上市代码。阿里巴巴从 9 月 8 日起路演，持续约两周；9 月 18 日敲定 IPO 价格，正式交易于第二天进行。按照阿里巴巴集团的计划，在首次公开募股（IPO）活动中，有 320 106 100股美国存托股（ADS）提供给投资者。其中，阿里巴巴集团新发 123 076 931 股 ADS，雅虎、马云、蔡崇信提供剩下 197 029 169 股 ADS。同时还授予承销商 48 015 900 股 ADS 的超额配售权（也称“绿鞋”期权，green shoe option），其中阿里巴巴集团最高增发提供 26 143 903 股 ADS，其余由老股东提供。这意味着，如果承销商超额配售 48 015 900 股 ADS，阿里巴巴集团此次 IPO 发行量将达到 368 122 000 股 ADS。IPO 当天的需求很旺盛，这些银行家行使了超额配售权，使阿里巴巴和卖出股份的股东筹得的资金从 218 亿美元增至 250 亿美元。此次阿里上市，有 6 家银行为其承销：瑞信、摩根士坦利、JPMorgan、德意志银行、高盛和花旗。

这是纽约证券交易所 220 多年历史上最大的一笔 IPO。纳斯达克历史上，Visa 公司在 2008 年共募集了 179 亿美元；Facebook 在 2012 年上市时筹集资金 160 亿美元。2010 年 7 月 6 日中国农业银行股份有限公司在上海证券交易所的 A 股以 2.68 元/股发行；在香港的 H 股定价为 3.20 港元/股发行，在 A、H 股启动“绿鞋机制”后，以 221 亿美元的募资规模，成为当时全球最大的 IPO。

2016年8月1日，微软成功发行了总规模高达197.5亿的美元债券。这次发行分七个期限，分别为3年期、5年期、7年期、10年期、20年期、30年期和40年期。微软此次发债受到资本市场的追捧，共获得了超过500亿美元的认购。此次发行是微软历史上最大规模的债券发行，也是当年美元公司债发行的第三大规模，仅次于百威英博啤酒集团(Anheuser-Busch InBev)的460亿美元和戴尔公司(Dell Inc.)的200亿美元。同时，此次发行在“史上最大规模美元公司债发行Top 10”中排第五位。目前史上最大规模公司债发行是2013年Verizon发行的价值490亿美元公司债，用以购买Vodafone在Verizon Wireless的股权。债券期限由3年至30年不等，分定息及浮动利息债券。

二、债券的产生与发展

(一)西方国家债券的历史沿革

债券的历史比股票要悠久，其中最早的债券形式就是在奴隶制时代产生的公债券。据文献记载，希腊和罗马在公元前4世纪就开始出现国家向商人、高利贷者和寺院借债的情况。进入封建社会之后，公债就得到进一步的发展，许多封建主、帝王和共和国每当遇到财政困难特别是发生战争时便发行公债。

12世纪末期，羸弱的欧洲政府在中世纪晚期和文艺复兴时期一直诉诸赤字财政和发行债券。在当时经济最发达的意大利城市佛罗伦萨，政府曾向金融业者募集公债。其后热那亚、威尼斯等城市相继仿效。

公元1172年，威尼斯采取了一种相当新颖的方式来融资——发行公债。这笔贷款是为了应对巨大的人质危机以及与拜占庭争夺亚得里亚海控制权的战争。公债的数额是根根据威尼斯居民的财富水平设置的，并且通过强制购买的形式完成发行；通过纳税册来评估公民的财富，然后按照比例征收公债并将其转到大议会。这种机制的最大特征在于，虽然也是强制性的，但是它与征税不同，因为威尼斯人被承诺可以在债务还清前一直收到5%的利息。公债使总督米歇尔建立起庞大的舰队以对战拜占庭帝国。由120艘舰只组成的船队扬帆出海，准备解救人质并收回威尼斯的地产。但正准备突袭对方的威尼斯舰队突然被瘟疫击败了；总督米歇尔回到威尼斯后，立刻被愤怒的暴民杀死。战争的失败使这个衰弱的共和国永远不会偿还这批债券的本金，虽然国家为这次贷款支付了稳定的利息。

有史以来首次发行的政府债券是财政弱小而不是财政强大的结果。它诞生于绝望，并且在国家无力偿还本金的情况下依旧存留了下来。然而。这是一个重大的金融创新。它使得政府在有需要的时候能够迅速集中金融资源，并将其转换成军事资产。

1262年，威尼斯的债务在《债券法》(Ligato Pecuniae)中被固定下来。该法将之前的所有债务合并为单一的基金。新的基金按照贷款面值支付5%的利息，每年分两期支付。该基金后来被称为蒙特维奇欧(Monte Vecchio)基金，它有两个主要特点：债券可以在投资者之间转让，政府不能通过偿还本金来偿还债务。限制政府通过偿还本金来撤回债务意味着债券将是一个永久性的金融资产，除非威尼斯在公开市场上回购这些债券。至此，当马可·波罗在中国欣赏大汗壮观的宫殿时，此时威尼斯的债务已经标准化，可以在活跃、竞争性的二级市场——里亚尔托市场进行买卖了。将国家借贷按照《债券法》规定的方法制度化是真正的创新，使大规模的债务在公民之间分散是绝对新奇的。有了它，威尼斯共和国有意或无意地创造了一个全新的收益来源。在接下来的几个世纪，每当威尼斯有军事需要的时候就会求助于蒙特维奇欧基金，比如费拉拉战争(1310—1354)、与热那亚的第三次战争(1350—1354)等。①

15 世纪末 16 世纪初，美洲新大陆被发现，欧洲和印度之间的航路开通，贸易进一步扩大。为争夺海外市场而进行的战争使得荷兰、英国等竞相发行公债，筹措资金。在 1600 年设立的东印度公司，是历史上最古老的股份公司，它除了发行股票之外，还发行短期债券，并进行债券买卖交易；但只有当它获得了有限责任的许可之后才开始发行债券。

美国在独立战争时期，也曾发行多种中期债券和临时债券，这些债券的发行和交易便形成了美国最初的证券市场。

1783 年独立战争正式结束，当时美国的内外债总额高达 5 400 万美元，混乱的局面严重影响了人们对美国未来的信心，挑战着这个年轻国家的命运。

1790 年 1 月，年仅 33 岁的财政部长亚历山大・汉密尔顿向国会递交了一份债务重组计划。首先，财政部发行新货币。旧货币可按票面价格进行 1∶1 的兑换。这样，旧币退出市场，取而代之的是信誉良好的新币。之后，宣布在 1788 年宪法通过之前美国发行的所有债务，包括联邦与地方政府发的各种战争债、独立战争军队签的各类借条，全部按原条款一分一文由联邦政府全额付清。为了兑现承诺，联邦政府发行三只新债券，头两只债券年息 6%(一只于 1791 年 1 月开始付息，另一只到 1801 年才付息)，第三只债券只付年息 3%。由这三只可以自由交易的债券取代原来五花八门的战争债，大大简化新国家的债务局面。至此，政府用新债代替旧债，保住了国家信用。这个计划被形象地称作“旋转门计划”。

美国金融之父汉密尔顿的创举在于，兑现过去所有战争债的承诺振奋了市场对美国未来的信心，但从金融技术来看，简化国债，实际上就是对国债的规范化和标准化，标准化极大地提高了国债的流动性。因此，“旋转门计划”的金融意义在很大程度上可以看成是它赋予了债券标准化新的内涵。在美国的金融博物馆里记录了汉密尔顿在 1781 年写下的一句话：如果不是太多的话，国债将是一种对国家的恩赐。这里的“多”，指国债种类的减少和规范。

19 世纪 40—50 年代由政府担保的铁路债券迅速增长，有力地推动了美国的铁路建设。19 世纪末到 20 世纪，欧美资本主义各国相继进入垄断阶段，为确保原料来源和产品市场，建立和巩固殖民统治，加速资本的积聚和集中，股份公司发行大量的公司债，并不断创造出新的债券种类，这样就组建形成了今天多品种、多样化的债券体系。

根据国际清算银行的统计，截至 2017 年 9 月底，世界主要国家由政府和公司所发行的未偿还的流通中的债券超过百万亿美元。其中发行量最多的分别是美国、日本和中国。

① 威廉・戈兹曼著，张亚光等译：《千年金融史——金融如何塑造文明，从 5000 年前到 21 世纪》，中信出版社 2017 年版，第 173～175 页。

世界主要国家未偿还债券统计(2017 年 9 月底)

单位:10 亿美元

	合计	金融债券	非金融企业债券	政府债券
法国	4 555	1 587	724	2 244
德国	3 664	1 543	218	1 903
英国	5 836	2 637	526	2 669
澳大利亚	1 960	1 105	205	650
加拿大	2 425	653	493	1 274
日本	12 596	2 440	723	9 433
美国	38 906	15 351	6 088	17 252
中国	11 158	4 273	2 755	4 130

数据来源:国际清算银行(http://stats.bis.org/statx/)

(二)我国债券的历史沿革

中国自秦以来,实行的是大一统的、中央集权的郡县制,政府具有很强的征税能力,中国的债券产生晚于欧美国家。首次发行的债券是 1894 年清政府为支付甲午战争军费的需要,由户部向官商巨贾发行的,当时称作"息借商款",发行总额为白银 1100 多万两。中日甲午战争后,清政府为交付赔款,又发行了公债(即"昭信股票"),总额为白银 1 亿两。辛亥革命后,南京临时政府为解决军政困难,发行了定额为 1 亿元的"民国元年八厘军需公债"。抗日战争期间,国民政府为了解决抗日战争的军费之需,发行了大量的"爱国公债"。

1949 年新中国成立之后,我国于 1950—1958 年发行了"人民胜利折实公债"和"国家经济建设公债"。其发行对于实现社会主义改造、巩固和加强社会主义经济基础,起了良好的作用。1958—1980 年,由于政治运动,国债被迫暂停。中国债券市场真正的起步是在改革开放之后,1981 年之前中国保持既无内债也无外债,从 1981 年开始启动国债的发行,1981 年 1 月财政部开始发行国债。国债恢复发行之初,主要采取行政摊派方式,由财政部门直接向认购人(主要是企业和居民个人)出售国债,带有半摊派的性质。1983 年开始启动企业债发行。但恢复发行之后,经历了长达 7 年的有债无市的历史过程。因此,在此之前,中国是没有可流通意义上的债券的。

1988 年,为了解决先后发行的大规模国债能够得到流通变现,财政部在全国 61 个城市进行国债流通转让的试点,这是银行柜台现券的场外交易,中国国债的二级市场也初步形成。1990 年 12 月上海证券交易所成立,开始接受实物债券的托管,并在交易所开户后进行记账式债券交易,首次形成了场内场外两个交易市场并存的格局。1991 年初,我国将国债流通转让范围扩大到全国 400 个地市级以上城市,以场外柜台交易市场为主、场内集中交易市场为辅的国债二级市场格局基本形成。

中国企业发债最早从发改委的企业债开始,中国从计划经济过渡到市场经济,过去企业投资需要发改委审批,发改委审批项目同时提供资金配套。另外,证监会审批的公司债,主要是由上市公司发行(2007 年开始),2007 年第一支公司债长江电力发行;2015 年修订出台新的《公司债券发行与交易管理办法》,公司债扩展到全体企业,除了发改委、证监会,企业法人也可以向交易商协会申请短期融资券和中期票据等债券工具的发行。人民银行主管的银行间交易商协会从 2005 年开始创设短期融资券,2008 年开始创设中期票据。另外,金融企业发债由银监会和人民银行共同监管,包括金融债、信贷资产证券化等。

到 2017 年 9 月底,中国已发行未偿还的各类债券余额达 11 万多亿美元,其规模位列世界第三。

三、股票的产生与发展

(一)西方国家股票发展历程

股票是现代公司制度发展成熟的结果。在人类历史上,为了筹集资本组建大规模企业,由股东出资,持有股票,设立企业的方式是最重要的金融技术创新之一。集资方法运作商业项目中,项目管理人必须保管出资情况登记表,同时出资人还要与项目管理人签订出资合同,出资合同的投资人副本,就成了现代股票的雏形。但是每个投资人财力有薄有厚,投资有多有少,合同办起来因人而异,还得逐笔对账,操作不便。且不同的投资人能够投资的期限也不相同,有的人希望投资合同能够转让,以实现其短期投资的需要,还能保证商业项目的长期持续。于是,将每份投资合同的出资额度定个标准,投资双方的权利和义务等合同条款也给予标准化(以公司章程等方式出现),同时也允许投资方转让投资合同。因此,股票就是这种投资合同标准化和制度化的结果。

股票的起源仍然处于争论之中,金融史学家米歇尔·弗拉蒂安尼(Michele Fratianni)发现由股本分割而来的股票早在 12 世纪中叶就已经在热那亚出现,典型的有:1407 年由热那亚主要债权人设立的金融机构——圣乔治屋发行的股票;1372 年图卢兹的荣耀巴扎克勒公司发行的股票等。在哥伦布发现新大陆,麦哲伦完成第一次环球航行的 15、16 世纪,欧洲人看到了新世界的丰富矿产、劳动力和市场资源,发行股票组建起各类远航贸易公司。从此,公司和股票的发展呈波浪式向不同行业、不同领域、不同国家渗透和漫延,并且逐步规范。总体上看,现代股票的发展大约经历了以下三个阶段:

第一阶段:在 16 世纪作为筹集资金、分散风险的一种手段而进入远航贸易领域。

15 世纪,哥伦布发现了美洲新大陆,随后麦哲伦又完成了第一次环球航行。这些地理大发现开通了东西方之间的航线,使海外贸易和殖民地掠夺成为暴富的捷径。但组织远航贸易需巨额的资金,且远航经常会遭到海洋飓风,殖民地掠夺会遭到土著居民的反抗,要冒很大的风险。

为了筹集远航的资本和分摊经营风险,就出现了以股份集资的方法,即在每次出航之前,招募股金,航行结束后将资本退给出资人并将所获利润按股金的比例分配。为保护这种股份制经济组织,英国、荷兰等国的政府不但给予它们各种特许权和免税优惠政策,且还制定了相关的法律,从而为股票的产生创造了法律条件和社会环境。

在 1553 年,英国以股份集资的方式成立了莫斯科尔公司,在 1581 年又成立了凡特利公司,其采取的方式就是公开招买股票,购买了股票就获得了公司成员的资格。但普遍认为世界上最早的股份有限公司制度是诞生于 1602 年的在荷兰东印度公司。由于远洋贸易的利润丰厚，这类公司迅速膨胀，到 1680 年，此类公司在英国已达 49 家；相应地，股票这一金融工具也得到发展。在 1660 年之前，股东若要转让其所持股票，要在本公司内找到相应的人员来接受，或设法依公司章程规定将本公司以外的承购者变为公司的成员，股票的转让相当不便。但从 1661 年开始，股票可以任意转让，购买了公司股票的人就具有了公司的股东资格，享有股东权益。17 世纪上半叶，英国确认了公司作为独立法人的观点，从而使股份有限公司成为稳定的组织形式。

第二阶段：17 世纪后，随着工业革命的爆发，股票逐渐进入金融和工业领域。

17 世纪末到 19 世纪中叶，大机器工业生产代替手工生产的工业革命，导致了商品经济的极大发展，股份有限公司因适应了大工业的要求而迅速发展。由于生产对扩大资本和进行远距离运输以扩大市场的需要，银行、运输业急需大量筹集资金，通过发行股票来筹集资金、建立股份有限公司就成为当时的一种普遍方式。

1694 年成立的英格兰银行及美国在 1790 年成立的第一家银行——合众美国银行都是以发行股票为基础成立的股份有限公司。相对于远航贸易来说，银行股票是金融业股票，不但股息多，且风险小，所以股票和股份制在金融业得到了迅速的发展。

18 世纪，蒸汽机的发明推动了工业革命，资本主义的手工业生产逐渐过渡到机器大工业生产。大机器不仅在纺织业使用，而且推广到轮船和机车，改变了整个社会的交通状况，极大地促进了生产力的发展。这时的生产规模要求在交通能源、原材料、基础设施等方面进行巨大的投资，股份有限公司和股票正好提供了一条集中社会资本的道路。

从 18 世纪 70 年代到 19 世纪中期，英国利用股票集资这种形式共修建了长达 2 200 英里的运河系统和 5 000 英里的铁路。美国在 18 世纪初的 50 年里建成了约 3 000 英里的运河及 2 800 英里的铁路。到了 19 世纪 60 年代以后，资本主义大工业生产要求扩大企业规模、改进生产技术和提高资本的有机构成，独资或合伙办企业已难以适应，政府也采取各种优惠措施鼓励私人集资兴建企业，而股票的自由转让，特别是可利用股票价格进行投机，刺激了人们向工业企业进行股票投资的兴趣。股份有限公司开始在工业系统确立统治地位，成为主要的企业组织形式，且通过股票筹措的资本额越来越大。1799 年杜邦创立的杜邦火药公司以每股 2 000 美元的股票筹措了 15 股资本而创办成立，1902 年成立的美国钢铁公司则用股票筹措了多达 14 亿美元的股金资本，成为第一个 10 亿美元以上的股份有限公司。

第三阶段：随着证券交易的发展，其相应的法规及手段日益完善。

股票在近代和现代的高速发展，要求法律制度不断完备。各个西方国家均通过制定公司法、证券法、破产法等来维护股份有限公司和股票的发展，以保护股东的权益。

美国根据 1929 年经济危机的经验，于 1933 年颁布了《证券法》，主要规定了股票发行制度。1934 年又颁布了《证券交易法》，用于解决股票交易问题，并依该法成立了证券委员会作为股票市场的主管机关。1970 年，为了保护投资者的利益，减少投资风险，颁布了《证券投资者保护法》。有关证券(股票)法律的公布和实施，促进和巩固了股份有限公司制度和股票的发展。

图卢兹荣耀巴扎克勒磨坊公司[①]

图卢兹是法国西南部的一个历史悠久的城市，1138 年，4 个合伙人取得了在巴扎克勒建造三座磨坊的权利，这是一个商业企业：由投资者合伙出资，取得了不动产使用——建造磨坊并运营它们获利，然后根据投资人各自的股份进行利益分配。它是罗马共和国以来第一个具有众多现代股份制企业特点的公司。

1372 年，12 家在巴扎克勒浅滩经营的磨坊公司合并成了一个大企业——荣耀巴扎克勒。小磨坊公司的股东将他们的股份置换成大公司的股份，并且起草了一份详尽的文件来决定未来公司如何经营。荣耀巴扎克勒拥有能够自由转让的有限责任股份。公司有董事会、职业经理人、雇员、定期披露的账目以及基于盈利的股息，甚至还有公司的荣誉感和使命感。法庭将它当作一个与股东和管理者相互独立的法人实体，可以拥有资产并以它的名义签订合同。

巴扎克勒磨坊公司的股票没有被贵族们据为己有，反倒被那些中产的、小康的图卢兹市民持有，他们中有律师、政府公务人员、银行工作人员，甚至还有磨坊主(尽管很少)。这些股票被一代代地传承下去，不仅被买入卖出，而且还可以用作贷款的抵押物。

荣耀巴扎克勒公司发行的股份有三个精妙之处。首先，作为一个融资工具，它募集了大量的资金用于建设一个大规模的企业。其次，作为一种投资工具，它培育出了一个新的阶层——“资产阶级”。另外，公司从成立之初就被构想为一个持续存在的企业，它的组织形式非常适合成为一个永续存在的机构。

1372 年成立以来就设定好的章程写满 8 英尺长的手稿。这份文件就像一幅绝妙机器的设计图，又或是一件特别的工具，可以将投资者的资本转化为磨坊的机械设备，而且它详细说明了资本将如何被使用，哪些人将会受益。荣耀巴扎克勒公司的章程更像是对一个游戏规则的完整设定。这些规则需要确保没有任何一个玩家可以无意或有意地破坏游戏规则，或者欺骗其他玩家。这些规则还需要确保参加游戏的玩家是自愿的，这份并购文件不是被强迫签署的。从本质上说，共同拥有和经营公司这样一个民主的过程需要使得各方都满意。让股东的收益分享权和公司控制权得到保护，不仅要使公司创立时的股东满意，还要让未来世世代代的股东满意。每当公司的股份被卖出，购买者支付的价格不仅代表了他对公司研磨谷物的信任，还体现出他信任公司能够给予股东平等的权利，相信公司的管理是为了股东利益的最大化。

公司在 1427 年遭遇了火灾；1709 年，磨坊的堤坝被洪水冲毁。在这些事件中，股东们都被号召起来出资重建。但股东们不能被强迫支付无限的金额，反而，他们拥有将股票交还公司然后退出的权利——有限责任。正因如此，人们才愿意让资本承担不确定的风险。

1709 年的大灾难中，有一些股东交出了他们的股份而不是再次出资。一个有事业心的工程师向公司提出了一个解决方案：他承诺将重建磨坊，不过他想要得到公司的股份作

---

① 威廉·戈兹曼著，张亚光等译：《千年金融史——金融如何塑造文明，从 5000 年前到 21 世纪》，中信出版社 2017 年版，第 229～232 页。

作为回报。随后,他与日内瓦的投资者们进行洽谈,他们愿意预付现金并且同样要求股份作为回报。这笔交易是一个意外的成功,新的股份被发行用来为重建而融资。经过重建的磨坊还是和以前一样高产。这个交易方案的倡导者不仅是水利工程师,同时也是一位金融工程师,他构建的交易方案使得这个古老的公司重获生机。

尽管经历了各种挫折,荣耀巴扎克勒存活了下来,比20世纪前法国的任何一个政府都长久。它在百年战争和法国大革命中幸存,事实上它的寿命甚至比中国的宋、元、明朝加起来还要久。19世纪末。随着资本主义在法国的成熟和股票市场的逐渐发展,公司的股票最终在巴黎交易所进行交易——这家公司改制成了一家上市的股份有限公司。荣耀巴扎克勒最终在20世纪被法国政府国有化,国有化后的公司图卢兹电力公司依然矗立在这里。它的幸存得益于某些比坚固的建筑更重要的东西,毕竟构成磨坊的建筑和水坝都不止一次地被毁坏。剩下的只有它的公司组织结构——最基本的章程结构:它是金融史上的技术革命,得以让公司在几个世纪中表现出惊人的稳定性。

(二)股票在中国的发展历程

中国股份制经济和股票的发展,最初是清政府被迫开放通商口岸之后,美商、英商等外商在上海和香港等地设立股份公司发行股票开始的,以在外资企业中参股以及中外合股开办股份制公司的方式出现的。1862年3月,美商金能亨凭借其与一些外商、华人买办的关系,成功筹集100万两银子,在上海开办了近代中国第一家股份制企业——旗昌轮船公司。不久,该公司股票开始上市。该公司成立不久甚至还垄断了中国的长江航运。1965年英商的汇丰银行在获得英国的有限责任公司的许可之后,首先在香港发行股票,6个月之后又在上海第二次发行股票。汇丰成立之后成了中国关税的存放银行,并以关税收入为担保为清政府发行并承销国际债券,为当时中国的铁路等基础设施建设提供了重要资金来源。

19世纪60年代的“洋务运动”,极大地推动了资本主义的发展。以李鸿章为代表的“洋务运动”,主要是兴办军事工业并围绕军事工业带动其他行业,由此,中国开始有了一批大清政府控制的官办企业。但清末国库空虚,许多官办企业资金困难,难以为继。与此同时,随着民族资产阶级的发展,工商界人士纷纷效法近代资本主义的资本运作方式,与这些官办企业同期发展起来的民族工业企业,普遍采用集资入股的方式。中国最早发行的股票就是1872年由轮船招商局发行的股票。轮船招商局的创办因其兴办最早、规模较大,在我国证券历史上有着特殊意义。其后相继创办的开平矿务局、上海机器织布局、汉阳铁厂、山东莒州矿务局、烟台缫丝局、抚顺煤矿总公司等企业,均以发行股票方式筹集资金。发行股票也就成了一种新颖的集资方式。

1869年,在上海四川路二洋泾桥北堍,出现了第一家专营股票买卖的票号——英商长利公司。1891年“上海股份公所”成立,形成了我国最早的明确的交易所制度以及会费制度。1900年,上海股份公所在英商总会内租了几间房间作为办公场所,这也是我国最早的场内交易所。1903年,上海股份公所改组为上海证券交易所,并在香港成立,1909年迁入上海外滩一号。此时,其已经成为远东地区规模较大的证券交易所之一。1914年当时的北京政府颁布中国第一部交易所法《证券交易所法》。1920年,上海证券物品交易所正式开张;1929年上海华商证券交易所与上海证券物品交易所合并为上海华商证券交易所。

从1872年开始，中国用了40多年的时间迅速吸收企业资本主义的经验，学会了发行股票、设立银行和交易所，并进入政府债券的全球资本市场。到1913年，在《申报》等报纸上报告股价的公司数据已增至109家，同年，纽约报纸日常报价的公司数量也不过66家。[①]

1949年新中国成立后，中国走上了计划经济的发展道路，停止了股份公司、股票发行和交易制度。1978年改革开放之后，发展有中国特色的社会主义市场经济，逐步恢复股份公司和股票制度。此后，最早发行股票的是1984年北京的天桥百货股份有限公司。随后，上海的飞乐公司、深圳的宝安公司相继发行了股票。1988年前后在上海和深圳出现了地区性的股票交易，1990年12月后上海证券交易所、深圳证券交易所相继宣布开业，拉开了中国股票交易的序幕。1992年，中国证券监督管理委员会正式成立，1999年7月1日，《证券法》开始正式实施，从而使中国的股票交易逐渐走上了正规化和法制化的轨道。

截至2017年6月，沪深两市上市公司超过3 000家，成为全球第二大市场。

第二节 债券

一、债券及其基本特征

(一)债券的定义和基本构成要素

债券是指按照证券法的规定由公司企业、政府等向社会公众公开发行的债务凭证。债券的发行人是债务人，债券的持有者是债权人。公司债券是公司资本的重要组成部分，其持有人与公司的长远发展有着切身的利害关系；但债权人在公司事务中没有投票权，其权利主要由合同规定。规范发行人与债券持有人之间的权利义务关系的借贷合同叫做债券合同。每一批债券的发行都有一份债券合同。债券合同的条款相当精细，基本合同条款就构成了债券的基本要素。主要是对本、息、还款期限等要素的规定，以及一些限制性和选择性条款的约定。

1.债券名称和发行单位

债券首先应注明该债券的名称，如政府债券、金融债券、公司债券等；发行单位的名称和地址、发行日期和编号、发行单位印记及法人代表的签章、审批机关批准发行的文号和日期、是否记名、记名债券的挂失办法和受理机构、是否可转让以及发行者认为应说明的其他事项。这一方面表明了该债券的债务主体，同时也便于债权人行使其权利。一些非公开发行的债券则要标明内部发行字样。

---

① 威廉·戈兹曼著，张亚光等译：《千年金融史——金融如何塑造文明，从5000年前到21世纪》，中信出版社2017年版，第341页。

2.债券发行总额和票面金额

债券合同要注明本次债券发行的总金额，便于投资者掌握发行单位的筹资规模，了解发行单位的负债情况和偿债能力。

债券的票面金额是指一份债券的票面价值，也称面值，是对一次债券发行（同一债券合同）总规模等额划分后，每一份债券的金额，是债务凭证标准化的集中体现。也是发行人对债券持有人在债券到期后应偿还的本金数额，是企业向债券持有人按期支付利息的计算依据。

票面金额设计需考虑经济与适销的矛盾，票面金额的大小不同可以满足不同层次的投资者。票面金额大、发行成本小，有利于机构投资者认购，但小额投资者无法参与；如票面金额定得小，则有利于小额投资者认购，但发行成本增加。在网络信息化时代，债券通过网络发行和交易，面额设计对发行成本影响不大。

债券发行价格大于面值称为溢价发行，小于面值称为折价发行，等于面值称为平价发行。

3.票面利率、利息支付方式和支付时间

票面利率是指债券利息与债券面值的比率，是发行人承诺以后一定时期支付给债券持有人报酬的计算标准。债券利率形式有单利和复利，贴息发行的债券不注明利率，但其发行价与票面的差额，可以换算成发行时的实际利率。

利息的支付方式是指到期一次付息还是分期支付利息。如果是分期支付利息，则要注明每次付息日期。债券票面利率的确定主要受到银行利率、发行者的资信状况、偿还期限和利息计算方法以及当时资金市场上资金供求情况等因素的影响。

4.还本期限和方式

债券偿还期是指企业债券上载明的偿还债券本金的期限，即债券发行日至到期日之间的时间间隔。除少数的永续债券外，债券通常都有期限，短则2—3个月，长则30—40年。不同的还本期限，可满足发行者对不同期限资金的需求。

还本方式是指到期一次偿还，还是分期偿还等。短期债券大都到期一次偿还，中长期债券常采用其他还本方式，其目的是减轻筹资者到期的还本付息压力。

5.债券是否记名和流通

债券有记名与无记名之分。债券如果是记名债券，应载明债券持有人的姓名、挂失方法以及受理机构等。它们的差别也仅仅在于转让方式的不同：记名债券转让时需要背书加交付方可生效；无记名债券转让时只需交付便可生效。所以，记名债券遗失或失窃时可以挂失，无记名债券则缺乏这样的安全保障。但是二者的实体权利义务是一样的，并不因为记名或不记名而有所不同。

6.其他事项

除了以上债券基本条件外，通常还包括一些限制性条款，以保证债券持有人的权益。如要求公司必须做某些事情和不做某些事情。如果公司的清偿能力没有达到某一具体的标准，就不得分红，不能发行新的债券等等。这些具体要求往往比法律的限制严厉得多。

有的债券还设定一些选择性条款，赋予债权人或债务人以特殊的权益，如可转换、可回售条款，以及可赎回条款等等。

有的债券合同还有偿债基金（sinking fund）条款。规定公司每年从赢利中拨出一定数额的现金赎回部分债券，这样可以稳定公司的现金流，避免本金到期时一次性支付的压力。有的偿债基金条款还与公司的赢利状况捆绑起来，规定只有当盈利达到一定水平时，才向偿债基金支付。

最后，以上所有要素都会体现在完整的债券合同中。在现代网络化的交易所市场中，债券合同在发行前向公众公告，并在证券监管部门备案；交易所赋予该债券合同一个特定的编号，然后，债券发行者就用该编号出售发行债券，持有者利用该编号进行交易转让，债券登记部门利用该编号记录债券的持有、转让等信息。

（二）债券的特征

1.收益性

债券的收益是指债券能定期给持有者带来利息收入。通常，投资者的收益可通过两条途径得到实现：一是持有债券到期满，这样可按约定的条件收到债券本息；二是在债券期满之前将债券售出，取得转让差价。

债券的价格也可以有大的波动，主要受两方面因素的影响：一是市场的利率，二是公司的资信。市场利率以银行定期存款利率为准，是影响债券价格波动的首要因素。市场利率上升，债券的价格下降；市场利率下降，债券的价格上升。债券价格与公司经营状况的联系却远没有股票的价格那么紧密。但是这不等于债券的价格与发行人的经营状况没有联系。如果公司破产了，债券的价格也会大打折扣。

2.期限性

债券的期限是指从发行日到偿还日止的一段时间。债券的期限性表现为按一定的法定程序发行，并在发行时约定还本付息的日期，如果有提前还本或展期支付，也需要在发行时注明。

债券一般都明确规定期限，但也有例外，如英国政府曾经发行过一种没有确切偿还日期的公债，这种无期限国债没有规定必须全部偿还的最后期限，发行后经过一段时间，政府有随时归还本金的权利，即每年回购一定比例的债券，也可以无限期地支付利息不偿还本金，而投资者无偿还请求权。

3.流动性

债券持有人在债券到期前如需要现金，则可到证券市场转让变现。因此债券具有迅速变现能力，即流动性。债券流动性强弱主要取决于债券所在国的证券市场的发达程度。如证券市场供需两旺，交易便利，则债券的流动性较强。

流动性是债券的灵魂，是普通借贷合同进化为债券的根本目的。流动性特征弥补了中长期债券期限长且到期才能还本的缺陷。投资者可根据需要，持券到期满收回本息或到流通市场出售变现。债券的流动性最大化地拓展了债券的可发行公众范围，实现了更大规模募集资本的可能。

4.安全性

债券在发行时都承诺到期偿还本息，所以其安全性一般都较高。虽然如此，债券也有可能遭受不履行债务偿还的风险及市场的风险。前一种风险是指债券的发行人不能充分和按时支付利息或偿付本金的风险，这种风险主要决定于发行者的资信程度。一般来说，政府的资信程度最高，其次为金融公司和企业。

市场风险是指债券的市场价格随资本市场的利率上涨而下跌，因为债券的价格是与市场利率呈反方向变动的。当利率下跌时，债券的市场价格便上涨；当利率上升时，债券的市场价格就下跌。

(三)债券的性质

1.债券反映了筹资者和投资者之间的债权债务关系

债券的发行人就是债务人，而购买债券的投资者则是债权人，债券的发行人为筹措资金而发行债券，并在债券出售后获得了这笔资金在一定期限内的使用权，但资金的所有权仍然是债权人的，因此债务人必须支付一定的利息给债权人，作为有偿使用资金的代价。债券投资者的合法权益得到法律保护。

2.债券是一种社会化的债权债务凭证

债券的发行条件不是针对某一个人和法人，它适合所有愿意按该条件而借出资金的投资者，具有高度的社会化；其次，债券一般都可以上市流通转让。

公司私下里向金融机构或者别的企业借得的长期贷款不是债券，虽然本质上都是借贷合同，都是债权债务关系，但两者存在重要区别：首先，债券借贷双方的信息不对称程度、议价能力差异远大于普通的借贷关系；其次，普通的借贷合同难以流通转让，而债券合约却容易流通转让；最后，债券可实现的筹资规模通常远高于普通的借贷。

债券的这种社会化特征要求债券的发行、流通、履约等行为需要有代表公众利益的公共部门进行监督和管理，使债券工具更好地为社会经济发展服务。

3.债券是一种有价证券

每张债券都有票面金额，它通常反映了投资者的投入资金，持有债券意味着到期可以被归还等于面额的资金。另外，债券的有价性还体现在债券利息上，除了贴现债券，大多数债券在票面上注明利率和付息期。债券的持有人有权按期取得利息，债券的价值和所拥有的权利附着于其本身之上。持有债券者一旦进行债权转让，则债券所代表的还本付息权也随之转让他人。

二、债券的分类

(一)高级债券和低级债券

根据清偿顺序分，债券有低级与高级之分。如果高级债券的本息未曾全额清偿，则低级债券不得清偿。因此，在第一次发行债券时的债券合同中往往会对公司再次发行债券做出限制，规定以后只能发行级别低于本批债券的债券。如果第二批债券的级别低于第一批，那么对第一批债券持有人来说就是一件有利的事情；可是第二批债券的风险就太大了，通常购买第二批债券的人会获得比第一批债券更高的利率。用较高的收益来补偿较大的风险，这是金融市场的基本规则。低级债券由于风险较大，在美国常被人们称为“垃圾债券”(junk bonds)。但再低级、再垃圾的债券，也比股票(包括优先股)优先。

前面说过，高级债券的本息在获得全额清偿之前，低级债券不得清偿。这是否意味着高级债券的期限届满之前低级债券不会付息呢？不是的。债券的期限很长，10 年、20 年、30 年的都有。如果在 30 年中公司不能再发行别的债券，或者发行了也不能够付息，这显然不利于公司的正常运作,也不利于社会经济的发展。实践中,通常在前后两个债券合同中做出明确的规定,并相互衔接。为了使第二批债券能够按期付息,第一批债券的合同中会规定:后次发行的低级债券的付息必须得到前次债券持有人或其代表人[①]的同意,发行人在对后次债券付息时必须提取一定数额的资金建立对前次债券的付息基金,或者发行人必须向前次债券持有人或其代表人出示令他信服的具有充足的还款实力的证据,等等。这类规定是律师在起草第一次债券合同时,就已经预见到了,并在合同中写清楚的,因而第一批债券的购买人在购买时已经知情。第二批债券在付息时只要满足了第一批债券合同中规定的这类条件,便可以按期付息。同时,第二批债券的合同也会对前次债券合同中这类有关的条文做出呼应,与之衔接。

目前我国的公司债券发行还处于初级阶段,尚未出现高低级债券的区别。随着我国公司实践和市场经济的发展,普通公司发行的低级债券应会很快出现。

(二)可转换债券和可赎回债券

按债券的可选择性条款分,债券有可转换债券和可赎回债券之分。

凡是债券持有人可以在约定的期限内按照约定的比例和方法转换成股票的债券就是可转换债券。可转换债券可以转换为优先股,也可以转换为普通股,但以转换为普通股的居多。至于具体转换成什么股,怎么转换,包括转换的比例、期限及具体方法等,都必须在发行之初的债券合同中规定清楚。转换与否的选择权在债券持有人。可转换债券比普通债券多了一项转换选择权,其价格要比普通的不可转换的债券贵些,也就是说,其利率相对低一些。此外,因为可以换成股票,所以可转换债券一旦进入行权区间,它的价格在受市场利率影响的同时,也受股票价格的影响。

可赎回债券是发行人可以在债券期限届满之前的一定期限内,按照合同规定的价格和方法向债券持有人赎回的债券。凡是含有偿债基金条款的债务都是可赎回的。可赎回债券发行之后,决定赎回与否的权利在发行人。赎回的价格、期限、具体方法都是在发行之初的债券合同中规定清楚的。在合同规定的期限内的不同时间点上,赎回的价格是不一样的。决定价格的主要依据是至该时点已经产生的利息,联系预先估算的市场利率行情适当加上一点对债权人失去后阶段利息的补偿,再加上本金,三者综合起来考虑确定。因为可赎回债券比普通债券少了一项权利,或者说债务人相应地多了一项权利,其价格要比普通债券低一些,也就是说,其利率相对高一些。

(三)附息债券、贴现债券和累进利率债券

按计息方式分类,债券可分为附息债券、一次还本付息的贴现债券、累进利率债券。

附息债券是指在债券券面上附有息票的债券,或是按照债券票面载明的利率及支付方式支付利息的债券。息票上标有利息额、支付利息的期限和债券号码等内容。持有人可从债券上剪下息票,并据此领取利息。附息债券的利息支付方式一般会在偿还期内按约定时间定期付息,如每半年或一年付息一次。

---

① 我国还没有设立代表债券持有人共同利益、与债券发行人相对的代表人。在美国,这个代表人称为债券托管人。按照美国现行的 1939 年债券法,债券托管人必须代表债券持有人的利益,监督发行人的行为,保证债券如期付息还本。债券托管人并不持有债券。

贴现债券是期限比较短的折现债券。券面上不附有息票，也不规定利率，发行时按一定的折扣率，以低于债券面值的价格发行，到期按面值支付本息的债券。也称为零息债券。

累进利率债券是指以利率逐年累进方法计息的债券。其利率随着时间的推移，后期利率将比前期利率更高，有一个递增率，呈累进状态。累进利率债券的期限也可能设计成浮动的，投资者可以自行选择，但须符合最短持有期和最长持有期的限制。

(四)信用债券、抵押债券和担保债券

按债券的信用形式分类，债券可分为信用债券、抵押债券和担保债券等。

信用债券是指没有抵押品，完全靠公司良好的信誉而发行的债券。通常只有经济实力雄厚、信誉较高的企业才有能力发行这种债券。

抵押债券是指债券发行人为了保证债券的还本付息，以土地、设备、房屋等不动产作为抵押品所发行的债券。如果发行人到期不能还本付息，债券持有人则有权处理抵押品作为抵偿。一般抵押品的价值要高于债券发行总额，发行人必须先到有关主管机构办理抵押权设定登记手续。

担保债券是指由一定保证人作担保而发行的债券。当企业没有足够的资金偿还债券时，债权人可要求保证人偿还。

(五)公募债券和私募债券

按债券募集方式分类，债券可分为公募债券和私募债券。

公募债券是指向社会公开发行，任何投资者均可购买的债券，向不特定的多数投资者公开募集的债券，它可以在证券市场上转让。

私募债券是指向与发行者有特定关系的少数投资者募集的债券，其发行和转让均有一定的局限性。私募债券的发行手续简单，一般不能在证券市场上交易。

(六)政府债券、金融债券和企业债券

按发行主体分类，债券可分为政府债券、金融债券和企业债券。

1.政府债券

政府债券是各级政府为筹措资金而发行的一种债务凭证，发行主体是中央政府或地方政府，包括国债和地方政府债券。

国债，又称国家公债，是国家以其信用为基础，按照债的一般原则，通过向社会筹集资金所形成的债权债务关系。目的往往是弥补国家财政赤字，或者为一些耗资巨大的建设项目以及某些特殊经济政策乃至为战争筹措资金。国债以中央政府的税收作为还本付息的保证，因此风险小，流动性强，利率也较其他债券低。因其具有最高的信用度，被公认为是最安全的投资工具。

地方政府债券，指某一国家中有财政收入的地方政府、地方公共机构发行的债券。地方政府债券一般用于交通、通信、住宅、教育、医院和污水处理系统等地方性公共设施的建设。地方政府债券一般也是以当地政府的税收能力作为还本付息的担保。地方发债有两种模式：第一种为地方政府直接发债；第二种是中央发行国债，再转贷给地方，也就是中央发国债之后给地方用。在某些特定情况下，地方政府债券又被称为“市政债券”。

2.金融债券

金融债券是指银行及非银行金融机构依照法定程序发行并约定在一定期限内还本付

息的有价证券。

由于金融机构在一国经济体系中具有特别重要的地位，其业务活动受到特别的监管，金融机构的规模也相对较大，因此其发行债券的信用等级一般高于其他的公司和企业发行的债券。

在英、美等欧美国家，金融机构发行的债券归类于公司债券。在我国及日本等国家，金融机构发行的债券称为金融债券。我国目前金融债券种类较多，包括政策性银行债、商业银行债券、非银行金融机构债券、证券公司债、证券公司短期融资券等。其中政策性银行债券发行规模最大。

3.企业债券

企业债券，是指企业依照法定程序发行，约定在一定期限内还本付息的有价证券。在我国，企业债券泛指各种所有制企业发行的债券。在西方国家，由于只有股份公司才能发行企业债券，因此企业债券即公司债券。

企业债券的还款来源是公司的经营利润，但是任何一家公司的未来经营都存在很大的不确定性，因此具有一定的风险性。对于发行人来说，需要保证所发债券按期还本付息，提高公司信誉；对于投资人来说，承担着损失利息甚至本金的风险。对于发行人来说，债券融资较银行贷款或其他融资方式的融资成本较低，可以优化企业财务结构；对于投资人来说，债券投资比股票投资风险小、收益相对低，但比银行存款收益高、风险大。

在实践中，我国企业债券分为企业债券和公司债券。企业债券（法人资格企业）是按照《企业债券管理条例》规定发行与交易，由国家发展与改革委员会监督管理的债券，在实际中，其发债主体为国有独资企业或国有控股企业，因此，它在很大程度上体现了政府信用。2008 年 4 月 15 日起施行的《银行间债券市场非金融企业债务融资工具管理办法》进一步促进了企业债券在银行间债券市场的发行。

公司债券（上市公司）由中国证券监督管理委员会管理，发债主体为按照《中华人民共和国公司法》设立的公司法人，在实践中，其发行主体多为上市公司。其信用保障是发债公司的资产质量、经营状况、盈利水平和持续赢利能力等。公司债券在证券登记结算公司统一登记托管，可申请在证券交易所上市交易，其信用风险一般高于企业债券。

（七）国内债券和国际债券

按债券发行所在地分类，债券可分为国内债券和国际债券。

国内债券是指本国政府、企业等机构在本国发行的，以本国货币为面额的债券。

国际债券是一国政府、金融机构、工商企业或国家组织为筹措和融通资金，在国外金融市场上发行的，以外国货币为面值的债券。国际债券的重要特征，是发行者和投资者属于不同的国家，筹集的资金来源于国外金融市场。

国际债券又可分为外国债券和欧洲债券。外国债券是指借款人在其本国以外的某一个国家发行的，以发行地所在国的货币为面值的债券。外国债券是传统的国际金融市场的业务，它的发行须经发行地所在国政府的批准，并受该国金融法令的管辖。在美国发行的外国债券（美元）称为扬基债券；在日本发行的外国债券（日元）称为武士债券。欧洲债券是借款人在债券票面货币发行国以外的国家或在该国的离岸国际金融市场发行的债券。欧洲债券是欧洲货币市场三种主要业务之一，因此它的发行无须任何国家金融法令的管辖。

三、债券的信用评级

债券的信用评级主要指独立的第三方中介机构对债券发行人如期足额偿还债务本息的能力和意愿进行评价，并用简单的评级符号表示其违约风险和损失的严重程度。

信用评级的根本目的在于揭示受评对象违约风险的大小。信用评级所评价的目标是经济主体按合同约定如期履行债务或其他义务的能力和意愿。信用评级是独立的第三方利用其自身的技术优势和专业经验，就各经济主体和金融工具的信用风险大小所发表的一种专家意见，主要供市场投资者参考。

(一)评级机构

目前国际上公认的最具权威性的信用评级机构主要有美国标准·普尔公司、穆迪投资服务公司和惠誉国际。上述三家公司负责评级的债券很广泛，包括地方政府债券、公司债券、外国债券等。由于它们占有详尽的资料，采用先进科学的分析技术，又有丰富的实践经验和大量专门人才，因此它们所做出的信用评级具有很高的权威性。

这三家公司都是独立的私人企业，不受政府的控制，也独立于证券交易所和证券公司。它们所做出的信用评级不具有向投资者推荐这些债券的含义，只供投资者决策时参考，因此，它们对投资者负有道义上的义务，但并不承担任何法律上的责任。

目前，国内有资质的评级公司包括上海新世纪、中诚信、联合、大公、鹏元。国外著名的评级机构也进入我国评级市场，参股本土评级机构或展开合作，如穆迪参股中诚信，惠誉参股联合，新世纪与标准普尔在研发、评级方法等方面展开了合作。

我国对评级机构实行分类监管，不同的评级机构对应的监管机构不一样。在证券市场从事公司债评级的机构归属于证监会监管；在银行间债券市场和信贷市场从事信用评级的机构归属于人民银行监管；从事投标、企业债等信用评级的机构由发改委监管。另外，银监会、保监会也曾发出相关文件，对评级机构做出特定要求。这种多头监管的模式，导致我国缺乏一个统一、明确的信用评级机构认定标准，这也是阻碍我国信用评级机构发展的一个原因。

(二)信用等级

不同评级机构对信用等级的划分和表示方法不大一样。穆迪氏用 Aaa、Aa、A、Ba、Ba 等表示，资信逐级下降。标准普尔用大写字母 AAA、AA、A、BBB、BB 等表示。

但国际上流行的债券等级是 3 等 9 级。AAA 级为最高级，AA 级为高级，A 级为上中级；BBB 级为中级，BB 级为中下级，B 级为投机级；CCC 级为完全投机级，CC 级为最大投机级，C 级为最低级。

A 级债券是最高级别的债券，其特点是：本金和收益的安全性最大；受经济形势影响的程度较小；收益水平较低，筹资成本也低。一般人们把 A 级债券称为信誉良好的“金边债券”，对特别注重利息收入的投资者或保值者来说是较好的选择。

B 级债券的特点：一是债券的安全性、稳定性以及利息收益会受到经济中不稳定因素的影响；二是经济形势的变化对这类债券的价值影响很大；三是投资者冒一定风险，但收益水平较高，筹资成本与费用也较高。因此，对 B 级债券的投资，投资者必须具有选择与管理证券的良好能力。对愿意承担一定风险,又想取得较高收益的投资者来说,投资B级债券是较好的选择。

C级债券是投机性或赌博性的债券。从正常投资的角度来看,没有多大的经济意义,但对于敢于承担风险、试图从差价变动中取得巨大收益的投资者来说,C级债券也是一种可供选择的投资对象。

如果一张债券的信用等级高,例如AA级,就意味着它的风险相对较小,它的利率就可以比较接近银行存款利率,价格也就越高。反过来,如果一张债券的信用等级较低,就意味着它的风险相对较大,它的利率就必须高过银行存款利率好多,价格也就越低。较高的利率是对较高风险的补偿。

当公司的偿债能力因经营状况的变化而变化的时候,债券信用等级也会被上调或下调。当一批原来被确定为A等级的债券以8%的利率平价发行以后,因公司偿债能力的变化其资信等级被下调为B级,在市场利率等条件不变的情况下,它的市场价格也会下降,实际利率会相应地提高。

例如,一张面值为100元的债券原来可以卖100元,现在资信等级被调低之后就只能卖80元,而利息依然按面值100元、利率8%支付,每年8元,于是,它的实际利率就从票面上的8%上升到了10%。

债券的信用评级沟通了投融资者间的信息交流渠道,有利于社会投融资机制顺利运转。信用评级可以为投资者提供公正、客观的信息,从而起到保护投资者利益的作用,进而满足企业的资金需求。债券市场品种繁多、良莠不齐,信用评级可以对不同质量的债券进行等级区分,有助于债券的合理定价与正常流动,从而保证债市的健康发展。

第三节 股票

一、股票的内涵和基本特征

(一)股票的内涵

股票是股份公司在筹集资本时向出资人公开或私下发行的,用以证明出资人的股东身份和权利,并根据持有人所持有的股份数享有权益和承担义务的标准化凭证。股票代表着其持有人(股东)对股份公司的所有权份额,每一股同类型股票所代表的公司所有权是相同的,即“同股同权”。有了股份就成为股东,拥有股权,也即股东权。股票、股份、股权可谓三位一体,密不可分。

股权的内容主要有两个方面:收益权和投票权。收益权属于经济权利,投票权则类似政治权利。

收益权包括三个方面:分红、升值和剩余财产分配。分红指公司将其经营产生的利润按照持股比例分配给股东。剩余财产的分配是指在公司清算的情况下,公司财产如果在清偿了公司的全部债务之后尚有剩余,股东有权凭其所持的股份,参与对该剩余财产的分配。升值指股票价格的上涨，然后通过出售获得收益。

投票权是参与公司决策的权利。股东有很多，单个股东只拥有公司股份的一部分，甚至很少的一部分。股东之间的意见也不尽相同，所以只能通过投票表决。股东会是股东共同行使决策权和否决权的权力机构。会议每年至少召开一次，公司必须将开会的时间和地点通知股东，每个股东都有参加会议的权利，在会上有权就其所拥有的股份投票表决。根据公司法的规定，股东会议有权决定公司的经营方针和投资计划，选举和更换董事、监事，审议批准董事会的报告、监事会的报告、公司的年度财务预算方案和决算方案、利润分配方案，对公司的合并、分立、解散和清算做出决议。在所有这些权利中，最重要的是选举董事的权利。有了这项权利，就有了对公司的控制权。

(二)股票的基本特征

1.权责的法定性

股东凭其持有的股票，享有其股份数相应的权利，同时也承担相应的责任。权利主要表现为：参加股东大会，投票表决，参与公司的经营决策，领取股息或红利，获取投资收益。责任主要是承担公司的经营风险，对公司的经营决策承担责任，责任的限度以其认购股票的全部的投资额为限，即有限责任。在现代市场经济体制下，股票持有人对公司的权利和责任是由国家法律(主要是《公司法》)和公司章程所规定的，因此，股票的有效性是建立在国家法律和公司程序等制度基础之上的。

2.无期性

股票是一种无偿还期限的有价证券，投资者认购了股票后，就是公司股东，公司的所有者之一，不能要求退股，只能到二级市场卖给第三者。股票的转让只意味着公司股东的改变，并不减少公司资本。从期限上看，只要公司存在，它所发行的股票就存在，股票的期限等于公司存续的期限，通常都假设公司是可以永续经营的。

3.流通性

股票的流通性是指股票在不同投资者之间的可交易性。股票可以公开上市，也可以不上市。在股票市场上，股票是投资或投机的对象。

流通性通常以可流通的股票数量、股票成交量以及股价对交易量的敏感程度来衡量。可流通股数越多，成交量越大，价格对成交量越不敏感，股票的流通性就越好，反之就越差。通过股票的流通和股价的变动，可以反映人们对于相关行业和上市公司的发展前景和盈利潜力的预期。能在流通市场上吸引大量投资者、股价不断上涨的行业和公司，可以通过增发股票，不断吸收大量资本进入，以扩大生产经营活动，从而实现优化资源配置的效果。

4.收益性

股东凭其持有的股票，有权从公司领取股息或红利，获取投资的收益。股息或红利的大小，主要取决于公司的盈利水平和公司的盈利分配政策。股票的收益性，还表现在股票投资者可以通过低买高卖获利，获得价差收入。

5.风险性

股票在交易市场上作为交易对象，同商品一样，有自己的市场行情和市场价格。由于股票价格要受到诸如公司经营状况、供求关系、银行利率、大众心理等多种因素的影响，其波动有很大的不确定性。正是这种不确定性(即风险性)，有可能使股票投资者遭受损失。

因此，股票是一种相对高风险的金融工具。

二、股票的分类

股票按股东所享有的权益和承担的风险不同，可分为普通股和优先股

(一)普通股

普通股是指在公司的经营管理和盈利及财产的分配上享有普通权利的股份，即同时具有收益权和投票权的股份。普通股是构成公司资本的基础，是股票的一种基本形式，也是发行量最大，最为重要的股票。

普通股股票持有者按其所持有股份比例享有以下基本权利：

参与公司经营的投票表决权。普通股股东一般有出席股东大会的权利，有表决权和选举权、被选举权，可以间接地参与公司的经营。投票权是普通股最本质的特征，优先股和债券都没有投票表决权。

参与股息红利的分配权。普通股的股利收益没有上下限，视公司经营状况、利润大小而定，公司税后利润在按一定的比例提取了公积金并支付优先股股息后，再按股份比例分配给普通股股东。如果公司亏损，则得不到股息。

优先认购新股的权利。当公司资产增值，增发新股时，普通股股东有按其原有持股比例认购新股的优先权。

请求召开临时股东大会的权利。公司破产后依法分配剩余财产的权利。

此外，在理论上，一个公司可以根据需要发行多类普通股。在每一类内部，每一股的权利义务都是相同的，即所谓同股同利，同股同权。不同类的普通股拥有不同的权利，包括收益权和投票权。当公司发行多类普通股时某几类普通股可以享有较少的投票权甚至没有投票权，但是至少必须有一类普通股有投票权。根据我国现阶段的公司实践和现行公司法的规定，一个公司只能发行权利义务相同的一类普通股，尚未出现一个公司发行多类普通股的现象。

(二)优先股

与普通股相对应的是优先股。优先股的收益权优先于普通股，但是一般没有投票权。

收益权的优先，表现在三个方面：第一，分红优先。公司有剩余的利润可供分红，必须先分给优先股，再分给普通股。凡是优先股的股东没有得到足额分红的，普通股一律不得分红。第二，剩余财产分配优先。在公司清算中，在清偿债务之后如果尚有剩余财产，优先股有权以其初始的出资额为限优先于普通股参与剩余财产的分配。凡是优先股的股东没有得到足额分配的，普通股一律不得分配。第三，有限表决权。对于优先股股东的表决权限，财务管理中有严格限制，优先股股东在一般股东大会中无表决权，但如果会议讨论与优先股股东利益有关的事项时，优先股股东具有表决权。

作为股票，优先股像普通股一样是永久性的，公司只需付息(分红)，无须还本。在这点上它与债券不同。但是优先股的分红权与普通股不同。普通股是没有限制的，分红可多可少，由公司酌情而定。优先股却有固定的红利率，因而它的分红是有上限的。假定优先股的红利率为8%，那么一张面值100元的优先股股票最多只能分到8元钱。优先股

也没有普通股所具有的增值潜力。其市场价格的确定，与债券相似，可以因市场利率的提高而下降，因市场利率的降低而上升。

优先股的股利一般高于债券的利息。但是在分配顺序上要排在债券的后面。债券到期的本或息未清偿之前，优先股不得分红。此外，债券的利息只要合同有规定，就必须逐年偿付，而优先股的固定红利却可以不付。只要公司当年没有对普通股分红，就可以不对优先股分红。在不分红的情况下，优先股的未分配红利一般是逐年累积的。以红利率 8% 的优先股为例，如果前一年都没有分红，今年就必须先给每百元优先股分红 16 元（为简明起，不计复利），否则普通股不得分红。可见，优先股是介于普通股和债券之间的一种证券。

以上是优先股的一般特征。公司还可以根据自己需要对某些一般性的约定进行调整，形成各种特殊的优先股，如：非累积优先股、参与优先股、可转换优先股、可赎回优先股等。

非累积优先股规定优先股的红利不累积。

参与优先股约定除了固定红利之外再给予优先股在普通股分红时按一定的比例参与分红。

可转换优先股规定持有人可以在一定的期限内按照一定的比例转换成普通股。

可赎回优先股约定发行人可以在一定的期限内按照一定的价格赎回。

应当注意，对优先股的这些调整和特别约定，都影响到公司与优先股股东的相对权利义务关系，都会在价格上反映出来。例如，允许其转换成普通股，意味着优先股的股东得到了一般情况下没有的好处，于是优先股的价格就会适当地提高，或者红利率将适当地降低。如果规定其红利不累积，或者公司可以赎回，意味着优先股东失去了一般情况下应有的权利，于是价格就得适当地降低，或者红利率将适当地提高。

此外，公司发行什么样的优先股，具备哪些权利和义务，一般都事先在公司章程中规定清楚。为了适应市场变化，提高决策效率，有的公司章程会授权董事会决定优先股的发行并确定其权利义务特征。国际上多数大公司的章程里都有这样的规定。

我国《证券法》和《公司法》还没有对优先股做出规定，说明我国在这方面的经验还不甚成熟。但在我国的公司实践中优先股已经出现。

（三）我国现行按持有者分类的股票类型

我国现行按持有者分类的股票类型有国家股、法人股、公众股和外资股。

国家股是指以国有资产向有限公司投资形成的股权。国家股股权，也包含国有企业向股份有限公司形式改制变更时，现有国有资产折成的股份。

法人股是指企业法人或具有法人资格的事业单位和社会团体，以其依法可支配的资产，向股份有限公司投资所形成的股份。如果该法人是国有企业、事业及其他单位，那么该法人股为国有法人股；如果是非国有法人资产投资于上市公司形成的股份，则为社会法人股。

公众股也称个人股，是指社会个人或股份公司内部职工以个人合法财产投入公司形成的股份。公众股有两种基本形式：公司职工股和社会公众股。

外资股是指国外和中国香港、澳门、台湾地区的投资者，以购买人民币特种股票形式向股份有限公司投资形成的股份。具体包括：境内上市外资股（B 股）和境外上市外资股

(H、N、S、L 股)。

B 股以人民币标明股票面值,以外币认购、买卖。经国务院批准,中国证监会决定自 2001 年 2 月下旬起,允许境内居民以合法持有的外汇开立 B 股账户,交易 B 股股票。自从 B 股市场对境内投资者开放之后,境内投资者逐渐取代境外投资者成为投资主体,B 股由“外资股”演变为“内资股”。

境外上市外资股是指股份有限公司向境外投资者募集并在境外上市的股份。它也采取记名股票形式,以人民币标明面值,以外币认购。H 股,即注册地在内地、上市地在香港(Hong Kong)的外资股。在纽约(New York)和新加坡(Singapore)、伦敦(London)上市的股票就分别叫做 N 股、S 股和 L 股。在境外上市时,通常采取境外存股证形式或者股票的其他派生形式。在境外上市的外资股除了应符合我国的有关法规外,还须符合上市所在地国家或者地区证券交易所制定的上市条件。

人民币特种股票是国家为了吸引外资而以人民币标明面值,折合成外币,便于境外投资者购买的一种股票。国有股、法人股、公众股和外资股的权利义务是相同的,所以是同一类普通股。

三、股票价值的基本要素

(一)面额

股票票面价值的最初目的是在于注明公司组建时最原始的股东投资入股的金额,或保证股票持有者在退股之时能够收回票面所标明的资产。随着股票的发展,购买股票后不能再退股,并且非原始股东投资入股的金额也无法与原始股东投入的同等金额拥有相同的权益。所以股票面值现在的作用主要是表明股票的认购者在股份公司总股本中所占的比例,作为确认股东权利的根据。如某上市公司的总股本为 1000 万元,持有 1 股股票就表示在该股份公司所占的股份为千万分之一。

(二)市场价格、发行价格与股票的清算价格

股票的市场价格是指股票在二级市场上交易的价格。它由股票的预期价值决定,同时受到许多其他因素的影响。其中,供求关系是直接的影响因素,其他因素通过作用于供求关系而影响股票价格。由于影响股票价格的因素复杂多变,所以股票的市场价格呈现出高低起伏的波动性特征。

我国现行法规规定,股票的发行价由发行人与主承销商协商决定并报证监会审核。发行价不低于面值和每股净资产,即股票都是溢价发行。

清算价格是公司破产或倒闭后清算时每股股票所代表的实际价值。换言之,一旦公司破产,公司将资产变现,股东手上的股票可以拿回多少钱,即清算价格。因为公司破产清算补偿有一定的顺序,普通股位于最后,故往往一文不值。

(三)股息与分红

股息就是股票的利息,是指公司按照票面金额的一个固定比率向股东支付的利息。股息不同于红利,股息与红利合起来称为股利。

分红是在上市公司分派股息之后按持股比例向股东分配的剩余利润,也称红利。红

利虽然也是公司分配给股东的回报，但它与股息的区别在于，股息的利率是固定的（特别是对优先股而言），而红利数额通常是不确定的，它随着公司每年可分配盈余的多少而上下浮动。因此，有人把普通股的收益称为红利，而股息则专指优先股的收益。

公司可以用三种形式实现分红：一是以上市公司当年利润派发现金；二是以公司当年利润派发新股；三是以公司盈余公积金转增股本。俗称“派”、“送”、“转”。我国股民经常将“送”、“转”分红形式也当作利好炒作，而实际上“送”、“转”分红后股票市值没有任何变化。

（四）除息与除权

分红与股票升值是互为消长的关系。在其他因素给定的前提下，公司分红越多，股票升值越少；分红越少，股票升值越多。分红与否，不影响股东的总体权益。

例如，一个发行了 1 000 万股股票、市价为 1 亿元的公司，在赢利之后升值到了 1.5 亿元，每股价格也从 10 元升到 15 元。如果公司决定拿出 2 000 万元来分红，每股 2 元，分红之后公司的总市价将降为 1.3 亿元，每股的价格为 13 元。可见，分红多了，升值就会减少。不分红，每股 15 元；分红 2 元，每股 13 元，加起来还是 15 元。即，公司分红之后，市场会对股价自动进行除息或除权，以保证分红前后对股东的总权益不变。

1.除息

股票发行企业在发放股息或红利时，需要事先进行核对股东名册、召开股东会议等多种准备工作，并以股权登记日在册股东名单为准，将股息红利发给登记在册的股东。股权登记日之后买进股票的投资者就不能享有领取股息红利的权利；同时股票买卖价格相应扣除发放股息红利数，此为除息，除息后的价格就是除息交易价。

2.除权

当上市公司发生送股、转增股、配股时都要除权。除权实质是由于公司股本增加，每股股票所代表的企业实际价值（每股净资产）有所减少，需要在发生该事实之后从股票市场价格中剔除这部分因素，而形成的剔除行为。

3.除息与除权价计算方法

除息和除权价计算的基本原则是，除息除权前后股票对股东的总价值是相等的。

$$\text{除息价} = \text{股息登记日的收盘价} - \text{每股所分红利现金额}$$

例：某股票股息登记日的收盘价是 15 元，每股送现金红利 2 元，则其次日除息价为 15－2＝13（元）。

$$\text{送红股后的除权价} = \frac{\text{股权登记日的收盘价}}{1 + \text{每股送红股数}}$$

例如：某股票股权登记日的收盘价是 15 元，每 10 股送 3 股。

设除权价为 P，除权前后总价值应相等，即：

$$15 \times 10 = P \times (10 + 3)$$

则次日除权价为：

$$P = \frac{15}{1 + 0.3} = 11.54(\text{元})$$

$$配股后的除权价=\frac{股权登记日的收盘价+配股价\times 每股配股数}{1+每股配股数}$$

例:某股票股权登记日的收盘价为15元,10股配3股,即每股配股数为0.3,配股价为每股6元。

设除权价为 P,除权前后总价值应该相等,即:

$$15\times 10+6\times 3=P\times(10+3)$$

则次日股价为:

$$P=\frac{15+6\times 0.3}{1+0.3}=12.92(元)$$

$$除权除息价=\frac{股权登记日的收盘价-每股所分红利现金+配股价\times 每股配股数}{1+每股送红股数+每股配股数}$$

例:某股票股权登记日的收盘价为15元,每10股派发现金红利2元,送1股,配2股,配股价为6元/股,即每股分红0.2元,送0.1股,配0.2股。

设除权价为 P,除权前后总价值应该相等,即:

$$15\times 10+6\times 2=2+P\times(10+1+2)$$

则次日除权除息价为:

$$P=\frac{15+6\times 0.2-0.2}{1+0.3}=12.77(元)$$

(五)股票基本要素与公司资产负债表的关系

1.股票的票面价值、账面价值与内在价值(理论价值)

股票的票面价值代表每一张股票所包含的资本数额及股东在股份公司投资中所占的比例,是确定股东权力的依据。面值与市价无关。

股票的账面价值也称净值,即每股净资产值=(总资产-总负债)/总股本。它由财务报表计算得出,数据相对精确可靠,是投资者评估分析上市公司实力的重要参考指标。

内在价值即股票未来收益的现值,取决于股票的收入和市场收益率。股票的内在价值决定股票的市价,市价围绕内在价值波动。投资者通过预测股票未来收益并折成现值(真实价值),再对比股价,判断股价是低估还是高估。

2.股本、分红与资产负债表

股本,包括新股发行前的股份和新发行的股份数量的总和。通常都直接用货币单位作为股本单位,即最初发行的股份按每股1元计,而后续发行的股份价格通常与原始股份价格不同,为了反映同股同权,股本保持同一的单位计价,超出部分计入“资本公积”项目。公司资产的总价值,包括股本金、长期债务及经营盈余所形成的资产。企业总资产指企业拥有或控制的全部资产,包括流动资产、长期投资、固定资产、无形及递延资产、其他长期资产、递延税项等,即为企业资产负债表的资产总计项。

向股东分配利润时,反映在资产负债表上项目为:未分配利润减少,应付股利增加或者现金或银行存款减少。如果是“送、转”股,实际上是将未分配利润或盈余公积按比例转为股本,每个股东持有的股份数量按比例增加。

企业净利润的分配顺序为:一是弥补以前年度亏损;(用利润弥补亏损无须专门作会计分录);二是提取法定盈余公积和公益金;(盈余公积可用于弥补亏损或转增资本,公益金只能用于职工集体福利);三是提取任意盈余公积;四是分配优先股股利;五是分配普通股股利。最后剩下的就是年终未分配利润。

3.市盈率与市净率

市盈率(PE)又称价格盈利比,是每股价格与每股盈利的比率,即,

$$市盈率=\frac{每股价格}{每股盈利}$$

它是衡量股票是否具有投资价值的重要指标之一:一般情况下,一只股票市盈率越低,市价相对于股票的盈利能力越低,表明投资回收期越短,投资风险就越小,股票的投资价值就越大。但对不同行业的股票,市盈率的判断标准不同。

市净率指的是市价与每股净资产之间的比值。即:

$$市净率=\frac{股票市价}{每股净资产}$$

比值越低意味着风险越低。净资产的多少是由股份公司经营状况决定的,股份公司的经营业绩越好,其资产增值越快,股票净值就越高,因此股东所拥有的权益也越多。一般来说市净率较低的股票,投资价值较高,反之较低。

一家公司演化和股票诞生的例子

郭靖和黄蓉合伙投资开办了一家从事新型电子产品生产的公司,公司取名“泰山电子有限责任公司”,简称“泰山电子”。他们各出资 500 万元,并以公司名义向银行申请了 1 000万元贷款,购入厂房,并以厂房作为抵押。此时,“泰山电子”的资产负债表如表 3-1 所示,股本就是他们各自投资的资金总和,代表每股就是 1 元。

表 3-1　资产负债表 1

(万元)

资产		负债和所有者权益	
现金和存款	1 000	负债	1 000
固定资产	1 000	股本	1 000
总资产	2 000	总负债和权益	2 000

公司成立之后,他们选出董事长,聘请总经理,雇佣其他管理人员和工人;买入原材料、生产设备,加工成产成品,出售获得收入,并支付员工工资、贷款利息等。经过一年的经营,最后核算的结果如表 3-2 所示。公司获得了 1 000 万的盈利,这些盈利尚未分配,因此记在所有者权益的未分配利润项下;同时,这些利润也没法分配,它在公司资产中表现为存货、固定资产等内容,而不是全部为现金。但在理论上,现在每股值 2 元,即每股净资产。

表 3-2 资产负债表 2

（万元）

资产		负债和所有者权益	
现金和存款	500	负债	1 000
固定资产	1 500	股本	1 000
存货	1 000	未分配利润	1 000
总资产	3 000	总负债和权益	3 000

经过一年经营，他们发现他们的公司很有发展潜力，如果能扩大规模就能获得更多的收益，但他们自己已经没钱再投资了。经朋友介绍，他们认识了伯通，伯通有一笔资金正在寻找投资机会。通过谈判，伯通愿意出资 1 500 万元，按每股 5 元的价格购入公司新增加的 300 万股股份。通过这一次增资扩股后，资产负债表如表 3-3 所示。由于原来股本每股代表 1 元，扩股后，股本变为 1 300 万股，其中 300 万股是伯通的；伯通实际投入是 1 500万，剩余的 1 200 万，要新设一个科目“资本公积”来记录。郭靖和黄蓉的股份不变，但他们在公司中的持股比例变化了。资金实际到账后，现金和银行存款增加 1 500 万。经过这次交易，“泰山电子”有了第一次的市场估值——伯通认可的每股 5 元，即“泰山电子”的市场价格，但它的每股净资产只有 3 500/1 300＝2.69 元。

表 3-3 资产负债表 3

（万元）

资产		负债和所有者权益	
现金和存款	2 000	负债	1 000
固定资产	1 500	股本	1 300
存货	1 000	资本公积	1 200
		未分配利润	1 000
总资产	4 500	总负债和权益	4 500

扩股后，又经过一年的经营，公司新增盈利 3 000 万元。资产负债表变为表 3-4，此时，每股净资产达 6 500/1 300＝5 元，公司也有足够的现金可以分红。经过公司股东会讨论认为可以适当分红，但也应留存足够的现金用于扩大再生产，最后决定每股分红 1 元。

表 3-4 资产负债表 4

（万元）

资产		负债和所有者权益	
现金和存款	3 000	负债	1 000
固定资产	2 500	股本	1 300
存货	2 000	资本公积	1 200
		未分配利润	4 000
总资产	7 500	总负债和权益	7 500

分红之后，公司的资产负债情况如表 3-5 所示，公司未分配利润、现金和存款同时减少 1 300 万元。

表 3-5　资产负债表 5

（万元）

资产		负债和所有者权益	
现金和存款	1 700	负债	1 000
固定资产	2 500	股本	1 300
存货	2 000	资本公积	1 200
		未分配利润	2 700
总资产	6 200	总负债和权益	6 200

最后，公司股东会经过讨论，认为公司发展前景很好，值得进一步扩大规模；同时，也决定将公司转型为公众公司，让公司股份能在证券市场上交易，提高公司股份的流通性，也让原始股东能够方便地出售适当的股份，提前获得收益。由于公众公司在股东数量、管理制度、机构设置等方面都有更严格和复杂的法律要求，公司聘请投资银行——中信证券对公司的改制进行辅导，并协助完成公开发行上市等。首先，公司向工商部门申请改制，公司名称也变更为"泰山电子股份有限责任公司"。其次，向证券会申请公开发行股份和上市。通过中信证券估值建议和公开询价之后，公司决定向公众发行新股 300 万股，每股发行价 20 元。发行上市申请获得了批准，经过发行程序之后，股票发行成功。该过程称为初次公开发行(Initial Public Offer，IPO)。成功发行之后，公司资产负债表变为表 3-6。

表 3-6　资产负债表 6

（万元）

资产		负债和所有者权益	
现金和存款	7 700	负债	1 000
固定资产	2 500	股本	1 600
存货	2 000	资本公积	6 900
		未分配利润	2 700
总资产	12 200	总负债和权益	12 200

公司 IPO 之后，在交易所挂牌上市，可以分配一个股票代码，假设"泰山电子"的股票代码为 603537。公司多数股票可以在交易所自由交易(大股东有一定限制，为什么?)。假设该股票上市交易一周后，"泰山电子"的收盘价为 50 元。根据公司去年的每股收益(3 000/1 300=2.31 元)，假设公司能够保持该盈利水平，该股票的市盈率为 21.67 倍(50/2.31)。股票的每股净资产为 7 元每股，市净率为 7.14 倍。

至此，603537"泰山电子"才是真正意义上股票的概念，它们可以在市场上自由交易，交易的过程只是股权的转让，通常不影响公司的生产经营活动。

第四节 资本性工具的发展逻辑和基本特征

一、资本性工具发展规律

(一)资本性工具的发展是社会分工深化,对大规模资本的需求所推动的结果,同时资本性工具的发展和完善也推动了社会分工的深化

人类社会从航海贸易时代始,经过工业革命,到现代信息化时代,社会分工日益深化,每一项生产经营活动的开展都需要更多的资本和更少的人力劳动,从而形成了对大规模资本募集的需求。标准化的股票和债券等资本性工具的发展解决了大规模资本募集的问题,推动了社会分工的深化,生产效率的提高,经济和社会的发展。

(二)创造流动性是大规模资本稳定性要求与资本稀缺性矛盾的解决方案

多数资本的应用需要长期稳定,因此需要用长期的债券和无期限的股票来募集。但能够作为长期稳定资本使用的资源是非常稀缺的,要实现大规模长期资本性工具的成功发行,只有这些工具能够方便地流通转让,从而使得只有短期闲置资金的人也能参与长期工具的购买,让短期资金成为长期资本,才能最大化地动员闲置资源,使之成为资本。因此,创造流动性是资本性工具发展的核心内容。

(三)流动性与投机性的矛盾使资本性工具的发展呈现波浪式前进

资本性工具的流通转让会在市场上显示出连续的价格波动,使之成为投机工具,进而吸引投机性资源参与资本性工具的交易。人性的投机心理往往催生投机性泡沫,典型的有,以英国南海泡沫和法国密西西比泡沫为代表的1720年左右的股市债市的疯狂发展,疯狂过后,股票和债券被社会嫌弃,市场归于沉寂。100多年后,又在20世纪初的工业化高潮中,刮起另一股旋风,随后形成了20世纪30年代的股市崩溃、世界经济大萧条。之后,在经历了60—70年全世界的反思和纠偏之后,又在20世纪90年代起重新掀起新的一轮波澜壮阔的资本性工具发展新高潮。股票和债券等资本性工具就这样波浪式地向世界各地漫延发展。这是资本性工具内在流动性需求与投机性必然之间的矛盾统一,但随着人类社会对这种内在矛盾的深入理解,逐步通过法律制度建设,减少恶性投机行为,已经使资本性工具的发展变得逐步稳定了。

(四)制度化和规范化是资本性工具稳健发展的基石

资本性工具通过证券化、标准化原始的债权和股权契约而来,证券化使其与实际资本之间有了一道隔离墙,使资本变得易于交易的同时,也为欺诈和造假打开了方便之门。因此,历史上有过无数的“注水股票”、一文不值的债券等等。此外,高度的流动性也容易形成市场操纵。这些都制约着资本性工具的健康发展,甚至被社会抛弃。这些现象的发生也让人们认识到,只有通过国家层面的制度建设和市场监管,才能有效减少这类现象的发生,在社会上建立起对股票和债券等资本性工具的信心,使之更好地为社会发展服务。在资本性工具的发展过程中,世界各国先后建立了《有限责任制度》、《公司法》、《证券法》、

《会计法》等制度。

二、资本性工具的创造技术

(一)资本权益的证券化使得能够以交易方式实现资本募集,权益合约的标准化使募集资本的交易变得更容易

证券化就是相关权益的书面表达和共同约定。资本的借贷和合资入股两种来源渠道,都可以通过挂账登记、签署私人合约等原始操作方法得以实现,但这些原始方法限制了资本募集的范围,并且过程复杂;不同的债权人、不同的合资入股者需签署不同的私人合约,且多方之间的利益还会互相影响,需要相互协调。通过将借贷的权益关系表达制作成债券,将合资入股的权益关系表达制作成股票,并有相关的法律制度,使由债券所表达的债权债务权益关系,由股票所表达的股东权益关系具有社会法律制度层面上的共同约定,使所有由债券或股票形式表达的权益关系标准化、简单化,从而使得借贷或合资入股等资本募集方式只需简单地出售债券或股票就能得以实现。

(二)赋予权益工具流通转让功能,用市场化手段增强权益证券的流动性,让短期闲置资源能够续短为长,成为长期资本

一般私人之间的债务合同,如果要转让给第三方,通常需要事先约定,或者征得债务人同意。同样地,由于合资经营,对于企业所有权的转让,也必须征得其他合资或合伙投资人的同意。这些约束都极大地限制了可以参与资本募集的范围,限制了大规模募集资本的能力。债券和股票通过事先约定,允许购买之后可以转让流通,使得只拥有短期闲置资金的人也可以参与长期资本的投资,极大地拓展了资本的可募集范围,增强了全社会的资本动员能力。

三、资本性工具的基本特征

(一)公共性是资本性工具得以实现的基石

股票和债券通过允许流通转让,在发行时面向不确定的公众,全社会的所有人只要愿意,都可以参与股票和债券的交易,这就决定了股票和债券的权益约定是面向公众的,具有典型的社会公共性。

股票和债券是标准化的合约,其主要权益关系是标准化的、默认的。普通公众参与股票或债券交易时,经常默认其有效性和真实性;或者普通公众缺乏识别股票和债券的真实性和有效性的能力,从而会有不法之徒利用股票和债券等资本性工具进行造假和欺诈。当这种欺诈行为大量存在之后,将恶化资本性工具的交易环境,让公众远离该市场,降低股票和债券市场的资本动员能力。

股票和债券的证券化、标准化、可流通转让、公众参与度表明,公共性是资本性工具的基本特征。债券和股票所反映的都不是简单的私人之间的债权债务关系或合资入股关系,而是普通社会公众之间的债权债务关系和股权关系。维护健康的资本市场各方利益关系也将使整个社会受益。因此,对于具有公共特征的资本性工具需要制度规范,需要政

府监管；对资本性工具的违规、破坏行为，不是简单的民事或商事纠纷，情节严重的经常会被定性为刑事责任，破坏者不是简单地承担赔偿责任，还有可能被限制参与股票和债券市场，甚至被判入狱。

(二)流动性是资本性工具的灵魂

通过举债或合资筹集资本是原始和朴素的思想，而通过证券化、标准化、市场化等金融技术实现最大化资本动员能力则是重大的金融创新。这些金融创新的目的始终围绕着流动性这一目标，即提高资本性工具的可交易、可转让性。流动性是指某一项资产或标的可交易或易交易特征；难以交易甚至不能交易的资产是没有流动性的，也难以实现优化配置；容易交易、交易成本低的资产，其流动性就越好，越容易实现优化配置。对于经济个体而言，货币是流动性最好的资产。

证券化使一般的股权和债权合同变得可交易；标准化和市场化将股票和债券等变得易于交易。在现代市场经济中，股票和债券的流动性已经仅次于货币。因此，流动性是资本性工具的灵魂，只有有效地提高资本性工具的流动性，才能最终实现利用资本性工具最大化社会资本的动员能力。

本章小结

资本性工具是指公司企业等经济个体发行的，用于筹集短期或长期资本的标准化工具，主要是债券和股票。

债券是一种金融契约，是政府、金融机构、工商企业等直接向社会借债筹措资金时，向投资者发行，同时承诺按一定利率支付利息并按约定条件偿还本金的债权债务凭证。按偿还次序分类，有高级债券和低级债券、附有选择权债券有可转债和可赎回债券等；按计息方式分类，可分为附息债券、贴现债券和累进利率债券；按债券募集方式分类，可分为公募债券和私募债券；按发行主体分类，可分为政府债券、金融债券和企业债券。

债券的信用评级主要指独立的第三方中介机构对债券发行人如期足额偿还债务本息的能力和意愿进行评价，并用信用等级符号表示其违约风险和可能损失的严重程度。

股票是股份公司发行的所有权凭证，是其为筹集资金而发行给各个股东作为持股凭证并借以取得股息和红利的一种有价证券。按股东所享有的权益和承担的风险不同，可分为普通股和优先股。我国现行按持有者分类的股票类型有国家股、法人股、公众股和外资股。

资本性工具的发展是社会分工深化对大规模资本需求所推动的结果，同时资本性工具的发展和完善也推动了社会分工的深化。权益合约的标准化使募集资本的交易变得更容易。赋予权益工具流通转让功能，用市场化手段增强权益证券的流动性，使得短期闲置资源能够续短为长，成为长期资本。资本性工具的发展解决了大规模资本稳定性要求与资本稀缺性之间的矛盾，但流动性与投机性的矛盾使资本性工具的发展呈现波浪式前进。制度化和规范化是资本性工具稳健发展的基石。

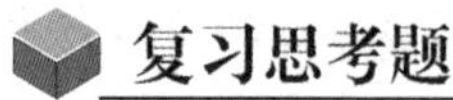

复习思考题

1.什么是债券？它与普通的借条有何区别与联系？

2.债券有哪些分类方法？

3.何谓股票？它与一般的合资入股凭证有何异同？

4.如果你在某一公司投资入股了 10 万元，过后，因其他原因你后悔了，可以要求公司给你退股吗？

5.普通股和优先股有何异同？

6.某股票股息登记日的收盘价是 20 元，每股送红利现金 0.5 元，则其次日除息价为多少？若每 10 股送 3 股，其次日除权价是多少？若每 10 股配 3 股，配股价为每股 15 元，其次日除权价是多少？

7.请问债券和股票的发展与社会分工深化有何内在的逻辑关系？

作　业

1.请从上海证券交易所或深圳交易所分别查收并下载各一份公司章程和一份公司债券发行公告，分析公司章程和债券合同的主要内容，详细说明为什么说股票是一般合作投资合同的标准化，债券是普通债权债务合同的标准化。

2.请从上海证券交易所和深圳交易所或国家统计局网站的统计数据中查找每年的上市公司总数、流通市值、成交量、募集资金总额等数据，分析说明我国资本市场的发展情况和趋势。

第四章

金融衍生工具

本章导读

2002 年至 2008 年 7 月，国际油价从约 19 美元/桶升至 147.27 美元/桶，然而自 2008 年 7 月中旬以来，国际油价出现连续暴跌，至 2008 年 12 月底跌至 40 美元/桶左右，跌幅超过了 55%。

燃油是航空公司的主要经营成本，油价回落，航空公司应该是成本下降，利润上升。但根据东方航空的 2008 年年报显示，“2008 年公司共发生公允价值变动损失 64.01 亿元，比上年增加了 64.85 亿元，主要是由于原油期货市场价格在 2008 年下半年大幅下降导致公司原油期权合约产生的公允价值变动损失比上年增加了 63.53 亿元”。除了东方航空，当年的中国国航和南方航空也出现过类似情况，三家公司因燃油套期保值合约发生巨额公允价值损失，导致企业净亏损 279 亿元，约占全球航空企业亏损总额的 48%。显然这三家航空公司的情况并非是全球航空业的普遍情况。

那么，我们现在要了解：什么是原油期货？什么是原油期权？航空公司为什么要参与期货和期权市场？是如何参与的？这三家航空公司在这方面做错了什么？

本章将帮助大家学习和思考这些问题。

第一节　金融衍生工具的产生与发展

一、衍生工具概述

衍生工具(Derivatives)是一种关于交易基础产品或基础变量的标准化的或准标准化的合约，即合同。根据合约的内涵不同，可以分为两大类。一是期货(Future)，约定未来交易某一基础产品的标准化合约，实际上就是标准化的交易合同。二是期权(Option)，约定未来购买或出售某一基础产品的权利的合约。期权有两类：约定未来购买某一基础产品的权利的合约称为买权(Call Option)，通常交易者认为未来基础产品的价格会上涨时

(看涨)才购买买权,因此,在国内买权也被称为看涨期权;约定未来出售某一基础产品的权利的合约称为卖权(Put Option),类似地,卖权也被称为看跌期权。其他衍生工具基本上都可以看成是这两类衍生工具的组合与演化的结果。

华山贸易公司的期货和期权交易

现在是 2017 年 5 月 1 日,有一家外贸企业——华山贸易公司,出口了一批商品到美国,商品价款以美元计,共 500 万美元,这笔货款要 3 个月之后,即 8 月 1 日才能收到。现在美元兑换人民币的比价(汇率)是 6.6 元人民币/美元。华山公司还有一笔贷款将在 8 月 2 日到期,共计要还本息 3 300 万元人民币,公司计划就用这笔货款还贷。现在汇率市场很不稳定,华山公司担心的是到时美元贬值,一美元兑换不到 6.6 元人民币,那么公司就还不了贷款。这就是华山公司当前面临的汇率风险。

解决该风险管理问题,一个传统的方法就是签合同,找到一家刚好需要在 8 月 1 日买入 500 万美元的公司,然后双方通过讨价还价,签订一份买卖合同。假如刚好有这么一家公司——百特设备公司,双方通过议价,最终以 6.55 元人民币/美元的价格交易 500 万美元的交易合同,华山公司是卖方,百特公司是买方。这份合同也被称为外汇远期合约。

这种传统签合同的方式至少存在以下三个方面的缺陷:一是不易找到合适的交易对手,比如需要的美元数量、到期交易的时间等可能都不一致。二是履约具有内在的不确定性。到 8 月 1 日时,人民币汇率刚好是 6.55 元人民币/美元的概率几乎为零,当汇率高于 6.55 时,华山公司会后悔,有违约动机;当汇率低于 6.55 时,百特公司有违约动机。三是,签约之后,想退出合约也存在困难,通常需要征得对方同意。这些问题仅靠交易双方自身是无法解决的。

市场经济就是关于分工的经济,当市场交易双方面临自身无法解决的问题时,就会有第三方为他们提供服务。比如芝加哥商品交易所,就会为这一类交易活动提供服务:首先,创设一个标准化的合同,并给该标准化合同一个代号,比如“CNHQ17”该标准化合约的内容是,2017 年 8 月 16 日(到期月份的第三个周三)到期时,合约的卖方向合约买方交付 10 万美元,合约的买方则向卖方交付成交价格×10 万元人民币。

其次,创造一个交易平台,让需要签合同的双方能够跟交易股票一样在该平台上交易该代号,同时要求交易双方向交易所缴纳成交合同总面值一定比例的金额作为最后履约的保证金。这样,华山公司就可以在交易所的平台上,先按要求缴纳一定的保证金,然后提交一份以 6.55 元人民币/美元的价格卖出 50 份 CNHQ17 的交易指令,然后百特公司看到该交易指令后,接受该价格和交易数量,也是缴纳一定金额的保证金之后,提交一份买入 50 份 CNHQ17 的交易指令;交易所撮合他们成交;成交之后,华山公司在交易所的账户上就记为－50 份 CNHQ17 证券,而百特公司在交易所的账户上就记为＋50 份 CNHQ17 证券。当然,在该证券上,还有其他交易者参与交易,其他交易的价格也时时变化着。

假设到 8 月 1 日时,人民币兑美元的比价为 6.27 元人民币/美元,而 CNHQ17 的价格也下降到了 6.25 元人民币/美元。则华山公司可以分别在期货和现货市场上进行两个不同的交易。在现货市场上,直接按市场价格出售 500 万美元,收回人民币 3 135 万元人民币，比合约价格(6.55 元人民币/美元)少了 140 万元人民币。在期货市场上，按期货的市场价格 6.25 元人民币/美元买入 50 份 CNHQ17 平掉原来的－50 份 CNHQ17，由于是高价卖、低价买，价差是 0.3 元人民币/美元，赚 150 万元，两者相加保证了美元出售价格在 6.55 元人民币/美元左右。(实际上就是将原来的卖方合约转让出去，由于市场价格发生了变化，原来的合同就有了价值，与新签的合约相比，值 150 万元人民币，请思考是谁补偿了这 150 万人民币)当然，如果华山公司不是一定要在 8 月 1 日将这 500 万美元换成人民币，也可以持有到期，即 8 月 16 日，按标准合约的条款，交付 500 万美元，收回 3 275 万元人民币。

芝加哥商品交易所提供的这一服务，使传统的签合同规避风险的方式变成了在交易平台上交易标准化合同代码(如：CNHQ17)的方式进行。在这种交易方式下，交易者根本不用知道交易对手是谁，就实现了合约的签订；同时，也不一定将合约持有到期，可以在合约到期之前的任何时间，通过执行一个与原来交易方向相反的交易(平仓)，就能实现合约的随时转让。正是由于这种便利的交易方式，该市场除了华山和百特这样有管理风险需求的公司参与之外，还吸引了许多投机者参与，这又进一步使得华山这样的公司有更多的交易对手，更容易实现合约的签订或转让，以实现风险管理。最后，由于保证金制度，也解决了远期合约容易违约的问题。因此，期货交易所提供的这一交易方式，同时解决了普通合约签订存在的三个问题。

如果市场运行的结果确如上述所言，华山公司的风险管理工作是很令人满意的。但市场往往不一定是这样，如果相反，人民币兑美元的比价不是下降了，而是上升到了 6.77 元人民币/美元，而 CNHQ17 的价格也上升到了 6.75 元人民币/美元。虽然，最终的结果总和仍然是保证了最终换回的人民币大约也是 3 275 万左右(6.55 元人民币/美元)。但总是会有令人不满意的，甚至会想当初如果不通过期货交易进行风险管理，能多收约 100 万人民币。这时，华山公司的管理人员就会想，有没有其他手段进行真正的风险管理，而不是把好的风险和不好的风险一起屏蔽掉。对华山公司而言，汇率下跌才是真正的风险，而汇率上升对华山是有利的。

市场有需求，就有人会创造工具满足需求。比如纳斯达克费城股票交易所就提供可以交易代号为 call@XDC 170817 C00015300[①] 的标准化合约。该合约授予合约的买方以下权力：

在 2017 年 8 月 17 日，有权力以每 100 元人民币换 15.3 美元的价格购买 1 000 000 元人民币，但这只是权力，而不是义务，因此，该合约被称为买权合约。

买方购买该合约时，要向合约的卖方支付权利金(premium)。卖方获得权利金之后，如果买方到期要行使以上权利，卖方就必须按以上条件与合约的买方完成以上条款约定的交易。

市场上有了该合约，华山公司就可以换一种方式解决其风险管理问题。比如：购买

① 由于目前市场上还没有人民币现汇期权(options on spot exchange)，只有人民币期货期权交易(options on future exchange)，为了易于阐述，本代码是参考纳斯达克费城股票交易所(Nasdaq PHLX)的日元、欧元等现汇期权而虚构的。

32 份 call@XDC 170817 C00015300，假设每份权利金价格为 600 美元(该价格是议价的结果，每一笔交易都可能不一样)，华山公司实际支付了 19 200 美元的权利金。支付了该权利金之后，如果到期美元贬值了，华山公司至少可以保证用 15.3×32＝489.6 万美元换回 32 000 000 元人民币。相反，如果到期美元升值了，假如汇率为 6.75 元人民币/美元，华山公司可以放弃该合约的权利，直接将 500 万美元在市场上出售。该方法既解决了华山公司对不利风险的管理问题，也保留了对华山公司有利的价格变动。

实际上，市场上还有卖权合约。前述与华山公司交易期货的百特公司需要的就是人民币的卖权合约。

衍生工具通常按照基础产品分类。根据基础产品的不同，首先将衍生工具分为商品类衍生工具和金融衍生工具。

商品类衍生工具主要是指各类大宗商品的期货和期权，大致可以分为农产品类、能源类、金属和贵金属类。如：原油期货、大豆期货、玉米期货、黄金期货；原油期权、黄金和白银期权等。

金融衍生工具主要是指以各类基础金融工具为标的产品的期货和期权，大致可划分为股权类、货币类、利率类、信用类以及其他衍生工具。

股权类衍生工具是指以股票或股票指数为基础产品的金融衍生工具。如：股票期货、股票期权、股票指数期货、股票指数期权等。

货币类衍生工具是指以各种货币作为基础产品的金融衍生工具。如：各种货币期货、货币期权以及上述各类合约的组合交易合约。

利率衍生工具是指以利率或利率的载体(主要为各类债券)为基础产品的金融衍生工具。如：各类国债期货和期权、欧洲美元期货和期权以及各类利率指数期货期权等。

信用衍生工具是指以基础产品所蕴含的信用风险或违约风险为基础变量的金融衍生工具，用于转移或防范信用风险。典型的信用衍生工具有信用违约互换、总收益互换等。当合约约定特定信用事件发生时，信用违约互换的买方可以从卖方获得损失补偿。信用事件可以包括破产、清算、支付违约、债务加速到期、债务违约、偿付变更及评级下调、信用利差扩大等(取决于衍生工具合约双方的约定)。

其他衍生工具是指在非金融变量基础上开发的金融衍生工具。如用于管理气候变化风险的天气期货、管理巨灾风险的巨灾衍生工具等。

金融衍生工具的基础产品是一个相对的概念，不仅包括现货产品，也包括金融衍生产品，如芝加哥商品交易所交易的货币期货期权，该期权交易的基础产品就是货币期货。此外，除了到期需要进行实物交割的金融衍生工具之外，基础产品在金融衍生工具合约中的作用就是提供一个参考变量用以确定合约到期时合约交易双方的支付方向和支付数量；该参考变量就是各类资产价格、价格指数、利率、汇率、通货膨胀率、信用等级以及某些自然现象(如气温、降雪量)等。因此，金融衍生工具有时又被称为定义在某个基础变量之上的金融合约。

衍生工具的具体分类，可见图 4-1 所示。

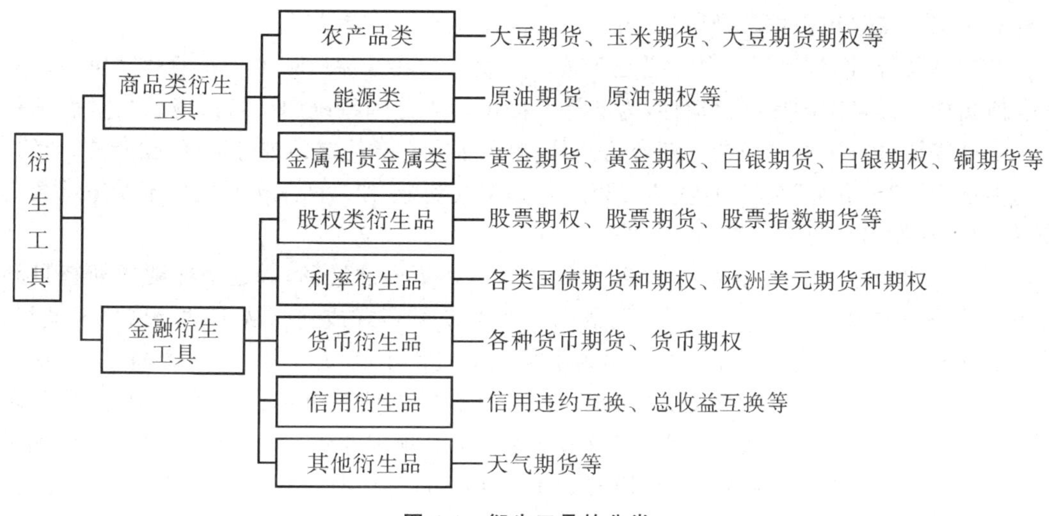

图 4-1 衍生工具的分类

二、金融衍生工具的发展历史

金融衍生工具的发展大致可以划分为以下四个阶段：

(一)衍生工具萌芽阶段

金融衍生工具的本质就是起源于朴素的远期合约、买权和卖权交易。公元前 2000 年左右，在美索不达米亚地区就出现过远期合约。早在古希腊时期，亚里士多德在其著作《政治学》中也记载了古希腊哲学家泰勒斯运用橄榄压榨机使用权交易策略而在橄榄大丰收年份获得巨额收益。在日常经济活动中，也普遍存在朴素的衍生工具交易。比如，各类生产商或销售商在商品销售策略中提供的“无条件退货保证”，实际上就是在销售商品的同时免费给商品购买者赠送一份相应商品的卖权，它就是附加在商品销售过程上的一份期权。

萌芽阶段的衍生工具发展的主要推动力是商业活动的高度集中趋势，即交易的市场化、集中化，以及投机交易的兴起。发展的主要内容是期货合约的标准化、证券化；期货合约交易向交易所集中交易演变，形成制度化、规范化；而期权交易在争议声中逐步获得社会承认和接受。

以贸易活动为主要特征的资本主义从航海运输便利的地中海沿岸起源，到荷兰、英国和美国的国际贸易中心的转移路线也是期货期权等衍生工具发展的主要路线。早期地中海沿岸各国航海贸易活动频繁，对大宗商品贸易有需要。因此，早在古希腊和古罗马时期，就出现过中央交易场所、大宗易货交易，以及带有期货贸易性质的交易活动。当时的罗马议会大厦广场、雅典的大交易市场就曾是这样的中心交易场所。

随着欧洲从地中海沿岸向西北欧扩张，荷兰航海家们探险活动带来海上贸易的扩张，这种集中交易方式在荷兰、英、法等国发展壮大，专业化程度也很高。1251 年，英国大宪章正式允许外国商人到英国参加季节性交易会。在贸易中出现了对在途货物提前签署文件，列明商品品种、数量、价格，预交保证金购买，进而买卖文件合同的现象。1571 年，英国创建了实际上第一家集中的商品市场——伦敦皇家交易所。其后，荷兰的阿姆斯特丹建立了第一家谷物交易所,比利时的安特卫普开设了咖啡交易所。

16 世纪下半叶,荷兰安德卫普已形成非常发达的在交易所集中交易的商品贸易。交易所集中交易带来的良好流动性,为交易者提供了规范和系统的交易环境。当时市场首先突破需要进行实物交换的远期合约交易,出现了只对合约差额进行结算的"期货"合约,进而催生了"权利金"交易,即卖方可以支付一定权利金,如果两三个月之后不希望继续交易,就有权撤回合约。

1585 年西班牙攻占了安德卫普,大量商人不得不向北转移,并逐渐在阿姆斯特丹和伦敦形成新的贸易中心。1611 年,阿姆斯特丹交易所正式成立。从 17 世纪到 18 世纪,阿姆斯特丹交易所交易的期权合约出现了很多现代衍生品市场才有的重要特征,在期货交易的基础上发明了期权交易方式,典型的有郁金香的期权市场。17 世纪中叶,荷兰东印度公司的期权不但有看涨和看跌合约,同时还标有规则的到期日。1634 年荷兰出现了商品期权,之后在阿姆斯特丹交易所开始了有组织的商品期货和期权交易。17 世纪,伦敦出现了金融衍生品的萌芽,伦敦交易所开始交易股票远期和期权。

在欧洲之外,17—18 世纪,日本由于大名领主占据大量土地,并且集中生活在江户和大阪,需要大量交易各种大米现货和期货,且其国内缺乏金属货币材料,米市交易出现的各种大米库券被标准化成了世界上最早的标准化期货合约,并于 1710 年出现正式的有组织的商品期货市场——堂岛大米会所。

期权交易因在历次的金融危机中屡次被滥用,在危机中发挥了推波助澜的作用而饱受争议。在 1634 年至 1637 年间的郁金香泡沫期间,大量投机客涌入郁金香市场,推动了期权在荷兰郁金香商品交易中的使用,直至郁金香泡沫彻底破灭。当时,人们普遍认为期权是一种只有投机客才会青睐的东西,阿姆斯特丹交易所的期权交易指引中写道,"期权属于纯粹的赌徒所热衷的范围"。1637 年 4 月,荷兰政府决定禁止投机式的郁金香交易,相关法律彻底禁止了不持有商品的卖空行为和相关期权交易。从 1697 年起,英国也有法令限制滥用期权行为,但对期权是否应该禁止的争论一直在持续。自从 1720 年南海泡沫事件开始,英国国会加大力度规范股票炒作行为,1733 年巴纳德法(Barnard's Act)宣布禁止以证券为标的物的期权交易,但期权交易从未停止。1820 年的一场针对股票期权交易的争论,几乎导致伦敦证券交易所的分裂。最终,大量交易所会员在期权交易可能带来的巨大利润面前妥协了,废除了这项禁止期权交易的规定。1860 年,巴纳德法也被撤销。美国对期权交易的态度一直非常谨慎。18 世纪末美国出现了股票期权,但直至 19 世纪末几乎所有美国股票和商品交易所都禁止期权交易,当时期权交易只能在场外进行,依靠做市商为买方和卖方寻求配对。

丰收的橄榄与期权交易

亚里士多德在其著作《政治学》中,记载了古希腊哲学家泰勒斯(Thales)运用占星术(气象学知识)对星象进行了研究,他预测到橄榄在来年春天会有一个好的收成。基于对来年春季橄榄将大丰收的预测,他估计丰收的橄榄会使得榨油机供不应求;泰勒斯希望利用他的预测赚钱,一个简单的方法是买下当时所有的榨油机,垄断榨油机市场,但是他资金有限。于是他与有榨油机的农户协商,通过支付权利金方式得到来年春天以特定的价格使用榨油机的权利，以该方式他获取了米拉特斯(Miletus)和西奥斯地区所有橄榄榨油机的使用权利。

果然不出所料，第二年橄榄大丰收，丰收的橄榄使得榨油机供不应求。于是，萨勒斯行使自己的权利，用特定的价格获得了榨油机的使用权；然后，他以更高的价格将这种权利卖了出去，从中赚取了可观的利润。

(二)商品衍生工具和衍生工具交易制度完善阶段(19世纪中叶—20世纪70年代)

在开发新大陆之后，北美殖民者多数拥有大片的土地，从事着大规模的农牧业生产，并与欧洲各国进行大规模的农产品贸易。由于农产品的季节性特征，价格的季节性波动，以及气候变化等对农产品价格的影响，都使得农产品的生产商、贸易商和加工商的生产经营活动受到影响，迫切需要管理农产品价格风险的交易方式和手段。同时，随着工业生产方式的深入发展，工业生产对各种金属、矿产等工业原材料的大量需求，也推动了大宗工业品的世界贸易活动，同样也需要进行风险管理。

19世纪中叶—20世纪70年代期间，金融衍生工具的发展主要以农产品和金属商品期货为主。1848年3月13日，在美国重要的农产品集散地和加工中心，国内外贸易中心——芝加哥成立了美国芝加哥期货交易所(CBOT)，它标志着现代期货交易的诞生。随后，各类现代化的商品期货得以快速发展。如：1851年芝加哥期货交易所开始交易玉米期货，1870年纽约商品交易所推出棉花期货，1876年伦敦金属交易所推出铜、锡期货，1920年又推出铅、锌期货，1971年芝加哥商品交易所推出了饲养用小牛期货等等。

这一时期除了交易工具以商品期货为主的显著特征以外，衍生工具发展的另一个核心标志是完善了合约标准化、保证金制度和统一结算制度，形成了真正现代意义的衍生工具交易。

芝加哥期货交易所成立之初，还只是一个集中进行现货交易和远期交易的场所。1865年，芝加哥期货交易所实现了合约标准化，推出了第一批标准期货合约。合约标准化内容包含了合约中的商品数量、质量、交货时间、交货地点以及付款条件等的标准化。标准化的期货合约反映了最普遍的商业惯例，使得市场参与者能够非常方便地买卖期货合约，也能够通过平仓来解除原先买卖合约的履约责任，提高了期货交易的市场流动性。

芝加哥期货交易所在合约标准化的同时，还规定了按合约总价值的10%缴纳交易保证金。保证金制度有效地避免了期货交易违约的问题，使交易能够标准、持续地进行。

芝加哥期货交易所起初采用的结算方法是环形结算法，但这种结算方法既烦琐又困难。1891年，明尼亚波里斯谷物交易所第一个成立了结算所，随后，芝加哥交易所也成立了结算所。结算所作为唯一的买方与所有的合约卖方进行结算，同时也作为唯一的卖方与所有的合约买方进行结算，提高了结算的效率。

1922年美国通过了《谷物期货法案》，成立了商品期货交易委员会，对商品期货交易实施监管，1925年成立第一个强制清算体系。至此，真正意义上的现代期货交易诞生，期货市场完整地建立起来了。

在商品期货迅速向规范化现代衍生工具交易方式发展时，期权交易还在争议中艰难地前进。由于早期的期权交易存在着大量的欺诈和市场操纵行为，美国国会为保护农民利益，于1921年宣布禁止交易所内的农产品期权交易。1936年美国又禁止期货期权交易。虽然很多国家都在某种程度上禁止期权交易，但期权的高杠杆特征仍然吸引风险管理者和投机者参与期权交易，不同种类的期权交易都始终存在。19世纪后期，一个美国金融家——卢索·萨奇(Russell Sage)在其提供的期权交易中运用看涨看跌期权平价关系发明了一个给他的客户提供贷款的组合交易策略，虽然最后由于亏损而停止了该交易，但该交易策略却是期权交易发展的重要策略，萨奇也被认为是第一个发现看涨看跌期权平价关系的人。同时期，在美国，期权的经纪商和交易商通过为客户的期权交易提供经纪服务也在推动期权交易的发展，在经纪活动中，需要为客户寻找交易对手，为了更高效寻找交易对手，成立了期权经纪商和交易商协会(The Put and Call Brokers and Dealers Association)，在1929年股灾之后，美国国会准备取消期权交易时，该协会通过努力争取为期权交易正了名，使得期权交易在美国合法化，并被纳入美国证券交易委员会(SEC)的统一监管。

荷尔伯特·菲勒尔为期权交易正名

早期的期权交易多数是在投机兴盛时期，并且也不时被投机者滥用，因此，期权的声誉始终不佳。20世纪20年代，在美国的股票市场上，一些证券经纪商从上市公司那里得到股票期权，作为交换，他们要将这些公司的股票推荐给客户，从而使该股票的市场需求迅速上升。上市公司和经纪商因此从中获益，而许多中小投资者却成为这种私下交易的牺牲品。

1929年股灾发生以后，美国国会为此多次举行听证会，对证券市场进行调查，并根据《1934年投资证券法》成立了美国证券交易委员会(SEC)。SEC最初给国会的建议是取缔期权交易，原因是“由于无法区分好的期权同坏的期权之间的差别，为了方便起见，我们只能把它们全部予以禁止”。

当时，期权经纪商与自营商协会邀请了经验丰富的期权经纪人荷尔伯特·菲勒尔到国会作证。在激烈的辩论中，SEC的成员们问菲勒尔：“如果只有12.5%的期权履约，那么，其他87.5%购买了期权的人不就扔掉了他们的钱吗?”

菲勒尔回答说：“不是这样的，先生们，如果你为你的房子买了火灾保险而房子并没有着火，你会说你浪费了你的保险费吗?”通过激烈的辩论，菲勒尔成功地说服了委员会，使他们相信期权的存在的确有其经济价值。这使得在加强监管的前提下，美国期权市场得以继续存在和发展。

(三)利率和汇率衍生品和期权交易快速发展阶段(20世纪70年代—80年代)

20世纪70年代有两个重要事件推动了金融衍生工具向两个方向快速发展。

一是布雷顿森林体系解体后汇率、利率风险突显。以美元为中心的固定汇率制彻底瓦解，使得汇率(两种货币的比价关系)剧烈动荡，推动了外汇期货的发展。1972年美国芝加哥交易所率先推出英镑等6种货币的期货合约，1982年费城股票交易所推出了货币期权交易。

70年代中期以后，汇率自由浮动后为了稳定汇率，西方各国纷纷推行金融自由化政策，利率管制得以放松甚至取消，导致利率波动日益频繁而剧烈。各类金融商品持有者，尤其是各类金融机构迫切需要有效的管理利率风险的工具，利率期货应运而生。1975年9月，美国芝加哥商业交易所首先开办了利率期货交易，1975年10月，芝加哥期货交易所推出了政府国民抵押贷款协会(GNMA)抵押凭证期货合约，标志着利率期货这一新的金融期货类别的诞生。1976年1月，芝加哥商业交易所的国际货币市场推出了3个月期的美国短期国库券期货交易，在整个70年代后半期，它一直是交易最活跃的短期利率期货。

1981年12月，国际货币市场推出了3个月期的欧洲美元定期存款期货合约。该品种交易量很快超过短期国库券期货合约，成为短期利率期货中交易最活跃的一个品种。最重要的是该品种推出期货合约的现金结算制度，为此后的股票指数等各类指数期货的发展奠定了基础。

二是期权定价理论的突破，催生期权交易的复活和快速发展。1973年，芝加哥大学两位教授费舍尔·布莱克(Fisher Black)和迈伦·斯科尔斯(Myron Scholes)发表了《期权定价与公司负债》，使人们第一次得以量化研究期权的理论定价，为期权发展做出了重要贡献。直至今日Black-Scholes期权定价公式仍然是期权市场上的指导公式。

同时，1968年美国经济萧条，商品期货市场的交易量大幅度减少，芝加哥期货交易所(CBOT)希望开拓新的业务领域。1973年4月月6日，芝加哥期权交易所正式成立，将期货的合约标准化、保证金和统一清算制度引进期权交易之中，使期权交易进入了一个新的历史时期。第一个月，CBOE的日交易量就超过了场外交易市场。1977年6月3日，CBOE又开始看跌期权交易。1983年，芝加哥期权交易所推出了以标准普尔100指数为标的资产的股指期权(简称OXE)，后来又推出了以标准普尔500指数为标的资产的股指期权(简称SPX)。由于芝加哥期权交易所的巨大成功，其他的交易所也纷纷推出各种股指期权。此外，在20世纪80年代，货币期权、利率期权等等期权新品种也陆续在各期权交易所上市进行交易。20世纪90年代以后，芝加哥期权交易所又推出了长期股票期权。

1982年以后，芝加哥期货交易所陆续推出大豆、玉米、小麦等期货期权交易，为交易者提供了更多的价格保护形式。此后，很多现货商改用期权代替期货进行保值交易。

1993年美国农业部还采用期权这一形式来代替农业补贴，保护农产品价格。美国农业部从1993年开始，通过支付农场主购买期权的权利金，鼓励部分农民进入芝加哥期货交易所进行期权交易，购买玉米、小麦、大豆的看跌期权，以维护玉米、小麦、大豆价格在比较合理的水平，以此利用市场机制保护农产品价格，替代农业支持政策。

最后，这一时期的两次石油危机也催生了能源衍生工具，如纽约商品交易所1978年推出的取暖油期货，1983年的原油期货等。

(四)信用衍生工具时代(20世纪80年代迄今)

信用风险主要指债务人破产，没有履行支付义务，加速、拒绝或延期支付义务以及构成违约的债务重组等事件导致债权人产生债券等投资损失的风险。20世纪80年代以来，不断爆发的信用危机为管理信用风险带来了巨大的市场需求。1980年拉丁美洲债务危机，1982年美国储贷危机，1997年亚洲金融危机，1998年俄罗斯债务危机，2001年世通、安然破产事件，2007年的次贷危机，这一系列信用危机向全球金融市场的参与者管理信用风险提出了巨大的挑战，对信用风险的管理工具提出了强烈要求。

而信用风险度量技术的发展和成熟、信用数据可得性的提高以及电子交易平台和标准合同文本的出现，为信用衍生工具的发展提供了技术保证。

1995年，摩根大通银行开发出了信用违约互换产品CDS，在之后的十几年内，其交易规模呈现指数级增长。1999年，国际互换与衍生品协会(ISDA)出台了第一部信用衍生工具定义(Credit Derivatives Definitions)；2002年ISDA颁布了主协议(2002 ISDA Master Agreements)。随着这一系列权威交易文本的出台,使得全球信用衍生工具市场的交易规则逐步完善。

三、金融衍生工具的发展逻辑

(一)风险管理需求是推动衍生工具发展的基本动力

需求是任何产品产生和发展的基本动力,金融衍生工具的基本作用是风险管理,而伴随作用是提供投机工具。无论是风险管理需求还是投机需求都能推动衍生工具的发展,但投机需求在推动衍生工具创新发展的同时,往往带来相应的市场泡沫和金融危机,危机过后,相应的衍生工具市场也就烟消云散。典型的历史事件包括荷兰的郁金香泡沫和英国南海泡沫时期金融衍生工具的发展,这两个时期都创新了金融衍生工具,并且交易兴盛,但很快就泡沫破裂、市场消失。

只有风险管理需求是推动衍生工具发展的基本动力和稳定衍生工具市场的核心力量。19 世纪中期欧美之间大宗农产品和工业原材料贸易带来的相应风险管理需求推动了商品期货和期货交易制度的完善;20 世纪 70 年代起的汇率和利率波动带来的相应风险管理需求,催生了货币和利率衍生工具的发展;20 世纪 80 年代以来,大量债务违约事件的发生,导致金融机构管理信用风险的需求,推动了信用衍生工具的发展。

同时,我们也应该认识到投机也是金融衍生工具市场天然而有机的组成部分。如果没有投机交易的存在,市场的流动性不足,即使有相应的衍生工具存在,由于仅有风险管理者参与,市场交易很难活跃,风险管理者也很难达成交易以实现风险管理。

(二)金融知识、金融环境和生产成本决定了衍生工具的供给水平

衍生工具的供给水平主要取决于对衍生工具的认识水平、金融环境和衍生工具的生产成本。

对衍生工具的认识决定了能否创造出有效的、能被社会所接受的衍生工具。典型的例子是期权的发展过程。早期社会普遍认为期权只是一种投机工具,期权合理价格的确定问题也没有解决,虽然人们已经知道如何创造期权,但期权始终不被社会接受。20 世纪 70 年代纠正了期权的坏名声,解决了期权定价问题,同时也认识到期权的发展也应该像期货进行标准化之后,期权交易才得以快速发展。

金融环境决定了衍生工具的创造所需求的基本材料。衍生工具是建立在基础工具之上的金融工具,只有市场上存在着足够规模的商品交易、股票、债券交易,形成了公平、可靠、公开的价格体系,比如市场利率、股票价格和各类价格指数等,衍生工具的创造才具备所需的基础材料。

创造衍生工具本身的成本很低,通常只是设计一份标准化的合约而已。但要使衍生工具能在市场上被高效地使用,还需要创造相应的交易环境、交易制度、清算制度等,并维护交易环境和交易制度等的有效运转,这是创造衍生工具的固定成本,通常由相应的交易所承担。此外,还需要监管衍生工具市场不被操纵、滥用的监管成本,通常由政府部门的监管机构承担。最后,衍生工具的投机者本质上是给风险管理者提供流动性,作为风险管理者的交易对手,让风险管理者能够顺利地完成交易,实现风险管理目的;这些投机者相

当于保险公司给客户提供保险，他们也需要利润，这些也是衍生工具创造的成本；只有市场上的风险管理需求足够多，能够分担这些成本时，相应的衍生工具才能被创造，市场才能够健康运行。

（三）金融衍生工具的创造技术

金融衍生工具的创造技术主要包括权益的证券化、合约的标准化、交易过程的制度化和市场化四个方面。

权益的证券化是指交易双方通过签署合约，比如远期交易合约、买权或卖权（期权）合约，签署之后的合约就是一份有特定价值的文件，合约签署的各方都可以据此文件主张相应的权益。如果仅仅是交易双方之间签署合约，合约条款可以通过谈判而任意约定，但结果是合约的转让会很困难。

合约的标准化是指交易中介机构作为第三方（通常是各类交易所）为交易双方拟定一份标准化的合约，标准化的内容包括未来要交易的商品名称、数量、质量、交易时间、交割地点等，交易双方真正要谈判的内容只有交易价格。合约的标准化简化了交易谈判的内容，让以市场交易的方式签署合约成为可能。如果有很多人接受一份标准化的合约，该合约的交易量会提高，合约的成交和转让也就更加容易。

合约标准化之后，交易中介机构创造交易环境，比如交易大厅、网络交易平台等，制定交易制度，包括交易者如何报价、撮合成交、保证金的安排、清算和交割安排等制度，让交易者聚焦到给定的交易场所或交易平台上，在交易制度的规范下有序地完成交易。这就是衍生工具交易过程的制度化和市场化，它们是衍生工具的有机组成部分。

第二节　期货

一、期货合约

期货合约（Futures Contract）是期货交易的买卖对象或标的物，是由期货交易所统一制定的，规定了某一特定的时间和地点交割一定数量和质量标的资产的标准化远期合约。根据合约标的是否可能交易，可分为两类：一是实物期货合约，它包括合约标的资产可以直接交易的商品期货合约、证券期货合约等。二是指数期货合约，这类合约的标的是各类市场指数，如股票指数等，指数本身不能买卖，这类合约到期时，不进行实物交割，只根据标的指数的市场值和预定的指数点价值进行交易双方的盈亏计算，并进行相应的现金结算。

（一）实物期货合约

期货合约的主要条款包括两类，一是对未来要交割的标的物和交割方式的约定，主要包括交易品种、交易单位、合约月份、交割日期、交割品级、交割地点、交割方式等。其中合约月份是远期合约到期时间的标准化，如表 4-1 中，黄玉米期货合约中，合约月份为 1，3，5，7，9，11 月，表示大连商品交易所的黄玉米期货的到期时间为这 6 个月份，当然，不同的到期时间就是不同的合约。因此，具体的合约也用时间给予具体的编号。比如，在 2017

年1月2日，市场上可以交易的具体黄玉米合约为：C1701，C1703，C1705，C1707，C1709，C1711，共6个合约，分别表示不同的到期时间；如果到了C1701的最后一个交易日1月16日，C1701合约还可以交易，第二个交易日1月17日C1701就不能交易了，同时会有新的合约C1801上市供交易者交易。这些内容在一般的远期合同中都要经过合同签约双方谈判确定，而在期货交易中由交易所事先统一拟定，这就是远期合约的标准化。

二是合约交易的相关安排，主要包括报价单位、最小变动价位、涨跌停板幅度、交易时间、最后交易日、最低交易保证金、交易代码等。

期货是以交易方式实现合约的签订，比如：你希望在9月份玉米收成时，出售20吨的黄玉米；就可以在大连商品交易所的交易平台上卖出2份C1709合约，自己给个报价，假设为1 520元，如果有人接受你的报价，你们就成交，你可以不知道对手是谁，只要记住自己以1 520元的价格出售了2份C1709；交易所也会在你的相应账号上记下这笔交易，记为C1709持仓－2，也被称为空头2张C1709。如果在合约到期前，你没有再对该合约做其他安排，那么你就必须在表4-1合约规定的交割时间、交割地点，提交相应等级的20吨的黄玉米；并收取1 250×20元的相应价款(为了容易理解，这里假设不考虑保证金账户的变化，在实际操作中，要考虑保证账户的变化，会有所不同，详见下节)。实际上，你也可以在合约到期前，按另外某个价格买回两份C1709，这叫平仓交易，这时C1709合约就跟你没关系了，但可能已经产生盈利或亏损了。

因此，买卖期货合约，你手上没有合约也可以卖出，这叫开仓卖出，它本质上相当于在一份只可以填写未来交割价格的标准化合约上的卖方处签字同意，而成交价格就是合约双方谈判同意最终填写在标准化合约上的价格。

表4-1　大连商品交易所的黄玉米期货合约

项目	内容
交易品种	黄玉米
交易单位	10吨/手
报价单位	元(人民币)/吨
最小变动价位	1元/吨
涨跌停板幅度	上一交易日结算价的4%
合约月份	1,3,5,7,9,11月
交易时间	每周一至周五上午9:00～11:30，下午13:30～15:00
最后交易日	合约月份第十个交易日
最后交割日	最后交易日后第3个交易日
交割等级	大连商品交易所玉米交割质量标准(FC/DCE D001-2015)
交割地点	大连商品交易所玉米指定交割仓库
最低交易保证金	合约价值的5%
交割方式	实物交割
交易代码	C
上市交易所	大连商品交易所

对于证券类期货，如货币期货、股票期货等，由于标的资产是证券，而给定某个证券本身没有质量差别，证券的交割也比较简单，通常只需在账户之间划转，没有运输成本。因此，期货合约条款相对简单，如表 3-2 芝加哥商品交易所的欧洲美元期货合约。具体的合约代号同样用产品代码和时间代码组成，如：2017 年四个到期月份的具体代码分别为 6EH2017，6EM2017，6EU2017，6EZ2017。如果你在 2017 年 1 月 13 日以 1.0651 的价格卖出一份 6EZ2017 合约，然后等到合约到期。到期时，你必须交付 125 000 欧元，并收取 125 000×1.065 美元。

最后，期货合约中都会对标的物的质量标准有具体的要求，因而市场上完全适合要求的商品数量可能就比较有限；同时，买卖期货又只需缴纳少量的保证金，这种情况下，市场就有可能被操纵。比如，某个资金比较雄厚的投机者，一方面大量买进期货，另一方面悄悄地把市场上符合标准的期货标的物全部买下；等到期货快到期时，期货卖方会发现，市场上已经没有可用于交割的现货，而想买回期货合约平仓，又没人愿意卖。这时期货的空头方为了履约，只能要么接受投机者的高价现货用于交割，要么接受投机者的高价期货用于平仓，甚至有可能被投机者逼到违约破产。该现象被称为围堵市场(corner the market)。为了避免该现象的发生，期货合约通常在具体可交割的产品等级上会放宽要求，并约定不同等级交易产品的支付价格调整办法，以扩大可交割产品范围，增加市场操纵的难度，或者直接限制每个账户可持仓的合约数量等。

表 4-2 芝加哥商品交易所的欧元美元期货合约

项目	内容
合约单位	125 000 欧元
交易时间	周日—周五 6:00 p.m.—5:00 p.m.
最小价格单位	$.00005 每欧元($6.25/每份合约)
产品代码	CME Globex:6E，CME 清算中心:EC，清算代码:EC
上市合约	从三月开始的季度月循环(Mar，Jun，Sep，Dec)，共 20 个合约月份
结算方法	支付
最后交易日	合约月份的第三个周三之前的第二个交易日(通常是周一)的中部时间 9:16 a.m.
交割方式	实物交割
仓位限制	CME 仓位限制规定
交易规则	CME 261

(二)指数期货合约

指数是人为编制的用于反映某个特定市场变化的一个数据，如沪深 300 指数就是用于反映上海和深圳证券交易所股票总体价格变化情况的序列数据。显然，指数现货是没法买卖的。但期货的本质是买卖双方对未来交割时间点标的物市场价格的对赌，买方赌未来价格会比现在约定的价格高，卖方赌未来价格会比现在约定的价格低；谁赌对了谁盈利，而相应的，对方则亏损。

例如:上述的黄玉米期货 C1709 的交易中,假设你和交易对手,既没有玉米要卖,对方到期时也不需要玉米,你们同样可以进行 C1709 的交易,并等到最后的交割。假设你仍然以 1 520 元/吨的价格出售了 2 份 C1709;持有到期等待交割;实际交割时,你只能到现货市场按市场价格,假设为 1 600 元/吨,买入 20 吨玉米,然后送到指定交割仓库,回收期货约定的总货款 1 520×20 元;最后发现,你亏损了 1 600 元。而对于 C1709 的买方,他履约时要缴纳 1 520×20 元货款,提取 20 吨黄玉米;但他也不需玉米,同样要在市场上按市场价格卖出 20 吨黄玉米,假设他卖出的价格也是 1 600 元/吨,则他盈利 1 600 元。在实际操作中,这个价格可能会有点上下波动。可见,如果 C1709 合约的交易双方能够对黄玉米现货市场价格达成一致的话,他们实际上并不需要真实地进行现货交易,只要根据达成一致的现货市场价格,如 1 600 元/吨,进行双方的盈亏计算,并进行相应的现金交付,就能省去现货交易的麻烦。实际上,芝加哥期货交易所的很多个股期货就是采用这种现金交割办法的。

基于以上认识,由于指数点不易被操纵,容易达成共识,同样可以设计指数期货让交易者对未来的指数点进行对赌。但在对赌结果支付时,将盈亏的指数点换算成可支付的货币价值就行。因此,如表 4-3 中的沪深 300 指数合约,首先要约定每个指数点的货币价值,沪深 300 指数期货的每个指数点价值为 300 元,最终盈亏清算时等于盈亏的指数点乘以 300 元每点。这类似于实物合约中约定的每份合约标的物的数量。其次,由于指数无法现货交割,明确只能现金交割。

表 4-3　中国金融期货交易所的沪深 300 指数期货合约

项目	内容
合约标的	沪深 300 指数
合约乘数	每点 300 元
报价单位	指数点
最小变动价位	0.2 点
合约月份	当月、下月及随后两个季月
交易时间	上午:9:30—11:30,下午:13:00—15:00
每日价格最大波动限制	上一个交易日结算价的±10%
最低交易保证金	合约价值的 8%
最后交易日	合约到期月份的第三个周五,遇国家法定假日顺延
交割日期	同最后交易日
交割方式	现金交割
交易代码	IF

例如:2017 年 1 月 12 日,中国金融期货交易所市场上可交易的沪深 300 指数合约有 IF1701、IF1702、IF1703、IF1706,当时 IF1701 的价格为 3323 点;如果你以 3323 点的价格买入一份 IF1701 合约,然后等待直到合约到期,由交易所进行现金交割;如果在 IF1701 最后交易日 2017 年 1 月 20 日,沪深 300 的收盘指数点为 3523 点,那么你就盈利 200 个指数点,盘后交易所进行清算后,你的账户就会转入 200×300 元。当然,这些盈利是由其他亏损交易者的账户转来的。

二、期货的交易方式

(一)报价和成交

期货交易的本质是以交易的方式实现远期合约的签订。在交易时所报的价格,并非现在交付某个标的物的价格,而是指愿意在某个标准化合约上以此价格与对方签订买卖合约,如果某个期货合约的报价成交了,表明交易双方签订了一份标准化的交易合约,合约的卖方相当于是在标准化合约中的卖方签字,合约的买方,相当于是在标准化合约中的买方签字,成交价格就是标准化合约中要填上的、未来交付标的物的价格。显然,期货合约在成交时,交易双方是不需要向对方支付或收取任何价款或标的物的。

例如:2017 年 1 月 13 日黄蓉以 1 520 元/吨的价格出售了一份 C1709 的期货合约给杨过。这相当于,黄蓉与杨过签订了一份 2017 年 9 月到期的合约,黄蓉在该合约的卖方签字,杨过在该合约的买方签字,1 520 元/吨是到期时交付 10 吨标准黄玉米的价格。现在,他们双方不需向对方支付任何东西。

此外,期货交易只是签订合约,因此,没有任何数量的限制,所有交易者都可以任意地买入或卖出任意数量的某个合约(如 C1709 等),成交的数量只是表明已经有多少份合约签署生效了,生效之后,可能就是到期履约,也可能中期将合约转让。

例如,假设 2017 年 2 月 3 日黄蓉以 1 500 元/吨的价格向郭靖买回了 1 份 C1709 合约。因为同样都是 C1709 合约,条款完全相同,所不同的是成交价格,黄蓉的这两笔交易完全可以看成是将原来与杨过签订的 C1709 合约的卖方权益转让给了郭靖,市场上仍然只有一份有效合约,黄蓉已经平仓了,与 C1709 合约不再有关系。

现在重要的是这种转让之后,他们之间的权益该如何调整?因为前后两笔的成交价格不一样,最后杨过与郭靖交割时应按哪个价格交割?此外,C1709 这样的期货合约可以任意交易,最后如何保证合约到期时能够全部履约?

以上三个问题都由交易所设计的保证金和逐日结算制度给予解决。

(二)保证金和逐日结算制度

期货交易时不需要进行支付和标的物交换,但在期货到期履约时却必须进行现金支付和标的物交换。能否履约是期货交易能否顺利进行的最重要条件。期货也只有在履约时,才让交易者实现其盈利或亏损。期货交易与现货交易最大的差别是:现货交易在一手交钱一手交货时,交易双方都认为交易是公平的,甚至都认为自己是合算的,因此谈判完成后,实现现货交割几乎没有困难。而期货交易只有在期货买卖时有这种感觉,而在履约交割时,通常已经明确一方是盈利,而另一方是亏损的;亏损的一方天然具有不愿意进行交割的情绪,也可能是已经没有能力进行交割。

例如:2017 年 1 月 13 日,黄蓉认为半年后黄玉米的价格会大跌,她现在以 1 520 元/吨的价格卖出 100 张 C1709 合约。但在 2017 年 9 月 12 日必须交割合约时,她才发现原来的判断是错误的,玉米现货市场的价格是 2 020 元/吨。要履约,她必须从现货市场购入 1 000 吨黄玉米。这时候她已经明确知道,履约交割会亏损 50 万元。一方面,她天然地不愿意交割;另一方面,也可能是由于先前的过度自信,导致她现在没有能力交割。

为了解决期货的履约问题,期货交易所在提供标准化合约的基础上,设计了保证金制度和逐日结算制度。

保证金制度要求所有交易期货合约的交易者,按照交易所要求的保证金比例向保证金账户缴纳相应的保证金之后,才能买卖相应数量的期货合约。如表 4-4 所示大连商品交易所黄玉米期货的保证金要求是 5%,如果某一交易者想要买或卖 2 份 C1709 合约,假设当时 C1709 的报价是 1 500 元/吨,则他必须在他的保证金账户上,至少有 1 500 元。该保证金称为初始保证金。5%的保证金比例能保证期货价格在 5%的范围之内波动,缴纳了保证金的交易者都不会违约。一旦违约,保证金被交易所扣收,然后交易所的清算中心取代该交易者与期货合约的另一方进行交割。

但是,期货价格在短期之内的价格波动不超过 5%的概率较大;如果时间长了,期货价格波动超过 5%的概率就会很大。为了解决一次性缴纳的初始保证金不能保证长期不违约的问题,交易所在初始保证金的基础上,又增加了保证金的逐日结算制度和维持保证金和追加保证金制度。保证金的逐日结算制度是指根据每日的期货结算价格,计算每个交易账户的盈亏,并在其保证金账户上做相应资金的增减的制度安排。客户保证金会由于逐日结算制度而增减变化,交易所允许保证金在一定范围内波动,但会制定保证金的下限,该下限被称为维持保证金。如果一个账户的保证金在当日结算之后小于或等于维持保证金,清算中心会通知交易者追加保证金,使之恢复到初始保证金的水平。相反,如果保证金增加了,超过初始保证金的部分,交易者可以从保证金账户提走。保证金和逐日结算制度既解决了期货交易的违约问题,同时也为期货合约的转让提供了便利。

一张期货合约从缔约、转让到交割

2017 年 1 月 13 日黄蓉以 1 520 元/吨的价格出售了一份 C1709 的期货合约给杨过。假设交易所要求缴纳的初始保证金为 1 000 元,维持保证金水平为 500 元;2017 年 2 月 3 日,黄蓉从郭靖处以 1 500 元/吨的价格买回一份 C1709;最后,杨过和郭靖均持有该合约到最后交割。期间有其他人交易 C1709 合约,每天的结算价格是该合约当天的收盘价格,结算价格和三个交易者的保证金账户余额的变化过程如表 4-4 所示。

由表 4-4 可见,黄蓉的保证金从初始缴纳的 1 000 元,到 2017 年 2 月 3 日买回一份 C1709 平仓,保证金余额变为 1 200 元,已经赚了 200 元,体现了高卖低买的盈利,她已经与 C1709 合约无关。

杨过的保证金账户在 2017 年 1 月 13 日缴纳 1 000 元之后,到 2 月 5 日因低于 500 元的维持保证金,被要求追加保证金,他当晚补缴了 600 元的保证金;然后持有直到最后交易日,保证金账户余额变为 1 000 元;因此,杨过在保证金账户上已经亏了 600 元。

郭靖的保证金在 2017 年 2 月 3 日按 1 500 元/吨的价格卖出一份 C1709 时，缴纳 1 000元，然后一直持有，期间保证金余额上下波动，到最后交易日变为 1 400 元，共盈利 400 元。

表 4-4 C1709 合约从缔结、转让到交割的过程

时间	交易价格或结算价格	保证金账户余额			备注
		黄蓉	杨过	郭靖	
2017.1.13	1 520	1 000	1 000		黄蓉向杨过出售一份 C1709
2017.1.13	1 530	900	1 100		当日结算
2017.1.14	1 510	1 100	900		
……					
2017.2.3	1 500	1 200	800	1 000	黄蓉向郭靖买回一份 C1709
2017.2.3	1 490		700	1 100	
2017.2.4	1 480		600	1 200	
2017.2.5	1 460		400	1 400	要求杨过追加保证金
			1 000	1 400	杨过补缴 600 元保证金
2017.2.6	1 420		600	1 800	
2017.2.7	1 430		700	1 700	
……					
2017.9.14	1 460		1 000	1 400	最后交易日的结算价

可见，在保证金上，杨过共亏损 600 元，分别被黄蓉和郭靖赚到 200 元和 400 元。最后，杨过和郭靖之间必须交割 C1709 约定的 10 吨标准黄玉米；杨过会收取郭靖的 10 吨玉米，并按最后结算价格 1 460 元/吨的价格向郭靖支出 1 460×10 元的价款。综合保证金账户的盈亏，这等价于杨过支付的价格为 2017 年 1 月 13 日开仓购买时的价格 1 520 元/吨；郭靖收取的价格加上保证金账户上的盈利等价于 2017 年 2 月 3 日开仓卖出时的价格 1 500 元/吨；这之间的价差 20 元/吨已经被黄蓉在保证金账户的结算过程中赚走了。

保证金制度和逐日结算制度既解决了期货合约的履约保证，同时也解决了期货合约的转让问题，从而以交易的方式实现合约的缔结与转让，让远期合约的缔结与转让变得更方便。该例子中，黄蓉与杨过之间的开仓交易可看成是一份新合约的缔结，黄蓉与郭靖之间的一个平仓、一个开仓交易，可看成是合约的转让。杨过和郭靖的期货交易很可能是真正的风险管理需求，而黄蓉很可能是主动承担风险的市场投机者，但黄蓉为杨过与郭靖的风险管理活动提供了帮助，否则，杨过与郭靖之间由于时间不匹配，可能很难达成交易。

(三)交割方式

交割是指期货合约到期后，按合约指定的时间，期货的卖方向买方提交合约规定的标的物并收取相应货款的过程。这是传统的实物交割方式。

而期货合约的标的物是没有现货交易的各类市场指数,比如股票指数等,期货合约的最后交割是交易清算所在最后交易日强制约定以市场上的参考指数点作为结算价格,直接结清各交易者的保证金账户的过程。该交割方式称为现金交割。对于有些期货合约,如果其标的物存在完善的现货市场,且现货市场价格能够形成被普通接受的公平价格时,也可能采用现金交割,比如芝加哥商品交易所的个股期货。

不论是实物交割,还是现金交割,都是期货市场与相应的现货市场形成紧密联系的唯一渠道。该联系保证了期货交易不是空中楼阁,不是简单的赌博工具,而是以现货为基础的远期合约。

(四)盈利核算

期货交易的盈亏是由开仓交易价格与平仓交易价格或最后交易日的结算价格之间的差额与期货合约数量的乘积决定的。如表 4-4 中,黄蓉以 1 520 元/吨的价格卖出一份 C1709,此后又以 1 500 元/吨的价格买回平仓,则其盈利就是 20×10 吨,共 200 元。而杨过以 1 520 元/吨开仓买入一份 C1709,一直持有至最后交割,交割结算价为 1 460 元/吨,他是高买低卖,因此亏损 60×10=600 元。

实际上,在期货交易中,风险管理者是不会在意期货交易的盈亏的,因为其期货交易的盈亏会完全被现货市场的盈亏所抵消,其期货交易只不过是锁定未来现货的交易价格而已,正如签订一份远期合约一样。

例如,表 4-4 中的杨过,在 2017 年 1 月 13 日买入一份 C1709 时,只是因为他在 2017 年 9 日 14 日左右确实需要 10 吨的黄玉米,但担心黄玉米的价格会上涨才购买的;则期货价格的变动对他是没有任何影响的,他始终都等价于在 2017 年 9 月 14 日以 1 520 元/吨的价格购买玉米。

第三节 期权

一、期权合约

期权合约是指交易所统一制定的、规定买方有权在将来某一时间以特定价格买入或者卖出约定标的物的标准化合约。

期权合约的主要条款也包括两类。一是关于相关买卖权力具体内容的约定,这也是标准化期权合约的主要内容,一般包括:合约标的物、合约类型、交易单位、合约月份、行权价格、行权方式等。二是关于期权交易方式的约定,主要包括:报价单位、最小变动价位、交易时间、最后交易日、到期日、交易代码等。

表 4-5 是芝加哥期权交易所个股期权合约内容。

表 4-5 CBOE 个股期权产品的合约细则

项目	内　　容
代码	股票代码＋到期时间＋期权类型＋执行价格，如：AAPL1717A118
标的资产	每手合约代表 100 股标的股票。
执行价格	合约开始挂牌，按一定的间隔在当前标的股票价格的上下设定四个执行价格；当标的股份的交易价超过市场现有最高或最低的约定价时，会有新的期权系列挂牌。通常当执行价在 5 美元与 25 美元之间，间隔为 2.5 点；如果执行价在 25 美元与 200 美元之间，间隔为 5 点；如果执行价高于 200 美元，间隔为 10 点。此外，到期日越近的，间隔越小。
权利金报价	用 10 进位表示每股的权利金。每 1 点等于 100 美元。
到期日	多数期权的到期日为每个到期月的第 3 个星期五；2 个近期月几乎每个周五都有期权。
到期月	2 个近期月和 2 个在 1 月、2 月或 3 月的季度周期中的月份。
履约方式	美式。在到期日之前的任何一个交易日都可以行权。
履约结算	可在任何一个交易日按程序递交行权通知，行权后第 3 个交易日得到标的股票的交割。
持仓限额和行权限额	头寸限仓根据标的股票的持仓股份和过去 6 个月的交易量而变化，交易所会给出具体的规定。
报告职责	持有头寸超过 200 手合约的要按规定报告。
保证金	对 9 个月或更短期限的期权，买入看跌期权或看涨期权的交易者必须全额支付权利金。无保护的看跌期权和看涨期权的卖家必须存交 100％的权利金收入，再加上合约总价值（当前的股票价格乘以 100 股）的 15％或 20％，如果期权是虚值的，可以减去虚值的总数。期权保证金不得低于权利金收入加上合约总价值的 10％。
最后交易日	个股期权的交易通常终止于到期日之前的那个交易日（一般是星期四）
行权方式	实物交割
交易时间	美国中部时间（芝加哥时间）上午 8：30－下午 3：00。

期权合约关于权力内容的描述主要是四项，分别是标的物、到期时间、权力类型和执行价格，这四项内容一般都包含在一个具体的期权代码中。如 CBOE 的　个关于 Apple 公司股票的期权：

AAPL 1713A 118

AAPL：100 股 Apple 公司股票；

1713A：到期时间为 2017.1.13；

A：该权力类型为买权；

118：执行价格为 118 美元。

（CBOE 规定 1－12 月份的代码分买权和卖权分别为，买权：A－L12 个字母；卖权：M

—X12 个字母）

该期权代码的完整含义为：持有该期权的交易者有权在 2017 年 1 月 13 日之前以 118 美元/股的价格从该期权的出售方买入 100 股 Apple 公司股票。

以上四个要求的任何一个变化都构成一个不同的期权。以 Apple 公司股票期权为例，2017 年 1 月 18 日这一天可交易的 Apple 公司股票期权有 10 个到期月份，分别为 2017 年的 1、2、3、4、6、7、10、11 月和 2018 年 1 月、2019 年 1 月共 10 个到期月。其中 2017 年的 1 月和 2 月剩余的每个周五都有期权到期日共 6 个到期日；2017 年 3 月有 2 个到期日；其他每个到期月只有第三个周五为期权到期日，共 7 个到期日。即总共有 15 个到期日。每个到期日都有大约 30～50 个不同的执行价格，假设平均每个到期日有 40 个不同的执行价格；而所有的到期日和执行价格都有两类不同的权力，即买权和卖权；则在 2017 年 1 月 18 日，在 CBOE 可以交易的 Apple 公司的期权合约大约有 15×40×2＝1 200 个。但有些期权虽然可交易，但实际的交易量可能为零。例如：合约 AAPL1717C190 的交易量和持仓量均为 0；AAPL1717O115 的交易量和持仓量分别为 121 和 20 367 张，成交价格大约为 1.21 美元；AAPL1819A115 的交易量和持仓量分别为 10 和 23 346 张，成交价格大约为 13.5 美元。持仓量是指该合约所有未平仓合约数。

期权合约在该合约到期日之后，就过期不可交易，也不存在了；交易所提供新的到期日的期权合约供交易者交易。如合约 AAPL1720A119 在 2017 年 1 月 20 日之后就不存在了，但提供 2017 年 4 月第一个周五为到期日的新期权合约供交易。

二、期权的交易方式

（一）报价和成交

期权的报价是对期权合约的报价，本质是对权利的报价。如果合约报价成交，期权卖方会收取相应的权利金，也称为期权费；买方相应地支付权利金。同时，交易所在卖方账户记录该合约的持仓量为负数，称为空头方；在买方的账户记录正数，称为多头方。

例如：黄蓉报价以 1.70 的价格卖出 2 张 AAPL1727A119 合约，如果杨过接受该报价，那么他们就成交；黄蓉收取杨过的 1.70×200＝340 美元的权利金。同时，交易所在黄蓉的账户上记录 AAPL1727A119 合约为－2；在杨过的账户上记录 AAPL1727A119 合约为＋2。

（二）保证金

在期权交易中，买方向卖方支付一笔权利金，买方获得了权利但没有义务，因此除权利金外，买方不需要交纳保证金。对卖方来说，获得了买方的权利金，只有义务没有权利，因此，需要交纳保证金，保证在买方执行期权的时候，能够履行期权合约。

例如 CBOE 要求期权的卖方必须存交全部的权利金收入，再加上合约总价值的 20％；如果期权是虚值的，可以减去虚值的总数，但期权保证金不得低于权利金收入加上合约总价值的 10％。虚值期权是指该期权如果当时就执行是没有价值的，即买权的执行价格大于标的股票的价格，卖权的执行价格小于标的股票的价格。虚值期权被执行的概率比较低。

则上述黄蓉卖出的 2 张 AAPL1727A119 合约应缴纳的保证金为（假设当天 AAPL 股票的收盘价为 120 美元/股）：

(1.7＋120×20％)×200＝5 014 美元

如果黄蓉继续持有该空头合约，其保证金账户每天都会根据 AAPL 的股票收盘价重新计算，不足要补缴，多了可以提走。最后，如果平仓或到期履约结束，保证金会被释放。

(三)交割方式

期权的交割方式有两层含义。一是何时可以行权，有的期权合约规定在到期日之前的任一交易日，期权的买方都可能要求行权，这类期权称为美式期权；而有的期权规定只能在到期日才可以要求行权，这类期权称为欧式期权。理论上认为：美式买权不可能被提前执行，而美式卖权有可能被提前执行。

二是行权时如何具体执行。具体行权时，与期货类似，可以有两种方式，分别为实物交割和现金交割。通常指数期权都是现金交割。

(四)盈亏核算

对于期权交易者，有两种方式结束期权交易并确定相应的盈亏。

一是平仓结束交易。交易者通过平仓交易结束其原先的期权头寸，其盈亏就是买入与卖出相应期权的期权费之差。

例如：黄蓉在 2017 年 1 月 18 日以 1.70 的价格卖出 2 张 AAPL1727A119 合约，如果两天之后又以 1.76 的价格买入 2 张 AAPL1727A119 合约，则在该合约上的交易就亏损 0.06×200＝12 美元。

二是行权结束交易。如果交易者交易期权之后，一直持有合约直到最后交易日，此时，期权的卖方没有主动权，只能等待期权买方的通知。期权买方可以要求执行期权，也可以放弃权利，任其作废。通常执行期权有收益时，会要求执行；执行期权的收益取决于期权的执行价格与标的股票当时的市场价格，执行期权的收益被称为行权收益，它不考虑原来购买期权时所支付的期权费。

对于买权，行权收益＝MAX(标的物市场价格－执行价格，0)。

例如：杨过以 1.70 的价格买入的 2 张 AAPL1727A119 合约(A 表示 1 月份的买权)，在 2017 年 1 月 27 日到期日的行权收益，就取决于 AAPL 股票在当日的市场价格。如图 4-1 所示，如果股票价格为 121，杨过会要求行权，按合约规定，从 AAPL1727A119 合约的

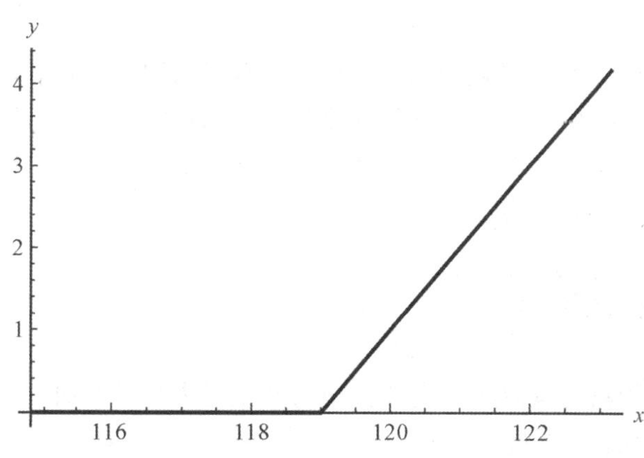

图 4-1 AAPL1727A119 买权的行权收益图

卖方按 119 的价格买入 200 股的 AAPL 股票；则行权收益为(121－119)×200＝400 美元，股票价格越高，行权收益越大；如果股票价格小于等于 119，杨过会放弃行权，行权收益为 0。

对于卖权，行权收益＝MAX(执行价格－标的物市场价格，0)。

例如：杨过以 1.70 的价格买入的 2 张 AAPL1727M119 合约(M 表示 1 月份的卖权)，在 2017 年 1 月 27 日到期日的行权收益，也取决于 AAPL 股票在当日的市场价格。如图 4-2 所示，如果股票价格为 117，杨过会要求行权，按合约规定，向 AAPL1727M119 合约的卖方按 119 的价格卖出 200 股的 AAPL 股票；则行权收益为(119－117)×200＝400 美元，股票价格越低，行权收益越大；如果股票价格大于或等于 119，杨过会放弃行权，行权收益为 0。

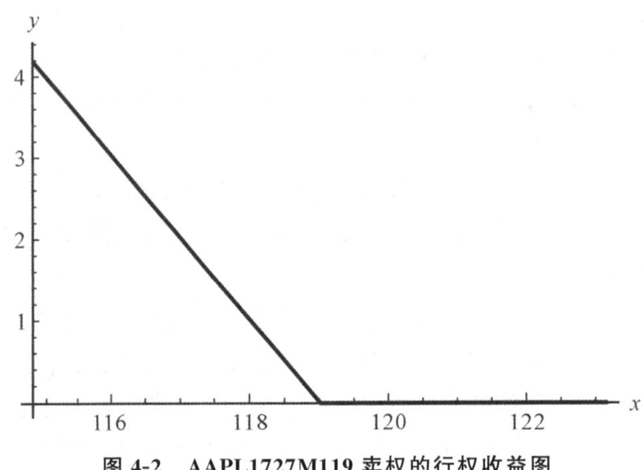

图 4-2　AAPL1727M119 卖权的行权收益图

所有期权买方的行权收益就是卖方的亏损。

第四节　金融衍生工具的应用

金融衍生工具的主要应用就是风险管理，运用期权、期货进行风险管理也称为套期保值(Hedge)。根据市场参与者在市场上所处位置(买方或卖方)的不同，需要运用的套期保值策略可分为空头套期策略和多头套期策略。不论是多头策略，还是空头策略，都可以用期货实现，也可以用期权实现。

一、空头套期保值策略

空头套期保值策略通常是生产商或公司为了锁定未来某个时间出售某一商品的价格而采用的策略。例如：

现在是 2017 年 5 月 1 日，有一家外贸企业——华山贸易公司，出口了一批商品到美国，商品价款以美元计，共500万美元，这笔货款要3个月之后，即8月1日才能收到。现在美元兑换人民币的比价（汇率）是6.6元人民币/美元。华山公司还有一笔贷款将在8月2日到期，共计要还本息3 300万元人民币，公司计划就用这笔货款还贷。现在汇率市场很不稳定，华山公司担心的是到时美元贬值，一美元兑换不到6.6元人民币，那么公司就还不了贷款。这就是华山公司当前面临的汇率风险。

在该例子中，500万美元就是华山贸易公司未来要出售的商品，其目标是未来出售价格不低于6.6元人民币/美元。实现该目标既可以用期货实现，也可以用期权实现。

（一）用期货实现

现在市场上，芝加哥商品交易所代号为CNHQ17的美元/人民币期货价格为6.55元人民币/美元。该标准化合约的内容是：2017年8月16日（到期月份的第三个周三）到期时，合约的卖方向合约买方交付10万美元，合约的买方则向卖方交付成交价格×10万元人民币。

华山贸易公司为了实现其目标，采用以下策略：**以6.55元人民币/美元的价格卖出**50份CNHQ17。这就是空头期货策略。

到了2017年8月1日，现货美元兑人民币的价格要么上升，要么下降；不变的概率几乎为零。同时期货CNHQ17的价格也会与现货相同的方向变化。假设只有两种情形：

情形1：价格上升，现货价格为6.76元人民币/美元，CNHQ17的价格为6.75元人民币/美元。

情形2：价格下降，现货价格为6.26元人民币/美元，CNHQ17的价格为6.25元人民币/美元。

不论是哪种情形出现，华山贸易公司都必须出售500万美元现货，同时买回50份CNHQ17平仓，退出期货市场。两种情形的盈亏情况如表4-6所示。

表4-6 期货和期权的空头套期保值策略

		现货	卖出50份CNHQ17	购买32份call@XDC 170817 C00015300
2017.5.1		6.6	6.55	600＄
2017.8.1	情形1	6.76	6.75	80＄
	盈亏	＋0.16	－0.20	－520＄×32×6.76
	情形2	6.26	6.25	7100＄
	盈亏	－0.34	＋0.30	＋6 500×32×6.26

在情形1下，每美元可以比预期的多卖0.16元人民币，共盈利0.16×500万＝80万元人民币；但在期货市场亏损0.2元/美元（共100万元人民币），最终500万美元共换回3 280万元人民币，相当于锁定价格为6.56元人民币/美元。

在情形2下，每美元比预期的少卖0.34元人民币，共亏损0.34×500万＝170万元人民币；但在期货市场盈利0.3元/美元（共150万元人民币），最终500万美元同样共换回

3 280万元人民币，相当于锁定价格为 6.56 元人民币/美元。

可见，用期货套期保值，不论未来价格如何变动，都相当于锁定未来价格。

(二)用期权实现

现在市场上，纳斯达克费城股票交易所交易代号为 call@XDC 170817 C00015300 的人民币/美元的期权交易价格为每份 600 美元。该合约授予合约的买方以下权力：在 2017 年 8 月 17 日，有权以每 100 元人民币换 15.3 美元的价格购买 1 000 000 元人民币。

华山贸易公司为了实现其目标，采用以下策略：以 600 美元每份的价格购买 32 份 call@XDC 170817 C00015300 看涨期权。这就是用期权实现空头保值策略。[①]

到了 2017 年 8 月 1 日，现货美元兑人民币的价格会变化，同时期权的价格也会随现货价格的变化而变化。同样假设只有两种情形，如表 4-6 所示。

情形 1：价格上升，现货价格为 6.76 元人民币/美元(14.7939 美元/100 元人民币)，call@XDC 170817 C00015300 期权的价格为 80 美元/份。

情形 2：价格下降，现货价格为 6.26 元人民币/美元(15.9744 美元/100 元人民币)，call@XDC 170817 C00015300 期权的价格为 7100 美元/份。

在情形 1 下，美元价格上升，华山贸易公司会在现货市场上直接出售 500 万美元，换回3 380万元人民币，在期权市场上损失约 520＄×32×6.76＝11.25 万元人民币。但应注意，在该情形下，如果美元现货价格上升得更高，比如 7.50 元人民币/美元，期权价格最多降为 0，在期权市场上最多损失全部期权费 600＄×32×6.76，但能保住美元价格上涨带来更多盈利和无限可能。

在情形 2 下，美元价格下跌，华山贸易公司在现货市场上出售 500 万美元，换回3 130 万元人民币，在期权市场上盈利约为 6 500＄×32×6.26＝130.208 万元人民币。大约相当于锁定美元价格不低于 6.536 元人民币/美元(100/15.3)。同时，在该情形下，如果该期权是美式期权，华山贸易公司可以选择直接执行该期权，用 100 元人民币/15.3 美元的价格换回 3 200 万元人民币。但在通常情况下出售期权实现期权平仓会更合算。

二、多头套期保值策略

多头套期保值策略通常是生产商或公司为了锁定未来某个时间购买某一商品的价格而采用的策略。例如：

现在是 2017 年 5 月 1 日，百特设备公司与一美国公司签订了一份设备购买合同，设备价款以美元计，共 500 万美元。这笔货款要 3 个月之后，即 8 月 1 日支付。现在美元兑换人民币的比价(汇率)是 6.6 元人民币/美元。该公司支付该设备款的预算就是 3 300 万元人民币。现在汇率市场很不稳定，百特设备公司担心的是到时美元升值，购买一美元会超出 6.6 元人民币，那么公司就超预算了。这就是百特设备公司当前面临的汇

① 这里的“空头”是实践中借用期货策略的术语，以便与期货策略的情形相一致。实际上，在期权策略中是不适合用“多头”、“空头”来简化表达的。

率风险。

在该例子中，500 万美元就是百特设备公司未来要购买的商品，其目标是未来购买价格不高于 6.6 元人民币/美元。实现该目标同样即可以用期货实现，也可以用期权实现。

(一)用期货实现

现在市场上，芝加哥商品交易所代号为 CNHQ17 的美元/人民币期货价格为 6.55 元人民币/美元。

百特设备公司为了实现其目标，采用以下策略：**以 6.55 元人民币/美元的价格买入** 50 份 CNHQ17。这就是多头期货策略。

到了 2017 年 8 月 1 日，假设只有两种情形：

情形 1：价格上升，现货价格为 6.76 元人民币/美元，CNHQ17 的价格为 6.75 元人民币/美元。

情形 2：价格下降，现货价格为 6.26 元人民币/美元，CNHQ17 的价格为 6.25 元人民币/美元。

不论是哪种情形出现，百特设备公司都必须购买 500 万美元现货，同时卖出 50 份 CNHQ17 平仓，退出期货市场。两种情形的盈亏情况如表 4-7 所示。

表 4-7　期货和期权的多头套期保值策略

		现货	买入 50 份 CNHQ17	购买 32 份 put@XDC 170817 P00015300
2017.5.1		6.6	6.55	800 $
2017.8.1	情形 1	6.76	6.75	5 300 $
	盈亏	－0.16	＋0.20	＋4 500 $ ×32×6.76
	情形 2	6.26	6.25	200 $
	盈亏	＋0.34	－0.30	－600 $ ×32×6.26

在情形 1 下，购买每美元会比预期的多支付 0.16 元人民币，共亏损 0.16×500 万＝80 万元人民币；但在期货市场盈利 0.2 元/美元(共 100 万元人民币)，最终购买 500 万美元共支付 3 280 万元人民币，相当于锁定价格为 6.56 元人民币/美元。

在情形 2 下，购买美元可以比预期的少花 0.34 元人民币，共盈利 0.34×500 万＝170 万元人民币；但在期货市场亏损 0.3 元/美元(共 150 万元人民币)，最终购买 500 万美元同样共支付了 3 280 万元人民币，也是锁定价格为 6.56 元人民币/美元。

可见，用多头期货套期保值，不论未来价格如何变动，也都是锁定未来价格。

(二)用期权实现

现在市场上，纳斯达克费城股票交易所交易代号为 put@XDC 170817 P00015300 的人民币/美元的期权交易价格为每份 800 美元。该合约授予合约的买方以下权力：在 2017 年 8 月 17 日，有权力以每 100 元人民币换 15.3 美元的价格出售 1 000 000 元人民币。

百特设备公司为了实现其目标，采用以下策略：以 800 美元每份的价格购买 32 份 put@XDC 170817 P00015300 看跌期权。这就是用期权实现空头保值策略。

到了 2017 年 8 月 1 日，现货美元兑人民币的价格会变化，同时期权的价格也会随着现货价格的变化而变化。同样假设只有两种情形，如表 3-7 所示。

情形 1：价格上升，现货价格为 6.76 元人民币/美元（14.7939 美元/100 元人民币），put@XDC 170817 P00015300 期权的价格为 5 300 美元/份。

情形 2：价格下降，现货价格为 6.26 元人民币/美元（15.9744 美元/100 元人民币），put@XDC 170817 P00015300 期权的价格为 200 美元/份

在情形 1 下，美元价格上升，百特设备公司在现货市场上购买 500 万美元，支付 3 380 万元人民币，在期权市场上盈利约 4 500＄×32×6.76＝97.344 万元人民币。购买 500 万美元，实际支付 3 282.656 万元人民币。在该情形下，如果该期权是美式期权，百特设备公司可以选择直接执行该期权，用 100 元人民币/15.3 美元的价格支付 3 200 万元人民币，购得 489.6 万美元。不足部分再从现货市场上补。

在情形 2 下，美元价格下跌，百特设备公司在现货市场上购买 500 万美元，支付 3 130 万元人民币，在期权市场上亏损约为 600＄×32×6.26＝12.0192 万元人民币。在该情形下，如果美元现货价格下跌得更多，比如 5.50 元人民币/美元，期权价格最多降为 0，在期权市场上最多损失全部期权费 800＄×32×6.76，但能保住美元价格下跌带来更多盈利和无限可能。

第五节　金融衍生工具的基本特征和作用

一、金融衍生工具的主要特征

金融衍生工具的共同特征是以缴纳保证金为基础，以交易的方式实现对未来交易某一标的物或交易权力的合约的签订与转让。它具有跨期性、联动性、杠杆性和高风险性等基本特征。

(一)跨期性

金融衍生工具是交易双方通过对商品价格、利率、汇率、股价、指数等因素变动趋势的预测，约定在未来某一时间按照一定条件进行交易或选择是否交易的合约。因此，金融衍生工具的交易是建立在对未来预期的基础上的，预期的准确与否直接决定交易者的盈亏。

(二)联动性

金融衍生工具的价值或交易价格与合约标的物的市场价格或标的变量的变动具有极为紧密的联系。期货在临近到期日时就是现货，期货价格在到期日时必定收敛于现货价格；期权的价格是期权费，在临近期权到期日时，期权费也会收敛于标的物市场价格与执行价格之差的绝对值，或收敛于零。在到期日之前衍生工具的价格会与标的物市场价格保持特定的联动关系，该联动关系由衍生工具的相对定价理论决定。这一联动关系也是

衍生工具用于风险管理的基础。

(三)杠杆性和高风险性

金融衍生工具交易不需要全额支付合约价值的资金,只需要支付一定比例的保证金或期权费就可进行标的资产面值的全额交易。即,可以让投资者或投机者实现以小博大的杠杆效应。同时,在收益可能成倍放大的同时,投资者或投机者可能承受的损失也是成倍放大,即高风险性。

二、金融衍生工具市场的作用

(一)风险管理与市场参与者

衍生工具市场主要有三类参与者。

一是风险管理者,也称为套期保值者。他们主要是一些生产型企业、贸易公司、证券投资基金、银行等机构,需要对其原材料价格、汇率、利率或股票等价格波动进行防范,而采用相应的期货或期权等工具进行风险管理,以保证其生产、贸易等经营活动顺利和稳定。

二是投机者。由于衍生工具的高杠杆性,对投机者很有吸引力;风险管理者借助于衍生工具市场进行风险管理也需要投机者为其提供流动性,使风险管理者能够更容易实现风险管理所需要的交易活动。

三是套利者。由于衍生工具的价值与其标的物的价格具有内在联系,当这种内在联系不成立时,通常是由于交易者交易冲动、交易者的误判等原因导致。在这种情况下,一些专业的市场人士就能够运用衍生工具的定价理论,构造套利组合,获得无风险收益,直到这种机会消失。

因此,衍生工具市场既为风险管理者提供风险管理工具,也为投机者提供投机便利,也为市场专业人士提供无风险套利机会。但风险管理是衍生工具市场的基本功能,投机者的投机活动和套利者的套利活动最终也是为风险管理者创造一个流动性更好、市场定价效率更高的风险管理市场。

(二)价格发现

衍生工具市场具有广泛的参与者,风险管理者运用自身的行业知识和信息;投机者会努力挖掘衍生工具市场供需双方的力量变化;所有市场参与者都会运用自己的专长和信息对衍生工具的未来价格进行预测和判断,并形成相应的交易活动,最终形成衍生工具的交易价格。

套利者运用其专业知识让衍生工具价格与其标的物价格维持合理定价关系,从而使衍生工具价格能够反映标的物的未来预期价格。从而衍生工具市场连续不断的交易活动也就形成了可供参考的关于标的物未来价格的信息,即具有发现标的物未来价格的功能。

本章小结

衍生工具是一种关于交易基础产品或基础变量的标准化的或准标准化的合约。根据合约的内涵不同可以分为两大类:一是期货(Future),约定未来交易某一基础产品的标准化合约；二是期权(Option)，约定未来购买或出售某一基础产品的权利的合约。约定未来购买某一基础产品的权利的合约称为买权(Call Option)，也被称为看涨期权。约定未来出售某一基础产品的权利的合约称为卖权(Put Option)，也被称为看跌期权。其他衍生工具基本上都可以看成是这两类衍生工具的组合与演化的结果。

根据基础产品的不同，衍生工具可分为商品类衍生工具和金融衍生工具。商品类衍生工具主要是指各类大宗商品的期货和期权，大致可以分为农产品类、能源类、金属和贵金属类。金融衍生工具主要是指以各类基础金融工具为标的产品的期货和期权，大致可划分为股权类、货币类、利率类、信用类以及其他衍生工具。

期货合约是期货交易的买卖对象或标的物，是由期货交易所统一制定的，规定了某一特定的时间和地点交割一定数量和质量标的资产的标准化远期合约。根据合约标的是否可以交易，可分为两类：一是实物期货合约，二是指数期货合约。期货交割是指期货合约到期后，按合约指定的时间，期货的卖方向买方提交合约规定的标的物并收取相应货款的过程。当期货合约的标的物是没有现货交易的各类市场指数时，期货合约的交割是交易清算所在最后交易日强制约定以市场上的参考指数点作为结算价格，直接结清各交易者的保证金账户的过程。这种交割方式称为现金交割。

期权合约是指交易所统一制定的、规定买方有权在将来某一时间以特定价格买入或者卖出约定标的物的标准化合约。关于权力内容描述主要是四项，分别是标的物、到期时间、权力类型和执行价格。如果期权规定只能在到期日才可以要求行权，这类期权称为欧式期权；如果在到期日之前任何时间都可以要求行权，则被称为美式期权。

金融衍生工具的发展大致可以划分为以下四个阶段：一是早期的萌芽阶段；二是19世纪中叶—20世纪70年代的商品衍生工具和衍生工具交易制度完善阶段；三是20世纪70年代—80年代的利率和汇率衍生品和期权交易快速发展阶段；四是20世纪80年代以来的信用衍生工具时代。衍生工具发展的基本动力是风险管理需求，而金融知识、金融环境和衍生工具的生产成本决定了衍生工具的供给水平。金融衍生工具的创造技术主要包括：权益的证券化、合约的标准化、交易过程的制度化和市场化四个方面。

金融衍生工具的共同特征是以缴纳保证金为基础，以交易的方式实现对未来交易某一标的物或交易权力的合约的签订与转让。期货通过其保证金和逐日结算制度解决了远期合约的违约问题，并创造了合约交易和转让的便利性。期权通过要求期权卖方缴纳保证金解决了期权最后行权时可能违约的问题。衍生工具都具有跨期性、联动性、杠杆性和高风险性等基本特征。

衍生工具市场主要有三类参与者：一是风险管理者，也称为套期保值者；二是投机者；三是套利者。

复习思考题

1.何谓金融衍生工具。其主要类型有哪些？

2.期货与一般的远期合约有哪些相同点和不同点？

3.何谓期权？

4.可以说期权、期货也是一种投资工具吗？为什么？
5.如何理解标准化对期权、期货等衍生工具创造的作用？
6.如何理解制度化对期权、期货等衍生工具创造的作用？
7.简述期货的保证金和逐日结算制度的主要内容。
8.请分析期货的保证金和逐日结算制度的作用和意义。
9.请分析期货与期权的保证金制度的异同点。
10.为什么期货市场具有价格发现功能？
11.请说明衍生工具市场通过哪些措施增进了市场的流动性。
12.如何理解金融衍生工具的高杠杆性和高风险性？
13.如何解释"金融衍生工具是通过交易的方式实现合约的签订"？

作 业

1.调查我国目前主要的衍生工具交易市场(交易所)情况，应包括发展过程、主要的交易品种、交易量等。

2.请从相应的交易所网站各查询一个具体的期货、期权合约，并分析哪些合约内容体现了标准化和制度化？是如何体现的？

第二篇 ◎ 金融机构

金融机构是指为交易活动提供服务的企业或组织，是掌握金融思想、运用金融技术的主体。金融机构一方面通过标准化、证券化技术创造金融工具，使原本难以交易、无法交易的价值形态变得可交易、易于交易；另一方面通过市场化手段构造交易平台，聚集交易信息，组织和协调交易过程使交易更加便利。

最基本的交易服务就是创造交易的一般等价物——货币，并维护货币的有效性。因此，早期的金融机构主要围绕着货币的铸造、保管、汇兑等活动开展业务。典型的金融机构主要是中国的钱庄、银号、票号、西方的金匠银行等。随着商品经济的发展，早期的金融机构发展成以经营存、贷款业务为主的商业银行和中央银行体系，他们通过经营存、贷款业务为货币资金使用权的交易提供中介服务和交易平台，同时，在经营业务过程中创造货币。而中央银行除了发行基础货币之外，还承担维护货币有效性——币值稳定的职能。商业银行通过存、贷款业务创造存款货币。

另一种交易服务是为不易转让、难以交易的价值形态创造交易条件。通常是采用证券化手段，针对特定的价值形态创造特定的金融工具。这类金融机构主要是投资银行和交易所，他们帮助公司、政府等机构发行股票和债券，创设标准化的期权和期货等金融工具。

第三类交易服务是聚集交易信息，组织和协调交易过程。提供这类服务的首先是商业银行，其次是交易所。商业银行作为资金借贷的中介机构，聚集了最主要的货币资金供给和需求信息，使资金供求双方能够方便地在商业银行的平台上实现货币资金使用权的交易，商业银行赚取中间的价差(利差)。交易所作为现代金融的标志性机构，提供了最典型的交易信息的聚集场所和最先进的交易组织与协调过程。

最后，在现代货币经济体系下，货币作为几乎所有价值交换的媒介，使得价值交换实现了商品、服务及其他价值形态的流动与货币资金流动相分离的特征。为货币资金流动提供便利和快捷通道的就是现代的支付结算体系，它是货币经济体系中最核心的金融基础设施。

交易的聚集就是市场，市场天然地需要集中和协调。在一定程度上，中央银行就是商业银行之间聚集和协调的结果，中央银行组织商业银行间的市场交易，组织票据交换，提供支付结算体系等。同样地，交易所也是投资银行间交易协调和聚集的结果。

可见，金融机构一方面通过标准化、证券化技术创造金融工具，使原本难以交易、无法交易的价值形态变得可交易、易于交易；另一方面通过市场化手段聚集交易信息，组织和协调交易过程，使交易更加便利。因此，金融机构是金融世界中的能动主体，他们运用金融思想和金融技术创造或协助创造金融工具、金融规则，构造交易平台，组织交易过程。

本篇主要学习商业银行、中央银行、支付体系、投资银行、交易所等金融机构的产生与发展及其主要业务内容，理解这些金融机构是如何为交易服务的。

第五章

商业银行

本章导读

如果你病了,你去找医生;如果你遇到了纠纷,你去找律师;如果你还有什么其他的困难,你就去找银行家。——乔治·斯科特(前纽约第一国民银行行长)

当我们有闲散资金时,需要寻求储蓄投资方面的咨询,或者我们需要交费汇款时,抑或是贷款买房买车时,还有想用保险柜存放机密文件时,通常都会想到银行。对大多数人来说,银行是一个基础产业。银行业由成千上万个银行组成,它影响其他行业乃至经济的运行。如果银行停止放贷,拒绝承担风险,整个经济的运行就会停止,企业将会倒闭,失业率会上升。

那么,如此重要的金融机构形态,在浩瀚的历史长河中又是如何产生的呢?我们该如何认识商业银行?它有什么功能和作用?都做些什么?经营的目标和原则又是什么?商业银行会不会消失?

商业银行是最早出现的现代金融机构,也是一国金融机构体系的主体,它是以提供各种金融交易(包括融资和其他金融服务)为主要业务的金融中介机构,在日常的经济生活中,商业银行与企业和个人的联系最为紧密,也是中央银行货币政策重要的传导媒介,在促进经济的稳定、健康发展中起着十分重要的作用。因此,商业银行的产生与发展、性质与特点、职能与制度、主要业务和经营管理理论,是学习和研究货币金融学的重要内容。

第一节 商业银行概述

一、商业银行的产生与发展

(一)商业银行的产生

1.早期银行业的产生

银行是经济中最为重要的金融机构之一。西方银行业的原始状态,可溯及公元前的古巴比伦以及文明古国时期。据大英百科全书记载，早在公元前6世纪，在巴比伦已有一家“里吉比”银行。考古学家在阿拉伯大沙漠发现的石碑证明，在公元前2000年以前，巴比伦的寺庙即代人保管金银财宝，收取1/60的保管费，寺院还对外放款，收取月息20%，而且放款是采用由债务人开具类似本票的文书，交由寺院收执，且此项文书可以转让。公元前4世纪，希腊的寺院、公共团体、私人商号，也从事各种金融活动。但这种活动只限于货币兑换业性质，还没有办理放款业务。罗马在公元前200年也有类似希腊银行业的机构出现，但较希腊银行业又有所进步，它不仅经营货币兑换业务，还经营贷放、信托等业务，同时对银行的管理与监督也有明确的法律条文。罗马银行业所经营的业务虽不属于信用贷放，但已具有近代银行业务的雏形。人们公认的早期银行的萌芽，起源于文艺复兴时期的意大利。“银行”一词英文称之为“bank”，是由意大利文“banca”演变而来的。在意大利文中，banca是“长凳”的意思。最初的银行家均为祖居在意大利北部伦巴第的犹太人，他们为躲避战乱，迁移到英伦三岛，以兑换、保管贵重物品、汇兑等为业。在市场上人各一凳，据以经营货币兑换业务。倘若有人遇到资金周转不灵，无力支付债务时，就会招致债主们群起捣碎其长凳，兑换商的信用也即宣告破碎。英文“破产”为“bankrupt”，即源于此。

早期银行业的产生与国际贸易的发展有着密切的联系。为了减少贸易中的风险和压力，早期商业银行主要是对国内外贸易活动提供各种各样的交易便利。资本主义社会前期的货币兑换业是早期银行业形成的基础。其产生大体可以分为三个阶段。

第一阶段：货币兑换业和兑换商的出现。中世纪的欧洲地中海沿岸各国，尤其是意大利的威尼斯、热那亚等城市是著名的国际贸易中心，商贾云集，市场繁荣。但由于当时社会的封建割据，货币制度混乱，各国商人所携带的铸币形状、成色、重量各不相同，为了适应贸易发展的需要，必须进行货币兑换。于是，单纯从事货币兑换业并从中收取手续费的货币兑换商便开始出现和发展了。

第二阶段：货币兑换业演变成货币经营业。随着异地交易和国际贸易的不断发展，来自各地的商人们为了避免长途携带产生的麻烦和风险，开始把自己的货币交存在货币兑换商处保管，并委托其办理汇兑与支付。货币兑换商开出的收据演变成早期的“汇票”。货币兑换商在货币兑换业务基础上增加了货币保管和收付业务，出现了货币经营业。这时候的货币兑换商已反映出银行萌芽的最初职能：货币的兑换与款项的划拨。因此，货币经营业被认为是银行早期的萌芽。

第三阶段：早期银行业的产生。伴随着贸易及货币流通不断扩大，货币经营业得到了充分的发展。此时，货币兑换商开始不满足于只在经营中收取手续费，而是想获得更多的收益，于是商人们开始放款以增加收益。最初，商人们贷放的款项仅限于自有资金，随着接受保管及汇兑的货币数量不断增加，商人们发现所有被保管人不会同时提取他们所托管的货币，于是他们开始把保管及汇兑业务中暂时闲置的资金贷放给社会上的资金需求者。为了获得更多的资金，发放更多的贷款，获得更多的收益，货币兑换商便从原来被动接受顾客委托保管货币，转而变为通过降低保管费或者不收保管费，到后来给委托保管货币的客户一定的好处而积极主动地揽取货币保管业务，此时，货币保管业务便演变成存款业务了。于是，货币兑换商逐渐开始从事信用活动，即利用通过信用积聚起来的暂时闲置的货币，从事一些可以获得利息收入的借贷活动。同时，货币兑换商根据经验，改变了以前实行全额准备以防客户兑现提款的做法，实行部分准备金制度，其余所吸收的存款则用于贷款取息。此时，货币兑换商也就演变成为集存款、贷款和汇兑业务于一身的早期银行家了。借贷与货币经营业的结合，使货币经营业得到了充分的发展，古老的货币经营业也就发展成为办理存款、放款和货币汇兑的早期银行业。

近代银行起源于中世纪的欧洲，主要出现在当时的世界商业中心意大利的威尼斯、热那亚等城市。16 世纪，西欧进入资本主义发展时期，为了满足大规模的生产和扩张全球贸易市场的需要，产生了对新的支付手段和信贷方式的需要，银行在这一时期得到了飞速的发展。1587 年意大利诞生了著名的威尼斯银行，它通常被认为是最早使用"银行"名称经营业务的银行。此后，各国贸易中心相继出现了米兰银行(1593 年)、阿姆斯特丹银行(1609 年)、纽伦堡银行(1621 年)、汉堡银行(1629 年)等。

在英国，早期银行是在金匠业的基础上发展而来的。17 世纪中叶，英国的金匠业很发达。随着美洲大陆的发现，大量金银流入英国，人们为了防止金银被盗，将金银货币委托给金匠保管，当时金匠业不仅代人保管金银，签发保管凭条，收取保管费用，还可按顾客书面要求，将金银划拨给第三者，并以自有资本发放贷款以获取利息。同时，金匠们签发的凭条可代替现金流通于市面，称之为"金匠券"，开了近代银行券的先河。随着英国经济的发展，金匠业的业务发生了重大变化，保管凭条演变为银行券，保管业务中的划拨凭证演变为银行支票，十足准备制度变为部分准备制度，金匠业逐渐发展成为从事货币经营业务的早期银行业。

私人银行

私人银行是指商业银行与特定客户在充分沟通协商的基础上，签订有关投资和资产管理合同，客户全权委托商业银行按照合同约定的投资计划、投资范围和投资方式，代理客户进行有关投资和资产管理操作的综合委托投资服务。

私人银行业起源于 16 世纪，是为满足那些寻求资产保护的瑞士富翁们的需要而登上历史舞台的。14—17 世纪，日内瓦一直都是欧洲的通信中心，它处于从地中海到 Flanders 之间，在意大利和法国中间。日内瓦依靠其欧洲中心的地理位置成为重要的贸易中心。14—15 世纪期间，日内瓦成为欧洲主要贸易集会的首都，大量资金在这里流动，贸易商成了银行家。16 世纪，瑞士富翁们开始寻求资产保护，在瑞士日内瓦形成了第一代私人银行家，主要服务于 200 万美金以上的超级富翁家族。17 世纪，瑞士发展了一种广泛的商业网络。银行家们向荷兰西印度公司、英格兰皇家银行、皇家镜子工厂(St-Gobain，欧洲第一家实业公司)等许多企业提供融资。18—19 世纪期间，银行家们成为部长和国王们的顾问，欧洲的皇室高官们迅即享受了这种私密性很强的私人银行卓越的金融服务。20 世纪和 21 世纪之交，私人银行家逐步发展为提供纯资产管理的专家，这是二战结束以后该行业日益重要的服务内容。

私人银行与其客户之间独特的人性化的关系核心是建立在服务、信任和专业品质这些传统价值观之上的。这些价值观使得客户能够完全放心地把他们的财产和金融交易委托给私人银行。

由私人银行家提供的私人银行服务是一种综合解决方案，它的核心业务是财富管理，但就市场发展状况而言，财富管理在私人银行业务利润中的占比越来越小。目前，私人银行服务主要包括商业银行服务、财富管理服务、国际资产传承规划服务、综合授信服务、金融咨询服务，由此来帮助客户达到个人财富保值增值及其事业成长发展的双重目标。

（资料来源：中信银行）

在漫长的中世纪，近代银行虽已具备了银行的基本特征，但它仅仅是现代银行的原始发展阶段。因为这些银行都是私人银行，规模不大，贷款利率较高，通常都在20％～30％甚至更高，其生存基础还不是社会化的大生产的生产方式，其放款对象主要是政府和封建贵族，主要从事高利贷放款，带有明显的高利贷性质，因此不能适应资本主义工商业的发展需要。

P.金德尔伯格在《西欧金融史》中对商业银行的产生是这样描述的："从商业向银行业的发展经常遇到一个持久的中间阶段，这个阶段的银行业在英格兰原先被称为商人银行业，商人银行家是一个向别人提供信贷的人。"但是"多数商人银行家逐渐从一般贸易转向专门贸易，然后又从专门贸易转向金融"。可见，商业银行最初是对"商人银行业"的理论概括。

2.现代商业银行产生

现代商业银行是在17世纪末开始逐渐发展起来的。17世纪末到18世纪期初，随着资本主义经济的发展和国际贸易的进一步扩大，新兴的资产阶级迫切需要建立和发展资本主义商业银行。多数研究认为，现代商业银行的形成主要有两个途径：一是由旧的高利贷性质的银行转化而来；二是工商业者根据资本主义经济发展的要求，以股份公司的形式组建而成。资本主义前形成的高利贷制度，虽然历史悠久，但由于其不利于资本主义的发展，因而生存发生困难。这样，一部分高利贷者选择关闭，另一部分高利贷者则选择适应资本主义生产发展的需要，降低利率，为资本主义工商企业提供贷款，从而成为商业银行。

同时，资本主义工商业主为了尽快改变自己经营的金融环境，按照股份公司的形式组建商业银行。1694年在英国成立的第一个股份制银行——英格兰银行，它的投资结构突破了传统的独资或合伙制投资结构对资金的限制，可以使银行的资本得到迅速扩张，增强了竞争实力；它的经营对高利贷者产生了巨大的冲击，因为它的贷款利率为4.5％～6％，大大低于高利贷的20％～30％的利率；它还根据资本主义经济发展的需要建立了信用货币，打破了贵金属铸币的限制和垄断。英格兰银行的成立，标志着资本主义商业银行制度开始形成以及现代银行制度的建立，也意味着高利贷在信用领域的垄断地位已经被动摇。英格兰银行是现代商业银行的鼻祖，由于其能够适应资本主义经济发展的需要，因而股份制这种模式很快被推广到欧洲其他国家。

18世纪末19世纪初，在商品经济发展较快的国家和地区，规模巨大的现代股份制商业银行纷纷建立，成为资本主义银行的主要形式，并开始在世界范围内普及和迅速发展。早期的股份制商业银行以办理工商企业存款、短期抵押贷款和贴现等为主要业务。

（二）商业银行的发展

商业银行发展到今天，与其当时因发放基于商业行为的自偿性贷款从而获得"商业银行"的称谓相比，已相去甚远。今天的商业银行已被赋予更广泛、更深刻的内涵。特别是第二次世界大战以来，随着经济发展对资金需求的多元化和客户对金融服务需求的高层次发展、技术革命的进步、金融机构之间的激烈竞争以及各国金融管制的放松，现代商业银行经营范围不断扩大，活动领域不断拓宽，管理方式不断创新，已逐渐成为多功能、综合性的“金融百货公司”。现在，西方国家商业银行的业务已扩展到证券投资、黄金买卖、中长期贷款、租赁、信托、保险、咨询、信息服务以及电子计算机服务等各个方面。从商业银行的发展来看，商业银行的经营模式有两种。

一种是英国式融通短期资金传统模式。这种模式下，商业银行业务主要集中于自偿性贷款。其理论依据是真实票据理论。该理论认为商业银行的业务应当集中于短期自偿性贷款。因为短期自偿性贷款一方面期限短、流动性强，银行资产的安全性大，另一方面自偿性贷款是根据商品生产和流通的需要发放的，不会造成货币和信用的膨胀。在这一理论的影响和支配下，资金融通有明显的商业性质。英国是股份制发展最早的国家，发达的资本市场解决了企业长期资本来源，银行只限于短期资金的融通。然而，历史证明这种模式也有其自身的缺陷：一是它使得商业银行的业务发展受到一定的限制；二是自偿性贷款是相对的，银行资金的安全与否，从根本上说不取决于贷款期限的长短，而在于运用出去的资金能否按时收回；三是对短期商业性贷款的偏重使得商业银行难以促进一国经济的持续高速增长，不利于中央银行对宏观经济的调节，容易加剧物价的下跌和经济周期波动的幅度。

另一种是德国式综合银行传统模式。在这种模式下，商业银行不仅提供短期的商业周转性贷款，也提供中长期贷款，甚至可以直接投资股票和债券，帮助公司包销证券，参与企业的决策与发展，并为企业提供必要的财务支持和咨询服务。至今，不仅德国、瑞上、奥地利等少数国家采用这种模式，而且美国、日本等国的商业银行也已逐步完成了向综合式商业银行的转化。这种综合式的商业银行有“金融百货公司”之称。这种模式有利于商业银行根据经营需要全方位地开展业务活动，充分发挥银行在国民经济中的作用。但是，这种模式下也有其自身的缺陷：一是银行业务范围过于广泛，在经营管理和资金流动性方面易于出问题，加大了银行风险；二是银行对企业的直接投资，会导致银行势力的过度膨胀。

我国实行的是分业经营模式。为了适应我国分业经营的现时特点和混业经营的发展趋势，2003 年 12 月 27 日第十届全国人民代表大会常务委员会第六次会议通过了《关于修改〈中华人民共和国商业银行法〉的决定》。新《商业银行法》对原来商业银行法不得混业经营的有关规定进行了修改。

进入 21 世纪以来，全球银行业的发展受到外部环境的影响，发生了巨大的变化，逐步朝着综合化、区域化、全球化、电子化、集团化、虚拟化的全能服务机构的方向发展，同时，也面临着来自业务创新、风险扩大、竞争多元化等方面的挑战。

(三)商业银行产生发展的基础

1.商业银行产生发展的经济基础是商品生产、商品交换的发展

银行从产生的那一天起就总是与货币打交道，可以说没有货币就没有银行，而货币的产生源自商品经济的发展，是商品生产、商品交换的需要催生了货币。所以，经济发展(特别是国际贸易的发展)是银行产生发展的经济基础。在国际贸易中，商品交换所使用的货币都是铸币，不仅因为商品生产者国别的不同，而导致铸币的单位和成色不同，而且不少

商人出于各种目的削减铸币的质量、贬低铸币的价值，因而需要专门的鉴定和称重者。在鉴定与称重的过程中，鉴定和称重者还可以从事铸币兑换，从而成为货币兑换商。货币兑换商在货币兑换中，不仅把不同货币兑换成商人们都可以接受的货币，而且还把不同金属、不同规格的货币准确地转换成共同的货币单位。可见，铸币兑换需要专门的知识和技术设备，需要有比较雄厚的经济实力，因而随着经济的发展，铸币兑换逐渐成为一些商人盈利的方式，成为最初的银行业务。

2.商业银行产生发展的组织基础是比较富有的阶层

多数教科书都以欧洲为代表，论证早期银行起源于金匠，认为金匠一方面为他人加工金器皿或饰物，另一方面为他人保管金银及其制品，具备吸收存款、发放贷款的能力，从而发展成为商业银行。其实，银行的前身不仅是金匠，而且还包括包税商、汇票交易经纪人、公证人和商人等富有阶层。包税商通过经理公共资金、经纪人通过替人买卖汇票、公证人通过推荐投资然后替别人投资、商人通过贱买贵卖等聚敛并掌握了大量的货币资金，他们都有条件成为银行业主，或者说金匠不一定成为银行，“公证人”可能成为银行的股东。据史料记载，14—16 世纪时，意大利的佛罗伦萨和托斯卡纳市的美第奇家族很富有、很有势力，从事着类似金匠式的业务，但他们不是金匠，而是商人。

3.商业银行产生发展的思想基础是信用

商业银行设立和开展业务的思想基础是社会经济主体之间的高度信任，包括社会公众对银行的信任和银行对债务人(如工商企业)的信任。社会公众出于对银行的信任而将自己的货币存入银行，并允许银行将这些货币借贷给需要资金的企业或个人；银行出于对债务人的信任，按照约定条件将自己掌握的货币借贷给债务人使用，或者购入债务人签发的商业票据。失去社会公众和工商企业之间的信任，银行不可能设立，设立的银行也会倒闭。如 18 世纪 80 年代的美国，根据不成文法的规定，任何人都有权从事银行及其他业务，联邦政府对商业银行的业务经营没有任何形式的监督和管理，银行业务的开展完全靠信用。

(四)中国商业银行的产生与发展

1.中国早期的银行业

追溯中国的银行业，仍然要从古代的银钱业开始。我国的银钱业也具有悠久的历史。中国关于银钱业的记载，较早的是《周礼》中的“泉府”的记载，“泉府”即办理赊贷业务的机构。其次是春秋战国时的借贷活动及南北朝时的寺庙典当业。有关这方面的大量记载始于唐朝。到了商业发达的唐代，出现了经营典质业的质库(即当铺)、保管钱财的柜房、打制金钱饰物和经营金银买卖的金银铺。唐代还出现了类似汇票的“飞钱”，这是我国最早的汇兑业务，不仅有商人经营，更主要的是由官府经营，此外，还有专门放债收息的官府机构。北宋真宗时，由四川富商发行的交子，成为我国早期的纸币。经过宋、元、明、清，随着钱庄、银号、票号的先后兴起，我国的银钱业得到了长足发展。宋朝设置的“便钱务”，金代的“质典库”，元代的“解典铺”，明代的“钱庄”和清朝的“票号”，都是从事货币经营业务的机构。到了明清以后，当铺是中国主要的信用机构。明末，一些较大的经营银钱兑换业的钱铺发展成为银庄。银庄产生初期，除兑换银钱外，还从事贷放，到了清代，才逐渐开办存款、汇兑业务，但最终在清政府的限制和外国银行的压迫下，走向衰落。由于封建社会的长期停滞，中国古老的银钱业一直未能实现向现代银行业的演变。

中国古代的银钱业

中国历史上很早就出现了借贷行为，在战国时期，放债取息的事例就很多。《史记·货殖列传》载有齐国孟尝君豢养食客千余，放债取息，年收息10万以上的事情。到唐代，我国就有了经营货币的兑换、金银买卖业务的机构，如“柜坊”。到了北宋时期，金融业有了进一步的发展，出现了“交子铺”，以后又出现了典当、钱庄、银号、账局等金融机构，这些都是银行出现以前中国比较发达的金融机构。

当铺主营抵押小额贷款，兼营货币兑换(古代金、银、铜、绢、帛、纸币市值不一，互换有价差)、储蓄存款。除隋朝未见记载外，历朝历代直至新中国成立后的1952年均有当铺。[①]

钱庄的诞生源于官方、民间铸钱成色不一，市值不同，金属钱币携带不便，纸币、有价证券和金属钱币共同流通。钱庄业务早期主营货币兑换，有价票据买卖、倾熔银锭、金银买卖、兼营抵押贷款，后来发展到主营信用放贷、银票钱票汇票发行、收解汇划、汇兑存款、兼营货币兑换、抵押放款和金银买卖。从北宋起各朝代对钱庄称谓不同。北宋至元朝前叫“交引铺”和“金银铺”；元明时期，因货币用银逐步增加，而用银多的叫银铺，用银少的叫钻铺；清代多称钱庄，少为银号，但经营业务大体相同。清代太平天国运动时期，不少地方钱庄按资本数量划分为“大同行”与“小同行”。

票号主营汇兑，兼营抵押放贷、银票钱票发行、定活存款、货币兑换和金银受托保管。票号与钱庄、当铺业务互有交叉，但主营汇兑十分突出。票号因率先经营汇兑业务而得名，又因是山西商人创办的，故把它称作“山西票号”。

账局(有的称为账庄)是产业资本或商业资本创造的一种自己的银行业。在中国商品市场经济的发展中，由于中国高利贷资本和货币兑换资本没有转化为银行业，产业资本或商业资本创造了一种自己的银行业，这就是账局。账局经营业务是存款和放款，把借者和贷者集中在自己手里，成为借者和贷者的总代表，起着现代银行的中介作用。账局放款的对象，是工商业者与官吏。两者相比，账局为工商业服务是主要的，对官吏放款是次要的。账局的利息率是低微的，工商业从账局借款的利息率，比当时官限当铺的3分利低84%～87%，比民间借贷利息率低81%～95%。反过来说，工商业从账局借款所支付的利息，只等于支付当铺利息的13%～16%，等于民间借贷支付利息的5%～19%。这些说明账局的资本已经是一种借贷资本，账局也是中国最早的银行。据史料记载，创办最早的账局，名叫“祥发水”，乾隆元年(1736)开设于张家口。开设较早的账局还有“永泰公”、“大升玉”等52家。账局是社会上按其经营业务的性质取其放账之意而命名的。[②] 据统计，咸丰三年(1853)，北京城内有账局268家，从业人员数千人。[③]

2.中国现代商业银行的产生

我国近代银行业，是在19世纪中叶外国资本主义银行入侵之后才兴起的。中国出现最早的现代银行是外国的在华银行，它是英国于1845年在香港成立的丽如银行，即后来

① 路棣：《中国当铺、钱庄、票号发展史的启示》，《西部金融》2008年第3期。

② 曹啸：《中国近代银行业的发展脉络》，《经济论坛》1999年第8期。

③ 史敏祺：《中国早期银行业发展探究》，《上海金融学院学报》2008年第5期。

的东方银行。其后各资本主义国家纷纷来华设立银行。这些外商银行,在华经营一切银行业务,控制了中国金融业,进而控制中国的经济财政命脉。在华外国银行虽给中国国民经济带来巨大破坏,但在客观上也对我国银行业的发展起到了一定的刺激作用。为了摆脱外国银行的支配,清政府于 1897 年在上海成立了中国通商银行,它的英文名称是 Imperial Bank of China,即中华帝国银行。中国通商银行的组织制度和经营管理办法模仿汇丰银行,在业务上除了经营存款、放款外,还兼办代收库银的业务,并被清政府授予发行纸币的特权。中国通商银行形式上虽然是以商办的民族资本银行面目出现,但实际上是受控于官僚、买办的银行。它是中国第一家股份制银行,它的成立标志着中国现代银行的产生。

3.中国商业银行的发展

中国的商业银行发展至今已有 100 多年的历史。

(1)1949 年以前的商业银行

中国通商银行成立之后,一些官商合办、股份集资和私人独资兴办的商业银行纷纷建立起来。1927 年以后,国民党当政期间,官僚资本垄断全国金融机构,逐步建立了以中央银行(1924 年成立)、中国银行(1912 年由户部银行改组成立)、交通银行(1908 年成立)、中国农民银行(1935 年改组成立)、中央信托局(1935 年成立)、邮政储金汇业局(1930 年由邮政局改编)和中央合作金库(1946 年成立)组成的"四行二局一库"为主体,包括省、市、县银行及官商合办银行在内的金融体系,并由国民党政府直接控制。此外,还有一批民族资本家兴办的私营银行及钱庄,但多半规模不大且投机性强,在经济运行中所起的作用十分有限。国民党政府还间接控制了江浙财团的"南三行"——浙江兴业银行、浙江实业银行和上海商业储蓄银行,以及被人称作"北四行"的金城银行、盐业银行、中南银行和大陆银行。旧中国的金融业普遍处于规模较小、管理落后、投机盛行的局面。1935 年,全国有商业银行 165 家,到 1945 年 8 月,银行总行达 416 家,分支行达 2 575 个。除日本设在东北的一批地方性小银行外,1936 年即抗日战争爆发前一年,在华的外国大银行有 32 家。

(2)1949—1978 年的"大一统"银行体系时期

新中国成立初期的银行体系,是在解放区银行机构的基础上,通过接受官僚资本金融业、整顿私人资本金融业而建立起来的。1948 年 12 月 1 日,为了适应形势的需要,共产党领导的政府在合并了解放区的华北银行、北海银行和西北农民银行的基础上,于河北省石家庄市成立了中国人民银行,并开始发行各解放区统一流通的货币——人民币。此后将各解放区银行改组为中国人民银行在各地的分支机构,同时没收了官僚资本银行,改造了私人银行与钱庄,取消了外国在中国的特权等。中国人民银行还在全国各地建立了分支机构,自此中国人民银行成为一个集中统一的全国性的大银行。同时,还增设了农业银行、中国银行、中国人民建设银行和农业信用合作社等专业银行和其他金融机构,由此形成了新中国的银行体系,中国人民银行是这个体系中的核心和骨干。

从 1953 年开始,我国开始实行高度集中的计划管理体制。与之相适应,在金融制度安排上,也采取了结构单一的"大一统"的银行体制,即一切信用集中于中国人民银行的制度。全国仅保留中国人民银行一家,它既是政府管理金融的国家机关,又是经办商业银行业务的银行机构。其他大多数专业银行都被取消，社会信用集中于中国人民银行，各级银行吸引的存款全部集中于人民银行总行，由人民银行统一支配，贷款也由人民银行总行统一核批指标，银行在经济管理中担负着保证经济计划实现及组织调节现金流通的功能。

在1966—1976年"文化大革命"期间，银行的制度被废除，业务活动无法正常开展。银行的作用被削弱，货币被批判，商业性金融机构被撤销，中国人民银行被并入财政部。

(3)1979年改革开放以来的银行体系

1978年12月召开的中国共产党十一届三中全会开始全面纠正"文化大革命"及其以前的"左"倾错误，使我国进入了改革开放的新时期。我国的银行业逐步走上了改革开放的道路。

①1979—1994年，国有专业银行时期。从1979年开始，中国农业银行和中国银行先后从中国人民银行分设出来。随后，中国人民建设银行(后改名为中国建设银行)也从财政部分离出来，成为独立的经济实体。1983年9月，国务院下达了《关于中国人民银行专门行使中央银行职能的决定》文件，决定自1984年1月1日起中国人民银行作为国务院领导和管理全国金融事业的国家机关，专门行使中央银行职能，另行成立中国工商银行。至此，中央银行体制开始建立，由中国工商银行、中国农业银行、中国银行和中国人民建设银行组成的专业银行体系也开始形成。专业银行建成后，还进行了相应的职能分工：中国人民银行行使中央银行职能；中国工商银行负责工商企业贷款；中国人民建设银行负责基本建设贷款；中国农业银行则负责农村服务贷款。同年，我国又批准设立了众多的城市信用社，并在全国普遍发展了农村信用社。在1986年7月交通银行重组成以公有制为主的股份制全国性综合性银行，之后中信实业银行、福建兴业银行、民生银行等全国性或区域性股份制银行相继成立，使我国银行体系快速发展壮大起来。这些新兴银行的出现，以其较为完善的法人治理结构、先进的经营理念和经营管理方法，对四大银行造成了严峻的挑战，推动了我国银行商业化改革的进程。

②1994—2003年，银行的商业化改革阶段——国有独资商业银行阶段。1993年11月中国共产党第十四届三中全会提出要"加快金融体制改革"、"建立政策性银行，实行政策性业务与商业性业务分离"。同年12月，《国务院关于金融体制改革的决定》出台，要求中国人民银行要成为真正的中央银行，要求国有专业银行逐步向商业银行转化，严格界定政策性业务，并将国有专业银行中的政策性业务分离出来。1994年国家开发银行、中国农业发展银行、中国进出口银行三家政策性银行先后成立。至此，我国银行业商业化步入快车道。1995年，正式实施《中国人民银行法》和《中华人民共和国商业银行法》，整个银行业改革发展步入了法制轨道。1997年11月，我国召开第一次全国金融工作会议，明确指出国有商业银行改革的重要性，提出必须加强信贷管理，降低不良贷款比例，明确将四大专业银行改造为四大国有独资商业银行。1999年，为减轻国有商业银行的历史包袱，剥离不良贷款，促进国有企业改革，信达、华融、东方、长城等四家金融资产管理公司相继成立，集中处置银行的不良贷款，这对促进国有商业银行的改革起到了极大的推动作用。2002年，国家在全国第二次金融工作会议中，就明确指出国有商业银行改革是中国金融改革的重中之重，改革的方向是按现代金融企业的属性进行股份制改造。

③2003年至今，银行的股份制改革与开放——现代商业银行阶段。自2003年起，国有银行的改革进入实质性阶段。通过金融资产管理公司剥离不良贷款、政府注入资本、资本市场上市三个步骤，工、农、中、建四大国有银行均已完成股份制改造。现在，中国银行、中国工商银行、中国建设银行、中国农业银行、交通银行等已经成为上市银行，工、农、中、建还实现了在香港上市。截至2013年11月，在深圳、上海证券交易所上市的金融机构已经达到40家。通过上市改造，我国银行体系开始向西方成熟的银行经营模式转变。

二、商业银行的性质与特征

（一）商业银行的性质

商业银行是英文commercial bank的意译。英国的商业银行称为"股东银行"(joint stock banks)，美国的商业银行称为会员银行(member banks)，法国的商业银行称为存款银行(deposit banks)，德国的商业银行称为私人商业银行。关于商业银行的定义，中西方提法不尽相同。我们认为对商业银行这一概念可理解为：商业银行是以货币资金为经营对象，以追求最大利润为经营目标，从事多种金融负债和金融资产业务，能利用负债进行信用创造，并向客户提供多功能、综合性服务的金融企业。具体来看，商业银行的性质可以从以下三个方面来理解：

1.商业银行是企业，具有企业的一般特征。与其他各种企业一样，商业银行是以盈利为目的的企业，它也具有从事业务经营所需要的自有资本，依法经营，照章纳税，自负盈亏，与其他企业一样，以获取利润为经营目的和发展动力，所以商业银行是企业。

2.商业银行是特殊的企业——金融企业。商业银行不同于一般的企业，而是经营货币资金、提供金融服务的特殊企业。首先，商业银行经营的对象不是普通商品，而是媒介商品流通的一般等价物——货币和货币资金这种特殊商品。其次，商业银行活动的领域是货币信用领域。再次，商业银行主要从事资产、负债及金融服务业务，是为从事商品生产和流通的企业提供金融服务的企业。最后，商业银行经营的结果是创造了存款货币而非使用价值。

3.商业银行也不同于其他金融机构，是特殊的金融机构。就金融机构而言，金融机构有多种，如：中央银行、商业银行、投资银行、政策性银行、邮政储蓄银行、信用社、村镇银行等银行类金融机构，还有保险公司、证券公司、期货公司、基金公司、信托投资公司、租赁公司、财务公司、金融公司、担保公司等非银行类金融机构。不同金融机构的目的、作用、功能、操作、经营范围、经营科目、服务对象、对风险的容忍度等等有很大区别，甚至完全不同，不能一概而论。因此，商业银行与其他金融机构也有着很大区别：

(1)不同于中央银行及政策性银行

首先，商业银行为工商企业、公众及政府提供金融服务；而中央银行只向政府和金融机构提供服务；政策性银行主要服务于商业银行不能涉足、不敢涉足、不愿涉足或无力涉足的领域，且不能吸收活期存款。

其次，商业银行具有信用中介、支付中介、信用创造、金融服务、调节经济等职能，在各国金融体系中居于主体地位，并在国民经济中发挥着重要作用；而中央银行具有发行的银行、国家的银行、银行的银行、调控宏观经济的银行等四大职能，是一国最高的货币金融管理机构，在各国金融体系中居于主导地位；政策性银行具有信用中介、社会性与引导性、资源优化配置、服务性等职能，具有特殊的地位。

最后，商业银行是金融企业，经营活动追求的是利益目标；而中央银行经营活动追求的目标不是盈利，而是为实现国家宏观经济目标服务；政策性银行经营活动不以营利为目的，但仍需讲求经济效益。

(2)不同于其他金融机构

尽管商业银行与其他金融企业一样都在经济生活中发挥着信用中介的作用，为各种交易提供便利，并都以追求利润为其最终目标，但与其他金融企业相比，商业银行的业务更综合、功能更全面；而其他金融企业不能吸收活期存款，只能集中经营指定范围内的业务和提供专门性的金融服务。但是随着金融业混业经营的发展，二者的这种区别会越来越淡化。

(二)商业银行经营活动的特征

1.经营活动的高负债率

在商业银行的资金来源中，其资本所占份额极低，以监管资本的最低要求来衡量，也不过8%～10.5%，资金来源的构成中负债占比高达89%以上。可以说，没有任何一个企业的负债率能与之相比。

2.经营活动的外部性与社会性

商业银行的业务活动既运行于整个社会经济生活中，同时又受到整个社会经济生活的反作用。

首先，商业银行的业务活动对整个社会货币供应量有着重要的影响。流通中的货币都是由金融体系创造出来的。而在金融体系中，能够创造货币的，除了中央银行以外，还有商业银行。但两者在货币创造中的作用是不同的。中央银行通过其资产业务创造了现金货币，而商业银行通过派生存款创造了存款货币，因此，流通中的货币是由中央银行和商业银行共同创造的。同时，中央银行和商业银行在货币创造过程中又互相影响、互相制约。中央银行通过一系列的调控手段如法定存款准备金政策、再贴现政策和公开市场业务等，影响商业银行的存款创造能力，从而影响商业银行的货币创造能力。反过来，商业银行的业务活动对货币供应量也有着重要的影响。这一方面表现为商业银行通过自身的资产负债业务，影响流通中的存款货币量，另一方面也表现为商业银行通过其向中央银行的负债业务，影响中央银行的货币发行。因为，中央银行的货币发行主要是通过再贷款、再贴现等形式经由商业银行向流通中注入的。商业银行的经营政策、负债结构、资产负债比例等，都直接影响着中央银行货币投放的数量。因此，商业银行的业务活动对整个社会货币供应量有着重要的影响。

其次，商业银行的业务活动对国家宏观经济政策的实施具有重要影响。国家的各项宏观经济政策的目的是进行国民经济的总量和结构调节。在市场经济条件下，经济调节最终都必须表现为价值分配的调节，因而都必须落实到财政、货币政策上来。从商业银行的业务活动来看，商业银行的信贷活动不仅对社会总供求的总量平衡而且对结构平衡都起着十分重要的作用。在社会总供给不足的情况下，银行控制贷款的投放，可以有效地抑制社会总需求，银行改变贷款投放结构，可以增加社会有效供给，两者都会促使社会总供求实现总量平衡。除此之外，还有一个供求结构问题。银行可以通过贷款投向结构的调整，改变社会总需求和总供给的结构，使之达到平衡。由此可见，商业银行在其业务经营活动中，如果能够按照客观经济规律办事，合理确定信贷总量和贷款投放结构，就会促进社会总供求的平衡，使国民经济进入良性循环；反之，如果商业银行违背客观经济规律，在贷款投放中缺乏自我约束，超负荷经营，贷款投向不合理，就会破坏社会总供求的平衡，使国民经济处于恶性循环之中。

最后，商业银行的经营活动受到整个社会经济运行的影响十分明显。由于商业银行经营的是充当一般等价物的货币资金业务，这种特殊性决定了它与整个社会的各个方面都有着密切的联系。银行经营活动影响着社会经济生活的各个方面，反过来，社会经济生活的各个方面又影响着银行的经营活动。银行负债业务的发展取决于整个社会经济的规模和效益，银行的资产业务取决于全社会对银行贷款的需求规模，银行资产质量的好坏则直接取决于整个社会经济效益的好坏和国民经济的运行状况。银行经营风险的大小，则又是整个社会经济生活中风险的集中表现。

综上所述，商业银行的经营活动具有明显的外部性与社会性，因此，商业银行在其经营活动中，不仅要考虑自身作为企业追求利润最大化目标，同时还需要承担一定的社会责任。

3.经营活动的高风险性

商业银行经营活动过程本身就存在着各种各样的风险，同时商业银行还是现代经济社会各种风险的集散地。

商业银行作为信用中介，一方面是借者的集中，将所有资金需求者的债务集于一身，扮演了债务人，另一方面是贷者的集中，将所有资金供给者的债权集于一身，扮演了债权人，从而形成了商业银行的负债业务和资产业务。在商业银行的负债业务中，银行常常处于被动的地位，存款人存与不存、在哪儿存、存多存少、存长存短、以什么方式存等都取决于存款人的意愿。而商业银行一旦吸收了存款，银行就会面临流动性风险。在商业银行的资产业务中，银行代表所有的存款人把他们的闲置资金贷放给借款人，并约定偿还期限。但由于经济活动的不确定性，借款人往往不能按期偿还贷款，从而给银行按期偿还存款人的存款资金带来困难。另外，银行在经营活动中，由于经营环境的变化等，也会产生其他风险，如利率风险、外汇风险、管理风险等。因此，在商业银行业务活动过程中，自始至终充满了各种风险。

商业银行不仅其自身的业务活动过程充满了各种风险，同时，由于商业银行在国民经济中的特殊地位，又使其成为现代经济社会各种风险的集散地。商业银行作为信用中介，集中了社会各个经济单位和个人的闲散资金，同时又将这些资金贷放出去，商业银行因此成为整个社会资金运动的枢纽，整个社会的各种风险都会通过资金的运动反映到商业银行身上。如任何政治和社会的动荡、经济危机、自然灾害、战争以及市场的波动等，都会通过存款人和借款人的行为传递到商业银行，影响商业银行的正常经营。由此可见，经营对象的特殊性使得商业银行面临着比其他任何一种企业都要严重的风险威胁，高风险性因而成为商业银行的又一个显著特点。

上述特点使得商业银行成为各国政府监管最为严格的对象，尤其是近一二十年来，随着经济和金融全球化的发展，商业银行所面临的风险更加复杂，而商业银行出现风险所带来的的影响也大大超出了国界，成为影响世界经济稳定的重要因素。因此，各国政府不仅继续加强对本国商业银行的监管，而且也在不断加强商业银行监管的国际合作。

三、商业银行的职能

商业银行的职能是由它的性质所决定的，主要有五个基本职能。

（一）信用中介

信用中介是商业银行最基本、最能反映其经营活动特征的职能，也是商业银行区别于其他金融机构的最为特殊的职能之一。这一职能集中体现在商业银行的资产、负债业务上。一方面，商业银行作为债务人通过各种负债业务以较低的价格——资金成本率将社会上的各种闲散富余的货币资金集中到银行，另一方面，商业银行作为债权人通过各种资产业务以相对较高的价格——贷款利率和投资收益率将集中到银行的闲散货币资金投向资金短缺的社会经济部门。在这个信用活动过程中，商业银行一方面作为货币资本的贷出者与借入者的中介人或代表，实现了资金的有效使用和融通，便利了交易，另一方面通过低吸高用从吸收资金的成本与发放贷款利息收入、投资收益的差额中获取利差收入，形成银行的利润。商业银行通过信用中介的职能实现资本盈余和短缺之间的融通，并不改变货币资本的所有权，改变的只是货币资本的使用权。这种使用权的改变，可对经济活动起到一个多层面的调节作用，具体体现在三个方面：

1.积少成多。从居民储蓄存款角度来讲，居民手中持有的小额闲散资金单独使用的话，无法发挥巨大的价值增值作用，但是通过商业银行的中介作用则可以积少成多，将小溪汇聚成大河，变小额资金为巨额货币资本，为社会生产提供强有力的资金支持，并为社会各经济部门提供资金融通，扩大了社会资本总量，提高社会资本的增值能力，为社会经济的加速发展提供了动力和源泉。

2.使消费资金转化为投资。商业银行可以将用于消费的资金转化为能带来货币收入的投资，扩大社会资本总量，加速经济增长。

3.续短为长。实现短期资本向长期资本的转化。虽然商业银行的传统资金来源中主要是短期存款，但由于存款客户众多，使得商业银行总是保有一个稳定的存款余额，商业银行在保证支付的条件下，可以把短期资本的稳定余额当做长期资本使用，从而满足社会对长期资本的需要。在利润原则的支配下，还可以把货币资本从效益低的部门引向效益高的部门，形成对经济结构的调节。商业银行这种借短贷长的功能对促进国民经济的持续、稳定和平衡发展起着重要的作用。

（二）支付中介

支付中介职能是指商业银行作为工商企业、团体、政府和个人的货币保管者、出纳者和支付代理人，为其客户办理货币结算、货币兑换、异地存取和货币收付等业务活动的职能。商业银行的支付中介职能的发挥是以活期存款账户为基础，通过账户间的划拨和转移来实现的。这种支付中介职能仅靠商业银行的信用和其强大的信息网络优势，在满足客户日常交易的同时，也为商业银行带来了不菲的服务费收入。

支付中介职能的发挥从逻辑上要早于信用中介职能，是商业银行最原始的职能。从西方商业银行产生的历史看，货币兑换业时期的货币兑换商就是为了帮助商人安全保管资金，便于异地结算等，同样，中国最早的银行“山西票号”的主要业务也是为商人异地存取款提供便利。只是在办理货币保管和支付中，货币经营者积存了大量的货币，当为盈利而放款时，才产生了信用中介职能。但支付中介职能的发展，亦有赖于信用中介，只有在为客户保存一定存款的基础上，才能办理支付。存款余额不足，就会产生向银行的借款需要，而银行贷款又会转化为客户存款，又需要办理转账支付或提取现金。支付中介职能和信用中介职能相互推进，构成了银行借贷资本的整体运动。

在现代经济中，各种经济活动所产生的债权债务关系最终都要通过货币的支付来清偿，而现金支付手段的局限性促使了以商业银行为中心的非现金支付手段的大发展。商业银行通过这一职能的发挥也因此成为经济过程中的支付链条和债权债务关系的中心。商业银行的支付中介职能的具体作用是：

1.可节约社会流通费用，增加生产资本投入。支付中介职能的发挥，大大减少现金的使用，节约了社会流通成本，加快了结算过程和货币资金的周转，提高了资金的使用效率，促进了社会经济的快速发展。

2.使商业银行持续拥有比较稳定的廉价资金来源。由于商业银行能为客户提供便利的支付中介职能，因此有利于吸引存款人将资金存在商业银行，而商业银行通过吸收大量的活期存款，便能获得持续稳定的资金来源，减低银行的资金成本，提高自身的盈利能力。

(三)信用创造

商业银行在信用中介职能和支付中介职能的基础上，产生了信用创造这种特殊的职能。商业银行和其他金融机构的一个重要区别是，法律规定它能够吸收各类存款。在非现金结算的条件下，商业银行利用所吸收的存款发放贷款时，不以现金形式或不完全以现金形式支付给客户，而只是把贷款转到客户的存款账户上，从而增加了商业银行的资金来源，最终在整个银行体系形成数倍于原始存款的派生存款。在不断地创造派生存款的过程中，商业银行发挥着信用创造职能。商业银行信用创造职能的实质，从整个社会再生产过程来看，是信用流通工具——存款货币的创造，并不是资本的创造。其作用在于节约现金使用，加速资本周转，节约流通费用，满足经济过程对流通和支付手段的需要。

但是，商业银行不可能无限制地创造信用，更不能凭空创造信用，商业银行的信用创造职能的发挥要受到五个因素的制约：

1.转账结算制度。随着货币化程度的加深和人们信用意识的提高，现代商业活动的货币结算主要是通过转账结算来完成的，现金结算所占比例很少，这就为商业银行信用创造提供了前提条件，商业银行可以依据存款数额的变化来发放贷款。

2.法定存款准备金制度。商业银行的信用创造能力并不是越高越好，信用创造规模应与实际经济发展需求相适应，过高或过低都会给社会带来不利的影响，因此中央银行要对商业银行的信用创造进行严格的监控。其重要的制度安排就是法定存款准备金制度，中央银行通过调节法定存款准备金率的高低，可以直接调控商业银行的信用创造能力，进而影响整个社会的信贷规模和货币供给数量。

3.原始存款的规模。就每一个商业银行而言，要根据存款发放贷款和进行投资；就整个商业银行体系而言，派生存款是在原始存款的基础上创造出来的，信用创造的限度，取决于原始存款的规模。

4.贷款的有效需求。如果没有足够的贷款需求，存款贷不出去，就谈不上创造新的存款，有贷款才派生存款；相反，如果归还贷款，就会相应地收缩派生存款。收缩程度与派生程度相一致。

5.公众的流动性偏好。如：商业银行自身现金准备金率、贷款付现率，这些比率与商业银行的信用创造能力成反比。

(四)金融服务

金融服务是随着现代经济的不断发展而逐步形成并发展而来的。在现代经济生活中，一方面，微观经济体的业务经营环境越来越复杂，银行及非银行间的业务竞争也越来越激烈，在内外双重环境压力下，商业银行处于稳定客户关系和扩大利润来源的考虑必须为客户提供更多种类的金融服务；另一方面，由于银行联系面广，信息比较灵通，特别是电子计算机在银行业务中的广泛应用，使其具备了为客户提供现代金融服务的条件。现代化的社会生活，从多方面给商业银行提出了金融服务的要求。因此，财务咨询、代理融通、信托、租赁、计算机服务、现金管理、网上银行等现代金融服务应运而生。在激烈的业务竞争压力下，各商业银行不断开拓金融服务领域，一方面在金融服务中获取一定的收入，另一方面通过各种各样的金融服务建立起与客户的广泛与密切的联系，进一步促进资产负债业务的扩大，并把资产负债业务与金融服务结合起来，开拓新的业务领域。在现代经济生活中，金融服务已成为商业银行的重要职能，而商业银行在这一领域中的竞争也必将日趋激烈。

(五)调节经济

调节经济是指商业银行通过其信用中介活动，调剂社会各部门的资金短缺，同时在央行货币政策和其他国家宏观政策的指引下，实现经济结构，消费投资比例，产业结构等方面的调整。此外，商业银行通过其在国际市场上的融资活动还可以调节本国的国际收支状况。

商业银行因其广泛的职能，使得它对整个社会经济活动的影响十分显著，在整个金融体系乃至国民经济中位居特殊而重要的地位。

四、商业银行制度

商业银行制度是一个国家用法律形式所确定的该国商业银行体系、结构及组成这一体系的原则的总和。商业银行的制度安排应遵循一定的原则，这些原则是：(1)竞争效率原则，即要有利于银行业竞争；(2)安全稳健原则，即要有利于保护银行体系安全；(3)规模适度原则，即要使银行保持适当规模，满足经济发展的需要。

商业银行体系就是指一国商业银行分为哪些不同层次或不同类型，然后由这些不同层次或不同类型的商业银行组成该国商业银行整体的结构。根据分类的角度不同，其具体类型也不相同。如，按资本所有权划分，商业银行有私人商业银行、股份制商业银行和国有商业银行；按业务覆盖地域划分，即按服务区域或服务客户的范围分类，商业银行有地方性商业银行、区域性商业银行、全国性商业银行和国际性商业银行；按其职能划分，商业银行有德国式全能银行、英国式全能银行和美国式职能银行；按组织形式划分，商业银行有单一银行制、分行制和集团银行制以及连锁银行制。我们这里主要讲述最后这种分类的银行制度。

(一)单一银行制

单一银行制又称单元制或独家银行制,是指不设立分行,全部业务由各个相对独立的商业银行独自经营的一种银行组织形式。从商业银行的发展历史看,这种制度主要存在于美国,但在20世纪80年代以后也发生了变化。美国单一银行制的建立,是为了克服银行间过度竞争并进而导致兼并现象,防止国民经济受到少数银行资本的控制。单一银行制是美国特殊经济条件下的特殊产物,从某种意义上讲,它是与商业银行发展轨迹背道而驰的,不利于银行资本的集中,也会削弱商业银行向外部发展的整体竞争力。

美国的单一银行制是如何产生的?

单一银行制源于美国汉密尔顿主义者与杰弗逊·杰克逊主义者两种银行观之间的斗争。1790年年末,时任财政部长汉密尔顿向国会提出了《关于建立联邦银行的报告》。该报告的主要目的是要新建一个有助于"成功地管理财政"和"支持公共信用",并创造货币、扩张信贷,从而增加流动性和生产性资本的"联邦银行"。1790年和1816年国会两次通过了《美国银行法》,先后特许建立了美国第一银行和美国第二银行,期限均为20年。美国第一银行、第二银行80%的股本由私人认购,因此第一银行和第二银行具有私人经营管理的性质。由于第一银行和第二银行代理政府财政的特殊地位,如代收税款,接受政府存款,因而掌握了大量地方商业银行的银行券,成为其他各商业银行的总债权人。这就使第一、第二银行得以通过强迫地方银行用硬币赎回本行发行的纸币,从而控制各州银行的硬币准备金水平,调节各州商业银行货币信贷的紧缩和扩张,履行中央银行的职能。第一、第二银行对统一货币价值,增加货币供给,改善财政状况,加强公共信用,稳定全国货币银行体系,促进工商农业发展发挥了巨大作用。

但是汉密尔顿主义者建立联邦银行以促进和指导经济发展的构想和实践却遭到以杰弗逊·杰克逊为代表的农场主、种植园主、技匠和新兴的小工商企业家、小银行家的强烈反对。杰弗逊·杰克逊主义者反对建立联邦银行的原因是多方面的,主要有如下三点:①普通美国人对联邦政府通过特别立法授予经营银行的特许权极度反感。因为特许制源于美国革命的敌人——英国。英国最早在16世纪都铎王朝时期就开始颁发皇家特许状而授予王室代理人以控制企业经营或贸易的特权。此类特许公司往往滥用特权,实行贸易和经营垄断,且投机和欺诈行为常常与特许公司相伴随,直至发生18世纪初的南海泡沫事件。因此,美国移民和英国国民一样,根深蒂固地认为特许公司就意味着欺诈和垄断特权。②杰弗逊·杰克逊主义者信奉斯密的自由放任主义和洛克的平等权利思想。他们鼓吹极端的个人主义,主张个人自由、经济独立平等和政治民主。他们乐观地认为,美国开放的边疆将为普通人提供经济扩展的无限机会。因此,只要人人享有同等的合法权利和公平的机会,消灭一切特权,则每个普通人都可以通过自己的勤奋努力获得事业的成功。③新兴的小工商企业家、银行家反对联邦银行还有着特殊的利益动机。新兴工商企业家、银行家大多是远涉重洋来到美国的、渴望迅速发财致富的欧洲移民,他们崇尚个人奋斗,因此企求更平等的机会。他们嫉妒那些已经富有的城市工商企业家、银行家,蔑视和憎恨特权。

由于小工商企业主和农场主、种植园主、技匠、工人呼吁取消银行特许,于是一个从局部到全国的自由银行运动发生了。所谓“自由银行”,即指无须经立法机构特许,凡具备规定条件,即可申请注册开业的银行制度。自由银行制实质上就成了单一银行制的同义词。因此,自由银行制的实行为美国单一银行制奠定了基础。

1864 年,联邦法律颁布《国民银行法》,从此单一银行制成为美国商业银行体系的一大永久性特色。

(二)分行制

分行制也称分支银行制或总分行制,指在银行总部的领导和控制下,在国内外广泛设立各种分支机构的组织形式。实行这一制度的商业银行可以在总行以外,普遍设立分支机构,分支银行的各项业务统一遵照总行的指示办理。分支行制按总行职权范围的不同又可进一步划分为总行制和总管理处制。总行制即总行除了领导和管理分支行外,本身也对外营业;而在总管理处制下,总行只负责管理和控制分支行,本身不对外营业,在总行所在地另设分支行或营业部开展业务活动。

实行这一制度的商业银行规模巨大,分支机构众多,便于银行拓展业务范围,降低经营风险;在总行与分行之间,可以实行专业化分工,大幅度地提高银行工作效率,分支行之间的资金调拨也十分方便;易于采用先进的计算机设备,广泛开展金融服务,取得规模效益。然而,这种制度形式容易加速垄断的形成。同时,由于银行规模大,内部层次多,从而增加了银行管理的难度。但就总体而言,分支行制更能适应现代化经济发展的需要,因而受到各国银行界的普遍认可,当今世界绝大多数国家的商业银行采取这一组织形式。

(三)集团银行制

集团制银行又称为持股公司制银行,是指由少数大企业或大财团设立控股公司,再由控股公司控制或收购若干家商业银行。这种组织形式实际上是美国银行界为冲破单一银行制的束缚,绕开法律约束而出现的一种组织创新。其做法是由一集团成立股权公司,由该公司收购或控制若干家银行的股份,这样从法律上讲,这些银行还是相互独立的,但实际上其各自的经营政策已受到控股公司的制约。集团银行制又有两种类型:一种是非银行控股公司,一种是银行控股公司。前者由主营业务并非银行的大企业组织起来,形成非银行性控股公司,该种类型的控股公司在持有一家银行股票的同时,还可以持有多家非银行企业的股票;后者由大银行组织起来,直接控制一个控股公司,并持有若干小银行的股份,形成银行性控股公司。集团银行制不仅使银行可以更为便利地从资本市场筹集资金,扩大资本总量,增强实力,提高抵御风险和市场竞争的能力,并通过关联交易进行合理避税,而且还能够规避政府对于银行等金融业务的管制。但集团银行制易形成银行业的垄断,不利银行间竞争,并在一定程度上限制了银行经营的自主性,不利于银行的创新活动。这种银行制度现在已经成为美国商业银行的主体。

(四)连锁银行制

连锁银行制是一种变相的分支行制,又称为联合银行制,是指某一集团或某一人购买若干独立银行的多数股票,从而控制这些银行的体制。在这种体制下,各银行在法律地位上是独立的,但这种独立只是表面上的,实质上其控制权往往掌握在同一财团的手中,因此连锁银行制成为事实上的分支银行制。它与银行控股公司制的差别在于,它不设立银行控股公司,而是通过若干商业银行持有对方的股票、相互成为对方的股东的方式结为连锁银行。连锁银行最早出现在 19 世纪 90 年代的英国，在 20 世纪初达到顶峰，以后逐渐衰落，许多连锁制银行相继转为银行分支机构或者组成控股公司。主要原因是资产缺乏多样化，风险集中，在世界经济大危机中，倒闭的比例较高。

除上述商业银行组织形式之外，还存在代理银行制。代理银行制是指银行之间相互签订代理协议，委托对方银行代办指定业务，双方互为代理行。实行单一银行制的美国代理银行制最为发达，银行常以此解决不准设立分支机构的矛盾。

五、商业银行的发展趋势

进入 21 世纪以来，全球银行业的发展受外部环境的影响，发生了巨大的变化，逐步向全球化和区域化发展，银行业正在从劳动密集型、可变成本型行业向资本密集型、成本固定型行业转变，朝着综合化、全球化、电子化、集团化、虚拟化的全能服务机构的方向发展。同时，也面临着现代信息技术、客户需求多样化、金融风险控制、管理效率、人力资源等多方面的挑战。西方商业银行发展的新趋势表现在以下五个方面。

(一)商业银行的业务创新

1.零售业务发展的重点从资产业务(如住房抵押贷款、耐用消费品贷款等)转向中间业务(如代理外汇投资、股票投资、基金投资等)，以拓展银行非利息收入。其服务方式从分支机构转向电子银行服务[电子银行服务包括自动柜员机(ATM)、电话银行及网上银行等]，零售业务将越来越趋于网上交易与 ATM 的交易。

2.为企业提供财务管理服务等成为今后银行公司业务的重心，其重点是现金管理。高附加值的财务管理服务主要包括：确定和量化风险敞口，建立避险策略；衍生产品交易；为公司的现金集中、轧差等流动性管理提供技术支持及相关服务；信息、咨询相关的服务等。许多银行开发了保理和福费廷等公司财务管理产品，将流动性管理和资产风险管理结合，不仅增强了客户资产的流动性和赢利性，也增强了安全性。

3.商业银行中间业务的进一步拓展。商业银行与非银行金融机构的界限日益模糊，中间业务的发展多已涉及证券、保险、管理、担保、融资、承诺、衍生金融工具等众多领域，以规避风险、增强资产流动性和提高竞争能力。商业银行在办理信用签证、承兑、押汇等业务时，开始提供银行信用，收取手续费，不仅拓展了中间业务收费来源，也体现了银行经营管理效益。

(二)银行风险扩大化

由于竞争的日趋激烈、市场环境的日趋复杂、银行经营成本的增加、商业银行趋利冒险行为的加大，使得商业银行的经营风险大大增加。风险发生的频率在增加，风险的严重程度在加大，对世界经济的影响也呈现扩散的趋势。

商业银行本来就是一个经营风险的行业，面对未来市场的迅猛发展，如何评估、防范和控制由于创新的经营方式、扩大的业务品种、日益增多的交易方法、不断拓展的新生市场等因素带给银行的各种风险，才是对商业银行未来发展的最大挑战。

(三)商业银行的金融创新

西方商业银行的金融创新主要包括金融衍生产品、银行资产证券化和表内业务创新三方面。金融衍生产品的发展诸如浮动利率债券、远期、期权、利率掉期、资产转让合同、可转化为公司股票的贷款等;而证券化金融工具已从传统的表内证券化(如抵押债券)发展到表外证券化(抵押保证或资产保证的证券);表内业务创新包括存款工具、支付工具、资产业务和融资工具的创新,如货币市场互助基金、NOW 账户、可转让贷款证券、可分享股权贷款、弹性偿还贷款、信托工具与组合融资工具。

(四)商业银行经营规模化

在未来金融市场竞争中,随着竞争的加剧,各银行为增强竞争实力,提高抗风险能力,降低经营成本,必然向大型化、规模化发展,以满足客户对金融产品和服务提出的新的需求,提高技术创新和使用新技术的能力,为股东带来更丰厚的利润。银行机构将日益通过兼并、重组、扩张等实现规模化、集中化和国际化。此外,不同国家、不同类型的商业银行的业务合作,不同类型的金融机构的业务合作与兼容,也使得商业银行得以实现市场开发、优势互补和规模发展。

(五)商业银行竞争多元化

现代商业银行的竞争,除了传统的同业竞争、国内竞争、服务质量和价格竞争以外,还面临全球范围内日趋激烈的银行业与非银行业、国内金融与国外金融、网上金融与一般金融等的多元化竞争,银行活动跨越了国界、行业,日益多元化。其面临的风险也不仅是信用风险,还扩大到利率风险、通货膨胀风险、通货紧缩风险、汇率风险、金融衍生工具风险、政治风险、经营管理风险等。

遭遇冲击的银行

过去一直高枕无忧的银行,开始面临一次又一次的冲击。阿里巴巴成立自己的小额贷款公司,苏宁、腾讯申请民营银行,百度金融测试版悄然上线,进军金融业指日可待,这一切来得看似突然,却早已埋下伏笔。

交通银行副行长兼首席信息官侯维栋指出,应对互联网的发展,银行所面临的冲击主要包括三个方面。首先是对商业银行业务的冲击。相当一部分的互联网企业从非金融领域不断地向金融领域渗透,无论是第三方支付,还是类似于 P2P 这样的贷款融资平台,都对银行的传统存贷业务带来不同的影响。其次,通过互联网交易的电商,既存在着金融脱媒,也隔绝了客户与银行的联系,对银行和客户的基础联系产生了一定的冲击。此外,虽然互联网行业做了很多尝试,目前还不能从根本上撼动商业银行的地位,但是在人们的观念和舆论上还是形成了非常大的影响力,舆论和观念对金融产品和服务提出了新要求,这对商业银行也会带来一定的冲击。

2010 年 6 月,浙江阿里巴巴小额贷款公司成立,成为拥有自己的小额贷款公司牌照的电商。据统计,截至 2012 年 9 月份,阿里小贷已累计为 13 万客户提供融资服务,贷款规模超过 260 亿元,不良贷款率为 0.72%,低于我国银行业 0.95%的水平。阿里金融统计数据显示,2012 年上半年,阿里金融累计向小微企业投放贷款 130 亿元。由 170 万笔贷款组成,日均完成贷款接近 1 万笔,平均每笔贷款额度仅为 7 000 元。

苏宁小额贷款有限公司也在 2013 年年初正式获得营业执照,且近期苏宁云商成为 A 股首家宣布试水民营银行的上市公司。

百度也悄然进军互联网金融。新浪微博上近日出现了百度金融、百度证券、百度理财三个企业认证的微博账户。

资料来源:《证券日报》2013 年 10 月 8 日。

第二节　商业银行的业务

为了了解商业银行的经营活动,首先要了解商业银行的资产负债表。资产负债表是银行的主要会计报表之一,它反映银行总的资金来源和资金运用情况。表 5-1 是 2013 年 9 月工商银行资产负债表。

表 5-1　2013 年 9 月工商银行资产负债表

单位:元

会计年度	2013-09-30	会计年度	2013-09-30
现金及存放同业款项	304 306 000 000.00	向中央银行借款	792 000 000.00
存放中央银行款项	3 360 532 000 000.00	同业及其他金融机构存放款项	885 275 000 000.00
贵金属	50 752 000 000.00	拆入资金	334 360 000 000.00
拆出资金	332 439 000 000.00	衍生金融负债	15 932 000 000.00
交易性金融资产	371 823 000 000.00	吸收存款	14 692 718 000 000.00
衍生金融资产	19 600 000 000.00	应付职工薪酬	20 412 000 000.00
发放贷款及垫款	9 409 635 000 000.00	应交税费	55 468 000 000.00
应收款项	349 056 000 000.00	递延所得税负债	437 000 000.00
可供出售金融资产	999 922 000 000.00	其他负债	1 501 765 000 000.00
持有至到期投资	2 658 787 000 000.00	负债合计	17 507 159 000 000.00
长期股权投资	28 534 000 000.00	实收资本(或股本)	350 572 000 000.00
固定资产	120 302 000 000.00	资本公积	121 255 000 000.00
在建工程	24 671 000 000.00	盈余公积	98 237 000 000.00
递延所得税资产	24 401 000 000.00	一般风险准备	189 312 000 000.00
其他资产	687 788 000 000.00	未分配利润	494 094 000 000.00
		少数股东权益	3 650 000 000.00
		外币报表折算差额	−21 731 000 000.00
		归属母公司所有者权益(或股东权益)	1 231 739 000 000.00
		所有者权益(或股东权益)合计	1 235 389 000 000.00
资产总计	18 742 548 00 000.00	负债和所有者权益(或股东权益)总计	18 742 548 000 000.00

资料来源:根据和讯网站相关数据整理。

资产负债表包括三大类项目:资产、负债和所有者权益,三者之间满足下列关系:

资产=负债+所有者权益

商业银行通过负债业务和资本金业务取得资金,再利用这些资金提供资产业务。银行的资产业务的收益率应高于负债业务的成本,两者的差额形成银行的利润。因此,可以通过考察商业银行的资产负债表的三大类项目来分析商业银行的资本业务、负债业务和资产业务。由于并非所有的银行业务都能在资产负债表中得到反映,所以还需要单独考察不能在商业银行资产负债表中反映的中间业务和表外业务。

一、商业银行的资本金

(一)商业银行资本的内涵与功能

在会计意义上,银行资本是指所有权和经营权都属于银行自身的资金,它等于资产总额减去负债总额后的净额,包括银行股本和优先股票两部分账面价值的总和,而银行股本包括普通股票、股票超面值或增值、未分配利润以及其他资本准备金。但在银行业中,监管部门对商业银行资本成分的界定与会计制度的定义存在差异,商业银行资本的内涵较一般公司的资本更为宽泛,除了一般意义的权益资本外,还包括一定比例的非权益资本,即债务资本,即准许把具有一定资本职能的某些债务和补偿损失准备金也计入商业银行资本金的范围内,所以商业银行的资本具有双重资本的特点。管理当局这种对资本的规定扩大了银行资本的范围,并影响到银行资本的作用和银行资本的组合。商业银行资本与一般工商企业资本的另一点区别在于商业银行资本在其资金来源中所占比例较低,而绝对数量较大,这是由商业银行作为货币经营企业的特殊性决定的。商业银行资本虽然在其全部资金来源中所占的比例较低,但它对商业银行的经营却是至关重要的,其功能主要体现在营业、保护、维持信心和管制四个方面。如,在银行开业前、运营当中及后续的发展中,都离不开资本的投入;在银行出现意外损失时,资本可以缓冲银行日常经营中的各种风险;在破产清算时,资本可以保障存款人及其他债权人的权益;资本还能够提升公众与监管部门对商业银行的信心等。

(二)商业银行资本的构成

传统上一般按照资本的形式将资本构成划分为股本、盈余、债务资本和储备金。

1.股本金

股本金是指股东持有所有权凭证而形成的商业银行基本而稳定的外源资本,包括普通股和优先股。普通股代表股东对银行的永久所有权,构成银行资本的核心部分,是银行最稳定的资本,但其资金成本较高。优先股兼有普通股和债券的特点,资金成本较低,持有者按固定利率取得股息,对银行的清算剩余资产分配权优于普通股,但不享有对银行经营的表决权。

2.盈余

盈余包括资本盈余和留存盈余。资本盈余是由外源资本渠道形成的盈余,反映着银行资本的增值部分和接受捐赠所增加的资本等;留存盈余是由内源资本渠道形成的盈余,属于权益资本，是尚未动用的银行累计税后利润部分，是商业银行增加自有资本最为廉价、最为便利的来源，通过留存盈余充实银行资本，不但节省股票发行费用，而且不会稀释股东权益，但它着眼于长远发展目标，牺牲了股东的当前收益。一般来讲，在商业银行较难进入资本市场筹集资金的情况下，这是一种比较好的增加资本金的方式。

3.债务资本

债务资本是20世纪70年代起被西方商业银行广泛使用的一种外源资本，主要包括资本债券和资本票据。资本票据是指那些期限较短、有大小不同发行额度的银行借据；而资本债券则是指那些期限较长、发行面额较大的债务凭证。资本票据和债券是商业银行的债务型资本，具有资本性质而名义上却以负债形式表现，它们有明确的利息和期限。其持有人对盈利和剩余资产的要求权优于优先股股东，但次于商业银行的存款人和其他客户，因此也称后期偿付债券，可视为银行的补充资本。债务资本的筹资成本较低，其利用不会引起股东权益的摊薄和原股东控股权的削弱，甚至会带给普通股股东财务杠杆效应。但债务资本毕竟不能永久使用，随着到期日的临近，偿债的压力日益加重，所以限制了银行对其使用。

4.储备金

资本金还包括商业银行为了防止意外损失而从收益中提留的各种储备资金，包括资本准备金、贷款与证券损失准备等。储备金在应付各种损失方面作用重大，这类储备金一般可以从银行的税前盈利中扣除，这使得商业银行得以获得税收上的优惠。但也不必过多地提留。提留的多少与银行收益规模、股利政策、金融管理部门的管制有关。

《巴塞尔协议Ⅲ》把银行资本分为一级资本、二级资本即附属资本和三级资本三大类，其中一级资本包括由普通股及留存收益构成的核心一级资本和永久优先股。

(三)商业银行资本充足性

银行资本金是银行存在和正常营运的重要条件，但并非银行资本金越多对银行经营越有利，当然，银行资本金也不能过少。银行资本应保持适度性，这就是银行的资本充足性，通常是指银行的资本金应保持在既能经受风险损失，以保护存款人和债权人的利益，又能正常营运，获取盈利的水平。对于银行资本充足性，我们应从以下两个层面理解：

一是资本数量的充足性。银行资本数量多少是银行能否健康、稳定地经营的重要标志。银行资本具有保护存款人和其他债权人不受损失、维护公众信心的作用，但这并不意味着资本越多越好。因为资本规模与股东利益存在着矛盾。另外，资本充足只是相对于银行资产负债的状况而言，资本充足并不意味着银行没有倒闭的风险。所以，对于资本数量的充足性的认识应该建立在适度性的界限，也就是说，资本数量的充足性应是指银行的资本金应保持在能够经受风险损失，保护存款人和债权人的利益，维持正常营运的基础上，而不是简单的数量的多寡。

二是资本结构的合理性，即各项资本在资本总额中占有合理的比重，以尽可能降低商业银行经营成本与风险，增强经营管理与进一步筹资的灵活性。不同形式的资本其成本存在着显著的差异，同时对商业银行的经营决策产生不同的影响，故在资本的结构上要保持合理的比例，一方面要尽可能地降低资本成本，另一方面要保持商业银行经营的稳定性。

按照《巴塞尔协议Ⅲ》规定，(1)核心一级资本充足率最低要求为4.5%；(2)一级资本最低要求为6%；(3)总资本最低要求为8%；(4)在总资本中一级资本不低于50%。

二、负债业务

负债业务是指形成商业银行资金来源的业务，它是商业银行经营活动的基础。主要包括存款负债业务和非存款类负债业务即借入款负债业务。

(一)存款业务

存款负债业务是指商业银行通过吸收各阶层、各部门的储蓄和存款所形成的最主要的资金来源。存款对于商业银行来讲是非常重要的，存款规模决定着银行的资金供给能力，在保持资本充足的情况下，银行资产扩张在很大程度上受到银行所吸收的存款量的制约，同时，存款也是银行获得利差收益的基础。因此，从一定意义上说，一家银行实力的增长主要依赖于其存款的增长。正是认识到存款的重要性，商业银行总是力图通过种种方式和渠道吸收存款。

存款按不同的角度其分类不同。如按存款所有权分类有：单位存款和个人存款；按存款对象有：企业存款、储蓄存款、财政性存款等；按存期可有：活期存款、定期存款。传统的分类是按期限将存款划分为活期存款、定期存款和储蓄存款。

1.活期存款

活期存款，是指客户不需预先通知，可随时存取并用于交易和支付的存款。开立这种存款账户是为了通过银行进行各种支付结算，银行和客户之间没有明确的时间约定。该账户中的款项主要用于支付和交易。由于交易和支付主要采取支票、本票、汇票等手段，因此活期存款又称为支票存款。为了通过银行进行各种支付结算，各市场主体都在银行开立活期存款账户。活期存款的特点主要体现在四个方面：一是具有很强的派生能力，是商业银行创造存款货币的基础；二是流动性强、风险较高，银行一般不对其支付利息；三是其相对稳定的部分可以用于发放贷款；四是活期存款是密切银行与客户关系的桥梁。

2.定期存款

定期存款，是客户与银行约定存款期限，将暂时闲置的资金存入银行，在存款到期支取时，银行按存入日约定的利率计付利息的一种存款。在我国，凡符合开立人民币单位活期存款账户条件的企业、事业、机关、部队、社会团体和个体经济户等均可开立人民币单位定期存款账户，可办理本、外币定期存款业务。商业银行向定期存户出具存单或存折并给予较高利息。定期存款对存户是一种风险很小的投资方式，对商业银行自身而言，定期存款是其重要的资金来源，它在银行存款负债中占有相当的比重，而且还有继续提高的趋势。因为定期存款存期固定而且比较长，从而为商业银行提供了稳定的资金来源，对满足商业银行长期贷款和投资的资金需要有着极其重要的意义。中央银行对定期存款所要求的存款准备金率低于活期存款；其业务流程手续简单，费用较低，风险较小。但其利息成本较高。

3.储蓄存款

储蓄存款是指为居民个人积蓄货币资产和获取利息而设定的一种存款。储蓄存款基本上可分为活期和定期两种。活期储蓄存款是完全不同于活期存款的：活期存款可以开支票，而活期储蓄存款不可以；活期储蓄存款虽然可以随时支取，但取款凭证——存折不能流通转让，也不能透支。定期储蓄存款也不同于定期存款：它们适应的客户不同,但相同的期限档次利率是相同的;定期储蓄存款还可以以整存整取、零存整取、整存零取、存本取息等形式进行。商业银行通常发给储户存折以作为存款和提款的凭证。储户不能据此开立支票,支用时只能提取现金或转入活期存款账户。储蓄存款的特点是个人为了积蓄购买力而进行的存款。金融监管当局对经营储蓄业务的商业银行有严格的规定。

由于我国特殊的国情,储蓄的地位十分突出,吸收个人储蓄存款是商业银行的一项重要工作,银行资金来源的增长,在很大程度上取决于组织储蓄存款的状况。

20 世纪 70 年代以后,由于银行间的竞争日益激烈,西方国家银行业务也随之不断创新,涌现出许多新的存款工具,如可转让支付命令存款账户(NOWs)、超级可转让支付命令存款账户(S-NOWs)、自动转账服务账户(ATs)、货币市场存款账户(MDAs)、大额可转让定期存单(CDs)等。

(二)非存款类业务——借入款业务

1.同业拆借

同业拆借是金融机构之间的短期资金借贷行为,主要用于支持日常性的资金周转。目前同业拆借是商业银行解决短期余缺、调剂法定准备金头寸、融通资金的重要渠道。由于同业拆借一般是通过中央银行的存款账户进行的,实际上是超额准备金的调剂,因此又称为中央银行基金,在美国则称为联邦基金。

银行同业拆借的期限较短,最长不超过 1 年。同业拆借分为隔夜拆借(即 1 个营业日)、7 个营业日、1 个月、3 个月、9 个月,甚至 1 年,以 3 个月以内的居多。

2.回购协议

回购协议是资金的需求者在出售金融证券时向金融证券的购买方承诺在指定日期以约定价格再购回这些金融证券的协议。回购协议实际上是以获得的金融证券为抵押的现金借贷,从本质上看,回购协议是一种质押贷款协议。

商业银行普遍采用回购协议借入资金的原因主要有:第一,回购协议可以充分利用金融市场,是银行调节准备金的灵活工具;第二,有些国家不要求对政府债券担保的回购协议资金持有法定存款准备金,从而可以大大降低融资成本;第三,这种融资方式的期限灵活,比较安全,其期限短则 1 天,长可至几个月,而且有证券作为抵押。

3.向中央银行借款

商业银行为满足资金需求,还可以从中央银行借款。商业银行向中央银行借款主要有两种形式,即再贷款和再贴现。在商业票据业务开展较好的国家,商业银行向中央银行借款以再贴现为主;在商业票据业务发展迟缓的国家,则以再贷款为主。

再贷款以短期为主,采取的形式多为以政府债券或商业票据为担保的抵押贷款,也叫直接借款。在通常情况下,商业银行向中央银行的借款只能用于调剂法定准备金头寸、补充储备和应急调整资产,商业银行不得将借入的款项用于发放贷款和其他套利活动。再贴现则是指中央银行以买进商业银行已贴现票据的方式向商业银行提供资金,也叫间接借款。商业银行通过再贴现业务借入的资金一般为短期资金,如美联储规定商业票据不得超过 90 天,有关农产品交易的票据不得超过 9 个月。而我国规定商业票据的期限最长不得超过 5 个月。

再贷款和再贴现不仅是商业银行筹措短期资金的重要渠道，同时也是中央银行重要的货币政策工具。

4.发行中长期金融债券

发行中长期金融债券是指商业银行以发行人的身份直接向资本市场所有者举借债务并且承担债券利息的融资方式。主要是为了适应商业银行中长期投资和贷款的资金需求，或者作为其附属资本的来源。其特点是来源稳定，但成本较高，增大了银行的经营风险。

5.向国际金融市场借款

近二三十年来，各国商业银行尤其是大的商业银行在国际货币市场上通过吸收存款、发行可转让大额定期存单(CDs)、发行商业票据等方式广泛地筹集资金。特别是在欧洲货币市场上，其交易量巨大，资金来源充裕，借款手续简单，流动性强。国际金融市场借款尽管有利于商业银行获得资金，但是同时容易遭受外部金融风险的冲击。

6.结算过程中的负债

结算过程中的负债是指商业银行办理结算业务过程中，可以暂时占用的客户的资金。以汇兑业务为例，从客户款项交给汇出银行起，到汇入银行把该款项付给指定的收款人止，中间总会有一定的时间间隔。在这段时间内，对于该笔款项汇款人和收款人均不能支配，而为银行所占用。

三、资产业务

资产业务是商业银行运用资金创造收益从中实现其利润的业务。商业银行为了应付客户提存，不能将各种负债吸收的资金全部投放出去，通常必须保留一定比例的现金和其他准备金，由此构成银行资金运用的一个特殊项目，即现金资产和其他准备资金。除此之外，银行的资金运用主要是贷款和投资。

(一)现金资产

现金资产是商业银行中最富有流动性的资产，基本上不给银行带来直接收益。该部分资产的数额不大，但对保障银行对客户的支付、维护银行的信誉具有重要意义，属于商业银行的一级准备金。现金资产一般包括四部分。

1.库存现金

库存现金即商业银行金库保留的现钞和硬币，主要用于客户提取现金和商业银行自身的日常开支。商业银行在经营过程中，为了保证客户提存的要求需要保留一定金额的现金，但现金是一种非盈利资产，一般不宜保留过多，它只是商业银行一级准备金的很少一部分。库存现金的经营原则就是保持正常的流动性现金支付需要。

2.在中央银行的存款

在中央银行的存款指商业银行存放在中央银行的存款准备金，其用途主要是满足中央银行所规定的法定准备金要求和用于银行间交易。具体由两部分所构成：一是法定准备金，指商业银行按照中央银行要求的法定准备金比率缴存的准备金；二是超额准备金，即商业银行存放在中央银行的存款准备金账户中超过法定准备金的余额，它是商业银行能随时对外运用的资金，主要用于日常支付和债权债务清偿等流动性较大的业务。

3.同业存款

同业存款指商业银行存放在其他金融机构的存款。银行间相互存款的目的是便于同业之间的结算收付及开展代理业务。由于存放同业存款属于活期存款性质,可以随时支用,因而可以视为商业银行的现金资产。

4.托收未达款

托收未达款是指商业银行收到客户交来的由其他银行付款的票据,应向其他付款银行收取但尚未收到的资金。该项目的金额是不断变动的,它取决于支票的金额与支票清算所需的时间。这部分款项通常在途时间比较短,收妥前不能抵用,收到后可以增加存放同业的存款余额,或增加本行在中央银行准备金账户上的存款余额,所以将其归入现金资产项目。

(二)贷款

贷款也称"放款",是商业银行作为贷款人,按照一定的贷款原则和政策,以还本付息为条件,将一定数量的货币资金提供给借款人使用的一种借贷行为。贷款是商业银行最主要的盈利资产,大致要占其全部资产业务的60%左右。随着现代经济的发展,商业银行的贷款形式也在不断地创新。

按不同的标准可以将贷款划分为不同类别。如,按贷款期限划分,可分为活期贷款、定期贷款和透支贷款三类;按照贷款的保障条件分类,可分为信用放款、担保放款和票据贴现;按贷款用途划分,非常复杂,若按行业划分有工业贷款、商业贷款、农业贷款、科技贷款和消费贷款,按具体用途划分又有流动资金贷款和固定资金贷款;按贷款的偿还方式划分,可分为一次性偿还和分期偿还;按贷款质量划分,有正常贷款、关注贷款、次级贷款、可疑贷款和损失贷款等。这里主要介绍两种分类。

1.按贷款的保障条件,贷款可划分为信用贷款、担保贷款和票据贴现

信用贷款是指银行完全凭借借款人的信誉发放的贷款,借款人无须提供抵押品或者第三方担保人。银行发放这种贷款仅以客户的信誉和经济统计数据为凭据,还款保障性低,贷款风险系数较大,所以银行一般只向与自己保持经常业务往来且信用等级较高的借款人发放该类贷款,以简化贷款手续。

担保贷款是依据借款人提供的履行债务的担保而发放的贷款。担保贷款分为保证贷款、抵押贷款和质押贷款。保证贷款是指依据相关法律规定的保证方式以第三人承诺当借款人不能偿还贷款时,按约定承担一般保证责任或者连带责任而发放的贷款。抵押贷款是指依照相关法律规定的抵押方式,以借款人或第三人的不动产作为抵押物发放的贷款。质押贷款是指按相关法律规定的质押方式,以借款人或第三人的动产或权利作为质物发放的贷款。

票据贴现是商业银行贷款业务最早的形式,是指银行以购买借款人未到期合格票据的方式发放的贷款。借款人将其持有的未到期合格票据经过背书转让给银行,申请贴现;银行以票面价格扣除贴现利息后的票款发放给申请人,银行在票据到期时,凭票向票据付款人收取票面现款。票据贴现业务现在仍是商业银行重要的资产业务之一,也是工商企业进行短期资金融通的一种重要方式。

依据提供的保障程度划分贷款种类,有利于银行依据借款人的财务状况和经营发展

业绩选择不同的贷款方式,以提高贷款的安全系数。

2.按贷款质量划分,有正常贷款、关注贷款、次级贷款、可疑贷款和损失贷款

正常贷款(pass),是指借款人能够履行借款合同,没有足够理由怀疑贷款本息不能按时足额偿还的贷款。关注贷款(OAEM,other assets especially mentioned),是指尽管借款人目前有能力偿还贷款,但存在一些可能对偿还产生不利影响因素的贷款。次级贷款(substandard),是指借款人的还款能力明显出现问题,完全依靠其正常营业收入无法足额偿还贷款本息,即使执行担保,也可能会造成一定损失的贷款。可疑贷款(doubtful),是指借款人无法足额偿还贷款本息,即使执行担保,也肯定要造成较大损失的贷款。损失贷款(loss),是指在采取了所有可能的措施和一切必要的法律程序之后,本息仍然无法收回,或只能收回极少部分的贷款。

按照贷款的质量或风险程度划分贷款种类,其作用主要在于:有利于加强贷款的风险管理,提高贷款质量。这不仅可以帮助识别贷款的内在风险,还有助于发现信贷管理、内部控制和信贷文化中存在的问题,从而提高银行信贷管理水平,有利于银行业务的稳健运行。这种划分也有利于金融监管当局对商业银行实行有效的监管。没有按贷款质量的分类,监管当局的并表监管、关于资本充足率的要求、对流动性的监控等,都将失去基础。

(三)证券投资

证券投资业务是商业银行从事与有价证券投资有关的各项业务的总称。它既包括商业银行为获利而持有各种组合的证券,即直接投资有价证券;也包括通过管理证券交易账户来从事广泛的证券业务,如为客户提供投资咨询,作为国债一级市场主承销商以及在证券市场上作为“造市者”买入和卖出证券。

这一业务在不同国家不同时期有所不同,如在主要西方国家中,西欧(尤其是德国)的商业银行实现综合化、全能化经营,银行可从事有关证券的一系列业务;20 世纪 80 年代以前在美国和日本都实行比较严格的分业经营,只不过在商业银行业务范围的宽窄和有关法规限制与解除上两国有所不同。实行分业经营的银行原则上不能从事有价证券特别是企业证券的各种相关业务,但是公开销售的中央政府发行的证券是可以购买的,在银行投资中占相当比重,尤其是国库券,商业银行购买这种证券易于销售、流动性强、市场价格波动幅度小,相对稳定;地方政府发行的证券也是投资对象之一,但对地方政府所有的企业或公益事业单位发行的证券,商业银行购买有一定的限制;对于公司企业发行的证券,包括股票、债券,实行分业经营的西方商业银行购买受到更加严格的限制,因为私人股份制企业破产、倒闭的可能性比政府大得多,风险大,资金占用时间长。如美国从 1933 年就开始实行的近 70 年的《格拉斯—斯蒂格尔法》禁止商业银行购买公司股票,而德国、法国等国实行全能型经营的银行可以适量适度地购买。1999 年,《金融服务现代化法》出台,美国商业银行的业务才从法律上开始名正言顺地全能化经营,从法律上才真正允许银行进入有价证券的投资领域。综上所述,商业银行证券投资业务的主要对象是各种证券,包括国库券、中长期国债、政府机构债券、市政债券或地方政府债券以及公司债券。对于股票,由于其风险较大,因而很多国家在法律上禁止商业银行投资工商企业股票。

商业银行进行证券投资的主要目的是获取收益,但也有出于分散化经营、降低风险、减少资金损失、合理避税以及增加资产流动性的考虑。另外,西方国家中央银行为便于对

商业银行进行调控管理，也要求商业银行必须持有部分流动性较强的政府债券。证券投资常常被视为商业银行的二级准备。

四、中间业务与表外业务

(一)中间业务

中间业务是指银行以中间人和代理人身份替客户办理收付、咨询、代理、担保、租赁和其他委托事项，提供各类金融服务并收取一定手续费或佣金的经营活动。在传统业务中，无论是吸收存款所形成的负债业务，还是发放贷款所形成的资产业务，银行都是作为信用活动的一方参与的；而在中间业务中，银行却不再直接作为信用活动的一方，而是扮演中介或代理的角色，实行有偿服务。中间业务不占用或很少占用银行的资产，也不构成商业银行的表内资产和表内负债，但是能为银行增加收益。这类业务主要有以下几种：

1.结算业务

结算是存款业务的延伸，指商业银行利用一定的结算工具，以信用收付代替现金收付，通过收付款双方在银行开立的存款账户，将资金由付款方账户划至收款方账户。在我国，企事业单位之间的货币收付，除少量以现金方式进行以外，大部分是通过其在银行开立的支票存款账户上的资金划拨来完成的。通过开展这一业务活动可以提高资金的周转速度、节约结算成本、提高结算效率和保证收付款双方的资金安全，同时也加大了商业银行对企业的监督和控制能力。结算类业务主要有支票结算、汇兑结算、托收和信用证结算等。

2.代理业务

代理业务是指商业银行接受客户委托、代为办理客户指定的经济事务、提供金融服务并收取一定费用的业务。在代理业务中，委托人和银行一般必须用契约方式规定双方的权利、义务，包括代理的范围、内容、期限以及纠纷的处理等，并由此形成一定的法律关系。代理业务是典型的中间业务，在代理过程中，银行一般不动用自己的财产，不为客户垫款，不参与客户决策，不参与收益分配，也不承担风险，只收取手续费，因此，代理业务属于风险度较低的中间业务。商业银行代理业务种类繁多，服务范围广泛，并随着经济和金融的发展源源不断地推出创新品种。常见的代理业务包括代理政策性银行业务、代收代付款业务、代理证券业务、代理保险业务、代理银行卡收单业务等。

3.咨询顾问类业务

咨询顾问类业务是指商业银行依靠自身在信息和人才等方面的优势，收集和整理有关信息，结合银行和客户资金运动的特点，形成系统的方案，提供给客户，以满足其经营管理需要的服务活动，主要包括财务顾问服务、现金管理业务服务、资产管理服务、企业信息咨询服务等。

4.信托业务

信托业务是指委托人基于对受托人的信任，将其财产权委托给受托人，由受托人按委托人的意愿，代委托人管理、运用和处理所托管的财产，并为受益人谋利的活动。商业银行信托业务是指经营金融性质的委托代理业务，即银行作为受托人按照委托人的委托，代为管理经营和处理有关钱财方面的事项。

国际上的金融信托业务，主要是经营处理一般商业银行存、放、汇以外的金融业务。随着各国经济的发展，市场情况日趋复杂，客户向银行提出委托代为运用资金、财产，或投资于证券、房地产的信托业务与日俱增。国内的信托业务是经中央银行批准的金融信托投资公司经营的业务，主要包括资金信托、动产信托、不动产信托和其他财产信托等四大类信托业务。

5.租赁业务

租赁业务是指以收取现金为条件出让财产使用权的经济行为。它是由财产所有者(出租人)按契约规定，将财产租给承租人使用，承租人按期缴纳一定租金给出租人，在租赁期内，出租人对财产保有所有权，承租人享有使用权。租赁业务有两种基本类型，即经营租赁和融资租赁。融资租赁是一种国际通行的长期租赁形式，是指出租人为承租人提供所需的设备，供承租人使用，承租人定期支付租金，在租赁期内承租人负责设备的维修、保养、保险，承租期满后，承租人以象征性的价格取得设备的所有权。经营租赁是一种短期租赁形式，承租人租赁资产只是为了满足经营上短期的、临时的或季节性的需要，在租赁期内出租人不仅要向承租人提供设备的使用权，还要向承租人提供设备的保养、保险、维修和其他专门性技术服务，租赁期满后，设备的所有权不发生转移。

6.基金托管业务

基金托管业务是指有托管资格的商业银行接受基金管理公司委托，安全保管所托管的基金的全部资产，为所托管的基金办理基金资金清算款项划拨、会计核算、基金估值、监督管理人投资运作的业务活动。

7.银行卡业务

银行卡是指由商业银行向社会发行的具有消费信用、转账结算、存取现金等全部或部分功能的信用支付工具。银行卡的种类依据不同的划分方式可有不同的分类。如：按发卡银行是否给予持卡人信用额度来分，银行卡可以分为信用卡和借记卡；按币种不同，分为人民币卡、外币卡；按发行对象不同，分为单位卡(商务卡)、个人卡；按信息载体不同，分为磁条卡、芯片卡。

(1)信用卡

信用卡是发卡银行给予持卡人一定的信用额度，持卡人可在信用额度内先消费、后还款，或者先按发卡银行的要求交存一定金额的备用金，当备用金账户余额不足支付时，可在发卡银行规定的信用额度内透支的银行卡。信用卡按是否向发卡银行交存备用金分为贷记卡、准贷记卡两类。

①贷记卡。是指发卡银行给予持卡人一定的信用额度，持卡人可在信用额度内先消费、后还款的信用卡。

②准贷记卡。是指持卡人须先按发卡银行要求交存一定金额的备用金，当备用金账户余额不足支付时，可在发卡银行规定的信用额度内透支的信用卡。

(2)借记卡

借记卡是持卡人先将款项存入卡内账户，然后进行消费的银行卡。借记卡不具备透支功能。借记卡按功能不同，分为转账卡(含储蓄卡)、专用卡和储值卡。

①转账卡是实时扣账的借记卡，具有转账结算、存取现金和消费的功能。

②专用卡是具有专门用途、在特定区域使用的借记卡，具有转账结算、存取现金的功能。其中，专门用途是指在百货、餐饮、饭店、娱乐行业以外的用途。

③储值卡是发卡银行根据持卡人要求将其资金转至卡内储存，交易时直接从卡内扣款的预付钱包式借记卡。

(二)表外业务

表外业务是指资产负债表以外的业务。根据巴塞尔委员会提出的判定标准，表外业务分为狭义和广义两种。狭义表外业务是指商业银行所从事的按国际会计准则不计入资产负债表内，不影响银行资产负债总额，会改变当期损益，并在一定条件下会转化为表内资产或负债的业务。它构成了商业银行的或有资产、或有负债，包括担保类、贷款承诺类和衍生金融工具等业务。其特点是高收益、高风险。银行在经办这些业务时，虽然没有发生实际的货币收付，也没有垫付任何资金或者只是垫付少量资金，但是由于这些业务同资产负债业务关系密切，在将来随时可能因具备了契约中的某个条件，而由表外业务转变为表内业务，需要在表外进行登记以便对其进行反映、核算、控制和管理。广义表外业务包括所有不在资产负债表中反映的金融服务类业务，由中间业务和狭义表外业务构成。

本章所讨论的表外业务是指根据巴塞尔委员会定义的狭义的表外业务，主要包括三类表外业务。

1.担保和类似的或有负债

担保和类似的或有负债类业务主要有投标保证书、履约担保书、贷款担保、备用信用证、跟单信用证、承兑票据等，其共同的特征是由银行向客户的现行债务提供担保并承担相应的风险。

备用信用证是开证行根据申请人的请求，对受益人开立的承诺承担某项义务的凭证，即开证行保证在开证申请人未履行其应履行的义务时，受益人只要按照备用信用证的规定向开证银行开具汇票(或不开汇票)，并提交开证申请人未履行义务的声明或证明文件，即可取得开证行的偿付。备用信用证属于银行信用，其实质是对借款人的一种担保行为，保证在借款人破产或不能及时履行义务的情况下，由开证行向受益人及时支付本利，而开证行一旦付款，借款人必须补偿银行的损失，同时银行开立备用信用证要收取佣金。如果开证申请人履行了约定的义务，该信用证则不必使用。因此，备用信用证对于受益人来说，是备用于开证申请人发生违约时取得补偿的一种方式，其具有担保的性质。备用信用证按是否可以撤销来划分.可以分为可撤销的备用信用证和不可撤销的备用信用证。

2.贷款承诺类业务

贷款承诺指商业银行向客户做出承诺，保证在未来一定时期内根据一定条件，随时应客户要求予以提供贷款或融资支持的业务。贷款承诺一般是商业银行在向客户所提供的信贷额度内，随时根据客户的贷款需求提供贷款，主要有信贷承诺和票据发行便利两种形式。

信贷承诺是指银行在对借款客户信用状况评价的基础上与客户达成的一种具有法律约束力的契约，约定按照双方商定的金额、利率，银行将在承诺期内随时准备应客户需要提供信贷便利。作为提供信贷承诺的报酬，银行要向客户收取承诺佣金。信贷承诺是典型的含有期权的表外义务，大大便利了借款人的借款所需。对借款人来讲，信贷承诺具有较大的灵活性，获得承诺的借款人等于拥有了一种保证，享有机动、灵活的选择余地，可以随时根据自身的营运情况，确定信贷承诺的用与不用、用多用少、用长用短，以求最合理、有效地使用资金；其次，信贷承诺提高了借款人的市场信誉。尽管付出了一定的承诺佣金，但可靠的承诺有力地支持了借款人在直接融资市场上的信誉，往往由此在更大程度上降低了自身的筹资成本。而对承诺银行来讲，贷款承诺具有较高盈利性，申请承诺的借款人通常都把它作为一种支持性工具，因此银行实际上并不需动用资金，仅凭承诺就可获得可观的佣金；同时，承诺的借款对象多是银行所熟悉的优质客户，银行进行调查分析的成本很低并且加强了与优质客户的联系。

票据发行便利是一种具有法律约束力的中期周转性票据发行融资的承诺。根据这种承诺，借款人可用自己的名义发行短期票据来筹措中期资金，由包销银行承诺购买借款人发行的未售出的任何票据或提供备用信贷。如借款人是银行，发行的票据通常是短期的定期存单；如借款人是非银行的工商企业，发行的票据通常采用本票，即所谓的欧洲票据。银行承诺票据发行便利融资期限通常为 5～7 年，在这期限内，借款人可以循环发行票据，大部分票据都属于 3 个月或 6 个月到期，少数可达一年，也有一个星期或几天的。票据发行便利所发行的票据面额较大，一般为 10 万～50 万美元，由于面额较大，不易推销，近年来面额趋于减少，最小的面额为 1 万美元，使用货币单位主要为美元，也用欧元和新加坡元计值。

票据发行便利是 20 世纪 80 年代金融创新的“四大发明”之一，其实质是一种直接信用，是借款人与投资者之间直接的资金融通关系，商业银行虽然有时也提供融资，但最主要的是提供服务，它的主要投资者是大机构投资者。

商业银行开展票据发行便利业务的最初动机是利用票据市场抢回在提供中短期信贷上的优势地位，所以带有浓厚的银团贷款的色彩。作为银团贷款的低成本替代品，票据发行便利一方面继承了银团贷款中有很多银行并存，既能满足巨额资金的需要，又能有效分摊风险的优点，另一方面又实现了以短期的利息成本来获得中期资金的好处。最重要的是，原来在银团贷款中由单个银行承担的不同职能，现在分解开来由不同的银行来承担。票据发行便利有包销的和无包销的两种类型。1985 年，西方国家的银行监管当局对包销承诺提出了资本要求，成为票据发行便利发展过程的一个转折点，包销的票据发行便利在全部票据发行便利中所占的比重迅速下降，无包销的票据发行便利成为主导。

3.衍生金融工具

衍生金融工具是指在传统的金融工具(如现货市场的债券和股票等)基础上产生的新型交易工具，主要有远期合约、期货、期权、互换合约等。衍生金融工具的价值取决于基础工具。衍生金融工具是当今金融自由化、全球化发展所导致的金融不断创新的结果，这种金融工具的创新为金融与经济的发展带来了有利有弊的影响：一方面使世界范围内金融业的活力和运转效率得到空前的提高，成为新的金融效益增长点，并使银行的经营管理技术迈向了新的高度；另一方面衍生金融工具在交易中如运用不当或稍有不慎就可能造成巨额损失，进而导致银行的破产和倒闭，从某种意义上说增加了银行所面临的风险。

20世纪80年代以来，西方商业银行的表外业务飞速发展，其根本原因可归结为规避巨大的利率和汇率风险，逃避监管当局对资本金的监管，增加更多的盈利，应对更加激烈的市场竞争，满足日益多样化的客户需求。

（三）中间业务与表外业务的区别

由于传统的中间业务大多数也不在资产负债表内反映，因而通常把中间业务视同表外业务。但是严格来讲，表外业务和中间业务还是有区别的。从会计角度而言，所有的表外业务都属于中间业务，不在资产负债表内反映；而中间业务虽然大部分居于表外，但也有少部分（如信用证、租赁业务等）是在表内反映的。从银行开展业务的角色而言，银行在办理传统的中间业务（如信用证、信托、代理、咨询等业务）时，一般充当中介人的角色；而在办理衍生金融工具交易等表外业务时，银行既可以作为经纪人，又可以作为自营商，即作为交易的直接当事者。从与表内业务的关系和银行承担的风险角度而言，传统的中间业务一般不会发生由表外业务向表内业务的转化，承担的风险相对较小；而许多创新的表外业务，如票据发行便利、贷款承诺等衍生金融工具交易业务，都构成银行的或有负债，即在一定条件下相应的表外业务会向表内业务转化，成为银行的现实负债。因此，银行办理这类具有或有负债性质的表外业务时，承担的风险就很大。

国外商业银行通常将中间业务统称为表外业务。根据我国对中间业务品种的规定，将中间业务划分为适用审批制的中间业务和适用备案制的中间业务。从人民银行规定的中间业务品种来看，适用备案制的中间业务包括：(1)票据承兑；(2)开出信用证；(3)担保类业务，包括备用信用证业务；(4)贷款承诺；(5)金融衍生业务；(6)各类投资基金托管；(7)各类基金的注册登记、认购、申购和赎回业务；(8)代理证券业务；(9)代理保险业务；(10)中国人民银行确定的适用审批制的其他业务品种，这些业务基本上就是巴塞尔委员会定义的广义的表外业务。而适用审批制的中间业务主要包括：(1)各类汇兑业务；(2)出口托收及进口代收，(3)代理发行、承销、兑付政府债券；(4)代收代付业务，包括代发工资、代理社会保障基金发放、代理各项公用事业收费（如代收水电费），(5)委托贷款业务；(6)代理政策性银行、外国政府和国际金融机构贷款业务；(7)代理资金清算；(8)代理其他银行银行卡的收单业务，包括代理外卡业务；(9)各类代理销售业务，包括代售旅行支票业务；(10)各类见证业务，包括存款证明业务；(11)信息咨询业务，主要包括资情调查、企业信用等级评估、资产评估业务、金融信息咨询；(12)企业、个人财务顾问业务；(13)企业投融资顾问业务，包括融资顾问、国际银团贷款安排，(14)保管箱业务；(15)中国人民银行确定的适用备案制的其他业务。不同的是我国将涉及证券和保险业务的部分服务类业务放在或有债权、或有债务类业务中来管理。

总体而言，负债业务和资产业务是商业银行最基本的信用业务，也是其主营业务；中间业务与表外业务是资产和负债业务派生与拓展的结果，但也同样构成商业银行经营活动的重要内容。

第三节 商业银行的经营管理

商业银行是经营货币资金的高杠杆企业,资金来源中绝大多数是负债。鉴于商业银行经营对象的特殊性,商业银行的经营原则和资金配置有别于一般的工商企业。

一、商业银行经营管理的原则

商业银行经营的总方针是在保证安全与流动的前提下,追求最大限度的利润。流动是实现安全的必要手段,安全是实现盈利的基础,追求盈利是安全与流动的最终目标。

(一)安全性

安全性是指商业银行应努力避免各种风险,保证商业银行的稳健经营和发展。商业银行之所以首先必须坚持安全性的原则,是因为商业银行以货币为经营对象,与一般工商企业经营不同,其自有资本所占比重很小,商业银行在经营中保持着比工商企业更高的资本杠杆率,因此商业银行承受风险的能力比一般工商企业小得多。商业银行在经营过程中会面临信用风险、利率风险、汇率风险、竞争风险等各种风险。这就要求商业银行必须坚持安全性的经营原则。

(二)流动性

流动性反映商业银行能够随时满足客户提存和贷款需求等的支付能力。

商业银行是典型的负债经营,资金来源的主体部分——客户的存款和借入款具有流动性。存款是以能够按时提取和随时对客户开出支票支付为前提的,借入款是要按期归还或随时兑付的,因此,商业银行的负债具有流动性的属性。商业银行负债的流动性是通过创造主动负债来进行的,如向中央银行借款、发行大额可转让存单、同业拆借、利用国际货币市场融资等。商业银行要力求负债业务结构合理并保持有较多的融资渠道和较强的融资能力。

此外,商业银行所发生的贷款和投资,会形成一定的占用余额,这个余额在不同的时点上是不同的。一方面,贷款逐步收回,投资到期收回;另一方面,在不同的时点上又会产生各种各样的贷款需求和投资需求,也就是说,商业银行又要有一定的资金来源应付贷款发放和必要投资。贷款和投资所形成的资金的收和付在数量上不一定相等,在时间上也不一定对应,即带有某种不确定性,这就决定了商业银行资产也应具有一定程度的流动性。

(三)盈利性

商业银行与一切经营性企业一样都有一个共同的目标,即盈利最大化。盈利的增加可以增强商业银行的自身积累能力和竞争能力,提高银行信用,使商业银行对客户有更大的吸引力。此外,商业银行提高盈利水平,意味着增强了商业银行承担风险的能力,可以避免因资产损失而给商业银行带来破产倒闭的风险。

商业银行经营的安全性、流动性和盈利性之间既是统一的,又存在对立性。安全性与流动性是正相关的:流动性强的资产,风险较小,安全有保障。但它们与盈利性往往有矛盾：流动性强的资产，其安全性好，但盈利率较低；盈利性较高的资产，往往流动性较差，风险较高。因此，商业银行在经营过程中，就要从实际出发，根据不同时期经营环境的变化和经营业务的不同要求有侧重地贯彻经营原则，实现"三性"的动态协调。在经济高涨时期，银行资金来源较充足，借款需求较旺盛，保持流动性与安全性并不十分紧迫，这时就要侧重于考虑盈利性；在经济衰退时期，就要侧重流动性，将盈利性放在次要地位。商业银行还要从自身业务经营状况出发，在流动性资产较多的情况下，设法改变原有的资产结构，侧重于增加盈利；而在流动性资产减少，长期投资和贷款较多，风险较大的情况下，就要更多地考虑流动性。

二、商业银行经营管理理论

商业银行处在高度竞争的状态中，按照经营利益最大化的原则进行资金来源和资金运用的配置，如何在保证流动性和安全性的同时，追求尽可能高的利润，是商业银行经营管理过程中需要着重解决的问题。长期以来，随着经济环境的变化，围绕这一问题，在商业银行经营管理理论研究方面，曾先后经历了资产管理、负债管理、资产负债联合管理、资产负债表内表外统一的风险管理四个阶段。

(一)资产管理理论

资产管理理论是最早产生的一种银行经营管理理论。20 世纪 60 年代以前，银行的资金来源大多数是吸收活期存款。在银行看来，存否、存多少及存期长短，主动权都在客户手中，银行管理起不了决定性影响，而资金运用的主动权却在银行手中。因此，只有着重于资产管理，才能实现商业银行盈利、流动、安全三原则的协调。随着经济环境的变化和银行经营业务的发展，资产管理理论先后经历了商业性贷款理论、可转换性理论和预期收入理论三个发展阶段。

1.商业性贷款理论

商业性贷款理论又称真实票据理论或生产性贷款理论。商业性贷款理论产生于 18 世纪，该理论从银行的资金来源主要是吸收存款这一客观实际出发，认为存款随时有被提取的可能，从保持资产的流动性考虑，商业银行只应发放短期的、与商品周转相联系或与生产物资储备相适应的自偿性贷款。这类贷款能随着物资周转和产销过程的完成，从销售中得到偿还。商业银行在放款时以商业行为作为基础，并以真实的商业票据为凭证，一旦企业不能偿还贷款，银行可以处理作为抵押的票据，收回贷款。从宏观上看，由于这种自偿性贷款依贸易需要自动伸缩，对货币和信用量具有自动调节作用。

在相当长的时期内，商业性贷款理论一直支配和指导着商业银行的业务经营。它不仅在当时自由竞争的条件下对稳定银行的经营起了积极作用，同时，对银行的经营方针也有着深远的影响。但是这个理论由于偏重资产的流动性，存在着一定的缺陷。随着资本主义经济的发展，这种缺陷表现得越来越充分，主要有以下几点：①该理论不能满足资本主义从自由竞争向垄断阶段过渡时对银行长期资金的需求；②该理论没有考虑到银行存款的相对稳定性，除了忽视银行存款中有定期存款外，还忽视了银行活期存款的沉淀作用；③该理论忽视了经济萧条时期出现市场停滞、商品销售不出去的危险性；④自偿性放款随商业需要自动伸缩信用量，与中央银行的货币政策往往发生矛盾。

2.可转换性理论

可转换性理论又称转移理论。该理论由美国的莫尔顿于1918年提出。第一次世界大战后，金融市场进一步发展和完善，金融资产多样化，流动性加强，银行对流动性有了新的认识，转移理论也就应运而生。转移理论认为，银行是否能保持其资产的流动性，关键在于资产的变现能力。只要银行所掌握的证券能随时出售并转换为现金，银行就可以将资金的一部分投入具备二级市场条件的证券，且贷款不一定要局限于短期和自偿性。

转换理论的出现，使商业银行资产的范围扩大，业务经营更加灵活多样，比商业性贷款理论前进了一步。但该理论也有它的局限性：第一，证券价格受市场波动的影响较大，在银根紧缩时，不能保证在不造成银行损失的情况下将证券顺利变现；第二，发生经济危机时，证券的抛售量大大超过购买量，难以达到保持流动性的预期目的。

3.预期收入理论

预期收入理论由美国金融学家普鲁克诺于1949年在《定期贷款与银行流动性理论》一书中提出。第二次世界大战以后，由于经济建设的需要，产生了大量的设备和投资贷款需求，生产恢复以后，消费信贷的需求也在增长，借款人将贷款更多地投向于工业，预期收入理论应运而生。预期收入理论认为，贷款或证券的变现能力是以未来收入为基础的。如果一项投资的未来收入有保证，哪怕是长期放款，仍然可以保持流动性；反之，如果一项投资的未来收入没有保证，即使短期放款，也有发生坏账和到期不能收回的风险。这种理论并没有否定上述两种理论，但强调的既不是放款的用途（指自偿性），也不是担保品（指可转换性），而是借款人的预期收入。因此，审查贷款和投资的标准就不仅仅停留在期限方面，而是更多地放在贷款和投资项目的预期收入方面，以贷款和投资的预期收入，来保证银行放款的安全性和流动性。

预期收入理论指出了银行资产流动的根本条件，为银行业务经营范围的进一步扩大提供了理论依据，从而使银行资产结构发生了质的变化。根据这种理论，商业银行的贷款种类增加了，新增了中、长期商业贷款，设备贷款，消费者分期付款的贷款和房地产抵押贷款，为商业银行业务的综合发展奠定了基础。但是，预期收入理论仍存在一定缺陷：把预期收入作为资产经营的标准，而预期收入状况完全是由银行自己预测的，难免带有主观随意性，不可能完全正确，尤其是在贷款期限较长的情况下，债务人的经营情况很可能发生变化，影响贷款的偿还能力。

以上三种资产管埋埋论，虽然各有侧重，但主要的着眼点都是保持银行资产的流动性。三种资产管理理论相互补充，反映了一种不断完善和发展的演变过程，都为银行的资产管理提供了一种新的思路，推动了银行资产业务的不断发展。

（二）负债管理理论

负债管理理论是在金融创新中产生的一种银行管理理论。该理论产生于20世纪60年代中期。当时的经济处于相对繁荣状态，社会生产较快发展，通货膨胀率不断上升，这就要求银行提供大量的贷款资金。为了防止利率竞争，当时实行的各项法规都对商业银行的业务和盈利有强大的约束性。在追求高额盈利的内在动力和竞争的外在压力下，银行不得不另觅新径，从非存款的渠道——货币市场引进资金，由此便产生了负债管理理论。

负债管理理论是以负债为经营重点来保证流动性的经营理论。这一理论认为，银行在保持流动性方面，没有必要完全依赖于建立分层次的流动性储备资产，一旦需要周转资金，可以向外举债，只要市场上能筹到资金，就可以放款争取高盈利。负债管理理论的出现，使银行改变了经营方针。

负债管理理论也存在着很大的局限性。①负债经营提高了银行负债的成本。由于主动负债的利息比较高，资金成本自然增加，因此成本增加与盈利性发生矛盾。②负债经营增加了银行经营的风险。如果银行经营经常利用在货币市场上举债来增加放款，则很容易引起短期借入、长期借出的现象，这样就会造成资产与负债不对称或失衡，往往会带来很大的经营风险。③负债经营助长信用膨胀，可能会引起债务危机。

(三)资产负债联合管理理论

资产管理理论和负债管理理论，在保持安全性、流动性和盈利性的均衡方面，都存在片面性。资产管理理论过于偏重安全性与流动性，在一定条件下以牺牲盈利性为代价，不利于鼓励银行家的进取精神；负债管理理论能够较好地解决流动性和盈利性之间的矛盾，鼓励银行家的进取精神，但它过分依赖于外部条件，往往带有很大的经营风险。20 世纪 70 年代末 80 年代初，由于大量存在的汇率、利率风险，单一的资产管理或负债管理已不复适用，银行为了求得生存和发展，获取高额利润，就只有对资产和负债进行全面管理，资产负债联合管理理论由此产生。

资产负债联合管理的基本思想是：银行经营要实现流动性、安全性和盈利性三者的协调统一，就要从资产和负债两方面通盘考虑，根据经营环境的变化，协调各种不同的资产和负债在利率、期限、风险等方面的搭配，实现最优的资产负债组合，从而在保证银行资产流动性和安全性的前提下，实现利润最大化。

资产负债联合管理理论是对过去 30 年商业银行管理各种方法的总结和综合运用，它既吸收了资产管理理论和负债管理理论的精华，又克服了其缺陷，从资产、负债平衡的角度去协调银行安全性、流动性、盈利性之间的矛盾，使银行经营管理更为科学。

(四)资产负债表内表外统一的风险管理理论

资产负债表内表外统一的风险管理理论产生于 20 世纪 80 年代末。在金融自由化浪潮中，商业银行为了控制利率和汇率波动的风险以及由竞争加剧、存贷款利差收窄而引起的传统业务成本上升、收益率下降的经营风险，纷纷大力拓展承诺、担保以及金融衍生品交易等表外业务。1974 年，联邦德国的两家著名的国际性银行 Herstatt 银行和富兰克林银行倒闭，金融监管机构开始全面审视拥有广泛国际业务的银行监管问题。1975 年 9 月，第一个《巴塞尔协议》出台。《巴塞尔协议》的实质性进步体现在 1988 年 7 月通过的《关于统一国际银行的资本计算和资本标准的协议》。《巴塞尔协议》是第一个强调资本充足率在银行风险管理中重要意义的国际协议，它同时对资产负债表内和表外的不同种类的资产确定了风险权数以及相应的资本比率。《巴塞尔协议》的推出意味着西方商业银行的资产负债管理和风险管理理论的统一。

本章小结

商业银行已从最初的货币兑换商发展成为提供广泛的综合性金融服务的金融机构。现代商业银行按照股份制原则设立和运作。其产生与发展的基础有三个方面：经济基础——商品生产与交换的发展；组织基础——比较富有的阶层；思想基础——信用。

商业银行的存在一方面可以有效地缓解市场上存在的高昂的交易成本和信息不对称问题，提高金融市场的效率，从而提高市场资源配置效率；另一方面，政府对经济的间接宏观调控需要一个完善的商业银行体系来传导调控信号，这构成了市场经济下商业银行存在的原因。

现代商业银行是以获取利润为经营目标，以多种金融资产和金融负债为经营对象，具有综合性服务功能的金融企业。经营活动的高负债率、外部性与社会性、高风险性是商业银行区别于一般工商企业的最显著的特征。

商业银行具有信用中介、支付中介、信用创造、金融服务和调节经济等职能。

商业银行制度主要有单一银行制、分行制、集团银行制和连锁银行制。

建立在资产负债表基础上的商业银行的业务包括三大类：资本（所有者权益）、负债和资产。资本和负债共同构成了商业银行的资金来源，而资产则体现为商业银行的资金运用。

商业银行的负债是商业银行对外的债务，它包括存款类负债和非存款类负债，其中存款类负债包括活期存款、定期存款和储蓄存款及其创新的存款产品，而非存款类负债则包括各种长短期借入款，如同业拆借、回购协议、向央行借款、国际货币市场借款、发行中长期金融债券等。

商业银行的资产业务包括现金资产、贷款和证券投资。其中现金资产主要满足商业银行的流动性需要；贷款主要为商业银行创造盈利；证券投资既能满足流动性的需要，也能为商业银行带来一定的盈利。商业银行的资产负债业务充分体现了商业银行作为信用交易中介者的作用：商业银行一方面作为货币资本的贷出者与借入者的中介人或代表，实现了资金的有效使用和融通，便利了交易，另一方面通过低吸高用从吸收资金的成本与发放贷款的利息收入、投资收益的差额中获取利差收入，形成银行的利润。

商业银行的中间业务及表外业务是在负债与资产业务的基础上派生出的业务，它们均不在资产负债表中反映；但风险各不相同。传统的金融服务类的中间业务几乎不影响资产负债表，属于无风险的业务；而狭义的表外业务及或有资产与负债则可能会影响资产负债表，属于有风险的业务。

商业银行在经营中要遵循安全性、流动性和盈利性三大原则，其中，安全性是前提，流动性是条件，盈利性是目的。这三个原则具有一定的对立统一性，因此，需要相互协调，并动态地实现三原则之间的平稳运行。

商业银行的资产负债管理理论经历了资产管理理论、负债管理理论、资产负债联合管理理论和表内表外统一的风险管理理论四个阶段。不同阶段的管理理论都对商业银行的业务发展与管理带来了不同的影响。

复习思考题

1.现代商业银行是如何形成的？

2.商业银行的发展模式有哪些？各自的特点是什么？

3.简述商业银行产生与发展的基础。

4.简述现代市场经济条件下商业银行存在的经济原因。

5.什么是商业银行？如何理解商业银行的性质？

6.商业银行经营活动的特点有哪些？

7.商业银行具有哪些职能？

8.商业银行的外部组织形式有哪些？各自有哪些优劣势？

9.商业银行的发展趋势有哪些？对商业银行有何影响？

10.如何认识商业银行的资本内涵与功能？

11.商业银行的资本构成有哪些？对商业银行经营管理有何影响？

12.怎样理解商业银行的资本充足性？

13.商业银行的负债包括哪些内容？对于商业银行经营管理的意义何在？

14.商业银行的资产业务包括哪些？不同的资产业务对商业银行经营管理有何影响？

15.商业银行的中间业务有哪些？表外业务有哪些？二者的区别有哪些？对商业银行的经营管理有何影响？

16.商业银行的经营原则有哪些？这些原则间的关系如何？怎样贯彻这些原则以及怎样协调这些原则之间的矛盾？

17.商业银行的经营管理理论是如何演进的？每种理论的主要观点是什么？每种理论的主要贡献与缺陷有哪些？

第六章

中央银行

本章导读

1929年起美国经历了四年的大萧条。此次经济萧条以农产品价格下跌为先导，接着1929年10月发生了闻名世界的华尔街股市暴跌，金融业的核心——银行普遍遭遇挤兑，大量银行倒闭。面对这一严酷局面，美联储理应采取应对措施，发挥其“最后贷款人”的作用以拯救危机中的银行。可事实是美联储完全没有反应。

根据经济学家弗里德曼等人的报告，美联储无动于衷的主要原因是其官员没有理解银行倒闭对货币供给和经济的负面影响，甚至认为“银行倒闭是其经营管理不善的结果，或是对以前过度投机不可避免的反应，或是在这一过程中金融和经济崩溃的后果，但绝不是金融和经济崩溃的原因”。弗里德曼等同时还指出，政治斗争也可能在联储的消极表现中发挥了重要的作用。1928年以前，在联储体系中占支配地位的纽约联邦储备银行，强烈鼓吹积极的公开市场购买计划，以便在银行恐慌期间向银行体系提供储备。但是联邦储备体系中的其他势力集团反对纽约银行的提议，结果该提议被否决。

该案例告诉人们，中央银行在整个金融体系及国民经济运行乃至宏观调控中具有重要的职责与作用。本章主要学习中央银行产生的客观原因及其发展进程，中央银行的性质与职能，中央银行的类型及独立性问题，中央银行的资产与负债业务等内容。

第一节　中央银行的产生与发展

一、中央银行产生的客观原因

17世纪后半叶，随着社会生产力的飞速发展和商品经济迅猛扩张，资本主义银行业得以快速发展，但同时也产生了许多问题，如银行券的信誉下降、兑付困难，银行间票据结算和清算效率低下及银行支付危机等，这些问题都严重影响到社会商品的生产与交换。

因此，客观上需要建立一个全国统一的权威性的特殊金融机构——中央银行，以解决这些问题。具体而言，中央银行(也称货币当局)的产生主要有以下一些客观经济原因：

(一)银行券统一发行的需要

银行券是一种信用货币，其发行与流通给商品经济带来了比金属货币流通时更为便利的条件，也使银行突破了金属货币量的限制，扩大了银行信用，为经济发展与商品交换提供了动力。但随之而来的新问题是，如果银行提供的信用货币超过了客观需要，也会给经济发展带来不利影响，引起经济和社会的动荡。

银行业发展初期，许多银行都从事银行券的发行业务。为数众多的小银行由于信用实力薄弱，其发行的银行券常常不能兑现或出现延期兑现，从而造成货币流通陷于混乱；同时，这些分散的小银行的信用活动领域还受地区的限制，即它们所发行的银行券只能在有限的地域内流通。然而，资本主义商品经济的发展要求银行券成为能在全国市场上广泛流通的一般信用流通工具。因此，国家需要以法令的形式限制或取消一般银行的发行权，把发行权集中于专门发行银行券的中央银行。这便是中央银行产生的基本经济原因之一。

(二)统一票据交换和清算的需要

随着银行业务的不断扩大、债权债务关系日益复杂，票据的交换及清算不能得到及时处置，势必影响到商品生产与流通，因此，客观上需要建立一个全国统一且有权威的清算机构为之服务。

1770 年英国的私人银行组建了伦敦票据交换所，同时，许多私人或股份银行因英格兰银行代理国库业务，货币发行范围广、信誉高，也在该行经常保留一些存款。这就为建立统一的票据交换和资金清算奠定了基础。1854 年，各股份银行也参加了伦敦票据所。此后不久，英格兰银行就获得了最终的清算银行的地位。

(三)保证银行的支付能力的需要

各商业银行受其资本所限及运营问题，有时会陷于资金调度不开、头寸紧张的窘境，仅仅依靠同业拆借或市场借贷可能仍然无法满足需要，此时一个强大的金融机构为它们提供流动性支持显得十分必要。

(四)金融监督管理的需要

随着商品货币经济关系的发展，银行和金融业在整个社会经济关系中的地位和作用日益突出，金融运行的稳定成为经济稳定发展的重要条件。金融的稳定运行需要有一个公平、健全的规则和机制。而早期各个银行的运作一般是依据各自的经营原则进行的，尽管在运作过程中各银行之间也形成了某些约定，但这些约定的效力是有限的，这使金融活动经常出现无序甚至混乱状况。而银行业的破产、倒闭给经济造成的负面影响比非银行业要大得多。因此，要保证金融稳定、经济稳定，减少金融运行的风险，客观上需要有一个代表政府意志的机构专门从事金融业管理、监督、协调的工作。

(五)解决政府融资问题的需要

英格兰银行是最早成为政府的融资者和国库代理人的银行，到 1746 年时，英格兰银行已借给政府 1 168.68 万英镑的款项。事实上，19 世纪末之前各国的中央银行，都是以解决政府资金问题为动机而建立的，并首先获得“政府的银行”的职能。如美国建立的第一国民银行和第二国民银行、法国的法兰西银行、日本的日本银行等。

政府财政收支不平衡(赤字)问题由来已久,解决的方法,一是增收节支,二是发行政府债券,三是向中央银行透支。由于中央银行自有资本有限,其向政府财政的借款或购买政府债,往往是凭空多发的货币,即脱离实际货币需求的增发,因而容易导致通货膨胀。

二、中央银行的产生与发展

(一)中央银行的产生

事实上,上述建立中央银行的几方面客观需要并不是同时提出的,中央银行的形成也有一个发展过程。回顾中央银行产生的历史,主要有两条途径:一是由信誉好、实力强大的商业银行发展演变而成,如英国的英格兰银行和瑞典的瑞典银行;二是由政府出面直接组建而成,如美国联邦储备体系。

1.欧洲国家中央银行的建立

1661年瑞典银行开始发现银行券,成为世界上第一家发行银行券的银行。但最早、最全面发挥中央银行功能的银行是英格兰银行。作为史上最早的私人股份银行,1694年成立之初,英格兰银行就已享有与其他银行不同的特权,比如接受政府存贷款等。1838年,英国国会规定只有英格兰银行发行的货币才具有无限法偿资格。1844年《银行特许权条例》的通过,标志着英国279家银行发行银行券的局面正式结束,其他商业银行只能从英格兰银行提取银行券,因而必须在英格兰银行存款。从此,英格兰银行成为集中其他商业银行存款准备金的银行,英格兰银行基本垄断了货币发行权,从而确立了其中央银行的地位。1854年,英格兰银行又成为英国银行业的票据交换中心。

2.美国联邦储备体系的建立

1791年,经国会批准,美国成立了具有央行性质的第一国民银行。规定其营业期限为20年,总部设在费城,并在主要城市设立了8个分支机构,其主要业务包括发行货币、办理票据贴现和接受私人存款。为了管理各州银行,整顿货币发行纪律,第一国民银行拒收银行券过度发行的州银行的银行券,或要求发行银行用金银兑换其所发行的银行券,因而妨碍了各州银行的业务发展,遭到州银行的强烈反对。与此同时,美国农业部也对第一国民银行的信用政策不满,最终第一国民银行在1811年因未能重新获得申请注册而解散。其后,美国各州银行滥发纸币,大多数银行停止了对所发行的纸币兑换,币值大跌,流通中的黄金、白银奇缺,大量州银行破产,对商品生产和流通造成极大打击。

1816年,应美国工商业一致要求并经国会批准,成立了第二国民银行。由于无法真正集中货币发行权和国库代理权,其失去了中央银行的作用,在1836年期满后未能获得注册。

1837—1863年是美国自由银行时期,也是货币流通和信用制度极为混乱的时期。1863年美国通过《全国货币法》,主要内容包括:建立国民银行制度,国民银行在联邦政府注册;在财政部下设立“货币监理官”负责监督国民银行的活动;建立货币发行制度,由财政部印制统一的银行券。但由于财政部继续通行独立的国库制度,使得银行体系的货币时而不足、时而泛滥。在这种银行制度不健全的情况下,美国金融危机频发,如1873年、1884年、1893年、1901年、1907年均出现了不同程度的金融危机,造成银行倒闭及存款人的存款严重损失。

1908 年美国设立了国家货币委员会，负责考察各国中央银行制度。1912 年该委员会制定了一种既能兼顾美国银行制度传统，又能集中管理商业银行的联邦储备制度。1913 年，国会通过了《联邦储备法案》，正式建立了美国式的中央银行制度——美国联邦储备体系。

美国联邦储备体系的特点：全国共分为 12 个区域性储备区，每个储备区设立一家联邦储备银行。联邦储备银行既是联邦储备体系的业务机构，又是区域性的中央银行，具有一定的独立性。联邦储备银行负责货币发行、代理国库、主持清算、会员银行储备金保管、对会员银行提供贷款和再贴现、公开市场操作等业务。

美国联邦储备体系是一种带有制约和平衡特点的制度，即在地区之间、私人部门和政府部门之间以及银行家、工商业者和公众之间实行分权。联邦储备体系包括以下实体：联邦储备银行、联邦储备体系理事会（是联邦储备体系的最高机构，负责制定货币政策，控制贴现率，可在规定范围内改变银行的法定准备比率及银行管理）、联邦公开市场委员会、联邦咨询委员会以及大约 4 000 家会员商业银行。

3.中国的中央银行

中国在清政府和北洋政府时期，户部银行（1905 年开业，1908 年改组为大清银行，1912 年再次改组为中国银行）和交通银行（1908 年开业）都曾部分行使过中央银行的职能。国民政府成立之后，1928 年在南京成立了中央银行，行使央行的职能。但在 1942 年之前，国民党控制的四大银行，即中央银行、中国银行、交通银行和中国农民银行均享有发钞权。直到 1942 年后才由中国银行统一货币发行，统一代理国库，统一外汇管理。

新中国的中央银行是中国人民银行，1948 年在石家庄成立，1949 年将总行设在北京。最初的人民银行既办理全国的工业、农业、商业信贷业务及城乡居民储蓄业务，又执行中央银行的职能，这种体制有利于资金的集中调配，对于我国工业体系的建立发挥了重大作用。但其政企不分的体制也存在诸多弊端。1983 年 9 月，国务院决定人民银行不再办理工商贷款和储蓄业务，而专门行使中央银行职能，以加强信贷资金的集中管理与综合平衡。由此我国银行体制从复合中央银行制转向单一中央银行制。

（二）中央银行制度的发展

1.中央银行制度推广期

第一次世界大战爆发前，世界各地出现了成立中央银行的第一次高潮。在此期间，全球范围内约有 29 家中央银行设立，包括法国的法兰西银行、德国的普鲁士银行和美国的联邦储备系统等。一战期间为适应战时财政需要，各国央行陆续脱离金本位制度，大量发行货币，征收铸币税为财政融资，导致普遍严重的通货膨胀。一战结束后，为了维持国际货币体制的稳定，1920 年在布鲁塞尔召开了第一次国际金融会议。会议提出：为稳定币值、消除通货膨胀，各国中央银行应摆脱政府政治上的控制，实行稳健的货币政策；尚未成立中央银行的国家，尽快建立中央银行，以稳定战后币制、汇率和金融混乱的局面。以此为基础，1921—1942 年间，通过改建和新建设立的中央银行共计 43 家。该时期是中央银行积极推广和发展阶段。

2.中央银行制度强化期

二战以后，一批经济较落后的国家摆脱了殖民统治获得独立，它们将中央银行的建立视为民族独立和国家主权的重要标志。与此同时，世界各国为发展经济，普遍奉行凯恩斯的宏观经济理论，用货币政策、财政政策来管理经济。鉴于中央银行在货币政策制定和实施中的重要地位，各国加强了中央银行制度建设。中央银行制度的强化主要体现在：

（1）中央银行的国有化。即央行的经营权和决策权归国家所有。

（2）加强国家对央行的控制。央行成为国家制定货币政策的机构，直接受国家的控制和监督，其最高领导者一般由国家任命。

（3）强化中央银行货币政策的宏观调控功能。一是除了法定存款准备金、再贴现、公开市场操作等一般性货币政策工具的法制化和制度化外，还出现了诸多可供选择的货币政策工具，使得货币政策具有全局性或局部性的结构调控功能；二是明确了稳定币值、经济增长、充分就业、国际收支平衡等多元化的货币政策目标；三是将金融监管职能从央行剥离，使央行专注于制定与执行货币政策。

（4）中央银行国际合作的加强。随着经济与金融往来的不断加深，各国央行间的合作也不断加强，国际货币基金组织、世界银行等国际机构相继成立。

（5）跨国中央银行的出现。即若干国家联合组建一家中央银行，在成员国内部行使全部或部分央行职能，如发行统一货币，制定统一的的货币政策，对成员国进行融资，监管成员国金融机构和金融市场，办理金融业务等。跨国中央银行的建立，早期有西非货币联盟、中非货币联盟、东加勒比海货币区；1998 年 7 月 1 日欧洲央行宣告成立，其对欧洲经济与金融的发展稳定具有重要作用。

回顾金融发展的历史，中央银行的产生实际上是货币统一化、标准化的客观要求，是金融制度不断完善的必然经历，是金融为生产与交换服务逻辑的又一具体体现。

第二节 中央银行的性质与职能

在现代经济活动中，中央银行承担着国家调控宏观经济、调节货币流通和信用活动以及维护全社会金融稳定等重要任务。世界上大多数国家都实行中央银行制度，中央银行不仅是为商业银行等普通金融机构和政府提供金融服务的特殊金融机构，还是制定和实施货币政策、监督管理金融行业、规范金融秩序、调控金融和经济运行的重要宏观管理部门。

一、中央银行的性质与地位

（一）中央银行是一国金融体系的核心

中央银行、商业银行、各种专业银行和非银行金融机构共同构成一国的金融体系。中央银行处于该体系的核心位置。央行通过调节利率水平等方式，控制一国的货币供给，从而调节经济发展的冷热程度。中央银行通过颁布各规章制度对各种金融机构的经营活动进行监管和规范。中央银行还通过与其他金融管理机构以及国际金融组织的往来与合作，参与全球化金融问题，在强化一国金融主权的基础上，促进本国经济与金融的发展。

（二）中央银行是经营金融业务的特殊金融机构

中央银行代表国家履行金融管理的职责，是通过办理具体的金融业务来实现的，有着不同于商业银行的特征。

(1)中央银行占据一国信用活动的枢纽地位,是国家调控宏观经济的重要工具。央行的活动属于宏观经济范围,而商业银行的活动属于微观领域,仅限于对企业和个人资金往来活动。

(2)中央银行业务活动不以营利为目的,出现盈余上缴国库。央行对货币发行权的独家垄断,这一点从根本上决定了任何商业银行在经营过程中都无法与中央银行竞争。更重要的是因为中央银行背负着调节经济和金融的特殊任务。中央银行的运营目的是为了完成调节经济和金融的使命,而不是为了获得运营收益。

(3)中央银行以政府和金融机构为服务对象。中央银行为政府代理国库,充当政府经济金融顾问等角色;中央银行接受商业银行等金融机构的存款,向金融机构提供再贷款、再贴现、资金清算服务等业务。

(4)中央银行的资产具有较强的流动性。中央银行肩负着调节全国金融活动的职责,其宏观调控最终是通过使其资产变化实现的(如调节货币流通量),因此中央银行资产只有保持较强的流动性,才能根据市场变化随时调节社会体系中的货币供给。

(5)中央银行具有相对独立的地位。央行代表国家执行金融政策,是国家权力的一部分,必须受到国家政府的控制或制约。其货币发行规模是决定一国币值是否稳定的重要因素,中央银行要代表社会公众的利益,对所有的经济和金融事务提供公正的服务,不能为弥补政府财政赤字而进行不合理的调控。

(6)中央银行不在国外设立分支机构。国际法明确规定,"它国的中央银行,在派生驻地不能发行钞票,不得经营商业银行业务,不能与各地的不同国家的商业银行发生联系,仅能有因为进出口贸易而发生的外汇联系"。但中央银行可以根据需要,在国外设立驻外代表处,以就地观察和研究经济和金融形势,以及本国银行在当地或其他邻国分支机构的活动情况。例如,中国人民银行就在伦敦、法兰克福、纽约等地设立驻外代表处。

(三)中央银行是管理全国金融事务的国家机关

绝大多数国家的法律都明确规定,中央银行是一国管理全国金融事业的国家机关。作为国家管理金融业和进行调控宏观经济的重要部门,中央银行自然负有重要的公共责任。随着国家对经济干预的加强,中央银行的国家机关作用日益重要。但是中央银行作为管理机关,又不同于一般的行政管理机构,其特殊性具体表现在:

(1)中央银行是通过金融业务履行职责的,对经济的调控基本上采用经济手段。这些手段的运用更多地具有银行业务操作的特征,与主要依靠行政或计划手段进行管理的一般政府机构有着根本上的区别。

(2)中央银行宏观调控是分层次实现的。它首先通过货币政策调节金融机构的行为和金融市场的运作,然后再影响到各经济部门的运作。因此,货币政策发挥效应还存在时滞问题。与之相反,一般行政机构的行政决策直接作用于经济主体,并且具有强制性。

(3)中央银行在政策制定上有一定的独立性。

二、中央银行的职能

尽管世界各国的政治与经济制度、商品经济与信用制度，甚至社会历史背景的发展各不相同，但中央银行的基本功能大致相同。一般而言，其具有以下职能：

(一)中央银行是“发行银行”

“发行银行”是指国家赋予中央银行垄断货币发行的特权。中央银行集中与垄断货币发行权是其最基本、最重要的标志，也是央行发挥其他职能的基础

中央银行的货币发行量必须以经济发展的客观要求为依据，保持良好的货币供应弹性，使货币供应与流通体系的货币需求相互吻合，为经济的稳定、持续增长提供一个适宜的金融环境，以维护本国货币正常流通与币值稳定，这是央行的首要任务。

(二)中央银行是“银行的银行”

所谓“银行的银行”，包括三方面的含义：第一，是指中央银行是法定存款准备金的唯一保管者，多数国家法律要求商业银行及有关金融机构必须按存款的一定比例向中央银行交存存款准备金(法定存款准备金)，以保证商业银行和其他存款机构的支付和清偿能力，并借此调节信用规模和控制货币供应量；第二，中央银行还充当商业银行等金融机构的“最后贷款人”，即在商业银行和其他金融机构无法从其他渠道筹集资金时，中央银行为其融通资金；第三，中央银行组织、参与和管理全国金融机构的清算，通过对全国各金融机构在中央银行的存款账户进行转账、轧差，直接增减其存款金额便可完成金融机构间的资金清算。

(三)中央银行是“政府的银行”

“政府的银行”是指中央银行作为政府管理金融的工具，同时也为政府服务。具体体现在以下几个方面：

1.中央银行代理国库并向政府融通资金

国家财政收支的管理一般都是通过财政部门在中央银行开立的账户进行的。收支管理的具体内容包括：接受国库存款、政府各种税收和其他方面的收入存在中央银行的账户上，由中央银行代为管理；政府用于行政管理、社会保障、教育、国防等方面的支出由中央银行代办支出。

2.管理和经营国家储备资产

中央银行代理政府保存和管理国际储备，即黄金、外汇、在国际货币基金组织中的储备头寸和特别提款权等。中央银行根据国际、国内货币政策的需要买卖黄金和外汇，控制储备资产总量，使其适应于国内货币发行和国际贸易发展的需要，进而起到稳定物价、稳定汇率以及促进国际收支平衡的作用。

3.中央银行是政府的金融顾问和国际金融组织的代表

由于中央银行处于资金流通的中心环节，能够及时全面掌握国家经济和金融活动的基本动态，从而可以对经济发展做出较为准确的判断和反应，为政府提供经济预测和决策建议。同时，在国际金融事务中，政府往往都赋权于中央银行使其作为自己的代表，参加国际金融组织——包括世界性金融组织和区域性金融组织，积极促进国际金融领域里的

合作与发展。中央银行还代表本国政府与外国中央银行进行两国金融、贸易事项的谈判、协调和磋商等，进行政府间的金融事务往来，管理与本国有关的国际资本流动以及办理外汇收支的清算、拨付等国际金融事务。

4.中央银行是“管理金融的银行”

“管理金融的银行”是指中央银行有权制定和执行货币政策，并对商业银行和其他金融机构的业务活动进行领导、管理和监督。其职责主要包括：

(1)负责制定和执行货币政策，达到稳定物价、促进经济增长的目的；

(2)制定和执行金融法规与银行业务基本章程；

(3)对银行等金融机构的设置、业务活动以及经营状况实施监督和管理，以防止金融秩序紊乱对社会经济造成冲击。

目前，中国金融监管体制体现了金融监管职能权利分离的趋势。在1998年以前，中国人民银行统一实施金融监管。从1998年开始，证券业和保险业的监管从中国人民银行统一监管体系中分离出来，分别由中国证券监督管理委员会和中国保险监督管理委员会负责，形成了由中国人民银行、证监会和保监会三家分业监管的格局。2003年，中国银行监督管理委员会正式成立，接管中国人民银行的银行监管职能，由此正式确立我国金融业监管的“一行三会”制度，实行分业经营与监管。

第三节 中央银行的类型

尽管目前世界上各个国家和地区基本上都实行中央银行制度，但中央银行并没有统一的模式。在不同的国家，中央银行的组织结构设置也不尽相同。

一、中央银行基本制度

中央银行制度有以下几种类型：

(一)单一的中央银行制度

是指国家建立单独的中央银行机构，全面行使中央银行职能的央行制度。这种制度又分为两种类型。

(1)一元式中央银行制度，指一国只设立一家统一的中央银行，由它行使中央银行的全部权力和履行中央银行的全部职责。这种组织形式下的中央银行是完全标准意义上的中央银行，目前世界上绝大多数国家的中央银行都实行这种制度，如中国、英国、日本等。

(2)二元式中央银行制度，指中央银行体系由中央和地方两级相对独立的中央银行机构共同组成。中央级中央银行和地方级中央银行在货币政策方面统一，地方级中央银行要接受中央级中央银行的监督和指导。但是，在货币政策实施、金融监管等方面，地方级中央银行在其辖区内有一定的独立性，与中央级中央银行也不是总分行的关系。这种制度与联邦制的国家体制相适应，如美国、德国等，欧洲中央银行体系也属于此种类型。

(二)复合式中央银行制度

是指国家不单独设立专司中央银行职能的中央银行机构,而由一家集中央银行与商业银行职能于一身的大银行兼行中央银行职能的央行制度。这种中央银行制度往往与国家实行计划经济体制相对应,如前苏联、早期东欧以及1983年之前的中国。

(三)准中央银行制度

是指国家不设通常意义上完整的中央银行,而设立类似中央银行的金融管理机构执行部分中央银行的职能,并授予若干商业银行也执行部分中央银行职能的中央银行制度。采取这种中央银行组织形式的国家与地区有新加坡、马尔代夫、斐济、沙特阿拉伯、阿拉伯联合酋长国、塞舌尔、中国香港等。

(四)跨国中央银行制度

是指由若干国家联合组建一家中央银行,由这家中央银行在其成员国范围内行使全部或部分中央银行职能的中央银行制度。其显著特点是跨国界行使中央银行的职能。二次世界大战后,一些地域相邻的欠发达国家建立了货币联盟,并在联盟内成立了由参加国共同拥有的中央银行。目前,西非货币联盟、中非货币联盟、东加勒比海货币区等均属于跨国中央银行的组织形式。1998年7月1日欧洲中央银行成立,1999年1月1日欧元正式启动,标志着现代跨国中央银行制度进入了一个新的发展阶段。

二、中央银行的资本结构

中央银行的资本结构是指作为中央银行营业基础的资本金的构成方式。中央银行的资本组成包括以下几种类型:

(一)全部股份为国家所有

目前大多数国家中央银行的资本金是为国家所有的。根据其股份来源又可分为两种类型:一是国家通过购买中央银行资本中属于私人的股份而拥有中央银行全部股权;二是中央银行成立时,国家就拨付全部资本金。现在世界上绝大多数国家的中央银行就属于第一种类型,如英国、法国、德国、荷兰等;而中国人民银行属于第二种类型。

(二)公私股份混合所有

这种类型的中央银行也被称为半国家性质的中央银行,其资本金一部分股份由国家持有,一般占资本总额的50%以上,而另外的部分由民间持股。在采取这种所有制结构的中央银行体制中,拥有民间资本的股东是不能影响中央银行的宏观金融政策的。

(三)全部股份私人所有

美国联邦储备银行的股本全部由参加联邦储备体系的会员银行所拥有,会员银行按照自己实收资本和公积金的6%认购所参加的联邦储备银行的股份,因此美联储是非常典型的私人股份所有制的中央银行。

(四)无资本金的中央银行

即中央银行建立之初没有资本,而全部由国家授权其执行中央银行职能。中央银行运用的资金,主要是各金融机构的存款和流通中的货币,自有资金只占很小的一部分。韩国的中央银行是目前世界上唯一没有资本金的中央银行。

(五)多国共有资本的中央银行

跨国中央银行的资本不为某一国家所独有,而由跨国中央银行的成员国所共有,如西非货币联盟、中非货币联盟和东加勒比海货币管理局就属于这种类型。货币联盟中成员国共同组建中央银行的资本金是由各成员国按照商定比例认缴的,各国以认缴比例拥有对中央银行的所有权。

总之,无论中央银行的资本金是国家所有还是公私混合所有,都不会对中央银行的性质和业务活动产生实质性的影响。

三、中央银行的独立性

中央银行的独立性是央行在法律授权范围之内制定和实施货币政策的自主属性。中央银行的独立性集中反映在中央银行与政府的关系上。两者在宏观经济上的目标虽然是一致的,但在实现目标的措施选择上存在不同。面对重大问题时,政府往往要求中央银行按照政府的安排行事,但中央银行则认为只有保持中央银行政策的独立性才能解决特殊的金融问题,以实现国家的经济目标。所以,中央银行的独立性是必须的,但又是相对的。

一战之前,西方各国普遍实行金本位制。此时,政府对央行的控制和干预不多。一战爆发以后,为了筹集战争费用,各国政府加强了对中央银行的控制和干预,并且赋予央行更多的货币发行权。央行大量发行货币导致许多国家产生严重的通货膨胀,金融市场也受到牵连,反而使经济更加窘迫。

1920 年在布鲁塞尔举行的各国中央银行会议上,各国代表均呼吁政府减少对中央银行的干预,增强中央银行自身的独立性。此后,许多国家在法律上赋予中央银行独立性。但事实上,各国并没有因为法律的出台而赋予央行更多的自主权力,反而对其施行了更加严格的控制。20 世纪 30 年代的经济危机过后,凯恩斯主义的盛行使得政府对央行的控制继续加强。直到 20 世纪 70 年代,布雷顿森林体系崩溃之时,世界金融市场频繁的波动使得政府不得不重新思考央行的独立性问题,才逐渐开始放宽对央行的干预,中央银行的独立性逐渐提高。

中央银行与政府的关系,大致可分为三类:

一是独立性较大模式。中央银行直接对国会负责,直接向国会报告工作,获得国会立法授权后可以独立地制定货币政策及采取相应的措施,政府不得直接对央行发布命令和指示,也不得干涉其货币政策。美国和德国属于这一模式。

二是独立性稍弱模式。中央银行名义上隶属于政府,实际上则保持着一定的独立性。有些国家法律规定财政部拥有对中央银行发布指令的权力,事实上却并不使用这种权力。政府一般不过问其货币政策的制定,中央银行可以独立自主地制定和执行货币政策。英国、日本属于这一模式。

三是独立性较小模式。这一模式的中央银行接受政府的指令,货币政策的制定及采取的措施都要经政府批准,政府有权停止和推迟中央银行决议的执行。这种模式的典型是意大利银行。

第四节 中央银行业务

一、中央银行的资产负债表

表 6-1 中央银行资产负债简表

资　　产	负　　债
国外资产净额(外汇、货币黄金、其他国外资产)	储备货币(货币发行、金融性公司存款)
对政府债权	发行债券
对商业银行债权	国外负债
对其他金融机构债权	政府存款
其他资产	自有资金
	其他负债
总资产	总负债

在中央银行的资产负债表中,由于自有资本也是其资金运用的来源之一,因此将其列入负债方。但实际上,自有资本不是真正的负债,其作用也不同于一般负债,因此如果把自有资本从负债中分列出来,资产和负债的基本关系可以用以下三个公式表示:

资产＝负债＋资本项目

负债＝资产－资本项目

自有资本＝资产－负债

从央行的资产负债表可以看出,在其他负债不变的情况下,央行每发行一定数额的银行券,即现钞,它便可以增加相应数额的资产;在资产总额不变的情况下,央行每发行一定数额的现钞,就可以减少相应数额的其他负债。例如,央行用增发的 1 000 万元购买国债,它的国债资产便增加了 1 000 万元;如果央行将这笔现钞用于支付某商业银行的提款要求,该商业银行在央行的准备金(及央行的负债)便减少 1 000 万元,而央行的资产则保持不变。由此看来,央行要创造资金来源只需开动印钞机就可以了。但事实却非如此。当货币发行量超过一定数额时,就会产生通货膨胀,从而使货币贬值。如果通货膨胀严重到使人们对货币的稳定性丧失信心,人们就会尽快用货币换回某些价值较为稳定的商品,进而加剧其贬值。这显然不是中央银行所希望看到的。

纸币之所以能够被人们所接受,完全是基于一种信心,即持币人相信,当他用纸币和别人进行商品交换时,纸币同样能为别人所接受。显然这种信心是以央行背后的国家强制力为支撑的。由于印刷纸币的费用和纸币的面值相比是微不足道的,因此拥有不可兑换纸币发行权的央行就掌握了一种重要的收入来源——铸币收入(通常用基础货币的增加额来计算)。这种收入又通过央行利润上交的形式转化为政府的财政收入。因此,央行独占货币发行权的最终结果是使政府掌握了一笔巨大的财源。有时候,通过增加铸币收入来应付政府开支往往成为短视当政者不二的选择，其结果则是经济一步步陷入通货膨胀的深渊，甚至可能导致政权的更替。

现代信用货币制度条件下，由于钞票发行有严格的规范且央行不能用自己印制的钞票去购买和支付（收购外汇黄金是例外，其买卖可能有亏有盈，损益单独核算不归央行支配，且主要是执行管理外汇基金和货币政策的任务），而只能用它“换取”债权，并由换取的债权得到收取利息的权利，只要利息收入大于发行成本，其差额即构成发钞银行收益的一部分，故不能与金属货币流通条件下的铸币税混为一谈，甚至认为央行可通过印制钞票获取巨额发行收入。事实上，正常情况下铸币收入是有一定数量界限的。

不过，在纸币不可兑现的情况下，纸币本身的数量相对就不那么重要了，重要的是货币供应总量。因此各国央行货币政策的重点均转向货币总量的控制。

中央银行作为经济运行的中枢，其特有的资产负债业务不同于普通的商业银行，央行通过资产和负债业务可以控制银根的松紧，调节货币流通量，影响资金的流量与方向，以履行其调节货币供给、实施货币政策的职责。

二、负债业务

央行的负债业务主要由存款业务、货币发行业务、其他负债业务和其他资本业务构成。

（一）中央银行的存款业务

收存存款是中央银行的最主要负债业务之一。中央银行的存款一般可分为银行等金融机构的准备金存款、政府存款、非银行金融机构存款、外国存款、特定机构和私人部门存款等几种。

1.准备金存款业务

准备金存款是中央银行存款业务中数量最多、意义最重大的一项。准备金存款业务与存款准备金制度直接相关，主要目的在于配合中央银行实施货币政策和宏观调控。尽管世界各国政治、经济制度及历史文化背景不同，但在准备金存款业务的内容方面差异不大。各国准备金存款业务一般包括以下几个方面的内容：

其一，规定存款准备金比率，即法定存款准备金率。举例来说，法定存款准备金率若为10%，则商业银行吸收的每100万元存款中就必须拿出10万元作为法定准备金缴存中央银行，剩余的90万元可以用于资产运用。存款准备金率的高低，直接制约着商业银行创造派生存款的能力，改变货币乘数。调高或调低存款准备金率，可以直接影响商业银行资产的流动性，进而起到调节货币供给量的作用。

其二，规定可充当存款准备金的资产形式。在许多国家，存款准备金又有第一准备金和第二准备金之分。第一准备金是商业银行为应对客户取现而随时可以兑现的资产，主要包括库存现金及存放在中央银行的法定准备金，一般称为“现金准备”或“主要准备金”；第二准备金是指银行容易变现而又不易遭受重大损失的资产，如国库券，也叫“保证准备金”。能够充当法定存款准备金的只能是存在中央银行的现金存款。在中国，商业银行的库存现金不能充当法定存款准备金，只有上存到中国人民银行的存款才能充当法定存款准备金。

其三，确定存款准备金计提的基础。它的核心是确定存款余额以及如何确定缴存存款准备金的基期。通常情况下，存款余额有两种确定方法：一种是将商业银行存款的日平均余额扣除应付和未付款项作为计提准备金的基础；另一种是以月末或旬末的存款余额扣除当期应付和未付款后作为准备金的计提基础。确定存款余额作为缴存准备金的基期，一般也有两种做法：一种是采取当期准备金账户制；另一种是采取前期准备金账户制，即一个结算期的法定准备金以前一个或前两个结算期的存款余额作为计提基础。

2.政府存款

各个国家政府存款的构成是有差异的，有的国家就是指中央政府的存款，而有的国家则将各级地方政府的存款、政府部门存款也列入其中。中央政府存款包括国库持有的货币、活期存款、定期存款及外币存款等。

3.非银行金融机构存款

在中央银行的存款中，有的国家中央银行则将其单独作为一项存款业务，因而没有法定的存款缴存比率。此类存款主要用于清算，存款多少由非银行金融机构自主决定，但中央银行可以通过存款利率的变动对其进行调节。目前我国各种非银行金融机构在中国人民银行都有存款，主要也是用于清算。

4.外国存款

这项存款的债权人属于外国中央银行或者外国政府。这些存款随时可以用于贸易结算和清偿债务。通常情况下，外国存款规模较小，因此这部分存款的实际影响力并不大。

5.特定机构和私人部门存款

特定机构是指非金融机构，中央银行收存这些机构的存款或是为了特定目的，如对这些机构发放特别贷款过程中形成的存款，或是为了扩大中央银行资金来源。

6.特种存款

特种存款是指中央银行根据商业银行和其他金融机构的营运情况，以及宏观调控的现实需要，以存款的方式向这些金融机构集中一定数量的资金而形成的存款。特种存款业务有以下特点：一是非常规性，中央银行只在特殊情况下才会办理此业务；二是特种存款业务对象的特定性，一般不会面向所有的金融机构；三是特种存款期限较短，一般为一年；四是特种存款的数量和利率完全由中央银行自行确定，具有一定的强制性，特定金融机构只能按规定及时足额地完成存款任务。

(二)中央银行的货币发行业务

货币发行是央行最初也是最重要的负债业务。从发行的操作看，货币发行是指货币从中央银行的发行库，通过各商业银行的业务库流向社会。流通中的现金都是通过货币发行业务流出中央银行的，货币发行是基础货币的主要构成部分。央行通过货币发行业务，一方面满足社会商品流通扩大和商品经济发展的需要，另一方面可筹集资金，使中央银行能履行各项职能。中央银行的货币发行是由再贴现、再贷款、购买证券和外汇等央行业务活动，通过商业银行将货币注入流通领域的，并通过同样的渠道反向进行货币的回笼，从而满足经济发展、商品生产与流通的需要。

如果按其性质以及发行目的划分，货币发行可以分为经济发行和财政发行两种。货币经济发行指中央银行根据国民经济发展的需要，增加现金流通量；货币财政发行指为弥补国家财政赤字而进行的货币发行，其行为对经济运行有较大的负面作用。

(三)中央银行的债券发行

发行中央银行债券是央行的一种主动负债业务,其发行的对象主要是国内金融机构。中央银行债券是为调节金融机构多余的流动性而向金融机构发行的债务凭证。中央银行债券发行时可以回笼基础货币,而债券到期清算则使基础货币流通量增加。

(四)中央银行的对外负债

中央银行的对外负债业务主要包括国外银行的借款、对外国中央银行的负债、国际金融机构的贷款、在国外发行的中央银行债券等。各国中央银行国际筹资通常是为了实现平衡国际收支,维持本币汇率的相对稳定,保证国际贸易的顺利进行。

(五)中央银行的资本业务

中央银行的资本业务是指中央银行筹集、维持和补充自有资本的业务。中央银行的资本来源即自有资本的形成主要有四个途径:政府出资、地方政府出资、私人银行或部门出资、成员国中央银行出资。由于央行出资方式不相同,各国央行补充自有资本的渠道和方法也不同。

三、资产业务

中央银行的资产指的是中央银行在一定时点上所拥有的各种债权。中央银行的资产业务主要包括再贴现业务、贷款业务、证券买卖业务、黄金外汇储备业务等。

(一)再贴现业务

中央银行的再贴现业务是指中央银行通过买进商业银行持有的已贴现但尚未到期的商业汇票,向商业银行提供融资支持的行为。再贴现是中央银行的货币政策工具之一,它影响商业银行筹资成本,限制商业银行的信用扩张,进而影响货币供应总量。

(二)再贷款业务

中央银行的再贷款业务是指中央银行向各商业银行提供贷款的业务。通过再贷款业务,可以调节货币供应量,调剂头寸不足,稳定经济金融运行,支持金融体制改革。

(三)证券买卖业务

在公开市场上买卖有价证券,是中央银行货币政策操作三大基本工具之一(另外两项基本工具是存款准备率和贴现率)。它主要是中央银行通过向商业银行买回或销出证券(主要是国债)来调控货币供应总量。

(四)黄金外汇储备业务

国际经济交往使国与国之间产生债权、债务关系,而国际债权和债务关系的清偿主要是通过黄金、外汇所有权的转移来实现的。因此,中央银行将黄金和外汇作为储备代国家经营和管理。

本章小结

中央银行是位居一国金融体系核心地位的金融机构,是统领一国金融体系、控制全国货币供给、实施国家货币政策的最高金融机构。

中央银行的职能体现在三个方面:货币发行银行、政府的银行、银行的银行。

中央银行的独立性是央行在法律授权范围之内制定和实施货币政策的自主属性。中央银行的独立性集中反映在中央银行与政府的关系上,中央银行的独立性是必须的,但又是相对的。

中央银行的负债业务包括:存款业务、货币发行业务、其他负债业务和其他资本业务等;中央银行的资产业务包括:再贴现业务、贷款业务、证券买卖业务、黄金外汇储备业务等。中央银行资产负债业务活动的目的是维护币值、汇率的相对稳定,促进经济增长。

复习思考题

1.美联储的建立与发展,经历了从不规范到法律制度的规范过程,对我国有何启示?

3.根据你的分析与理解,中国人民银行作为我国央行是否拥有较高的独立性?

4.中央银行有哪些主要职能?这些职能在央行的资产负债表中是如何体现的?

5.为什么流通中的现金属于中央银行的一种负债?

6.有人认为政府垄断货币发行权往往导致货币多发、通货膨胀,所以主张让自由竞争的私人银行来发行货币,因为私人银行会关心自己所发货币的币值稳定,可以避免过量的货币发行。对此你有何评论?

7.中央银行集中保管存款准备金的目的是什么?

8.一般而言,中央银行提高存款准备金比率将导致证券市场的价格发生何种变动?

9.根据央行资产负债表,基础货币的变动与其他负债的变动方向是否一致?其与各项资产业务的关系又如何?

10.中央银行提高贴现率,必然影响商业银行的贴现行为,进而可以起到收缩货币总量的作用,对吗?

11.央行拥有货币发行权,因而也可以控制货币供给总量,对吗?

12.不少人认为央行拥有印钞权,因而认定央行享有巨额货币发行收入,果真如此吗?

第七章

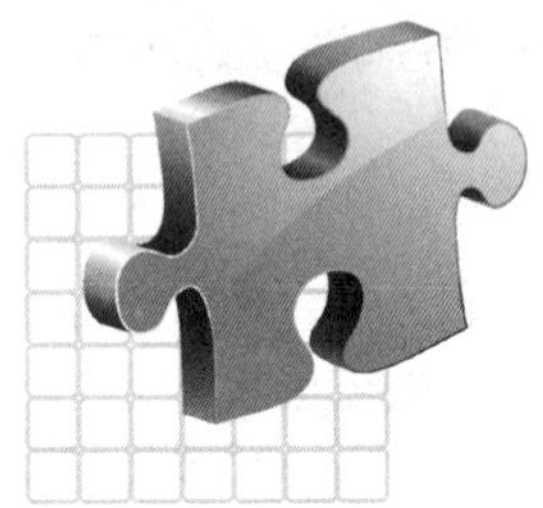

支付体系

本章导读

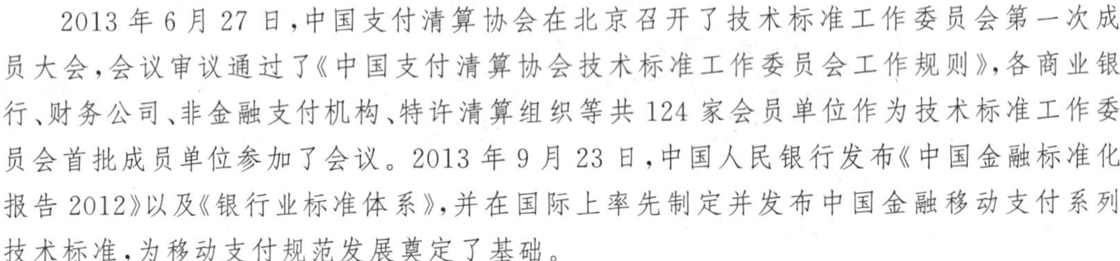

2013年6月27日，中国支付清算协会在北京召开了技术标准工作委员会第一次成员大会，会议审议通过了《中国支付清算协会技术标准工作委员会工作规则》，各商业银行、财务公司、非金融支付机构、特许清算组织等共124家会员单位作为技术标准工作委员会首批成员单位参加了会议。2013年9月23日，中国人民银行发布《中国金融标准化报告2012》以及《银行业标准体系》，并在国际上率先制定并发布中国金融移动支付系列技术标准，为移动支付规范发展奠定了基础。

支付清算协会、中央银行在支付中起着怎样的作用？经济中不同企业、个人、金融机构乃至不同国家之间的货币债权债务关系如何清偿？其间有哪些支付方式？这些涉及一国或跨国的支付体系。本章主要讲述支付体系的构成、主要支付方式以及国内外主要支付系统等内容。

第一节　支付与支付体系概述

在经济生活中，每个人都会发生交易行为，交易的结束必然伴随着物品的所有权转移，而支付就是商品或劳务的转移以及债务的清偿过程。因此，支付是为交易提供服务的，也是一次交易中必不可少的环节。现代经济中，因交易行为涉及不同企业、个人、金融机构乃至不同国家，为货币债权债务清偿提供票据交换、货币兑换、信息传递等服务的支付体系十分必要并发挥着重要的作用。

一、支付的概念

支付是商品或劳务的转移以及债务的清偿过程。根据国际清算银行支付与结算委员会的解释，支付是付款人对收款人进行的当事人可以接受的货币债权转让。支付的形式随着商品发展与技术进步的改变而发生改变，主要经历了三个阶段。

首先是实物支付阶段。从实物交换到货币交换的转变是支付技术发生的第一次重要变革，黄金和白银由于其自身的特性，而充当了一般等价物——货币，并具有支付工具的职能，这是实物货币(commodity money)阶段。但无论是最初充当货币的牛、羊等支付工具，还是后来充当一般等价物的黄金与白银，在支付过程中都体现了相当于其实物本身的价值。

其次是信用支付阶段。纸币(paper notes)的出现是支付技术发生的第二次重大变革。现金(cash)支付是现今社会货币支付最普遍的形式，它使用方便，便于携带，特别适合于小额交易，并且不留下交易痕迹。但是，在市场经济下，由于收支时间不确定，很多交易以现金或等同于现金的工具支付，因此为了履行合同义务，经济中的每个参与者都持有一定量的现金或银行存款，这就大大提高了货币的时间成本。如果实际部门的经济行为人能够利用诸如银行的信用机构提供的支付服务(这些机构愿意提供贷款，弥补收与支的时间差)，可能会提高资金利用效率。在这种情况下，银行必须随时为客户承兑支付票据，那么银行自身的收支也会存在时间差，这就要靠同业市场或中央银行提供的短期融资来履行同业清算义务。自动取款机(ATM)的出现也提高了纸币利用效率。但由于大额支付以及安全性考虑，纸币有不可克服的问题，因此出现了许多通过银行进行支付的方式，如支票(Check)、转账支付(Giro)、自动清算所支付(ACH)、银行卡(Card)等。

最后是电子支付阶段。基于计算机和网络技术的支付系统以及电子货币的产生是支付技术发生的第三次变革，尤其是Internet的出现，促使支付体系发生重大变革。电子支付系统正逐渐取代传统支付系统，支付工具和支付手段也在发生变革。一种以电子数据形式存储在计算机中并能通过计算机网络而使用的资金被人们形象地称为“电子货币”。电子货币从根本上改变了传统的纸币、支票和手工点钞、大出大进、存贷分流的结算方式。电子钱包、网络货币的出现不仅从支付方式上进行了变革，而且从货币本质上对现代金融理论以及中央银行的货币政策提出了挑战。

瑞典或成世界第一个无钞国家　现金使用率仅为3%

据英国《每日邮报》2012年3月21日报道，瑞典1661年引入纸币，是欧洲最早使用纸币的国家。但瑞典目前正努力摆脱纸币现金，努力成为世界上第一个无现金国家。现金在瑞典经济中的使用率仅占3%，就连教堂都已经安装读卡机接受电子捐赠。

停止使用现金让瑞典银行劫案数量急速下降，从2008年的110起下降到2011年的11起，这是有纪录30年以来的最低纪录。但瑞典乡村地区老年人一般没有信用卡，或不知道如何使用信用卡提取现金，所以目前还需要银行和现金。

进一步看，以流通中的现金为媒介所从事的支付称为现金支付；以通过银行进行的支付通常被称为非现金支付。非现金支付在流动性、安全性、经济性等方面较现金支付更有优势。尽管在相当长一段时间内，现金支付尚未完全为非现金支付所取代，但后者的交易份额不断扩大已成趋势。非现金支付涉及系统、工具、制度等种种要素的设计、安排，其复杂程度远高于单纯的现金支付，需要各国中央银行的高度参与。因此，无论是国际清算银行还是各国中央银行，在对支付进行研究和分析时，“支付”一词通常指非现金支付。本章中的支付，同样特指非现金支付。

二、支付处理的标准化过程

支付处理时有三个标准化过程——交易、清算(clearing)、结算(settlement)。

(一)交易

交易过程包含支付的产生、确认和发送，特别是对交易有关各方身份的确认、对支付工具的确认以及对支付能力的确认等。

(二)清算

清算过程包含了在收付款人、金融机构之间支付工具的交换，以及金融机构之间待结算的债权债务计算。支付工具的交换还包括交易撮合、交易清分、数据收集等；债权债务计算可分为全额和净额两种计算方式。

(三)结算

结算过程是完成债权最终转移的过程。它包括收集待结算的债权，并进行完整性检查，保证结算资金具有可用性，结清金融机构之间的债权债务，以及记录和通知有关各方。债权债务的结算一旦完成，则该项支付即具有无条件、不可撤销的最终性——由经济活动所引起的债权债务的清偿，经过交易、清算直至最终完成结算，标志着该项支付全过程的结束。

三、支付体系的含义及其构成

(一)支付体系的含义

支付体系，是指为实现和完成各类支付活动所做的一系列法规制度性安排和相关基础设施安排的有机整体。它包括对传达支付指令的支付工具和支持支付工具运用的支付系统，以及为确保货币资金流通的一系列法规制度安排和基础设施安排。

(二)支付体系的构成

支付体系的构成主要包括支付服务组织、支付工具、支付系统、支付体系监管四个密不可分的组成部分。

1.支付服务组织

支付服务组织是指向客户提供支付账户、支付工具和支付服务的金融机构，以及为这些机构运行提供清算和结算网络服务的支付清算组织。支付服务组织是提供支付服务的市场主体，包括中央银行、商业银行和支付清算组织等。

中央银行是银行间资金转移等支付服务的法定提供者，商业银行等金融机构之间发生的资金往来或应收、应付款项，通常通过其开立在中央银行的结算账户办理划拨转账。中央银行除了提供银行间结算服务外，还制定与支付结算业务相关的规章制度，并维护支付结算秩序。

以商业银行为主体的金融机构是提供非现金结算和支付服务的骨干力量，具有不可替代的功能地位。商业银行利用吸收存款的基础功能，以专业化的支付服务将分散的债权债务清讫活动聚拢起来，形成了以商业银行为基础的支付结算安排。因此，银行业金融机构的服务最具广泛性和社会性，既为机构客户办理支付结算，又面向广大社会公众提供多种形式的零售性支付服务。

支付清算组织是提供支付信息转接和交换以及数据清分和汇总的非银行金融机构或非金融机构，支付清算组织有不同的形式，如票据交换所、资金清算中心、清算协会等。为金融机构提供票据交换与清算服务的票据交换所是最传统的支付清算机构之一。随着现代科技在金融领域的广泛应用，在很多国家和地区，票据交换所已经实现了票据交换的电子化和自动化。另外，支付清算组织在经营者、业务范围等方面也有所不同：既有私营的，也有货币金融当局组建的；既有地方性的，也有全国范围的；既有国内的，也有国际性的，等等。在很多国家(地区)，中央银行通常作为支付清算组织的主要成员，直接参与支付清算活动；而在另一些国家(地区)，中央银行不直接参与支付清算组织，但对其实行监督、管理，并为金融机构提供支付清算服务。

票据交换所的起源及其典型代表

票据交换所，亦称"票据交换场"，它从产生到形成，实际上经历了较长的历史发展过程。早在18世纪，随着资本主义经济的迅速发展，资本家之间经济结算业务快速增加，作为服务于经济的金融业，随着市场的扩大，经济的繁荣，逐步由单个银行业主向多家银行并存的方向发展，同城银行票据往来日益增多。在没有组织银行票据交换清算之前，当时资本主义最发达的英国伦敦的各家银行，每日要派业务人员分头到付款银行收取代收本行的票据单证，据以收回现金，工作十分繁重。一次偶然的机会，两家银行的业务员在一家咖啡馆中相遇，他俩自行交换各自的银行票据，缩小了相互奔走的距离，以后便约时相会，感到非常方便。时间一长，其他银行的业务人员也竞相仿效。于是，这家咖啡馆便自然地成了银行票据交换中心，彼此交换各自付款的票据，差额以现金结算。[①]

因此，票据交换所创立之动机发端于伦敦各银行解款者之偷懒政策……事为银行专家所闻，遂发明票据交换所之组织。[②]

英国伦敦票据交换所[③]成立于1773年，为世界票据交换所之鼻祖，美国纽约票据交换所成立于1853年，法国巴黎票据交换所成立于1872年，日本大阪票据交换所成立于1878年，东京票据交换所成立于1886年，德国柏林票据交换所成立于1887年，皆世界票据交换所之最著者。伦敦票据交换所和纽约票据交换所是最具代表性的两个票据交换所。伦敦票据交换所之所员银行必须在英格兰银行开有往来账，英格兰银行亦特设所员银行往来科目，各行在交换所发生之贷借可赖英兰之转账以完全清结，无须动用丝毫现金。[④]

中国最早的票据交换所是在上海出现的。清朝末年，上海旧式的钱庄相当兴盛，钱庄之间代收的票据，采取相互派专人携带汇划账簿到对方钱庄，使用现银清算差额的办法，

---

① 罗鼎华:《银行结算改革与实务》，中国商业出版社1995年版，第158～159页。

② 吴德培:《中英美日票据交换所之比较》，《银行周报》第17卷第48号，(1933年)。

③ 很多专著都误以为伦敦票据交换所成立于1833年，如中国人民银行总行金融研究所金融历史研究室编:《近代中国的金融市场》，中国金融出版社1989年版第120页；陈国强:《浙江金融史》，中国金融出版社1993年版第110页；罗鼎华:《银行结算改革与实务》，中国商业出版社1995年版第159页，等等。而实际上应该是成立于1773年。

④ 万立明:《上海票据交换所研究(1933—1951)》，上海人民出版社2009年版，第6页。

很不方便。到了1890年，上海钱业公会成立了汇划总会，改为使用“公单”，通过汇划总会以“公单”交换和转账结算来清算差额。这是中国早期的票据交换形式，也起到了票据清算中心的作用。民国初期，华商银行增设渐多，但无自己的清算机构，其同业间票据收付，是委托钱庄通过汇划总会办理的。之后，上海银行业务日益发达，票据流通逐渐增多，通过钱庄清算不但资金调度不及时，而且担负风险，万一该钱庄倒闭势必受累。为此，上海银行工会委托银行业联合准备委员会，参照美国票据交换所先例，筹办上海银行业自己的票据清算机构。其间克服了当时钱庄与外商银行的种种阻挠和反对，终于1933年1月10日，成立了中国第一家新型的票据交换所。

2.支付工具

支付工具是传达债权债务人支付指令，实现债权债务清偿和货币资金转移的载体。收付款人的支付指令通过支付工具传达至其开立资金账户的金融机构，开户金融机构将按照支付指令的要求办理资金转账。

支付工具总体上可分为现金支付工具和非现金支付工具。其中，现金支付一般用于小额、面对面的交易支付。非现金支付工具包括票据、银行卡、借贷记转账、创新支付工具(如网上支付、移动支付等)，大多用于大额或远程支付。

非现金支付工具又可以按照不同的特点和标准进行分类。按照物理表现形式分类，可分为：支票、纸基贷记凭证、电子贷记、直接电子借记、ATM卡、POS卡等。

按应用特点分类可分为：(1)借记支付工具：支票、直接借记等；(2)贷记支付工具：纸张贷记和电子贷记等；(3)其他支付工具：借记卡、贷记卡(信用卡)等。

按应用范围分类可分为同城和异地使用的工具两类。

支付工具繁多，但是各国对于支付工具的选择有以下四点原则：第一，应适应自动化处理要求。发达国家的支付工具，无论是纸张为基础的支付工具，或者是电子支付工具，都能适应自动化票据清分机和电子资金转账系统(EFT)自动化处理的需求。第二，应满足不同金额支付的需要。在发达国家，消费者个人的销售点小额支付，一般都采用借记卡和信用卡进行支付；而大额支付，从保证安全、减少风险的角度出发，一般都选择贷记支付工具。第三，应尽量减少支付工具的类型。在发达国家的支付系统中只有支票、纸张贷记工具、无纸贷记工具、直接贷记工具这四种支付工具占主导地位。第四，在一个国家内，只有一两种支付工具占主导地位。

3.支付系统

支付系统是支撑各种支付工具应用，实现资金清算并完成资金最终转移的通道。各种支付工具的支付信息、业务流程和数据信息标准贯穿于支付系统处理的全过程，因此，支付信息传输和资金结算需要得到支付系统的有效支持。同时，重要的支付系统通常是金融市场和经济运行的核心基础设施，能实现各个金融市场的有机连接，为金融市场提供高效安全的资金清算结算服务，有效支持金融市场的发展和货币政策的实施。

通常，支付系统根据其处理支付业务的不同特点，可分为大额支付系统、零售支付系统、外汇交易结算系统和证券结算系统四类。

4.支付体系监管

支付结算监理是立法机构、管理机构制定的规范和管理支付程序和支付行为的法律法规、规章制度和标准，以及关于支付工具和支付服务的定价、市场惯例、合同安排和规则等方面约束下，综合运用经济、法律和行政手段对支付结算活动实施监督管理的行为。

中央银行承担着对支付体系的监管职能。国际上各国中央银行对支付结算的监督管理一般由三个层次组成：

(1)法律依据。通常各国立法机构会通过立法明确规定中央银行在支付体系中的地位和作用，明确中央银行是支付体系的运营者、监管者和支付体系发展的促进者。

(2)中央银行实施支付结算监督管理的法规与政策。中央银行会同相关的立法机构制定有关支付程序和支付行为的法律规定，以规范支付结算行为。中央银行一般也会根据本国实际情况制定监督管理规定，如确定对支付体系各要素的具体监管范围和标准等。

(3)其他规则和惯例。支付市场和支付服务组织在长期的发展过程当中，形成了一些约定俗成的规则和惯例，在支付市场参与者间会自愿签署并遵守相关协议和规则，从而形成相对合理的支付市场秩序。

支付工具、支付系统和支付服务组织属于支付体系中的基础设施安排，而支付体系监管则属于对支付体系前三个要素的整体制度性保障。支付体系的四个组成部分是密不可分、相辅相成的有机整体。支付工具是支付的载体；支付工具的交换和传递贯穿于支付系统处理的全过程，其清算与结算通过支付系统进行；支付服务组织是支付工具与支付系统的提供者；支付体系监管是防范支付风险，保障支付过程的安全和效率，维护整个金融体系安全稳定之必需。支付体系这四个部分的有机结合、平稳运行，为一国经济金融的健康发展奠定了基础。

四、支付体系的金字塔

支付是债务人向债权人转移可以接受的货币债权。这些债权的形式既可以是对本国或国外中央银行的货币债权(中央银行货币)，也可以是对本国或国外商业银行的货币债权(商业银行货币)[①]。支付体系本质上是中央银行与商业银行、商业银行与商业银行、商业银行与单位客户之间的货币债权簿记体系。

从中央银行发行货币，在其簿记系统(中央银行会计核算系统)中确认金融机构(主要是商业银行)对中央银行货币债权开始，到商业银行利用自建簿记系统(商业银行会计核算系统)，确认存款人(也可能是其他商业银行)对商业银行货币债权，每种货币都有一套金字塔形的货币债权簿记体系。详见图 7-1。

作为货币债权簿记体系的源头，中央银行处于“金字塔”的顶端，拥有中央银行清算账户的商业银行则位于仅次于“金字塔”顶端的第二层，众多无法开立中央银行清算账户的商业银行则分布于金字塔的其他各个位置。

① 苏宁：《支付体系比较研究》，中国金融出版社 2005 年版。

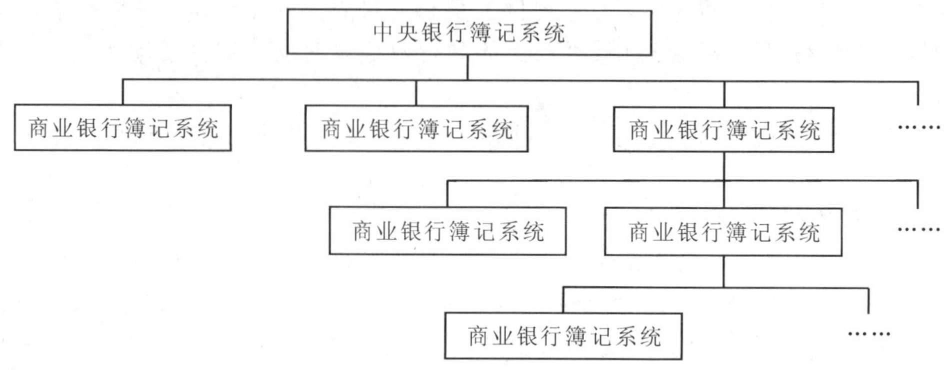

图 7-1　金字塔形的货币债权簿记系统

第二节　支付系统及其运作

作为资金流动的关键载体,"支付系统"或"支付基础设施"在支付体系各个要素中处于核心地位,其他要素紧紧围绕着这一关键要素调整和发展,从而构成了完整的支付体系。

一、大额支付系统

大额支付系统主要处理在规定起点以上的大额支付业务。如果说支付系统是金融体系的"血液循环系统"的话,那么大额支付系统是"主动脉",其处理着一国绝大部分支付交易金额,对金融效率与金融稳定具有重大影响。因此,各国中央银行要求它具备高度的安全性和运营可靠性,2009 年国际清算银行十国集团中央银行支付清算体系委员会(CPSS)①24 个成员中,除了加拿大以外,其他所有成员的中央银行均直接运营或管理本国(地区)重要的核心大额支付系统。

(1)大额支付系统主要处理银行间往来、证券和金融衍生工具交易、黄金和外汇交易、货币市场交易及跨国交易等大额资金转账业务。各国支付系统的业务数据显示,大额支付系统处理的业务笔数大大少于小额支付系统,但处理的支付金额占支付业务总金额的绝大部分。鉴于大额支付系统对交易性质及交易金额有所要求,所以通常对系统用户的准入资格有严格规定,并且系统必须具有准确、快速、安全的运行功能,故大额支付系统一般采用实时全额结算模式。

① 支付结算体系委员会(CPSS)是国际清算银行十国集团发起成立的国际性专业组织,一直致力于支付清算体系的发展与改革工作,推动建立稳健、高效的支付结算系统,以加强全球金融市场基础设施。CPSS 通过向成员中央银行提供交流的平台,使各中央银行能够就其国内的清算、结算系统以及跨境多币种结算机制的发展问题共同进行研究和探讨。摘自中国人民银行《中国支付体系发展报告(2009)》。

(2)为控制国家支付系统的"主动脉",中央银行对大额支付系统的建设、运行、监管予以高度重视,中央银行不仅直接运营大额支付系统,并与指定和执行货币政策、实施金融监管、提供金融服务等职责紧密结合;对私营大额支付系统,中央银行则提供最终清算服务,并实施有效监管。

(3)大额支付系统的结算通常以中央银行货币进行,中央银行提供结算账户并作为流动性来源。

(4)大额支付系统通常与中央银行公开市场操作系统相连接,是中央银行实施公开市场操作,直接影响金融机构的超额储备,进而调节货币供应量的基础通道,其高效、稳定运行直接影响中央银行货币政策效果。

(5)美元、欧元、日元、英镑等主要国际货币的跨国支付系统,均为大额支付系统。所以,大额支付系统的运行效率直接关系到国际经济与金融活动的顺利进行。

在技术创新、银行业结构变化、监管规则改变、中央银行政策演变等的推动下,以实施全额结算系统为典型的大额支付系统在全球快速推广应用,同时业务规模快速增长,运行时间延长,交易成本逐步下降。此外,混合系统、跨境和离岸支付系统以及持续连接结算系统等新兴支付系统持续发展。

二、小额支付系统

小额支付系统的服务对象主要是工商企业、消费者、小型经济交易的参与者。其特点是服务对象数目众多,支付业务量(笔数)巨大,单笔交易金额较小,种类较多,覆盖范围广泛,如小额转账系统等。小额支付系统应具备强大的支付业务处理功能,以满足社会公众对支付服务的需求。另外,小额支付服务与银行中间业务及营业收入密切相关,是同业竞争的重点之一,所以各国政府、中央银行及商业性金融机构对小额支付系统建设也十分重视,其科技水平日益提高。

三、净额结算系统和实时全额结算系统

在支付清算领域,银行间清算的效率与安全至关重要。银行间清算需要通过行间支付系统进行,包括两个基本程序:一是付款行通过支付系统向收款行发出支付信息(指令);二是付款行和收款行之间实行资金划转。如表 7-1 所示,具有不同特征的净额(差额)结算与全额结算,是实现银行间资金清算的两种基本途径。

表 7-1 行间支付系统的结算类型①

结算种类	全 额(Gross)	净 额(Net)
定时(延迟)	定时全额结算	定时差额结算
连续(实时)	实时全额结算	

① 参见:BIS Real-Time Gross Settlement System, March 1997, p.5.

(一)净额结算系统

在净额结算模式下,支付系统并不是实时地对每一笔支付业务实施转账结算,而是在清算周期的特定时刻(通常为营业日内的特定时点),将在清算周期内收到的转账金额总数和发出的转账金额总数进行总计轧差,得出净余额(贷方或借方),即净结算头寸,通过中央银行(或其他清算机构)提供的支付清算服务实现净结算头寸在付款银行和收款银行之间的账户划转。

相对于全额结算,净额结算对用于维持行间转账结算的资金需求相对较小,支付系统参加者可以相对减少存放于中央银行或清算机构的资金头寸,所以净额结算具有节约流动性的优势。著名的美国大额美元支付系统 CHIPS(cleaning house interbank payment system)即采用净额结算。但是,由于净额结算只在规定时点处理资金的转账划拨,因此降低了资金流转的速度。此外,若净债务银行在清算时刻没有足够的资金清偿债务,结算则无法完成,将可能导致支付系统风险发生。

信息技术的飞速发展及金融混业经营与金融创新的大势所趋,要求支付系统能够高效、安全、便捷地实现资金流转。净额结算的固有特质显然难以满足这一要求,因而,实时全额结算即成为实现支付系统效率与安全双重目标的重要选择。

(二)实时全额结算系统

根据全额结算的原理,支付系统对参加者的每笔转账业务进行一一对应结算,而不是在指定时点进行净额结算。全额结算分为两种模式:一是定时(延迟)结算,即结算集中在营业日内系统运行期间的指定时刻;二是连续(实时)结算,即资金转账处理和资金结算同步,连续进行实时全额结算(Real Time Gross Settlement,RTGS)。

总体上,RTGS 较净额结算更有效率,更利于规避支付风险。首先,RTGS 的显著特征在于"实时"(real time)和"全额"(gross)。"实时"即结算在营业日内非间断、非定期地连续进行;"全额"即每笔业务单独进行,全额结算,支付信息"随到随处理",明确清晰。第二,RTGS 依托于电子信息技术采取实时转账,从而根本性地缩短了结算时隔,提高了支付效率,降低了支付系统风险。第三,RTGS 通常设有支付指令排序安排,在系统运行过程中,若支付指令发出方的资金头寸不足以完成支付,队列排序将发生作用,以保障支付系统的正常运行。第四,RTGS 处理的所有支付业务均是不可撤销、不可变更的,所以对支付系统参加者的流动性要求较高,因而有助于促进支付系统参加者的流动性管理。

1972 年,美国联邦储备体系运行的大额支付系统 Fedwire 率先引入了 RTGS 模式;到 20 世纪 80 年代末,国际清算银行 CPSS 大多数成员运营大额支付系统引入了 RTGS 模式;20 世纪 90 年代以后,金融全球化快速推进,金融创新层出不穷,金融不稳定日益加剧,RTGS 系统的效率及安全优势愈加凸显,成为越来越多的中央银行实施支付政策、执行货币政策、维护金融稳定、提供金融服务的重要工具。截至 2009 年,除加拿大支付协会和墨西哥中央银行运行的支付系统采用多边净额结算(multilateral netting)模式以外,CPSS 其他国家(地区)中央银行运行的大额支付系统全部采用 RTGS 模式。

第三节 我国支付体系的现代化建设

历经多年的发展建设，目前我国已经形成了以中国人民银行大、小额支付系统为核心，银行业金融机构行内支付系统为基础，其他支付系统共同组成的支付体系。

一、中国人民银行大、小额支付系统

拥有并运行重要核心支付系统，是中国人民银行履行支付清算职责，实施货币政策，提供金融服务，维护金融稳定之必须。随着金融体制和联行清算机制的改革，中国人民银行的支付系统建设经历了由传统向现代的演进。1991 年起，中国人民银行开始规划我国重要的金融基础设施——中国现代化支付系统（CNAPS）。中国现代化支付系统是中国人民银行按照我国支付清算需要，利用现代计算机技术和通信网络自主开发建设的，能够高效、安全地处理金融机构办理的异地、同城各种支付业务及其资金清算和货币市场交易的资金清算的应用系统。作为我国金融机构和金融市场的公共支付平台，CNAPS 为全社会提供了一个稳定、安全的支付环境，是中国人民银行发挥金融服务职能的重要核心支付系统。CNAPS 由大额实时支付系统和小额批量支付系统两个业务应用系统，以及清算账户管理系统和支付管理信息系统等辅助性系统共同组成。

（一）大额实时支付系统

大额实时支付系统主要处理同城和异地的金额在规定起点以上的大额贷记支付业务及紧急的小额贷记支付业务，以及中国人民银行系统的贷记支付业务。2002 年 10 月，大额实时支付系统正式投入试运行，并于 2005 年 6 月覆盖至全国，实现了我国异地跨行支付清算从手工联行到电子联行，再到现代化支付系统的历史性跨越。

大额实时支付系统是中国人民银行提供金融服务、实施货币政策操作、维护金融稳定的核心基础设施。作为我国跨行资金运动的“大动脉”，大额实时支付系统实现了与国家金库会计核算系统、中央债券综合业务系统、外汇交易及同业拆借系统、银行卡支付系统、城市商业银行票据处理系统等多个系统的连接，并通过中央银行会计集中核算处理系统为银行业金融机构和金融市场提供最终结算服务。大额实时支付系统为中央银行公开市场操作业务提供即时清算，完成中央银行买卖有价证券的资金清算，对于货币政策实施及其效果具有重要意义。

大额实时支付系统具有高效的自动化支付清算功能，采用 RTGS 模式，1 分钟之内即可完成单笔支付业务，极大地加快了社会资金周转，提高了资金应用效率。2010 年，大额实时支付系统处理业务 2.91 亿笔，金额 1104.37 万亿元，业务金额是全年全国 GDP（39.80 万亿元）总量的 27.25 倍；日均处理业务 116.49 万笔，金额 4.42 万亿元。[①]

---

① 中国人民银行：《2010 年支付体系运行总体情况》，www.pbc.gov.cn.

(二)小额批量支付系统

小额批量支付系统支持多种支付工具的应用,负责批量处理异地及同城的商业银行(其他金融机构)之间纸质凭证截留的借记支付业务和单笔支付金额在规定起点以下的小额贷记支付业务。与大额实时支付系统不同的是,小额批量支付系统定时批量或实时发送支付指令,对多笔支付业务进行轧差,净额结算资金。

小额支付系统已于2006年6月底覆盖至全国。作为我国重要的零售支付系统,小额支付体系的主要任务是有效处理单笔业务金额较小但业务量较大的各类支付业务,以满足公众对低成本支付服务的广泛需求。小额支付系统为社会提供了种类齐全的支付服务,特别是与公众关系密切的工资发放、公用事业收费、税款缴纳、通存通兑等零售性支付业务,便利了社会公众的日常支付。2010年,小额批量支付系统办理业务3.87亿笔,金额16.22万亿元;日均处理业务108.71万笔,金额455.62亿元。①

二、全国支票影像交换系统

2007年6月25日,中国人民银行负责建设的全国支票影像交换系统完成了全国范围内的推广使用。该系统运用计算机影像技术将实物转换为支票影像信息,可以处理银行机构跨行和行内的支票影像信息交换和支票截留,其资金清算通过中国人民银行覆盖全国的小额支付系统处理,改变了传统的实物票据交换模式,实现了资金实时清算、资金全国兑付、支票全国通用,显示出快捷、安全、节约、低成本的巨大优势。全国支票影像交换系统是中国人民银行继大、小额支付系统建成后的又一重要金融基础设施。

三、同城票据清算系统

同城票据清算系统是对同城范围内的票据和结算凭证进行集中交换、清分、轧差的跨行支付清算系统,主要为地方金融经济发展提供支付清算服务。同城票据交换由中国人民银行负责安排,并对参与清算的成员提供票据交换和资金结算服务和监管。2010年,同城票据清算系统共处理4.50亿笔,金额73.19亿元;日均处理业务179.83万笔,金额2927.62亿元。②

四、银行业金融机构行内支付系统

银行业金融机构行内支付系统是银行业金融机构处理内部资金往来与清算的基础渠道,是其提供支付服务、拓展金融市场业务的重要设施。在银行业竞争和科技进步的推动下,我国各银行业金融机构积极实施行内支付系统的科学规划和升级改建,为业务发展提供基础性支持。2010年,银行业金融机构行内支付系统共处理业务52.45亿笔,金额

① 中国人民银行,2010年支付体系运行总体情况,www.pbc.gov.cn.

② 同上

458.07万亿元。其中，国有商业银行支付服务市场竞争力保持较高水平，农村商业银行和外资银行行内支付系统业务量增长迅速。2010年，国有商业银行行内支付系统共处理34.53亿笔，金额255.08万亿元；农村商业银行行内支付系统处理业务5.56亿笔，金额16.32万亿元；外资银行行内支付系统处理业务24.79万笔，金额3.66万亿元。①

五、中国银联银行卡跨行交易清算系统

中国银联运行的银行卡跨行交易清算系统负责对银行卡跨行交易进行信息转接和清算数据处理，主要包括ATM和POS跨行信息转接和数据处理。2010年，银行卡跨行交易业务迅猛增长，共处理业务55.77亿笔，金额11.07万亿元，同比分别增长23.2%和44.5%。截至2010年年末，联网商户218.3万户，联网POS机333.4万台，ATM机27.10万台；每台ATM机对应的银行卡数量为8 913张，每台POS机对应的银行卡数量为724张，银行卡受理市场建设成效不断显现。②

六、境内外币支付系统

在我国对外经贸快速发展的大背景下，境内商品及服务交易对安全、高效的外币支付服务的需求与日俱增。但根据《外汇管理条例》的规定，在我国境内禁止外币流通，并且不得以外币计价结算。由于我国目前资本项目仍未完全开放，现行外汇管理制度允许在特定情形下境内特定交易项目（包括境内涉外贸易从属费、运费和保险费结算以及银行之间的资金拆借、头寸调拨等八类项目）可以以外币计价结算，曾经主要通过外币支付安排，存在着突出问题：一是外币资金存放分散、结算效率较低、结算风险较大、结算成本较高，不能满足我国境内商品及劳务服务交易对安全、高效的外币支付服务的需求；二是境内中小银行通过境内代理银行进行外币结算，不利于其重要客户商业秘密的有效保护，导致中小银行机构客户流失，影响银行之间的公平竞争；三是境内外汇交易通过境外结算，不利于维护我国金融信息安全。有鉴于此，中国人民银行于2007年2月决定牵头组织建设境内外币支付系统。2008年4月28日，境内外币支付系统成功上线运行并率先开通港币支付业务，随后英镑、日元、欧元、美元等其他七个币种的外币支付业务相继顺利开通。

境内外币支付系统是我国第一个支持多币种运行的全国性银行间外币实时全额结算系统，为我国境内银行业金融机构和外币清算机构提供外币支付服务。其开通运行以来，外币支付业务量增长迅猛。2010年，外币支付系统共运行250个工作日，处理支付业务54.47万笔，金额9 383.88亿元人民币（1 408.99亿美元），同比分别增长92.5%和172.3%；日均处理支付业务2 179笔，金额37.54亿元人民币（5.64亿美元）。③

---

① 中国人民银行，2010年支付体系运行总体情况，www.pbc.gov.cn.

② 同上

③ 同上

我国的支付系统体系中，还包括城市商业银行汇票处理系统、农信银资金清算系统、证券结算系统等。这些支付系统分别由不同的支付清算组织在相应的市场交易活动中提供专业化的支付服务。

随着我国经济金融的快速发展，中国人民银行持续性地推动支付系统的科学规划与建设。在实施大、小额支付系统功能改造，进一步优化证券结算系统的同时，2009 年 12 月，中国人民银行启动了第二代支付系统暨中央银行会计核算数据集中系统建设，旨在进一步提高中央银行履职能力，有效满足社会的支付需求，促进金融机构改善经营管理。2010 年 10 月 15 日，中国人民银行第二代网上支付跨行清算系统正式运营，该系统具有网上银行跨行支付清算、支持新型支付服务组织接入、跨境人民币结算等诸多功能。此外，中国人民银行利用境内外币支付系统，与香港金融管理局建立了内地与香港的覆盖本外币的全方位跨行支付清算合作机制。

中国银行跨境人民币指数

2013 年 9 月 20 日，中国银行向全球发布“中国银行跨境人民币指数”(BOC Cross-border RMB Index，英文简写 CRI)，由此成为中国首家独立编制和发布人民币国际化相关指数的银行业金融机构。

截至 2013 年 8 月末，中国银行集团累计完成跨境人民币结算量近 7 万亿元，一直保持同业领先优势。中国银行已建立起涵盖三种清算模式的全球人民币清算体系，成为香港、澳门、台湾及马来西亚唯一的人民币业务清算行和首家经卢森堡政府认可的当地人民币清算行。跨境人民币指数的推出，不仅是中国银行提升跨境服务能力的又一举措，同时对中资银行树立跨境及境外人民币业务的话语权具有十分积极的意义。

七、第三方支付系统

随着电子商务时代的到来，网上购物的交易双方之间没有一个可靠的保证方(即第三方)来保证交易的公平公正。网上购物常用的款到发货或货到付款这两种支付方法，但要么卖方先收货款再发货，买方担心卖方以次充好甚至是违约诈骗；要么卖方担心买方无故拒收或退换货。由此出现了第三方支付平台，实际上就是买卖双方交易过程中的“中间件”，或称“技术插件”，是在银行监管下保障交易双方利益的独立机构。它的出现，杜绝了电子交易中的欺诈行为。

第三方支付平台是指由已经和国内外各大银行签约，并具备一定实力和信誉保障的第三方独立机构提供的交易支持平台。比如大家所熟知的支付宝(alipay)，最初作为淘宝网公司为解决网络交易安全所设的一个功能，该功能即首先使用的“第三方担保交易模式”，由买家将货款打到支付宝账户，由支付宝通知卖家发货，买家收到商品确认后，指示支付宝将货款支付给卖家，至此完成一笔网络交易。

我国消费者常用的第三方支付产品主要有 PayPal(ebay 公司产品)、支付宝(阿里巴巴旗下)、拉卡拉、财付通(腾讯公司，腾讯拍拍)、盛付通(盛大旗下)、腾付通、通联支付、易宝支付(Yeepay)、快钱(99bill)、国付宝(Gopay)、百付宝(百度 C2C)、物流宝(网达网旗下)、网易宝(网易旗下)、网银在线(Chinabank)、环迅支付 IPS、汇付天下、汇聚支付(Joinpay)、宝易互通、宝付等等。

其中用户数量最大的是 PayPal 和支付宝,前者主要在欧美国家流行,后者是马云阿里巴巴旗下产品。拉卡拉则是中国最大的线下便民金融服务提供商。另外中国银联旗下的银联电子支付也开始发力第三方支付,推出了银联商务提供相应的金融服务。

第四节 国际性支付系统

在全球化进程中,国际资本流动的规模越来越大,客观上产生了对国际支付服务的更广泛需求,以及对国际支付机制效率与稳定性的更高要求,从而推动了国际性支付系统的建设与发展。国际性支付系统主要处理各种国际交易产生的支付结算和资金转移,一些著名的国际性支付系统,如 CHIPS、TARGET 等,在国际支付领域发挥着突出作用。

国际支付系统的基本特征如下:

一、分属于发达国家或地区

目前,世界著名的国际性支付系统分属于发达国家或地区。如国际美元支付系统 CHIPS 由美国纽约清算所协会所有并运营,国际英镑支付系统 CHAPS 属于英国的支付服务组织,国际日元支付系统 FEYCS 属于日本的支付服务组织,欧元支付系统 TARGET 则由欧洲中央银行所有(见表 7-2)。在国际货币体系的演进中,基于多种因素的共同作用,美元、欧元、日元等逐步成为重要的国际结算与储备货币。国际性支付系统与所属国家(地区)在国际货币体系中的地位密切相关。正因为如此,国际性支付系统所属国家(地区)的货币金融当局,如美国联邦储备体系、英格兰银行、日本银行、欧洲中央银行,均不遗余力地支持这些支付系统的建设与运营。依托于成熟的金融体系和优越的国际金融地位,支付系统已成为一些国家(地区)实施跨国金融战略、巩固其国际货币地位的核心工具之一。它们通过提供区域或全球范围内的支付服务,获得了极为可观的收益,提升了金融扩张和金融竞争力。

表 7-2 主要国际性大额支付系统

支付系统	所在地	管理者/运营者	启运年份	服务领域
CHIPS	纽约	美国纽约清算所协会	1970	美元跨国支付清算
CHAPS	伦敦	英国支付清算服务协会	1984	英镑跨国支付清算
FEYCS	东京	日本东京银行家协会/日本银行	1989	日元跨国支付清算
TARGET	法兰克福	欧洲中央银行	1999	欧元跨国支付清算

二、构建于国际金融中心

在国际金融中心，金融机构林立，各种国际交易产生的资金调拨频繁，所以国际金融中心通常又是主要国际货币的汇兑、结算和支付中心，需要构建与之配套的支付系统。目前，国际性支付系统全部构建于国际金融中心，如CHIPS构建于美国纽约，CHAPS构建于英国伦敦，FEYCS构建于日本东京，TARGET构建于德国法兰克福。

三、处理大额跨国支付业务

CHIPS、TARGET、CHAPS等国际性支付系统都属于大额支付系统。因为，国际经贸、金融、投资往来所发生的资金支付金额通常较大，需要大额支付系统实现资金的跨国支付结算。

四、中央银行发挥重要作用

在国际性支付系统运行中，相关中央银行无一例外地发挥着重要作用。

1970年启运的美国纽约清算所同业银行支付系统——CHIPS是一个著名的跨国大额美元支付系统。CHIPS提供的服务包括国际贸易、外汇买卖、国际信贷、欧洲美元交易、欧洲证券交易、短期金融工具交易等引起的美元资金支付与结算，此外，CHIPS成员还可通过该系统进行美国国内贸易及证券交易资金结算、代理行间的资金划转、对美国其他支付系统的头寸调拨。虽然CHIPS是一个私营大额支付系统，但美国联邦储备体系对其平稳运行发挥了极为关键的作用。每个营业日CHIPS运行所产生的收付差额必须通过美联储的Fedwire实现最终清算。美联储积极参与CHIPS的风险管理：1985年发布了“支付系统风险控制计划”；1994年对关于私营大额资金转账网络和离岸美元差额结算系统的政策进行重新修订，发布了“对私营大额多边差额结算系统的政策”，对支付系统的设计与操作进一步提出要求；2001年“9・11”事件之后，美联储采取了更为严格、全面的支付系统风险控制措施。

在欧洲货币统一进程中，欧洲支付体系建设一直处于重要位置，欧洲中央银行和欧盟各国中央银行为此付出了巨大努力和积极合作。1999年1月1日，欧洲中央银行建设的大额欧元支付系统——TARGET（Trans-European Automated Real Time Gross Settlement Express Transfer System，欧洲间实时全额自动清算系统）正式投入运营。TARGET系统的成员为欧元区各国的中央银行，欧元区任何一家金融机构，只要在本国中央银行开立汇划账户，即可通过该中央银行运行的支付系统与TARGET相连接，进行欧元的跨国结算。欧洲中央银行及参与国中央银行共同监督TARGET的运营，并作为结算代理人直接参与TARGET交易。TARGET采用实时、全额的结算模式，具有高效、快捷、安全的显著优势，为欧元跨境支付和欧洲中央银行实施货币政策发挥了极为重要的作用。

外汇日元清算系统——FEYCS(Foreign Exchange Yen Clearing System)由东京银行家协会(Tokyo Bankers Association)管理与经营,启运于1980年。为加速日元的国际化进程,日本对外汇日元的支付清算机制进行了精心策划,1989年年初,东京银行家协会将国际金融业务中的日元支付专做安排,将FEYCS纳入日本中央银行——日本银行的金融网络系统BOJ-NET,并委托日本银行一并运行。日本国内银行及在日本的外国银行均可参加FEYCS,该系统负责办理外汇交易、日元债券交易、商品与服务贸易所产生的跨国日元业务,所有支付都能够通过日本银行账户和BOJ-NET进行结算,从而确保了跨国金融交易中日元支付结算的最终性。基于日本银行的积极扶持,FEYCS保持高效运行,为东京外汇市场及日元国际化,乃至日本金融业的国际化发挥了重要作用。

清算所自动支付系统——CHAPS(Clearing House Automated Payment System)是英国的大额英镑支付系统,属于英国支付服务协会(APACS)所有,于1984年投入运行,是英国支付体系的核心基础设施。英国支付清算服务协会在英国金融体系中居于重要地位,是英国最权威、最高级别的支付服务组织。APACS的宗旨是规划与设计英国的支付机制,监督支付系统的合理运行,协调与管理协会成员间的支付业务。英格兰银行在行使中央银行职能过程中,积极参与英国的支付体系建设,在CHAPS运行中发挥着重要作用。第一,英格兰银行运行着CHAPS的中央处理器,并作为CHAPS的结算成员,直接参与CHAPS运营。第二,英格兰银行作为"银行的银行",为CHAPS成员提供同业账户清算服务。第三,英格兰银行高度重视CHAPS以及英国支付体系的风险控制。1994年7月,英格兰银行进行了重大机构改革,其金融稳定部门下设了支付、清算与结算处,负有对金融机构的支付活动及支付系统实行监督、审计及管理的责任。为防范支付系统风险,英格兰银行对利用其清算服务的支付清算机构和清算成员规定了严格的开立账户的资格要求,开立中央银行结算账户的机构必须在账户中存储规定的资金,一般情况下不允许出现账户透支。

本章小结

支付是商品或劳务的转移以及债务的清偿过程。支付的形式随着商品发展与技术进步的改变而发生改变,主要经历了三个阶段:实物支付、信用支付、电子支付。

支付体系,是指为实现和完成各类支付活动所做的一系列法规制度性安排和相关基础设施安排的有机整体。支付体系主要包括支付服务组织、支付工具、支付系统、支付体系监管四个密不可分的组成部分。

大额支付系统主要处理银行间往来、证券和金融衍生工具交易、黄金和外汇交易、货币市场交易及跨国交易等大额资金转账业务,其结算通常以中央银行货币进行,一般采用实时全额结算模式。

小额支付系统的特点是服务对象数目众多,支付业务量(笔数)巨大,单笔交易金额较小,种类较多,覆盖范围广泛,如小额转账系统等。它与银行中间业务及营业收入密切相关,是同业竞争的重点之一。

银行间资金清算可通过净额(差额)结算与全额结算进行。净额结算是在清算周期内进行总计轧差，得出净余额，通过清算机构提供的支付清算服务实现净结算头寸在付款银行和收款银行之间的账户划转。而全额结算则对参加者的每笔转账业务进行一一对应结算。全额结算分为两种模式：一是定时（延迟）结算，即结算集中在营业日内系统运行期间的指定时刻；二是连续（实时）结算，即资金转账处理和资金结算同步，连续进行实时全额结算（RTGS）。总体上，RTGS 较净额结算更有效率，更利于规避支付风险。

目前我国已经形成了以中国人民银行大、小额支付系统为核心，银行业金融机构行内支付系统为基础，其他支付系统共同组成的支付体系，逐步建立起了现代化的中国支付体系。具体有中国人民银行大小额支付系统、全国支票影像交换系统、同城票据清算系统、银行业金融机构行内支付系统、中国银联银行卡跨行交易清算系统、境内外币支付系统等。此外，在发展迅速的网络购物方面，有第三方支付系统的兴起。

著名的国际性支付系统，如 CHIPS、TARGET、FEYCS、CHAPS 等，在国际支付领域发挥着突出作用。

复习思考题

1.什么是支付？其发展经历了哪几个阶段？

2.什么是支付体系？其构成要素有哪些？

3.商业银行和中央银行在现代支付体系中各自的地位如何？分别提供哪些服务？

4.什么是全额结算？什么是净额结算？两者之间有何区别？

5.什么是实时支付、非实时支付？

6.简述国际性支付系统的特征。

第八章

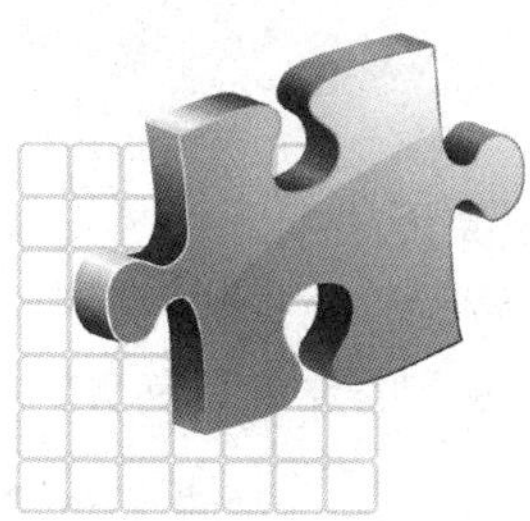

投资银行

本章导读

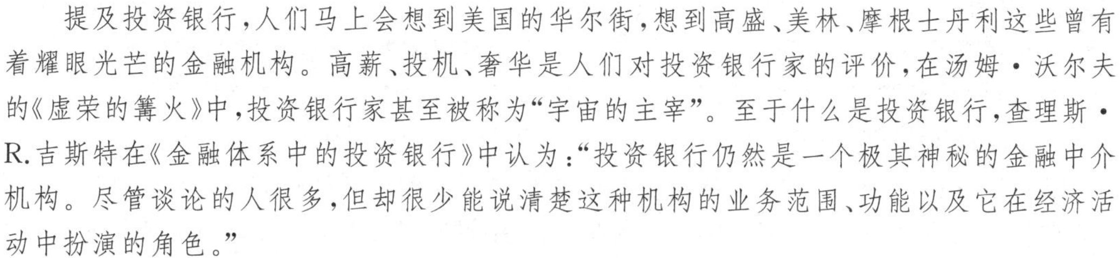

提及投资银行，人们马上会想到美国的华尔街，想到高盛、美林、摩根士丹利这些曾有着耀眼光芒的金融机构。高薪、投机、奢华是人们对投资银行家的评价，在汤姆·沃尔夫的《虚荣的篝火》中，投资银行家甚至被称为“宇宙的主宰”。至于什么是投资银行，查理斯·R.吉斯特在《金融体系中的投资银行》中认为：“投资银行仍然是一个极其神秘的金融中介机构。尽管谈论的人很多，但却很少能说清楚这种机构的业务范围、功能以及它在经济活动中扮演的角色。”

2008年，美国金融风暴席卷全球，华尔街五大投资银行轰然倒塌：3月16日，美国第五大投资银行贝尔斯登因濒临破产而被摩根大通收购；9月15日，拥有158年历史的美国第四大投资银行雷曼兄弟公司申请破产保护，而美国第三大投资银行美林公司则被美国银行收购；9月21日，高盛和摩根士丹利被美联储批准从投资银行转型为银行控股公司。这是一类怎样的机构？本章将系统介绍投资银行的定义、演变、职能及其经营的主要业务。

投资银行和商业银行都是现代金融体系中的重要组成部分，商业银行主要提供间接融资，而投资银行则是直接的金融媒介，是直接经营资本的金融企业。作为资本市场最重要的中介机构，投资银行主要从事证券发行、承销、交易及相关的金融创新和开发等活动，为长期资金盈余者和短缺者双方提供资金融通服务。投资银行的主要资产是金融智慧，主要产品是金融建议和金融职能。它通过建立资金使用者和资金提供者之间的便捷通道，节省了交易环节和交易成本，实现了资本的高效配置，在现代市场经济和金融体系中发挥着不可替代的作用。目前，直接融资迅速发展，企业及金融机构的并购浪潮风起云涌，投资银行正在并将继续发挥越来越重要的作用，将日益成为推动全球经济融合的重要力量。

第一节 投资银行的定义和发展模式

投资银行起源于欧洲，于19世纪传入美国，在西方发达国家已经经历了几百年的发展历程，并在美国达到了空前的繁荣。投资银行业不断出现新领域、新产品、新机构，特别是20世纪90年代，世界范围内投资银行业务和商业银行业务出现了融合的发展新趋势，使投资银行成为现代资本市场上最具活力的因素。

一、投资银行的定义

由于法律法规和传统习惯的不同，当前世界各国对投资银行的称谓不尽相同，美国和欧洲大陆称之为投资银行(investment bank)，英国称之为商人银行(merchant bank)，日本、中国称之为证券公司(security firm)。并且在实际的商业中，许多此类机构并不在名称中冠以“银行”二字，例如，美国的摩根士丹利(Morgan Stanley)、高盛集团(Goldman Sachs)，日本的日兴证券公司、大和证券公司等。称谓的不同在某种意义上反映了投资银行在各国业务范围的不同。另外，随着金融管制的放松，投资银行和商业银行的业务交叉愈来愈多，两者之间的业务分界越来越模糊。因此，要想给投资银行下一个精确的定义并不容易。

对投资银行的定义，通常是根据投资银行的业务范围确定的。美国著名的金融投资专家罗伯特·库恩(Robert Kuhn)曾根据投资银行业务的发展和趋势对投资银行做出了如下四种定义：

最广泛的定义：凡是经营华尔街金融业务的银行，都可以被称为投资银行。此定义所包含的金融机构最为广泛，它不仅包括从事证券业务的金融机构，甚至还包括保险公司和各类不动产经营公司。

第二广泛定义：只有经营部分或全部资本市场业务的金融机构，才能被称为投资银行。此处所指的资本市场是指期限在1年以上(包括1年)的中长期资金市场。因此，证券发行与承销、兼并与收购、各种投资咨询服务、基金管理、风险资本、证券私募发行以及风险管理和风险工具的创新等都属于投资银行业务，但是不动产经纪、保险、抵押除外。

较狭义的定义：较为狭义的投资银行业务仅包括部分资本市场业务，如证券承销业务、兼并与收购，但是基金管理、风险资本、风险管理工具的创新等资本市场业务则被排除在外。

最狭义定义：只有在一级市场承销证券、筹集资金和在二级市场上交易证券的金融机构才是投资银行。该定义显然已经不符合投资银行业务迅猛扩张时代的趋势，排除了过多的当前各国投资银行现实中正在经营的业务。

罗伯特·库恩认为第二广泛定义最符合美国投资银行业的现实情况，是目前投资银行的最佳定义。同时，他根据“以为公司服务为准”的原则指出，那些业务范围仅限于帮助客户在二级市场上出售或买进证券的金融机构不能称作投资银行，而只能叫做“证券经纪公司”或者“证券公司”。罗伯特·库恩对投资银行和证券经纪公司的区分是有其深刻道理的，因为投资银行在一国经济中最根本和最关键的作用是其在资金短缺者和资金盈余者之间的纽带和媒介作用，而证券(经纪)公司在证券市场中，仅起了“交易润滑剂”的作用，故不能称作投资银行。

本章也以此定义为基准，将投资银行界定为主要从事证券发行、承销、交易、企业重组、兼并与收购、投资分析、风险投资、项目融资等业务的金融中介机构。依此定义，我国的投资银行还处于发展的初期阶段，大多数的证券公司还仅是经营投资银行最基本的证券承销和交易业务，只有少数综合性大型证券公司开展了兼并收购、基金管理、风险投资、资产证券化、金融工程等创新业务。

二、投资银行业的特点

投资银行是与商业银行相对应的一个概念，是现代金融业适应现代经济发展形成的一个新兴行业。它区别于其他相关行业的显著特点是：

(1)它属于金融服务业，主要业务是代理，而不是自营，这是投资银行区别于一般性咨询、中介服务业的标志；

(2)它主要服务于资本市场，在这个市场上流通的商品不是一般的消费品或生产资料，而是“企业”及相关的“股权”、“债权”，这是投资银行区别于商业银行的标志；

(3)它是智力密集型行业，它所拥有的主要资产、所出卖的主要产品都是人的智力，这是投资银行区别其他专业性金融服务机构的标志。

三、投资银行与商业银行的主要区别

投资银行和商业银行是现代金融市场中两类最重要的中介机构，从本质上来讲，投资银行和商业银行都是资金盈余者与资金短缺者之间的中介，一方面使资金供给者能够充分利用多余资金以获取收益，另一方面又帮助资金需求者获得所需资金以求发展。从这个意义上来讲，二者的功能是相同的。但是，投资银行不能通过发行货币或者创造存款增加货币资金，也不能办理商业银行的传统业务，不参与形成一国的支付体系，它的经营资本主要依靠发行自己的股票或债券来筹措，因此，投资银行和商业银行存在本质的区别。

(一)本源业务不同

投资银行业务范围很广，包括证券承销、证券交易、并购、基金管理、风险资本、项目融资等，其中证券承销是其本源业务，它是投资银行成为证券市场心脏的关键。

商业银行的业务基本上可以分为三类：负债业务、资产业务和表外业务。负债业务以吸收存款和借入资金为主；资产业务以贷款、投资、租赁业务为主；表外业务则是在资产负债业务的基础上，利用商业银行资金、信息、人才、技术等金融优势发展起来的金融中介服务。其中，存贷款业务是其本源业务，其他各种业务都是在此基础上衍生和发展起来的。

(二)融资手段不同

投资银行是直接融资的金融中介。作为资金供需双方的媒介，投资银行为筹资者寻找合适的融资机会，为投资者寻找合适的投资机会。但在一般情况下，投资银行并不介入投资者和筹资者之间的权利和义务之中，只是收取佣金，投资者与筹资者直接拥有相应的权利和承担相应的义务。例如投资者通过认购企业股票投资于企业，这时投资者就直接与企业发生了财产权利与义务关系，投资银行并不介入其中。因此，这是一种直接信用过程。

商业银行是间接融资的金融中介。在资金筹集过程中，商业银行同时具有资金需求者和资金供给者的双重身份，对于存款人(资金盈余者)来说，它是资金的需求方，存款人是资金的供给者；而对于贷款人(资金短缺者)而言，银行是资金供给方，贷款人是资金的需求者。在这种情况下，资金盈余者与资金短缺者之间并不直接发生权利与义务关系，而是通过商业银行间接发生关系。因此，这是一种间接信用过程。

(三)利润来源和构成不同

投资银行的利润来源包括三个方面：一是佣金，包括一级市场上承销证券获取的佣金，二级市场上作为证券交易经纪商收取的佣金，以及金融工具创新中资产及投资优化组合管理中收取的佣金。二是资金运营收入，包括投资收益与其他收入，是投资银行参与债券、股票、外汇以及衍生金融工具投资，参与企业兼并、包装、上市和资金对外融通而获取的收入。三是利息收入，它既包括信用交易中的证券抵押贷款的利息收入，又包括客户存入保证金的存差利息收入。其中，佣金收入是投资银行业务中的主要利润来源。

商业银行的利润来源包括三方面：一是存贷利差。二是资金运营收入，主要来自产业投资和证券投资。三是佣金收入。商业银行主要通过开展表外业务收取中介费或佣金，表外业务主要包括承诺业务、担保业务和金融衍生工具业务等。从收入结构看，商业银行的核心收入是存贷利差，排在商业银行收入的第一位，表外业务的佣金收入则排在次要位置，尽管表外业务的利润有逐渐增长的趋势。

(四)经营管理风格不同

投资银行的经营突出稳健和创新并重的策略。一方面，在证券一级市场的承销或者在兼并中的投资，都属于高风险业务，而证券二级市场的经纪业务，要随时防范证券市场的价格波动的风险。另一方面，投资银行的主要利润来源于佣金，必须有创新精神，对人才具有综合的要求，以便向客户提供优质而专业的服务。

而商业银行由于资产来源和运用的特殊性，必须保证资金的安全性和流动性，坚持稳健的管理风格，力求避免挤兑现象，保证银行安全。

(五)宏观管理不同

投资银行的监管机构一般是证券监管机构，如我国的中国证券监督管理委员会(证监会)、美国的证券交易委员会等。为了保障投资者的利益，各国普遍设立证券投资者保护基金等制度。

商业银行的监管机构多是中央银行和银行业监管机构，如我国的中国银行业监督管理委员会(银监会)和中国人民银行，美国的美联储、联邦存款保险公司(FDIC)和货币监理署(OCC)等。为了保障存款人的利益，各国普遍设立存款保险制度。

综上所述，可将商业银行与投资银行的区别整理列示如表8-1所示。不过，值得注意的是：随着金融管制的放松，投资银行和商业银行在许多业务领域里出现了交叉、融合、相互竞争的现象，因此，以上这些区别呈日益模糊的趋势。

表 8-1 投资银行与商业银行的主要区别

项　目	投资银行	商业银行
本源业务	证券承销	存贷款业务
融资手段	直接融资	间接融资
利润主要来源	佣金	存贷利差
经营管理风格	在控制风险的前提下,注重创新	"三性"的结合,必须坚持稳健性的原则
宏观管理	主要是证券监管机构	主要是中央银行和银行业监管机构

四、投资银行的发展模式

根据商业银行和投资银行关系紧密的不同,可将投资银行的发展模式分为以下两种:

(一)分离型模式

所谓分离型模式是指商业银行和投资银行在经营业务方面有严格的界限,各金融机构实行分业经营、分业管理的经营模式。20 世纪 90 年代以前,美国、日本、英国等国是这种模式的典型代表,他们都实行银证分离的经营模式。

1929—1933 年,席卷资本主义世界的经济大危机导致美国大量银行连锁倒闭(仅 1930—1933 年美国就有 7 763 家银行倒闭),金融体系严重混乱。为此,美国越来越深刻地认识到投资银行与商业银行混业经营的弊端与危害,并于 1933 年在美国国会通过了《格拉斯—斯蒂格尔法》,在投资银行和商业银行之间筑起了一道"防火墙",从此,确立了投资银行与商业银行分离经营的模式。

该法案规定任何以吸收存款为主要资金来源的商业银行,除了可以进行投资代理、交易指定的政府债券,最多可用自有资本的 10%进行股票和其他非政府债券的买卖(它们必须经过独立的证券评级机构评级,并且级别应至少是 BBB 或 Bbb 级的),以及从事中短期贷款、存款等银行业务;不能从事发行、买卖有价证券等投资银行业务。而投资银行不得从事经营吸收存款等商业银行业务。同时该法案还规定商业银行也不能设立从事证券投资的子公司,而投资银行不能设立吸收公众存款的分公司。

《格拉斯—斯蒂格尔法》实施后,许多大银行将两种业务分离开来,成立了专门的投资银行和商业银行,例如,摩根银行便分裂为摩根士丹利和 J.P.摩根;有些银行则根据自身的情况选择经营方向,例如,花旗银行和美洲银行成为专门的商业银行,而所罗门兄弟公司(Solomon Brother)、美林证券和高盛等则选择了投资银行业务。《格拉斯—斯蒂格尔法》就有效地控制了商业银行的经营风险,保证了美国金融与经济在相对稳定的条件下持续发展。

日本在第二次世界大战之后的 1948 年颁布了《证券交易法》,将商业银行与投资银行的业务明确分开。该法明确规定,银行不得承购国债、地方债券和政府债券以外的证券,严格禁止银行兼营有价证券的买卖活动或充当证券买卖的中间人、经纪人和代理人,这类业务只能由证券公司经营。野村、日兴、山一及大和四家证券公司就是分业经营的产物。

英国一开始就实行专业化的存款银行和投资银行(商人银行)分开发展的模式,业务交叉并不多。因此,20 世纪 30 年代大危机之后,虽然英国实行商业银行和投资银行分业经营、分业管理的体制,但却没有像美国、日本那样严格、明确的划分,这主要是由于英国在进行金融管理时历来注重市场参与者的自我管理与自我约束,较少依靠立法进行限制的结果。

(二)混合型模式

所谓混合型模式是指在金融经营业务方面没有界限划分,各种金融机构实行综合业务发展的经营模式。从实践来看,混合经营模式主要存在两种类型:全能银行型和金融控股公司型。

1.全能银行型

德国是“全能银行制度”的典范。在全能银行制下,一个金融机构可以全盘经营存贷款、证券买卖、租赁、担保等商业银行和投资银行的业务,投资银行与商业银行的关系也最为紧密,前者是作为后者的一个业务部门而存在,不是一个自负盈亏的法人实体,其最终决策权属于银行。此外,银行与企业长期建立密切联系,形成以大银行为核心,产业资本和金融资本相互渗透的垄断财团,这种模式混业程度最彻底。

在德国,实力最雄厚的全能银行——德意志银行、德累斯顿银行和德国商业银行三家银行,不仅在存贷款总额、清算服务金额等商业银行业务方面稳居德国银行榜首,而且还掌握了全国大部分证券发行和证券交易业务,它们集投资银行与商业银行业务于一身,成为各金融市场的活动主体。正是这种“全能银行制度”保证了德国金融体系的稳定和发展。

2.金融控股公司型

根据国际三大金融监管机构巴塞尔银行委员会、国际证券联合会、国际保险监管协会的定义,金融控股公司是指,在同一控制权下,完全或主要在银行业、证券业、保险业中至少两个不同的金融行业中大规模提供服务的金融集团。在金融控股模式下,投资银行和商业银行同属于某一金融控股公司,二者是一种兄弟式的合作伙伴关系,虽然保持着一定距离,但业务上的相互支持较分离型模式紧密了许多。因此,该模式本质上是一种介于全能银行型和分离型之间的模式,具有“集团混业、经营分业”的特点。

世界各国金融控股公司的发展进程总体呈现由金融分业经营向混业经营过渡的趋势。美国、日本和英国本来在 20 世纪 30 年代大危机后实行分离型模式,但是由于 20 世纪 60—70 年代以来,伴随着金融自由化浪潮和金融创新的层出不穷,商业银行面临巨大的竞争压力,为此,商业银行为规避风险、规避监管,提升其市场竞争能力,大量采用一系列创新金融工具,突破《格拉斯—斯蒂格尔法》和其他分业法案的限制。这些创新工具的运用使得商业银行和投资银行的业务界限逐渐模糊,于是在 1999 年美国国会通过了《金融服务现代化法案》,废止了《格拉斯—斯蒂格尔法》,使得美国混业经营模式也从法律上得以确认,从此结束了商业银行与投资银行分业经营的局面,世界银行业步入混业经营的时代。

(三)两种模式的比较分析

分离型模式和混合型模式在实际运作中呈现出不同的优缺点,这些优缺点主要是基于金融安全和效率两方面的考虑。

1.分离型模式的优缺点

(1)分离型模式能够有效地降低整个金融体制运行中的风险。因为商业银行如果将储户的存款用于高风险的证券投资，必将损害储户的利益，而分离型模式可以保证商业银行及时满足客户提现和本身业务经营对现金的需要，保证资金的流动性和安全性。商业银行如果进行证券投资，会对经济危机起助长作用，陷入古典式的经济危机：经济状况恶化→投资者狂抛股票和债券→股市危机→银行危机→经济危机。

如果银行不涉足证券业，上述危机的恶性循环链条就可以被打破，即证券市场的危机不一定能传递到银行乃至整个国家信用机构和信用制度；同时商业银行在进行证券投资时的收益与风险是不对称的，这种不对称必然促使商业银行冒更大的风险，从而引起金融动荡。

(2)分离型模式有利于保证证券市场的公正与合理。由于商业银行和工商企业之间的特殊关系和密切联系，致使商业银行对工商企业的财务、经营和管理情况了如指掌，因此，如果允许商业银行从事投资银行业务，极有可能造成商业银行与工商企业之间的内幕交易，从而侵蚀广大投资者的利益，造成证券市场混乱。

(3)分离型模式有利于金融行业专业化的进一步分工。商业银行和投资银行可以分别利用有限的资源，各司其职，拓展自己的业务领域，形成自己的专业优势，打造自己专业化服务的品牌；同时，业务分离弱化了金融机构之间的竞争，客观上降低了金融机构因竞争被淘汰的概率，从而增强了金融体系的稳定性。

与此同时，分离型模式在运作过程中逐步暴露出自己的缺点和不足。分离型模式大大限制了各金融机构的业务活动，制约了其创新能力和发展壮大，从而影响和削弱了其国际竞争力。

2.混合型模式的优缺点

混合型模式的优点主要表现在：

(1)混合型模式可以充分利用有限的资源，实现金融业的规模效益，降低经营成本，提高盈利。

(2)混合型模式有利于降低金融机构的自身风险。当一种业务的收入下降时，可以用另一种业务收益的增长来弥补，保证利润的稳定性，从而减少金融机构收入下降、不利经济环境的影响程度。

(3)混合型模式有利于提高信息的共享程度。混合业务的开展可以帮助金融机构充分掌握企业的全面信息，从而降低贷款的呆账率和证券承销的风险。

(4)混合型模式有利于促进各家机构的竞争，有利于优胜劣汰和提高效益，促进社会总效用的上升。

但同时，混合型模式可能给整个金融体系带来很大的风险，严格的监管和风险控制制度是实现这一模式的关键。全能银行各部门之间由于没有制度屏障，当某种金融工具出现风险时，风险将会迅速传播；而金融控股型由于“集团混业、经营分业”，可以更好地防范风险，

从以上分析可以看出，分离型模式有益于银行体制的安全和稳定，混合型模式则更注重效率，究竟采用何种模式，实际上是在安全与效率之间做出选择。一个国家是选择分离型模式还是选择混合型模式，取决于各国的历史特点、经济环境、习惯偏好、实际情况、社会利益集团状况等诸多因素。目前，我国投资银行和商业银行实行分离的经营模式，这是

由我国历史、经济、社会及金融业的现实状况决定的。但从长远的发展趋势和国际环境来看，我国投资银行和商业银行具有向混合经营模式发展的趋势。

第二节　投资银行的产生与发展

投资银行是金融业和金融资本发展到一定阶段的产物。首先，现代意义上的投资银行是伴随着证券信用或信用证券化下证券市场的发展而发展的。商业信用、银行信用、证券信用是社会信用由低级向高级发展的三种形态，作为证券承销和发行的基本中介，投资银行是伴随着证券信用和证券市场的产生而产生的。其次，现代投资银行作为一个独立产业，则是在银行业与证券业的"融合—分离—融合"的过程中产生和发展起来的。在金融业发展的早期阶段，银行业与证券业，商业银行与投资银行是一种融合状态，结果由于商业银行过度参与证券市场，导致证券市场迅速扩张和"泡沫"膨胀，并最终酿成1929—1933年的经济大危机。这使得各国政府清楚地认识到在金融业发展的特定阶段，两业混业经营将会带来巨大的金融风险，实行两业分离是一种必然选择。于是，1933年的《格拉斯—斯蒂格尔法》便明确规定银行业与证券业、商业银行与投资银行必须分离，这便使投资银行最终与商业银行走向分野，成为专门从事证券市场中介业务的独立产业。再次，20世纪80年代以来，随着金融业向国际化、证券化、创新化、工程化、综合化方向发展，以及金融监管体系、监管手段的不断完善，金融业发展到了一个新的历史阶段，投资银行与商业银行重新走向融合已是大势所趋。

一、19世纪以前欧洲商人银行的发展

追本溯源，投资银行的原始形态产生于大约3000多年前的美索不达米亚平原上的金匠。因为当时各国的货币以贵金属为主，因此，一方面，金匠可以利用职务之便向商人们提供货币兑换，并开展一些存贷款业务，具备商业银行的一些职能；另一方面，这些金匠们又为商人们提供票据的兑现、各类证券的抵押放款、财务顾问和咨询服务等，这种业务活动与今天投资银行的基金管理、咨询服务有惊人的相似之处。

此后，随着国际贸易的兴起，早期投资银行应运而生。早期投资银行的主要业务为汇票的承兑与贸易贷款，并多为实力雄厚、声名显赫的大家族所承揽。大家族大多是在从事海外贸易的同时从事货币营运。这些由商人兼营的金融机构，得名为商人银行。正如现代意义上的第一家商业银行建立于意大利一样，意大利的商人首先进入了商人银行这一领域。由于国际贸易中的地理优势，意大利商人在几个世纪中主宰着欧洲的国际贸易活动。他们将商业借贷、货币兑换这些业务与通常的贸易活动结合起来，获得可观利润。此外，还包括向王公贵族提供贷款，并助其理财。其中最著名的商人银行要算美第奇商行(Medici)了，该家族位于佛罗伦萨，在15世纪中叶就开始了国际性的商人银行业务，其运营的场所包括伦敦、日内瓦、里昂，并遍布意大利。

随着时间的推移，在18世纪后期，伦敦成为国际金融中心。当时，由于贸易竞争的加

剧，海外贸易利润下降，制造商无力负担贸易中拓展市场的财务风险。于是便崛起一批承兑商，专门承担出口业务的财务风险。这些承兑商便是商人银行的前身，其中著名的有巴林(Baring)、罗斯柴尔德(Rothschild)、施罗德(Scbroder)、汉布罗(Hambros)，这些名字至今听来仍不陌生。

总之，这一阶段欧洲投资银行业的特点主要表现为：一是业务主要源自国际贸易的发展，其经营相对较简单，主要是票据承兑和以抵押品作担保发放一部分贷款，这与当时商业银行业务有相似之处；二是投资银行业为少数家族所主宰，如巴林、罗斯柴尔德等；这些主要的家族除了经营商人银行业务，也承销经营债券，例如，在法国战争期间从事法国公债交易，美国历史上著名的拿破仑与美国之间的“路易斯安那州交易”等。

二、19世纪至20世纪初投资银行的发展

进入19世纪，随着美洲大陆殖民扩张和贸易的发展，美国的投资银行业务崭露头角。美国的投资银行与其欧洲同行的不同之处在于，它们是在与证券业的互动发展中壮大起来的。例如，人们公认美国投资银行创始人是撒尼尔·普莱姆，他于18世纪90年代来到华尔街，成为一名主要的股票经纪人，而后成立了经营外汇的普莱姆—伍德—金投资银行，并进入证券交易领域。从他的背景上可对美国投资银行业务窥见一斑。在政府信用扩张和工业大量筹资的情况下，美国投资银行迅速拓宽了业务领域，不仅从事承兑、持有汇票为贸易融资，而且紧跟美国经济发展占领了大批证券承销业务领域。而英国的商人银行显然已暮气沉沉。家族统治的没落加之英国经济的衰落，使得19世纪末这一行业的重心已开始移到美国。在这百年的历史中，经过以下两个阶段的发展，投资银行业在华尔街的声望和地位有了显著的提高。

第一阶段：美国内战期间及其前后出现的大量政府债券和铁路债券塑造了美国特色的投资银行。18—19世纪，资本主义国家为解决经济发展给基础设施带来的巨大压力，掀起了建设基础设施的高潮，投资银行在筹资和融资中扮演了重要角色，其自身也得到了突飞猛进的发展。例如，摩根公司1879年在伦敦承销25万股纽约中央铁路公司的股票，与此同时，它也获得了在中央铁路委员会中的代表权，取得了银行业对铁路的控制权。

在美国内战期间，政府发行了大量的政府债券。在债券的发行过程中，投资银行作为中介机构起了重要作用。同时，通过经营批发业务、安排证券发行、进行证券承销等，投资银行也获利不菲。例如，美国著名投资商号塞利格曼家族(Selrgmans)利用内战带来的在欧洲场上行销联邦政府债券的机会，到19世纪70年代已成为欧洲市场上五大投资商号之一。此时，投资银行家已奠定了其作为证券承销商和证券经纪人在证券市场的突出地位。经纪人事务所与投资银行家的事业间根本差别是中心和侧重点不同。经纪人只是将股票和债券作为商品，随时准备买进卖出，并利用其他方式为感兴趣的买主和卖主做买卖。而投资银行家则从战略的高度出发，为股票发行公司筹划服务，或为政府筹资出谋划策。

第二阶段：19世纪末20世纪初，企业兼并和工业集中挖掘出了投资银行的巨大潜力。1898—1902年间，发生了美国历史上第一次并购浪潮，其特征是横向并购。在企业兼并大量融资的过程中，投资银行家凭借其信誉和可行的融资工具为企业筹集了大量的

资金。投资银行家是这一时期美国产业中几乎每一个重要部门托拉斯的接生员。这次浪潮之后，投资银行开拓了其在企业收购、兼并方面的业务，成为重整美国工业结构的策划者，改变了大部分美国的工业形式。例如，通用电气公司、美国钢铁公司和国际商船公司就是这一期间在摩根公司的领导下创建的。

在这百年的历史中，投资银行业有了迅猛的发展，使证券业降到了次要地位。投资银行家势力日益增强，并且互相合作，左右美国金融业，牵制美国工业。同时，投资银行业和商业银行业相互渗透，商业银行也从事证券的承保业务。到20世纪20年代，经济的持续繁荣带来了证券业的高涨。整个20年代，许多美国人都接受了关于投资的速成教育，人们热烈地议论证券交易所的行情和种种谣言。但好景不长，美丽的泡沫被1929年的大萧条所砸破，而不相信股市宁愿将钱存到银行和信托公司里的人也未能躲过这场灾难。因为任何大银行和信托公司都有投资附属公司，大银行往往就用存款人的钱承保新股票和从事直接的投机。这在当时符合惯例与传统，并被认为是能促进经济发展运营资金的合理方式。

世界债主——约翰·皮尔庞特·摩根

世界上的人都知道美国纽约是世界金融中心，而华尔街更是纽约金融界的晴雨表，它是美国经济繁荣的象征。而华尔街的真正大佬就是约翰·皮尔庞特·摩根(John Pierpoint Morgan，简称J.P.摩根，1837年4月17日—1913年3月31日)。发展到今天，摩根财团已经是有百年历史的世界富豪。虽然世界经济几度风云变幻，但是摩根财团的地位并没有动摇。摩根财团有这样的地位，应该首先归功于它的创始人——摩根。1857年，刚刚大学毕业的摩根旅行来到新奥尔良，靠咖啡生意大赚了一笔！为此，老摩根对儿子的能力大加赞赏，为儿子在华尔街开了一间摩根商行，在这里，摩根开始了他的发迹生涯。19世纪后半期，铁路的发展速度很快，摩根对几大铁路运营商进行重新规划。到1900年，在摩根直接间接控制之下的铁路长达10.8万公里，差不多占当时全美铁路的2/3。这种构想，石油大王洛克菲勒此前也有过，但并没有成功。而摩根并没有比洛克菲勒更雄厚的财力，但却完成了，因为他能调度掌控的资金往往高达几十倍甚至成百倍。若没有十分高明的手腕，是不可能运转自如的。后来洛克菲勒都承认，摩根调集资金的能力是自己所不能企及的。据美国国会1913年发表的《货币托拉斯调查报告书》，1912年，摩根财团控制着53家大公司，资产总额达127亿美元，包括金融机构13家，30.4亿美元；工矿业公司14亿家，24.6亿美元；铁路公司19家，57.6亿美元；公用事业公司7家，14.4美元。摩根后代继续扩张，财团雄风未减，霸业更加显赫。摩根留下一个显赫的家族，留下首创的“联合承购国债”的华尔街的惯例。摩根家族的财富首先来源于金融业务，然后，转向对企业进行投资，占领美国支柱产业，维持巨大的财富来源，反过来又加强了摩根家族的金融霸权地位。摩根开创了“摩根时代”，即金融寡头支配企业大亨的时代。

三、1933年开始的金融管制下的投资银行

1929年经济大崩溃前，投资银行业基本上是没有法制监管的。投资银行业在自由的环境中高速发展，必然导致一些银行家的投机取巧。1929年10月28日，高涨的股市撕

下了繁荣的面具，从此狂跌不止，拉开了整个世界30年代大萧条的序幕。股市危机的连锁反应是银行业危机，大批投资银行纷纷倒闭，证券业凋敝萎靡。经过对这场危机的沉痛思考后，受命于危难的罗斯福政府上台，开始了对金融业的立法监管，其内容之一便是严格确立了美国投资银行业在今后几十年中所遵循的业务范围。在一系列的银行法和证券法中，最著名的《格拉斯—斯蒂格尔法案》将商业银行和投资银行严格分离。它规定了存款保险制度，禁止商业银行从事投资银行业务，不允许其进行包销证券和经纪活动；同时禁止投资银行从事吸收存款、发放贷款、开具信用证和外汇买卖业务。

《格拉斯—斯蒂格尔法案》及其后的《1933年证券法》、《1934年证券交易法》、《1938年玛隆尼法案》、《1940年投资公司法》、《1940年投资顾问法》等一系列法规为促进证券业的发展，规范金融机构的行为，保证金融市场的秩序发挥了重要作用。投资银行业也成为美国立法最健全的行业之一，投资银行不需要承担多大风险就能满足商业领域的需要。第二次世界大战期间，欧洲的投资银行深受打击，战后恢复缓慢；而美国的投资银行未受战火侵害，加之处于较规范的市场中而得以从容发展。

借鉴美国的分业经营模式，日本于1948年颁布了历史上第一部《证券交易法》，商业银行与证券公司的业务范围也受到了严格划分。在政府的积极筹划和政策刺激下，日本证券市场平稳成长，证券公司也相继出现，只是从诞生之日便受到政府的严格控制。

从第二次世界大战结束直至70年代，美国经济相对平稳增长，美元坚挺，利率稳定，通货膨胀率降低。这一期间投资银行和商业银行基本遵循《格拉斯—斯蒂格尔法案》的规定，分别在证券领域和存贷领域巩固了各自的地位。

1929年美国股灾导致世界经济危机

20世纪20年代，美国证券市场兴起投机狂潮，"谁想发财，就买股票"成为一句口头禅，人们像着了魔似地买股票，梦想着一夜之间成为百万富翁。疯狂的股票投机终于引发一场经济大灾难。1929年10月24日，纽约证券交易所股票价格雪崩似地跌落，人们歇斯底里地甩卖股票，整个交易所大厅里回荡着绝望的叫喊声。这一天成为可怕的"黑色星期四"(Black Thursday)，并触发了美国经济危机。然而，这仅仅是灾难的开始。28日，史称"黑色星期一"，当天，纽约时报指数下跌49点，道·琼斯指数狂泻38.33点，日跌幅达13%。29日，最黑暗的一天到来了，早晨10点钟，纽约证券交易所刚刚开市，猛烈的抛单就铺天盖地席卷而来，人人都在不计价格地抛售，经纪人被团团围住，交易大厅一片混乱。道·琼斯指数一泻千里，至此，股价指数已从最高点386点跌至298点，跌幅达22%，纽约时报指数下跌41点。当天收市，股市创下了1 641万股成交的历史最高纪录。一名交易员将这一天形容为纽约交易所112年历史上"最糟糕的一天"，这就是史上最著名的"黑色星期二"。

这次美国股票市场的崩溃使得纽约证券交易所受到了前所未有的灾难性的冲击。在1929—1930年间，纽约证券交易所上市股票的价值从897亿美元狂跌到156亿美元。1929年10月前，当时最热门的美国钢铁公司股票价格高达262美元，到1932年仅值21美元。美国电报电话公司股票市场价格从310美元跌到70美元，通用汽车公司股票市场价格从92美元跌至7美元，当时受到股票跌价损害的不仅是第一流的大公司，许多中小公司和企业上市的股票跌得更惨，大量股票跌得一文不值，众多投资者，包括股票市场经纪人更是深受其害。在这场股灾中，数以千计的人跳楼自杀，欧文·费雪这位大经济学家几天之中损失了几百万美元，顷刻间倾家荡产，从此负债累累，直到 1947 年在穷困潦倒中去世。

一夜之间，“繁荣”景象化为乌有，一场空前规模的经济危机终于爆发，美国历史上的“大萧条”时期到来。从 1929 年到 1933 年，美国国民生产总值从 2 036 亿美元降为1 415 亿美元（按 1958 年价格计算），降幅高达 30%。私营公司纯利润从 1929 年的 84 亿美元降为 1932 年的 34 亿美元。工商企业倒闭 86 500 多家，1931 年美国工业生产总指数比 1929 年下降了 53.8%，进出口贸易锐减。危机最严重时，美国主要工业企业基本停止运行，汽车工业开工率仅为 5%，钢铁工业 15%。农业也惨遭劫难，谷物价格下降 2/3，农业货币总收入由 1929 年的 113 亿美元减少为 47.4 亿美元。到 1933 年 3 月，美国完全失业工人达 1 700 万，半失业者不计其数。农民的现金收入从每年 162 美元下降到 48 美元，约有 101.93 万农民破产，沦为佃农、分成制农民和雇农，许多中产阶级也纷纷破产。银行系统损失惨重，破产数高达 10 500 家，占全部银行的 49%，到 1933 年 3 月时整个银行系统陷入瘫痪。一直到第二次世界大战爆发以后的 1941 年，美国国民生产总值才超过危机前的 1929 年。

由于美国大量抽回对德国的投资，德国经济跟着全面崩溃。英国在德国也有大量投资，英国证券市场应声倒地，英国经济陷入危机。法国经济的独立性相对高一些，但也摆脱不了对国际市场的依赖，而且此前法国经济本身也早已出现投资过热，到 1930 年，法国终于陷入危机。这种多米诺骨牌效应导致了一场席卷全球的大萧条。1933 年，整个资本主义世界工业生产下降 40%，各国工业产量倒退到 19 世纪末的水平，资本主义世界贸易总额减少 2/3。美、德、法、英共有 29 万家企业破产。资本主义世界失业工人达到 3 000 多万，无业人口颠沛流离。经济危机使资本主义国家之间的矛盾激化，引出一连串的关税战、倾销战和货币战，也引起了资本主义各国政局的动荡。

四、20 世纪 70 年代之后经济全球化及管制放松下的投资银行

进入 20 世纪 70 年代，石油危机使世界经济形势发生动荡，通胀加剧，利率变动剧烈，金融业活动日益复杂化。金融业的激烈竞争、金融环境的变化、金融业务不断创新等，冲击了在金融管制下较为封闭的投资银行和商业银行。加之工业和金融业的国际化趋势，为了保住市场寻求新的利润点，投资银行和商业银行在开始创新服务的同时，逐渐渗入对方的业务领域。20 世纪 80 年代以后，伴随着金融综合化经营趋势的日益明显，国际投资银行业的发展出现了一些新的发展趋势。

（一）综合化趋势

1933 年、1934 年美国开始的分业管理的格局一直持续了 50 多年。虽然《格拉斯—斯蒂格尔法》的颁布为美国投资银行业的发展提供了稳定的法律基础，但随着投资银行业的快速发展，其缺点逐步显现出来：投资银行在面临资本市场较高风险的同时，但经营范围由于受到制约，盈利空间受到限制，从而影响投资银行的长足进步。在这种情况下，发达

国家纷纷以立法的方式确认混合经营模式：1986年英国实行“金融大爆炸”，在英国银行业实行了自由化；1989年欧共体发布“第二号银行业务指令”，明确规定了欧共体内部实行全能银行制度；在日本，1992年颁布的《金融制度修正法》同样也允许投资银行的混业经营。实际上，国际投资银行界早已经开始了从分业经营到混合经营的过渡。如1986年，美国的高盛公司接受了日本的住友银行9亿美元的投资，此后投资银行与商业银行分业经营界线开始有所改变；以传统商业银行为主的J.P.摩根和美国银行也开始逐步涉入高等级投资债券、高收益债券及股票承销等投资银行业务；1996年所罗门兄弟公司收购了仅次于美林的零售商史密斯·邦尼，而它自己又被美国旅行者保险集团收购，旅行者收购所罗门后，又与花旗银行合并，组成花旗集团。1999年，美国国会通过了《金融服务现代化法案》，废止了《格拉斯—斯蒂格尔法》，使得美国混合经营模式也从法律上得以确认。

(二)集中化趋势

为最大程度发挥规模经济优势，无论是早期的投资银行，还是现代的投资银行，都经历了一个由小到大、由弱变强、由分散到集中的发展过程。在日本，1949年有1 152家投资银行，到1977年只剩下257家。而在美国，曾经的美林证券、摩根士丹利、所罗门兄弟等超级投资银行几乎都是通过兼并联合形成的。20世纪90年代以后，美国投资银行兼并联合呈加速之势，规模也越来越庞大。1997年2月，摩根士丹利与添惠公司合并，创造了一个总市值210亿美元的特大型投资银行；同年9月，旅行者集团以90亿美元收购所罗门兄弟公司，并与史密斯·邦尼公司合并，新组建的所罗门·史密斯·邦尼公司(Salomon Smith Barney)一跃成为美国第二大投资银行；1998年，花旗银行与旅行者集团的合并是美国有史以来最大的一起企业兼并案，合并后组成的新公司成为“花旗集团”，其商标为旅行者集团的红雨伞，合并后花旗集团的总资产达到7 000亿美元，净收入为500亿美元，营业收入为750亿美元。通过与旅行者集团的合并，花旗集团成为世界上规模最大的全能金融集团公司之一，由1997年《财富》杂志世界500强排名第58位一跃升至1998年的第16位。西方投资银行兼并联合的直接后果是整个行业的高度集中。从20世纪70年代到90年代，美国前十名投资银行的资本金规模及利润规模，由占全行业的1/3增长到2/3。

(三)业务多元化趋势

进入20世纪70年代，随着金融业务的不断创新和国际金融的全面发展，投资银行已突破了单纯证券商的身份，广泛参与了与企业融资活动有关的金融服务，如企业兼并收购、项目融资、资产管理和金融工程等。尤其到1975年，美国政府取消了固定佣金制，各投资银行为竞争需要纷纷向客户提供佣金低廉的经纪人服务，并且创造出新的金融产品。这些金融产品中具有代表性的是利率期货与期权交易，这些交易工具为投资银行抵御市场不确定性冲击提供了有力的保障。投资银行掌握了回避市场风险的新工具后，将其业务领域进一步拓宽，如从事资产证券化业务，这种业务使得抵押保证证券市场迅速崛起。总之，随着技术手段的进步、金融业的日益自由化以及国际资本市场一体化的发展，西方投资银行的业务发生了巨大的变化，传统的证券承销、经纪和自营业务占比不断减少，而并购重组、资产管理、投资咨询、项目融资、风险投资、资产证券化、金融衍生工具等业务则大力发展。1975年，投资银行承销收入和佣金收入占总收入的比例分别为13.3%和

49.9%，其他收入仅占 9.9%；到 1996 年，承销收入和佣金收入占总收入的比例分别为 9% 和 15.4%，而其他收入则上升到 47.6%；到 2007 年，承销收入和佣金收入占总收入的比例分别为 5.59%和 11.5%，其他收入上升到 63.6%。

（四）专业化趋势

国际投资银行在逐渐走向集中化、业务经营多元化的同时，一些规模相对较小的投资银行的专业化趋势也日益明显。显然，综合化经营并不代表每一个投资银行都必须经营所有的投资银行业务，激烈的市场竞争也使得各投资银行根据自身特点寻找自身的业务优势，在此基础上才能兼顾其他业务的发展，这点和社区银行比较类似。虽然美国有很多大型的商业银行机构，但社区银行业务拓展却依然如火如荼，这是因为社区银行具有大型商业银行所不具备的优势，如更了解客户、机构更灵活等。对投资银行而言也是如此，美国一些小型投资银行纷纷开展专业化及有针对性的服务，从而确立市场地位，例如，佩韦伯在美国牢牢占据了私人客户投资服务领域，Ameri-trade、E-Trade 和嘉信（Charles Schwab）等在网上证券交易方面拥有优势。即使是以综合服务为主的大型投资银行，在业务发展上也各具特色。例如，摩根在证券承销发行能力方面居全球前列，美林在零售客户服务和资产管理方面享有盛誉，高盛以研究能力及大型企业融资业务领域而闻名，所罗门兄弟以商业票据发行和公司购并见长，第一波士顿则在组织辛迪加和安排私募方面居于领先地位。分工的专业化促进了投资银行业服务水平的提高。

（五）全球化趋势

在世界经济高度一体化的今天，全球金融市场已经基本上连成了一个再也不可简单分割的整体。与此相适应，投资银行已经彻底地跨越了地域和市场的限制，经营着越来越广泛的国际业务。从 20 世纪 60 年代开始，世界各大投资银行纷纷向海外扩张，纽约、伦敦、巴黎、东京、日内瓦等国际金融中心成立了大批国外投资银行分支机构。到了 20 世纪 90 年代，投资银行的国际化进程明显加快，许多投资银行都成立了管理国际业务的专门机构，如摩根士丹利的财务、管理和运行部，高盛的全球协调与管理委员会等。

五、2008 年金融危机之后的投资银行

2007 年 4 月，以美国第二大次级房贷公司新世纪金融公司破产事件为标志，美国爆发了房地产次级按揭贷款危机。进入 2008 年 9 月，这场由房地产泡沫引发的金融危机愈演愈烈，并迅速蔓延到全球，直至导致全球实体经济衰退，美国投资银行业格局发生了巨变。在危机中，拥有 85 年历史的华尔街第五大投行贝尔斯登低价出售给摩根大通；拥有 94 年历史的美林被美国银行收购；历史最悠久的投行——拥有 158 年历史的雷曼向美国破产法院申请破产保护；拥有 139 年历史的高盛和 73 年历史的摩根士丹利同时改旗易帜转为银行控股公司。这场金融危机给美国乃至全球的投资银行业格局带来了巨大的影响，主要表现在：

（一）混合经营模式难以逆转

在美国次贷危机恶化之前，金融机构的混合经营模式仍然广受质疑，而现在看来，这种观点已被完全颠覆了。一些综合化经营的大型金融集团，虽然在次贷危机中也损失惨

重，但其应对危机的能力较强，目前都还没有陷入生存危机。此次国际金融危机说明，混合和综合化经营模式具有更强的生存力，在危机后将主导国际金融业的发展，这必将对国际投资银行业的未来走向产生深刻的影响。而从全球范围来看，分离型投行模式未来很有可能会消失，大多数纯粹的投资银行将被商业银行合并，混合型的经营模式将更受欢迎，由商业银行主导的混合经营将成为未来金融业发展的主流模式。因为和投资银行相比，商业银行的资金来源更加充裕，运作更加透明，风险管理和控制系统更加严密，受到监管部门的严格监管和存款保险机制的保护，同时，业务综合化经营有利于平抑经营收益的大幅波动。总之，全球金融机构混合经营已是大势所趋。

（二）面临更加规范的监管

随着国际金融业不断向混合经营和寡头化方向发展，分业监管模式将有可能被取代，同时，在今后较长的一段时间内，国际投资银行业将面临更加严厉的监管。面对此次国际金融危机，为了适应混合经营的发展趋势，世界各国已纷纷对金融监管机构进行了整合，向混合统一监管模式转变，以消除监管盲区或真空地带，增强监管能力，提高监管水平和效率。目前，日本和大多数欧洲国家已对金融业实行统一监管。2010 年 7 月 21 日，美国总统奥巴马签署了金融监管改革法案(《多德—弗兰克华尔街改革与消费者保护法》)。该法案致力于提高美国金融系统的稳定性，防止银行类金融机构为追求利润过度承担风险，避免金融危机的再次发生，被认为是自 20 世纪 30 年代“大萧条”以来最全面、最严厉的金融改革法案，将成为与美国《1933 年银行法案》中“格拉斯—斯蒂格尔法案”相比肩的一块金融监管基石。

（三）金融创新动力依旧

开展金融创新，有助于提高金融资源的配置效率和利用效率，是培育和提升金融机构核心竞争力的持续源泉和强大动力，也是美国金融业构筑比较竞争优势、主导世界金融业发展的重要手段。此次金融危机以前，金融创新大多由投资银行主导，并在一定程度上被各国政府特别是美国政府所默许。但是，过度的、脱离实体经济发展需要的、不受监管和控制的金融创新，不仅没有起到促进经济发展的作用，反而会给国际金融业和实体经济发展带来巨大的灾难，使之遭受惨重的损失。金融创新过度、结构化金融产品过于泛滥，就是此次金融危机爆发的直接原因。未来金融创新除了会面临更加严厉的监管外，还会受制于金融机构自身的审慎经营理念和策略。因此，过度的金融创新将受到一定程度的遏制，但金融创新的动力不会丧失，金融创新将有可能变得更加谨慎和稳健。

第三节 投资银行的主要业务

2007 年美国次贷危机的爆发以及由此引发的全球性金融危机对投资银行业产生了巨大的影响，伴随着贝尔斯登的垮台、美林证券被接管、百年投行雷曼兄弟破产、大摩和高盛向商业银行的转型，美国华尔街五大投行几乎全军覆没，投资银行的发展前景受到人们的普遍关注。然而无论独立的投资银行发展前景如何，只要证券市场存在，只要直接融资方式存在，投资银行所从事的业务就不会消失，其特有的功能也不会消亡。经过最近一百多年的发展，现代投资银行已经突破了传统的证券发行与承销、证券交易与经纪等业务，企业并购、资产管理、财务顾问、风险投资、衍生品交易等都已经成为投资银行的核心业务。

一、证券承销业务

证券承销是投资银行最为传统与基础的业务，它是指投资银行帮助证券发行人就发行证券进行策划，并将公开发行的证券出售给投资者以筹集到发行人所需资金的业务活动。时至今日，该项业务仍然是投资银行的主营及核心业务之一，在美国，对投资银行的专业能力与实力的排名都是依据其所完成的承销额来评判的。投资银行承销证券的范围相当广泛，包括本国中央政府、地方政府、政府部门发行的债券，各种企业发行的债券和股票，外国政府和外国公司发行的证券，以及国际金融机构发行的证券等。

标准的证券承销包括三大步骤：首先，投资银行就证券发行的时间、条件、方式、种类等向发行人提出建议。投资银行在进行调查研究的基础上，再结合丰富的经验，向证券发行人提出最佳的发行方案，并提示发行方案的利弊和风险等信息。其次，当证券发行方案确定并经证券管理机关批准后，发行人与投资银行签订承销证券协议，投资银行帮助发行人销售证券。最后，双方签订协议之后，进入实质性的证券分销阶段。为了销售证券，投资银行通常组成一个规模庞大的承销团，形成庞大的销售网络，迅速地向投资者推销证券。

投资银行在对证券进行承销的操作中一般会按照所承销的金额与风险的大小来选择相应的承销方式，通常会采用的方式有代销和包销两种。

(一)代销

代销是证券代理销售的一种形式，由发行人与投资银行签订代销协议，按照协议条件，投资银行在约定的期限内销售所发行的证券，到约定的期限，部分未售的证券退还发行人，投资银行不承担责任。代销实际上是发行人与投资银行之间的一种委托代理关系，因投资银行不承担销售风险，因此代销的佣金较低。

(二)包销

包销又分两种：全额包销和余额包销。

全额包销是指由投资银行与发行人签订协议，由投资银行按约定价格买下发行的全部证券，然后以稍高的价格向社会公众出售，即低价买进高价售出，中间差额为投资银行赚取的利润。如果到期投资银行不能将证券全部销售出去，则投资银行承担相应风险。

余额包销是指投资银行与发行人签订协议，在约定的期限内发行证券，并收取佣金，到约定的销售期满，售后剩余的证券，由投资银行按协议价格全部认购。余额包销实际上是先代理后包销。

投资银行证券承销业务的利润来源有两块：一是价差，即投资银行支付给证券发行者的价格和投资银行实际销售的价格之间的差额；二是佣金，即投资银行按照发行金额的比例提取的佣金。一般而言，承销金额的大小、发行的难易程度、竞争者的价格、成本状况、辛迪加成员的意见都是影响投资银行承销业务利润的决定因素。

二、证券交易与经纪业务

证券交易与经纪也是投资银行的一项基本业务，它是证券承销业务的延续业务。证券交易所作为场内交易市场，通常规定只有交易所会员才能入场进行交易，普通投资者要想买卖证券交易所内上市证券，必须通过投资银行等经纪商，由其代为买卖证券，这就是证券的经纪业务。在经纪业务中，投资银行与客户是一种委托代理关系，客户是委托人，投资银行是受托人。投资银行必须严格按照客户的交易指令（包括证券的种类、数量、价格和指令的有效时间等要素）买卖证券，不能擅自更改客户的交易指令。投资银行不承担证券交易中的风险，以向客户收取佣金作为报酬。除了经纪业务，投资银行还会动用自有资金参与证券交易，通过赚取买卖价差而获利，这是投资银行的交易业务。

三、并购业务

并购业务即兼并与收购业务，对企业的兼并与收购业务已成为投资银行除承销与经纪业务外最为重要的业务种类。并购业务被视为投资银行业中“财力与智力的高级结合”。国际著名投资银行都有规模庞大的并购部门，而一些中小投资银行更是以并购业务作为主要业务甚至专营业务，这与并购业务能够为投资银行带来巨额收益分不开。

兼并是指由两个或两个以上的企业实体形成新经济单位的交易活动。收购是指两家公司进行产权交易，由一家公司获得另一家公司的大部分或全部股权以达到控制该公司的交易活动。企业的兼并与收购业务是一项专业性极强又十分繁杂的交易活动，投资银行利用其专长为进行此项交易活动的任何一方提供价值评估、策划咨询、设计并购方案、协助融资和反收购等相关专业服务活动，从而获取报酬收入。

在并购业务中，投资银行的业务主要有两大类：一是投资银行充当并购策划和财务顾问，以中介人的身份，为并购交易的主体和目标企业提供顾问、策划和相应的融资业务；二是投资银行是并购的主体，将并购活动作为一种股权投资行为，先买下企业，后进行整体转让，或分拆卖出，或包装上市卖出股权，以进行套现。

投资银行在并购业务中对参与各方有着积极且重要的影响。对并购方来说，投资银行帮助它以最优的方式，用最优惠的条件收购合适的目标企业，从而实现自身最优的发展；对被并购方来说，投资银行帮助它以尽可能高的价格将标的企业卖给最合适的买主。在敌意并购中，投资银行反并购业务帮助目标企业及其大股东以最低的代价取得反收购的成功，捍卫其自身正当的权益。

四、资产管理业务

资产管理业务是投资银行在传统业务的基础上发展起来的新兴业务，在成熟的证券市场上，该业务已经成为投资银行的核心业务。资产管理业务的产生源于企业及个人的财富积累和谋求资产增值的市场需求。在发达国家资本市场中，投资者愿意将自己的资产委托给专业机构进行理财管理,从而避免自身作为缺乏相关投资知识及时间的非专业人士进行投资而招致的损失。为了满足这样的市场需求,投资银行开办资产管理业务,以受托人的身份根据与委托人(投资者)签订的相关资产委托管理的协议,为委托人的资产提供理财服务,依靠其专业能力为委托人控制风险,获取投资收益,从而使委托人实现资产的增值。在典型的资产管理业务中,投资银行和客户的关系是委托代理关系,即“受人之托,代人理财”。

资产管理业务中的“资产”,从理论上来说,涵盖一切形式的资产,包括现金、证券、股权、债权、实物资产等,当然通常是货币、证券等金融资产。本节主要介绍资产管理业务的两种主要业务:现金管理业务和基金资产管理业务。

现金管理业务是投资银行为客户提供的现金管理服务,其目的在于解决企业在日常经营中因不得不持有大量现金资产而产生的流动性和盈利性之间的矛盾,即让企业在保持其金融资产足够流动性的前提条件下,将企业持有现金的机会成本降到最低。也就是说,通过现金管理,企业能够从留存的现金中获取较大的资产收益。现金管理通常的做法是由投资银行对企业的财务统计数据进行分析和预测,建立数学模型,确立企业日常经营中所需要的最佳现金存量;制定有关的现金收支计划,通过收账、短期借债,对财务进行动态管理,尽可能地增加企业的可用现金,从而为企业构建出一种最佳的现金流动组合。

基金资产管理业务是指在基金投资目标和投资原则的指导下,按照一定的投资规则和程序,把通过发行基金份额募集的资金,分散投资到证券、不动产、实业及实物等资产中去,取得投资收益。投资银行作为基金资产的管理人,其主要职责包括:与投资者签订委托契约,按照约定条款进行投资管理;通过专业的资产管理活动,构造投资组合,实现资产的保值与增值;定期编制并公布基金的相关财务报告;接受投资者和基金监管机构的监督。

五、财务顾问与咨询业务

投资银行的财务顾问业务是投资银行所承担的对公司尤其是上市公司的一系列证券市场业务的策划和咨询业务的总称。主要指投资银行在公司的股份制改造、上市、在二级市场再筹资以及发生兼并收购、出售资产等重大交易活动时提供的专业性财务意见。根据内容的不同,投资银行主要提供重组并购顾问、投资咨询、管理咨询等服务。

(一)重组并购顾问

在企业的重组并购过程中,企业的战略规划、经营策略、财务管理、业务重组等需要重新考虑。在这一过程中,投资银行充当企业的咨询顾问,并提供下列服务:

(1)帮助企业进行财务分析,找出当前危机的根源所在,并找出解决危机需首先解决的问题。

(2)根据企业的现状和资源禀赋,重新制定企业发展战略和经营战略,使企业发展目标明确。

(3)协助企业进行融资,补充企业进一步发展所需要的资金。

(4)根据客观的现状,重新分析企业的经营计划,并排列出业务的主次,剔出不熟悉或不盈利的业务，以便集中利用有限的资源。

(5)咨询审查企业的组织结构和分支机构，对于那些对企业发展无影响甚至有负面作用的分支机构做出撤销、销售处理。

(二)投资咨询业务

习惯上常将投资银行的投资咨询业务的范畴定位在对参与二级市场的投资者提供投资意见和管理服务，主要包括债券投资咨询业务和股票投资咨询业务两大类。

在债券投资咨询业务中，投资银行帮助客户选择债券种类、选择与收益率相对应的债券价格、帮助客户分析债券投资的风险等。

在股票投资咨询业务中，投资银行帮助客户分析股票市场行情、树立正确的投资理念并指导客户形成正确的投资方法。

投资咨询业务本身充满了风险，一旦建议严重失误，就会给客户带来很大的经济损失，因此，投资银行从业人员素质的高低是关键。

(三)管理咨询服务

投资银行通过管理咨询服务定期或不定期向企业提供专业的管理建议。管理咨询内容相当广泛，主要包括企业的发展战略、组织架构、激励体系、信息流动、市场和财务状况以及客户资源管理等。同时，投资银行结合企业的行业运行特点及发展趋势，从第三方角度对企业管理框架进行规划，逐步从人员结构及管理框架优化上提升企业的发展后劲。

六、风险投资业务

风险投资又称创业投资，是指对新兴公司在创业期和拓展期进行的资金融通，表现为风险大、收益高。新兴公司一般是指运用新技术或新发明、生产新产品、具有很大的市场潜力、可以获得远高于平均利润的利润、但却充满了极大风险的公司。由于高风险，普通投资者往往都不愿涉足，但这类公司又最需要资金的支持，因而为投资银行提供了广阔的市场空间：第一，采用私募的方式为这些公司筹集资本；第二，对于某些潜力巨大的公司进行直接投资，成为其股东；第三，设立“风险基金”或“创业基金”，向这些公司提供资金来源。

投资银行参与风险投资主要通过它的风险资本部进行。风险资本部不仅作为中介者为新生公司融资或管理风险基金，而且直接对新生公司进行股权投资。新生公司往往由于新产品研究、开发和推向市场的过程中充满着风险，新技术或新发明是否科学实用，新思想是否客观可行，都还是未知数，因此，这类公司高额潜在收益的实现过程中存在着很大的不确定性，其破产、倒闭的风险也非常大。除了少数比较富有进取精神的投资银行介入早期的风险投资活动外，大部分投资银行偏向于向处于成长后期的公司提供风险资本，如二级资金、桥梁资金、借贷收购资金等。二级资金用来支持新产品已经打开销路、但生产规模需要扩大的企业，以供它们添置各种设备、厂房等固定资产。桥梁资金用来支持初具规模实力、产品和市场较为稳定的、首次上市前的未成熟阶段的公司。借贷收购资金用来支持新生公司的经理层收购一家现成的企业或者生产线以扩大生产规模。

七、资产证券化业务

资产证券化是指将缺乏流动性的资产转换为在金融市场上可以出售的证券的行为。投资银行参与资产证券化，使流动性差的资产能够转化为可以公开买卖的证券，成为融资市场又一次重大的创新。进行资产转化的公司，即资产证券化发起人，把其持有的流动性较差的金融资产，如住房抵押贷款、信用卡应收款等，分类整理为一批资产组合，出售给特定的交易组织，即金融资产的买方（主要是投资银行），再由特定的交易组织以买下的金融资产为担保发行资产支持证券，用于收回购买资金。资产证券化的证券为各类债务性债券，主要有商业票据、中期债券、信托凭证、优先股票等形式。资产证券的购买者与持有人在证券到期时可获本金、利息的偿付。证券偿付资金来源于担保资产所创造的现金流量，即资产债务人偿还的到期本金与利息。如果担保资产违约拒付，资产证券的清偿也仅限于被证券化资产的数额，而金融资产的发起人或购买人无超过该资产限额的清偿义务。

资产证券化通过盘活非流动性资产，提高了资产的运行效率，将资金流动性要求体现得淋漓尽致，给金融市场的参与方带来了新的活动天地。投资银行在包销资产证券时获取佣金，同时如由其购买抵押资产再将其证券化，可以在购买资产与销售全部证券的价差中实现利润。

八、项目融资业务

项目融资是对一个特定的经济单位或项目策划安排的一揽子融资的技术手段，借款者可以只依赖该经济单位的现金流量和所获收益用作还款来源，并以该经济单位的资产作为借款担保。投资银行在项目融资中起着非常关键的作用，它将与项目有关的政府机构、金融机构、投资者与项目发起人等紧密联系在一起，协调律师、会计师、工程师等一起进行项目可行性研究，进而通过发行债券、基金、股票或拆借、拍卖、抵押贷款等形式组织项目投资所需的资金融通。投资银行在项目融资中的主要工作是：项目评估、融资方案设计、有关法律文件的起草、有关的信用评级、证券价格确定和承销等。

九、证券私募发行业务

私募是相对于证券的公开发行而言的。为了规避公开发行的种种限制或快速筹资的需要，发行者不公开发行证券，只将其售给特定投资者，如共同基金、保险公司等。其间需要投资银行为发行者寻找投资人，或将其证券包销后再推销给机构投资者。由于私募发行不受公开发行的章程限制，就证券发行的种类、价格和条件等，发行者和机构投资者可在投资银行的安排下进行协商。私募市场因此成为许多金融创新的原生地和试验场所。在私募业务中，投资银行主要承担四项职责：寻找可能的投资者、帮助发行公司准备各种文件、对发行公司进行尽职调查、制定私募发行的日程表。在这样的中介服务中，投资银行会获得高额的代理业务佣金。

十、金融衍生工具的创造与交易业务

投资银行是创造和交易新金融工具的重要机构，风险控制工具就是创新金融工具中最重要的一种。常见的风险控制工具有期货、期权、互换等，通常我们把这类风险控制工具也叫作金融衍生工具，利用金融衍生工具能为投资银行拓展业务空间和资本收益。首先，投资银行可以作为经纪商，代理客户买卖这类金融工具，并向其收取一定佣金，这与经纪人为顾客买卖股票与债券获取佣金的方式完全一样。其次，投资银行也可以获得一定的差价收入，因为投资银行往往作为客户的对方进行衍生工具的买卖，接着它寻找另一客户作相反的抵补交易，获取差价收入。第三，这些衍生工具还可被用来保护投资银行自身免受损失。例如，在进行债券承销时，如果市场利率突然上升，会造成投资银行卖出的债券价格不得不下调，给其带来损失。因此，投资银行常常通过利率期货或利率期权来规避这一承销风险。

第四节 投资银行的基本职能

投资银行是现代金融体系的重要组成部分，是资本市场的核心。投资银行一向被誉为“华尔街的心脏”、“资本市场的灵魂”，其勇于创新和开拓的精神，使其在资本市场上扮演着最活跃、最富有创造性的角色。投资银行是联系资本市场上筹资者和投资者极为重要的金融中介，在现代金融体系中执行着其他金融机构无法替代的职能。

一、媒介资金供需，提供直接融资服务

在资本市场上，投资银行通过帮助资金需求者发行股票和债券等直接融资工具，并将其出售给资金供给者，而将资金供需双方连接起来，实现资金的互通有无。在这种直接融资方式下，投资银行是资金供求双方的中介人，虽然自己并不直接与资金的供给者和需求者发生融资契约关系，但通过自己的中介服务，在帮助资金需求者寻找到资金来源的同时，也帮助资金供给者寻找到了投资机会。而且，投资银行通过设计合理的交易方式，通过对期限、利率、还本付息方式等的选择，使资金供求双方在互利互惠的基础上达成协议，互通有无。

二、构建发达的证券市场

证券市场是金融市场的核心组成部分之一。从世界范围来看，一个经济相对发达的国家都会拥有一个较为发达的证券市场。投资银行在证券市场的构建方面有着其他金融机构无法替代的作用。

1.投资银行通过咨询、承销、分销、代销等方式帮助构建证券发行市场

证券发行工作较为复杂，证券发行者必须准备各种资料，进行大量宣传工作，提供各种技术条件，办理复杂的手续，因此仅依靠发行者自身的力量发售证券，不仅成本高，而且效果很不理想。所以大多数的证券发行工作总是要依靠投资银行才能顺利完成。

2.投资银行以做市商、经纪商和交易商的身份参与证券交易市场活动，发挥重要作用

(1)在证券承销完毕一段时间内，投资银行经常作为做市商参与证券交易活动，收集市场信息，预测市场行情，并因此吞吐大量证券，起到发现市场价格的作用，保证了证券价格的连续性和稳定性。

(2)在证券交易市场中，投资银行以经纪商的身份接受客户的委托，代其进行证券买卖活动，方便了客户买卖证券，活跃了市场的交易，提高了市场交易效率，保障了交易活动的顺利进行。

3.投资银行在证券市场的业务创新中发挥重要作用

投资银行作为金融领域中最积极、最活跃的力量，本着分散风险、保持合理流动性、追求最大化利润的原则，不断推出创新的金融工具，通过期货、期权、互换等各种衍生性金融工具满足客户的各种需求。投资银行通过业务创新不仅显示了其创新精神和开拓能力，更使证券市场大大拓宽了交易领域，保持着高效率的运行状态。

4.投资银行促进证券市场的信息披露

投资银行在证券市场中通过搜集资料、调查研究、提供咨询、介入交易，极大地促进了各种有关信息在证券市场的披露与传播。例如，投资银行通过信息搜集可将各级证券管理者、交易机构的信息及时、准确地传递给投资者；通过调查研究将企业财务状况信息及时向投资者公布，使投资者拥有尽可能多的信息，避免了信息不对称的误导，保证了证券市场的信息效率和信息公平。

由此可见，正如美国著名的历史学家和金融专家罗伯特·索贝尔所言："投资银行是华尔街的心脏，确实也是华尔街之所以存在的最重要的原因"。投资银行与一个健康、高效的证券市场密不可分。

三、优化资源配置

投资银行作为证券市场上的中介机构，通过对不同企业和不同项目融资的收益和风险的确定，可以起到引导社会资金流向，优化金融资源配置的功能。

(1)投资银行通过其资金媒介作用，使那些产业前景好、盈利能力强、发展潜力大的企业更容易通过发行股票、债券等方式获取发展所需资金，投资银行通过向投资者推介与承销这些企业发行的股票与债券，使资金流向这些企业，取得更好的资金使用效率，从而使国家整体的经济效益和福利得到提高，促进了资源的合理配置。

(2)投资银行便利了政府债券的发行，使政府可以获得足够的资金用于提供公共产品，加强基础建设，从而为经济的长远发展奠定基础。同时，政府还可以通过买卖政府债券等方式，调节货币供应量，借以保障经济的稳定发展。

(3)投资银行帮助企业发行股票和债券，不仅使企业获得了发展和壮大所需的资

金，并且将企业的经营管理置于广大股东和债权人的监督之下，有益于建立科学的激励机制与约束机制，以及产权明晰的企业制度，从而促进了经济效益的提高，推动了企业的发展。

(4)投资银行通过风险投资业务使许多尚处于新生阶段、经营风险很大的朝阳产业的企业获得发展所需资金，促进了产业的升级换代和经济结构的进步。

四、促进产业集中

在经济的发展过程中，生产的高度社会化必然导致产业的集中和垄断，而产业的集中和垄断又反过来促进生产社会化向更高层次发展，推动经济进一步发展。资本市场出现以前，产业集中是通过企业自身价值成长的内在动力以及优胜劣汰的自然规律驱动完成的。资本市场出现以后，其更注重企业未来价值的成长性，从而为资金流向提供一种信号，引导着更多的资金流向优质企业，从而加速产业集中进程。投资银行通过募集资本的投向和并购方案的设计，帮助优质企业获得资金，加快产业集中进程。

由于企业并购是一个技术性很强的工作，选择合适的并购对象、合适的并购时机、合适的并购价位以及进行合理的针对并购的财务安排都需要大量的资料、专业人才和先进技术，这是一般企业难以胜任的。从这个角度看，投资银行促进了企业规模的扩大、资本的集中和生产的社会化，成为产业集中进程中不可替代的重要要力量。

本章小结

对投资银行的定义，通常是根据投资银行的业务范围确定的。美国著名的金融投资专家罗伯特·库恩认为，只有经营部分或全部资本市场业务的金融机构，才能被称为投资银行。投资银行业区别于其他相关行业的显著特点是：它属于金融服务业；它主要服务于资本市场；它是智力密集型行业。随着金融管制的放松，投资银行和商业银行在许多业务领域里出现了交叉、融合、相互竞争的现象，两者之间的分界愈来愈模糊。但是，到目前为止，投资银行与商业银行在本源业务、筹资手段、利润的主要来源、经营管理风格和宏观管理等方面仍存在较大的区别。根据商业银行和投资银行关系紧密的不同，可将投资银行的发展模式分为分离型模式和混合型模式两种。从实践来看，混合经营模式主要存在全能银行型和金融控股公司型两种类型。一个国家是选择分离型模式还是选择混合型模式，取决于各国的历史特点、经济环境、习惯偏好、实际情况、社会利益集团状况等诸多因素。但从长远的发展趋势和国际环境来看，投资银行和商业银行具有向混合经营模式发展的趋势。

投资银行是金融业和金融资本发展到一定阶段的产物，它是在与商业银行的“融合—分离—融合”的过程中产生和发展起来的。19 世纪以前，欧洲商人银行业务主要源自国际贸易的发展，主要是票据承兑和以抵押品作担保发放一部分贷款，并为少数家族所主宰。进入 19 世纪，美国的投资银行业务崭露头角，由于战争、基础设施建设、证券交易和兼并浪潮，美国投资银行业发展迅猛。1929—1933 年，资本主义国家爆发经济大危机，大量的商业银行和投资银行倒闭。1933 年,《格拉斯—斯蒂格尔法案》将商业银行和投资银行严格分离,英国和日本也相继实行分业经营。20 世纪 70 年代之后,随着经济全球化及金融管制的放松,投资银行业呈现出综合化、集中化、多元化、专业化和全球化的发展趋势。2008 年,美国金融危机爆发,华尔街五大投资银行或被收购,或破产保护,或转型为银行持股公司,分离型投资银行模式大受打击,混合经营是大势所趋。

经过最近二百多年的发展,现代投资银行已经突破了传统的证券发行与承销、证券交易与经纪等业务,企业并购、资产管理、财务顾问、风险投资、项目融资、衍生品交易、资产证券化等已经成为投资银行的核心业务。作为现代金融体系的重要组成部分,投资银行是资本市场的核心和灵魂,发挥着其他金融机构无法替代的职能:媒介资金供需,提供直接融资服务;构建发达的证券市场;优化资源配置;促进产业集中。

复习思考题

1.什么是投资银行?投资银行业具备哪些显著特点?

2.投资银行与商业银行主要有哪些区别?

3.何为分离型模式?何为混合型模式?这两种模式各有何优劣?

4.如何理解投资银行发展模式中的全能银行型和金融控股公司型?

5.投资银行与商业银行的关系经历了怎样的发展演变?

6.20 世纪 70 年代之后,国际投资银行呈现出怎样的发展趋势?

7.2008 年金融危机爆发后,你怎样看待国际投资银行的发展前景?

8.查找资料,了解美国华尔街五大投资银行的历史与现状。

9.在现代经济运行中,投资银行具有怎样的功能?

10.现代投资银行具有哪些主要的业务?请举例说明。

第九章

交易所

本章导读

交易所是现代金融发展的标志性机构，投资者交易股票、债券、期货、期权等金融产品都必须与之打交道。人们交易这些证券时，为什么不用像在一般的商品市场交易那样寻找交易对手、讨价还价？为什么在交易所这个平台上交易金融工具能够这么容易和便利？

本章将从市场交易存在的困难出发，学习交易所如何通过交易指令、交易规则的设计安排和组织交易，具体包括：交易指令、报价驱动、指令驱动、限价指令簿、集合竞价等交易机制的工作原理和经济分析。

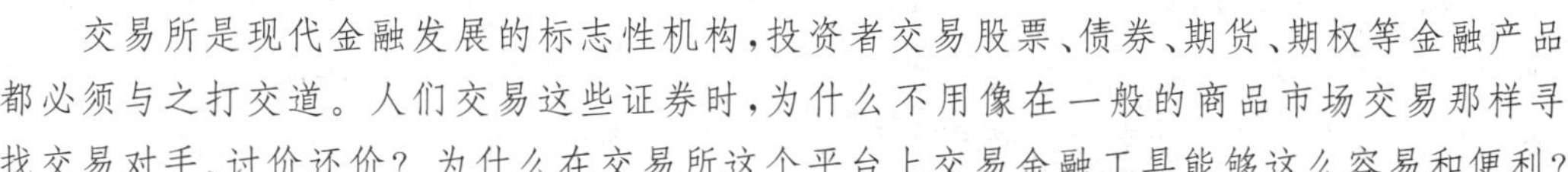

第一节　市场交易与交易所的起源

一、市场交易

通常的议价交易，只有一个买者和一个卖者，一笔交易，其核心问题是如何确定交易价格，分配交易剩余。当只有一个卖（买）者，但有多个买（卖）者，多数情形也只有一笔交易时，“一个”的一方首先必须在“多个”的一方中寻找到合适的交易对手，以最大化潜在收益。该情形下的交易通常是拍卖交易。在拍卖中，“一个”的一方利用其垄断地位优势，通过选择拍卖规则，实施拍卖以遴选出合适的交易对手，同时将确定交易价格的问题也内含于选择过程。

市场交易却是一个更复杂的交易情形。在该情形中，存在多个买者和多个卖者，要实现的交易数量也不只一笔。在市场交易中，买者和卖者都希望找到合适的交易对手：卖者希望找到愿意支付较高价格的买者，买者希望找到愿意以较低价格出售的卖者，以便以好的价格实现交易；此外，交易者还必须找到能够满足其交易数量要求的交易对手，有大量标的需要交易的交易者可能要找到多个交易对手以完成交易。

因此，市场交易本质就是一个搜寻问题。买者必须找到合适的卖者，卖者必须找到合适的买者。但能否成功实现搜寻，还存在许多障碍。在空间上，交易者难以确定在何处会有他的交易对手；在时间上，他难以确定其可能的交易对手会何时出现。为了解决空间和时间上的差异，人们约定俗成在特定的时间到特定的地点寻找交易对手，这就出现了集市交易。但集市交易只是初步实现了交易在空间和时间上的协调，交易者之间还是存在信息分散、难以有效搜寻的问题。

二、交易所

(一)交易所的产生

为了更好地实现交易信息的集中，以更好地解决交易搜寻问题，出现了专门收集交易信息，提供交易服务的分工，出现了经纪商和做市商等职业。

做市商和经纪商帮助交易者实现交易。经纪商是个代理人，代理其客户安排交易。他们帮助客户寻找愿意与客户交易的对手。经纪商通过收取佣金获得服务收入。而做市商直接与客户交易。做市商愿意买入和愿意卖出的价格就是做市商的买卖报价，做市商通常坚持在市场上提供报价，以维护其做市声誉。每当做市商与其客户完成一笔交易之后，都试图去实现一笔反方向并获得盈利的交易，即，卖掉他已经买入的资产或买入他已经卖出的资产。做市商通过低买高卖获取收益，成功的做市商必须是一个优秀的交易者。

为了更好地提供交易服务，以提高自己的服务收入，做市商和经纪商等提供交易服务的成员内部也需要相互协调，早期经纪商之间相互协调的结果就出现了会员制的交易所制度。

交易所和经纪商会设计市场以最小化交易搜寻成本，提高交易效率。他们通常会将市场组织在同一场所，使每一个想要交易的人都聚集在相同的场所，以相互间寻找愿意提供最优价格的交易对手。在历史上，交易所和经纪公司将它们的市场组织成交易大厅；现在，他们可以在计算机通信网络上组织市场，并允许交易者在远程安排交易。由于电子通信技术的普及，使用成本在下降，这类电子市场已经得到快速发展。

他们设计交易指令，让交易者更准确、更规范地表达其交易需求，以便更好地集中交易信息，提高搜寻效率。他们设计交易规则，包括如何使用指令、如何处理指令、如何执行交易、如何传递信息等。这些交易规则决定着不同类别交易者之间的力量均衡，包括知情交易者和未知情交易者之间、普通公众交易者和专业交易者之间以及机构交易者和散户之间的力量均衡。交易规则直接影响交易实现的顺利程度和交易成本等市场质量，因此，交易规则非常重要。一个市场所使用的交易规则和执行规则的交易系统被称为市场结构，也称为交易机制。

大多数的交易者都希望在有良好组织的市场上交易，因为其他交易者也在这里交易。当许多交易者都在相同的地方进行交易时，安排交易就变得非常容易。即，交易者之间是相互吸引的，因此，要设立新的市场就变得很困难。

当市场上的交易对象(也称交易工具)是可替换的、标准化的资产时，市场能够发挥最有效的作用。某类交易工具是可替换的，是指一单位的该工具(比如一张股票、一份债券或一份合约等)与所有其他单位的该工具在经济上完全没有区别。如果交易工具是可替换的，那么买者就不用关心他买入的是哪一份工具。由于全部卖者提供的都是相同的工具，那么买者就可以从提供最优价格者买入，而不用关心其他关于交易工具的信息；卖者也可以卖给任何买者。因此，可替换的交易工具要比那些不可替换的、具有异质性的工具更容易交易，相应的市场也更容易组织。由于股票、债券、期货合约和金融衍生品具有可替换、标准化的特征，因此这类工具最容易实现交易，相应的市场也是现实经济中协调程度最高的市场。

因此，交易所通常是指有组织的交易场所，它的核心内容是提供了规范的交易指令和完善的交易机制，这也是它与集市交易的最大区别。

交易所根据交易内容的不同通常分为证券交易所、商品交易所和金融衍生品交易所。证券交易所主要交易股票和债券；商品交易所主要交易商品期货；金融衍生品交易所主要交易股票、债券、外汇、各类指数等的期货和期权。

(二)证券交易所的组织形式

世界各国证券交易所的组织形式大致可分为两类：

1.会员制证券交易所

会员制证券交易所是以会员协会形式成立的不以营利为目的的组织，主要由证券商组成。只有会员及享有特许权的经纪人才有资格在交易所中进行证券交易。会员对交易所的责任仅以其交纳的会费为限。会员制交易所通常也都是法人，属于社团法人，但也有一些会员制交易所(如美国的美国证券交易所)不是法人组织，其原因主要是为避免司法部门干预它的内部规定。我国 1997 年发布的《证券交易所管理办法》规定：交易所是不以营利为目的，是为证券的集中和有组织的交易提供场所、设施，并履行相关职责，实行自律性管理的会员制事业法人。

为了保证证券交易有序、顺利地进行，各国的交易所都对能进入交易所交易的会员作了资格限制。各国确定会员资格的标准各不相同，但主要包括会员申请者的背景、能力、财力，有否从事证券业务的学识及经验、信誉状况等。此外，有些国家和地区(如日本、澳大利亚、新加坡、巴西、我国的上海和深圳等)交易所只吸收公司或合伙组织的会员，而大多数国家的交易所则同时允许公司、合伙组织和个人成为交易所会员。

按会员所经营业务的性质和作用划分，各国交易所的会员又可分成不同的种类。如纽约证券交易所的会员可分为佣金经纪人、交易所经纪人、交易所自营商、零股交易商、专家会员五种；伦敦交易所的会员可分为经纪商和自营商两种；日本的交易所会员则分为正式会员和经纪会员两种。

2.公司制证券交易所

公司制证券交易所是由银行、证券公司、投资信托机构及各类公司等共同投资入股建立起来的公司法人。

由于公司制证券交易所具有较为明显的优势，目前世界上越来越多的证券交易所实行公司制。2005 年 4 月，纽约证券交易所宣布实行公司化改革并且收购了群岛交易所(Archipelago)。随后，在 2006 年 3 月，纽约证券交易所将股票在自己的交易所挂牌交易。2006 年 6 月 1 日，纽约证券交易所宣布与泛欧证券交易所合并组成纽约—泛欧证券交易所公司。1 股纽约证券交易所的股票换成 1 股新公司股票，泛欧证券交易所股东以 1 股泛欧证券交易所股票换取新公司的 0.98 股股票和 21.32 欧元现金。新公司总部设在纽约。

三、证券交易所的起源与发展

世界上最古老的证券交易所就是由荷兰东印度公司于1602年创建的阿姆斯特丹证券交易所;但它只是现代股票交易所的雏形,创建的目的就是为荷兰东印度公司的股票提供交易场所。2000年3月,阿姆斯特丹证券交易所与布鲁塞尔证券交易所和巴黎证券交易所合并成立了泛欧交易所。

1773年,英国的第一家证券交易所在伦敦柴思胡同的乔纳森咖啡馆成立。1802年,交易所获得英国政府正式批准。最初主要交易政府债券,之后公司债券和矿山、运河股票陆续上市交易。此后,在英国其他地方也出现了大量的证券交易所,高峰时期达30余家。1967年,英国各地交易所组成了7个区域性的证券交易所。1973年,伦敦证券交易所与设在英国格拉斯哥、利物浦、曼彻斯特、伯明翰和都柏林等地的交易所合并成大不列颠及爱尔兰证券交易所。1995年12月,该交易所分为两个独立的部分,一部分归属爱尔兰共和国,另一部分归属英国,即伦敦证券交易所。

美国在证券发行之初,也无集中交易的证券交易所。当一些经纪人的金融业务开始增多时,他们需要一个场地进行交易。很多咖啡屋为这些经纪人提供了交易的场所,当这些经纪人通过交易股票来谋利时,这些咖啡屋靠卖食物和饮料赚钱。一些成功的经纪商为了适应新的业务要求,开始在他们的办公室里举行定期的证券拍卖。1792年年初,约翰·萨顿和他的合伙人本杰明·杰伊以及其他一些人决定在华尔街22号建立一个拍卖中心,并称之为股票交易所。欲出售股票者将想卖的股票存放在交易所,拍卖人根据成交量收取佣金。经纪人或为自己,或为自己的客户,参加拍卖购买股票。可是这个体系很快就崩溃了。许多外围的经纪人参加拍卖会只是为了获知最新的股票价格,他们随后在外面售出同样的股票,但收取更低的佣金。即使是场内经纪人也经常不得不在场外进行交易,来保证自己不吃亏。为了解决这一问题,场内经纪人的巨头们于1792年3月21日在克利斯酒店聚会,试图签订一个协议来制止场外交易。他们同意建立一个新的拍卖中心,于4月21日开业,并进一步达成协议:"我们,在此签字者,作为股票买卖的经纪人庄严宣誓,并向彼此承诺:从今天起,我们将不为任何人以低于0.25%的佣金费率买或卖任何股票,同时在任何交易的磋商中我们将给予会员以彼此的优先权。"这就是众所周知的《梧桐树协议》。

1817年3月8日这个组织起草了一项章程,并把名字更改为"纽约证券交易委员会"。1863年改为现名即纽约证券交易所。从1868年起,只有从当时老成员中买得席位方可取得成员资格。1865年交易所才拥有自己的大楼。坐落在纽约市华尔街11号的大楼是1903年启用的。交易所内设有主厅、蓝厅、"车房"等三个股票交易厅和一个债券交易厅,是证券经纪人聚集和互相交易的场所,共设有16个交易亭,每个交易亭有16～20个交易柜台,均装备有现代化办公设备和通信设施。交易所经营对象主要为股票,其次为各种国内外债券。

1934年10月1日,交易所向美国证券交易委员会注册为一家全国性证券交易所,有1位主席和33位成员的董事会,1971年2月18日,非营利法人团体正式成立,董事会成员的数量减少到25位。

我国最早的交易所是1905年设立的“上海众业公所”。新中国成立后，一度取消证券交易。改革开放之后，我国证券市场开始起步，当时最主要的市场活动是国债发行。1990年12月19日，我国第一家证券交易所——上海证券交易所挂牌成立；1991年7月3日，深圳证券交易所成立。经过二十多年的发展，目前这两大交易所都取得了长足发展。

《梧桐树协议》原文

We the Subscribers, Brokers for the Purchase and Sale of the Public Stock, do hereby solemnly promise and pledge ourselves to each other, that we will not buy or sell from this day for any person whatsoever, any kind of Public Stock, at least than one quarter of one percent Commission on the Specie value and that we will give preference to each other in our Negotiations. In Testimony where of we have set our hands this 17th day of May at New York, 1792.

签署者：

Leonard Bleecker，华尔街16号
Armstrong & Barnewall，宽街58号
Bernard Hart，宽街55号
Andrew D.Barclay，珍珠街136号
Benjamin Seixas，汉诺威广场8号
John A.Hardenbrook，拿骚街24号
Benjamin Winthrop，大码头街2号
Ephraim Hart，百老汇74号
Julian McEvers，格林尼治街140号
G.N.Bleecker，宽街21号
Peter Anspach，大码头街3号
David Reedy，华尔街58号
Hugh Smith，Tontine咖啡馆
Samuel March，王后街243号
Alexander Zuntz，宽街97号
Sutton & Hardy，华尔街20号
John Henry，杜克街13号
Samuel Beebe，拿骚街21号
John Ferrers，沃特街205号
Isaac M.Gomez，梅登巷32号
Augustine H.Lawrence，沃特街132号
John Bush，沃特街195号
Charles McEvers Jr.，沃特街194号
Robinson & Hartshorne，王后街198号

第二节 交易指令和信用交易

一、指令及其作用

考虑一个大厅交易市场。当一个交易者亲自在交易现场，并且为他自己做交易时，他就不必完全清晰地描述其交易需求或交易策略。但是，亲临现场交易存在多个方面的困难。首先，亲临交易现场，需要支付较高的成本，特别是异地的交易者，需支付较高的交通和时间成本。其次，所有的交易者都亲临现场也受到交易现场的制约，即使在现场，不通过适当的方式表达交易需求，也仍然难以集中交易信息，无法提高搜寻效率。因此，多数交易所都规定只有会员才能在现场进行交易，一般交易者根本不可能亲临现场。此外，观

察交易变化也很花精力。如果交易进展较慢，观察交易变化，每当有交易机会出现时，才提交买、卖报价，这种交易过程的效率也很低。

在股票市场，如果一个交易者不想亲自留在现场等待交易机会，或者根本无法亲临交易现场，该交易者可以将自己的交易要求——指令，留给他的经纪人。如：

"买500股宝钢股份，价格为7.00元。"

该指令可以理解为："7.00元/股"是我愿意买入的最高价格；如果经纪人没法得到这个价格，我的指令就不被执行。

这就是一个限价指令，它可以由一个不在现场的客户提交。

由于大多数的交易者无法亲自安排交易，因此，指令是必需的。而能够自己安排交易的交易者，典型的有交易商或做市商，可以不使用指令，他们可以在现场作决策。而其他交易者要用指令来表达自己的交易意图。当他们无法密切关注市场状况和市场变化时，都必须事先谨慎地说明自己的交易意图。

一条指令，也称为一个委托，它就是一个交易指示，是交易者向经纪商或交易所提交的交易指示。指令说明了交易者希望自己的交易如何安排。指令通常要表明交易者想要交易的对象、交易的方向（是买还是卖）、希望交易的数量。一个指令还应包括交易应该满足的条件，最普遍的条件是限定交易者可以接受的价格，其他的条件还可能包括：指令的有效期，指令何时可以被执行，指令是否可以被部分执行，指令要提交到何处，以及如何搜寻交易对手等。有些指令甚至会指定交易对手。

在快速变化的市场上进行交易，要有清晰而有效的信息交流。经纪人必须准确地理解交易者的交易意图，否则就可能导致交易损失。为了避免错误，大多数的交易者都选择使用标准指令以降低误解的可能性。标准指令的很多交易条件采用缺少值，比如指令的有效期等，所有的交易者都知道并理解这些标准指令。

许多市场是利用一组规则以匹配交易者所提交的买卖指令来安排交易的。为了理解这些市场是如何工作的，必须先理解交易者是如何使用交易指令的。典型的指令类型有限价指令和市价指令。

二、限价指令

限价指令是最基本的指令类型。一个限价指令应该要说明的内容主要包括（有些内容可能缺省）：交易对象、交易方向（买或卖）、交易数量和有效时间（指令何时到期）。

股票市场中的一个例子：

"买100股中信证券，限价44。"

该限价指令的意思是：买100股中信证券，价格要小于等于44元/股。如果该价格无法达到，保留该指令。如果直到这一天的交易时间结束，该指令还未被执行，该指令就自动被取消。该指令的有效期缺省为当日。

限价指令也要求以尽可能好的价格执行，其所设定的价格是强调执行价格不能比设定的价格更差。对于买入限价指令，交易价格必须小于或等于指令设定的价格；对于卖出限价指令，交易价格必须大于或等于指令设定的价格。

对于一个限价指令，它没有被执行的保证。其成交的可能性取决于它所设定的价格。如果一个买入限价指令的价格太低，可能永远无法执行；同样，如果一个卖出限价指令的价格太高，也可能永远无法执行。

限价指令有以下特征：

（一）限价指令免费为市场提供流动性

由于限价指令给其他交易者提供了想交易就能交易的能力，其他交易者可以选择是否与当前限价指令进行交易。因此，限价指令为市场提供了免费的流动性，也可以将限价指令理解成免费期权。具体来说，卖出限价指令就是给其他交易者提供买入机会的买权（看涨期权）；而买入限价指令就是给其他卖出交易者提供卖出机会的卖权（看跌期权）。任何交易者想要利用该期权，都可能通过提交市价指令以执行该权力。

（二）提供流动性能够得到补偿

提交限价指令，放弃交易选择权能够得到的补偿是获得更好的成交价格。买者提交限价买入指令将至少以买入报价成交；相反，如果提交市价指令，将要支付更高的市场卖出报价。类似地，卖者提交限价卖出指令也将至少获得自己的卖出报价；而使用市价指令只能获得更低的市场买入报价。

但限价指令的提交者只有当他们的指令成交时，才能得到更优价格的补偿。如果市场背离他们的指令，他们的指令可能永远无法被执行；如果他们还希望交易，就必须提高他们的买入报价或降低卖出报价以追逐市场价格。这有可能导致他们的最终交易价格比使用市价指令得到的价格还差。

（三）使用限价指令面临指令执行的不确定性风险

使用限价指令面临的主要风险是指令执行的不确定性风险。当市场价格背离限价指令时，限价指令将无法得到执行。对于那些更为关注交易确定性的交易者，可以通过设定更具竞争性的价格以提高成交的可能性，降低指令执行的不确定性风险；对于那些一定要实现交易的交易者来说应提交市价指令。这些策略会降低指令执行的不确定风险，但会增加交易成本。

三、市价指令

市价指令是限价指令的一种替代，它要求立即执行，但没有指明价格。例如：

“以市场价格买 100 股中信证券。”

这等于告诉交易所（或经纪人）：“以尽可能低的价格买 100 股中信证券，但指令要立即执行。”

市价指令是指没有具体指明价格，但要求以当前市场上可获得的最优价格成交的指令。市价指令通常都能被快速执行，但有时要以次优的价格成交。没有耐心的交易者、想确切实现交易的交易者会使用市价指令，他们需要流动性。

市场指令的执行情况取决于指令的规模以及当前市场上可获得的流动性。小的市价指令通常都能立即被执行，并且对市场价格没有影响或影响较小。小的市价买入指令通常以最优的卖出报价成交；小的市价卖出指令通常以最优的买入报价成交。

市价指令的主要特征有：

(一)市价指令要支付价差以获取交易的即时性

市价指令的交易者要支付买卖价差。

假设张先生使用一个市价买入指令，然后又用市价卖出指令以完成一个快速的双向债券交易。当前市场最优买入报价为100，最优卖出报价为102时，并假设张先生的交易量很小不影响市场报价。则，张先生的买入指令将以102成交，而卖出指令将以100成交。那么张先生的这两笔交易的总损失就是2元，即一个买卖价差。由于张先生支付的这个价差获得了两个即时交易的机会，因此，他单笔交易的交易成本就是半个价差。因此，价差(准确地说半个价差)就是交易者使用市价指令得到交易即时性所支付的成本。

(二)市价指令具有市场效应

大的市价指令比小的市价指令更难执行。大的市价指令到达市场时，可能会因为指令簿上最优对手指令的不足，导致市场指令在指令簿被移动执行，改变市场的最优买卖报价。当指令被执行导致市场的最优报价被改变时，该指令就具有了市场效应，也称为价格效应。由于市场效应随着指令规模的增大而增大，它通常是大规模指令最重要的交易成本。大规模市价指令提交者所支付的流动性成本一般都超过半个价差。

(三)市价指令的执行价格具有不确定性

市价指令的最终执行价格取决于指令提交时的市场状况。由于市场状况有可能快速变化，因此，使用市价指令的交易者要面临交易价格比预期差的风险。通常将该风险称为执行价格的不确定性风险。执行价格的不确定风险是源于在指令提交到指令被执行这段时间内市场报价发生变化。对于该风险很在意的交易者会倾向于使用限价指令，比如专门从事交易活动，靠赚取价差收益的交易者一般很少使用市场指令。

综上所述，交易者通常使用指令与帮助他们安排交易的经纪商或交易所进行沟通和交流，为了降低交流过程的误解，证券市场通常标准化指令类型和指令处理过程。最重要最典型的指令类型是市价指令和限价指令。当交易者希望以市场上的最优价格获得立即交易时，会使用市价指令。当交易者希望对自己的交易设定一个可接受的价格时，会选择使用限价指令。

不同的指令类型有不同的不确定性，市价指令的成交价格是不确定的，而限价指令能否成交是不确定的。

不同的指令类型对市场流动性影响也不同。由于限价指令给其他交易者创造了交易机会，给市场提供了交易选择权，因此，提供限价指令是供给流动性，使用市价指令就是消耗流动性。

四、其他指令

除了限价和市场指令以外，许多交易所还根据交易者的不同需求设计了其他具有特殊功能的指令，比如：止损指令、止损限价指令、冰山限价指令等。

(一)止损指令

止损指令是指要求在市场价格高于某一个设定价格时买入或者在市场价格低于某一

设定价格时卖出的指令。这种指令的下达，是利用市场的惯性运动谋利或者用以止损。止损指令分为两种类型。一种是买入止损指令。这种指令指示在一个比现有市场价格高的价格上买入证券。之所以会下达这样的指令，一般是由于交易者认为一旦市场价格超过了某一个特定的价格，价格的上升将会继续，交易者判断价格将会升到一个更高的位置。

另一种是卖出止损指令。这种指令指示在交易价格或者出价达到或者低于设定的价格的时候成交。和买入止损交易的不同在于，卖出止损指令只需要出价达到了停止价格，就可以执行该指令。原因与前者相同，交易者判断市场将出现疲软，于是在价格达到一定的下跌点的时候将证券卖出。因为交易者判断价格会继续下跌。这种指令也用来止损，一旦触及设定价格，交易者认为价格的走势将会对他手中持有的证券不利，因此将证券卖出以防止更大的损失。

(二)止损限价指令

止损限价指令是将止损指令和限价指令综合运用的指令，设有止损价和交易限价，当市价触及止损价时指令开始生效，成为限价指令，最终达成的交易价格必须在交易限价之内。如果市价不能达到客户所要求的价格水平，则该指令将不予执行。

(三)一直有效指令

一直有效指令又叫"除非撤销一直有效指令"、"开放式指令"。其意义是除非客户自己取消这一指令，该指令一直有效。这个指令在被客户自己取消之前将一直保留在指令簿中。普通指令都是当日有效的指令，也就是说如果在客户下达的指令上没有特意规定时间，经纪公司将认为这份指令只在当日有效。当天收市的时候，凡是在交易所中没有达成交易的普通指令都被视为无效指令而被清除。

(四)冰山指令

机构投资者在购买或出售他们投资组合中的大量证券时常常会面临这样的问题：一方面想部分透露其交易意图，吸引更多的交易对手，从而减少完成交易的时间和成本；另一方面又不想完全暴露其真实的交易规模，改变市场供需结构，导致价格逆向变动，增加交易成本。冰山指令(iceberg order)可以很好地帮助投资者解决这个问题，在流动性与价格逆向变动风险之间找到平衡。

冰山指令是限价指令的扩展，下单时需要投资者设定委托价格、委托总量和可见委托量(暴露量)，其中可见委托量必须小于委托总量。在指令下达后，系统会按设定的委托价格发出一个限价指令，委托量等于暴露量；待该笔限价委托成交，系统便会以同样的价格再发出一笔同等数量的限价委托，等待成交；依次类推，直至交易结束。这种交易模式好比一座巨大的冰山，只有很小部分为人所见，绝大部分都隐匿于水面之下。冰山指令通过此种方法来隐藏投资者真实的交易量。普通的限价也可看作是冰山指令的一个特例，只不过委托总量恰好等于暴露量。

五、信用交易

信用交易又称垫头交易或保证金交易，是指证券买者或卖者通过交付一定数额的保证金，得到证券经纪人的信用而进行的证券买卖。信用交易可以分为信用买进交易和信用卖出交易。

(一)保证金购买

信用交易又称为保证金购买，是指对市场行情看涨的投资者交付一定比例的初始保证金，由经纪人垫付其余价款，为他买进指定证券。最低初始保证金比率通常是由中央银行规定的。如美联储目前规定的最低初始保证金比率是50％。

保证金交易对于经纪人来说相当于在提供经纪服务的同时，又向客户提供了一笔证券抵押贷款。这种贷款的风险是很小的，因为用保证金购买的客户必须把所购证券作为抵押品托管在经纪人处。而且如果未来该证券价格下跌，客户遭受损失而使保证金低于维持保证金的水平时，经纪人就会向客户发出追缴保证金通知。客户接到追缴保证金通知后，得立即将保证金水平补足到初始保证金的水平。

对于客户来说，通过保证金购买可以减少自有资金不足的限制，扩大投资效果。当投资者对行情判断正确时，其盈利可大增。当然，如果投资者对市场行情判断错误，则其亏损也是相当严重的。

我们举一个例子来说明保证金购买的原理。假设A股票每股市价为10元，某投资者对该股票看涨，于是运用保证金购买。假设该股票不支付现金红利；初始保证金比率为50％，维持保证金比率为30％；保证金贷款的年利率为6％，其自有资金为10 000元。这样，他就可以借入10 000元共购买2 000股股票。

假设一年后股价升到14元，如果没有进行保证金购买，则投资收益率为40％。而保证金购买的投资收益率为：

$$\frac{14\times2\ 000-10\ 000\times(1+6\%)-10\ 000}{10\ 000}=74\%$$

假设一年后股价跌到7.5元，则投资者保证金比率(等于保证金账户的净值/股票市值)变为：

$$\frac{7.5\times2\ 000-10\ 000}{7.5\times2\ 000}=33.33\%$$

那么，股价下跌到什么价位(X)时投资者会收到追缴保证金通知呢？这可以从下式来求解：

$$\frac{2\ 000X-10\ 000}{2\ 000X}=30\%$$

从上式可以解得：$X=7.143$。因此当股价跌到7.14时投资者将收到追缴保证金通知。

假设一年后该股票价格跌到5元，则保证金购买的投资收益率将是：

$$\frac{5\times2\ 000-10\ 000\times(1+6\%)-10\ 000}{10\ 000}=-106\%$$

(二)卖空交易

信用卖出交易又称为卖空交易，是指对市场行情看跌的投资者本身没有证券，向经纪人交纳一定比率的初始保证金(现金或证券)借入证券，在市场上卖出，并在未来买回该证券还给经纪人。

在实践中，经纪人可以将其他投资者的证券借给卖空者而不用通知该证券的所有者。若该证券的所有者要卖出该证券时，经纪人就向其他投资者或其他经纪人借入股票。因此，卖空的数量在理论上是无限的。但如果经纪人借不到该证券，则卖空者就要立即买回该证券还给经纪人。因此其期限也是不确定的。在卖空证券期间，该证券的所有权益均归原所有人所有。因此若出现现金分红的情形，虽然卖空者未得到现金红利，但他还得补偿原持有者该得而未得的现金红利。

为了防止过分投机，证券交易所通常规定只有在最新的股价出现上升时才能卖空。卖空的所得也必须全额存入卖空者在经纪人处开设的保证金账户[①]。

当股价上升超过一定限度从而使卖空者的保证金比率低于维持保证金比率时，卖空者就会收到追缴保证金通知。此时他要立即补足保证金，否则经纪人有权用卖空者账户上的现金或卖掉该账户上的其他证券来买回卖空的证券，损失由卖空者承担。

假设你有9 000元现金，并对B股票看跌。该股票不支付红利，目前市价为每股18元。初始保证金比率为50%，维持保证金比率为30%。你可以向经纪人借入1 000股卖掉。

假设该股票跌到12元，你就可以按此价格买回股票还给经纪人，每股赚6元，共赚6 000元。投资收益率为66.67%。

假设该股票不跌反升，那么你就有可能收到追缴保证金通知。到底股价升到什么价位(Y)你才会收到追缴保证金通知呢？这可以从下式来求解：

$$\frac{18\ 000+9\ 000-1\ 000Y}{1\ 000Y}=30\%$$

由上式可以求出$Y=20.77$元。

假设股价升到26元，则投资收益率为：

$$\frac{18\times1\ 000-26\times1\ 000}{9\ 000}=-88.89\%$$

第三节 交易所的交易机制

一个市场要能够有序、高效地组织交易，除了要有标准指令以高效传递和集中潜在的交易需求等信息外，也要有规则决定如何使用指令、如何处理指令、如何执行交易、如何传递信息等。一个市场所使用的这些交易规则和交易的执行系统就被称为市场交易机制。

交易机制的分类方法一般有两种：一种是根据交易发生的时间——交易期(trading session)的不同，分为连续交易市场和定期交易市场(也称为集合市场)。在连续交易市场中，只要市场是开放的，交易者都可以安排交易；而在集合市场，所有交易只在市场集合时发生。另一种是根据安排交易的过程和方法——交易执行系统的不同，分为指令驱动市场、报价驱动市场和经纪商市场。在报价驱动市场中，做市商与其客户进行交易时，由做市商安

① 大的机构投资者通常可以提取部分卖空所得。

排所有交易;在指令驱动市场中,通过指令处理规则来匹配买者和卖者,通过交易定价规则来确定交易的成交价格;而经纪商市场,经纪商帮助买者和卖者相互寻找以安排交易。

一、执行系统

执行系统是指一个市场用于匹配买者和卖者以形成交易的过程和方法。由于执行系统是一个市场的基本特征,通常根据执行系统的不同将市场分为三类:报价驱动市场(quote-driven market)、指令驱动市场(order－driven market)和经纪商市场(brokerage market),而兼具这三种机制的市场称为混合市场(hybrid market)。

(一)报价驱动市场

报价驱动市场也称为做市商市场,在该市场上提供交易服务的是做市商。交易者可以在指令提交之前,从做市商处获得确切的报价,然后提交市价指令实现交易。做市商参与每一笔交易,任何交易者只能与做市商交易,而不能进行相互交易。做市商内部之间也会进行交易。

例如:在纯粹的报价驱动市场上,如果张先生想买入一证券,他必须找到一个做市商,从做市商处购入;类似地,黄先生想要卖出一证券,他也必须找到愿意买他的证券的做市商。虽然张、黄两位先生之间愿意直接进行交易,但在该市场上,他们通常无法安排这样的交易,他们只能通过一个或多个做市商为中介,间接地完成交易。

在这类市场上,做市商总是持续地在市场上提供愿意买入和愿意卖出的报价,因此,被称为报价驱动市场;在该类市场上,做市商提供了全部的流动性,因此,也被称为做市商市场。

在大多数的做市商市场上,可能会有多家做市商在相同的交易工具上提供做市服务。交易者需要交易时通常会同时向不同的做市商询价,然后选择提供最优价格和最好服务的做市商。做市商也可能会选择客户,通常只与有信用、可信任的交易者交易。

那些与做市商没有信用关系的交易者,只能通过经纪商,由经纪商保证他们的交易结算,才能与做市商交易。也有些做市商专门为某类客户群体服务,比如小的零售交易者,或大的机构交易者,这类做市商有可能拒绝那些不是他们所偏好的客户对象。

做市商是通过低买高卖获取价差收益提供交易服务的,是典型的交易服务商,不是投资者,他们不会过多地关注交易工具的价值及其变化趋势,也不愿意持有过多的空头和多头。在每天交易结束之后,总是希望能平掉当天交易累积下来的头寸,以规避价格变动风险。因此,做市商之间有相互交易的需要,一般做市商之间的交易由做市商间经纪人安排。多数做市商不愿意其他做市商知道他们的交易,通过做市商间经纪人提供服务,能让做市商间匿名地进行交易,以保护做市商和他们的客户免于竞争对手的猎食行为。

在国际上,报价驱动市场非常普遍,几乎所有的美国债券和货币市场都是报价驱动的,多数的股票市场也都有报价驱动机制,如 Nasdaq 是典型的做市商市场,但允许交易者提交自己的限价指令,纽约股票交易所的专家(Specialist)也提供做市服务。在中国,外汇零售市场也是典型的做市商市场。

(二)指令驱动市场

在指令驱动市场,交易者先提交交易指令,然后市场组织者利用一定的交易规则安排交易。交易规则一般包括指令优先规则和交易定价规则，其中指令优先规则决定哪个买者与哪个卖者交易，交易定价规则决定交易的成交价格。

如果在指令驱动市场上，交易双方有一方只有一个交易者，而不是多个，那么，它的交易过程实际上就是一个拍卖过程，只不过现在交易双边都有多个交易者。因此，大多数的指令驱动市场也被称为双向拍卖市场。在指令驱动市场上，交易规则让交易双方寻找最优交易价格的过程形式化了，该过程也被称为价格发现过程，因为它揭示了买者与卖者之间最优匹配的价格。

在指令驱动市场，交易者可以提供也可以接受流动性。提供流动性的交易者向市场表明自己的交易条件，而接受流动性的交易者，就是接受这些交易条件。有些规则会鼓励交易者提供流动性，而有些规则却会抑制提供流动性。因此，交易规则很重要，它会影响市场的流动性。

指令驱动市场的结构差异很大，有些实行批量交易机制。交易者在交易之前提交指令，在一次市场集合(market call)之后，用统一或不同的价格安排全部交易。有些市场执行连续双向拍卖机制，这类市场本质上都是基于限价指令簿的交易机制，交易者可能随时提交指令；每当新指令进入，执行系统或人员就在限价指令簿上寻找匹配指令，然后执行成交，如果无法匹配就将其加入限价指令簿。这类市场指令提交和执行的方式也有不同，有的通过手势或口头公开报价；而现在更多的是通过电子手段，使用基于规则的指令匹配系统，交易者直接或间接通过电子系统提交指令，然后由电子系统自动匹配买卖指令，交易规则被编成指令处理软件。

还有些市场执行交叉网络(crossing networks)机制。这类市场只有指令优先规则，而没有定价规则，交易者提交的指令也只需表明买卖的数量，而无须说明价格要求。这类市场的交易执行价格通常引用其他市场上的价格。因此，它没有价格发现过程，通常被归入另类交易市场(alternative market)。

指令驱动市场现在很普遍，执行电子拍卖和公开叫价拍卖的市场都属于指令驱动的，主要的期货市场、股票市场和期权市场都有指令驱动机制，政府也常用指令驱动的集合市场发行债券。

(三)经纪商市场

对于有些具有独特性质的标的物品的交易，既无法在做市商市场进行，也无法在指令驱动市场进行，那么它的交易就需要经纪商提供服务。比如：大宗的股票或债券的交易，这些股票或债券的小规模交易可能都比较容易，也都存在流动性很好的市场。但对于大宗交易，做市商可能不愿接手，他会担心无法平掉头寸；交易者也不愿意使用公开的、长期有效的指令，他会担心遭遇逆向选择，从而支付过高的交易成本。此外，还有房地产市场也类似。这类市场的主要特征是交易物品的价值太大，交易很不频繁，从而做市商不愿持有头寸，交易者也不愿使用公开且长期有效的指令。

在经纪商市场上，经纪商会主动搜寻以匹配买者和卖者，但通常是在交易者向经纪商提出交易需求时，开始搜寻。交易者通常不作公开报价，经纪商为提供报价的交易者寻找交易对手。

经纪商与做市商的区别是：经纪商只帮助寻找流动性，通过收取交易佣金提供服务；而做市商直接作为交易对手参与交易，提供全部的流动性，通过赚取买卖价差获得服务收入。

二、交易期(trading session)

交易期是指交易发生的时间。根据交易期的不同，市场可分为连续交易市场和集合市场(或称为定期交易市场、批量交易市场)。

在连续市场上，只要市场开放，交易者可以在任何时间交易，通常只在交易者需要流动性的时候交易。连续交易市场很普遍，几乎所有的股票、债券、期货和外汇等都有连续交易市场。

在集合市场上，所有交易都只有在市场集合时发生。有的集合市场可以同时撮合所有证券，有的以轮流方式一次撮合一支证券。以轮流方式撮合的市场，可能在一个交易期内只进行一次撮合，也可能进行多轮的撮合。

许多连续指令驱动的市场，都以集合竞价开市，然后转向连续交易，很多市场也用集合方式重开暂停的交易。有些证券只有集合市场机制交易，大部分的政府债券都以集合竞价方式发行。泛欧交易所对交易不活跃的证券只采用集合竞价方式交易。

集合市场的主要优点是能够将对某一给定金融工具有兴趣的全部交易者的注意力集中到一个相同的时间和地点。当买方和卖方在相同的时间和地点寻找流动性时，相互之间就能够更容易地找到对方。

而连续交易市场的主要优点是允许交易者在任何他想交易的时候就能进行交易。该灵活性对于缺乏耐心的、不愿意等待下一次市场集合的交易者是非常重要的。

最近的股票市场的发展表明交易者更偏好有开市集合竞价的连续市场，而不是纯粹的集合市场。许多国家的股权交易市场已经从轮流的集合市场转向以集合竞价开市的连续交易市场，但是没有从连续市场转向纯粹集合市场的。

每个有组织的市场都会指定什么时间接受指令、安排交易。连续交易市场通常在正常的工作时间安排常规交易期。一般在工作日上班时间之后 1～2 个小时开市，并在下班时间之前 1～2 个小时收市。例如：上海证券交易所和深圳证券交易所在上午 9:30 开市，在下午 3:30 收市。便于交易者利用开市前的时间收集、提交指令；利用收市后的时间清算交易，向客户报告交易结果。

三、限价指令簿

在连续交易指令驱动市场，交易所(或经纪商)会为新进入的限价指令尽可能快地安排交易。如果没有愿意接受限价指令所设定条件的交易者或指令存在，该限价指令将无法成交，将被作为交易机会，被登记在案，直到它到期或由交易者自行撤销。

通常所有未被执行的限价指令被记录在一个文件中，该文件就称为限价指令簿。指令簿可以是电子数据库、文件、放纸质指令单的盒子或公告板。很早以前，东京证券交易所就是使用记录于黑板的限价指令簿交易。芝加哥商品交易所(CME)对某些活跃程度较低的合约(如黄油、干酪等)是通过一个记录在黑板上的限价指令簿交易。现在的指令簿普遍以电子数据库方式维护。

限价指令簿可以有买入和卖出指令，指令簿上的指令大多数都是开放的限价指令，也可能包括止损指令等其他指令。

限价指令簿的管理或维护在不同的市场可能有不同的方式。可以由经纪商、交易所甚至做市商来维护。在美国的期货现场交易中，每一个经纪人可以有其各自的指令簿。在许多其他市场，指令簿是统一的；所有未被执行的限价指令都被记录在一个相同的指令簿上。

限价指令簿具有很重要的有价值的信息。它们揭示了交易者愿意交易的条件。因此，能否访问指令簿是交易者获利能力的重要决定因素。

开放指令簿市场向所有的交易者显示他们的指令簿，而封闭指令簿市场却不公开他们的指令簿。

交易者通常都希望看到限价指令簿，但又不想让别的交易者看到自己的指令。因此在开放指令簿市场，有些交易者不愿意提交长期有效的指令。他们会持有指令直到合适的交易机会出现。如果交易者提交长期有效的限价指令在系统指令簿上，基于规则的指令簿系统能够最有效地工作。因此，交易所会采取措施保护提交限价指令的交易者，鼓励他们尽早提交限价指令。有些市场会限制对指令簿的访问，或者允许交易者对自己的指令设定条件，不在公开指令簿中揭示。例如，泛欧股票市场(Euronext)就允许交易者提交不公开的限价指令。

综上所述，不同市场的市场结构在如何安排交易方面差异很大。在报价驱动市场，做市商提供全部的流动性，并安排所有的交易；在指令驱动市场，交易所或电子交易系统通过匹配公开指令安排交易。不同的市场在何时、何地交易方面也存在显著的差异。集合市场仅在市场集合时才有交易产生，而连续市场在市场开放期间都可以交易。这些差异决定了市场如何运作、谁最了解市场状况、谁可以最先行动等。

在实践中，定期交易市场通常只用指令驱动的执行系统，称为集合竞价市场；做市商制度只在连续交易市场中使用；而连续的指令驱动市场本质上就是基于限价指令簿的交易市场，也称为连续竞价市场。因此，我们将市场结构直接分为三种基本类型：集合竞价市场、连续竞价市场和做市商市场。此外，多数市场是这三种基本市场结构的混合。比如：NYSE 和 Nasdaq 市场以集合竞价机制开市，然后转入做市商市场，同时也允许交易者提交自己的限价指令；多数的新兴市场都以集合竞价开市，然后转入限价指令簿市场。

交易机制的主要功能就是将交易者的潜在交易需求转变为现实的交易。该转变的关键就是价格发现，寻找市场出清价格的过程。

第四节 集合竞价交易机制

一、单一价格双向拍卖

单一价格双向拍卖是集合市场的一种主要机制，该机制在某一规定时间内，由交易者根据自己的交易需要，按照市场给定的指令类型自由地进行买卖指令申报，然后特定的指令处理系统（现在一般都是计算机处理系统）对全部申报指令按照价格优先、时间优先等原则排序，并在此基础上，找出一个市场出清价格，该价格应满足一些特定的条件要求，这些条件一般包括以下三个方面：

(1)成交量最大；

(2)高于出清价格的买入指令和低于出清价格的卖出指令全部成交；

(3)与出清价格相同的买卖双方中有一方申报全部成交。

集合竞价过程中，若产生一个以上满足条件的价格，不同的市场会有不同的定价规则。有的选择这几个价格的中间价格为成交价格，有的会选取离前一个收盘价最近的价格为成交价格。所有的交易都在同一时刻、同一价格上成交。

在实践中，不同的市场在具体规则上还会有一些差异。比如有的市场允许使用不指定价格市价指令，而有的只能使用限价指令；在市场出清之前，交易者提交指令时，可以查看到完整的指令提交情况，有的可以看到汇总过的情况，有的完全不能查看，有的还可以看到指示性的出清价格。这些信息供给的差异会影响交易者的指令提交策略。此外，不同市场在是否允许、何时允许撤销指令方面也会不同。

总之，单一价格双向拍卖机制有三个基本的过程：首先是买者和卖者提交指定价格和数量的交易指令；然后对指令排序构造供给和需求曲线；最后，寻找市场出清价格并出清市场。

一个例子：

假设一个典型的单一价格双向拍卖过程。

它的开市过程可以使用两种指令：市价指令和限价指令。

在上午 9:00—9:25 期间交易者可以输入、修改或撤销指令；然后进入市场集合阶段，停止接收指令，对已提交的买卖指令分别按照价格累加排序，构造供给和需求曲线。

假设有以下供给和需求曲线：

卖方		价格	买方	
合计	数量		数量	合计
		市价	4 000	4 000
44 000	8 000	502	1 000	5 000
36 000	20 000	501	7 000	12 000
16 000	4 000	500	10 000	22 000
12 000	2 000	499	8 000	30 000
10 000	4 000	498	30 000	60 000
6 000	6 000	市价		

然后在以上供给和需求曲线上，寻找满足以下条件的市场出清价格，并安排所有满足条件的指令成交：

(a)所有市价指令被出清。

(b)所有指定价格高于市场出清价格的限价买入指令，所有指定价格低于市场出清价格的限价卖出指令均被执行。

(c)对于指定价格就等于出清价格的指令，至少一方可以全部成交，另一方至少成交一个交易单位。

我们先试一下 500 作为出清价格。

首先，根据条件(a)4 000 股的市价买入指令和 6 000 股的市价卖出指令先匹配，剩下 2 000 股卖出指令。

卖 方	价 格	买 方
	市价	4 000
8 000	502	1 000
20 000	501	7 000
4 000	500	10 000
2 000	499	8 000
4 000	498	30 000
6 000	市价	

其次，根据条件(b)2 000 股市价卖出指令和限价在 499 元及以下的 6 000 股卖出指令与限价大于等于 501 元的 8 000 股买入指令相匹配。这样，总的就有 12 000 股相匹配。

卖 方	价 格	买 方
	市价	
8 000	502	1 000
20 000	501	7 000
4 000	500	10 000
2 000	499	8 000
4 000	498	30 000
2 000	市价	

最后，限价 500 元的 4 000 股卖出指令与限价 500 元的 10 000 股买入指令相匹配(时间优先)，虽然还剩下 6 000 股买入指令不能成交，但它满足条件(c)。

卖 方	价 格	买 方
	市价	
8 000	502	
20 000	501	
4 000	500	10 000
	499	8 000
	498	30 000
	市价	

这样，市场出清价格就确定为500元，总共有16 000股在500元处成交。

为谨慎起见，将出清价格定于501元，再重新检验一下。

按要求(a)，市价指令先匹配，剩下2 000股卖出指令；假定出清价格为501元，剩下的2 000股市价卖出指令和10 000股限价小于等于500元的卖出指令与限价大于等于502元的1 000股相匹配。但是，只有1 000股买入指令不可能执行全部的市场卖出指令。这意味着在501元，条件(b)的要求无法满足。

卖方		价格	买方	
合计	数量		数量	合计
		市价	4 000	4 000
44 000	8 000	502	1 000	5 000
36 000	20 000	501	7 000	12 000
16 000	4 000	500	10 000	22 000
12 000	2 000	499	8 000	30 000
10 000	4 000	498	30 000	60 000
6 000	6 000	市价		

二、匹配机制

集合竞价的交易机制除了单一价格拍卖之外，从理论上讲还可以使用匹配机制。匹配机制也被称为优先匹配。在匹配市场上，买者和卖者被按照一定优先顺序配对撮合，优先排序规则一般是价格优先和时间优先规则：首先撮合具有最优价格的指令(价格最低的卖出指令和价格最高的买入指令)，如果价格相同，则提交时间最早的指令具有优先权。特定配对的交易价格由交易规则确定，通常由配对双方的报价决定，可以取双方报价的均值，也可以取买方或卖方的报价，但不同的定价规则对不同的交易者的利益却不一样。

匹配市场的交易一般在多个价格上成交。该机制的优点是不会有无效的交易出现。但指令价格会影响最终的成交价格，导致交易者难以选择指令提交策略；此外，交易者会在同一时间看到多个成交价格，容易产生对交易过程的误解。

一个例子：

假设有以下指令需要撮合：

买方				卖方			
价格	需求量	购买量	姓名	价格	供给量	出售量	姓名
20	17	2	张军	20	2	2	铁军
21	15	1	付双	21	3	1	付红
21	14	2	刘伟	21	4	1	刘志伟
22	12	2	王建国	22	6	2	吴建国

续表

买 方				卖 方			
23	10	1	吴子规	23	8	2	景 风
23	9	1	张 健	23	12	4	张宏伟
24	8	3	郑 红	24	15	3	郑丹青
25	5	2	张建军	25	17	2	张 泽
25	3	3	黄天明	25	20	3	吴 明

在匹配过程,买者和卖者配对交易,成交价格取配对双方报价的均值。则配对过程如下:

(1)黄天明(最积极的买者)与铁军(最积极的卖者)配对成交 2 份,交易价格是双方报价(25/20)的平均值=22.50。该交易产生的剩余是 10,双方各得 5。

(2)黄天明与付红配对成交 1 份,交易价格是 25 与 21 的平均值=23。该交易产生的剩余是 4,双方各得 2。

(3)张建军和刘志伟配对成交 1 份,交易价格是 25 与 21 的平均值=23。该交易产生的剩余是 4,双方各得 2。

(4)张建军和吴建国配对成交 1 份,交易价格是 25 与 22 的平均值=23.5。该交易产生的剩余是 3,双方各得 1.5。

(5)郑红和吴建国配对成交 1 份,交易价格是 24 与 22 的平均值=23。该交易产生的剩余是 2,双方各得 1。

(6)郑红和景风配对成交 2 份,交易价格是 24 与 23 的平均值=23.5。该交易产生的剩余是 2,双方各得 1。

(7)张健和张宏伟配对成交 1 份,交易价格是 23。该交易没有剩余。

(8)吴子规和张宏伟配对成交 1 份,交易价格是 23。该交易没有剩余。

该次集合交易产生的总剩余=25,由买卖双方平分。

如果匹配过程的定价规则改为取买方报价或卖方报价,那么匹配过程的对象和顺序,以及产生的交易总剩余都不会改变,但所有剩余会全部归卖方或买方。

例如:如果成交价格取买方报价,那么第一组匹配仍然是黄天明与铁军配对成交 2 份,但交易价格是买方报价(25)。该交易产生的剩余然后是 10,但全部归卖方铁军。

三、单一价格双向拍卖的经济分析

(一)构造供给和需求曲线

由于买入指令的指定价格是交易者愿意买入的最高价格,如果成交价格更低,肯定也应该满足他的买入需求。因此,在给定价格上的买入需求量应包括所有报价高于给定价格的买入指令数量。假设有以下买入指令,则可以通过从高价到低价累加需求量得到需求曲线。

价格	需求量	购买量	姓　名		价格	需求量
20	17	2	张　军		20	17
21	15	1	付　双		21	15
21	14	2	刘　伟		22	12
22	12	2	王建国		23	10
23	10	1	吴子规		24	8
23	9	1	张　健		25	5
24	8	3	郑　红			
25	5	2	张建军			
25	3	3	黄天明			
指令					需求曲线	

图 9-1　构造需求曲线

由于卖出指令的指定价格是交易者愿意卖出的最低价格，报价越低的卖出指令应具有更高的卖出优先权；如果给定成交价格，则报价低于该成交价格的卖出指令都应得到满足。因此，在给定价格上的卖出供给量应包括所有报价低于给定价格的卖出指令数量。假设有以下卖出指令，从低价到高价累加供给量，可得到供给曲线。

价格	供给量	出售量	姓　名		价格	供给量
20	2	2	铁　军		20	2
21	3	1	付　红		21	4
21	4	1	刘志伟		22	6
22	6	2	吴建国		23	12
23	8	2	景　风		24	15
23	12	4	张宏伟		25	20
24	15	3	郑丹青			
25	17	2	张　泽			
25	20	3	吴　明			
指令					供给曲线	

图 9-2　构造供给曲线

根据图 9-1 和图 9-2 的供给和需求曲线，可以绘制以下更直接的供给与需求曲线图。由供给和需求曲线图可以看出，在任意给定价格安排交易，交易量是需求量与供给量中的小者。对于所有的使用单一价格双方拍卖的集合竞价市场，不论其具体的定价规则如何，一般都要满足成交量最大的要求。在本例中，成交量最大时的价格为 23，在该处，总需求为10,总供给为12,因此需求方满足价格条件的所有指令都能成交;而供给方,报价等于23的有些指令无法成交,此时一般使用时间优先规则,在本例中,假设景风的指令具有时间优先权,则张宏伟的报价只能成交2个单位。

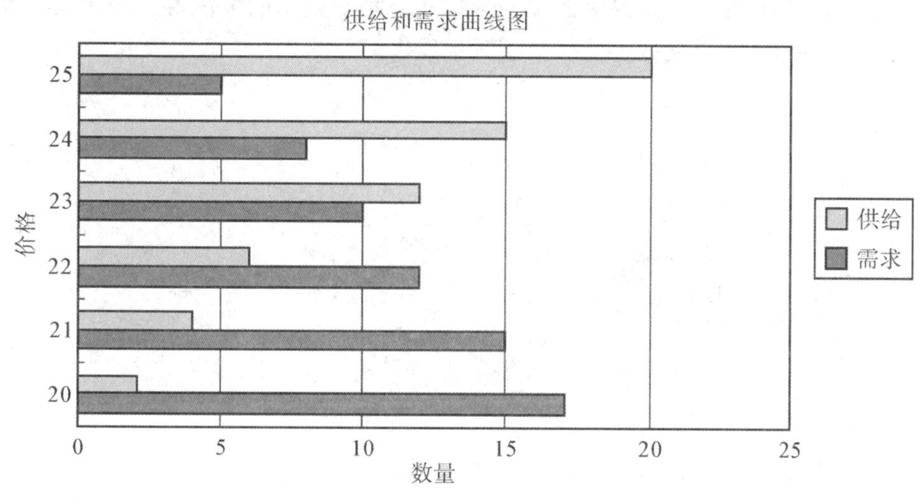

图9-3 构造供给和需求曲线

(二)交易者剩余

在议价和拍卖中,交易成功的交易者获得的收益是其对标的物的估价与成交价格之差,买者的收益是他的估价减去他的支付价格,称为买者剩余;而卖者的收益是其获得的支付价格减去他的估价,称为卖者剩余。在市场交易中,也存在类似的概念,买卖双方的报价可以看成是他们各自对标的物的估价。则:

从买方看,有买者剩余如下:

2个买者(黄天明和张建军)愿意支付25买5份标的,他们实际支付了23

剩余=5×(25－23)=10

1个买者愿意支付24购买3份标的,实际支付了23

剩余=3×(24－23)=3

买者总剩余=10+3=13

从卖方看,有卖者剩余如下:

1个卖者(铁军)愿意以20的价格卖2份标的,他实际获得的价格是23

剩余=2×(23－20)=6

2个卖者愿意以21价格卖2份标的,实际获得的价格是23

剩余=2×(23－21)=4

1个卖者愿意以22价格卖2份标的,实际获得的价格是23

剩余=2×(23－22)=2

卖者总剩余=6+4+2=12

一次集合竞价产生的总剩余等于买者剩余和卖者剩余之和,即:

总剩余=13+12=25

可以验证,在本例中,没有其他的可行价格会产生更高的总剩余。但是,只要保持同样的卖者和买者,双边交易的任何价格也会产生同样的剩余。比如上一节的匹配机制也产生同样的剩余。

实际上,能够产生最大交易量的单一价格双向拍卖机制刚好能够实现最大的交易剩余,在连续的供给和需求曲线上能够更直观地看出。见图 9-4。

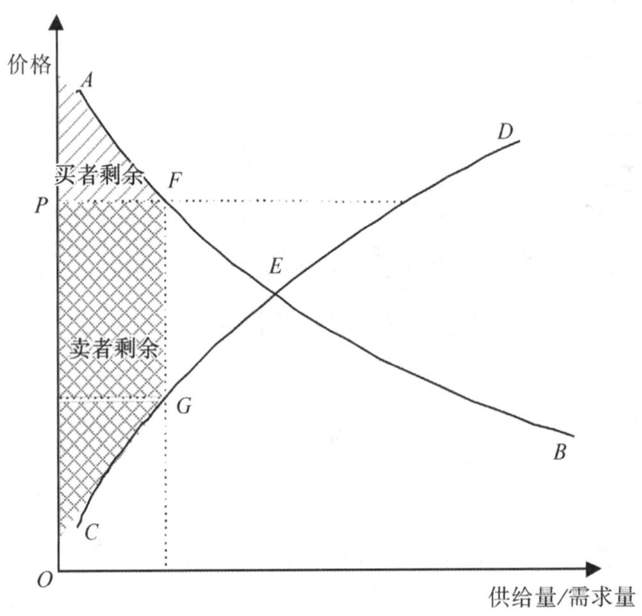

图 9-4 最大交易剩余与最大成交量的关系

在任意的成交价格 P 上,成交量是供给与需求量中的较小者,因此,可能的成交量是 AEC 构成的一条拆线,最大的成交量就在 E 点,过 E 点的成交价格刚好能够实现全部可能的交易剩余,在任何其他价格 P 上成交,总会存在 EFG 区域上的剩余不能实现。

此外,这种有协调有组织市场的作用还表现在,它能够通过指令优先规则保证实现最大剩余,避免无效交易的出现。

为什么单一价格批量交易会比无约束的双边交易更好呢?这是因为无约束的双边交易,可能会出现"错误"的交易者执行交易。

假设张泽要在 25 的价格上卖出,刚好碰到张建军也同意在该价格上成交,这时张建军会获得一个"较差"的价格。这样愿意以小于等于 23 的价格卖出的交易者至少会增加 2 个单位的指令不能成交。这在经济上是低效率的,结果会有更低的总剩余。

本章小结

市场交易需要解决的核心问题是搜寻问题。为了有效解决市场交易的搜寻问题,满足交易者的需求,在经济发展过程中,出现了提供交易服务的分工,出现了经纪商和做市商等职业,进而又出现了交易所。他们设计交易指令,制定交易规则,以更好地实现交易信息的收集、交易者间的匹配，最终有效解决市场交易的搜寻问题。

一个交易所使用的交易规则和执行规则的交易系统被称为交易机制。交易机制根据执行系统和交易期的不同可分为三种基本类型：集合竞价市场、连续竞价市场和做市商市场。

集合竞价市场的交易机制一般是单一价格双向拍卖，也有使用匹配机制的。

单一价格双向拍卖机制的交易过程是：首先由交易者提交交易指令；然后对交易指令排序，构造供给和需求曲线；最后，根据最大化成交量等原则寻找市场出清价格，并出清市场。这种有组织、有协调的市场能够最大化交易剩余，避免出现无效交易。

连续竞价市场是通过交易者提交市价或限价指令直接与限价指令簿上的已有指令撮合成交，如果不能撮合就加入限价指令簿，如此反复，以实现连续交易。因此，连续竞价市场也被称为限价指令簿市场。

在做市商市场上，做市商通过提供买卖报价，并接受交易者的交易需求，提供做市服务。因此，该类市场也称为报价驱动市场，在该市场上做市商提供了全部的流动性。在做市商市场上，做市商在提供报价之后，通常只能被动接受交易者的交易需求。

复习思考题

1.什么是限价指令？它有什么特点？

2.什么是市价指令？它有什么特点？

3.什么是交易机制？它有哪些类型？

4.简述报价驱动机制的交易过程。

5.简述指令驱动机制的交易过程？它有哪几种类型？

6.什么是限价指令簿？如何通过限价指令簿组织交易？

7.X 股票目前的市价为每股 20 元，你卖空 1 000 股该股票。请问：

(1)你的最大可能损失是多少？

(2)如果你同时向经纪人发出了停止损失买入委托，指定价格为 22 元，那么你的最大可能损失又是多少？

8.下表是纽约证券交易所某专家的限价委托簿：

限价买入委托		限价卖出委托	
价格(美元)	股数	价格(美元)	股数
39.75	1 000	40.25	200
39.50	1 200	41.50	300
39.25	800	44.75	400
39.00	300	48.25	200
38.50	700		

该股票最新的成交价为 40 美元。

(1)如果此时有一市价委托,要求买入 200 股,请问按什么价格成交?

(2)下一个市价买进委托将按什么价格成交?

(3)如果你是专家,你会增加或减少该股票的存货吗?

9.假设 A 公司股票目前的市价为每股 20 元。你用 15 000 元自有资金加上从经纪人处借入的 5 000 元保证金贷款买了 1 000 股 A 股票。贷款年利率为 6%。

(1)如果 A 股票价格立即变为①22 元、②20 元、③18 元,你在经纪人账户上的净值会变动多少百分比?

(2)如果维持保证金比率为 25%,A 股票价格可以跌到多少你才会收到追缴保证金通知?

(3)如果你在购买时只用了 10 000 元自有资金,那么第(2)题的答案会有何变化?

(4)假设该公司未支付现金红利。一年以后,若 A 股票价格变为①22 元、②20 元、③18 元,你的投资收益率是多少?你的投资收益率与该股票股价变动的百分比有何关系?

10.集合竞价的交易过程是怎样的?

11.单一价格双向拍卖和匹配机制是如何确定交易价格的?它们有何不同?

12.请上网了解上海证券交易所和深圳证券交易所,简述它们的交易机制的主要特点。

第十章

其他金融机构

本章导读

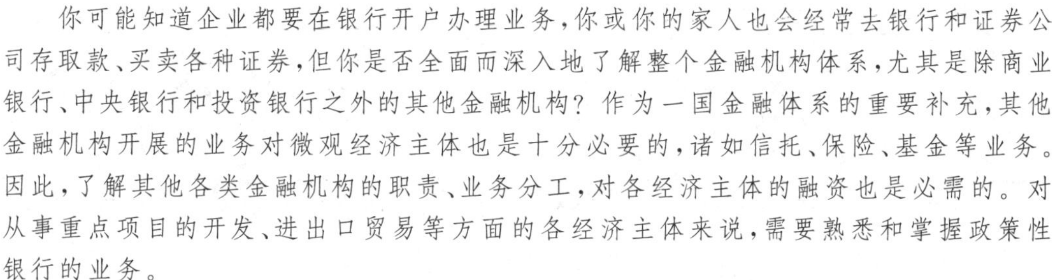

你可能知道企业都要在银行开户办理业务，你或你的家人也会经常去银行和证券公司存取款、买卖各种证券，但你是否全面而深入地了解整个金融机构体系，尤其是除商业银行、中央银行和投资银行之外的其他金融机构？作为一国金融体系的重要补充，其他金融机构开展的业务对微观经济主体也是十分必要的，诸如信托、保险、基金等业务。因此，了解其他各类金融机构的职责、业务分工，对各经济主体的融资也是必需的。对从事重点项目的开发、进出口贸易等方面的各经济主体来说，需要熟悉和掌握政策性银行的业务。

现代市场经济中的货币、信用和金融活动都与金融机构有关，金融机构与金融市场相互支持，共同实现金融对经济发展的重要作用。本章将概括性地介绍保险公司、信托投资公司、基金管理公司、金融租赁公司、储蓄机构、养老基金和政策性银行等各类其他金融机构的特点与业务，从而使你从整体上认识和了解一国金融机构体系的构成及其他金融机构的主要业务和功能。

金融机构体系是在一定的历史时期和社会条件下建立起来的各种不同的金融机构的构成及其相互关系。金融机构种类很多，除了前述各章介绍的商业银行等金融机构以外，还有许多其他金融机构也在经济活动中发挥着重要作用。

对于金融机构，依据不同的标准可以有不同的分类。按照资金来源和资金运用的不同，商业性金融机构可以分为存款机构（银行）、契约型储蓄机构以及投资中介机构，如表10-1所示。除此之外，还有一类不以营利为目的的政策性金融机构。

表 10-1 金融中介机构主要的资产和负债

金融中介机构的类型	主要负债 （资金来源）	主要资产 （资金运用）
存款机构（银行）		
商业银行	存款	商业贷款、消费贷款、抵押贷款、美国政府证券和市政债券
储贷协会	存款	抵押贷款
互助储蓄银行	存款	抵押贷款
信用社	存款	消费贷款
契约型储蓄机构		
人寿保险公司	保单中的保费	公司债券和抵押贷款
火灾和意外伤害保险公司	保单中的保费	市政债券、公司债券和股票、美国政府证券
养老基金和政府退休基金	雇主和雇员的缴款	公司债券和股票
投资中介机构		
财务公司	商业票据、股票、债券	消费贷款和商业贷款
共同基金	股份	股票、债券
货币市场共同基金	股份	货币市场工具

资料来源：[美]米什金著，马君潞、张庆元、刘洪海译：《货币金融学》，机械工业出版社 2011 年版，第 34 页。

第一节　其他存款机构

存款机构是从个人和机构手中吸收存款并且发放贷款的金融中介机构。由于此类金融中介机构与货币创造活动有关，是货币供给的重要组成部分，所以货币金融学的研究对于此类金融中介机构特别重视。除了商业银行以外，其他存款机构主要包括储蓄机构和信用社。

一、储蓄机构

（一）储蓄机构的概念及功能

储蓄机构，是指办理居民储蓄并以吸收居民储蓄存款为主要资金来源的金融机构。与我国几乎所有的商业银行都经营储蓄业务的情况有所不同，在西方国家，储蓄银行大多是专门建立的、独立的金融机构，并且为了保护小额储蓄者的利益和保证储蓄机构所集聚的大量资金的合理投向，各国对储蓄机构大多有专门的管理法令。各国对储蓄机构的称谓有所差异，如美国称之为互助储蓄银行、储贷协会等，英国称之为信托储蓄银行，日本称之为储蓄银行等。尽管称谓不同，但其功能基本相同，都是为居民直接提供金融服务的。储蓄银行既有私营的，也有公营的。储蓄机构的服务对象主要是居民，其资金来源主要是居民的储蓄存款,资金运用主要是为居民提供消费信贷和其他贷款;同时,也可以在可靠的债券市场投资(如购买国家债券等)。

(二)美国的储蓄机构

美国是一个储蓄机构相当发达的国家,20世纪80年代初期,储蓄机构的资产规模仅次于商业银行,居第二位。美国的储蓄机构主要包括互助储蓄银行和储贷协会。

互助储蓄银行产生于19世纪初,目的是在社区的低收入阶层中鼓励节俭和储蓄。开始阶段,它名义上为存款人所有,但实际上由创立者指定的受托人委员会控制。现在,既有互助协会制的储蓄银行,也有股份公司制的储蓄银行,不过,以前一种形式的储蓄银行居多。

储贷协会是一种在政府支持和监管下专门从事储蓄业务和住房抵押贷款的金融机构,最初为鼓励家庭储蓄、购买住房而筹办,通常采用互助合作制或股份制的组织形式。它接受会员的储蓄存款,同时向会员和一般社会公众提供长期的分期偿还的抵押贷款;虽然它也向一般社会公众提供贷款,但会员可以优先。

20世纪70年代末期以前,美国法令规定储蓄机构只能接受储蓄存款,对长期债券和抵押贷款等进行投资。但20世纪80年代早期,美国颁布了放松银行业管制的法案,如1980年的《存款机构放松管制和货币控制法》和1982年的《存款机构法》(又称《甘恩—圣杰曼法》)等,为储贷协会和互助储蓄银行参与新型高风险业务活动提供了更多的途径。过去,这些储蓄机构几乎只能发放住房抵押贷款,而现在却可以将其40%以内的资产用于发放商业不动产贷款,30%以内的资产用于发放消费者贷款,10%以内的资产用于发放商业贷款和租赁业务;储贷协会的监管机构还允许其10%以内的资产进行垃圾债券投资或者直接投资。总之,由于放松了管制,美国储蓄机构和商业银行之间的区别日益模糊,两者之间的相似程度越来越高,相互竞争也更加激烈。

20世纪80年代末90年代初,美国房地产价格大幅度下跌,房地产业客户大量违约,因而形成大量银行不良资产。主要从事房地产业的储蓄机构普遍陷入严重困境,其中相当部分丧失了支付能力,爆发了20世纪70年代以来发达国家规模最大的金融危机。

(三)我国的储蓄银行

在我国没有专门的储蓄银行,为个人提供储蓄及其他金融业务的是商业银行。我国名称中带有"储蓄银行"字样的主要是住房储蓄银行和邮政储蓄银行。

1.住房储蓄银行

我国第一家住房储蓄银行是烟台住房储蓄银行,于1987年7月开始筹建,中国人民银行总行于10月29日正式批准成立,同年12月1日正式对外营业。1987年12月8日,经中国人民银行批准,蚌埠住房储蓄银行成立,1988年5月正式营业。这两家住房储蓄银行专门办理与房改配套的住房基金筹集、信贷、结算等政策性金融业务。进入20世纪90年代,我国建立公积金制度后,住房储蓄银行的职能基本被住房公积金管理中心取代。2000年,蚌埠住房储蓄银行被当地城市信用社合并,后改制为蚌埠市商业银行。2003年,烟台住房储蓄银行改制更名为恒丰银行,成为一家全国性股份制商业银行。

2004年2月15日,我国首家按照国际通行运作模式建立的住房储蓄银行——中德住房储蓄银行在天津正式开业。这是一家由中国建设银行控股的专业经营住房信贷业务的商业银行，亦是现国内银行业中经中国银行业监督管理委员会批准成立的唯一一家专业性银行。之所以住房储蓄银行卷土重来，很大的原因在于，当时住房公积金的覆盖率只占城镇从业人员比重的32%左右。大量非国有企业和个体人员，如私营企业、个体工商业者、一部分“三资”企业和外商驻华机构的员工等，并不享有住房公积金政策。住房储蓄银行的运作模式恰好能够弥补这一不足，可以给体系外需要买房的客户提供低息贷款。2008年年底，中德住房储蓄银行进一步推出个人住房贷款、房地产开发贷款等商业银行业务，成为一家专业服务于住房金融领域的“全功能”商业银行，现有注册资本金20亿元。

2.邮政储蓄银行

1986年，国务院以支持国家经济建设为由，批准邮政部门恢复开设储蓄业务，并在原邮电部和各省(区、市)邮电管理局内设置邮政储汇局，管理邮政储蓄、汇兑等的金融业务。在1986年到1989年间，邮政储蓄依靠邮政的网络设施，以为中国人民银行代办储蓄业务的形式经营。1990年起到1998年间，邮政储蓄由代办模式转变为自办模式，邮政储蓄资金全额转存至中国人民银行，双方协商后确定转存款利率。2003年8月，中国人民银行决定对邮储资金实行“新老划断”，其旧有资金仍然转存央行，新增资金可自主运用。2005年7月20日，国务院通过《邮政体制改革方案》，提出改革邮政系统主业和邮政储蓄管理体制，加快成立邮政储蓄银行，实现金融业务规范化经营。2006年12月18日，中华人民共和国邮政集团以全资方式出资200亿元组建邮政储蓄银行。2007年3月20日，中国邮政储蓄银行有限责任公司正式成立。2012年1月21日，经国务院同意并经中国银行业监督管理委员会批准，中国邮政储蓄银行有限责任公司依法整体变更为中国邮政储蓄银行股份有限公司。

二、信用社

(一)信用社概述

信用社又称信用合作社，是西方国家普遍存在的一种互助合作性金融组织。从性质上来讲，合作金融同股份制金融最基本的差别在于，前者主要或优先为合作者提供互助性金融服务，而后者则面向社会提供商业性金融服务。最早的信用合作社创建于德国的农村，目前各国信用合作社的主要种类有：农村信用合作社、农牧渔业生产信用合作社、土地信用合作社、城市信用合作社、小工商业者信用合作社、劳动者信用合作社、住宅信用合作社等。信用合作社一般规模不大，其资金来源于合作社成员缴纳的股金和吸收的存款，社员存款称为股份，支付给社员的收益一般不以利息而以股利的方式支付。信用社的成员通常是中产阶级，他们或者在一起工作，或者是邻居，或者同在一个教堂做礼拜，总之成员之间存在一定的特殊关系。过去，信用合作社的资金运用主要是向其成员提供小额的消费贷款和短期生产贷款；现在，一些资金充裕的信用合作社已增加了家庭住房抵押贷款、信用卡贷款，有的信用合作社还为社员的生产设备更新改造提供中、长期贷款，并逐步采取以不动产或有价证券为担保的抵押贷款方式。

(二)我国信用合作社的改革与发展

我国的信用合作社是由个人集资联合组成，以互助为主要宗旨的合作金融组织。其基本经营目标是以简便的手续和较低的利率，向社员提供信贷服务，帮助经济力量薄弱的个人解决资金困难，以免遭高利盘剥。按照地域的不同，我国的信用合作社可分为农村信用合作社和城市信用合作社。

1.农村信用合作社

农村信用合作社是由农民入股组成，实行入股社员民主管理，主要为入股社员服务的具有法人资格的合作金融组织。1923 年，中国第一家农村信用社在河北香河成立。20 世纪 50 年代初，农村信用社各项业务迅速发展。但随后的 20 多年中，农村信用社走上了官办的道路，给农村信用合作事业的健康发展造成了不良影响。十一届三中全会之后，农村信用社的改革发展进入了一个新的时期。1984 年 8 月，国务院批转中国农业银行关于改革农村信用合作社管理体制的报告。此后十几年，农村信用社在中国农业银行的领导下，按照合作金融的方向进行了改革。1996 年 8 月，国务院下发了《国务院关于农村金融体制改革的决定》，重点是改革农村信用社管理体制：农村信用社与农业银行脱离行政隶属关系，农业银行不再领导、管理农村信用社，而是由县联社负责农村信用社的业务管理，并把农村信用社改造成真正的合作金融组织。2003 年 6 月 27 日，国务院又制定下发了《深化农村信用社改革试点方案》(国发〔2003〕15 号)，文件主要包括两方面的内容：一是以法人为单位，改革信用社产权制度，明晰产权关系，完善法人治理结构，区别各类情况，确定不同的产权形式；二是改革信用社管理体制，将信用社的管理交由地方政府负责。

2.城市信用合作社

1979 年，我国第一家城市信用社在河南成立。1986 年 1 月，国务院下发《中华人民共和国银行管理暂行条例》，明确了城市信用社的地位。同年 6 月，中国人民银行下发《城市信用合作社管理暂行规定》，对城市信用社的性质、服务范围、设立条件等作了规定。自 20 世纪 80 年代中期开始，城市信用社设立的速度加快。但这一时期城市信用社的发展很不规范，恶性竞争，资产质量较差，风险高。基于此，1989 年上半年，中国人民银行组织了对城市信用社的清理整顿工作。到 1991 年年底，全国城市信用社为 3 500 多家，总资产为 497 亿元，职工 77 000 多人。1992 年清理整顿工作结束，我国经济进入高速发展时期，各行各业申办城市信用社的要求非常强烈。这一期间，城市信用社的数量急剧扩大，在绝大多数县(市)都设有城市信用社。到 1993 年年底，城市信用社数量近 4 800 家，较 1991 年年末增加了 1 200 多家，总资产为 1 878 亿元，职工 12.3 万人。

1995 年，国务院决定在京、津、沪等 35 个城市开始组建城市合作银行(后更名为城市商业银行)。1998 年 10 月，国务院办公厅转发中国人民银行《整顿城市信用合作社工作方案》，要求各地在地方政府的统一领导下，认真做好城市信用社的清产核资工作，彻底摸清各地城市信用社的资产负债情况和风险程度，通过采取自我救助、收购或兼并、行政关闭或依法破产等方式化解城市信用社风险；按照有关文件对城市信用社及联社进行规范改造或改制。2012 年 4 月 6 日，全国最后一家城市信用社成功改制为商业银行——宁波东海银行，中国银行业监督管理委员会宁波监管局局长凌敢称：城市信用社这类金融组织从今天开始正式退出历史舞台，这在我国金融史上具有划时代意义。

第二节　契约型储蓄机构

契约性储蓄机构包括各种保险公司和养老基金。它们的共同特征是，以合约方式定期、定量地从持约人手中收取资金（保险费或养老金预付款），然后，按合约规定向持约人提供保险服务或养老金。由于它们能通过概率计算出每年需要支付的赔偿额和退休金，所以可以把其余的资金投资于较长期的证券，如公司债券、股票以及长期国债等。

一、保险公司

保险公司是收取保费并承担风险补偿责任，拥有专业化风险管理技术的金融机构。在西方国家，保险业十分发达，保险公司的种类也很多，各类保险公司是各国最重要的非银行类金融机构。在这些国家，几乎是无人不保险、无物不保险、无事不保险。为此，西方国家按照保险种类，分别设有形式多样的保险公司，如财产保险公司、人寿保险公司、火灾及意外伤害保险公司、老年和伤残保险公司、信贷保险公司等。

从整体上看，保险标的可以分为两种：一是经济生活的主体，即人的身体或者生命；二是经济生活客体，即财产。因此，无论在理论还是在实践中，保险业务通常主要分为两大类：人身保险和财产保险。随着社会经济关系的不断复杂化以及保险经营技术的不断发展，再保险也越来越受到重视。于是，现代商业性保险公司便主要由人寿保险公司、财产保险公司和再保险公司组成。

（一）人寿保险公司

人寿保险公司主要经营人身保险，其规模普遍较大。人身保险是以人的寿命和身体为保险标的的保险。当人们遭受不幸事故或因疾病、年老以致丧失工作能力、伤残、死亡或年老退休时，根据保险合同的约定，保险人对被保险人或受益人给付保险金或年金，以解决其因病、残、老、死所造成的经济困难。人寿保险公司的业务，根据保障范围的不同，可以划分为人寿保险、人身意外伤害保险和健康保险；从家庭理财角度划分，可分为保障型产品、储蓄型产品、投资型产品。

1.人寿保险

人寿保险又称生命保险，是以人的生存或者死亡作为保险事故的人身保险业务。对投保人来说，人寿保险兼有储蓄的性质，因为即使是定期人寿保险，投保人在投保期内未发生任何意外也可以得到一笔可观的偿付，所以，人寿保险公司可以说是一种特殊形式的储蓄机构。人寿保险公司有两种不同的组织形式：一种是股份公司制，其股份为股东所有；另一种则是基金制，其所有者为各投保人。在美国，虽然90%以上的人寿保险公司都是股份公司型的，但是，最大的一些人寿保险公司则是基金型的。由于从总体上看，人口死亡率比较稳定，所以，人寿保险公司能够相当准确地计算出其未来的保险金支付额，而且一般保险公司的保费收入经常远远超过它的赔付金额，从而聚集起大量的货币资金，保险公司通常将它用于长期投资，如购买国债及公司的债券和股票，发放不动产抵押贷款，短期资产相对较少。此外，为满足投保人意外的资金需求，西方的人寿保险公司往往也对投保人提供短期贷款。

人寿保险一般分为死亡保险、生存保险和生死合险。生存保险是以约定的保险期限满时被保险人仍然生存为保险条件，由保险人给付保险金的保险，如养老年金保险和定期生存保险。死亡保险是以保险期限内被保险人死亡为保险条件，由保险人给付保险金的保险，可分为定期保险和终身保险。生死合险又称两全保险，是以保险期限内被保险人死亡和被保险人仍然生存为共同保险条件，由保险人给付保险金的保险，它的保险费一般要高于单纯的死亡保险或生存保险，最能体现人寿保险中保险和储蓄的性质。

2.意外伤害保险

人身意外伤害保险是以人的身体为保险标的，以被保险人遭受意外伤害导致的残疾(或死亡)为给付条件的保险。人身意外伤害保险的保障项目主要有四项：死亡给付、残废给付、医疗给付和收入损失给付。一种意外伤害保险可以提供这四项保障，也可以提供其中任何一项或若干项。该险种可单独办理，也可以附加于其他人身险种作为一种附加险种。

人身意外伤害险一般可分为个人意外伤害保险、团队意外伤害险和特种意外伤害保险三类。个人意外伤害保险，是指以被保险人在日常生活、工作中可能遇到的意外伤害为标的的保险，保险期限一般较短，以一年或一年以下为期。团体意外伤害保险，是指社会组织为了防止本组织内的成员因遭受意外伤害致残或致死而受到巨大的损失，以本社会组织为投保人，以该社会组织的全体成员为被保险人，以被保险人因意外事故造成的人身重大伤害、残废、死亡为保险事故的保险。特种意外伤害保险是一种保险责任范围仅限于某种特种原因造成意外伤害的合同，其中最主要的是旅行意外伤害保险合同、交通事故意外伤害保险合同和电梯乘客意外伤害保险合同。

3.健康保险

健康保险是以人的身体为保险标的，以被保险人因疾病或意外伤害而导致的伤、病风险为保险责任，使被保险人因伤、病发生的费用或损失得到补偿的保险。按照保险责任，健康保险分为疾病保险、医疗保险、收入保障保险等。医疗保险是指以约定的医疗费用为给付保险金条件的保险，即提供医疗费用保障的保险，它是健康保险的主要内容之一。医疗费用是病人为了治病而发生的各种费用，它不仅包括医生的医疗费和手术费用，还包括住院、护理、医院设备等的费用。疾病保险指以疾病为给付保险金条件的保险，通常这种保单的保险金额比较大，给付方式一般是在确诊为特种疾病后，立即一次性支付保险金额。收入保障保险指以因意外伤害、疾病导致收入中断或减少为给付保险金条件的保险，具体是指当被保险人由于疾病或意外伤害导致残疾，丧失劳动能力不能工作以致失去收入或减少收入时，由保险人在一定期限内分期给付保险金的一种健康保险。

健康保险按给付方式，一般可分为三种：给付型，保险公司在被保险人患保险合同约定的疾病或发生合同约定的情况时，按照合同规定向被保险人给付保险金。保险金的数目是确定的，一旦确诊，保险公司按合同所载的保险金额一次性给付保险金。各保险公司的重大疾病保险等就属于给付型。报销型，保险公司依照被保险人实际支出的各项医疗费用按保险合同约定的比例报销，如住院医疗保险、意外伤害医疗保险等就属于报销型。津贴型，保险公司依照被保险人实际住院天数及手术项目赔付保险金，保险金一般按天计算，保险金的总数依住院天数及手术项目的不同而不同，如住院医疗补贴保险、住院安心保险等就属于津贴型。

（二）财产保险公司

财产保险公司主要经营财产保险业务。财产保险起源于意大利的海上保险，早在中世纪的海事法规中就已含有规章性条款。16 世纪以后，在其他西欧国家迅速发展起来，当时买卖保险契约行为已相当普遍。随着海上贸易中心的转移，到 17 世纪，英国伦敦成为世界最主要的海上保险市场。1666 年 9 月 2 日伦敦发生历史上最严重的火灾，第二年，有人开始承保房屋的火灾风险。此后，依照海上保险的做法，对陆上财产的承保范围逐步扩大到几乎一切自然灾害和意外事故风险，保险标的从房屋扩大到任何有形财产，最后发展到许多无形财产，甚至于因财产而产生的利益也可以承保。广义的财产保险包括各种财产损失保险、责任保险、信用保证保险等业务。

1.财产损失险

财产损失保险是以各类有形财产为保险标的的财产保险。其主要包括的业务种类有：企业财产保险、家庭财产保险、运输工具保险、货物运输保险、工程保险、特殊风险保险和农业保险等。

企业财产保险是一切工商、建筑、交通运输、饮食服务行业、国家机关、社会团体等，对因火灾及保险单中列明的各种自然灾害和意外事故引起的保险标的的直接损失、从属或后果损失和与之相关联的费用损失提供经济补偿的财产保险。家庭财产保险简称家财险，是个人和家庭投保的最主要险种。凡存放在保险单列明的地址，属于被保险人自有的家庭财产，都可以向保险人投保家庭财产保险。运输工具保险是以各种运输工具本身（如汽车、飞机、船舶、火车等）和运输工具所引起对第三者依法应负的赔偿责任为保险标的的保险，主要承保各类运输工具遭受自然灾害和意外事故而造成的损失，以及对第三者造成的财产直接损失和人身伤害依法应负的赔偿责任。一般按运输工具不同分为机动车辆保险、飞机保险、船舶保险、其他运输工具保险（包括铁路车辆保险、排筏保险）。货物运输保险是以运输途中的货物作为保险标的，保险人对由自然灾害和意外事故造成的货物损失负责赔偿责任的保险。工程保险是对建筑工程、安装工程及各种机器设备因自然灾害和意外事故造成物质财产损失和第三者责任进行赔偿的保险。它是以各种工程项目为主要承保对象的保险。工程保险是财产保险的引申和发展，它起源于英国，在第二次世界大战后迅速发展起来，已被公认为保障建筑工程质量和安全最为有效的方式之一。特殊风险保险是指为特殊行业设计的各种保险。主要指航空保险、航天保险、核电站保险和海洋石油开发保险，其特征是高价值、高风险、高技术（其中高技术是指特殊风险保险承保、理赔的技术含量较高）。农业保险是指专为农业生产者在从事种植业和养殖业生产过程中，对遭受自然灾害和意外事故所造成的经济损失提供保障的一种保险。

2.责任保险

责任保险是以被保险人依法应负的民事损害赔偿责任或者经过特别合同约定的合同责任作为保险标的的一种保险。责任保险作为一类独立体系的保险业务，开始于 19 世纪中叶，发展于 20 世纪 70 年代。责任保险的产生与发展壮大，被称为保险业发展的第三阶段，使保险业由承保物质利益风险和人身风险后，扩展到保各种法律风险。虽然责任保险发展的时间相对其他保险而言非常短，但是目前已经成为具有相当规模和影响力的保险险种。

国际保险发展的历史表明，责任保险的发展程度是衡量一国或地区财产保险业发达与否的重要指标。有关资料显示，美国的责任险业务是非寿险公司的支柱性险种，责任保险市场自20世纪后期即占整个非寿险业务的45%～50%；在欧洲国家则占30%左右，有的国家高达40%；日本也达25%～30%。进入20世纪90年代以后，许多发展中国家也日益重视发展责任保险业务，这一指标的全球平均数为非寿险业务的20%以上。责任保险渗透到社会生活的各个方面，促进了社会的进步和发展，起到了维护社会稳定的作用。根据业务内容的不同，责任保险可以分为公众责任保险、产品责任保险、雇主责任保险、职业责任保险和第三者责任保险五类业务，其中每一类业务又由若干具体的险种构成。

3.信用保证保险

信用保证保险是以信用风险为保险标的的保险，它实际上是由保险人（保证人）为信用关系中的义务人（被保证人）提供信用担保的一类保险业务。信用保证保险是现代保险中的一类新兴业务，相对于一般财产保险和人寿保险来说历史不长。

在业务习惯上，因投保人在信用关系中的身份不同，而将其分为信用保险和保证保险两类。通常将权利人投保义务人信用的保险业务叫信用保险。例如，货物出口方担心进口方拖欠货款而要求保险人为其提供保险，保证其在遇到上述情况遭受经济损失时，由保险人赔偿。将义务人投保自己信用的保险业务叫保证保险。保证保险是指被保证人根据权利人的要求，请求保险人担保自己信用的一种保险。例如，某工程承包合同规定，承包人应在签订合同后一年半内交工，业主（权利人）为能按时接收工程，要求承包人购买履约保证保险，假如在约定条件下承包人不能按时交付工程项目，给权利人造成经济损失，由保险人负责赔偿。

（三）再保险公司

再保险公司是指专门从事再保险业务、不直接向投保人签发保单的保险公司，即保险公司的保险公司。再保险也称分保或“保险的保险”，指保险人将自己所承担的保险责任，全部或部分地转嫁给其他保险人承保的业务。再保险业务中分出保险的一方为原保险人，接受再保险的一方为再保险人。再保险人与本来的被保险人无直接关系，只对原保险人负责。作为保险市场一种通行的业务，再保险可以使保险人不致因一次事故损失过大而形成对赔偿责任履行的影响，一般在财险中出现较多。

近30年来，国际再保险市场发展十分迅速，曾一度超过同期保险业的发展速度。但是，全球再保险业的发展在地域上存在一定的不平衡状态，主要特征是：发展中国家再保险的需求旺盛，但再保险供给能力明显不足，发达国家再保险公司的保费收入总量占据世界再保险市场的主导地位。

由于世界经济进一步向全球化方向发展，再保险业兼并与重组的趋势愈演愈烈，国际再保险巨头不断自我充实壮大。例如，慕尼黑再保险公司收购美国再保险公司，美国通用再保险公司收购德国科隆再保险公司，以及2006年6月瑞士再保险公司收购安裕再保险公司。大规模的并购导致全球再保险市场集中度较高，70%的寿险再保险和非寿险再保险市场分别由全球前十大再保险公司占据。种种迹象表明，今后国际再保险市场将是巨人间的竞争。在组织架构上，国际大型再保险公司大都采用了金融控股集团的发展模式，实现集团一体化管理，绝大多数的主营业务子公司被设为全资子公司。以瑞士再保险公司为例，在其105家子公司和关联公司中，全资子公司共计97家。

二、养老基金

养老基金是一种向参加养老金计划者以年金形式提供退休收入的金融机构。其资金主要来源于两方面：(1)雇主的缴纳和雇员工资的扣除或自愿缴纳，其中，雇主的缴纳往往是主要的。(2)基金收入的投资收益，即将筹集的资金用于长期投资的收益。养老基金是第二次世界大战后才在西方各国发展起来的，目前普遍存在于西方各国，西方国家关于养老基金的立法和税收优惠对它的发展起了极大的推动作用。相对而言，美国的养老金计划起步较早，其体系也比较完善。

早在1875年，美国运通公司就开始为员工建立企业年金计划，这被认为是美国最早的雇主养老金计划。1935年，在罗斯福任美国总统时，美国政府颁布了第一个社会保障法案，初步建立了公共养老金计划体系的基础，也由此拉开了美国养老金计划不断发展完善的序幕。20世纪70年代，由于石油危机带来的低经济增长、高失业率和高通货膨胀率，加上人口老龄化的压力以及公共养老金计划本身的缺陷，使得美国的公共养老金财务负担加重，因而美国政府开始缩减公共养老资金的支出，并寻求建立一种包括职业年金在内的多支柱养老体系。大致来看，美国现有的养老金计划分为三大板块，分别为：政府强制性养老金计划、雇主养老金计划和个人储蓄养老金计划。三者相互补充，基本构成当前美国养老基金制度体系。

(一)政府强制性养老金计划

政府强制性养老金计划又称为社会保障养老金计划或公共养老金计划，是一种普及全美国公民的养老金计划，也是美国养老金计划的基石。在美国，所有公民都会有一个“社会保障号”，用这个号码对应着自己的社会保障养老金，这一社会保障号的地位类似于我国的身份证号码，由此可见养老金在美国国内的重要地位。

美国的政府强制性养老金计划资金来源于专项税收——社会保障税，这是美国仅次于个人所得税的第二大税种，这项税收与美国的其他税收分开管理，单独进入联邦社会保障署设立的“社会保障信托基金”，专项供给养老金。对于美国人来说，社会保险是一项关键收入来源，实际上，超过一半的受益者是65岁以上的老年人，也为他们提供了50%以上的收入来源。养老金的运行方式为现收现付、独立预算，联邦政府财政提供最终担保；社保养老计划由联邦政府统一组织管理，社保资金实行全国统筹。由于是政府强制型的养老金计划，所以社会保障税的征收也是全国强制性统筹，由雇主和雇员共同缴纳，比例各为50%，这是雇主和雇员的法定义务。当然，这种养老金计划的覆盖面也相当广泛，不仅覆盖公司或机构雇员，也包括了各种形式的自雇用人员，自雇用人员既是雇员又是雇主，所以要负担所有的社会保障税。政府强制性养老金计划对受益资格也作了规定，一般来说，最早能够领取养老金的年龄是62岁，只不过这时候拿到的钱只有70%，65岁领取的话则有85%，而67岁退休就可以拿到全额。

(二)雇主养老金计划

雇主养老金计划是美国养老金计划的第二支柱。雇主养老金计划即雇主自主提供的养老保险金计划,是企业自发提供的福利性的养老金制度,它不具有强制性。具体来说,雇主养老金计划包括私人养老金计划和公共部门养老金计划两个部分。

1.私人养老金计划

我们一般意义上说的雇主养老金计划都是指私人养老金计划,即企业及一些非营利组织和机构为其雇员提供的养老金计划。1974 年,美国国会通过了《雇员退休收入保障法案》,为雇主养老金计划制定了标准。对于雇主而言,建立雇主养老金计划可以缓解劳资双方的矛盾,有利于吸引和稳定优秀的雇员;对于雇员而言,雇主养老金计划是福利计划的重要组成部分,有利于保障雇员退休后的基本生活。当然,雇主养老金计划也不仅仅是劳资双方普遍获益的措施,同时也对活跃金融市场、促进经济发展发挥了重要的作用。在美国,几乎每个公司都有自己的雇主养老金计划,所以也就导致了雇主养老金计划的复杂多样性。不过,从总体上可以分为两种模式:缴费确定计划(DC)和待遇确定计划(DB)。美国的雇主养老金计划在 20 世纪 70 年代以前基本都是待遇确定型,即 DB 模式,自 20 世纪 80 年代以来,以个人账户为基础的缴费确定型,即 DC 模式的雇主养老金计划有了迅速的发展。目前这两种方式并存,但在具体组织方式上两者仍存在较大差别。

(1)缴费确定计划

缴费确定计划又称为“个人账户计划”,顾名思义就是这一养老金计划期初所交纳的费用是确定的,而最后获得的待遇是不确定的。缴费确定计划是指雇主和雇员共同缴纳一定比例的费用而形成的养老金账户,最后雇员所获取养老金的多少取决于缴费年限的长短、缴费数量的多少和投资收益的高低。采取这种养老金计划的雇主,不必承担将来提供确定额度养老金的义务,只需按预先规定的额度比例存入一定的款项,雇员存入的额度由自己确定,好多公司规定了一个上限,比如规定雇员交纳额度不得高于工资的 13%,雇主缴纳的数额一般和雇员相同。

这一雇主养老金计划对雇员有很强的吸引力,尤其是雇员在退休前决定终止养老金计划时,雇员可以灵活地选择处理账户资产的方式,可以将其转移到新的雇主养老金账户中,也可以转存入其他基金或保险公司,或者继续留在原养老金账户里。如果雇员在退休前死亡,其雇主养老金账户所有金额会转给雇员的家属。不仅如此,如果雇员由于某种原因想提前享用养老金账户的金额时,可以随时终止养老金计划而并不承担任何责任。当然,这 养老金计划也存在不足:首先是由于雇员缴费比例以及缴费年度的差异导致了该养老金计划金额差距较大;其次是由于政府采取的税收延迟优惠会导致雇员最后在享用养老金时一下子支付数量可观的所得税。

(2)待遇确定计划

所谓待遇确定型养老金计划是指缴费并不确定,而雇员在退休时所获的待遇是确定的养老金计划。这种养老金计划不实行个人账户制度。一般情况下雇员不缴费,缴费额全部由雇主承担。由于雇员退休时雇主有义务支付固定的待遇,所以雇主缴费多少部分取决于养老金投资收益的状况,如果收益较好,雇主就可以少缴费甚至暂时不缴费;反之,就得多缴费。在待遇确定型养老金计划中,多数雇主都会规定一个年龄限制,比如说在公司工作 10 年或 15 年以上，如果雇员达不到这一条件，就无法享受雇主的养老金待遇，这样也就在一定程度上稳定了雇员，能够减少人员流动。

与缴费确定型养老金计划不同的是，在待遇确定养老金计划中，雇员退休之前不能提前支取养老金；雇员退休前死亡的，雇主不必向其家属提供养老金，只需一次性支付定额的抚恤金即可。对于雇员来说，待遇确定型养老金计划没有缴费的压力，但是也影响了雇员工作的流动；对于企业而言，待遇确定型养老金计划能够减少一定时期内的成本支出，但是由于养老金的支付总额是一个庞大的未知数，所以会导致公司利润的波动，影响公司的财务稳定。

2.公共部门养老金计划

所谓公共部门养老金计划是指联邦政府、州以及地方政府为其公务员定制的养老金计划。这一养老金计划分为公务员退休金计划和联邦雇员退休金计划，两者之间的主要区别是：公务员退休金计划的对象是 1983 年以前参加工作的公务员，而联邦雇员退休金计划则主要是为 1984 年以后参加工作的公务员设立的。

公务员退休金计划是一个待遇确定型的养老金计划，由联邦政府根据公务员的工作年限和工资水平为其退休时提供一定的养老金。这种养老金计划的资金来源主要是雇员和政府部门的共同缴费，不足的部分由政府财政负担。和私人养老金计划类似，长期雇员将得到较高的退休金待遇，而短期雇员的退休金待遇则要低一些。前面已经提到，美国在 1935 年通过了社会保障法案，建立了社会保障养老金制度，然而当时的联邦政府公务员并未包括在内。直到 1983 年，美国国会修订了社会保障法案，规定联邦政府的新雇员全部参加联邦社会保障计划。这一法案的修订为联邦政府公务员养老金制度改革提供了机会，新的联邦雇员养老金计划正是在这种情况下产生的。1987 年，联邦雇员退休金计划正式建立，范围覆盖了所有 1984 年以后参加工作的公务员，1984 年以前参加工作的公务员可以根据自己的选择执行新制度或者旧制度。

（三）个人储蓄养老金计划

个人储蓄养老金计划即为个人退休账户养老金，是由联邦政府提供税收优惠、个人自愿参加的养老金计划，是美国社会保障体系的有力补充，也是美国养老金资产持续增长的主要来源。按照美国现行法律的规定，所有 70 岁以下且有收入者均可开设个人退休金账户（IRA）。IRA 始建于 20 世纪 70 年代，其目的是在大量的雇员无法纳入雇主提供的养老金计划的情况下，给雇员提供一项能够提高退休后收入的制度性安排。目前联邦政府对个人储蓄养老金计划的税收优惠主要有以下两种方式：第一种是税收延迟，就是说个人在向退休金账户注入资金时免收个人所得税，只有到提款时才收取的优惠政策；第二种是税收免除，这种方式在注入资金时仍旧收取个人所得税，只是对本金最后获得的投资收益免收，这些收益包括利息、投资分红等。政府税收优惠促进了 IRA 计划的持续快速发展，截至 2012 年年底，44.7%的美国家庭拥有 IRA 账户。IRA 作为美国养老体系中的重要组成部分，还是美国政府经常使用的宏观调控手段。IRA 账户免税额度的提高使全美 IRA 基金增加了巨额投资，这笔巨资通过有效的投资体系投向美国各行业，从而促进美国经济发展，也使普通美国人分享到了经济增长的好处。

三、我国契约型储蓄机构的发展

(一)我国保险公司的发展

新中国建立后国内的第一家专业保险公司,是成立于1949年的中国人民保险公司,后于1959年并入中国人民银行国外业务局,停办国内保险业务。改革开放后,从1980年开始,中国人民保险公司恢复国内保险业务,标志着中国保险事业开始了新的发展。1988年,平安保险公司成立,打破了中国人民保险公司完全垄断市场的格局。同年,交通银行成立保险部(太平洋保险公司前身)。这两家股份制保险公司成立后,迅速把业务拓展到全国范围,同中国人民保险公司展开了竞争。从90年代开始,股份制的新华、泰康、华泰及外资友邦、东京上海、皇家太阳联合等保险公司先后成立,市场竞争主体多元化的态势开始形成。1995年10月1日,《中华人民共和国保险法》颁布实施。1998年,中国保监会成立,正式确立了银行、证券、保险作为金融业三驾马车的行业地位。2001年,大陆获准加入WTO,美国纽约人寿、美国大都会、日本生命人寿三家外资公司获得业务执照。同年,中国保险行业协会成立。

(二)我国养老基金的发展

我国的养老保险以1951年2月26日政务院颁布的《中华人民共和国劳动保险条例》为起点,着手建立全国统一的养老保险制度,并逐步趋向正规化和制度化。十年动乱期间,养老保险制度遭到严重破坏。1993年到现在是我国养老保险制度实施创新改革阶段。经过20多年的改革与建设,我国的养老保险制度已初步建立,形成了包括基本养老保险、企业补充养老保险和个人储蓄性养老保险为主的多层次、多支柱新型养老保险体系。

1.基本养老保险

基本养老保险是按国家统一的法规政策强制建立和实施的社会保险制度。企业和职工依法缴纳养老保险费,在职工达到国家规定的退休年龄或因其他原因而退出劳动岗位并办理退休手续后,社会保险经办机构向退休职工支付基本养老保险金(也称"退休金")。

2.企业补充养老保险

企业补充养老保险又称为企业年金,是指企业在参加国家基本养老保险的基础上,依据国家政策和本企业经济状况建立的,旨在提高职工退休后的生活水平,对国家基本养老保险进行重要补充的一种养老保险形式。它由国家宏观指导,企业内部决策执行。企业年金实行市场化运营和管理,建立完全积累的个人账户。企业补充养老保险的资金筹集方式有现收现付制、部分积累制和完全积累制三种。企业补充养老保险费可由企业完全承担,或由企业和员工双方共同承担,承担比例由劳资双方协议确定。企业内部一般都设有由劳资双方组成的董事会,负责企业补充养老保险事宜。

3.个人储蓄性养老保险

职工个人储蓄性养老保险是我国多层次养老保险体系的一个组成部分,是由职工自愿参加、自愿选择经办机构的一种补充保险形式。由社会保险机构经办的职工个人储蓄性养老保险,由社会保险主管部门制定具体办法,职工个人根据自己的工资收入情况,按规定缴纳个人储蓄性养老保险费,记入当地社会保险机构在有关银行开设的养老保险个人账户,并应按不低于或高于同期城乡居民储蓄存款利率计息,以提倡和鼓励职工个人参加储蓄性养老保险,所得利息记入个人账户,本息一并归职工个人所有。职工达到法定退休年龄经批准退休后,凭个人账户将储蓄性养老保险金一次总付或分次支付给本人。职工跨地区流动,个人账户的储蓄性养老保险金应随之转移。职工未到退休年龄而死亡,记入个人账户的储蓄性养老保险金应由其指定人或法定继承人继承。

总之,中国新型社会养老保险制度的建立及改革已经走过了20多年的历程,经过多年的摸索、实践,在资金的管理上逐步形成了"社会统筹与个人账户相结合"的筹资模式,建立了多层次的养老保险体系。但目前我国养老保险也面临愈来愈严峻的挑战,加速发展的人口老龄化、覆盖面窄、统筹层次低、隐性债务和个人空账等问题,已使现有的养老保险制度力不从心;而农村传统的"家庭养老与土地保障"功能已日趋退化,新型农村养老保险刚刚开始试点,任务艰巨。因此结合我国实际情况,针对我国当前社会养老保险在实践中出现的难点问题进行分析,进而提出相应的改革与完善对策,是目前社会保障中亟待解决的核心问题。

第三节　投资中介机构

投资中介机构是指在直接金融领域内为投资活动提供中介服务或直接参与投资活动的金融机构,主要包括投资银行、证券经纪和交易公司、财务公司、投资基金等。这些机构的服务或经营内容都是以证券投资活动为核心的。本节将主要介绍财务公司和投资基金。

一、财务公司

财务公司也叫金融公司,在国外是指一类通过出售商业票据、发行股票或债券以及向商业银行借款等方式来筹集资金,并用于向购买汽车、家具等大型耐用消费品的消费者或小型企业发放贷款的金融机构。

财务公司是20世纪初兴起的。国外的财务公司可分为三种类型:一是销售财务公司,是由一些大型零售商或制造商建立的,旨在以提供消费信贷的方式来促进企业产品销售的公司。比如,福特汽车公司组建的福特汽车信贷公司主要向购买福特汽车的消费者提供消费信贷。二是专门发放小额消费者贷款的消费者财务公司,它的作用是为那些在其他渠道难以获得贷款的消费者提供贷款资金。消费者财务公司可以是一家独立的公司,也可以是银行的附属机构。三是商业财务公司,主要向企业发放以应收账款、存货和设备为担保的抵押贷款,或者以买断企业应收账款的方式为企业提供资金。后者业务的风险较高,因此利润也较高。

在我国,财务公司是"企业集团财务公司"的简称,是一类由大型企业集团内部成员单位出资组建,并为各成员单位提供金融服务的非银行金融机构,其宗旨和任务是为本企业集团内部各企业融通资金,促进其技术改造和技术进步。企业集团财务公司是中国企业体制改革和金融体制改革的产物。国家为了增强国有大中型企业的活力,盘活企业内部资金，增强企业集团的融资能力，支持企业集团的发展，促进产业结构和产品结构的调整，以及探索具有中国特色的产业资本与金融资本相结合的道路，于1987年批准成立了中国第一家企业集团财务公司，即东风汽车工业集团财务公司。此后，根据国务院1991年71号文件的决定，一些大型企业集团也相继建立了财务公司。

2006年，中国银监会修订颁布了《企业集团财务公司管理办法》，该办法规定我国财务公司可以经营下列部分或者全部业务：对成员单位办理财务和融资顾问、信用鉴证及相关的咨询、代理业务；协助成员单位实现交易款项的收付；办理经批准的保险代理业务；对成员单位提供担保；办理成员单位之间的委托贷款及委托投资；对成员单位办理票据承兑与贴现；办理成员单位之间的内部转账结算及相应的结算、清算方案设计；吸收成员单位的存款；对成员单位办理贷款及融资租赁；从事同业拆借；从事中国银行业监督管理委员会批准的其他业务。除此之外，符合条件的财务公司，可以向银监会申请从事下列业务：经批准发行财务公司债券；承销成员单位的企业债券；对金融机构的股权投资；有价证券投资；成员单位产品的消费信贷、买方信贷及融资租赁。但财务公司不得从事离岸业务，除协助成员单位实现交易款项的收付外，不得从事任何形式的资金跨境业务。此外，财务公司也不得办理实业投资、贸易等非金融业务。

二、投资基金

(一)投资基金的基本理论

如果作为一种基金组织或机构来理解，投资基金是指按照共同投资、共享收益、共担风险的基本原则和股份公司的某些原则，运用现代信托关系的机制，以基金方式将各个投资者彼此分散的资金集中起来，交由投资专家运作和管理，主要投资于证券等金融产品或其他产业部门，以实现预定的投资目的的投资组织制度。在美国，它被称为共同基金、互惠基金或投资公司，在英国、日本等国称为投资信托基金，在我国则称为投资基金。

投资基金也可作为基金证券来理解，是指由投资基金组织发行的受益凭证或股票。它和一般的股票、债券相同，都是金融投资工具，但又有些不同于一般股票、债券的特点。首先，一般的股票反映的是产权关系，债券反映的是债权关系，而投资基金反映的是信托关系。其次，股票和债券筹集的资金主要是投向实业，而投资基金筹集的资金主要是投向其他有价证券及不动产。再次，股票的收益取决于发行公司的经营效益，因此是不确定的，投资于股票有较大风险。债券的收益一般事先确定，投资风险较小。而投资基金主要投资于有价证券，而且这种投资选择可以灵活多样，从而使投资基金的收益和风险可能介于股票和债券之间，这就增大了投资者的选择空间。

1868年11月，在英国组建的"海外和殖民地政府信托"，是世界公认的设立最早的投资基金机构。20世纪20年代后，投资基金传入美国，1950年美国的基金资产还只有25亿美元，到1999年已增至6.8万亿美元，基金数目则由1950年的98只增加到1999年的7 791只。进入20世纪80年代以后，投资基金在世界范围内得到了快速的发展。

投资基金之所以广受欢迎，发展迅速，是因为它本身所具有的一些突出的特点与功能。首先，投资基金实行专家管理制度，其专业管理人员都经过专门训练，具有丰富的证券投资和其他项目投资经验,因而投资成功率较高,这对于那些没有时间或没有能力专门研究投资决策问题的中小投资者来说尤其具有吸引力。其次,投资基金将众多中小投资者的小额闲散资金集中起来,可产生两方面的好处:一是具有降低交易成本的规模效应,因为一般来说,单位证券买卖的佣金成本是随交易数量增大而递减的;二是投资基金集中了大量资金后,就拥有了多元化经营的有利条件,可以保证在一定的收益水平上将投资风险降到最低限度。再次,投资基金流动性强,变现性好。当投资者需要现金或者由于其他原因要抽回投资时,可以在证券市场上自由地将投资基金券出售而收回现金,对开放式基金来说则可以随时办理赎回。最后,投资基金在投资手续与操作上都比较规范,投资目标与基本策略都是预先规定好的,不能随意改变,而且,基金的投资人大会有权对经理人员的经营方针提出意见,甚至有权更换经理人员,因此投资基金的操作透明度相对较高。另外,投资基金从其产生以来,尤其是高速发展的最近几十年,其回报率确实相当可观,这自然也是其深受投资者欢迎的重要原因。

(二)投资基金的主要种类

投资基金的种类十分丰富,并且不断有创新发展的新形式。下面仅介绍几种常见的种类。

1.开放式基金

开放式基金是指基金发起人在设立基金时,基金份额总规模不固定,可视投资者的需求,随时向投资者出售基金份额,并可应投资者要求赎回发行在外的基金份额的一种基金运作方式。投资者既可以通过基金销售机构购买基金使基金资产和规模由此相应增加,也可以将所持有的基金份额卖给基金并收回现金使得基金资产和规模相应减少。开放式基金已成为国际基金市场的主流品种,美国、英国、我国香港和台湾的公募基金市场90%以上是开放式基金。

开放式基金种类繁多,根据不同的标准有不同的分类。根据投资对象的不同,开放式基金可分为股票基金、债券基金、混合基金、货币市场基金、期货基金、期权基金、认股权证基金等。根据投资目标的不同,开放式基金可分为成长型基金、收入型基金和平衡型基金。根据投资理念的不同,开放式基金可分为主动型基金与被动(指数型)基金。

2.封闭式基金

封闭式基金是指基金的发起人在设立基金时,限定了基金单位的发行总额,筹足总额后,基金即宣告成立,并进行封闭,在一定时期内不再接受新的投资。基金单位的流通采取在证券交易所上市的办法,投资者日后买卖基金单位,都必须通过证券经纪商在二级市场上进行竞价交易。由于封闭式基金在证券交易所的交易采取竞价的方式,因此交易价格受到市场供求关系的影响,而并不必然反映基金的净资产值,即相对其净资产值,封闭式基金的交易价格有溢价、折价现象。国外封闭式基金的实践显示,其交易价格往往存在先溢价后折价的价格波动规律。从中国封闭式基金的运行情况看,无论基本面状况如何变化,中国封闭式基金的交易价格走势也始终未能脱离先溢价、后折价的价格波动规律。

在西方国家100多年的基金业发展中,20世纪80年代后封闭式基金逐渐让位于开放式基金。根据Morning Star统计,截至2006年10月9日,全球共有869只封闭式基金，其中美国有643只，占全球封闭式基金数量的74%，仍然占据封闭式基金发展的领先地位。美国封闭式基金从总体来看可以分为四大类：免税债券型封闭式基金、本地赋税债券型封闭式基金、本地股票型封闭式基金以及全球股票型封闭式基金。它们往往采用定期分红政策，且各类封闭式基金的分红比例都非常高，其中红利收益远超过资本利得分红比例。多数美国封闭式基金会使用一些杠杆资产，如发行优先股、参与逆回购等等，用以提高业绩，同时常附以认购基金权来实现IPO之后的扩募。

3.货币市场基金

货币市场基金是指投资于货币市场上短期（一年以内，平均期限120天）有价证券的一种投资基金。购买者通常按固定价格（通常为1美元）购入若干个基金股份，货币市场共同基金的管理者就利用这些资金投资于可获利的短期货币市场工具，如国库券、商业票据、银行定期存单、政府短期债券、企业债券等短期有价证券。因此，货币市场基金具有收益稳定、流动性强、购买限额低、资本安全性高等特点。除此之外，货币市场基金还有其他一些优点，比如可以用基金账户签发支票、支付消费账单；通常被作为进行新的投资之前暂时存放现金的场所，这些现金可以获得高于活期存款的收益，并可随时撤回用于投资。一些投资人大量认购货币市场基金，然后逐步赎回用以投资股票、债券或其他类型的基金。许多投资人还将以备应急之需的现金以货币市场基金的形式持有。有的货币市场基金甚至允许投资人直接通过自动取款机抽取资金。

货币市场基金是一种特殊类型的共同基金，是美国20世纪70年代以来出现的一种新型投资理财工具，也是发展最快的一种基金产品。1977年，美国货币市场共同基金的资产不到40亿美元，到1982年已经攀升到2 300亿美元，并在总资产上超过了股票和债券基金。2008年则发展到约3.8万亿美元的最高值。在金融危机中，美国货币市场基金遭遇了流动性风险，其规模有所缩减。截至2012年年末，美国货币市场基金规模约2.67万亿美元，占全部共同基金的22.29%。

4.对冲基金

对冲基金（hedge fund），也称避险基金或套利基金，是指由金融期货和金融期权等金融衍生工具与金融组织结合后，以高风险投机为手段，并以盈利为目的的金融基金。它是投资基金的一种形式，意为“风险对冲过的基金”。对冲基金名为基金，实际与互惠基金安全、收益、增值的投资理念有本质区别。对冲基金通常采用各种交易手段（如卖空、杠杆操作、程序交易、互换交易、套利交易、衍生品种等）进行对冲、换位、套头、套期来赚取巨额利润。这些概念已经超出了传统的防止风险、保障收益的操作范畴。加之发起和设立对冲基金的法律门槛远低于互惠基金，使之风险进一步加大。为了保护投资者，北美的证券管理机构将对冲基金列入高风险投资品种行列，严格限制普通投资者介入，如规定每个对冲基金的投资者应少于100人，最低投资额为100万美元等。

对冲基金起源于20世纪50年代初的美国，当时的操作宗旨在于利用期货、期权等金融衍生产品以及对相关联的不同股票进行空买空卖、风险对冲的操作技巧，在一定程度上可规避和化解投资风险。虽然1949年世界上就诞生了第一个有限合作制的琼斯对冲基金，但是，它在接下来的30年间并未引起人们的太多关注。直到80年代，随着金融自由化的发展，对冲基金才有了更广阔的投资机会，从此进入了快速发展的阶段。20世纪90

年代，世界通货膨胀的威胁逐渐减少，同时金融工具日趋成熟和多样化，对冲基金进入了蓬勃发展的阶段。21 世纪的前十年，对冲基金再次风靡全球。2008 年，全球对冲基金持有的资产总额已达 1.93 万亿美元。尽管金融危机给全球金融市场带来了挑战，对冲基金受到一定程度的影响，但 2012 年对冲基金的整体规模仍达到了 22 500 亿美元。

总之，经过几十年的演变，对冲基金已失去其初始的风险对冲的内涵。对冲基金已成为一种新的投资模式的代名词，即基于最新的投资理论和极其复杂的金融市场操作技巧，充分利用各种金融衍生产品的杠杆效用，承担高风险，追求高收益的投资模式。

5.私募股权投资基金

私募股权投资基金是指投资于非上市股权，或者上市公司非公开交易股权的一种投资基金。从投资方式角度看，主要指通过私募形式对私有企业，即非上市企业进行的权益性投资，在交易实施过程中附带考虑了将来的退出机制，即通过上市、并购或管理层回购等方式，出售持股获利。这一过程充满了诸多不确定因素，所以，投资者面临较大的投资风险。广义的私募股权投资基金涵盖了企业首次公开发行股票(IPO)前各阶段的权益投资，即对处于种子期、初创期、发展期、扩展期、成熟期和 Pre-IPO 等各个时期企业所进行的投资，相关资本按照投资阶段可划分为创业投资(venture capital，也叫风险投资)、发展资本、并购基金、夹层资本、重振资本、Pre-IPO 资本，以及其他如上市后私募投资(private investment in public equity，即 PIPE)、不良债权和不动产投资等等。

私募股权投资基金起源于美国 19 世纪末期，但现代意义的私募股权投资基金始于二战以后。1946 年，世界上第一个私募股权投资公司——美国研究发展公司(ARD)成立，标志着私募股权开始步入专业化和制度化的发展时期。美国私募股权基金从 20 世纪 40 年代起步，后几经波折，2006 年后重新步入快速上升的轨道。欧洲私募股权基金市场尽管起步较晚，但近年来发展迅速，成为继北美之后的第二大私募股权基金市场。经过 60 多年的发展，私募股权投资基金的投资领域、参与的投资机构及人员、资产规模不断扩大，已成为继银行贷款、IPO 之后最具潜力的融资手段。据英国研究机构 Preqin 公布的最新数据，截至 2012 年年末，全球私募基金的管理资本量已高达 3.2 万亿美元，是仅次于银行业和 IPO 的世界第三大融资市场，也是发达国家未上市公司最重要的融资手段。

(三)我国投资基金的发展

1.公募基金的发展

由于受金融市场发展滞后的制约，我国的投资基金是在 20 世纪 90 年代以后才兴起的。1991 年 8 月，“珠信投资基金”和“南山风险投资基金”经中国人民银行珠海分行批准设立。1992 年，中国人民银行批准设立的“淄博投资基金”是我国第一家规范化的公司型封闭式基金。在 1992 年下半年至 1993 年上半年，中国国内出现了投资基金一哄而上的局面。据统计，截至 1993 年年底，我国国内共发行基金 73 个，总额达 50 亿元人民币。1993 年下半年起，随着国内宏观调控力度的加大，国内基金的审批也处于停顿状态，基金的发展进入了一个调整期。1997 年，《证券投资基金管理暂行办法》出台。随后，5 家证券投资基金发行上市并成功运作，中国基金业迎来了一个规范发展的新时期。2001 年 9 月，“华安创新”成立，实现了我国从封闭式基金到开放式基金的历史性跨越。2004 年 6

月1日,《证券投资基金法》正式实施,标志着我国基金业进入了一个崭新的发展阶段。2007年,我国基金业的资产规模达到了前所未有的3.28万亿元人民币。但是,2008年之后,由于各种内外部原因,我国基金业管理资产总规模却连续数年停滞不前,行业发展面临瓶颈。据统计,截至2013年6月底,我国境内共有基金管理公司81家,其中合资公司45家,内资公司36家;管理资产合计34 863.24亿元,其中管理的1 345只公募基金规模25 180.54亿元,非公开募集资产规模9 682.70亿元。

2.私募基金的发展

在公募基金迅猛发展的同时,我国私募基金也快速发展。我国的私募基金分为私募证券投资基金与私募股权基金。两者主要的区分标准是投资方向不一样,私募证券投资基金主要投资于证券市场,而私募股权基金主要投资于非上市企业股权。其中,私募证券投资基金又可以分为两大类:一类是有官方背景的合法私募基金,主要包括券商集合资产管理计划、信托投资公司的信托投资计划和管理自有资金的投资公司;另一类是没有官方背景、民间的非合法私募基金,这类私募基金通常以委托理财的形式为投资者提供集合理财服务。据统计,截至2011年年底,我国阳光私募总规模已经突破1 600亿人民币,全国阳光私募管理机构超过600家,阳光私募已经成为我国资本市场不可忽视的机构投资力量。民间私募由于没有合法身份,很难统计,期待国家尽快立法规范。

由于我国《证券法》对"有官方背景的合法私募基金"在设立条件、发行方式、投资去向、资金托管等各方面都有明确的规定,除了其发行的私募性质外,与普通的证券投资基金(即共同基金)差别不大,因此,这类私募基金与国际上通常所说的对冲基金相去甚远。2010年股指期货和融资融券制度推出后,对冲基金开始登陆我国。目前,越来越多国内的私募基金开始研发对冲策略,不少曾经奋战在华尔街对冲基金的中国人也已经转战国内市场。根据不完全统计,截至2013年中期,国内在运行的对冲基金已有近300只。尽管目前国内对冲基金的总体规模与美国相比相距甚远,受国内证券制度、金融工具品种等诸多限制,一些对冲策略尚无法在国内开展,但是,可以预期,随着国内金融市场不断发展和成熟,未来本土对冲基金会迎来迅猛的发展时期。

与美国私募股权投资的发展类似,我国对私募股权投资的探索和发展也是从风险投资开始的,风险投资在我国的尝试可以追溯到20世纪80年代。1985年中共中央发布的《关于科学技术改革的决定》中提到了支持创业风险投资的问题,随后由国家科委和财政部等部门筹建了我国第一个风险投资机构——中国新技术创业投资公司(中创公司)。20世纪90年代之后,大量的海外私募股权投资基金开始进入我国。2004年,深圳中小企业板正式启动,这为私募股权投资在国内资本市场提供了IPO的退出方式。2006年年末,国务院特批的中国首支私募股权性质的产业基金——渤海产业基金在天津设立,基金总规模200亿元,首期募集60.80亿元,它是中国本土私募股权基金发展的一个里程碑。2009年创业板推出后,我国私募股权基金如雨后春笋般冒出,发展速度之快超出想象,业界广泛戏称"我国已经进入全面私募股权基金时代"。全国人大调研结果显示,截至2012年8月,全国共有5 011家私募股权投资机构,从业人员5.9万余人,资金存量1.5万亿元。

第四节　中国其他的金融机构

自改革开放以来，经过30多年的探索和实践，中国金融业获得了巨大的发展，金融机构体系结构日臻完善，已经形成了以“一行三会”为主导、政策性银行与商业性银行相分离、大中小型商业银行为主体、多种非银行金融机构并存的现代金融体系，且形成了严格分工、相互协作的格局，在国民经济发展中发挥了重要的作用。我国现阶段所形成的金融机构体系如表10-2所示。本节主要介绍我国的政策性银行和近几年发展迅速的非银行类金融机构，如信托投资公司、金融租赁公司、汽车金融公司、金融资产管理公司、典当行等。

表10-2　中国现行的金融机构体系

金融监管机构	中国人民银行、中国银行业监督管理委员会、中国证券监督管理委员会、中国保险监督管理委员会
政策性银行	国家开发银行、中国进出口银行、中国农业发展银行
国有控股大型商业银行	中国工商银行、中国农业银行、中国银行、中国建设银行、中国邮政储蓄银行、交通银行
股份制商业银行	中信银行、招商银行、华夏银行、中国光大银行、中国民生银行、深圳发展银行、广东发展银行、上海浦东发展银行、福建兴业银行等
其他商业银行	外资银行、城市商业银行、农村信用合作社、农村商业银行、农村合作银行、村镇银行等
非银行金融机构	保险公司、证券公司、信托投资公司、财务公司、金融租赁公司、金融资产管理公司、基金管理公司、汽车金融公司、典当行等

一、政策性银行

(一)政策性银行的定义

所谓政策性银行系指那些由政府创立、参股或保证的，不以营利为目的，专门为贯彻、配合政府社会经济政策或意图，在特定的业务领域内，直接或间接地从事政策性融资活动，充当政府发展经济、促进社会进步、进行宏观经济管理工具的金融机构。政策性银行的产生和发展是国家干预、协调经济的产物。当今世界上许多国家都建立有政策性银行，其种类较为全面，并构成较为完整的政策性银行体系，如日本著名的“二行九库”体系、韩国开发银行、韩国进出口银行、法国农业信贷银行、美国进出口银行、联邦住房信贷银行等。这些政策性银行在各国社会经济生活中发挥着独特而重要的作用，构成各国金融体系两翼中的一部分。

(二)政策性银行的特点

政策性银行与一般商业银行一样都是以货币这一特殊商品为经营对象的，但与商业银行相比，政策性银行又有自身的特点，主要有以下几个方面：

1.政府控制性

政策性银行一般都由国家直接出资创立,完全归政府所有。即使有些政策性银行不完全由政府设立,也往往由政府参股或保证。因而政策性银行具有国家银行的主体性质。从组织形态上看,世界各国的政策性银行基本上均处于政府的控制之下。

2.非营利性

政策性银行以贯彻国家产业和社会发展政策为己任,一般从事一些具有较高金融风险和商业风险的融资活动,因此,它不以利润最大化为经营管理目标。当然,政策性银行在实际经营活动中也要实行独立核算,以最小的成本去实现国家赋予的政策使命。

3.资金来源与运用的特殊性

政策性银行的资金来源除国家拨款外,主要通过发行债券、借款和吸收长期存款获得;为了特殊的政策意图,政策性银行往往不与商业银行进行竞争,它的资金运用的方向主要是国家产业政策、社会发展计划中重点扶持的项目,这些贷款期限长、利率低,一般不适合商业银行从事。

4.信用创造的差异性

政策性银行一般不办理活期存款业务,其负债是银行体系已经创造出来的货币,所以不实行存款准备金制度,其资产一般为专款专用,因此,与商业银行不同,政策性银行通常不具有派生存款和增加货币供给的功能。

(三)我国的政策性银行

1994年以前,我国没有专门的政策性金融机构,国家的政策性金融业务分别由国家国有专业银行承担。从1994年开始,为了实现政策性金融与商业性金融的分离,以解决专业银行身兼二任的问题,相继建立了国家开发银行、中国进出口银行和中国农业发展银行三家政策性银行。

1.国家开发银行

国家开发银行成立于1994年3月,总部设在北京。自1994年成立以来,国开行有力地支持国家基础设施、基础产业、支柱产业等重点领域建设,促进投融资体制改革,积极开展金融创新和金融合作,在支持经济社会发展中发挥了重要作用。为适应经济社会发展需要,根据国家开发银行的具体情况,党中央、国务院决定实施国家开发银行改革。中央汇金公司和国家开发银行于2007年12月31日在北京签署协议,向国家开发银行注资200亿美元。2008年12月,经国务院批准,国家开发银行整体改制成国家开发银行股份有限公司。

转型为商业银行后,国家开发银行贯彻国家宏观经济政策,筹集和引导社会资金,缓解经济社会发展的瓶颈制约和薄弱环节,致力于以融资推动市场建设和规划先行,支持国家基础设施、基础产业、支柱产业以及战略性新兴产业等领域发展和国家重点项目建设,促进区域协调发展和城镇化建设,支持中小企业、"三农"、教育、中低收入家庭住房、医疗卫生以及环境保护等领域的发展,支持国家"走出去"战略,拓展国际合作业务,以此增强国力,改善民生,促进科学发展。

2.中国进出口银行

中国进出口银行成立于1994年7月,总部设在北京,是直属国务院领导的、政府全资拥有的政策性银行,其国际信用评级与国家主权评级一致。截至目前,在国内设有21家营业性分支机构;在境外设有东南非代表处、巴黎代表处和圣彼得堡代表处;与 1 000 多家银行的总分支机构建立了代理行关系。

进出口银行是我国外经贸支持体系的重要力量和金融体系的重要组成部分,是我国机电产品、成套设备和高新技术产品出口及对外承包工程及各类境外投资的政策性融资主渠道,是外国政府贷款的主要转贷行和中国政府援外优惠贷款的承贷行。中国进出口银行的主要职责是贯彻执行国家产业政策、外经贸政策、金融政策和外交政策,为扩大我国机电产品、成套设备和高新技术产品出口,推动有比较优势的企业开展对外承包工程和境外投资,促进对外关系发展和国际经贸合作,提供政策性金融支持。

3.中国农业发展银行

中国农业发展银行成立于 1994 年 4 月 19 日,是直属国务院领导的国有政策性银行,也是我国唯一的一家农业政策性银行,1994 年 11 月挂牌成立。其主要职责是按照国家的法律、法规和方针、政策,以国家信用为基础,筹集资金,承担国家规定的农业政策性金融业务,代理财政支农资金的拨付,为农业和农村经济发展服务。目前,全系统共有 31 个省级分行、300 多个二级分行和 1 800 多个营业机构,服务网络遍布中国大陆地区。

二、信托投资公司

“受人之托,代人理财”是信托的基本特征。信托以信任为基础,在此基础上,委托人将其财产权委托给受托人,受托人按委托人的意愿,为受益人的利益或者特定目的对信托财产进行管理或者处分,因此,信托的实质是一种财产管理制度。信托投资公司是一种以受托人的身份代人理财的金融机构,其基本职能是接受客户委托,代客户管理、经营、处置财产。在发达的市场经济国家,信托业已经发展成为现代金融业的重要支柱之一,它与银行、证券、保险并称为现代金融业的四大支柱。英国是信托业的发源地,但英国现代信托业却不如美国、日本发达。开办专业信托投资公司,美国比英国还早,美国于 1822 年成立的纽约农业火险放款公司,后更名为农民放款信托投资公司,是世界上第一家信托投资公司。

中国的信托业始于 20 世纪初的上海。1921 年 8 月,在上海成立了第一家专业信托投资机构——中国通商信托公司。新中国建立至 1979 年以前,在高度集中的计划经济管理体制下,金融信托没能得到发展。1979 年 10 月,国内第一家信托机构——中国国际信托投资公司宣告成立,此后,从中央银行到各专业银行及行业主管部门、地方政府纷纷办起各种形式的信托投资公司,到 1988 年达到最高峰时共有 1 000 多家,总资产达到 6 000 多亿,占到当时金融总资产的 10%。由于缺乏法律法规和相应的制度约束等种种原因,我国早期的信托投资公司并不是真正意义上的“受人之托,代人理财”的金融机构,而是以吸收存款、发放贷款为主要业务的准银行机构。同时,存在盲目扩张、恶性竞争、资本金不实、管理混乱等问题,行业隐藏着巨大的金融风险。进入 2001 年,以《信托法》、《信托投资公司管理办法》和《信托投资公司资金信托业务管理暂行办法》的颁布实施为标志,中国信托业才基本结束了“发展—违规—整顿”的怪圈发展历程,步入规范运行的轨道。2007 年,中国银行业监督管理委员会公布了《信托公司管理办法》,中国的信托投资公司开始新的发展,向“受人之托,代人理财”的基本功能回归。

根据银监会发布的《信托公司管理办法》，我国信托公司的注册资本最低限额为3亿元人民币或等值的可自由兑换货币，注册资本为实缴货币资本。信托公司可以申请下列部分或全部本外币业务：①资金信托；②动产信托；③不动产信托；④有价证券信托；⑤其他财产或财产权信托；⑥作为投资基金或者基金管理公司发起人从事投资基金业务；⑦经营企业资产的重组、购并及项目融资、公司理财、财务顾问等业务；⑧受托经营国务院有关部门批准的证券承销业务；⑨办理居间、咨询、资信调查等业务；⑩代保管及保险箱业务；⑪法律法规规定或中国银行业监督管理委员会批准的其他业务。

总之，自1979年以来，我国信托业的发展经过了发展—规范—再发展的曲折过程，最终形成了初具规模的信托体系。据信托业协会统计，截至2012年年底，信托全行业65家信托公司管理的信托资产规模为7.47万亿元，是仅次于银行业的第二大金融行业。

三、金融租赁公司

租赁是一种通过让渡租赁物品的使用价值而实现资金融通的信用形式。与其他信用形式相同，租赁产生和发展的社会经济基础也是私有制的产生和商品经济的发展。租赁可以分为传统租赁和现代租赁。传统租赁也可称为经营租赁，是一种出租人将自己经营的出租设备或用品反复出租的租赁。现代租赁是20世纪50年代发展起来的新的租赁形式，也被称为融资租赁或金融租赁。根据《国际融资租赁公约》中的定义，融资租赁是指这样一种交易过程：出租人根据承租人的请求及提供的规格，与第三方（供货商）订立一份供货合同，从供货商处购得承租人所需的工厂、资本货物或其他设备。同时，出租人与承租人订立一份租赁合同，以承租人支付租金为条件授予承租人使用设备的权利。可见，现代租赁具有融资与融物相结合的特点。

金融租赁公司是以经营融资租赁业务为其主要业务的公司，是租赁设备的物主，通过提供租赁设备而定期向承租人收取租金。金融租赁公司开展业务的过程是：租赁公司根据企业的要求，筹措资金，提供以“融物”代替“融资”的设备租赁；在租期内，作为承租人的企业只有使用租赁物件的权利，没有所有权，并要按租赁合同规定，定期向租赁公司交付租金；租期届满时，承租人向租赁公司交付少量的租赁物件的名义货价（即象征性的租赁物件残值），双方即可办理租赁物件的产权转移手续。

1952年，美国成立了世界上第一家具有现代意义的融资租赁公司。到20世纪80年代，在很多发达国家，租赁已经成为继商业银行贷款后的第二大融资方式。目前，美国仍然是全球最大的租赁市场，其融资租赁已经占据航空、航运、电气、汽车、建筑、房产、医疗设备等行业制造厂商产品60%以上的市场份额。新中国的租赁业务是在20世纪60年代起步的，1964年，北京市机电设备租赁公司租赁供应站开始营业，随后，类似的租赁机构在全国发展了大约30多家。但由于得不到有关方面的重视，这些机构有的营业清淡，有的关停并转，不久就销声匿迹，租赁业未能正式发展。直到改革开放初期的1981年4月，由中国国际信托投资公司、北京市机电设备公司和日本东方租赁公司合资成立了中国第一家中外合资租赁公司——中国东方租赁有限公司。同年7月，由中信公司和国家物资部等单位联合组建了中国租赁有限公司，从而掀开了中国租赁业的新篇章。

但由于种种原因，从90年代初期起租赁公司逐步陷入了经营困境，普遍存在着租赁主营业务比例较低、经营范围较为混乱、租金拖欠严重等问题。这导致了中国一些成立较早的租赁公司面临着资产质量严重恶化、支付困难、正常的业务经营难以为继的状况。所以，从90年代中期开始，中国租赁业进入重组整顿时期。2007年1月，中国银监会颁布《金融租赁公司管理办法》，并于2007年3月1日开始实施。该管理办法规定，经中国银行业监督管理委员会批准，金融租赁公司可经营下列部分或全部本外币业务：融资租赁业务；吸收股东1年期(含)以上定期存款；接受承租人的租赁保证金；向商业银行转让应收租赁款；经批准发行金融债券；同业拆借；向金融机构借款；境外外汇借款；租赁物品残值变卖及处理业务；经济咨询；中国银行业监督管理委员会批准的其他业务。

经过近几年的发展，国内金融租赁公司的资产规模和业务领域逐步扩大，经营管理和风险控制能力也得到较大提升，金融租赁公司的经营特色越来越鲜明，专业化程度在不断提高。

四、汽车金融公司

2003年10月3日，经国务院批准，中国银行业监督管理委员会正式颁布了《汽车金融公司管理办法》，这是我国履行加入世贸组织有关承诺，规范汽车消费信贷业务管理的重要举措。该《办法》的颁布与实施，标志着汽车金融公司作为一类新的非银行金融机构在我国诞生，其对促进汽车消费信贷市场的开放与规范发展产生了积极和深远的影响。汽车金融公司，是指经中国银行业监督管理委员会批准设立的，为中国境内的汽车购买者及销售者提供金融服务的非银行金融机构。与商业银行开办汽车消费信贷业务相比，汽车金融公司是提供汽车销售融资的专门机构，其专业化程度更高，更具有专业优势。汽车金融公司的设立，有利于促进我国汽车市场的发展，提升我国汽车业的整体竞争力。为了规范汽车金融公司的经营行为，我国银监会于2008年1月又重新修订并公布了《汽车金融公司管理办法》。

中国第一家专业汽车金融公司——上汽通用汽车金融公司成立于2004年，是由通用汽车金融、上汽通用、上汽财务三方合资组建的。自2004年以来，我国汽车金融市场已经走过了9个年头。在此期间，我国汽车销量增长近300%，但汽车金融公司的数量增长却较缓慢，共有近20家汽车金融公司。在这些公司中，只有上汽通用汽车金融公司、菲亚特汽车金融公司在内的极少数公司实现了盈利，大部分公司仍处于亏损状态。目前，我国信贷和租赁等融资方式销售汽车只占到全部销售额的10%左右，而欧美国家普遍达到了70%以上，汽车制造商下属金融公司的利润更是普遍占到集团总利润的30%以上。同时，商业银行仍然是我国汽车信贷的主体，占据2/3以上的信贷余额，而在发达市场，情况刚好相反，银行占信贷余额的30%，汽车金融公司则占60%以上。不过，随着扶植性政策的渐次出台，我国汽车金融业务健康发展的综合平台正在形成，而80后、90后正成长为汽车消费的主要人群，信贷消费的接受度将日益提高。可以说，未来10年将是专业汽车金融公司逐步成长为汽车金融市场主力军的10年，也将是汽车金融业务快速发展更上层楼的10年，汽车金融的健康发展也必将成为我国汽车行业整体高速健康发展的重要推手。

五、金融资产管理公司

在国际金融市场上，金融资产管理公司共有两类：从事“优良”资产管理业务的资产管理公司和从事“不良”资产管理业务的资产管理公司。前者外延较广，涵盖诸如商业银行、投资银行以及证券公司设立的资产管理部或资产管理方面的子公司，主要面向个人、企业和机构等，提供的服务主要有账户分立、合伙投资、单位信托等；后者是专门处置银行剥离的不良资产的金融资产管理公司。

我国的金融资产管理公司是经国务院决定设立的收购国有银行不良贷款，管理和处置因收购国有银行不良贷款形成的资产的国有独资非银行金融机构。金融资产管理公司以最大限度保全资产、减少损失为主要经营目标，依法独立承担民事责任。目前，我国有4家资产管理公司，即中国华融资产管理公司、中国长城资产管理公司、中国东方资产管理公司、中国信达资产管理公司，分别接收从中国工商银行、中国农业银行、中国银行、中国建设银行剥离出来的不良资产。中国信达资产管理公司于1999年4月成立，其他三家于1999年10月分别成立。

我国组建金融资产管理公司是为同时达到以下三个目的：一是改善四家国有商业银行的资产负债状况，提高其国内外资信，同时深化国有商业银行改革，对不良贷款剥离后的银行实行严格的考核，不允许不良贷款率继续增加，从而把国有商业银行办成真正意义上的现代商业银行。二是运用金融资产管理公司的特殊法律地位和专业化优势，通过建立资产回收责任制和专业化经营，实现不良贷款价值回收最大化。三是通过金融资产管理，对符合条件的企业实施债权转股权，支持国有大中型亏损企业摆脱困境。

历经8年的运营，四家金融资产管理公司圆满地完成了担负的历史使命。2007年1月15日，财政部宣布四家资产管理公司政策性不良资产处置任务已经完成。2008年，财政部牵头成立了“金融资产管理公司转型改革发展工作小组”，负责推动四大资产公司商业化转型工作，后因国际金融危机爆发而延后。2010年，四大资产公司转型改制试点工作再次启动。2010年6月29日，经国务院批准，由财政部独家发起，中国信达资产管理股份有限公司在北京成立。2012年，中国信达资产管理股份有限公司引入全国社会保障基金理事会等四家战略投资者。2012年，中国华融资产管理股份有限公司正式挂牌成立，标志着中国华融由政策性金融机构转变为市场化的金融机构，可以为客户提供资产经营管理、银行、证券、金融租赁、信托、投资、基金、期货、置业等全牌照、多功能、一揽子综合金融服务。东方资产管理公司也转型为自主经营、自负盈亏和可持续发展的商业化综合金融服务集团，旗下拥有保险、证券、信托、租赁、信用评级和资产管理等多种金融服务业态，能为客户提供各种金融服务。近年来，长城公司也根据国家政策要求加快向商业化转型发展，致力于打造成为“以资产经营管理为核心、以重点服务中小企业为特色、以多种综合金融服务为手段的现代金融服务企业”。

六、典当行

典当行亦称典当公司或当铺，是主要以财物作为质押进行有偿有期借贷融资的非银行金融机构。典当公司的发展为中小企业提供快捷、便利的融资手段，促进了生产的发展，繁荣了金融业，同时还在增加财政收入和调节经济等方面发挥了重要的作用。以物换钱是典当的本质特征和运作模式。当户把自己具有一定价值的财产交付典当机构实际占有作为债权担保，从而换取一定数额的资金使用，当期届满，典当公司通常有两条赢利渠道：一是当户赎当，典当公司收取当金利息和其他费用赢利；二是当户死当，典当公司处分当物用于弥补损失并赢利。

1949 年新中国成立前，典当业非常兴盛。全盛时期，单在北京就有 300 多家。1949 年后，典当业完全停顿。1987 年 12 月，"成都市华茂典当服务商行"在成都正式挂牌营业，成为新中国成立后中国大陆第一家典当行。1988 年，辽宁、山西、广州、上海等地均陆续出现了典当行，而北京第一家典当行"金宝典当行"于 1992 年年底也开始试营业。为了规范典当行的发展，2005 年，商务部与公安部联合发布了《典当管理办法》，对企业准入、主营业务、风险控制等环节予以管理。因为有法可依，中国典当行业迎来了新的发展时期，典当行在半年内就增加了 500 家。伴随着典当行业规模的扩大、经手业务数量的激增，这一行业也积累了各种风险。为此，2012 年 12 月 5 日，商务部发布了《典当行业监管规定》，进一步完善了典当业监管制度，提升了典当业监管水平，促进了典当业健康有序发展。

总之，经过 20 多年的发展，典当业在我国社会经济发展中的地位日益提升，在满足小微企业融资需求方面发挥了不可替代的作用，已成为我国多元化融资体系和现代服务业不可或缺的组成部分。

本章小结

按照资金来源和资金运用的不同，商业性金融机构可以分为存款机构（银行）、契约型储蓄机构以及投资中介机构。存款机构主要包括商业银行、储蓄机构和信用社。美国的储蓄机构主要包括互助储蓄银行和储贷协会。在我国，没有专门的储蓄银行，为个人提供的储蓄及其他金融业务是由商业银行办理的。我国名称中带有"储蓄银行"的主要是住房储蓄银行和邮政储蓄银行，这两类机构目前都已变成商业银行。信用社是西方国家普遍存在的一种互助合作性金融组织。我国的信用合作社可分为农村信用合作社和城市信用合作社，前者已成为中国金融体系的重要组成部分，是新形势下农村金融的主力军；而后者已整顿改制为城市商业银行。

契约性储蓄机构主要包括各种保险公司和养老基金。在西方国家，保险业十分发达，保险公司的种类也很多，各类保险公司是各国最重要的非银行类金融机构。现代商业性保险公司主要由人寿保险公司、财产保险公司和再保险公司组成。养老基金是第二次世界大战后才在西方各国发展起来的，目前普遍存在于西方各国，西方国家关于养老基金的立法和税收优惠对它的发展起到了极大的推动作用。改革开放后，我国不但初步形成了功能相对完善、分工比较合理、公平竞争、共同发展的保险市场体系,而且形成了包括基本养老保险、企业补充养老保险和个人储蓄性养老保险为主的多层次、多支柱新型养老保险体系。

投资中介机构主要包括投资银行、证券经纪和交易公司、财务公司、投资基金等。国外的财务公司主要有三种类型:销售财务公司、消费者财务公司和商业财务公司。我国的财务公司专指企业集团财务公司。投资基金的种类十分丰富,主要有开放式基金、封闭式基金、货币市场基金、对冲基金和私募股权基金等。

现阶段,我国已经形成了以"一行三会"为主导、政策性银行与商业性银行相分离、大中小型商业银行为主体、多种非银行金融机构并存的现代金融体系。近几年来,我国以信托投资公司、金融租赁公司、汽车金融公司、典当行等为代表的非银行类金融机构发展迅速。

复习思考题

1.按照资金来源和资金运用的不同,金融机构可以分成哪几类?
2.储蓄机构与商业银行主要有哪些区别?
3.查找资料,了解我国信用合作社的发展与改革。
4.保险公司主要有哪几种类型?
5.美国的养老金计划主要包括哪些内容?
6.我国的养老保险体系是怎样的?
7.国外的财务公司主要有哪几种类型?
8.投资基金为什么能在全球范围内发展迅速?
9.货币市场基金具有哪些优点?
10.什么是政策性银行?与商业银行相比,它具有哪些特点?
11.你怎么看待我国金融租赁业的发展前景?

金融制度

制度是一个社会的游戏规则，是为协调人际关系而人为设定的一些制约。制度分为正式规则、非正式规则和这些规则的执行机制。正式规则又称正式制度，是指政府、国家或统治者等按照一定的目的和程序有意识创造的一系列的政治、经济规则及契约等法律法规，它们共同构成人们行为的激励和约束。非正式规则是在长期实践中无意识形成的，构成世代相传的文化的一部分，包括价值信念、伦理规范、道德观念、风俗习惯及意识形态等因素；有些非正式规则经过一定时期的实践，会被上升为正式规则。执行机制是为确保上述规则得以执行的相关制度安排。

在运用市场交易配置资源的过程中，为了克服交易中存在的种种困难，交易者之间相互协调形成了一些约定俗成的非正式规则。这些非正式规则得以普遍运用之后，有些人通过违反规则、搭便车等行为将会获得利益，这种行为将破坏非正式规则的存续。比如，人们在寻找交易的一般等价物的过程中，发现使用标准化的铸币，能省去交易过程中称量、鉴定成色等麻烦，提高交易的效率。但在人们普遍使用这种标准化的铸币之后，也习惯了不再称量和鉴定其成色，这就给铸造假币者以可乘之机，当市场上的假币盛行时，标准化的铸币就会被弃用，回到称量货币的使用上。为了巩固这种金融发展的成果，一种可行的手段就是将这种约定俗成的非正式规则上升为正式规则，以国家的强制手段保护金融标准化、规范化的成果，维护金融交易秩序。因此，制度化也是金融发展的一个重要手段和逻辑。

金融制度是以国家强制手段保护金融标准化、规范化的成果，维护金融工具有效性、真实性，维护市场化金融交易秩序的正式制度安排，主要包括货币制度、公司制度、财务会计制度、证券发行和交易制度、金融监管制度等。

货币制度是为了保证货币的标准、统一和币值稳定，主要体现在中央银行法和商业银行法等法律法规上。

公司制度和财务会计制度是股票和企业债券创造的基石。公司法人制度为企业的独立性和人格化，为股票和债券等证券的真实有效性提供了基础性的制度安排；财务会计制度则进一步为这些工具的真实有效性提供技术保证和制度保证。证券发行和交易制度是保证证券交易的公平公正、打击交易欺诈和操纵行为的制度安排。这些制度主要体现在公司法、会计法、会计准则和证券法等法律法规中。

保证金融实体制度得以执行的相关制度安排就是金融监管制度。

本篇主要学习金融核心制度——货币制度、股份公司制度和证券交易制度的产生与发展的内在规律和目的及其主要内容。

第十一章

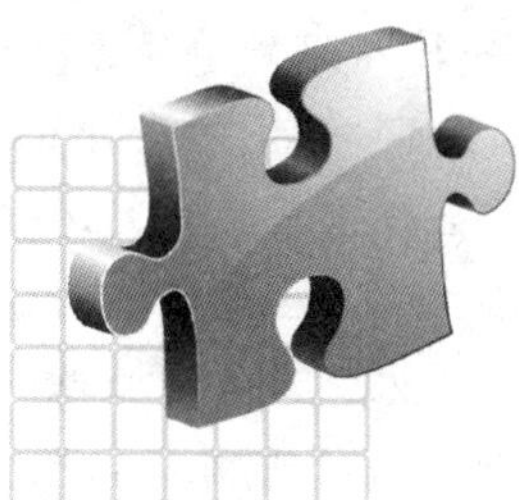

货币制度

本章导读

2008年华尔街金融危机之后，由于不满美联储的货币政策，2011年3月4日，犹他州众议院以47票赞成、26票反对最终通过一项法案，认可联邦政府发行的黄金白银成为法定货币并且进入流通领域，居民可以参照国际市场金银现货的价格，自由选择用金银币或者美元支付税收、偿还债务等，不必受其本身币值的限制。从而，犹他州成为美国第一个允许金银币自由流通的州。另据媒体报道，美国又有12个州也在讨论通过类似的议案。

我们这世界真能重回金银复本位制？货币制度真的是少数人主观臆断的结果吗？本章将学习货币制度的起源、发展过程及其内在的演变规律，主要包括金属货币的统一、标准化过程、币材供应量和稳定性对货币制度选择的影响；是哪些因素导致从金属货币制度向信用货币制度发展？是哪些货币制度内容为币值的稳定提供了保障？

早期的人类社会，在商品交换、寻找一般等价物和货币兑换等金融活动过程中会形成一定的社会习惯。比如约定俗成地以贝壳、烟草、贵金属或石头等为一般等价物，以一定的贵金属含量和成色为货币计量单位。但社会习惯和契约等非正式规则不具强制性和统一性，国家出现后，将有关习惯和契约合法化，成为货币制度。

在奴隶社会和封建社会的金融活动中，最具重大意义的是统一的货币制度的建立。公元前221年秦始皇统一中国后，制定《秦律·金布律》，在全国范围内统一货币制度，使货币制度法律化。此为最早的货币立法。

货币制度是国家对货币的有关要素、货币流通的组织与管理等加以规定所形成的制度，是货币流通的规则、结构和组织机构体系的总称。完善的货币制度能够保证货币和货币流通的稳定，保障货币各项职能的有效发挥。

根据货币的不同特性，货币制度分为金属货币制度和不兑现的信用货币制度。依据货币制度作用的范围不同，货币制度包括国家货币制度、国际货币制度和区域性货币制度。货币制度是随着商品经济的发展而逐步产生和发展的，到近代形成了比较规范的制度。

秦律·金布律

春秋战国时期,由于政治上分裂,各地经济、文化不同,列国铸币分属不同货币体系,出现了布币、刀币、圜钱和楚币四大货币体系。圜钱为纺轮生产工具,除贝、布帛、粮食外,农具和工具也是实物货币,蚁鼻钱的前身是贝币。这些货币的内容和性质在春秋战国时发生了根本的变化,由实物变成金属,以铜钱为主,兼用金、银、玉、布帛、贝币,但它的外形还是落后的,仍保留原始货币形状。各国钱币虽然存在很大的差异,但可以通用。因为都是铜,具有一致性,交换时只按重量计价值,这表明当时地域分割,地区间贸易困难,各地所铸钱币使用范围少,数量有限。大宗交易用黄金,小额交易支付用铜钱,这是称量货币的典型特征,属于落后的货币交易方式。

战国末年,出现了一种新的演变趋势,主要表现在钱币形状的改变上,钱币形制出现了统一的趋势。布币向圆形发展;圜钱的铸造逐步流行,使用日益普及。这种钱最先进方便,后被各国普遍使用,为统一币制打下了基础。铜钱形状逐渐变小、重量变轻。

公元前221年,秦始皇推行币制改革。其主要内容为:

1.推行金铜复本位制,《史记·平准书》载:"中一国之币为二等。黄金以溢名,为上币;铜钱识曰半两,重如其文,为下币。而珠玉、龟贝、银锡之属为器饰宝藏,不为币。"大额用金,小额用铜,黄金单位为溢(镒),1镒=24两(或20两)。秦代的金无统一的形制和重量标准。铜为半两=12铢。(秦半两的法定重量是12铢,但是各地出土的实物重量很不一致,只有4～6铢)

2.统一货币形状,使用方孔圆钱。废除各国的刀、布、铜贝等原始货币,只采用圆形方孔的铜钱,即半两钱。

3.钱币由国家专铸。由政府专门发行,禁止私人铸,政府发的钱币,不论好坏,一律通用。

4.确立布匹的法定货币地位。

1975年湖北云梦出土的《秦律·金布律》载(原文):

官府受錢者,千錢一畚,以丞、令印印。不盈千者,亦封印之。錢善不善,雜實之。出錢,獻封丞、令,乃發用之。百姓市用錢,美恶雜之,勿敢異。

布袤八尺,福(幅)廣二尺五寸。布恶,其廣袤不如式者,不行。錢十一當一布。其出入錢以當金、布,以律。賈市居列者及官府之吏,毋敢擇行錢、布;擇行錢、布者,列伍長弗告,吏循之不謹,皆有罪。

译文:

官府收入钱币,以一千钱装为一畚,用其令、丞的印封缄。钱数不满一千的,也应封缄。钱质好的和不好的,应装在一起。出钱时,要把印封呈献令、丞验视,然后启封使用。百姓在交易时使用钱币,质量好坏一起通用,不准选择。

布长八尺,幅宽二尺五寸。布的质量不好,长宽不合标准的,不得流通。十一钱折合一布。如出入钱来折合黄金或布,应按法律规定。市肆中的商贾和官家府库的吏,都不准对钱和布两种货币有所选择;而列伍长不告发,吏检查不严,都有罪。

第一节 货币制度的主要内容

货币制度的主要内容一般包括本位货币和辅币，货币的铸造、发行与流通，货币发行的准备制度等内容。

一、本位货币和辅币

本位货币又称为主币，是一个国家的基本通货和法定的计价结算货币。本位货币的确定包括两个方面的内容：一是货币材料，二是货币单位。

确定货币材料是货币制度的基础条件之一。自有货币制度以来，世界各国家主要以贵金属作为货币材料，主要是黄金和白银。具体选择什么金属做货币材料，受到客观经济发展条件以及资源禀赋的制约，因此货币材料不是国家随心所欲指定的，而是对已经形成的客观现实在法律制度上加以肯定。确定了不同的货币材料就形成了不同的货币制度。目前各国都实行不兑现的信用货币制度，对货币材料不再作明确规定。从历史上看，曾经历了从银本位制、金银复本位制，到金本位制，再到不兑现本位制的过程。

货币单位也是货币制度的构成要素之一，在具体的政权背景下，货币单位表现为国家规定的货币名称。在金属货币条件下，需要确定货币单位名称和每一货币单位所包含的货币金属含量。比如：英国在1870年规定1镑金币的标准重量是123.27447格令。规定了货币单位及其等分，就有了统一的价值标准，从而使货币更准确地发挥价值尺度的作用。在当代纸币本位制度下，纸币已经成为独立的本位币，由一国国家法律所确定，是流通中的价值符号。货币单位值(币值)的确定，通常以一篮子商品的价格为基准，有些小国或经济体可能以维持本国货币与外国货币的比价关系来确定。这些是当今货币政策的主要内容。

人民币是我国的法定本位货币。因此，《会计法》以法律形式明确规定我国境内各单位的会计核算以人民币为记账本位币，单位的一切经济业务事项一律通过人民币进行会计核算反映。

辅币，即辅助货币，是本位货币单位以下的小额货币，主要用来辅助大面额货币的流通，供日常零星交易或找零之用。如我国的角、分；美国1美分的铜币(Cent)、五分镍币(Nickel)、一角的银币(Dime)；英国的先令(Shilling)和便士(Penny)，1971年起取消了便士单位。

二、货币的铸造与发行

在金属货币制度下，本位币是指用货币金属按照国家规定的货币单位铸成的货币，因而是足值货币，它的实际价值与名义价值是一致的。本位币可以在国家集中铸造的前提下自由铸造。这种自由铸造是指公民有权把货币金属送到国家造币厂铸成本位币，不受数量限制。造币厂代铸货币，不收或只收少量的铸造费。

为了保证本位币的名义价值和实际价值一致，防止磨损过大而实际价值减少的货币充斥流通领域，在允许本位币可以自由铸造和熔化的国家，对于流通中磨损超过重量公差的本位币，不准投入流通使用，但可以向政府指定的机构兑换新币，即超差兑换。例如，英国在 1870 年规定 1 镑金币的标准重量是 123.27447 格令，磨损后的铸币重量不得低于 122.5 格令。

辅币限制铸造。辅币一般用贱金属铸造，其所包含的实际价值低于名义价值。辅币不能自由铸造，只准国家铸造，其铸币收入是国家财政收入的重要来源。

银行券和纸币是贵金属储量以及相应的金银货币不能满足商品经济发展对货币需求扩大而出现的产物。早期银行券流通的前提和背景是持券人可随时向发行银行兑换金属货币，只是金属货币的替代物，它是由银行发行、以商业信用为基础的信用货币。经历 1929—1933 年世界范围的经济危机之后，西方各国中央银行发行的银行券停止兑现，其流通已不再依靠银行信用，而是依靠国家政权的强制力量，从而使银行券转化为纸币。因此，早期信用货币是分散发行的。目前各国信用货币的发行权都由法律规定集中于中央银行或指定机构，由国家垄断发行。

三、货币的流通和支付能力

本位币的面值与实际金属价值是一致的，是足值货币，国家规定本位币具有无限法偿能力。各国法律规定，在商品交易和一切经济交往中，每次支付的金额无论大小，用本位币支付，收款人都不能拒绝接受，使本位币具有无限法偿能力。

非本位货币不具有这种能力。当被用于流通和支付时，超过一定数量的非本位货币，债权人可以拒绝接受，因而被称为“有限法偿”。各国一般规定辅币只具有有限法偿力，但可以与本位币自由兑换。在信用货币制度下，国家对各种辅币支付能力的规定不是十分明确和绝对，如中国就规定辅币具有无限法偿能力。

四、准备金制度

准备金制度，也称为货币发行准备制度，是在信用货币制度下，为约束货币发行规模、维护货币信用而制定的，要求货币发行者在发行货币时必须以某种金属或资产作为发行准备的制度。

在金属货币制度下，金属货币与银行券同时流通条件，为了避免银行券过多发行，保证银行券的信誉，法律规定发行机构按照银行券的实际规模保持一定数量的黄金等贵金属作为发行准备。

在现代信用货币制度下，由于国内信用货币已不再兑换黄金，各国货币发行准备制度的内容比较复杂，一般包括两个层次：一是各国中央银行为了保证有充足的国际支付手段，持有一定的黄金和外国货币等国外资产；二是商业银行的存款准备金制度。由于商业银行的存贷循环也是货币创造的过程，为了避免货币创造的无限扩展，随时满足存款取现的要求，保证安全，要求商业银行满足存款准备金制度的要求，持有一定的现金准备和证券准备。

黄金储备是准备金制度的重要内容。在金属货币流通的条件下，黄金储备主要有三项用途：

第一，作为国际支付手段的准备金，也就是作为世界货币的准备金；

第二，作为时而扩大时而收缩的国内金属流通的准备金；

第三，作为支付存款和兑换银行券的准备金。

在当代世界各国已无金属货币流通的情况下，黄金准备的后两项用途已经消失，但黄金作为国际支付的准备金这一作用仍继续存在，各国也都储备一定量的黄金作为准备。多数国家的黄金储备都集中由中央银行或国家财政部管理。

第二节　金属货币制度

在货币史上，银比金更早地充当本位货币。西方国家随着经济的发展，银本位制先是过渡到金银复本位制，19 世纪 20 年代后又为金本位制所取代。

一、银本位

银本位制是以白银为本位货币材料的货币制度。有银两本位和银币本位两种类型。

银两本位是以白银重量“两”为价格标准实行银块流通。

银币本位是国家规定白银为货币金属，并要求铸成一定形状、重量和成色的银币；银币可以自由铸造和自由熔化；银行券可以自由兑换银币或白银；银币和白银可自由输出或输入，以保证本国货币与其他货币的稳定比价关系。

古代作家庞波尼乌斯曾经记载说，罗马于公元前 289 年设立负责制币的三人委员会，委员由年轻贵族担任，监督公共货币的制造。大概这一时期罗马的货币制造情况比较混乱，需要国家进行规范和监督。公元前 212 年左右创立了第纳里乌斯(Denarius)银币标准。第纳里乌斯银币体系有第纳里乌斯、奎纳里乌斯(Quinarius)和塞斯特提乌斯(Sestertius，或者简译为塞斯退斯)三种银币，罗马从此确立了银本位制度。1545 年在南美洲西班牙殖民地(今玻利维亚)发现波托西银矿，成为世界重要银产地，银产量将近世界半数，西班牙大量铸造银币，称为比索(Peso)。自此银币成为这四百年间国际贸易通用的货币。

在我国货币史上，白银自汉代已逐渐成为货币金属，到明代白银已逐步货币化，同时也通行铜钱和纸币。但实行的是银两制，以金属的重量计值，属于称量货币制度，始终没有踏进货币本位制度。

白银成为本位货币的物质前提是国内市场白银存量能满足流通之需。自秦始皇统一币制以来，外圆内方的铜币历经朝代更迭，盘踞本位货币宝座长达一千多年。之所以如此，原因在于中国金银矿藏相对贫乏。根据明、清史籍所载银课收入数字计算，自明弘治十三年(1500 年)以来百余年间，中国白银年产量一直徘徊在 10 万两左右，清代前期 20 万两左右，较之美洲、日本、欧洲只不过是个零头而已。而且我国银矿品位不高，开采往往得不偿失。据全汉升统计，明代中国银矿含银量在0.003%～12.5%之间，一般在1%以下；而同期秘鲁波托西银矿含银量为50%，新西班牙银矿含银量为5%～25%。直到上世纪80年代前，我国很少有独立的银矿山，全国的白银生产几乎完全靠铜铅锌和金矿伴生回收，年产量还不足千吨。不仅如此，自唐宋以来，"钱荒"的记载不绝于史，流通中货币不足成为长期制约中国商品经济发展的"瓶颈"。为补钱币之不足，政府只得以谷、帛等其他商品充当流通媒介，实际上实行了钱币、谷帛的平行本位制。明代前期还实行了落后的实物财政制度，田赋以征收米、麦为主，附征丝、麻、棉等土产及货币，前者称本色，后者称折色，百姓还要承担徭役。

明代开始，中国所产手工业品价廉物美，在欧、美及南洋各国素负盛誉。明代中国与美洲间的贸易航线起点是福建月港(今龙海海澄)、厦门和广州等地，以马尼拉为中转口岸，终点在墨西哥阿卡普尔科(Acapulco)；澳门则扮演了中欧贸易枢纽的角色。1574年(明万历二年)，两艘马尼拉大商帆满载中国丝绸、棉布、瓷器等货物驶向墨西哥阿卡普尔科，标志着著名的马尼拉大商帆贸易正式投入运营。马尼拉—阿卡普尔科贸易航线活跃于1574年至1815年，历时240年之久。由于西属美洲市场需求旺盛，中国丝织品和棉织品很快跃居马尼拉大商帆输往美洲货物之榜首，并一直保持到大商帆贸易的终结。直至18世纪末，中国丝绸等商品仍占墨西哥进口总值的63%。由于欧洲商品难以与价廉物美的中国货竞争，西班牙人、葡萄牙人和后来跻身对华贸易的荷兰人、英国人都不得不用硬币购买中国商品，巨额对外贸易顺差一直保持到19世纪初鸦片贸易兴起前夕。自阿卡普尔科返航马尼拉的大商帆运载的主要是用以购买中国货物的白银。西属美洲流往马尼拉的白银开始每年约100万比索，后来达200万～300万比索，有时甚至超过400万比索。1571—1821年间，输入马尼拉的美洲白银共计4亿比索之多，其中绝大部分(亦有1/2、1/4之说)又转输中国。有些外国学者则估计美洲白银总产量的1/3～1/2都流入了中国。此外，还有部分输入欧洲的美洲白银通过贸易转运澳门，然后流入中国内地。

海外白银的源源流入，提供了一种供给随经济发展稳步增长并摆脱政府干预的稳定通货。明万历九年(1581年)，张居正进行历史性的财政税收制度改革，在全国全面推行浙江巡按御史庞尚鹏等人所创的"一条鞭法"，一切赋税、徭役统一折银缴纳。一条鞭法为清朝所承袭，并进一步加以完善。一条鞭法的全面推行，表明自明朝起中央政府正式承认了白银的货币地位。

宣统二年(公元1910年)清朝颁行《币制则例》，正式采用银本位，以"元"为货币单位，重量为库平七钱二分，成色是90%，名为大清银币。但市面上银元和银两仍然并用。辛亥革命后，于1913年公布《国币条例》，正式规定重量七钱二分、成色89%的银元为我国的货币单位。"袁大头"银元就是这样铸造成的。但银元和银两仍然并用。1933年3月8日，国民政府公布《银本位币铸造条例》，规定银本位币定名为"元"，总重26.6971克，银八八，铜一二，即含纯银23.493448克。银本位币每元重量及成色，与法定重量、成色相比之下公差不得超过0.3%，并规定一切公私交易用银本位币授受，其用数每次均无限制。同年4月，国民政府实行"废两改元"，发行全国统一的银币——"孙中山头像"银元。但1934年美国政府实施《购银法案》，提高银价，中国白银大量外流，国民政府被迫于1935年11月实行法币改革。

到了19世纪末，随着白银采铸业劳动生产率的提高，世界白银产量猛增，白银市面价格发生剧烈波动，呈长期下跌趋势。白银价格的起伏不稳，加之体重价低，不适合巨额支付，因而，除了中国以外，各国先后放弃了银本位制。

二、金银复本位

金银复本位制是指一国同时规定金和银为本位币。在这种制度之下，黄金与白银同时作为本位货币的制作材料，金币与银币都具有无限法偿的能力，都可以自由铸造、流通、输出与输入，金币和银币可以自由兑换。这一制度的出现弥补了黄金产量不能满足市场需求的问题。由于市场上金价与银价都在不断波动中，为了解决金币与银币之间的兑换问题，狭义的金银复本位制又可以分为两种：平行本位制与双本位制。另一种跛行本位制事实上不能算作纯粹的金银复本位制。

平行本位制下，金币和银币按自己的价值流通，互不干扰，国家不规定两种货币之间的比价。英国曾于1663年发行金币时实行这种制度，当时英国的基尼金币与先令银币同时在市场上流通。

在平行本位制之下，一件商品同时拥有金币价格和银币价格，而金币价格与银币价格之间又会发生波动，这样极其不利于社会发展的需要。在这种形势之下，便诞生了双本位制。双本位制中，金币与银币之间的比价由政府通过立法的形式确立。例如，1717年英国立法规定1个基尼金币等同于21个先令银币，即金银间价格比为15.2∶1。美国在1792年实行复本位制时，规定每1金元含纯金24.75厘(grain，1厘＝0.065克)。每1银元含纯银371.25厘；金元和银元等值，故同等重量的金和银作为货币的价值对比即为15∶1。有无这种“铸造比价”，是双本位制不同于平行本位制的一个重要标志。

随着19世纪70年代世界银价暴跌时发生了劣币驱逐良币现象，西方各国开始实行跛行本位制。在该制度下，虽然金币与银币在法律上拥有同样的地位，但是银币事实上被禁止自由铸造。美国、法国、比利时、瑞士、意大利等都曾实行过这一制度。跛行本位制的出现可以说是金银复本位制向金本位制的过渡。

(一)金银复本位制的优点

(1)由于是复本位，货币材料既可以是白银也可以是黄金，来源充足；

(2)当需要进行大额交易时可以使用黄金，小额交易则使用白银，灵活方便；

(3)两种币材之间可以相互补充；

(4)比单本位制更易于维持对用金、用银和其他复本位制国家的汇率。

(二)复本位制的缺点：格雷欣定律

双本位制的最严重缺点就是使用时会出现劣币驱逐良币现象。由于金币和银币间的比率是由政府通过法律规定的，所以比较稳定。然而市场上的金银之间的相对价格却经常波动，或铸造比价难以同外国作为货币的价值长期保持一致。在这种情况下，具有同样清偿能力的两种金属货币中，必有一种是实际价值(或在外国作为货币的价值)高于该币在国内作为货币的价值，而另一种货币则是实际价值低于其在国内的货币价值。前者俗称良币，后者称为劣币。利之所在，使人们乐于将“良币”窖藏、销熔或输出，而尽量在流通中使用"劣币"并输入"劣币"材料而请求官方增铸该币,结果变成了事实上的单本位制。例如当黄金实际价值增大时,人们就会将手中价值较大的金币("良币")融化成黄金,再将这些黄金换成银币("劣币")来使用。这个规律是16世纪英国人T.格雷欣首先发现的,故称"格雷欣定律"。

19世纪上半叶美国的经验,为这个规律提供了一个极好的例证。美国在1792年实行复本位制时,法定金银铸造比价是15∶1,但在1795—1833年的39年里,国际市场上金与银的实际价值对比是15.6∶1,法国在1803年实行复本位制时规定的铸造比价为15.5∶1。这个国际条件,使银币在美国成了"劣币"而金币成了"良币",于是,白银从国外(包括法国)大量流入美国,而黄金则从美国大量输往外国(包括法国),美国成了事实上的单银本位制国家。1834年,美国将铸造比价改为16∶1,而当时市场上金银实际比值是15.7∶1,法国的铸造比价仍为15.5∶1。金和银在美国的良、劣币地位转化,使美国又成为事实上的单金本位制国家。

(三)欧美国家在形式上维持复本位制的两种做法

双本位制下金和银的交替占优情况,会使整个经济发生某种程度的动荡。为了避免这种情况的发生而在形式上维持复本位制的存在,欧美国家曾采取两个做法:

(1)在"劣币"增加到一定程度时,限制其铸造和一次支付的数额。例如,18世纪90年代,世界市场上银价跌至英国的铸造比价15.2∶1以下,以致银币充斥英国。为了阻止这个趋势的发展,英国于1798年停止银币的铸造,并规定银币的一次支付额不得超过25英镑。这样虽然银币在法律上仍和金币一样充作本位币,但实际上已降到辅币地位,即跛行本位制。

(2)使复本位制国际化,即多个国家同时实行这个制度并采用同一铸造比价,以避免因各国铸造比价不同而发生国与国间金银对流的情况。1865年,法国、意大利、比利时和瑞士组成拉丁货币同盟(1869年希腊加入),建立国际性复本位制,共同采用15.5∶1的铸造比价,并且统一各国的货币单位,规定各国铸币在重量、成色和形式上保持一致。但这个同盟不久解体,根本原因是各国利害关系不同,难以协调一致。同盟成立后不久,意大利便大量发行不兑换纸币,于是金银涌入其他成员国。加以这个同盟的范围本来就很小,在19世纪70年代世界银价开始猛跌时,又有大量白银流入同盟各国。为了阻止银币泛滥,这个同盟于1874年达成协议,限制法郎银币的铸造,4年之后,银币铸造完全停止,也走上了跛行本位制的道路。

(四)复本位制向单本位制过渡

跛行本位制的实行,意味着复本位制向单本位制过渡。在银价继续大跌而信用货币同时得到发展的情况下,金本位制终于在19世纪70年代确立。但是在20世纪30年代,在美国依然有人鼓吹恢复复本位制。复本位制有利于美国的银矿资本家和南方农场主。他们组成强大的政治集团,向美国政府施加压力,企图恢复16∶1的金银比价,最终目的是阻止银价下跌和减轻农业债务。但银价狂泻(1870—1902年,金银的市场价值由15.5∶1跌到39.1∶1)毕竟不是哪一个国家的币制改革所能制止的,其结果只能迫使美国政府先后于1878年、1890年、1934年以人为高价收购白银,从而在国内以通货膨胀坑害人民,在国外损害银本位制国家(如中国)的利益,而复本位制始终未得恢复。

三、金本位

(一)金本位的特点

金本位即金本位制(Gold standard),就是以黄金为本位币的货币制度。在金本位制下,每单位的货币价值等同于若干重量的黄金(即货币含金量)。其主要特点表现为以下四个方面:

(1)以一定成色和重量的黄金作为货币单位;金币可以自由铸造,作为基本的流通手段;其他金属货币都居于辅币的地位;各种货币符号(如银行券)可以参加流通,并可随时自由地兑换为金币。

(2)金币可以自由铸造,任何人都可按本位币的含金量将金块交给国家造币厂铸成金币。黄金也可以自由买卖和贮藏;黄金作为贮藏手段的职能自发调节流通中金币的数量,使金币的面值与金币本身包含的黄金价值能够保持一致和相对稳定。

(3)金币是无限法偿的货币,具有无限制的支付手段的权利。

(4)黄金可以自由输出入。国家之间的汇率由它们各自货币的含金量之比——铸币平价(mint parity)来决定,黄金在各国之间的自由转移,使汇率受外汇供求关系而引起的波动被局限在很小的范围内,因此能保证外汇行市的相对稳定。

(二)金本位的发展

金本位制于19世纪中期开始盛行。在历史上,曾有过三种形式的金本位制:金币本位制、金块本位制、金汇兑本位制。其中金币本位制是最典型的形式,就狭义来说,金本位制即指该种货币制度。

1.金币本位制

这是金本位货币制度的最早形式,亦称为古典的或纯粹的金本位制,盛行于1880年至1914年间。其特征是:以一定量的黄金为货币单位铸造金币,作为本位币;金币可以自由铸造,自由熔化,具有无限法偿能力,同时限制其他铸币的铸造和偿付能力;辅币和价值符号(如银行券)可以自由兑换金币或等量黄金;黄金可以自由输出输入,在实行金本位制的国家之间,根据两国货币的黄金含量计算汇率,称为金平价;以黄金为唯一准备金。

金币本位制消除了复本位制下存在的价格混乱和货币流通不稳的弊病,保证了流通中货币对本位币金属黄金不发生贬值,保证了世界市场的统一和外汇行市的相对稳定,是种相对稳定的货币制度。

最早实行金币本位制的国家是英国,英国政府在1816年颁布了铸币条例,发行金币,英格兰银行正式规定1盎司黄金为3镑17先令10.5便士,银币则处于辅币地位。1819年又颁布条例,要求英格兰银行的银行券在1821年能兑换金条,在1823年能兑换金币,并取消对金币熔化及金条输出的限制。从此英国实行了真正的金币本位制。实行了金币本位制度以后,英国的物价指数均明显地维持着低幅度的波动,金本位制度稳定物价和经济的功能也得到了证明。

自从英国采用金币本位制以来,美国和欧洲的国家也都争相仿效。第一次世界大战前,以英国、美国、德国、荷兰、一些北欧国家和拉丁货币联盟(由法国、意大利、比利时和瑞士组成)等以国内实行的金币本位制为基础形成了典型的国际金本位货币体系。这是一种相对稳定的货币制度。黄金自由发挥世界货币的职能,促进了各国商品生产的发展和国际贸易的扩展,也促进了资本输出。金本位制自动调节国际收支,促进了世界经济的繁荣和发展。

随着主要资本主义国家之间矛盾的发展,破坏国际货币体系稳定性的因素也日益增长。英国在拿破仑战争期间,美国在南北战争期间都曾经停止黄金与纸币的兑换。此外,各国经济发展的不平衡,也导致了黄金国际流动的不平衡。到 1913 年年底,英、法、美、德、俄五国占有世界黄金存量的 2/3。绝大部分黄金为少数强国所占有,这就削弱了其他国家的货币制度基础。到 1913 年,全世界约有 60%的货币用黄金集中于各国中央银行,各国多用纸币在市面流通,从而影响货币的信用。一些国家为了准备战争,政府支出急剧增加,大量发行银行券,于是银行券兑换黄金越来越困难,破坏了自由兑换的原则。在经济危机时,商品输出减少,资金外逃严重,引起黄金大量外流;各国纷纷限制黄金流动,黄金不能在各国间自由转移。由于维持金币本位制的一些必要条件逐渐遭到破坏,国际货币体系的稳定性也就失去了保证。1914 年第一次世界大战爆发后,各国纷纷发行不兑现的纸币,禁止黄金自由输出,金币本位制随之告终。

第一次世界大战以后,在 1924—1928 年,资本主义世界曾出现了一个相对稳定的时期,主要资本主义国家的生产都先后恢复到大战前的水平,并有所发展。各国企图恢复金本位制。但是,由于金铸币流通的基础已经遭到削弱,不可能恢复典型的金本位制。当时除美国以外,其他大多数国家只能实行没有金币流通的金本位制,这就是金块本位制和金汇兑本位制。

2.金块本位制

金块本位制是指由中央银行发行、以金块为准备的纸币流通的货币制度。它是一种以金块办理国际结算的变相金本位制,亦称金条本位制。在该制度下,由国家储存金块,作为储备;流通中的各种货币与黄金的兑换关系受到限制,不再实行自由兑换;但在需要时,可按规定的限制数量以纸币向本国中央银行无限制兑换金块。可见,这种货币制度实际上是一种附有限制条件的金本位制。

它与金币本位制的区别在于:

其一,金块本位制以纸币或银行券作为流通货币,不再铸造、流通金币,但规定纸币或银行券的含金量,纸币或银行券可以兑换为黄金;

其二,规定政府集中黄金储备,允许当居民持有本位币的含金量达到一定数额后兑换金块。

例如,英国在 1925 年规定,在用银行券兑换黄金时,每次最低限度为 400 盎司的金块,约值 1 700 英镑。法国 1928 年规定的最低兑现额则为 215 000 法郎。这实际上是对兑换黄金实行限制。

3.金汇兑本位制

金汇兑本位制是指以银行券为流通货币,通过外汇间接兑换黄金的货币制度。金汇兑本位制与金块本位制的相同之处在于规定货币单位的含金量,国内流通银行券,没有铸币流通。银行券不能直接兑换黄金,只能兑换实行金块或金币本位制国家的货币。本国中央银行将黄金与外汇存于另一个实行金本位制的国家，允许以外汇间接兑换黄金，并规定本国货币与该国货币的法定比率，从而稳定本币币值。

（三）金本位的崩溃

金块本位制和金汇兑本位制是在金本位制的稳定性因素受到破坏后出现的两种不健全的金本位制。这两种制度下，虽然都规定以黄金为货币本位，但只规定货币单位的含金量，而不铸造金币，实行银行券流通。

这种蜕化了的金本位制已不具有金本位制原来的相对稳定性。由于不再实行金币流通，通过黄金贮藏手段职能自发调节货币流通量的作用已不存在。银行券与黄金的自由兑换已受到很大的限制，当银行券过多时，其退出流通的过程便受到了阻碍。

由于实行金汇兑本位制国家的货币都与实行金块本位制国家的货币有固定的比价，因此银行券在换取外汇后能到国外去兑现金块。金汇兑本位制使许多国家的货币制度紧密结合在一起，只要一国的经济和货币流通发生问题，就必然会影响到其他国家。

在第一次世界大战中失败的德国和许多殖民地、附属国实行的就是这种货币制度。第二次世界大战后，建立了以美元为中心的国际货币体系（布雷顿森林体系），也是一种金汇兑本位制，美国国内不流通金币，但允许其他国家政府以美元向其兑换黄金，美元是其他国家的主要储备资产。

1929—1933 年，资本主义国家发生了有史以来最严重的经济危机，并引起了货币信用危机。货币信用危机从美国的证券市场价格猛跌开始，并迅速漫延到欧洲各国。奥地利、德国和英国都发生了银行挤兑风潮。大批银行因此破产倒闭。1931 年 7 月，德国政府宣布停止偿付外债，实行严格的外汇管制，禁止黄金交易和黄金输出，这标志着德国的金汇兑本位制从此结束。欧洲大陆国家的银行大批倒闭，使各国在短短两个月内就从伦敦提走了将近半数的存款，英国的黄金大量外流，在这种情况下，1931 年 9 月，英国不得不宣布英镑贬值，并被迫最终放弃了金本位制。一些以英镑为基础实行金汇兑本位制的国家，如印度、埃及、马来西亚等，也随之放弃了金汇兑本位制。其后，爱尔兰、挪威、瑞典、丹麦、芬兰、加拿大等国实行的各种金本位制都被放弃。

1933 年春，严重的货币信用危机刮回美国，挤兑使银行大批破产。联邦储备银行的黄金储备一个月内减少了 20%。美国政府被迫于 3 月 6 日宣布停止银行券兑现，4 月 19 日又完全禁止银行和私人贮存黄金和输出黄金，5 月政府将美元贬值 41%，并授权联邦储备银行可以用国家债券担保发行通货。这样，美国实行金本位制的历史也到此结束。最后放弃金本位制的是法国、瑞士、意大利、荷兰、比利时等一些欧洲国家。它们直到 1936 年 8—9 月才先后宣布放弃金本位制。

第二次世界大战爆发，经过数年战争后的人们在二战即将结束的时候发现，美国成为这场战争的最大赢家，美国不但最后打赢了战争，而且在经济上发了战争财。据统计数据显示，在第二次世界大战即将结束时，美国拥有的黄金占当时世界各国官方黄金储备总量的 75%以上。

二战之后，为恢复各国国内和国际经济秩序，1944 年 5 月，美国邀请参加筹建联合国的 44 国政府的代表在美国布雷顿森林举行会议，经过激烈的争论后各方签订了“布雷顿森林协议”，建立了“金本位制”崩溃后一个新的国际货币体系。布雷顿森林体系实际上是一种国际金汇兑本位制，又称美元—黄金本位制。它使美元在战后国际货币体系中处于中心地位，美元成了黄金的“等价物”，各国承认1944年1月美国规定的35美元1盎司的黄金官价，每1美元的含金量为0.888671克黄金，美国承担以官价兑换黄金的义务，各国货币只有通过美元才能同黄金发生关系，美元处于中心地位，起世界货币的作用。从此，美元就成了国际清算的支付手段和各国的主要储备货币。布雷顿森林体系是以美元和黄金为基础的金汇兑本位制。

但其后受美元危机的影响，该制度也逐渐开始动摇。由于朝鲜战争和越南战争等原因，美国海外军费剧增，国际收支连年逆差，黄金储备源源外流。1960年，美国的黄金储备下降到178亿美元，不足以抵补当时的210.3亿美元的流动债务，出现了美元的第一次危机。1968年3月，美国黄金储备下降至121亿美元，同期的对外短期负债为331亿美元，引发了第二次美元危机。1971年，美国的黄金储备(102.1亿美元)是它对外流动负债(678亿美元)的15.05%。美国完全丧失了承担美元对外兑换黄金的能力。1971年8月15日，尼克松政府宣布实行“新经济政策”，停止履行对外国政府或中央银行以美元向美国兑换黄金的义务。至此，金本位货币制度彻底走进了历史。

金本位制通行了约100多年，其崩溃的主要原因有：第一，黄金生产量的增长幅度远远低于商品生产增长的幅度，黄金不能满足日益扩大的商品流通的需要，削弱了金铸币流通的基础。第二，黄金存量在各国的分配不平衡。1913年年末，美、英、德、法、俄五国占有世界黄金存量的2/3。黄金存量大部分为少数强国所掌握，必然导致金币的自由铸造和自由流通受到破坏，削弱其他国家金币流通的基础。第三，各国经济发展的不平衡，导致黄金流入流出的不平衡。

世界黄金储量

迄今为止，全球已开采出的黄金大约有15万吨，每年大约以2%的速度增加。目前这15万多吨黄金中的40%左右作为可流通的金融性储备资产，存在于世界金融流通领域，总量大约为6万多吨。其中3万多吨的黄金是各个国家拥有的官方金融战略储备，2万多吨的黄金是国际上私人和民间企业所拥有的民间金融黄金储备，而另外60%左右的黄金作为一般性商品状态存在，比如存在于首饰制品、历史文物、电子化学等工业产品中。需要注意的是，这60%左右的黄金，其中有很大一部分可以随时转换为私人和民间力量所拥有的金融性资产，参与到金融流通领域中。世界现查明的黄金资源量为8.9万吨，储量基础为7.7万吨，储量为4.8万吨。黄金储量和储量基础的静态保证年限分别为19年和39年。

世界上有80多个国家生产黄金。南非占世界查明黄金资源量和储量基础的50%，占世界储量的38%；美国占世界查明资源量的12%，占世界储量基础的8%，世界储量的12%。除南非和美国外，主要的黄金资源国是中国、俄罗斯、乌兹别克斯坦、澳大利亚、加拿大、巴西等。

第三节 信用货币制度

一、纸币本位制

纸币本位制是以中央银行或国家指定机构发行的纸币作为本位货币的货币制度。该制度下，中央银行发行纸币的方式是通过信贷程序进行的，且纸币的发行已经无须以贵金属作为发行准备。因此，纸币本位制又称为信用本位制。流通中的货币主要由现金和银行存款构成，并通过金融机构的存贷款业务投入到流通中去。

纸币本身并无价值，它之所以能成为本位币，首先是由于历史上磨损了的铸币还可以在相当时期内继续充当本位币，商业银行发行的银行券也可以代表金银货币在市场上流通；其次，商业票据、债务凭证等也可以通过背书转让而发挥货币的职能，当这类现象逐步普及时，“接受或持有货币的真实目的不是货币本身的商品价值，而是货币具备能够在未来换取其他商品的功能”这一观念就会深入人心。因而政府首先实行货币财政政策，承诺可以用纸币支付税收，使人们相信纸币代表着价值，以强化这一观念，然后通过法律强制纸币流通。

信用货币制度的主要特点：

(1)由中央银行发行的纸币为本位币，政府发行的铸币为辅币。

(2)实行不可兑换制度，即本位币不与任何金属保持等值关系，纸币不能兑换金银，不兑现的银行券由国家法律规定强制流通，发行权集中于中央银行或发钞银行，成为无限法偿货币和最后支付手段；

(3)纸币的发行量可以自由变动，不受一国所拥有的黄金数量的限制。

(4)纸币由银行通过信用渠道投入流通，存款货币通过银行转账结算，银行的存贷款循环过程也是存款货币的创造过程。随着金融发展程度的提高，现金流通的数量和范围越来越小，而非现金流通成为货币流通的主体。

(5)实行管理纸币本位制度，即发行者为了稳定纸币对内对外的价值，要对纸币的发行与流通进行周密的计划和有效管理。因此，经济学家又把信用货币制度称为管理纸币本位制度。

二、货币发行准备制度

货币发行准备制度是为约束货币发行规模、维护货币信用而制定的，要求货币发行者在发行货币时必须以某种金属或资产作为发行准备。它是在金属货币制度下银行券的发行准备制度发展而来的。在现代信用货币制度下，流通中的货币包括中央银行发行的基础货币(现金)和商业银行创造的存款货币。因此，发行准备也包含两个层次：一是中央银行的发行准备制度，二是商业银行的存款准备金制度。

(一)中央银行的发行准备制度

中央银行的货币发行准备有两大类:(1)现金准备,主要包括黄金、外汇等极具流动性的资产;(2)证券准备,主要包括短期商业票据、政府债券等在金融市场上流通的证券。

现金准备有利于货币稳定,但缺乏弹性,不利于央行根据经济发展需要做弹性发行。证券准备较为灵活,但控制上难度较大,对央行的货币发行管理和控制技术要求较高。因而世界各国往往二者兼用。目前,世界上大多数国家的货币发行现金准备率都较低,主要以证券准备作为发行的基础。根据现金准备和证券准备的使用情况,通常将各国的发行准备制度分为以下几类:

(1)现金准备发行制:货币的发行100%以黄金和外汇等现金作准备。它能防止货币滥发,但极度缺乏弹性,难以适应经济发展。通常小型经济体使用该制度。我国香港就实行该制度。香港采用联系汇率制度,以外汇(主要是美元)作100%的发行准备;发行银行为汇丰、渣打和中银三家;外汇基金管理局的"负债证明书"在货币发行和回笼中具有重要作用。

1983年10月17日,香港政府宣布港元与美元直接挂钩,联系汇率制正式生成。但直到1987年,联汇制的内容才逐步完善。联汇制最重要的特点是:联系汇率与市场汇率、固定汇率与浮动汇率并存。一方面,外汇基金通过对发钞银行的汇率控制,维持官方预定的1∶7.8的汇率水平。在联汇制下,港元发行须由发钞行按照规定的7.8港元兑1美元的汇价,以百分之百的美元向外汇基金换取发钞负债证明书,挂牌银行向发钞行取得现钞也要以百分之百的美元进行兑换;回笼货币时,同样要分别以负债证明书和港元换回美元,这样便形成了一个固定汇率的银行同业港元买卖市场。另一方面,在外汇公开市场上,港元却是自由浮动的,无论是银行同业之间还是银行与公众之间的交易,汇率都是由市场供求来决定的,没有任何人为的干预。

(2)证券保证准备制:货币发行以短期商业票据、短期国库券和政府公债作准备。它通常适用于央行独立性较强的国家。美国于1980年开始实行"发行抵押"制度(保证准备制度),抵押品包括:金证券;流通中的政府债券;合格的商业票据、抵押票据和银行承兑票据;合格的州和地方政府债券。加拿大也实行保证准备制,但保证准备全部为政府债券。央行购买政府证券,支付加拿大银行券以形成货币发行,发行数量取决于公众需求。

(3)现金准备弹性比例制:货币发行数量超过规定的现金准备比例时,国家对超过部分的发行征收超额发行税。

1980年以前,美国实行弹性比例制度(黄金和金证券比重不低于40%,若低于则征收超额发行税)。超额发行税通过利益机制来稳定货币发行。

(4)证券保证准备限额发行制:在规定的发行限额内,可全部用规定证券作发行准备,超过限额的发行必须以十足的现金作为发行准备。如:日本银行发行货币规定有最高发行限度,该限度须经过政府内阁会议讨论后由财务大臣决定。日本银行在认为有必要的时候,可以超过上述最高限度发行银行券,即限度外发行,但是,在连续进行限度外发行超过15日时,须经财务大臣认可,若连续16日进行限度外发行,则必须缴纳财务大臣所规定的发行税。20世纪80年代后半期以后,日本银行的货币限度外发行年税率为30%。

日本银行发行货币的发行保证物，按法律规定为金银、外汇、3个月内到期的商业票据、银行承兑票据以及3个月内到期的以票据、国家债券、其他有价证券及生金银、商品为担保的放款等。金银和外汇之外的保证物(债券、票据、贷款等)充当保证的限度由财务大臣决定，不同的时期有不同的比例要求。

(5)比例准备制：规定货币发行准备中现金与其他有价证券所占的比例，但各种准备资产的比例难以确定。如1913年美国的《联邦储备法》即规定纸币发行额须有一定比例的现金准备。

(6)无准备制度：中央银行发行货币并不要求持有一定的准备资产，即国家以行政法规形式规定中央银行货币发行的最高限额。

人民币的发行，是以国家掌握的能按照稳定价格投入市场的商品作为货币发行的准备资产，同时，人民银行集中掌握黄金和外汇储备，用于人民币币值的稳定和国际货币清算。中国人民银行为人民币的唯一货币发行机关，发行数额须报经国务院批准，任何部门和单位都无权对市场增加货币发行；中国人民银行坚持经济发行原则，根据国民经济发展和商品流通的实际需要，通过银行信贷渠道来发行货币；人民币的发行以十足的商品物资价值为基础，即“钱出去、物回来，物出去、钱回来”，以保证币值的稳定；国家授权中国人民银行专库管理，无出库命令，任何人无权将发行基金的现钞转为银行业务库的待支付现金，保证国家对纸币生产和供应的绝对控制权。但该制度并未明确规定以何种商品或证券作准备。

央行的货币发行准备制度是从金属货币制度下银行券发行准备制度演变而来的，因此，在不同国家、不同时期会有所变化。但都遵循一个基本演化轨迹：金银准备阶段、保证准备阶段到管理通货阶段。在信用货币发展的初期都规定有发行准备金，且要求有十足的资产作保证，或者规定最高发行限额，以确保币值稳定。随着信用货币制度的发展，现金准备基本被弃用，证券准备也只具备象征意义。现代信用货币制度已不再重点关注央行的发行准备，其重点是全社会的货币总量(M1或M2)，这其中有相当部分是来自于商业银行的货币创造，因此，商业银行的发行准备——存款准备金制度也成了现代货币发行准备的重要内容。

(二)商业银行的存款准备金制度

存款准备金是指金融机构为保证客户提取存款和资金清算需要而准备的在中央银行的存款，中央银行要求的存款准备金占其存款总额的比例就是存款准备金率。存款准备金制度的初始意义在于保证商业银行的支付和清算，之后逐渐演变成中央银行调控货币供应量的政策工具。

存款准备金制度的基本内容主要有以下四个方面：

1.规定法定存款准备率

凡商业银行吸收的存款，必须按照法定比率提留一定的准备金存入中央银行，其余部分才能用于贷款或投资。正是这种部分准备制度赋予了商业银行创造存款货币的特权。

2.规定可充当法定存款准备金的标的

一般只限存入中央银行的存款。英国的传统做法是允许商业银行的库存现金抵充存款准备金；法国规定银行的高流动性资产(如政府债券)也可作为存款准备金的组成部分。

3.规定存款准备金的计算、提存方法

一是确定存款类别及存款余额基础，二是确定缴存准备金的持有期。计算存款余额有的以商业银行的日平均存款余额，扣除应付未付款项后的差额作为计提准备金的基础；有的以月末或旬末、周末的存款余额扣除应付未付款项后作为计提基础。确定缴存准备金的持有期一般有两种办法：一种是同期性准备金账户制，即以结算日的当期存款余额作为计提持有期；另一种是延期性准备金账户制，即以结算期以前的一个或两个时期的存款余额作为计提持有期。

4.规定存款准备金的类别

一般分为三种：活期存款准备金、储蓄和定期存款准备金、超额准备金。有的国家还规定某些特殊的准备金，中央银行一般不计付利息，实际存款低于法定准备限额的，须在法定时限内(一般是当天)补足，否则要受处罚；超过法定准备限额的存款余额为超额准备金，中央银行给予付息并允许随时提用。

存款准备金制度起源于18世纪的英国，最初的主要功能是政府变相地向商业银行征税。英国1928年通过的《通货与银行券法》、美国1913年的《联邦储备法》和1935年的《银行法》，都以法律形式规定商业银行必须向中央银行缴存存款准备金。由于1929—1933年世界经济危机，各国普遍认识到限制商业银行信用扩张的重要性，凡实行中央银行制度的国家都仿效英美等国的做法，纷纷以法律形式规定存款准备金的比例，并授权中央银行按照货币政策的需要随时加以调整。

中国清政府从1905年8月开始建立户部银行(中国最早的中央银行)，商业银行和银钱票庄的存款业务并未建立存款准备金制度。中华民国时期，南京国民政府1928年设立的中央银行对当时的中国银行、交通银行、中国农民银行和各地银行的存款业务也未建立起存款准备金制度。中华人民共和国建立前，于1948年12月1日由人民政权创办的国家银行——中国人民银行，既是发行银行又是具体全面办理商业银行业务的银行，实行全国集中统一的存贷款管理，存款由总行统一运用，贷款由总行统一分配，因而不需要建立存款准备金制度。中国1979年开始进行经济体制改革，从统一的人民银行体系中，先后分设了中国农业银行、中国银行、中国工商银行，并恢复了交通银行，组建了一些区域性的银行和非银行金融机构。1983年9月17日国务院决定由中国人民银行专门行使中央银行职能，中国人民银行依法建立了存款准备金制度。1986年1月7日，国务院颁布《中华人民共和国银行管理暂行条例》，对存款准备金制度进一步作了法律规定。

部分准备金制度与挪用行为

成立于1609年的阿姆斯特丹银行，在1781年前一直都是百分之百准备金银行，也就是说它发行的银行券都有足额的黄金储备支持。这种百分之百准备金银行被称为钱庄或钱币仓库。英荷战争后，这个坚守了170多年的银行于1781年开始发行超量的银行券，或者说开始伪造银行券。从此它不再是一个钱币仓库，而成为部分准备金银行。17世纪中期掌控伦敦城货币凭证业务的金匠们，在英国国王洗劫了伦敦塔中存有的黄金后，很快也开始挪用客户的储蓄来进行借贷操作。这些金匠们也就把自己变成了“部分准备银行家”，即他们发行的凭证只有一部分有现存货币储备作为担保可以随时用于支付。在金属货币时代,这种“部分准备制”是银行家之间的秘密,是不能公开的;一旦被其客户知晓,他们就将面临“挤兑”而破产。

在信用货币时代,银行家们开发出了一种见票即付的借据——活期存款,承诺可以“随时”兑现,但在部分准备制下,这个“随时”是没有保证的;当其所有客户都同时兑现时,银行肯定无法兑现,因为大部分的活期存款已经被贷出。那么银行的这种行为合法吗?欺诈客户了吗?这是“挪用”行为吗?

关于“挪用”的定义是:“在受托保管货币或财产时,不诚信地侵吞该物品并将其用于谋私利。”界定银行的部分准备行为是否“挪用”,就要厘清活期存款是委托保管还是投资性的债权债务关系。对该问题人们存有争议,在英国历史上就有诉讼案例。1811年,卡尔诉卡尔(Carr v.Carr)案,法庭要对一份遗嘱中提到的“债务”是否包括存款银行账户中的现金余额做出裁定。法官威廉·格兰特爵士做出肯定判决:由于钱款已经存入银行,且未被特定封存,因此它是一项放款而不是寄存品。1816年,丹万斯诉诺贝尔(Devaynes v. Noble)案中,一位辩护律师认为:“银行家是其客户寄存钱财的受托人,而非债务人,因为在他手中的钱是存款而非债务,客户可以随时根据需要予以提取。”但大法官格兰特仍然坚持认为银行家仅充当债务人的角色(这与后来的谷物仓储法刚好相反)。此后,还有不少案件在该问题上存有争议。虽然在现代信用货币制度下,部分准备制已经上升为国家法律,也已经很少再有这方面的争议,但商业银行的这种业务模式并非无懈可击。①

三、商业银行准入制度

在信用货币制度下,商业银行的业务活动会创造存款货币,那么谁可以创造货币,自然就是信用货币制度的一项重要内容。

(一)市场准入立法原则

从历史上看,关于商业银行的市场准入,存在着不同的立法原则。

在金属货币本位下,商业银行虽然可以发行银行券,但银行券仅是代用货币,商业银行的货币发行受限于其金属货币的持有量,具有内在的约束功能。商业银行的准入对货币影响不大,即使有市场准入制度也是行业自律或行业垄断行为,不是货币制度的内在要求。因此,在金属货币制度下,商业银行的市场准入立法原则有以下三种情况:

第一,自由主义。或称放任主义,是指法律对商业银行的市场准入不予调整,设立商业银行一无法定条件的限制,二无申请核准的手续,三无登记注册的程序。

第二,特许主义。即商业银行设立的依据是国王颁发的特许状或国会的特别法令,也就是说,每成立一家商业银行就须颁发一道特许状(或特别法令)。比如英格兰银行正是1694年由英国国会决议以敕令设立的。

第三,准则主义。即设立商业银行无须报请有关机关批准,只要符合法律规定的成立条件即可申请注册。这一做法实质上限制了监管部门的权限,有利于金融机构方便地进

① [美]默里·罗斯巴德著,李文浩、钟帅等译:《银行的秘密——揭开美联储的神秘面纱》(第二版),清华大学出版社2011年版,第91~94页。

入市场。

在信用货币制度，商业银行与货币创造密切相关，现代各国对商业银行的准入普遍采用了核准制，又称许可主义，或审批制。即事先的行政许可，是商业银行登记及成立的前提条件。具体来说，设立商业银行除具备法律所规定的条件之外，还须报请金融监管机关审核批准，才能申请登记注册，公告成立。

（二）商业银行市场准入的条件

关于商业银行市场准入的条件，世界各国大多从资本、人员、其他条件等三方面进行要求：

1.充足的资本

由于商业银行独特的存贷款经营方式及其货币创造功能，在国民经济中具有特殊地位，决定了它自身必须具有巨额的资本作为对存款人的利益担保和货币稳健保证，必须具有巨额的资本与其运营的资产规模相适应。通常法律要求商业银行拥有和维持一定数额的资本，有的还进一步规定了严格的法定资本（比如我国的内资商业银行），并且必须公布于众，使他人能够了解和掌握其信用状况，借此保护存款人、投资者和社会公众利益，保证货币体系的稳健运行。

各国对最低资本额的要求不尽相同。如英国的授权银行最低资本为500万英镑，美国国民银行注册资本的最低限额为100万美元。同时，针对商业银行性质、业务范围的差异，法律对最低资本额的要求也不同。我国的《商业银行法》也体现了这一特征，第13条规定：设立商业银行、城市合作商业银行、农村合作商业银行的注册资本最低限额分别为10亿元、1亿元和5 000万元人民币。而且，在此基础上央行还可根据经济发展的需要调高对资本下限的要求。

2.合格的人员

一个值得信赖的、健全的、有声望的、富于实践经验和竞争能力的职业管理层对金融机构的经营成败至关重要，所以合格的经理人员也是成立商业银行的重要条件。各国银行法一般都要求经营管理人员必须具有良好的品行、充分的专业能力和相应的工作经验等。

3.其他的条件

如健全的组织机构和管理制度、合法的章程、符合要求的营业场所、安全防范措施及与业务有关的其他设施，等等。

（三）核准主义的合理运用

在信用货币制度下，商业银行市场准入的核准主义有其内在合理性，它能够有效地确保商业银行开业后可以稳健经营，为社会提供有效服务。但另一方面，核准权的滥用又很容易令本来极有可能符合条件、有利于促进金融业竞争的申请人无法获准进入市场。为了保护申请人的合法利益，有必要对核准权加以限制：

（1）对于市场准入的核准标准，应加以明确，尽可能地减少行政随意性。如美国《国民银行法》要求，货币监理署审查开业银行是否符合注册标准时，须考虑以下因素：①资本充足性；②合格的管理标准；③社区的便利与需要；④已有设施的供求关系；⑤银行业内部的竞争因素；⑥未来盈利前景；⑦申请者的守法情况。此外，对于每个因素还有一系列与之配套的测评手段，这样不仅使监管部门在操作时有章可循，也能够让申请者做到心中有数。

同样,英国1987年《银行法》对于核准标准也有明确要求:①最低实收资本;②专业技能要求;③谨慎行为标准;④设置非执行董事;⑤人员适合与适当标准;⑥“四只眼原则”(the four eyes criterion,即银行必须由两个以上的有决策能力、信誉良好、知识和经验丰富的人来有效管理。该原则已被欧盟、瑞士等许多国际组织和国家所采纳)。

但我国的《商业银行法》第12条最后一款以“中国人民银行审查设立申请时,应当考虑经济发展的需要和银行业竞争的状况”提出了模糊标准,赋予了审批者以过大的裁量权。

(2)金融监管机关的核准行为要受一定的程序限制。如必须在规定的时间内做出批准与否的决定,避免不当的延误或推诿;再如,对于拒绝给予批准的,必须书面通知并及时送达,还须告知拒批的理由。

(3)赋予申请者申述的权利,如被拒批,他有机会做出申述,监管机构应对此认真考虑。此外,还应在一定条件下给予申请者司法救济权,如德国、英国。

本章小结

货币制度是人们在寻求交易的一般等价物过程中,对货币标准化、规范化、统一化的结果;而对币材选择的变化形成了货币制度的演变,先后出现了银本位、金银复本位、金本位和信用本位制度。对币材的选择既取决于币材的供求关系,也取决于币材供应的稳定性。

货币制度的主要内容一般包括本位币和辅币;货币的铸造、发行与流通;货币发行的准备制度等内容。本位币是无限法偿货币,其币值等于其贵金属含量,可以自由铸造和流通;辅币通常是有限法偿,由政府垄断铸造和发行。

历史上磨损了的铸币还可以在相当时期内继续充当本位币,商业银行发行的银行券也可以代表金银货币在市场上流通。当这类现象逐步普及时,“接受或持有货币的真实目的不是货币本身的商品价值,而是货币具备能够在未来换取其他商品的功能”这一观念就会深入人心。此外,由于金属币材的供应无法满足经济发展对货币的需求,因而政府首先实行货币财政政策,承诺可以用纸币支付税收,使人们相信纸币代表着价值,以强化这一观念;然后通过法律强制纸币流通,由此形成了信用货币制度。

信用货币制度主要包括货币发行准备和商业银行准入制度。货币发行准备制度是为约束货币发行规模、维护货币信用而制定的,要求货币发行者在发行货币时必须以某种金属或资产作为发行准备。信用货币制度下,流通中的货币包括中央银行发行的基础货币(现金)和商业银行创造的存款货币,因此,发行准备也包含两个层次:一是中央银行的发行准备制度,二是商业银行的存款准备金制度。

复习思考题

1.货币制度的主要内容是什么?

2.建立货币制度的主要目的是什么?

3.什么是格雷欣法则?

4.如何理解货币制度对货币标准化、规范化和统一化的作用?

5.简述银本位制度的主要内容。

6.金银复本位制度的主要内容是什么?为什么该制度是不稳定的?

7.信用货币制度是如何产生的?信用货币制度的主要内容是什么?

8.请查找资料,结合货币制度的发展规律,分析在我国历史上为什么一直未能建立起真正意义上的金属本位货币制度?对我国的经济发展有何影响?

9.请根据信用货币制度的内容,分析我国历史上的交子制度和元朝的信用货币制度为什么不能持久?

第十二章

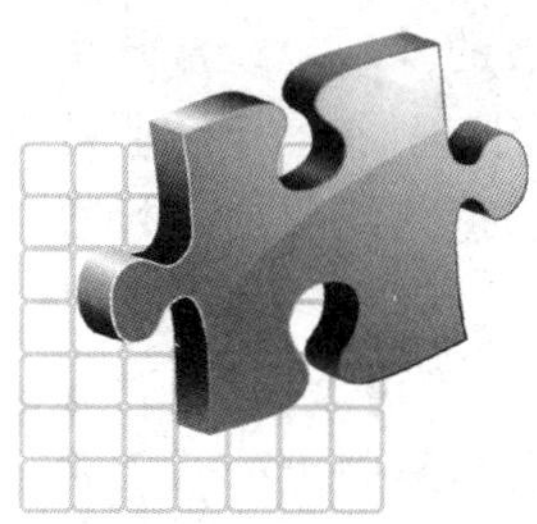

股份公司制度和证券交易制度

本章导读

以股票为主体的证券市场是现代金融体系的两大核心之一，它以市场交易方式解决了巨额资本的筹措和资本资源的优化配置问题，促进了现代公司经济的发展。但作为普通的投资者，如何能放心将自己的资本交给公司经营和管理？在证券交易过程中如何实现对公司价值的客观评估？公司作为一个整体是很难进行交易的，如何使之易于交易？

本章将学习支撑股票等证券市场发展的基础性金融制度和金融技术的发展历史和主要内容。公司法人制度和有限责任制度通过实现公司产权独立和责任独立，降低投资者风险，保证投资资产安全，在宏观上实现了公司产权的可交易；股份公司制度通过对公司的标准技术安排和平等化制度安排，实现了公司股份易交易，以扩大资本市场的范围和规模；财务会计制度则通过复式记账方法和财务报告技术，从微观上实现了经营业务可记录、可核查，在技术上防止欺诈；经营成果可评价，实现了公司价值可评估。证券发行审核制度和上市交易制度通过制度门槛，筛选出符合公司规范和质量优良的企业进入市场，降低市场的系统性风险，建立投资者信心。这些制度安排共同促进了证券市场的发展。

第一节　公司法人制度和有限责任制度

一、企业和企业制度

企业既是生产力的集合体，又是相应生产关系的物质载体。作为生产力的集合体，企业是集合各种生产要素（如土地、劳动力、资本和技术等），在利润动机和风险压力条件下，为社会创造和提供产品与服务的一种综合性经济组织，是社会分工深化的基础和保证；作为相应生产关系的物质载体，企业承载着资本所有者之间、资本所有者与劳动者之间、劳动者与劳动者之间的合作关系。

企业是一种营利性机构，其生存与发展的核心目标是通过分工与合作创造利润，然后在合作者之间分配利润。为此,企业就必须具有效率,而企业的效率又主要来自于它的制度效率和经营效率。其中,制度效率是由土地、资本、劳动力和技术等生产要素投入到生产活动中的组织方式所决定,合理的制度安排是企业得以产生与发展的基础。经营效率则是由企业内部计划、组织、指挥和控制等管理方式决定,科学的经营管理,有助于企业有效降低或规避来自外部环境的各种未知风险,使企业获得长足发展和持续经营的运行效果。

从产权角度看,企业可以分为业主制企业、合伙制企业、两合公司、股份公司等;企业形态的变迁史也就是一部资本集中史,股份公司的形成史则是这种资本集中史的一个阶段,它以市场交易的方式实现资本集中。

企业要素所有者之所以愿意将自己拥有的生产要素投向非个人拥有的企业,是因为有制度保证,向企业投入要素能够给他们带来收益。尤其在早期,企业在公众眼中是一种冒险组织,企业的经营会面临很大风险,如产品滞销、出资人承担无限责任、海盗袭击、海上风浪等。所以,企业的建立和发展,必须对投资、风险、责任等做出安排,减少企业经营风险和收益的外部性,使要素所有者个人收益率尽可能接近社会收益率。这些保护投资意愿的契约构成了企业的制度形态,即企业的各项制度安排。如企业的法律地位、产权、责任、治理、内部组织结构等。企业制度的根本目标是防范风险、降低企业要素的交易成本、提高效率。在生产技术条件不变或相似的情况下,企业制度形态决定了不同的交易成本和运行效率。

企业制度形态的演变表现为企业自身探索和国家法律制度创新两种途径。一般先由企业在利益导向下进行自主的需求诱导型创新,经过一定时期的积累后,再由国家以法律或制度等形式对企业自主形成的制度加以确认。

现代企业制度的主体就是公司制度。所谓“公司制度”,就是指适应社会化大生产和现代市场经济要求的公司法人制度和有限责任制度,其表现形式主要是股份有限公司和有限责任公司。

第一,公司制度是现代经济社会中最重要的企业组织形式,也是现代企业制度产权组织形式的发展趋势。在市场经济高度发达的美国,虽然业主制企业从数量上来说,仍然是主要的,从数量上来说,约占企业总数的75%,再加上合伙企业,约占84%,公司制企业仅占企业总数的约16%,但其资本额却占85%,营业额约占90%。可见,公司制企业在现代经济生活中有着举足轻重的地位。

第二,公司制度是商品经济和社会化大生产高度发展的产物,也是适合企业集中巨额资本扩大社会经济生产规模的现代企业制度。随着商品经济的发展和生产日趋社会化,企业生产规模日益扩大,资本有机构成不断提高,开办和经营企业所需的资金急剧增多。公司制企业为聚集众多分散的个人资本成为一个集中的股份资本提供了一种有效组织形式。

自19世纪末,公司法已经在全球范围内实现高度趋同,各国公司的主要功能性特征有:(1)完全法律人格;(2)所有者与经营者有限责任;(3)出资人股权;(4)董事会结构下的授权经营;(5)可转让股份。

从金融的角度看,前四个特征是为第五个特征服务的,即公司制度安排的核心目的是以市场交易手段实现资本集中。前四个特征中,最基础的是前两个,即公司法人制度和有限责任制度。具备这些主要特征的大公司设立起来相对便捷,这些大公司所有者众多,最终支配着发达的市场经济。

虽然如今人们普遍认为公司具备上述特征理所当然,但是,在19世纪以前,仅仅存在为数不多的全部具备五个特征的特许设立公司。直到1844年,进行商业交易的拥有流通股的股份公司在英国才流行开来;而到1855年有限责任才在股份公司中得以运用。

二、公司法人制度

通常使用的"公司"一词,其含义是较为广泛的,很多时候个人独资企业、合伙企业也被称为公司,但在法律意义上,公司是指依法设立,以营利为目的,独立承担民事责任的从事生产或服务性业务的经济组织。根据我国公司法规定,公司是指有限责任公司和股份有限责任公司。

"公司法人制度"是指通过国家法律,将企业这个群体的经济组织,塑造成一个"人格"实体,并相应地赋予它作为"人"所应享有的权利和应尽的义务。由于公司法人是作为企业发展到一定阶段的制度安排,因而通称为"公司法人制度"。

在公司法人制度下,原始企业所有权退化为股权,公司法人则获得了公司财产的法人所有权。企业法人制度下的产权明晰化,使企业具备了真正市场主体身份,并按照等价交换原则参与各类市场交易活动。使公司本身成为一个清晰的市场交易对象,奠定了股票市场和资本市场的制度基础。

公司法人独立人格确立的实质在于,公司人格与组成公司的成员人格相互独立,进而表现为公司财产与公司成员财产相分离,由此就形成了归公司独立拥有和支配的财产;公司成员(股东)放弃对其出资的直接支配权,换取仅以其出资额或所持股份对公司负责的有限责任特权和间接控制公司的制度基石——股权。股权(而非所有权)是股东控制或"干预"公司的唯一合法手段

《中华人民共和国公司法》第3条规定:"有限责任公司和股份有限公司是企业法人。"此项规定明确了我国公司的法人地位。《中华人民共和国民法通则》第36条又进一步规定:"法人是具有民事权利能力和民事行为能力,依法独立享有民事权利和承担民事义务的组织。"

(一)公司法人制度的形成

公司法人制度是企业制度发展到一定阶段的产物。在公司法人制度产生之前,企业大都采取独资经营形式,后来又发展到合资经营,不管独资经营或合资经营,企业的财产总是同自然人的私有财产密切联系在一起的。经营企业的自然人,将承担企业经营亏损的全部责任,企业破产即意味着经营者倾家荡产。

英国最早的以"公司"命名的组织是商业冒险家在海外贸易中采用的。他们通过受领皇家特许状或经国会法令特准成为法人社团。到16世纪这类管制公司才变得普遍起来,著名的荷兰及英国东印度公司是其典型代表。在这类公司中,每个成员的债务与公司、公司其他成员完全分离,公司并不是一个经济实体,也没有自身的经济利益,团体化程度并

不充分。该类公司的主要职能在于为公司成员取得贸易独占权，使公司自己取得对特定地域的管理权。英国詹姆士一世统治时期，才正式通过法律程序，将一些特许公司确认为法人公司。至此，“公司法人”才正式确立。不过，这时的公司法人制度作为一种企业制度安排还很不完善。

现代公司法人制度较为典型的形式是在19世纪中后期，于英国等欧洲国家的法典中实现。1844年英国《股份公司法》明确规定了公司登记注册制度，开始明确公司应具有稳定的财产；1862年的《公司法》规定，公司既可以是有限公司也可以是无限公司，1897年的“所罗门有限公司案”实际上确立了这一原则，即公司与作为公司成员的股东各自具有自己独立的法律人格和财产所有权。至此，公司法人和有限责任制度最终得以确定下来。到了19世纪末，英国法典中明确规定了现代公司的“三原则”，即：有限责任原则、合股原则；法人资格原则。对公司法人资格原则又作了若干具体规定：

一是公司法人是一个独立于成员（股东）而存在的经济实体，它不因其设立人或成员或经理的死亡而终止，它的生命具有相对的稳定性和持久性；

二是它可以法人资格起诉其中的任何一个成员，也可被其中任何一个成员作为法人起诉；

三是它可以自己的名义对出资者提供的包括动产和不动产在内的所有财产享有所有权，内含占有、使用、处置、收益分配等权利。

美国在独立前，公司制度源于英国，公司的建立必须获得英国王室的特许状，公司受普通法规制，公司的人格化，也可追溯到英国普通法。但是，由于以法院判决为基础而发展起来的英国公司法所涉及的多是非营利性的社团，在解决美国商业企业面临的问题时，其价值非常有限，因而，美国法院改造普通法，使公司法在美国本土获得了独创性发展。19世纪，美国的商业公司迅速发展，公司数量激增。到19世纪70年代，在美国，公司体制在经济生活中取得了主导地位。美国公司法的主要渊源是联邦及各州的成文立法和法院判例，但主要属于州法范畴，各州都有自己的成文法和判例，一些州的重要判例和成文法往往被其他州所采纳。1950年，美国律师协会制定了《标准公司法》，作为公司制度范本，向各州推荐，旨在促进各州公司立法的统一。1991年，美国在前几次修订的基础上，对《标准公司法》作了全面修改。该法虽没有强制执行的效力，但有很强的示范作用，目前该法的一些条款被大多数州采用。因此，美国各州公司立法虽不完全一致，但关于公司制度的基本原则和主要规范大致相同，公司制度的运作也呈现出基本一致的特征和发展趋势。

19世纪，美国把公司作为一种实现经济目标的合法工具。公司法呼应经济发展的要求，倾向于主张公司管理自由，公司可以做它高兴和希望做的事，法律对公司持明显的宽松、放任和保护、扶植态度。美国联邦最高法院甚至认为，《美国宪法》第14条修正案所要保护的“人”，已经包括公司在内，从而试图将对公司权利的保护提升到宪法保护层面。1890年，最高法院在芝加哥、密尔沃基和圣保罗铁路公司诉明尼苏达州案中首次判定一个州的铁路法规违反了第十四条修正案的正当法律程序条款。此后，最高法院又作出了一系列类似的判决。这些判决把公司包括在受宪法第十四条修正案保护的“人”这个概念范围之中，确立了公司的生命、自由和财产未经正当法律程序不受政府侵犯的法人地位。19世纪后期，美国的法律环境为美国现代大企业的公司化发展提供了有利的条件。

随着人类社会步入 20 世纪,公司法的实践也面临着一系列新问题,尤其是 20 世纪 30 年代以后,大型公司控制了美国的大部分经济,无论是市场规则还是现存公司法律规制,都不足以约束这些经济巨人。这些大公司拥有市场优势,拥有运用政治和社会权利的能力,他们支配着美国经济和政治,在美国社会中扮演着重要角色。与此同时,法律对公司所采取的自由放任态度也产生了某些负面影响,如公司法人人格和有限责任的滥用、公司将股东利益最大化作为唯一目的而导致的与社会全面发展目标之间的不协调等问题。由此,也迎来了"刺穿公司面纱"等公司法人制度的新发展。

(二)公司法人制度的主要内容

公司法人制度的内容主要有三方面:一是法人财产制度,这是公司法人制度的核心;二是法人责任制度,它与法人财产制度互相依存;三是公司内部治理结构,它是由法人财产制度和法人责任制度所决定的。

1.法人财产制度

法人财产制度是指企业法人对其全部法人财产依法拥有独立支配的权利,该权利主体不是自然人,而是由许多自然人所构成的一个整体法人人格。法人财产所有权的形成是以出资人向法人让渡其所拥有的财产权利,并保留股东权作为前提;同时又是企业法人维护出资者权益,实现资产保值增值的必备条件。公司法人作为经营者享有股东投资形成的全部财产的法人所有权,承担对公司债务的无限责任。股东只能作为一个整体抽象地、间接地支配公司财产。

公司法人财产制度实现了出资者所有权和企业法人所有权的分离。出资者所有权是指出资者按投入企业的资本份额而获取的一种所有者权益,包括资产受益权、重大决策权和选择管理者等权利。从财产归属的意义上讲,是出资者向企业投资而产生的一种财产权利,公司内各个出资者都不能对自己出资的财产直接行使所有权,而是要委托他人经营。同时,公司股东作为出资者按投入公司的资本享有所有者权益,承担对公司的有限责任。

法人财产制度是公司法人制度的核心,它从形式上确定了以市场交易方式实现资本集中的可能性。

2.法人责任制度

公司法人责任制度包括两层含义:对公司法人而言,可以在经营不好发生债务危机时,以其法人财产抵债,争取企业转机,当法人资不抵债时,只能申请破产,这样法人作为一个"团体人格"实体,将不复存在。因此,公司法人对法人债务负担的其实是无限责任;对股东而言,是以其出资于公司的财产数额对公司债务负有限责任。

法人财产制度和责任制度是公司法人制度的核心内容,两者相互依存,互为前提。

3.公司内部治理结构

为保证公司法人制度和公司责任制度的有效实施,需要有相应的内部治理结构,即公司法人应该像自然人一样具有自主的判断和决策能力。

公司内部治理结构是以股东大会、董事会和监事会等"三会"为主形成的具有"独立"意志和决策能力的组织体系和制衡关系。

股东大会是体现出资者利益的最高权力机关,它需要有科学的议事制度以保证所有股东的公平权利。股东以信托方式把财产委托给董事会;董事会作为最高决策机关,又通过委托—代理方式聘任高层经理,由经理人员行使公司的日常经营管理权。监事会由股东大会选举产生,负责监督董事和经理的用权行为。这样,公司内部就形成了出资者、受托者、经营者三方在各自利益偏好不尽相同基础上的互相制衡关系,从而实现了企业内部所有权与经营权的两权分离。

在公司法人制度下,所有权和经营权经过了两次分离:第一次是公司股东与公司法人的两权分离;第二次是公司法人与公司的经营者即经理人的两权分离。这种两权分离在组织形式上就具体地表现为公司的股东与董事会和董事会与总经理的两权分离。

公司法人制度的这种两次两权分离,使公司形成了两个法人主体、两个法人客体和两个相对独立的运行过程:一个是由股东这个主体利用股票这个客体来从事股票经营活动的运行过程,即股票的买卖和转让过程,该过程是由股东完成的;另一个是由公司法人这个主体利用法人财产这个客体来从事生产经营活动的运行过程,即生产、交换、分配和消费过程,这个过程是由公司法人来完成的。这两个相互独立而又相互联系的主、客体运行过程,通过公司业务经营的好坏和股票行市的涨落来相互影响、相互作用。

(三)公司法人制度的基本特征

1.法人的共同特征

公司作为法人,具有法人的三个共同特征:组织特征、财产特征和人身特征。

组织特征是指公司必须依法成立,并作为一个整体从事经济活动,要有自己的名称和场所,有固定组织和必要的职能部门。

财产特征是指公司必须拥有自己能够独立支配和管理的财产或法定的注册资本。这是公司作为法人存在和进行经济活动的必要条件。

人身特征是指公司必须具有法律所认可的独立人格,是一种"人格化"的经济组织,是经济法律关系以及各项权利与义务的直接承担者。公司作为法人能像自然人一样参与社会经济活动。法律赋予公司某些人身特征。如:公司应有自己独享的名称、字号和"经济户口"即营业执照;对自己的名称拥有专用权,享有专利权、发明权、商标权和荣誉权等;以自己的名义参与经济法律关系,既享受一定的经济权利,又承担相应的经济义务;能以自己的名义在法院应诉,具有完整的权利能力和行为能力。

2.公司法人的基本特征

作为现代企业制度和金融制度基础的公司法人,不仅具备法人的共同特征,而且还有自己的一些基本特征:

(1)公司法人必须拥有法定的"注册资本",即"资本金"。公司法人地位一旦确立,这些"资本金"自然转为法人独立财产,并且自然与投资者的财产相分离。公司法人财产具有不可分割的完整性,股东(投资者)出资的财产一旦投到公司,就不能抽回,只能依法转让,从而有力地保证了公司法人财产不受干扰地正常运转;公司法人财产不因股东变动而出现不必要的变动;同时,股东的个人生命也不再影响到公司法人生命,这又使公司法人财产具有了一定的连续性。只要公司存在,公司法人就不会丧失其法人财产权,股东的变动也不影响公司法人财产权的行使,使得公司日常经营活动有了可靠的物质基础,反过来又大大提高了公司法人财产权的信誉;使股票成为一个可交易的客体,为集中零散的、短期的资本形成大规模的长期资本提供了便利。

(2)公司法人必须建立起属于自己的完善的权力机构,即法人机构——董事会。董事会通常是由股东大会或股东代表大会按法定程序选举的定额董事所组成的,董事长由董事会选举产生。董事会是股东会闭会期间的常设最高权力机构,代表公司法人行使有关公司运作中的对内和对外各种权利,并对股东会负责。

法人机构作为一个法定组织,为了适应日常活动的需要,还必须有自己的法定代表人或称法人代表,这个代表通常由董事长来担当。法人代表是人格化了的公司法人。在日常经济生活中,法人代表代表公司法人按照公司章程以及国家的各种法规法令行使各种职权,进行形式多样的民事活动。

(3)公司法人必须建立完备的法人治理结构,以形成有效的激励与约束相结合的经营管理机制。一般而言,公司法人治理结构主要包括股东会、董事会、监事会和总经理。根据"三会一理"的机构职责和公司章程,来规范股东、董事、监事和经理的经营管理行为;同时相应地通过公司权力机构、决策机构、监督机构和管理机构,来形成一个既各自独立、权责分明,又相互制约、相互依存的制衡关系,做到投资者放心、经营者精心、生产者用心,从而调动各方面的积极性和创造性,形成一个有效的激励与约束相结合的经营管理机制,保证公司法人制度的顺利运行。

(4)公司法人的一切经营活动以盈利为根本目的。公司以其全部法人财产,依法自主经营,自负盈亏,照章纳税,对出资者承担保值增值的责任。股东按投入公司的资本额享有所有者权益,即资产受益权、重大决策权和选择管理者三项权利。公司法人对债务负无限责任,一旦经营不善,造成资不抵债,其最终结果就只能是依法破产。公司法人通过盈利来延续和发展自身的"人格"生命。

(5)公司法人应当具有一套严格规范的会计核算制度。公司法人要严格按《公司法》规定的注册资本金登记注册,并以法律规定和财政部门的有关规定,建立公司的会计核算制度。每一年度终了时制作财务会计报告,经审查验证后,按公司章程规定交送各股东或置备于公司以便股东查询。以募集方式建立的股份有限公司必须公告其财务会计报告,其报告内容主要包括下列财务会计报表及附属明细表:资产负债表、损益表、利润分配表、财务状况变动表、公司财务状况说明书等。

规范的会计核算制度,一方面约束经营者诚信经营、有效履行信托责任,防范欺诈和掠夺行为,让投资者放心;另一方面,它是投资者评估股票投资价值的基础,有了该基础,股票的交易,股东从事股票经营活动的运行过程才能顺利进行,股票的流动性才能提高。

所罗门诉所罗门公司案

1897 年英国衡平法院对所罗门诉所罗门有限公司一案(Solomon v.Solomon & Co. Ltd)的判决,是公司法上的一个重要里程碑。

所罗门是一个多年从事皮靴业务的商人。在 1892 年,他把自己拥有的靴店卖给了由他本人组建的公司,转让的价格为 38 782 英镑。此后,公司发行了每股 1 英镑的股份 20 007股,他的妻子和五个子女各拥有 1 股,所罗门本人拥有 20 001 股(这主要是为了达到当时法律规定的最低股东人数 7 人)。公司还以其所有资产作担保向所罗门发行了 10 000英镑的债券,公司付给所罗门现金 8 782 英镑。公司董事由所罗门及其两个儿子担任。该公司成立1年后被迫解散，经清算公司债务为17 773英镑，公司资产为10 000英镑，这样若所罗门的10 000英镑有担保的债权获得清偿，则其他没有担保的公司债权人将无法获得任何清偿。

无担保的债权人认为，所罗门和其公司实际上是同一人，公司不能欠他的债，因为自己不能欠自己的债，公司的财产应该用来偿还其他债权人的债。初审法院和上诉法院都认为，所罗门公司只不过是所罗门的化身、代理人，公司的钱就是所罗门的钱，所罗门没有理由还钱给自己，从而判决所罗门应清偿无担保债权人的债务。但是，上议院推翻了初审法院和上诉法院的判决。英国上议院认为，所罗门公司是合法有效成立的，因为法律仅要求有7个成员并且每人至少持有一股作为公司成立的条件，而对于这些股东是否独立、是否参与管理则没有做出明文规定。因此，从法律角度讲，该公司一经正式注册，就成为一个区别于所罗门的法律上的人，拥有自己独立的权利和义务，以其独立的财产承担责任。本案中，所罗门既是公司的唯一股东，也是公司的享有担保债权的债权人，具有双重身份。上议院还认为在这个案子中，所罗门并没有任何欺诈行为：因为没有任何证据证明，所罗门曾经私分公司利润，也没有转移、隐匿任何公司的财产以逃避公司的债务。在本案中，所罗门本人也是一个受害者，不应该让其承担双重损失。因此，他有权获得优先清偿。最后，法院判决所罗门获得公司清算后的全部财产。

该判例确立了这样一个原则：只要依照法律规定设立公司，该公司便依法取得独立人格，即使公司的控制权仅操纵于一位或少数股东手中，其余股东对公司仅具有象征性利益，亦不影响公司的独立地位。

由于该原则使公司财产独立，股东仅负有限责任的思想在法律形式上获得了最高体现，使得所罗门诉所罗门案成为公司法上为数不多的里程碑之一。

然而正是基于同一原因，该判决也经常被视为一个后患无穷的不幸判决，它为个别股东或少数股东牟取法外利益提供了机会，对公司的债权人有失公平。

三、公司法人责任制度和投资者有限责任制度

(一)公司法人责任制度的内涵

所谓“法人责任”，一般是指法人组织对其行为所承担的一切法律责任，既包括民事责任，也包括行政和刑事责任。而公司法人的民事责任又由两部分构成：一是公司法人以其全部法人财产独立清偿对其他民事主体的债务，即法人外部责任；一是公司法人对其法定代表人及工作人员以公司法人名义从事的各种活动承担法律责任，即法人内部责任。

法人外部责任，首先要分清“独立责任”和“有限责任”这两个不同概念。“独立责任”是指法人承担财产责任的形式，“有限责任”则是指出资人承担财产责任的形式；两种责任的承担者分别是法人和出资人。

公司法人独立责任首先表现为公司法人组织之间财产责任的独立，即一个法人对另一个法人的债务不承担责任，作为母公司的法人对作为子公司的法人不承担额外责任。其次，公司法人独立责任表现为法人责任与其自然人成员责任的独立，即股东对公司的债务不承担出资额以外的责任。再次，公司法人独立责任还包括法人责任与其管理人员和

工作人员责任的独立，即法人的董事、经理、职工或雇员等对法人的债务除在特殊的情况下，也不承担责任。最后，公司法人独立责任的范围应以其实际拥有的法人财产为限。公司法人独立责任是由其独立的民事主体地位所决定的，这种独立的民事主体地位和相应的独立财产制度正是公司法人区别于个人企业、合伙企业以及其他非法人社会组织的根本特征。

有限责任是指法人成员以其出资于法人的财产为限对法人债务负责，又称为股东的有限责任。有限责任制度是公司法人责任制度的高级形态，具有重要的优越性：首先，有限责任制度是保证股东获取投资利益、限制投资风险的有效形式；其次，有限责任制度是募集社会资金，兴办大规模企业的有效手段。较之所有权与经营权密不可分的无限责任制度，有限责任制度更能有效地提高社会经济管理水平和充分发挥社会财富的效用。

因此，若肯定公司法人独立责任，则必然要否定自然人成员的无限责任；若肯定公司法人非独立责任，则必然要承认自然人成员的无限责任。公司法人责任制度中“有限责任”和“无限责任”是特指公司股东承担财产责任范围的有限与无限，而非公司法人本身。因为任何法律主体包括公司法人都必须对自身债务承担全部责任，而不存在有限与无限问题。限定股东责任的理由主要是由于债务并非股东个人债务，而是公司债务。因此，公司法人的独立责任制度与投资者有限责任是一个事物的两个方面，只不过有限责任制度对经济和金融发展的作用特别显著，所以通常人们会特别强调有限责任制度。

公司法人责任制度保护了债权人、公司法人及其自然人成员的根本利益，保持社会经济秩序的稳定。明确公司法人及其股东的责任范围，不仅能使债权人利益获得基本保证，而且能使任何一个债权人都可以从公司法人责任的规定中培养起自觉审查交易对手信用的主动性，把自己所展开的一切经济活动都建立在稳妥可靠的基础上。将股东责任限制在一定范围的有限责任制度，对其投资风险进行了有效控制，对投资收益提供了有力保护。

公司法人以自己全部法人财产承担独立责任的前提是法人在成立时其资本金必须是真实和独立拥有的。对出资人而言，应当切实履行其出资责任；公司在成立时必须按章程中所确定的资本额认购股份，在公司法人存续期内严格按照法律规定，维持与公司章程规定的资本总额相当的法人财产（实有资本），并不得任意变动或以透支分红等方式抽离资本。

(二)公司法人责任制度和有限责任制的历史变迁

公司法人责任制度的发展经历了从纯粹的个人责任到团体成员责任，从法人成员的无限责任到有限责任，从法人的非独立责任到独立责任以及有限责任与无限责任、独立责任与非独立责任并存的历史演进过程。

人类最早的法律责任是纯粹的个人责任，如奴隶制早期的债务奴隶制；后来伴随着提供劳务、抵押、担保等债务履行方法的出现，财产责任制度也由毫无限制的人身责任追究让位于有限制的财产补偿；进而随着各种团体，包括合伙团体和家族经营团体等的产生，又出现了与个人责任完全不同的团体成员责任；近代法人制度的形成则最终确立了各种社会团体的独立法人主体地位，从而使法人与其自然人成员的权利和义务得到明确划分，有限责任从此作为一种新的责任制度正式确立了。

股东的有限责任是伴随着公司法人独立人格制度的形成发展而确立起来的。没有公司法人制度,谈不上股东的有限责任问题。到了中世纪,在意大利和地中海沿岸的一些商业城市出现了家庭式经营团体、船舶共有制和康孟达(commenda)契约等类型的合伙组织。康孟达契约适应了当时规避海上运输贸易风险的需要。一方面是资本所有者以商品或资本形式委托航海者代为买卖,为自己闲置资本寻求获利机会而又避免不懂航海可能产生的风险;另一方面有航海经验又缺乏资金的受托人以其自己的名义从事海上贸易,获利后依据契约进行分配。不参与直接经营的委托方仅就委托投入的资本或货物负有限责任,从事航海经营的受托方对营业负无限责任。有限责任的康孟达制在1582年的《安特卫普习惯法集成》中已经有了明确规定。可见,中世纪的康孟达契约确立了有限责任制度的早期形式,是股东有限责任的雏形。

16、17世纪资本主义商品经济的出现和迅速发展,使得古罗马时期已具雏形的法人观念再次萌发出了新生。英国与欧亚大陆间进出口贸易的迅速发展,使得许多从事海外商业活动的殖民公司获得了独立法人地位,团体成员责任也开始逐步进入有限责任的阶段。在英国,通过1657年克伦威尔的改组,东印度公司的总会转化成完全的"民主总会"。但成为股份公司基本特征的"全体出资人有限责任制"在克伦威尔改组中尚未出现,东印度公司的责任形态依然是原来的特殊的英国式的"征收"。在王政复辟的1662年,全体出资人的有限责任制确立,由此东印度公司发展成为了名副其实的近代民主型股份公司。

从17世纪中期开始,西方资本主义国家开始了产业革命,并进入了自由竞争的空前发展时期,从而商品生产迅速占据了统治地位。同时,社会化大生产和激烈的市场竞争要求资本集中,并且激烈竞争本身又要求尽量减少资本所有者风险。所有这一切使得赋予商业组织以独立法人地位成为历史的必然选择。正是在这一时期之后,公司法人责任制度逐渐在英国和欧洲大陆国家成为占统治地位的团体责任形式。

伴随资本主义商品经济发展所出现的所有权与经营权分离,是公司法人责任制度产生和发展的重要促进因素。由于资本主义商品生产是社会化大生产,不仅需要大量资本的积累,而且需要管理人员的高度专门化。在股份公司中,生产和经营的具体管理活动由以董事和经理为中心的专门管理机制进行,而股东只是作为资本的单纯所有者,主要根据其出资份额,领取相应的股息和红利,而很少或根本不参与公司具体经营管理,由此就形成了股权与法人财产所有权、法人财产所有权和经营权相分离的公司法人治理形式。这种权利分离的直接结果,就产生了公司股东的有限责任与公司法人的独立责任制度。

在这种背景下,英国于1855年颁布了《有限责任法》,该法明确规定具备法定条件的公司一经注册完毕,股东即只负有限责任,责任的限度为股东所持股份的名义价值,并要求"有限"字样须在公司名称中反映出来。德国、法国的商法典中也都有股份有限公司的规定。特别是1892年德国通过的《有限责任公司法》以及随后法国、日本等国家颁行的《有限公司法》,标志着公司法人制度的发展完善。公司作为独立的法人,能够独立地承担责任,股东除缴纳出资或股款之外无须负任何责任,从而意味着完整意义上的股东有限责任制度的最终确立。

(三)有限责任制度的经济意义

美国著名法学家、原哥伦比亚大学校长巴特勒(Butler)在 1911 年曾指出:“有限责任公司是现代社会最伟大的独一无二的发现。就连蒸汽机和电都无法与之媲美,而且假若没有有限责任公司,蒸汽机和电的重要性更会相应地萎缩。”有的学者甚至认为,有限责任改变了整个经济史。有限责任制度被如此重视,主要是因为它所具有的重要的社会经济意义。

1.有限责任制度能够减少和转移风险,鼓励投资,克服了无限责任对企业形式发展的束缚

在无限责任原则下,股东要以全部资产对公司债务负责,风险太大,限制了投资者的积极性,影响企业规模的扩大,极不适应社会化大生产发展的需要。

在有限责任制度下,股东的投资风险具有有限性和事先确定性,大大减少了投资者的风险,客观上鼓励了股东的投资,使公司能有效地募集社会资本,组建大规模的公司集团,促进了社会化大生产的发展和社会分工的深化。

2.有限责任制促进了所有权与经营权的分离,形成了经营管理的专业化分工

在无限责任原则下,投资者为避免承担不可预测的巨大风险,必然要求实际参与公司的管理,从而难以促成所有权与经营权的分离,难以形成经营管理专家阶层和经营管理专业化,也很难促使股份的自由转让。

在有限责任制度下,风险的事先确定性和有限性,股东没有必要实际参与管理从而控制公司,为所有权与经营权的分离奠定基础,促进了劳动的合理分工。

3.有限责任制度减少了交易费用,降低了管理成本

在有限责任制度下,股东投资风险小得多,股东不必紧密关注公司及其他股东的行为,降低了监督成本。

4.有限责任制是现代证券的基础,促使公司有效率地经营和发展壮大

在无限责任制下,所有权与经营权难以分离,所有权(股份)的转让和交易就难以进行。

虽然有限责任制度股东不直接参与管理,但股东可自由转让股份,分散投资、转移投资风险,从而促使现代证券市场的形成。公司经营管理不善会使公司股东以较低的价格抛售股票,行使“用脚投票”的权利,新投资者也将行使投票权来替换原来无能的管理者。这种被替换的危机,刺激现任的公司管理人员有效率地经营公司,以保持股票的高价位。

四、刺穿公司面纱

(一)有限责任制度的适用条件和局限性

有限责任制度并非是绝对的和无条件的,它有一定的适用条件和范围。股东有限责任的适用条件,是以股东和公司人格的彼此独立和相互分离为前提的。

首先,公司法人人格须独立于股东而存在。公司要享有独立的财产所有权,具有完全的民事权利能力和民事行为能力,能够以自己的名义从事民事活动,并能够独立地承担民

事责任。

其次,股东有限责任的适用必须遵循公司和股东分离的原则。这种分离首先表现在公司财产和股东财产的彻底分离;其次表现为股东财产权和公司经营权的分离。

假若股东不尊重公司的人格独立,违背"分离原则",就随时可能导致滥用有限责任和背离公司法人制度的初衷,从而损害公司债权人的利益和社会公益。具体表现形式主要有:

(1)个别或少数股东滥用公司人格,违反所有权和经营权的分离原则,非法操纵公司,从事不正当的活动,将公司的资产和利润转移到股东个人账户上,致使公司无法合理地存续下去,公司经营不善的责任被推到无辜的债权人和普通股东身上,让债权人和普通股东承受本不应该承担的风险。

(2)在集团公司中,公司利用其控股地位,把子公司当作其推销商业政策的工具,故意混淆母子公司的法人人格,肆意侵吞子公司的经营成果,又利用子公司作为逃债的掩护。

(3)股东有可能故意利用公司人格和有限责任从事违法或者规避法律义务的行为,从而损害社会和大众利益。

此外,有限责任虽然减少了股东的投资风险,但所减少的经营风险并没有消失,而是转移到外部债权人身上。而且,与无限责任相比,这种投资风险的有限性无疑会使股东热衷于投机冒险,容易导致其投资行为的不够谨慎。

有限责任制度的上述缺陷是其本身所固有的。在商品经济发展的初期,对资本的集聚以及鼓励风险投资方面的需求远胜于对公平和正义的要求,所以其缺陷并不十分明显。但到了现代市场经济阶段,对社会秩序、交易安全、市场公平等必然提出了更高的要求,如何完善投资环境,创建公平竞争的市场,维护社会秩序的稳定有序成了现代金融制度追求的重要目标。但是,又不能因为对公平、正义价值目标的呼唤而去否定有限责任制度。毕竟,有限责任制度是公司法人制度和现代资本市场的核心和基石,是促使公司蓬勃发展的驱动器,是现代世界各国经济繁荣和物质昌盛的缔造者。

(二)"刺穿公司面纱"

为了完善有限责任制度和公司法人制度,国外公司法实践中通过"刺穿公司面纱"、"否认公司法人人格"等措施,追索滥用了公司法人人格和有限责任制度的股东责任。

"公司的面纱"是英美法系中公司法人团体人格的同义词,在通常情况下,公司的独立人格和股东的有限责任就像一层面纱,把股东与公司分开,保护了股东免受公司债权人的追索。在特定情况下,法院不顾公司的特性,深入公司法律性质背后的经济实情,责令特定的公司成员直接承担公司义务和责任。这就是"刺穿公司面纱"。在大陆法系中,称之为否定公司法人人格,将责任直接追索至股东,又称之为直索责任或追偿责任。

"刺穿公司面纱"的适用条件主要是公司成员(股东)做出了违背分离原则的行为。分离原则,包括所有权层面上的分离和经营权层面上的分离,是公司人格独立之前提。如果背离分离原则,就意味着滥用了公司法人人格,而且超越了有限责任制度适用的前提条件,其后果必然导致追索公司成员(股东)的责任,让其向公司债权人清偿债务。追偿责任主要是通过司法判例发展起来的,在法律中明确以条文规定者较少。英国1948年《公司法》和德国1892年《有限责任公司法》、1965年的《股份公司法》都有追索责任的明确规定。我国《公司法》第20条规定："公司股东滥用公司法人独立地位和股东有限责任，逃避债务，严重损害公司债权人利益的，应当对公司债务承担连带责任。"

"刺穿公司面纱"的司法实践可以总结为三个必要条件和两类案情，也被叫作"刺穿公司面纱的'3+1'标准"[①]。三个必要条件是：债权人是不自愿的；股东是积极的；公司是封闭的。两类案情是资本不足和主体混同。如果符合了三个必要条件，又具备了两类案情中的一类，面纱就应当刺穿。

1.刺穿公司面纱的三个必要条件

(1)债权人自愿还是不自愿——合同与侵权。如果债权人是自愿与公司交易的，说明他主动承担了风险，一般不刺穿；如果债权人是不自愿的，是被迫充当的，则容易刺穿。

(2)股东是积极的还是非积极的。刺穿面纱只针对积极投资者，不针对非积极投资者。这里的所谓积极，是指参与公司的经营和管理，有管理权；非积极则指没有管理权，不参与公司经营，光等着分红或者股份升值。利用公司形式损害债权人利益的必定是积极股东，他们对公司债务在主观上负有责任，刺穿面纱比较合理；非积极的股东无法利用公司去损害债权人利益，对公司债务没有主观过错，刺穿面纱对他们不公道。据考证，在被刺穿面纱的公司中，还没有一个公司的股东超过9人。

(3)公司是封闭的还是公众的。既然刺穿只针对积极股东，不针对消极股东，那就意味着只有封闭公司的面纱会被刺穿，公众公司的面纱不会被刺穿。因为公众公司的投资者一般不参加经营管理，只有封闭公司的投资者才直接参加经营管理。

2.刺穿公司面纱的两类案情

(1)资本不足。现在法院一般认为资本不足是刺穿公司面纱的充分理由。因为不管是在公司设立时还是在它的持续经营中，如果股东投入的资本不足以应付生意中固有的一般性风险，那么，当公司资产不够清偿由此产生的债务时，他们就应当承担个人责任。

资本不足有法律上的不足与经济上的不足。法律上的不足是指低于法律规定的某个限额，如最低资本限额、最低保险金限额，等等。刺穿案中的不足不是指这个法定的限额，而是指经济上的不足，即从公司所从事的行业性质和该行业容易发生的风险事件的性质来看资本额是否足以支付风险损失。但资本充足应以公司开始营业时为准，而不是以事件发生时为准。

(2)主体混同。主体混同是指公司与股东混为同一个主体，违背了公司作为一个独立主体的法律期望，于是公司的债务当然应该由股东连带。具体表现在股东不遵守公司程式或者母公司对子公司的控制过分。公司程式是指表明公司是一个独立于其股东的单独主体的种种形式和手续，大致包含两个方面：一是组织形式方面，如按时召开股东会、董事会并保留会议纪要，按照法定程序选举董事、经理，这些官员各自在其权限范围内做决定，越权行为事后应及时经有权机构追认；二是交易手续方面，如与第三方订立合同必须以公司名义签署，与股东或者姐妹公司的关联交易也必须办理正规的交易手续如会计记录、合同文本等。控制过分是指母公司对子公司的控制已经达到了使子公司失去独立的意志和

① 朱锦清：《公司法学(上)》，清华大学出版社2017年版，第171～191页。

人格的地步，沦为母公司的分支机构（分公司）。常见的情形有：

①股东虚假出资、抽逃出资，致使公司没有独立的适当的财产；

②公司资产与股东个人资产混同；

③一套人马、两块牌子，名为公司实为个人等人格混同；

④为损害公司债权人利益转移公司财产或将责任集中于该公司；

⑤利用公司名义签订合同欺诈债权人等。

粗暴掠夺型：三九医药神话破灭

要谈大股东占款的"典型"，不得不说的就是三九医药（000999），因为它是中国证监会《上市公司检查办法》颁布实施以后，第一家被公开通报的国有大型上市公司。

2004 年 5 月底的一个上午，就在"三九"领袖赵新先被免职后不久，记者约见了三九医药的相关人士，专门就上市公司被大股东"三九药业"及关联公司占用资金的前后过程进行了调查。

在采访开始前，他开门见山地向记者声明，他想谈的就是他所知道的一些关于三九医药资金被占的真实情况，出于职业操守，不涉及企业内幕。

他说，对于上市公司大股东占款问题，现在普遍的看法似乎认为是国有企业改制以后常见的现象，是无可厚非的问题。比如说很多大型上市公司由于脱胎于原来的改制，不可避免地和作为母公司的大股东有一些大的关联交易，于是产生了往来欠款。如果仅是这样，尚且可以理解。

"然而，三九医药的情况不一样，不可同日而语。三九药业占用三九医药资金的方式很简单，就是粗暴地将钱拿走。"

为什么这么说？因为三九医药和大股东在业务上不存在关联交易的前提条件。这一点在中国证监会下发给公司的谴责通知中也可以看出一点名堂。三九药业原来的核心资产是制药资产，后来，这块资产包括销售都划进了上市公司。因此，从企业流程角度讲，不存在占款的条件。它的占款不是交易产生的。

那么，粗暴地拿走钱到底是怎么个拿法？又是怎么个粗暴法呢？

"就是简单到直接划走，不需要任何理由。这其中，既没有董事会决议、信息披露，更没有股东大会审议。为什么会这样？因为这个企业根本就没有这一说，三九说到底，别的人说了都不算，唯一就是赵新先一个人说了算。无论是什么决策，都来自于他。而他心里也就认为这个企业就是他的企业。说白了，在赵新先的下意识里，这个企业已经不是国企，其本质更像一个民营企业。"

"基于这个前提，占款的实施实际上只需要两个人就能完成。一个是赵新先，一个是财务部长。财务部长在我们那儿实际上就是一个出纳。"

既然是粗暴地拿走钱，自然就不需要任何的掩饰，三九巨额占款事发于地方监管部门的一次例行的巡检。当时的情景对我们的受访者来讲依然历历在目："原来只是一次例行的巡检，但当他们查阅相关资料后，立刻发现了占款问题的严重性，监管人员对我说，你们怎么可以这样做？"

话题进行到此，让我们再回过头来看看三九是如何发端的，这样也许就不难理解赵新先缘何能够“一人独大”说了算,从上市公司把钱拿给集团。

1985 年,赵新先开始下海,成立公司。据悉,他当时研制了三九胃泰等药,由于效果不错,就准备申请批号生产。由此,南方制药厂就应运而生。此后,经过多年的发展和资本积累,在南方制药厂的基础上成立了三九企业集团。不可否认,正是因为和赵新先的领导有关,“三九”才得以辉煌。

然而,本质为国企的“三九”在发展壮大过程中,赵新先本人的自我意识也随之发展壮大,他的一些想法或观念开始转变,他俨然把“三九”当成了他个人的企业,他的决策、他的想法就是企业的决策、企业的想法。“一言堂”局面由此形成。

“而这,应该是三九医药被大股东三九药业占据巨额款项的最直接原因。因为赵新先的观念是,这个企业就是我的,我只不过是将钱从左口袋挪到了右口袋而已。”

那么,上市公司这笔高达 20 多亿元的巨额资金,大股东三九药业拿去干吗了呢? 据悉,部分用于还债,部分用于进行缺乏战略的乱投资。

原来,早在三九医药上市之前,大股东三九药业的外债数额已经居高不下。众所周知,企业上市就是为了募集资金。当时三九医药的上市,很大程度上是告诉三九药业的债权人,钱已经在那儿了,没有问题。只要上市,就可以还款。

“应该说,赵氏让三九医药上市很大程度上没想过拿 IPO 的钱投在药业上。因此,三九医药在上市的时候就是一种扭曲的模式,上市的初衷是变态的。这必然造成其被大股东占款的后果。”

根据中国证监会的调查结果,截至 2001 年 5 月 31 日,三九医药的大股东三九药业及关联公司占用三九医药资金约 25 亿元,被占用的资金甚至包括了三九医药未使用的及用于补充流动资金的募集资金。25 亿元欠款,这相当于“三九医药”当时净资产的 96%。

也就是说,在中国股市上市的三九医药由于现金流严重“死血”,企业运行的生态链几近中断。

资料来源:上海证券报,2004 年 8 月 11 日。

五、现代公司制度的新发展

现代公司制度的发展主要体现在从“股东至上”原则向“利益共同体”观念的转变。

传统公司产权理论为一元论,即“公司是股东的”,或者“股东是公司的所有者”。但现代公司产权理论将财产权进行二元划分,认为公司中存在着两种财产权,一是股东私人的财产所有权,一是公司的企业所有权。所谓企业所有权是指“企业剩余索取权和剩余控制权”。剩余索取权是指对企业收入在扣除所有固定的合同支付(如原材料成本、固定工资、利息等)后的余额(利润)的请求权;剩余控制权是指对企业中没有特别规定的业务活动的决策权。

同时,现代公司产权理论认为企业是一个合约,是不同的财产所有者交易之合约。财产所有权是交易的前提,企业所有权是交易的结果。没有交易,没有运动与过程,就没有企业。在参与企业交易的主体中,有股东、债权人、工人和经理,绝非仅仅股东一方。美国宾夕法尼亚公司法改革之后,美国布鲁金斯研究所布莱尔(Magaret M.Blair)教授通过对新公司法和公司制度的研究，提出了状态依存所有权理论。

该理论认为，企业是股东、债权人、工人、经理四方不同利益相关者的共同体，不同的利益主体在公司中的状态是不同的。但无论处于何种状态，其关联性、协同性、相互依存性是毋庸置疑的。股东、债权人、工人、经理各方中，失去任何一方，他方就失去依存性，企业这个合约就会被打乱，企业就会解体。因此，企业所有权是一种状态依存所有权，即什么样的状态下谁拥有剩余索取权和控制权。从状态依存所有权模式来看，股东不过是正常状态下的企业所有者，尽管这个"正常状态"通常占有较大的比重。布莱尔教授对此有一经典分析：

令 x 为企业的总收入，w 为应该支付工人的合同工资，r 为对债权人的合同支付（本金加利息）。假定 x 在 0 到 X 之间分布（X 为最大可能的收入），且工人的索取权优先于债权人。那么，状态依存所有权是指：

(1)如果企业处于 $x \geqslant w+r$ 状态，则股东是所有者；

(2)如果企业处于 $w \leqslant x < r+w$ 状态，则债权人是所有者；

(3)如果企业处于 $x < w$ 状态，则工人是所有者。

进一步，由于监督经理是需要成本的，股东只要求一个"满意利润"，只要企业利润大于这个满意利润，股东就不必去干涉经理、苛求不顾代理成本的"最大利润"。于是，经理就能获得超额利润（大于满意利润部分）。假定 Π 为满意利润，那么，

(4)如果企业处于 $x \geqslant w+r+\Pi$ 状态，则经理是实际上的所有者。

美国学者对现代公司所有权状况的分析，向我们揭示了现代公司运作中财产所有权的动态形式。它表明，公司的所有者不仅仅是股东。股东、债权人、工人和经理在公司这个利益共同体中，根据公司的经营状况，都可能是所有者。在相互依存关系中，利益相关者任何一方的利益得不到有效保护，都会导致公司经济目标的难以实现，导致相关社会问题的出现。基于这种认识，布莱尔指出，仅将股东视为公司的所有者是一个错误，公司经理应对公司的长远发展和全部"利益相关者"负责。

看到"公司不是一个单纯的经济组织"是公司性质认识上的一个进步，看到"公司不单纯是股东的公司"、"公司是股东、债权人、工人、经理多方利益共同体"则是一个重大的进步。该理念的出现必然导出经理（管理者）的职能不再仅仅只是为股东利益负责，而且还要为共同体其他"依存"者，如债权人、工人及经理自己负责。实质上这些已经突破了资本主义核心理念："董事会和经理对股东的责任"。公司不再仅仅只是股东的公司，而是"利益依存者"的公司，是全社会的公司。股东的投资固然重要，但它只是企业交易的前提条件，充其量只是一个必要条件，并不是充分条件。完成整个企业交易，除了股东外，还须有广大工人的卓有成效的劳动，否则一切无从谈起；还须有经理人（整个管理层）的知识与智慧，没有他们的人力资本与股东投入的物力资本的有效结合，交易往往是无法进行的。

状态依存所有权理论是现代美国公司内部治理理论和公司社会责任理论的基石。它为美国 20 世纪末公司法改革提供了最好的注脚，同时也表明和谐是现代社会的内在要求。

1989 年美国宾夕法尼亚州的新公司法改革

美国自 20 世纪 80 年代以来，掀起了一场股份有限责任公司之间的“恶意收购”浪潮。其过程主要是：恶意收购者高价收购被收购公司的股票，然后重组公司高层管理人员，改变公司经营方针，并大量解雇工人。在这一过程中，被收购公司的股东由于可以将股票高价卖给收购者，因而可以获得高额利润。事实上，被收购公司的股东在 20 世纪 80 年代大都因被恶意收购而发了大财。因此，股东们常常乐意被“恶意收购”。在这些大股东、“公司所有者”的眼里，无所谓创造价值和干事业，更无所谓“社会责任”，只要赚钱，管它什么方式和手段，即使被“收购”也在所不惜。

在这场“恶浪”面前，经理们怎么办？按照传统公司法理念，公司是股东的公司，经理只能对股东股票价值最大化负责，那么，经理就只能同意“恶意收购”而无心顾及其他了。但是，这种股东接受“恶意收购”的短期获利行为，往往是与企业的长期利益相冲突的。企业几十年间建立的各种社会联系和一种稳定的社会格局因“恶意收购”被打破。根据美国哈佛大学经济学家莱佛（Andrei Shleifer）和沙默斯（Lawrence Summers）对美国“环球航空公司”（TWA）被“恶意收购”案例所做的研究得出的结论，TWA 股东收益的增加额是由 TWA 工人工资减少带来的。显然，“恶意收购”没有创造新的财富，所做的只是将工人的财富部分转移给了股东。可见，“恶意收购”受害的最终是广大的工人。不仅工人，连经理、债权人、相关利益者、地方政府也都是受害者。因此，这种“恶意收购”理所当然地遭到包括工人在内的“相关利益者”的强烈反对。在这一背景下，为了抵御“恶意收购”，1989 年，宾夕法尼亚州议会决定修改公司法，提出了新的公司法议案。议案包括四条新的条款：

1.任何股东，不论拥有多少股票，最多只能享有 20% 的投票权。

2.被收购公司，有权在“恶意收购”计划宣告后的 18 个月内，占有股东出售股票给“恶意收购”者所获的利润。

3.成功了的“恶意收购”，必须保证 26 周的工人转业费用；在收购计划处于谈判期间，劳动合同不得终止。

4.赋予被收购公司经理对“利益相关者”负责的权利，而不是只对股东一方负责。

1989 年《宾夕法尼亚州新公司法议案》一反传统公司法“股东至上”准则，对股东的权力和利益作了限制，对工人利益予以保护，并授予公司经理对“利益相关者”负责的权力，它深刻反映了现代美国公司法理念的革命性变化。宾夕法尼亚州公司法改革，导致美国其他 28 个州连锁反应，相继修订公司法，从而开始了公司法新的发展时期。

资料来源：郑祝君：《公司与社会的和谐发展——美国公司制度的理念变迁》，《法商研究》2004 年第 4 期。

第二节 股份公司制度

一、股份公司

股份公司是指公司的全部资本由若干等额股份构成，股份以股票的形式向社会公开发行，股票可以自由转让或买卖；股东以其所认购股份享受相应的权利并负担相应的义务，每股有一表决权，权力平等；股份有限公司的经营、账务要公开，每个财政年度要公布公司年度报告，以供股东和债权人查询。

股份有限公司是公司的最高级形态，它具备公司法人制度和有限责任制度的所有特征。除此之外，它还具备一些独有的特征：

1.股份等额性和平等性

公司的资本总额划分为金额相等的股份；同股同权、同股同利；同次发行的股份，每股的发行条件、发行价格应当相同。每一股有一表决权，股东以其所认购持有的股份，享受权利，承担义务。这种等额性和平等性是金融标准化的重要手段，以标准化实现了资本的证券化，公司产权的股票化，股票交易的大众化，最后实现资本交易的市场化。这种标准化手段实现了巨大的社会资本的动员功能。

这个功能主要集中在证券市场上，其主要动力是利益导向。马克思是这样分析的："交易所正在把所有完全闲置或半闲置的资本动员起来，把它们吸引过去，迅速集中到少数人手中；通过这种办法提供给工业支配的这些资本，导致了工业的振兴(绝不应把这种振兴和商业繁荣混为一谈)，既然事情动起来了，就会愈走愈快。"因此，股份公司制度是以公司法人制度和有限责任制度为基础，以资本等额划分的标准化手段，实现资本的可交易和易交易，以市场交易实现社会资本的动员功能。

2.公开性和自由性

股份公开性、自由性包括股份的发行和转让。股份有限公司通常都以发行股票的方式公开募集资本，任何人在缴纳了股款之后，都可以成为公司股东，没有资格限制。这种募集方式使得股东人数众多，分散广泛。为提高股份的融资能力和吸引投资者，股份必须有较高程度的流通性，股票必须能够自由转让和交易。

股份公司招股要在报纸上公开登报，公司章程要向社会公布，公司创立要向社会公告，公司经营情况、财务状况要定期向社会公布，而且要经过会计师事务所、律师事务所审核、公证，股票从发行到上市交易的全过程，都要体现公开、公平、公正原则。

公开性原则要求不仅初始公开，还要持续公开。公开的文书和资料、信息要及时、完整、真实、准确，不得有误导和重大遗漏。要达到政策公开、信息公开、行为公开、财务公开。

公平性原则要求重要信息按第一时间的原则公开，让所有投资者都能公平、平等地获得信息，保护投资者利益，保证市场的公正性、统一性。公平性原则包括地位公平、权利公平、利益公平、机会均等、平等竞争。

公正性原则要求立法公正、执法公正、仲裁公正。这一切有利于提高股份公司的社会信誉和知名度，有利于社会监督，有利于保护投资者利益，增强投资者信心，是股份能够公开发行和自由交易的保证。

二、股份公司与有限责任公司的异同

股份有限公司只是一种特殊的有限责任公司而已。由于法律规定有限责任公司的股东只能在50人以下，这限制了公司筹集资金的能力。而股份有限公司则克服了这种弊端，将整个公司的注册资本分解为小面值的股票，可以吸引数目众多的投资者，特别是小型投资者。股份有限公司的这一特点，使得它在组织管理上有很多不同于有限责任公司的地方。两者的区别主要表现在：

1.是人合还是资合

有限责任公司的股东也以出资为限，享受权利，承担责任，具有资合的性质。但因其不公开招股，股东之间关系较密切，因此具有一定的人合性质。

股份有限公司是彻底的资合公司。公司的信用完全建立在公司资本的基础上，与股东的个人人身特征（信誉、地位、声望）没有联系；股东个人也不得以个人信用和劳务投资，这种完全的资合性与无限公司和有限责任公司均不同。

2.股份是否为等额

有限责任公司的全部资产不必分为等额股份，股东只需按协议确定的出资比例出资，并以此比例享受权利，承担义务。

一般说，股份有限公司必须将资本划分作等额股份，这不同于有限责任公司。这一特性虽然从表面上看只是形式上的差别，但它以标准化手段保证了股份有限公司的广泛性、公开性和平等性，极大地提高了股份的可交易性和流动性。因此，所有大规模的公司几乎都是股份公司。

3.股东数额

有限责任公司因其具有一定的人合性，以股东之间一定的信任为基础，所以其股东数额不宜过多。我国的《公司法》规定为1～50人。

有限责任公司股东数额上下限均有规定，股份有限公司则只有下限规定，即只规定最低限额发起人，实际只规定股东最低法定人数，而对股东的上限则不作规定。这就使得股份有限公司的股东具有最大的广泛性和相当的不确定性。

4.募股集资

有限责任公司只能在特定范围内募股集资，不得向社会公开招股集资；公司为出资人所发的出资证明亦不同于股票，不得在市场上流通转让。募股集资的封闭性决定了有限责任公司的财务信息无须向社会公开。

股份有限公司募股集资的方式是开放的，无论是发起设立或是募集设立，都须向社会公开或在一定范围内公开募集资本，招股公开，财务经营状况也必须公开。一个人能否成为公司股东取决于他是否缴纳了股款，购买了股票，而不取决于他与其他股东的人身关系，因此，股份有限公司能够迅速、广泛、大量地集中资金。

5.股份转让的自由度

有限责任公司的出资证明不能转让流通。股东的出资可以在股东之间相互转让,也可向股东以外的人转让;但由于人合性质,决定了其转让要受到严格限制。按照我国《公司法》的规定,转让必须经全体股东过半数同意;在同等条件下,其他股东有优先购买权。

股份有限公司的股份表现形式为股票。这种在经济上代表一定价值,在法律上体现一定资格和权利义务的有价证券,与持有者人身并无特定联系,法律允许其自由转让。自由转让加强了股份有限公司的活跃性和竞争性,同时也招致股票交易的盲目性和投机性。

6.公司设立的宽严不同

为保证股份公司制度的有序运行,发挥其强大的经济功能,各国通常以法律手段对之进行管理和监督,对其设立规定了一系列必须具备的法定条件,履行严格的法定程序。在我国,股份有限公司的设立必须经有关部门批准。

有限责任公司多为中小型企业,还因其封闭性、人合性,所以法律要求不如股份有限公司严格,有的可以简化,并有一定的任意性选择。

三、股份公司制度的意义

股份公司以股份平等、运作公开、贯彻公平、公正原则为制度基础,保证投资者和资本交易者的信心;以资本等额划分的标准化、证券化为手段,实现资本交易的市场化,达到资本集中和资本有效配置的目的。

(一)股份公司制实现了经济民主制

在股份公司制度中实行股权平等和对等原则,一切经济活动以投资入股的资本金额为准;以同股同资为股权平等的前提和基础;按一股一权一利和同股同权同利同风险的原则办事,实行股权平等,不承认任何特权。股权平等,一股一权一票,少数服从多数,股份制意味着经济民主制。股东拥有的股票多其权利也就大,股票少权利也小。股票的权利又是对等的,股票多,权利大,得到的收益也多,同时所负的经济责任也就相应大一些,承担的风险也大。

(二)公开原则使股份公司置于股东和社会的监督下,提高投资者信心

股份公司制度要求公司从筹资到运作,到破产倒闭,证券交易买卖,都必须贯彻公开、公平、公正原则。《公司法》规定,股份公司发行股票,必须在当地有影响的大报,公开向社会发布招股集资公告,股份公司的经营情况必须公开,股份公司要定期(季、半年、一年)公布"资产负债表"、"损益表"、"现金流量表"等财务报表,而且要真实、准确,并经过会计师事务所、律师事务所审核、公证才有效。重要信息按第一时间的原则公开,让所有投资者都能公平、平等地获得信息,保护投资者利益,保证市场的公正性、统一性。股票上市要经过证券交易所审查批准,并公布其经营状况,证券交易的全过程要严格执行公开、公平、公正原则。所有这些都把股份公司置于股东和社会的监督之下,公开原则和严格监督有助于防伪防假和欺诈,"太阳是最佳的防腐剂,电灯是最有效的警察",以此保护投资者利益,保证和提高投资者参与资本交易的信心。

(三)资本等额划分的标准化手段形成了巨大的社会资本动员能力

股份公司制度在保证投资者信心的基础上,以资本等额划分的标准化手段,实现资本的证券化、市场化。在股份公司制度中,无论是法人产权还是股东的股权都是商品,可以通过证券市场进行自由转让或买卖。这有利于社会资本的迅速集中。

资本的证券化和市场化,有效地扩大了资本交易的市场范围和市场规模,形成了巨大的动员社会资本的能力。它加速了资本的集中,使社会化大生产空前发展。

现代化大生产的发展不仅需要设备、技术、管理人才,还需要巨额资金。单个资本、合伙资本有局限性,一方面难以提供巨额资金;另一方面巨额投资对一个投资者、一个企业来说风险太大。银行贷款也会遇到银行财力的限制,银行一般不愿发放长期巨额贷款。通过发行股票,能够在短期内把分散在社会上的货币资源集中起来,达到社会化大生产、大规模经营所需的巨额资本量。股份公司制、证券市场作为一种灵活有效的集资手段,适应社会化大生产的需要,极大地推动了社会化大生产的迅速发展。这是股份公司制度最大的制度资源优势。对此,马克思作了深刻的评论:"假如必须等待积累去使某些单个资本增长到能够修建铁路的程度。那么恐怕直到今天世界上还没有铁路。但是,通过股份公司转瞬之间就把这件事完成了。"

此外,资本证券化,有利于发展横向联系,形成企业集团,利于资本的社会化、国际化;促使资本向经济效益好的、有发展前途的产业流动,打破实物资本的凝固和封闭状态,实现优化组合;有利于企业及时适应社会需要转移阵地开辟新领域。

第三节 财务会计制度——技术和制度的有机结合

公司财务会计制度是公司财务制度和会计制度的统称,具体指法律、法规及公司章程中所确立的一系列公司财务会计规程和方法。通常由公司法、会计法、会计准则和财务通则等专门法律和法规、规章规定构成。

一、财务会计制度的目的和意义

首先,财务会计制度的核心目的是保证公司法人独立制度得以贯彻和实现。公司法人制度和有限责任制度在宏观上奠定了公司、资本交易市场发展的理念和制度基础,但在微观上,公司经营过程的业务关系、产权关系复杂、多变、烦琐,为了解决公司控股股东与非控股股东、公司与债权人、股东与公司经理层、公司与潜在投资者之间的信任关系,需要有相应的金融技术手段以保证公司的每一项业务都是可核查、可追踪的,这就是会计核算技术和制度。

其次,任何的交易都需要价值评估和判断,资本交易也不例外。对于复杂的交易客体——公司的价值评估,需要有客观、真实、有效的关于公司的资产、权益、负债和经营成果等相关信息,这就是财务报告技术和信息披露制度。财务会计制度作为一项技术就是客观、真实地记录公司经济业务,报告公司财务状况和经营成果;作为一项制度,就是在法律上要求公司按照特定的方法、规则和准则记录经济业务，报告财务状况和经营成果。

所有权与经营权高度分离，普遍造成了经济实体掌控者与投资者之间存在信息不对称。投资者希望得到更多的财务会计信息，希望采取有效的监管手段，保护投资者利益。财务会计制度有以下三个方面的作用：

一是会计核算保证了公司各相关方的公平利益，在资本市场形成中发挥着重要的作用。在资本市场演化过程中，投资者产权的维护依赖于可靠的会计信息的提供，没有会计关于资产、成本、收益核算的准确结果，产权人的利益就会受到损害。

二是财务会计信息为投资人的投资决策提供了基础性的信息。没有可靠的会计信息，投资者和债权人就缺乏对投资客体进行价值判断的基础，就只能凭着各自的主观臆断来决策。随着公司制的出现和资本市场的发展，出现了日益复杂的产权关系和日益频繁的产权交易，这必然要求有更为先进的会计核算手段。

三是会计信息为受托责任认定与企业内部管理评价奠定基础。逻辑一致、客观的会计信息为受托责任履行结果的评价创造了条件，为所有权与经营权分离的资本市场奠定互信基础；客观、详细的会计信息能让管理层及时掌握公司经营管理绩效状况，保证大规模公司营运能够达到预期效果。

在原始公司制形成的同时，一种先进的会计信息记录与核算方法——借贷复式簿记便在欧洲产生了。会计核算理论和实践为资本市场的产生提供了理论基础和技术保障。复式簿记理论的发展促进了产权计量方法的完善，以及剩余索取权思想的产生和企业主体概念的形成，资本市场得以形成。财务会计制度对产权的维护与保障功能促进资本市场的升华。财务会计信息披露和外部监管等为资本市场提供了服务，促进了资本市场的发展和完善。

历史事实表明，没有财务会计制度，资本市场可能至今仍在与博彩业为伍。有了财务会计制度的内部控制和外部监督，资本市场便能充分地发挥筹资、投资、定价和资源配置功能，并在复杂的产权关系下不断拓展新的功能，扩大规模，最终成为市场经济体系中最重要和最核心的市场。

二、复式簿记：逻辑、技术和制度

复式记账法(double-entry bookkeeping)，是指以资产与权益平衡关系作为记账基础，对于每一项经济业务，都要在相互联系的两个或两个以上的账户中以相等金额进行登记，系统地反映价值运动变化结果的一种记账方法。

(一)复式簿记逻辑

1.独立的簿记主体

复式簿记首先强调必须有明确的簿记主体、清晰的主体边界。公司作为一个独立的法人，必须拥有独立的财产。独立簿记主体的簿记技术要求与公司财产独立性要求正好相适应。

如图 12-1，公司作为独立的簿记主体，其独立性具体就表现为公司的独立财产，即公司所拥有的、可控制的资产。但公司作为一个拟制的法人主体,其资产首先来源于股东和债权人的投入,形成公司的股东权益和债务;然后在公司的生产经营过程中,与供应商和消费者发生商品交换,形成公司的资产类别转换或短期的债权债务关系;与劳动者(工人、管理人员等)形成劳动投入和工资支付关系,与政府形成公共服务提供与纳税义务关系。

复式簿记就以公司所拥有的资产为核心,围绕生产经营过程中这些资产的形成与转换,与公司之外的股东/债权人、供应商、劳动者、消费者和政府等经济主体形成的股权或债权债务关系进行记录。因此,从簿记主体与外界主体之间的逻辑关系看,簿记的基本逻辑就是:

资产=债务+所有者权益

资产方反映的就是簿记主体的财产,债务和所有者权益方反映的是独立簿记主体与外界主体间形成的股权或债权债务关系。

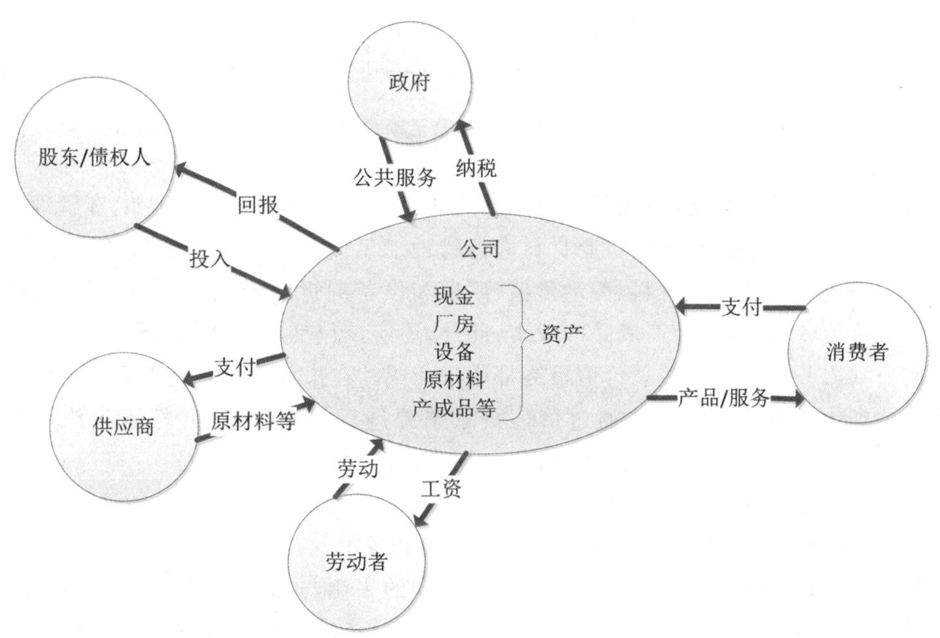

图 12-1 独立的簿记主体

2.簿记主体的价值运动过程

公司的经营活动通常是组织特定的价值运动过程,为公司创造价值。典型的价值运动过程如图 12-2 所示。这些价值运动一般可分为两类:一是有外部主体参与的价值运动,通过市场交易、议价实现。如:股东投入股本获得股权;债权人投入资本获得债权;供应商提供厂房、设备、原材料等获得相应价款;劳动者付出劳动获得工资;消费者获得产成品,支付相应价款。这类已通过市场议价实现的价值运动,可直接以交易价款记录。

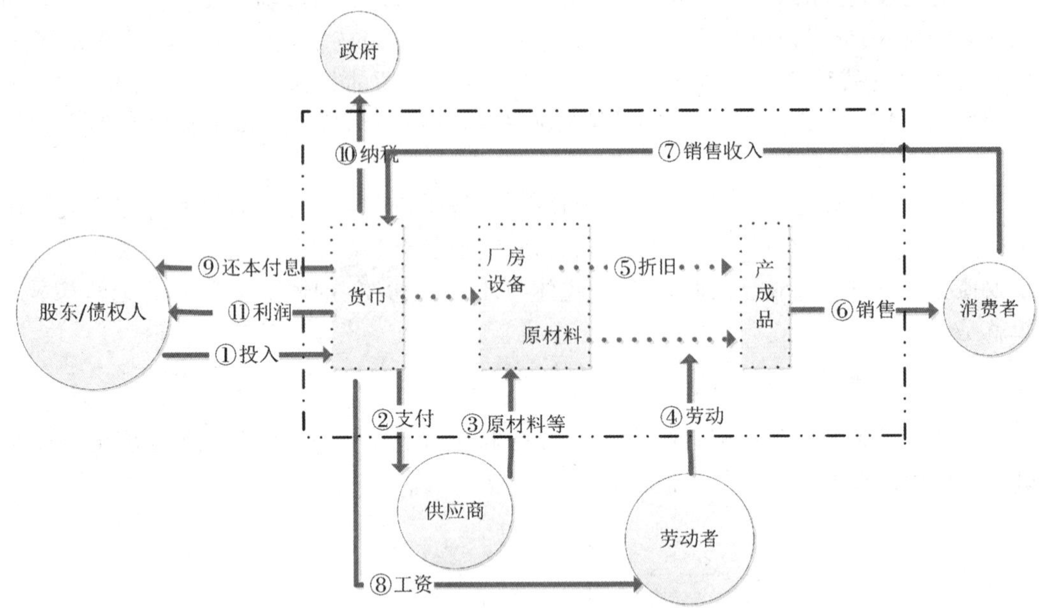

图 12-2　簿记主体经营活动的价值运动

二是内部的价值运动，一般是价值形态的转变或内部计划调配。比如，在管理人员的组织下，工人利用厂房和设备，将原材料进行物理加工或化学反应转变成产成品；这些产成品的价值至少包含了原材料、劳动价值、厂房和设备的折旧价值转移，这部分价值运动是直接的价值转移，被称为产成品的成本；此外，还应该包括股权和债权资本的使用价值、政府的公共服务价值。这些总价值最终都通过产成品在市场出售给消费者而回收的价款体现。这类价值运动通常需要通过价值贡献来源进行倒推核算，并按事先约定的规则（如：利率、税率、股东剩余收益权等）进行分配确认。

复式簿记的目标就是要根据这些价值运动逻辑，客观地反映这些价值运动过程。

3.会计恒等式——价值运动的来源与运用应相等

物质不灭，也不能凭空产生，决定了价值运动的来源与运用的货币价值量应相等，为客观记录独立簿记主权的价值运动过程，必须同时记录价值运动的来源和运用去向，这就形成了簿记活动的逻辑基础——会计恒等式：

资产＝债务＋所有者权益　　　　(1)

或：

资产＝债务＋所有者权益＋(收入－成本和费用)　　　　(2)

(1)式反映的是在某一具体时刻，相关权益已经确认之后，簿记主体所拥有的全部资产状况和这些资产的来源或外部所有者（债权人和股东）的权益。

(2)式反映的是经过簿记主体的经营活动达成价值创造之后，簿记主体所拥有的资产变化结果，及其变化来源——(收入－成本和费用)，即利润。收入是价值创造的使用价值形态——产成品实现销售的结果,是社会认可的货币价值量,扣除可直接确认的价值转移部分(成本和费用)就是归属于政府(税金)、债权人(利息)和股东(剩余收益)等不易确认的部分,将这些价值量确认归属之后,就回到了一个新的恒等状态——(1)式。

为了记录每一项具体的价值运动,首先必须对(2)式中的资产、负债和所有者权益、中间账户(收入、成本、费用)三大类账户进行适度细化,然后分别在该项价值运动的来源与运用相对应的账户(科目)中进行记录。

公司复杂多样的价值运动,也称为业务活动,从会计恒等式看,可分为两种类型:

一类是影响会计恒等式等号两边会计要素同时发生变化的经济业务。这类业务能够改变公司资产总额,使会计恒等式等号两边等额同增或等额同减。

另一类是影响会计恒等式等号一边会计要素发生变化的经济业务,这类经济业务不会导致公司资产总额变动,是会计恒等式等号一边等额的增减。

这就决定了簿记时对第一类经济业务,应在方程式等号两边的账户中等额记同增或同减;对第二类业务,应在方程式等号一边的账户中等额记录有增有减。但记录增减很难反映价值的运动方向,因此,复式簿记技术创造了特殊的簿记符号。

(二)复式簿记技术

复式簿记技术是人为创造出来的,符合簿记主体价值运动规律的、科学的记账方法。

1.记账符号

复式借贷记账法以"借"、"贷"二字作为记账符号。所有经济业务相关资源的运用去向用"借"表示,来源用"贷"表示,资源的分类名称就是账户名称。

2.价值运动与簿记过程的自然形成——一个例子[①]:生产音箱的华山音响设备有限公司的组建和一个生产周期的复式簿记过程。

(1)资本投入

首先,股东郭靖和黄蓉分别投入现金50万。根据资源的运用去向用"借"表示,来源用"贷"表示,可做如下记录:

借:银行存款	100万	
贷:股本——郭靖		50万
——黄蓉		50万

其次,因股东投入的资本不足,再向工商银行借款100万,可记录如下:

借:银行存款	100万	
贷:负债——工行贷款		100万

(2)准备生产

公司利用筹集的资本,购买厂房、生产设备和原材料分别支出银行存款100万、50万和10万。可做如下记录:

借:厂房	100万	
贷:银行存款		100万

① 本例假设企业只缴纳20%所得税。为了直观、通俗地理解价值运动的记录方法,所用科目名称与标准会计准则有所不同。

借:设备　　50 万

　贷:银行存款　　50 万

借:原材料　　10 万

　贷:银行存款　　10 万

汇总以上记录,生产实施前的公司资产负债表如下(资产余额在借方、负债和所有者权益余额在贷方):

表 12-1　生产实施前的公司资产负债表

单位:万元

资产		负债和所有者权益	
银行存款	40	负债	100
厂房	100		
设备	50		
原材料	10	股本	100
合计	200	合计	200

(3)生产过程

公司雇佣 5 个生产工人、2 个管理人员、1 个销售人员,用 10 万元原材料,经过一个生产周期,产出了 5 套音箱。该生产周期工人、管理人员、销售人员的工资分别为 2 000 元、6 000 元、6 000 元。5 套音箱的直接价值来源于 10 万的原材料、5 个工人工资、厂房折旧和设备折旧各 1 万元(假设厂房和设备可分别使用 100 个和 50 个生产周期,并用平均折旧法)。单套音箱的直接价值 2.6 万元。通常生产过程是连续的,在一个经营周期会有持续的投入、持续的产出成品入库,在生产车间还有各种半成品,为了准确核算每一件产成品直接转移了多少价值,设置一个中间账户——生产成本;在生产过程逐步投入时,用于归集直接投入的价值;在期间结束时,将全部归集的生产成本在产成品和在产品之间分配。

可做如下记录:

①生产过程归集成本:

借:生产成本——直接材料　　10 万

　　　　　——直接人工　　1 万

　　　　　——制造费用　　2 万

　贷:原材料　　10 万

　　应付工资——工人工资　　1 万

　　累计折旧——厂房折旧　　1 万

　　　　　　——设备折旧　　1 万

②期末将全部生产成本在产成品和在产品间分配[①]:

借:产成品——5 套音箱　　13 万

　贷:生产成本　　13 万

---

① 本例假设生产过程是简化的,期末没有在产品。

则,销售前的公司资产负债表如表12-2所示。

表12-2 销售前的公司资产负债表

单位:万元

资　　产		负债和所有者权益	
银行存款	40	负债	100
厂房	100	应付工资	1
设备	50		
累计折旧	—2		
原材料			
产成品	13	股本	100
合计	201	合计	201

(4)销售过程

销售1:按每套5万售出3套音箱。这是一手交钱一手交货的交易,但显然收的钱与付的直接货值不等,不能直接使用借贷相等记账法,而这个差额正是整个公司经营的目的;必须引进两个中间账户(损益类账户,收入、成本和费用账户,期末结清);一次销售活动分成两部分同时记录,在记账过程保持借贷相等。

①收到现金:

借:银行存款　　　　15万元

　贷:销售收入　　　　15万元

②交付商品:

借:销售成本　　　　7.8万元

　贷:产成品——3套音箱　　　　7.8万元

销售2:按每套4.5万售出2套音箱。

①收到现金:

借:银行存款　　　　9万元

　贷:销售收入　　　　9万元

②交付商品:

借:销售成本　　　　5.2万元

　贷:产成品——3套音箱　　　　5.2万元

记录销售过程发生的费用——销售人员工资:费用是资源的去向,该费用是通过向销售人员支付工资形成的,因此来源是应付工资。

借:销售费用　　　　6 000元

　贷:应付工资——销售人员　　　　6 000元

(5)记录期间费用

管理人员的工作涵盖整个公司的运作过程,与销售人员的工作性质类似,不直接记入产成品的成本,记为管理费用。

借:管理费用 1.2万元

贷:应付工资——管理人员 1.2万元

(6)核算和分配利润

至此,公司一个经营周期结束,可以核算经营成果。经营成果就是销售收入与成本、费用等中间账户的差额,通过结转中间账户到期间利润账户来核算,然后将经营利润在政府(税收)、债权人(利息)和股东(净利润)之间进行分配。本例的具体过程如表12-3所示。

表12-3 利润核算与分配过程

单位:万元

		损益类(中间账户)		期间利润	
		借	贷	借	贷
利润核算	销售收入		24		
		①结转24万元			24
	销售成本	13			
			②结转13	13	
	销售费用	0.6			
			③结转0.6	0.6	
	销售利润				10.4
	管理费用	1.2			
			④结转1.2	1.2	
	息税前利润				9.2
利润分配	应付利息		⑤1	1	
	应付税金		⑥1.64	1.64	
	净利润				6.56

①结转销售收入

借:销售收入 24万元

贷:期间利润 24万元

②结转销售成本

借:期间利润 13万元

贷:销售成本 13万元

③结转销售费用

借:期间利润 0.6万元

贷:销售费用 0.6万元

④结转管理费用

借:期间利润 1.2万元

贷:管理费用 1.2万元

⑤利润分配——支付期间利息(假设该经营周期应付利息为1万)

借:期间利润　　　　1万元

　贷:应付利息　　　　1万元

⑥利润分配——应付税金(假设公司所得税率为20%,则税前利润8.2万应缴1.64万所得税)

借:期间利润　　　　1.64万元

　贷:应付税金　　　　1.64万元

最后,借贷相抵后,期间利润余额为6.56万元,在贷方,就是股东应分配得到的股东权益,直接记入资产负债表。

借:期间利润　　　　6.56万元

　贷:未分配利润　　　　6.56万元

经过利润分配后的资产负债表如表12-4所示。

表12-4　利润分配后的公司资产负债表

单位:万元

资　产		负债和所有者权益	
银行存款	64	负债	100
厂房	100	应付工资	2.8
设备	50	应付利息	1
累计折旧	−2	应付税金	1.64
原材料			
产成品		股本	100
		未分配利润	6.56
合计	212	合计	212

表12-1到表12-4的变动过程清晰地以公司作为簿记主体,表明了图12-2所示的公司的价值运动过程,所有经营成果都通过销售收入实现,通过成本、费用科目进行利润核算,通过应付利息、应付税金和净利润在债权人、政府和股东间分配利润。具体在本例中,销售收入24万元,其中10万元是原材料的转移,2万元是厂房和设备折旧的转移,通过销售收入直接由银行存款形式回收,其余12万元分别是工作人员工资、债权人的利息、政府的税金和股东的利润,通过销售收入实现、以银行存款方式暂存,以应付工资、应付利息、应付税金和期间利润方式记录。如果实际发生工资支付,资源的来源是公司的银行存款,去向是应付工资,记录为:

借:应付工资　　　　2.8万元

　贷:银行存款　　　　2.8万元

利息和税金的支付也一样。完成这些短期债务的支付之后,公司的资产负债表如表12-5所示。

表 12-5　利润分配后的公司资产负债表

单位：万元

资产		负债和所有者权益	
银行存款	58.56	负债	100
厂房	100	应付工资	
设备	50	应付利息	
累计折旧	−2	应付税金	
原材料			
产成品		股本	100
		未分配利润	6.56
合计	206.56	合计	206.56

3.账户结构——自然复式簿记的结果

以上例子表明，复式簿记的账户结构是以公司作为簿记主体，以公司经营活动的价值运动逻辑为基础，以“借”“贷”符号分别表示价值资源的去向和来源，而自然形成的。以账户结构表示的价值运动过程如图 12-3 所示。

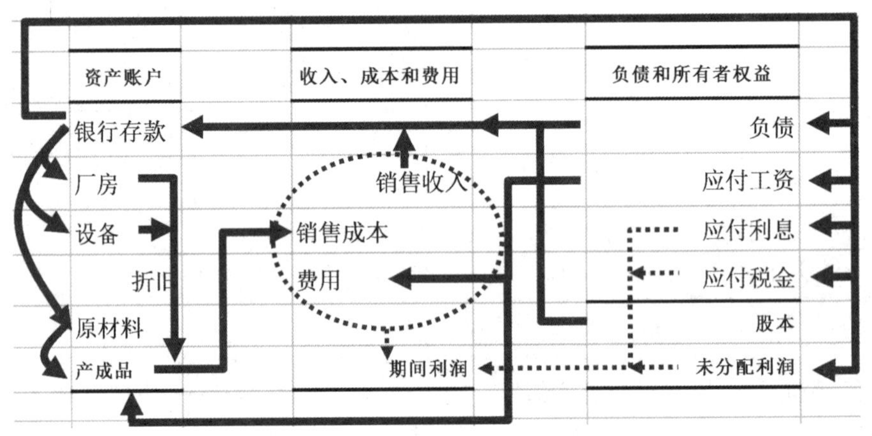

图 12-3　账户结构表示的价值运动过程

上述例子的簿记过程可以结合图 12-3 的账户间价值运动方向来理解。资产是公司实际可控制的资源，公司作为一个拟制的独立法人实体，其控制的资源不可能是天赋的，一定有外部实体来源，负债和所有者权益就用于反映公司资产的来源。在任意时刻，所有者权益都确认清楚的情况下，资产账户与负债和所有者权益账户必定相等，即：

资产＝负债＋所有者权益

为了核算和分配经营成果（利润），设置了收入、成本和费用三类中间账户，这些中间账户在期末都必须全部结清、没有余额，实现所有权益的确认和归属。其核算和分配过程通过简单的整理就是反映公司在一定期间经营成果的损益表，如表 12-3 的期间利润一栏。

值得注意的是，核算和分配过程只是逻辑上的确认，并不是实际的价值运动，在图12-3中用虚线表示。实际上，利润在销售完成时就已经实现了，并流向了银行存款科目，但我们并不知道真实的利润是多少，通过“期间利润＝收入－成本－费用”，计算得到(会计语言上是通过“借”“贷”符号结转期间利润实现，如表12-3，余额在贷方)；计算出期间利润之后，要确认谁对这些利润做出贡献，即利润的来源。因此，利润分配是借记“期间利润”，贷记相应的负债或权益，而不是相反。“期间利润”是中间账户，期末要结清，未分配利润是股东权益。

可见，公司资产负债表从期初状态向期末状态变化是由于“期间利润”这一经营成果导致的，“期间利润”在销售完成时已经以“银行存款”方式形成公司的资产，实现了公司资产的增加，“期间利润”的核算与分配完成其归属确认，再次实现期末资产负债表左右平衡。因此，账户结构关系也可以写成：

资产＝负债＋所有者权益＋(收入－成本－费用)

或，

资产＋成本＋费用＝负债＋所有者权益＋收入

最后，会计语言的“借”“贷”符号反映的是价值资源的来源与应用去向，而在自然语言中，却习惯用“增加”和“减少”来表示资源的变化，二者之间存在差异。比如，向工商银行借款100万，会计记录如下：

借：银行存款　　100万

　贷：负债——工行贷款　　100万

但自然语言的理解是公司的银行存款和负债都增加了。

为了更好地理解，表12-5总结了各账户的“借”“贷”符号的含义与自然语言“增加”“减少”之间的对应关系。

表12-5　自然语言与账户“借”“贷”符号的对应关系

	资产	成本	费用	＝	负债	所有者权益	收入
增加	借	借	借		贷	贷	贷
减少	贷	贷	贷		借	借	借
期末余额	√	0	0		√	√	0

(三)复式簿记制度

对于公司法人而言，复式簿记还是一项制度。公司的经济业务活动纷繁复杂，公司的独立性很容易遭到有意或无意的损害或破坏，比如财产被转移、权益被夸大等，复式簿记首先作为一项技术，具备保护公司独立性的能力；其次，公司法强制公司必须使用该技术，会计法、会计准则和公司的内部制度规定等强制规范使用该技术。

簿记使用的账户结构、科目名称要符合法律法规的规定，保证对会计信息的理解具有一致性。对于簿记过程可灵活调整的规则或方法，会有不同层次上的法规给予规范，不得任意调整，比如不同的折旧方法的选择等。

这些都表明，复式簿记不仅是一项技术，也是一项制度。是一项技术表明复式簿记有其内在的逻辑和规律，作为一项制度强调了对于具有法人资格的公众公司在法律上被要求必须使用，并规范使用复式簿记，以保证公司的独立性，保护公司相关各方的公平利益和公共秩序。

(四)复式簿记方法的发展历史和意义

1.复式簿记方法的发展历史

复式簿记方法起源于13、14世纪的意大利，14世纪前后，威尼斯等意大利的地中海沿岸城市已经发展成为最繁忙的港口城市，是地中海地区的贸易中心，威尼斯还被誉为整个地中海最著名的集商业贸易旅游于一身的水上都市，成为意大利最强大和最富有的海上“共和国”之一。早期意大利商人的记账并不难，出港前集资，回来之后分红，一次航行就是一单生意。后来贸易变得相当频繁而复杂，一艘航船携带的财富可能来自十几个人，然后被卖给几百个人，这几百人当中的几十人可能又进行二道贩卖，所得的金钱又投到另一艘船的货物上，被另外几百个人买走……那最初的十几笔钱后来流向了哪里？最初的投资，几经货物——金钱的转换之后要怎样折算成财富，如何衡量是赚是亏？记账问题随着交易的扩大变得关键起来，于是一种新式账本在懂得变通的威尼斯人手中开始流行。

一位15世纪的意大利修士兼数学家，达·芬奇的好朋友卢卡·帕乔利(Luca Pacioli)在自己的著作中详细介绍了这种新方法：把账目分成资产、负债和所有者权益三大类，每一笔交易的货物或者款项都归入相应的类别。每一类都包括两栏即“借”和“贷”，标记着货物或者款项是流入还是流出。这就是沿用至今的复式记账法。

复式簿记从萌芽到比较完备，大致经历了300年左右。这一演变过程发生在中世纪的意大利商业城市(如威尼斯、热那亚等城市)。当时，地中海沿岸某些城市出现了马克思所说的“资本主义生产的最初萌芽”。地中海沿岸某些城市中十分活跃的商业(包括海上贸易)和银钱兑换业，迫切要求从簿记中获得有关经济往来和经营成果的重要信息。这一演变过程大体上经历了以下三个不同的发展阶段：

(1)萌芽阶段(1211—1340年)。以1211年佛罗伦萨银行家采用的簿记为代表(这是目前保存的意大利最古老的会计账簿，现收藏于佛罗伦萨梅迪奇·拉乌莱芝纳图书馆)。其主要特点是：记账方法是转账；记账对象限于债权债务人(人名账户)；记录形式是叙述式(借贷上下连续登记)。

(2)改良阶段(1340—1494年)。以1340年热那亚市政厅的总账为代表(这是会计界公认的世界上最早的一册明显具备复式记账所有特征的会计记录，现收藏于热那亚古文化馆)。其主要特点是：记账方法为复式；记账对象除债权债务(人名账户)外，还包括商品、现金(物名账户)；记录形式是左借右贷账户对照式。

(3)完备阶段(1494—1854年)。以1494年卢卡·帕乔利(Luca Pacioli)著名的《算术、几何、比及比例概要》一书的正式出版为代表。本书的出版，使得复式簿记的优点及方法很快为世人所认识，并广为流传，因而具有划时代的意义，标志着现代会计的开始。至1854年，爱丁堡注册会计师协会的出现，会计正式成为一门独立的职业。其主要特点是：记账方法为复式；记账对象除债权、债务、现金(人名账户与物名账户)外，还包括了损益与资本(损益账户与资本账户);记录形式是账户式。

卢卡·帕乔利不仅通俗而详尽地描述了威尼斯复式簿记中的账簿体系、记账方法和主要业务的记录,而且加以必要的总结与提炼,他把复式簿记原理和方法的精华,再现于他的著作之中。

2.复式簿记方法的作用和意义

复式记账能够把所有的经济业务相互联系地、全面地记入有关账户中,从而使账户能够全面地、系统地核算和监督经济活动的过程和结果,能够提供经营管理所需要的数据和信息。

复式记账对每笔会计分录都是相互对应地反映每项经济业务所引起资金运动的来龙去脉,因此,应用复式记账原理记录各项经济业务,可以通过账户之间的对应关系了解经济业务的内容,检查经济业务是否合理、合法。复式记账在追踪财富流动上的优势很快显现了出来。不管是谁的账簿,资产都恒等于负债和所有者权益的总和,每一笔财物从哪里来到哪里去,在借贷记录中变得清晰。

美籍日本著名会计学家井尻雄士把复式簿记的优点作了比较全面而深刻的阐述。他说:“人们说到复式簿记的长处往往只从小节着眼,说它因为一笔数目登记两次可以通过计数核对而减少差错。其实远非如此。在单式簿记下,一家企业的现状,只能用现在财富的一套账户来表示。而复式簿记却迫使人们以一套适当的资本账户,来‘算得’现状。资本账户记录了导致现状的各种过去业务。所以,经管责任乃是复式簿记制的核心。”“更重要的是,在复式记账制之下,从过去算得现在的会计,不是碰巧地、随意地完成的,而是完全地、有系统地完成的,因为不然的话,两方就失去平衡了。复式簿记制最基本的贡献就是它让经理和会计人员经受这种压力,一定要交待财富的变化。”

复式记账法使商人有可能系统地了解他的业务情况,也可以更好地理解业务中发生的问题。他们第一次可以精确地计算出,企业的赢利到底有多大。他们可以制定一份别人也能看得懂的数字图表。这样,商人就可以和别人一同分享知识,数名伙伴可以共同经营,业务可以得到发展。这就是现代资本市场发展的基础。

人们实际上是通过复式簿记中资本和其他账户,才有可能从量上把握资本并具体证实作为经营实体的企业的存在。正如马克思指出的那样:资本价值“在它循环时都要经过不同的存在形式。这个资本价值自身的同一性,是在资本家的账簿上或在计算货币的形式上得到证实的”。

复式簿记虽然在资本主义时代到来之前已经出现,但它却为资本主义时代的到来准备了一个完美的经济信息系统。难怪还有人说:“如果没有复式记账,资本主义恐怕是建立不起来的。”

复式簿记是一个巧妙的科学核算系统。自从它被推广应用以后,备受各界著名人士的交口赞扬。

德国诗人、文学家、哲学家歌德形容复式簿记是“人类智慧的绝妙创造之一,每一个精明的商人从事经营活动都必须利用它”。

数学家凯利(Cayley)认为,复式簿记原理“像欧几里德的比率理论一样,是绝对完善的”。

经济史学家松巴特(Sombart)说:“创造复式簿记的精神,也就是创造伽利略和牛顿系统的精神”。

肯尼斯·约瑟夫·阿罗也曾称:有限责任制和复式计账是两项重要意义不亚于半导体发明的社会科学创造。

三、财务会计制度的主要内容

财务会计制度的主要内容包括以下三个方面:

一是财务会计核算制度,主要规范会计核算方法、原则和准则,规范会计确认,计量,公允地处理会计事项,保证会计信息质量。

二是财务会计报告制度,依法编制财务会计报表和制作财务会计报告,以客观准确地报告公司财务状况和经营成果。

股份公司的财务会计报告制度也称信息披露制度,是指在证券市场上、股份公司和有关当事人在证券的发行、上市和交易等一系列环节中,依照法律法规、证券主管机关及证券交易所的有关规定,以一定的方式向社会公众公开与证券有关的财务和相关信息而形成的一整套行为规范和活动准则的总称。信息披露制度主要涉及初次披露、持续披露和内幕人员交易披露等方面的内容。完善的信息披露制度是证券市场健康发展的基础和保障。

三是财务会计内部控制和管理制度,主要规范财务会计工作人员的资格、岗位设置、业务流程,以防止差错和舞弊;以及会计档案等财务会计信息安全的管理制度和安排。

在实践中,一国的财务会计制度通常是分层次的。我国的财务会计制度包括四个层次:国家法律、行政法规、国家统一的财务会计制度和地方性财务会计法规。

国家法律,是指由全国人民代表大会及其常委会经过一定立法程序制定的有关财务会计工作的法律,是财务会计制度中层次最高的法律规范。主要有《会计法》、《注册会计师法》、《审计法》、《公司法》、《证券法》等。

行政法规,是指国务院制定发布或者国务院有关部门拟订,经国务院批准发布的法律规范。如《总会计师条例》、《企业财务会计报告条例》等。

国家统一的财务会计制度,是指国务院财政部门根据《会计法》等国家法律制定的关于会计核算、会计监督、会计机构和会计人员以及会计工作管理的制度,包括会计规章和规范性文件。如《企业会计准则》、《会计从业资格管理办法》、《小企业会计准则》、《会计档案管理办法》、《会计基础工作规范》等。

地方性会计法规,是指省、自治区、直辖市的人民代表大会及其常务委员会在与宪法、法律和行政法规不相抵触的前提下,根据本地区情况制定、发布的会计规范性文件。

此外,具体的公司或企业,特别是公开上市的股份公司,还要根据以上法律法规的要求,结合公司章程和其他具体情况制定公司具体的“财务会计制度”,以便在实践中更好地执行财务会计制度的法律法规。

四、资本市场与财务会计制度的关系

(一)财务会计制度是资本市场发展的基础和保证

财务会计制度首先从技术上提供了客观真实地记录公司经营业务、报告公司经营成果和财务状况的方法和手段，其次它从制度上保证了公司必须根据法律要求真实地记录公司的经济业务和财务状况和经营成果。因此，财务会计制度为股份公司和证券市场的平等、公开、公平原则提供了基础性技术和制度保证。

早期的欧洲已拥有逐渐趋于成熟的簿记理论和相对健全的法律制度，以英国伦敦为中心的欧洲资本市场发展较为迅速。到了18世纪初期，出现了虚假繁荣下的市场预期狂热与财务信息不对称的矛盾。一方面是资本市场过度发展，另一方面由于缺乏财务会计制度作保障，致使资本市场的投资、资产定价和资源配置等功能无法有效地发挥，筹资功能因受投机心理影响而变异，资本市场出现重行情信息，轻财务会计信息的状况。此外，国民财富迅速增长而投资机会严重不足、资本市场发展迅速而金融监管很难到位、产权交易公平性差等多种矛盾导致了早期欧洲金融市场的崩溃，1720年发生的“南海泡沫”就是这次金融危机的导火索。

美国公司制度与财务会计制度在很大程度上是移植及借鉴英国的制度。美国渐渐成为新世界的经济中心，资本市场也成为世界主要的市场之一。但美国在统一公司法、统一会计标准、财务会计信息披露制度建设等问题上严重落后于资本市场发展的要求。尽管美国20世纪初在会计理论和实务上颇有建树，但由于忽略了统一会计标准和会计外部监督机制的建设，导致作为基础控制体系的财务会计信息和会计控制体系的运行失常，最终与其他因素共同作用引发了1929—1933年的经济危机。这些历史深刻地说明了财务会计制度建设是资本市场发展的基础和保证。当财务会计制度建设适应资本市场发展要求时，能促进资本市场的发展，相反，资本市场的运行就会失常，甚至危及金融市场乃至整个市场经济体系的安全。

我国资本市场发展初期与西方国家资本市场不成熟时期的特征相似，即财务会计制度不能适应资本市场发展的要求。我国早期资本市场为国有企业改革服务的这一政治化定位，导致了资本市场会计信息失真和会计监控失常。上市公司股东构成的特殊性，导致政府缺乏监管的动机或能力，财务会计信息是否与实际情况相符，只能依靠投资人自己的判断。虽然有中介机构如会计师事务所对其进行审计并出具审计报告，但其可信度一直较低。我国资本市场发展的十几年历程中，不乏会计信息造假的例子，像琼民源、郑百文、银广夏、蓝田股份、万福生科等，其造假的形式五花八门，造假环节遍布从股份发行到配股、增发等环节。

由于会计信息造假的理论可能和现实存在，我国资本市场发展的初期曾一度放弃了对会计信息的基础性作用的认识，判断股票的价值倾向于看是否有庄，是否有题材，是否会资产重组等等，股票价格与会计信息缺乏关联或发生背离，股票的价格信号传导功能失效，经济资源并不是由效率低的企业流向效率高的企业，最终打击了中小投资者的投资信心，威胁到资本市场的发展和稳定。

(二)资本市场的发展促进了财务会计制度的完善

资本市场复杂的产权结构为财务会计完善自身的理论体系提供了基础。资本市场日益复杂的产权结构促使企业披露更多有用的信息,以满足产权所有者了解财产安全状况和进行决策的需要。随着产权结构和产权关系的变化,作为对产权进行确认、计量、记录、报告的会计信息系统不断成熟;投资者了解企业财务状况变动情况和变动原因的需要促成了财务状况变动表的出现;更加详细地了解资金运动情况及派现能力的需要又促使财务状况变动表改为现金流量表。企业之间相互控股和子公司的出现促成了合并报表编制技术的出现和完善。

资本市场的不断发展,促进了会计核算标准(会计准则)地位的提高和体系的完善,财务会计信息披露理论也逐渐成熟;近代会计审计史表明,证券市场发生的重大危机事件,极大地影响甚至改变了财务会计制度的发展进程、发展模式和方向。

17 世纪的英国在南海事件的教训后,十分重视会计信息对资本市场的保障作用,将对会计信息、外部审计等方面的要求作为重要的法律条文写入《公司法》,作为独立的第三方对企业会计信息进行签证的公共会计师职业也得以兴起。1844 年,英国商务部审查股份公司资产负债表,并将其结果公开。《股份银行法》规定了银行必须提供年度会计报表。《1845 年公司条款统一法案》明确规定,公司要在每次普通股股东大会召开前 14 天,编制提交资产负债表,以加强提供报表的责任。《1857 年欺诈性交易法案》保护投资者不受公司管理部门造成亏损的影响。《1857 年惩治欺诈行为法案》和《1861 年盗窃罪法案》禁止财务报告舞弊。《1879 年公司法》再次规定了必须对银行财务报告进行鉴定。在 1900 年,所有按公司法登记注册的公司都要向贸易委员会提交经过审计的年度会计报告。国家从制度上加大了对扩大融资渠道激励股份公司发展的过程中风险管理的力度,谨防股份公司用高估资产或低估负债的手段向股票“掺水”。

20 世纪 30 年代,无序的市场、欺诈的商业行为、虚假炒作的泡沫,共同摧毁了投资者的信心。美国资本市场在经历过 1929—1933 年经济危机的惨重代价之后,认识到财务会计信息在资本市场中的深刻影响。为了重振市场信心,繁荣金融市场,美国进行了一场反欺诈的斗争,启动最高规格的立法加强监管,建立最有权威的监管机构,毫不手软地打击骗子,恢复市场信心,建立一个公开公平公正的市场环境,加大了对会计信息披露与监管的力度。

1933 年证券法和 1934 年证券交易法的颁布和证券交易管理委员会(SEC)的成立,最终促使美国公认会计准则和审计准则的诞生,促成了公共会计师职业的不断发展。至此,美国建立了世界公认的较为严密完善的法律制度,严谨详尽的披露规则及严厉明确的法律约束,形成了世界公认的高标准的公共会计师职业水平。

欺诈为证券市场带来一次次的危机,反欺诈则推动财务会计制度的不断完善和证券市场不断向更高层次发展。在新千年伊始,美国又出现了新一轮的财务造假和证券市场欺诈行为。2001 年的美国“安然事件”又引发了财务会计理论的另一场争论是:会计准则应当是以具体规则为基础,还是以基本原则为基础。目前,美国财务会计准则委员会(FASB)选择的是以具体规则为基础的准则制定方式,而国际会计准则委员会(IASC)及改组后成立的国际会计准则理事会(IASB)选择的是以基本原则为基础的准则制定方式。

以具体规则为基础的准则，其操作性较高，但容易被规避。安然事件表明，以具体规则为基础的准则，不仅总是滞后于金融创新，而且企业可以通过“业务安排”和“组织设计”轻而易举地逃避准则的约束。安达信首席执行官乔·贝拉尔迪诺在接受记者的采访时，曾发出这样的感慨：“安达信无权迫使客户披露隐藏在特别目的实体的风险和损失，客户常说，准则并没有要求对此予以披露，你不能要求我遵循更高的标准”。另一方面，以基本原则为基础的准则，较不易被企业精心策划的“业务安排”和“组织设计”所规避，但要求会计人员和注册会计师在运用准则时具有较高的专业判断能力。这种由危机导致的理论争论不断推进了财务会计制度的完善。

1990 年我国资本市场开始形成，为了配合资本市场的发展，财政部积极推进财务会计制度改革，从 1993 年 7 月份开始颁布了会计基本准则。1997 年，琼民源事件逼出了我国第一个具体会计准则《关联方关系及其交易的披露》(1997)，到 1999 年 9 月，财政部颁布了 9 项具体会计准则。其中除了 3 个准则(现金流量表、债务重组和非货币性交易准则)在全部的企业实施以外，其余准则都是在上市公司中施行。为了推进资本市场的国际化进程，2006 年初开始了会计准则系统改革，从 2007 年开始上市公司按新会计准则编制财务报表。

《萨班尼斯—奥克斯利法案》(The Sarbanes—Oxley Act of 2002)

2001 年 12 月 2 日，安然公司——美国最大的天然气采购及出售商，2000 年总收入超过 1 000 亿美元，2000 年《财富》500 强排名第 16 位，连续四年获《财富》杂志“美国最具创新精神的公司”称号——根据《美国破产法》规定，向纽约破产法院申请破产保护，创下了美国历史上最大宗的公司破产纪录。

安然的破产源于它本身就是一个被炮制出来的神话。由于涉嫌欺诈，美国证券交易委员会(以下简称 SEC)开始对安然公司进行调查。到 2001 年年底，安然公司虚报近 6 亿美元的盈余和掩盖 10 亿多美元巨额债务的问题彻底曝光。之后，安然的股价一泻千里，最终不得不申请破产。这其中，令人感到震惊的是，安然公司在 SEC 对其展开调查后销毁大批文件，包括许多有“机密”字样的审计文件。而且作为全球五大会计师事务所之一的安达信竟然也在同时销毁了数千份与安然有关的文件。

2002 年 6 月，就在安然丑闻的烈火在投资人心里徐徐熄灭之时，世界通讯、施乐两桩会计丑闻重新冒出了水面。6 月 25 日，在 SEC 的调查步步紧逼之下，美国第二大长途电话和数据公司——世通公司承认，在过去一年多时间里运用不当的会计手段隐瞒了 38 亿美元的支出。7 月 21 日，由于负债达 300 多亿美元，世通公司向纽约南区美国地方法院申请破产保护，从而成为美国历史上最大的一桩公司破产案(其资产是安然公司的两倍)。继世通之后，美国第四大通信运营商 Quest 通信也涉嫌虚报营业额 14 亿美元。

仅仅在 2002 年第一季度，SEC 就调查了 64 宗会计和财务报告案，一些大公司的违规行径纷纷暴露在阳光下，除上述公司外，会计行业有安永、毕马威、普华永道等世界级会计事务所；金融行业有美林、瑞士信贷第一波士顿银行等世界级的投资银行；高科技行业有朗讯公司、Network Associates 公司、环球通讯公司、Adelphia 公司、Tyco 公司等。一系列的公司欺诈事件，不仅严重打击了美国投资者和消费者的信心，导致股票价格暴跌。

面对自20世纪30年代以来最严重的诚信危机，美国政府再次动员包括国会、总统、司法在内的最高权力机构，启动紧急立法机制，强化执法力度。

世通公司丑闻曝光后，正在出席西方八国首脑会议的布什总统严厉谴责这一事件是"胆大妄为"，是有关人员严重不负责任的结果。他表示美国政府要对此事进行全面调查，并且要把有关人员绳之以法。其他政府要员和国会议员也纷纷发表讲话，表示将严惩公司财务欺诈犯罪。

6月27日，美国SEC发出4-460号指令，强制性要求上市公司主要财务官按照证券交易法21(a)(1)条款递交一份书面申明，所有主要管理者必须宣誓保证公司最近提供的财务报表的真实完整性，或解释为什么报表有不正确的地方。否则，将面临最高可达20年监禁的牢狱之灾。SEC还要求，全美947家营业收入超过12亿美元的上市公司，它的首席执行官(CEO)和首席财务官(CFO)，原则上须在8月14日之前提交该宣誓文件。

7月9日，布什总统在华尔街发表演讲，他许诺美国政府将结束这些伪造账目、掩盖实情、违反法律的情况，并提出了十点建议。

与此同时，国会也加快了立法步伐。7月15日，经过六天的激烈辩论，共和党控制的众议院以423票对3票、民主党控制的参议院以99票对0票通过了新的公司改革法案。由于该法案是由民主党议员萨班尼斯和共和党议员奥克斯利共同起草并提交国会表决的，故又称《萨班尼斯—奥克斯利法》。7月30日，布什总统签署了新法案。

新法案的主要内容涉及以下几个方面：

1.加强上市公司董事及高层管理人员的责任

(1)明确规定了上市公司CEO和CFO对财务报表的书证要求：新法案要求上市公司CEO和CFO对公司向SEC提交的定期报表的真实准确性提供书面保证。第302条和906条分别在民事和刑事方面直接规定了CEO和CFO的特别书证要求。

(2)新法案禁止上市公司向董事会和高层管理人员提供私人贷款，以降低公司的经营风险。(第402条)

(3)董事和高层管理人员必须返还因公司虚假报表取得的激励性报酬和买卖股票收益。(第304条)

(4)新法案强化了SEC冻结支付的职责，当一个公司被调查时，SEC应拒绝支付公司经理各种津贴。(第1103条)

2.完善上市公司审计制度

(1)完善内部审计制度：新法案第301条要求所有上市公司都必须设立审计委员会，该委员会成员必须全部是"独立董事"。并具体规定了该委员会的职权。

(2)强化外部审计监管：新法案禁止上市公司的独立审计人员同时向该上市公司提供包括保管财务数据、设计和执行财务信息制度、资产评估或估价服务等与审计无关的法律或其他专业服务在内的服务业务。(第201条)

3.强化上市公司信息披露义务

(1)加强SEC对上市公司信息披露的审查权。SEC将要求公众公司达到所谓的"永久性"信息披露要求。SEC必须在三年期限内对每个上市公司提交的信息披露进行审查，并做出审查结论。(第401、408条)

(2)制定高层财务人员的“道德法典”。新法案第406条要求SEC制定相关规则，规定每个上市公司必须在其递交给SEC的定期报告的同时披露该公司是否已经制定了适用于高层财务人员的“道德法典”。

4.加大对违法行为处罚的力度

对于违反财务报表的披露要求的行为，新法案第904条之规定对个人的处罚数额由5 000美元提高到10万美元。并可同时判处的监禁期限由1年延长到10年，对团体的处罚数额由10万美元提高到50万美元。第903条则对利用邮政和电讯欺诈可判处的监禁期限由5年提高到20年，是前者的两倍。

对于那些提供不真实的公司财务状况的执行官们，第906条规定可判处10年监禁，并可处以100万美元的罚金。而对于故意提供虚假财务信息者，可判处20年监禁，并可处罚金500万美元。

对于在公司破产或联邦调查期间故意毁灭、涂改公司财务文件的行为，第802条、1102条规定最高可判处20年监禁。

第四节 证券发行审核和上市交易制度

一、证券发行审核制度

证券发行审核制度是证券进入市场的第一个也是最重要的门槛，是国家证券监督管理部门对发行人利用证券向社会公开募集资金的有关申报资料进行审查的制度。

各国关于证券发行的审核有不同的制度和模式，但是基本理念和制度目标是共通的，主要有保护投资者、确保公正和透明的市场以及减少系统风险等。

保护投资者是证券发行审核的首要目标，是证券市场存在和发展的基础。证券市场投资者是证券市场得以建立和维持的资金来源。通过发行审核防止证券投资者受到欺骗，同时给予被欺骗的投资者适当的救济途径，树立投资者对市场的信心，证券市场才有源源不断的资金进入，证券市场的融资和资源配置功能才能有效发挥。

保护投资者利益在于给予投资者以公平、公正地进行证券投资、证券交易的机会，使投资者尤其是中小投资者免受欺诈，从而使其合法利益得到保护。证券发行审核制度通过提供公开、透明的证券发行信息实现公平、公正的证券交易。

系统风险是相对于非系统风险而言的，一般来说系统风险是由一种普遍的因素导致市场的变化而引起的风险，具体到证券市场来说，就是指由于一种普遍的因素导致证券市场的整个价格剧烈波动的风险。证券发行审核制度通过立法和发行审核保证证券市场的公开、透明，防止欺诈，提高发行证券的质量，保持一个健康的市场运行机制，把体制性系统风险降到最低程度，维护整个社会经济秩序的稳定。

证券发行审核制度通常分为两类：注册制和核准制。

二、证券发行注册制

证券发行注册制又叫“申报制”或“形式审查制”，是指政府监管部门对发行人发行证券，事先不作实质性审查，仅对申请文件进行形式审查，发行者在申报申请文件以后的一定时期以内，若没有被政府否定，即可以发行证券。

在证券发行注册制下，凡是拟发行证券的发行人必须将依法应当公开的，与所发行证券有关的一切信息和资料，制成法律文件并公之于众；并对公布资料的真实性、全面性、准确性负责，公布的内容不得含有虚假陈述、重大遗漏或信息误导。

证券主管机关不对证券发行行为及证券本身做出价值判断，对公开资料的审查只涉及形式，不涉及任何发行实质条件。发行人只要依规定将有关资料完全公开，主管机关就不得以发行人的财务状况未达到一定标准而拒绝其发行。在一段时间内，在未对申报书提出任何异议的情况下，注册生效等待期满后，证券发行注册生效，发行人即可发行证券。

注册制的立法价值观念反映了市场经济的自由性、主体活动的自主性和政府管理经济的规范性和效率性。在这一制度下，任何个体的行为都是自由的，发行者只要符合法律公开原则，即使无价值的证券也可进入市场，在自由抉择下的盈利或损失，都由投资者自己承担。由于只作形式审查，不涉及发行申请者及发行证券的实质条件，不对证券及其发行行为作任何价值判断，降低了审核工作量。申报文件提交后，经过法定期间，申请即可生效，免除了烦琐的授权程序。

证券发行注册制是证券发行管理制度中的重要形态，也是很多国家普遍采取的证券发行监管方式。澳大利亚、巴西、加拿大、德国、法国、意大利、荷兰、菲律宾、新加坡、英国和美国等国家，在证券发行上均采取注册制。其中，美国证券法是采取发行注册制的典型代表。

在美国，一个公司发行股票，无须证券交易委员会或任何其他联邦管理机构的批准。任何公司，不论它有多大或多小，无论它是否盈利，不论它重要或不重要，均可发行股票，只要全面披露证券交易委员会要求的资料。是市场而不是管理者决定什么样的公司可发行股票。

(一)证券发行注册制的主要内容

1.证券的发行是由法律赋予的，而不是政府的授权

只要发行人履行了法定的信息披露义务，其发行申请在法定期限内就应当得到监管机构的同意。因为这是法律所赋予的，法律保障履行法定义务的发行人都有接受市场选择的机会。

证券法未规定证券发行者的财务与素质，能够发行证券的公司既可以是业绩优良的公司，也可以是业绩较差的公司。申请发行者必须提供与发行者及发行相关的一切信息，并对该信息的真实性、准确性、及时性承担法律责任。

2.公开原则是注册制的精髓和根基

注册制强调公开原则，公开原则的目的在于达成“充分与公正的公开”。“公开是现代社会及工业弊病的救生药，阳光是最好的防腐剂，电灯是最有效的警察”。(美国大法官白

兰代斯)通过强制性信息披露要求发行人完全公开公司财务信息以及与证券发行相关的一切信息,并对这些信息的全面性、准确性、真实性和及时性负责。当然,发行人仅对信息公开义务承担法律责任,其他因素都不构成责任承担之理由。

证券发行人募集股份时,必须制作并公布招股说明书,以公开发行人的业务情况、财产情况、财务状况、筹资用途、发行人董事和公司高级管理人员及主要股东情况、主要法律诉讼等,以帮助证券发行人经济地获得与证券发行有关的各种信息,也可以协助投资者便利地阅读证券发行信息。

发行人要借助各种中介机构,实现信息披露的真实、准确和完整;证券发行文件通常由如律师或会计师协助准备,通过专业人员的专业性审慎调查,最大限度地保证所披露信息的真实性和准确性。

3.监管机构只进行形式审查,不作实质判断

监管机构只负责审查其提交的文件所提供的信息是否充分,准确和完整;要求发行人提供真实的信息,但不保证信息的真实性。至于发行人及证券的价值等实质性问题,不属于证券监管机构的审查范围,证券监管机构也无权对证券发行及其本身做出实质性判断。

法律保障投资者依法获得充分信息,自行做出投资决策。投资者能否得到投资回报,完全取决于所投资公司的实际营业状况,投资者的投资风险自负。

4.强调事后审查和处罚

注册制下的注册程序并不保证注册文件(一般包括注册申请书和招股说明书)中陈述的事实的准确性。如果投资者在投资注册证券时蒙受损失,且足以证明公开文件中有虚假或欠缺情形,则有损害赔偿请求权。

在缺乏证券监管机构实质性监控的条件下,保证公开原则的贯彻和实现的重要手段是要求证券发行人及中介机构承担较高程度的法律责任,以督促其保证信息公开的准确性和全面性责任。当登记文件对重大事实有错误陈述或遗漏的时候,证券购买者有权起诉。

需要对登记文件中的错误陈述和遗漏承担责任的人和机构有:发行人;所有签署登记文件的人;在上报登记文件时担任董事或与此类似地位的人或合伙人;所有在登记文件上签名同意,并且很快成为董事或合伙的人;任何会计师、工程师、评估师或其他任何人,由于他们的职业性质而使得登记文件中的有关内容必须征得他们的签字认证或评估后方可上报备案;证券承销商。其中发行人承担的是严格责任。

注册制把发行风险控制交给了主承销商,把合规要求的实现交给了中介机构,把信披真实性的实现交给了发行人。

(二)证券发行注册的程序

从审核程序看,美国的证券发行注册分为三个阶段:

1.注册申报书送达前阶段

在注册申报书送达证券交易管理委员会之前,发行者、承销商不得有任何推销证券的行为。不得组织承销集团,不得发表与此次发行有关的新闻或做其他市场布置。但发行人与承销商之间,承销商相互之间可进行技术性的初步谈判,研究发行数量,准备注册文件,商议费用分配,发行最高或最低价等事宜。

2.等待阶段

等待阶段指注册申报书送达,尚待确定生效与否阶段。注册申报书送达后 20 日不允许做成证券发行交易。等待阶段的作用是放慢审核程序,使潜在投资者与发行者接触。此期间可做出口头要约;作简单广告,其内容包括发行人、证券种类、价格及何处取得公开招股说明书等;制定初步公开招股说明书,该文件是申报注册文件的一部分,包括发行价格、承销报酬以外的公开招股说明书的全部内容。

3.生效阶段

此阶段可从事证券发行并订立合同,但必须适时提交公开招股说明书。其他补充宣传文件也可于此阶段使用,但必须于事前或同时交付公开招股说明书,以防止投资者被夸大的宣传所迷惑。

三、证券发行核准制

证券发行核准制又称为"准则制"或"实质审查制",是指证券监管机构在审查发行申请时,不仅要求其充分公开披露企业的真实情况,而且必须符合有关法律和证券监管机构规定的必备条件;经过证券监管机构或其授权单位的审查并获批准后,发行人方可发行证券的证券监管制度。简而言之,核准制系指主管机关就发行人及发行证券之实质内容加以审查,符合既定的条件才准予发行。

美国部分州的"蓝天法"与欧洲大陆国家的公司法,是核准制的代表。新西兰、瑞典和瑞士的证券监管体制中,带有相当程度的核准制特点。

在理论上,实行核准制国家认为,虽然法律要求发行人必须公开全部资料,但是,不是任何人都可以读懂专业文件的,比如,招股说明书、资产负债表。即使可以读懂文件,也不一定可以对其细节做出合理的理解与判断。为了保护作为个人投资者的利益,不受团体行为的侵害,政府应该履行职责,对证券发行适当地监督。

核准制有利于新兴市场的健康发展,适合与证券市场不完善、投资服务机构的道德水准、业务水平不高、投资人缺乏经验与业务水平、缺乏对信息判断能力的地区。

(一)证券发行核准制的要求

1.证券的发行必须经过证券监管机构的批准

核准制下,证券的发行必须获得证券监管机构的批准。如果没有证券监管机构或其授权单位的批准,一切证券发行活动皆为非法,不仅发行的证券无效,非法发行人和参与的中介方都可能受到严厉的处罚。

证券法规定证券发行人的发行资格及证券发行的实质条件。通过确定证券发行人资格及发行条件,尽力排斥劣质证券的发行。因此,符合法定条件获得主管部门批准具备法定资格的发行人才可以发行证券。

2.同样强调信息的公开

核准制同样重视发行人的信息披露义务,发行人必须提供真实、准确、完整的相关信息。披露的内容通常包括股票发行申请书和招股说明书,公司的名称、历史沿革、经营情况、财务报表、股票发行种类、数量和金额等内容。

3.强调实质管理原则

证券监管机构除进行对信息公开要求的形式审查外，还对证券发行条件进行实质审查，并据此做出发行人是否符合发行条件的价值判断和是否核准申请的决定。

(二)证券发行核算制的主要内容

核准制的理论逻辑是以制度上的硬约束，寻求法律功能上的公共利益和社会安全。以法律的形式，将质量差的公司排除在股票公开发行之外。只有符合了信息公开要求和实质性条件，并经证券监管机关批准后方可取得发行资格，在证券市场上发行证券。

实质条件通常包括：

(1)发行公司所属行业是否符合国家产业政策。

(2)发行公司的经济效益如何，有无发展潜力。

(3)发行公司的资本结构是否健全合理。

(4)发行公司的高级管理人员是否具备了必要的资格。

(5)发起股东出资是否公开等。

4.强调事前与事后并举的审查制度

核准制依法律规定的实质条件作为证券发行的事前审查。同时，核准制的审核机关也享有事后审查和撤销权。在发行人获得核准之后，如果证券监管机构发现所核准的事项存在虚假、舞弊等违法行为，有权对已做出的核准予以撤销，并追究发行人及相关责任者的法律责任。

四、注册制与核准制的比较

(一)证券发行条件的法律地位

核准制对证券发行人的资格及条件，包括发行人营业状况、盈利状况、支付状况和股本总额等，做出明确规定。证券监管机构审查的事项，主要是信息披露所揭示事项及状况与法定条件之间的一致性与适应性。证券监管机构的核准权或审查权包含了对证券发行条件适法性的审查。

注册制对证券发行条件往往不直接做出明确规定，公司设立条件与证券发行条件相当一致，不存在高于或严于公司设立条件的发行条件。

(二)信息公开原则的实现方式

注册制的信息披露是以市场行为和政府行为共同推动的，借助各中介机构的介入，使证券发行的信息披露实现标准化和规范化。政府在信息披露中的作用就是坚持证券发行前必须完全公开信息，并且不允许与发行相关的任何重要信息在公开前遗漏，将提供真实信息的义务赋予发行者，使其成为诚信发行证券和建立市场信心的动力。政府审查并非评价所发行证券的品质，政府签发的许可、注册也不代表所发行证券的品质，更非所发行证券的合格证书。

在核准制下，信息披露同样是基础性法律要求，证券发行人必须履行信息披露义务，应当对与证券发行有关的各种重大信息予以充分有效的事先披露；但为了使所披露信息适合发行条件的要求，使所发行证券对特定市场具有更强的适应性，证券监管机构有权对拟发行证券的品质做出审查，并决定是否允许其发行。因此，发行核准制是比注册制更严格的审查制度。

（三）投资者素质的假定

在注册制下，证券投资者被假定为消息灵通的商人。所谓商人，应当是能够判断投资之商业利益并趋利避害的人；在信息充分、准确的情况下，能够做出正确而非错误的投资判断。证券发行审查不会对一个公司，也不会对一个公司发行的证券，评审其有无价值。而是要求对接受募股的人提供一份招股说明书。这种说明书，从理论上讲应当包括一个消息灵通人士做出一项投资决定所必需的资料。这样，做出投资决定的责任就落在投资者身上；而保证投资者得到有关资料的责任，则在证券发行审查机关。

核准制以广泛存在各种非专业投资者作为其假定前提。在新兴证券市场中，主要投资者是非专业投资者，他们缺乏证券市场的投资经验，对证券信息的把握和处理具有非理性化色彩。如果放任其自行评价证券价值，即使在充分、准确和完整地披露信息基础上，也将难以有效地保护自身利益。为了保护证券投资者的合法利益，证券监管机构必须以适当方式介入证券发行审查，以减少劣质证券的存在。

（四）市场功能的发挥

校准制对定价、交易干预过多，不利于价格发现功能的实现；发行节奏由行政手段控制，不利于融资功能的实现；上市门槛过高，审核过严，则不利于资源配置功能的实现。

注册制与核准制相比，发行人成本更低，上市效率更高，对社会资源耗费更少，资本市场可以快速实现资源配置功能。

五、我国股票发行审核制度的发展过程

我国证券发行的审核制度可以分为三个阶段：

（一）我国《证券法》颁布以前的审批制

这种审批制是由《股票发行与交易管理暂行条例》确立的。审批制的程序是：

（1）申请人聘请会计师事务所、资产评估机构、律师事务所等专业性机构，对其资信、资产、财务状况进行审定、评估和就有关事项形成法律意见书后，按照隶属关系，分别向省、自治区、直辖市、计划单列市人民政府或中央企业主管部门提出公开发行股票的申请。

（2）在国家下达的发行规模内，地方政府对地方企业的发行申请进行审批，中央企业主管部门在与申请人所在地政府协商后对中央企业的发行进行审批。

（3）被批准发行的申请，送证监会复审；经证监会复审同意的，申请人应当向证券交易所上市委员会提出申请，经上市委员会同意接受上市，方可发行股票。

这种额度分配的办法使各省市、部委为平衡利益，会照顾更多的企业发行证券，导致企业发行规模太小。1996 年以后，开始实行“总量控制，集中掌握，限报数家”的办法。就是地方政府或者中央主管部门根据中国证监会事先下达的发行指标，审定申请上市的企业，向中国证监会推荐。中国证监会对上报的企业的预选资料审核，合格以后，由地方政府或者中央主管部门根据分配的发行指标，下达发行额度。

证券发行申请经批准后，证监会将根据市场情况，确定企业发行股票的具体时间，核

发准予公开发行的批文。

(二)通道制

1999 年实施的《证券法》对发行审核制度进行了改革，由原来的审批制改为核准制。但证券法只原则规定国务院证券管理机构依照法定条件负责核准股票发行申请，至于具体条件和程序都没有规定。2000 年 3 月 16 日中国证监会发布《中国证监会股票发行核准程序》、《股票发行上市辅导工作暂行办法》、《信誉主承销商考评试行办法》，对股票发行核准程序作了明确、具体的规定，将《证券法》规定的程序具体化。

核准制最初的实现形式是通道制。通道制又称推荐制，是指由证券监管部门确定各家综合类券商所拥有的发行股票的通道数量，券商按照发行 1 家再上报 1 家的程序来推荐发行股票的制度。

(三)保荐人制度

2003 年 12 月 28 日，中国证监会发布《证券发行上市保荐制度暂行办法》，证券发行上市保荐制度于 2004 年 2 月 1 日起正式实施。

保荐人是依据法律规定为公司申请发行、上市承担推荐责任，并为公司上市后的信息披露行为向投资者承担担保责任的证券公司。保荐制度是有关保荐人履行职责的规章、保荐机构监管以及保荐人注册登记等各项规定的总和。保荐制度要求保荐人负责发行人的上市推荐和辅导，核实公司发行文件与上市文件中所载资料的真实、准确和完整，协助发行人建立严格的信息披露制度，并承担相应的风险防范责任。在公司上市后的规定时间内，保荐人需继续协助上市公司建立完善的法人治理结构，督促上市公司遵守上市规定，完成招股计划所提的标准，并对上市公司的信息披露承担连带责任。

我国证券发行审核制度的演进过程，无论是早期的审批制，还是核准制下的通道制和保荐人制度，证券监管机构对证券发行人的申请即包括形式审查，也进行实质审查，即审查其拟发行的股票的未来盈利能力和投资价值。股票发行的决定权掌握在证券监管机构的手中。对公开的证券发行信息不实，应承担责任的发行人、保荐人和中介机构的处罚，主要是罚款、暂停或撤销任资资格等行政责任和刑事责任。

六、上市交易制度

证券上市是指公开发行的有价证券，依据法定条件和程序，在证券交易所或其他依法设立的交易市场公开挂牌交易的行为。证券上市制度包括证券上市的条件与程序，证券上市的暂停与终止等规范。这些规范构成了证券市场的准入与退出机制。

证券上市交易制度的起源也是市场交易的自律规则。在早期的证券市场上，各种证券质量的差异较大，证券经纪人为了提高自己经纪收入通常会有选择地代理一些质量较高的证券，当经纪人之间形成合作，成立交易所之后，这些经纪人的选择条件就形成了交易所的证券选择条件，即上市条件；随着证券市场的发展，这些上市条件最终发展成为了国家的法律制度，即各国证券法规定的上市条件，同时各交易所也都有自己的上市条件，根据各个交易所上市条件严格程度的不同，各国的证券市场又形成了不同层次的市场，如：主板市场、创业板市场、场外市场等。

证券上市是联结证券发行市场和证券交易市场的桥梁，是对公开发行证券的再次遴选。因此，对于上市公司来说，有利于其提高知名度和信誉；为其今后进一步筹措资金，开拓新的市场领域提供了有利条件；并能促使其改善经营管理，提高经济效益。对于投资者来说，则有利于其减少投资风险；证券上市有利于形成公正的证券价格，促进证券流通，可以保护投资者的利益。

(一)证券上市条件

证券上市条件，也称证券上市标准，是指证券交易所制定的、证券发行人获得上市资格的基本条件和要求。为保证证券的流通性和交易的安全性，证券必须符合一定的条件方可挂牌上市。各国证券法对证券上市条件的规定宽严不同，但基本标准大致相同，通常包括上市公司的资本额、资本结构、盈利能力、偿债能力、股权分散状况、公司财务情况、开业时间等。

根据我国《证券法》第50条的规定，股票上市必须具备以下条件：

(1)股票经国务院证券监督管理机构核准已公开发行；

(2)公司股本总额不少于人民币三千万元；

(3)公开发行的股份达到公司股份总数的百分之二十五以上，公司股本总额超过人民币四亿元的，公开发行股份的比例为百分之十以上；

(4)公司最近三年无重大违法行为，财务会计报告无虚假记载；

考虑到我国建立多层次证券市场的需要，《证券法》规定，经国务院证券监督管理机构批准，证券交易所可以规定高于证券法规定的上市条件。

(二)证券上市程序

证券上市程序，是指证券发行人申请证券上市，证券上市的审核机构对其证券上市的条件进行审核，并依法核准该证券在证券交易所公开挂牌交易的步骤。因证券种类不同，其上市程序上亦有差别，股票上市程序较公司债券上市程序要复杂些，但主要程序基本相同。我国《证券法》规定，申请证券上市交易，应当向证券交易所提出申请，由证券交易所依法审核同意，并由双方签订上市协议。

股票上市交易申请经证券交易所审核同意后，签订上市协议的公司应当在规定的期限内公告股票上市的有关文件，并将该文件置备于指定场所供公众查阅。

挂牌交易是股票上市的最后一道程序。股票在证券交易所挂牌交易，标志着股票正式上市，除法定持股人在持股期限内不得转让股票外，其他持股人均可通过证券交易所转让其股票；所有二级市场的投资者均可买卖挂牌交易的股票。

(三)证券上市暂停与终止

证券上市暂停，是指证券发行人出现了法定原因，其上市证券暂时停止在证券交易所挂牌交易的情形。暂停上市的证券因暂停的原因消除后，可恢复上市。

证券上市的终止，是指证券发行人出现了法定原因后，其上市证券被取消上市资格，不能在证券交易所继续挂牌交易的情形。上市证券被终止后，可以在终止上市原因消除后，重新申请证券上市。上市证券依法被证券管理部门决定终止上市后，可继续在依法设立的非集中竞价的交易场所继续交易。

证券上市的暂停与终止是两个既有联系又有区别的概念。前者一旦暂停上市的情形消除,证券即可恢复上市。因此,证券上市暂停时,该证券仍为上市证券。后者被终止上市后,其证券不能恢复上市,只能在被终止的情形消除后,重新申请上市,故终止上市的证券不再属于上市证券,而是退市证券。

证券上市的暂停与终止,是证券上市制度的重要组成部分,它构成了证券上市的退出机制,使得证券市场上的证券有进有出,形成优胜劣汰的机制,促使上市公司依法经营,并努力提高经营业绩,否则将面临退市风险。同时,证券上市的退出机制,有助于提高投资者的证券投资风险意识,促进投资者的理性投资,从而更好地保护投资者的利益。

制度的优劣决定一个国家"钱"的多寡

谁能够以更低的成本把更多的未来收入作证券化变成今天的钱,谁就能在未来拥有更多的发展机会。因此,证券融资不只是简单地把未来的收入提前花,而是为未来创造更多的发展空间,也会决定在竞争中谁会成功。

把未来收入流、土地之类的"死"财富证券化后,社会中的"钱"的确会因此增加。换句话说,只要是别人愿意接收并具有流动性的有价物或票据,只要它代表着信用,那么任何物或票据都具有"钱"的本性,也可看作"钱",其流动性越高,"钱"性就越强。

携程未来的收入流是未来的财富,但不是物,也不是票据,所以不是"钱"。但上市之后,代表携程未来收入流权利的股票就有了极好的流动性,携程公司可以拿其股票去收购别的公司,买任何物资;其股东也可拿股票去换"政府钱"、换"私人钱",或干脆拿它去"换饭吃"、"换衣穿"。因此,携程股票、分众股票、百度股票也是"钱",只是它们自身不是"政府钱"。

根据以上意思,未来收入流、"死"财富证券化的效果实际上是让更多的有形和无形财富货币化,让社会中的"钱"更多,达到更高的让财富产生财富的效果。货币化加快资源的配置速度,降低配置成本,提升配置效率。

过去,我们只把银子、金子、铜钱看作钱,是因为在没有保障证券、票据的价值信用的现代制度架构下,只有硬型有价物才有可能成为通货或者说"钱",社会只认实物"钱"。所以,铜银开采量的多少,加上铜银的进出口量,就决定了中国有多少"钱",以至于在中国近代史上多次由于银子被运出国太多,而致使中国没"钱"了,给中国带来经济危机。也正是由于这种"钱"观,到今天还有许多学者——比如畅销书《白银资本》——认为之所以西方国家在近代兴起,是因为它们从墨西哥等拉美国家掠夺了太多的银子!说是这样才使西方国家有了"钱"!

作为一种金属,白银本身没有太多的工业价值。但正因为许多国家在不同时期用白银作为货币,所以它就特别值"钱"。而之所以白银被用作"钱",就是因为没有发展出支持票券信用的制度。换言之,只要有了便于金融票券交易的制度,金银作为"钱"的价值就没有了。这也是为什么随着现代政治法律制度的兴起,金银作为"钱"的价值越来越低。

因此,一个国家有没有"钱"取决于它能不能将各种未来收入流和"死"财富作证券化、票据化,不取决于它有多少金银。而能否进行广泛的证券化和票据化交易又受制于它的制度。所以,制度的优劣决定一个国家"钱"的多寡。

一个国家的货币化能力或者说"钱"的多少是其制度资本的具体表现,它的"钱"能否成为“国际货币”也决定于其制度资本。没有哪个国家天生就掌握“国际货币”的发行权，而是哪个国家有着世人公认最可靠的制度，它的“钱”就值钱。

摘自：陈志武《金融的逻辑》，国际文化出版公司，2009.8

本章小结

公司制度是指适应社会化大生产和现代市场经济要求的公司法人制度和有限责任制度，其表现形式主要是股份有限公司和有限责任公司。公司法人制度是指通过国家法律，将公司塑造成一个“人格”实体，并相应地赋予它作为“人”所应享有的权利和应尽义务。公司法人制度的内容主要有三方面：法人财产制度、法人责任制度、公司内部治理结构。

法人财产制度是公司法人制度的核心，它从形式上确定了以市场交易方式实现资本集中的可能性。有限责任制度是公司法人责任制度的高级形态，指公司法人成员以其出资于法人的财产为限对法人债务负责。有限责任制度是保证股东获取投资利益、限制投资风险的有效形式，募集社会资金，兴办大规模企业的有效手段。

公司的独立人格和股东的有限责任就像一层面纱，它把股东与公司分开，保护了股东免受公司债权人的追索。当股东不尊重公司的人格，违背“分离原则”，滥用有限责任和背离公司法人制度的初衷时，法院不顾公司的特性，深入公司法律性质背后的经济实情，责令特定的公司成员直接承担公司义务和责任，这就是“揭开公司的面纱”。

股份有限公司是公司的最高级形态，它具备公司法人制度和有限责任制度的所有特征；除此之外，它还具备股份等额性和平等性、公开性和自由性等特征。股份公司制度以股份平等、运作公开、贯彻公平、公正原则为制度基础，保证投资者和资本交易者的信心；以资本等额划分的标准化、证券化为手段，实现资本交易的市场化，达到资本集中和资本有效配置的目的。

在微观上，公司经营过程的业务关系、产权关系复杂、多变、烦琐，为了解决公司控股股东与非控股东、公司与债权人、股东与公司经理层、公司与潜在投资者之间的信任关系，需要有相应的金融技术手段以保证公司的每一项业务都是可核查、可追踪的，这就是会计核算技术和制度。其次，任何的交易都需要价值评估和判断、资本交易也不例外，对于复杂的交易客体——公司的价值评估需要有客观、真实、有效的关于公司的资产、权益、负债和经营成果等相关信息，这就是财务报告技术和信息披露制度。作为一项技术就是客观、真实地记录公司经济业务、报告公司财务状况和经营成果的方法和手段；作为一项制度就是在法律上要求公司按照特定的方法、规则和准则记录经济业务、报告财务状况和经营成果。

复式记账法以资产与权益平衡关系作为记账基础，对于每一项经济业务，都要在相互联系的两个或两个以上的账户中以相等金额进行登记，系统地反映价值运动变化结果的一种记账方法。是一项基础性的金融技术，从技术上提供了客观真实地记录公司经营业务、报告公司经营成果和财务状况的方法和手段。

当财务会计制度适应资本市场发展的要求时，资本市场就能健康发展，相反，资本市场的发展就会出现问题。同时，资本市场的发展，也促进了财务会计技术和制度的不断完善。资本市场复杂的产权结构为财务会计完善自身的理论体系提供了基础，没有资本市场提供的广阔空间和提出的关于财务会计信息方面的需求，财务会计信息的作用和效果就难以被广泛认知。

证券发行审核制度是证券进入市场的第一个也是最重要的门槛，是国家证券监督管理部门对发行人利用证券向社会公开募集资金的有关申报资料进行审查的制度。包括注册制和核准制两种形式。证券发行注册制是指政府监管部门对发行人发行证券，事先不作实质性审查，仅对申请文件进行形式审查，发行者在申报申请文件以后的一定时期以内，若没有被政府否定，即可以发行证券。而核准制下，证券的发行必须获得证券监管机构的批准。

复习思考题

1.公司法人制度的主要内容是什么？基本特征是什么？
2.简述公司法人制度的形成历史。
3.分析公司法人责任制度与股东有限责任制度的关系。
4.分析公司法人制度和有限责任制度对资本集中和优化配置的意义。
5.股份公司制度的主要内容是什么？它是如何实现资本可交易和易交易的？
6.简述股份公司和有限责任公司的异同。
7.请分析财务会计制度对资本市场发展的意义和相互关系。
8.简述复式记账法的主要内容。
9.证券发行审核制度的作用和意义。
10.比较注册制与核准制的异同点。

作 业

请下载一份具体上市公司的公司章程，结合《公司法》分析这些制度安排是如何保证“股票”这一金融工具的真实性和有效性的，并讨论你对“股票”的真实性、有效性内涵的理解。

第四篇 ◎ 金融理论

金融现象是金融世界中发生或存在的客观事实，金融理论是对金融现象的解释。

传统的金融理论主要关注对利息(率)、货币数量和通货膨胀等金融现象的解释。利息理论探究利息的产生、性质、影响和决定利率变动的因素等问题。货币供求理论在宏观上研究整个社会对货币需要量的决定因素、货币的供给过程、如何实现货币供给与需求的均衡、导致货币供求失衡(通货膨胀或紧缩)的原因是什么。

现代金融理论重点关注除货币之外的金融工具的定价问题和市场交易的组织问题，主要包括证券组合选择、资本资产定价、期权定价、金融市场微观结构理论等内容。资产定价理论的发展，使交易者对金融工具的价值判断不再盲目；微观结构理论探究如何高效组织交易过程，研究信息如何融入价格过程等内容。

理论在解释现象的同时，影响并指导金融活动。对利息的认识决定了是否可以有偿放贷、利率可以多高。早期的欧洲和伊斯兰世界认为放贷取息是不劳而获，是不可接受的，因此，禁止放贷取息。伊斯兰世界至今还禁止放贷取息。对货币供求理论的认识，指导着各国中央银行对货币数量的调控。而资产定价理论的发展，使交易者对金融工具的价值判断不再盲目，从而使之更放心地参与交易，更好地利用金融市场进行资源配置，提高社会效率。

本篇主要学习利息理论、货币供求理论(包括通货膨胀)，了解资产定价理论的发展和一般方法等内容。

第十三章

利息理论

本章导读

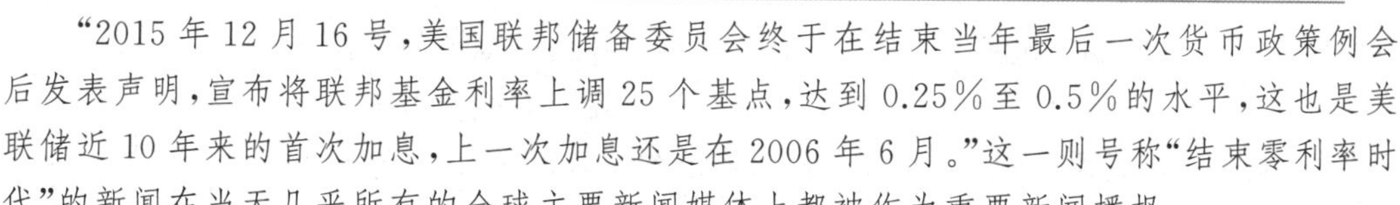

“2015年12月16号，美国联邦储备委员会终于在结束当年最后一次货币政策例会后发表声明，宣布将联邦基金利率上调25个基点，达到0.25%至0.5%的水平，这也是美联储近10年来的首次加息，上一次加息还是在2006年6月。”这一则号称“结束零利率时代”的新闻在当天几乎所有的全球主要新闻媒体上都被作为重要新闻播报。

为什么一则关于利率调整的新闻会如此重要？而事实上，利息和利率是一个古老的问题，在很长的历史中，人类社会是反对利息的。在《圣经》等教义中反对、甚至禁止放贷取息；我国古代也有很多诸如“放贷取息、不劳而获”、“利滚利”等关于利息的负面词汇。为什么利息这一概念或相关行为在古今得到的待遇是如此不同？

本章将从利息的本质、利率的基本概念和应用问题、利率决定理论等角度学习利息和利率的相关问题。

第一节　利息的本质

一、利息的含义

利息就其表现形式而言，就是货币或其他价值形式的使用权价格，反映的是一种借贷关系。

从债权人的角度看，利息是储蓄人或贷款者放弃当期使用货币或消费特定价值形式的权利，并在信用基础上将货币资金的使用权暂时让渡给他人，而从债务人那里获得的多出本金的部分，是债权人因贷出货币资金而获得的报酬。从债务人的角度看，利息是债务人向债权人支付的多出本金的部分，是债务人为取得货币资金的使用权所花费的代价。

利息的存在表明货币（资金）是有时间价值的，等量的货币在不同的时点上具有不同的价值量。今天的100元与1年后的100元是不等值的；对于理性人来说，会选择今天的

100 元而不是 1 年后的 100 元。货币的时间价值对于借贷行为来说，就是贷出（或借入）本金之后所得到（或付出）的利息；对于投资行为来说，就是将货币资本转化成生产经营活动所必需的各类资产，并对这些资产加以有效利用而创造出来的利润（包括股息和红利等利润的转化形式）。

二、对利息本质的认识过程

利息的本质是什么？在历史上有过长期的争论。争论的目的主要有两个：一是利息的存在是否合理？二是过高的利息是否合理？即高利贷的合理性问题。人类对利息的认识过程大致经历了三个阶段。

（一）早期朴素劳动价值论下的利息罪恶论和贪婪论

传统思想认为，任何成果必须出于劳作，不劳而获是罪恶的，有钱人通过贷款收取利息是基于贪婪、欺骗和操控，是不道德的。这也是朴素劳动价值论的起源。

古希腊思想家亚里士多德从货币原始职能出发反对放贷取息。他认为人们是因为交换的方便才使用货币，而放贷业者却强使货币做父亲以进行生殖，像父亲生子一样由货币产生利息，是对货币职能的歪曲。货币是“不会生育的金属”，因为金属不能培育和饲养，任何超过贷出资本的货币报酬，均与其本金毫无关系。

柏拉图也强烈谴责放贷取息的行为，认为利息现象的存在构成了对整个社会安定的重大威胁。在《理想国》中，柏拉图把高利贷者比喻为蜜蜂，谴责他们将蜂针（货币）刺入借款人的身上为取得增值的利息而损害他们，从而使因借债而沦为奴隶的人和放贷取息而变得懒惰的人遍布全国，他建议禁止放贷取息。

反对放贷取息的思想，也体现在各种宗教教义之中。伊斯兰教禁止收取利息，《古兰经》说“真主准许买卖，而禁止利息”，又说知道此教义而再犯的人“是火狱的居民，他们将永居其中”。基督教的教义也认为利息是与基督教慈善之心相悖的“毒瘤”。《圣经·旧约》的《申命记》禁止上帝的子民犹太人相互放高利贷，只准许他们向外族人放债。公元 325 年，基督教教会尼西亚会议禁止牧师以任何形式收取贷款利息，否则要受到开除教籍的惩罚。五世纪意大利籍教皇利奥一世的格言说：“钱生息是灵魂的死亡”。圣·奥古斯丁禁止所有人放高利贷。7 世纪时，禁令已经扩大到在俗教徒。

公元 789 年，查理曼大帝禁止牧师和一般人放高利贷。公元 1139 年，教会第二次拉特兰会议明确禁止一切高利贷，认为它违背了自然法及正义准则，是缺乏慈悲或贪婪的表现。禁令一直持续到 19 世纪，1816 年，英国规定的最高利率为 5 厘，议员昂兹洛于 1816 年呼吁议会废除法令，但无人响应。1818 年，高利贷法令特别委员会邀请李嘉图作为证人，对高利贷法令的实际效果进行了咨询。李嘉图认为，高利贷法令是有害无益的，应当废除。1833 年，该项法令才逐渐松动，1854 年才将高利贷法令予以废除。

这种传统的慈善之心只有慈善的愿望，却没有实现慈善的手段；没有认识到禁止放贷取息，就没有人愿意放贷的事实，需要借贷者也同样得不到救助。而原始的劳动价值论，也没有认识到，交易也能创造价值。交易不仅直接创造交易剩余，还通过促进分工，提高劳动效率，间接创造价值；并且在劳动效率提高的条件下，才会有更多的积累，才有更多的价值可供借贷，进而降低借贷利息，才能更多地帮助需要借贷者，更好地实现慈善的愿望。

(二)在借贷需求和利息客观存在下的资本生产力说和利息补偿说

在中世纪之后，随着社会分工和生产力发展，对借贷资本的需求日益扩张。在宗教势力比较强势的欧洲各国形成了社会借贷需求与宗教利息罪恶论之间的激烈矛盾，在该背景下，许多经济学家、社会学家甚至开明的宗教人士都从不同的角度论述了利息的本质，为利息正名。主要的学说有两类：一是从借入方能获得的利益方面论述的资本生产力说，二是从资金供给方需要付出的损失方面论述的利息补偿说。

1.资本生产力说

威廉·配第(1633—1687)和达德利·诺思(1641—1691)先后提出了“资本租金论”，从人们出租土地收取地租的合理性，来说明人们贷出货币收取利息的合理性。

萨伊认为资本具有生产力，利息是资本生产力的产物，借贷资本的利息由两部分组成：一是风险性利息，二是纯利息。风险性利息是贷款者借出货币后要承担一定风险的报酬，不能说明利息的本质，只能说明收取利息的原因。利息本身是指纯利息，资本像自然力一样，共同对生产做出贡献，因此，借款人用借入资本从事生产，其生产出的价值的一部分必须用来支付资本生产力的报酬。

约瑟夫·马西提出了“利息源于利润说”，他认为贷款人贷出的是货币或资本的使用价值，即生产利润的能力，因此，得到的利息直接来源于利润，并且是利润的一部分。

亚当·斯密(1723—1790)提出了“利息剩余价值说”。他认为利息具有双重来源，当借贷资本用于生产时，利息来源于利润；当用于消费时，利息来源于别的收入，如地租等；并明确地说明利息代表剩余价值。

马克思在总结前人的利息理论的基础上，提出利息不是产生于货币的自行增殖，而是产生于它作为资本的使用。利息以货币转化为货币资本为前提，货币如果不是参加资本的运动，而是被贮藏或用于消费，就不可能有货币的增殖；利息和利润一样，都是剩余价值的转化形式。马克思对利息本质的论述是为了揭露私有制下的剥削关系。

约翰·克拉克(1847—1938)进一步提出了“边际生产力说”，他不仅认为利息来源于资本的生产力，还指出利息的大小取决于资本边际生产力的大小。他认为当劳动量不变而资本相继增加时，每增加一个单位资本所带来的产量增加依次递减，最后增加一单位资本所增加的产量就是决定利息高低的“资本边际生产力”。

2.利息补偿说

利息补偿说主要有节欲论、“人性不耐说”和流动性偏好理论。

马歇尔认为利息是“等待的报酬”，利息是对人们延期消费的一种报酬，之所以需要这种报酬，是因为绝大多数人都喜欢现在的满足而不喜欢延期的满足。英国经济学家西尼尔在《政治经济学大纲》提出了“节欲论”，西尼尔认为，价值的生产有劳动、资本和自然(土地)三种要素，其中劳动者的劳动是对于安乐和自由的牺牲，资本家的资本是对眼前消费的牺牲。产品的价值就是由这两种牺牲生产出来的。劳动牺牲的报酬是工资，资本牺牲的报酬是利润，二者也构成生产的成本。把利息看成是货币所有者为积累资本放弃当前消费而“节欲”的报酬。

而欧文·费雪也从纯心理因素来解释利息，提出了“人性不耐说”。他认为人具有目光短浅、意志薄弱、随便花钱的习惯,强调自己生命的短促和不确定、自私和不愿为后生的孤独打算、盲目追随时尚等,都倾向于增大不耐。相反,高度的远见、高度的自制、节约的习惯、强调长寿的预期、有家属并深切关怀家属在他死后的幸福、保持收支适当平衡的独立自由等,则倾向于减少不耐。在任何一个人身上,这种种倾向的总结果将会决定他在一定时间、一定情形与特定收入条件下的不耐程度。这一结果因人而异,即使对于同一个人来讲,也因时而异。不耐程度低的人具有较低的时间偏好,不耐程度高的人具有较高的时间偏好。不耐程度低的人倾向于借债,不耐程度高的人倾向于放款。这些活动如果进行的充分的话,将降低高度的时间偏好并提高低度的时间偏好,一直到大家在共同的目标下达到了某一中间地带为止。因此,“利息是不耐的指标”。

威廉·配第在提出“资本租金说”的同时,也认为人们出借货币给自己造成了不方便,因此可以索取补偿,利息正是人们在一定时期内因放弃货币的支配权而获得的报酬。利息是人们因出借货币给自己带来了“不方便”而索取的补偿。

凯恩斯认为货币最富有流动性,它在任何时候都能转化为任何资产。利息就是在一定时期内放弃流动性的报酬。因为人们存在流动性偏好,即人们普遍具有的喜欢持有可灵活周转的货币的倾向。人们持有货币虽然没有收益,但持有货币有着高度的安全性和流动性,因此,在借贷活动中,借者应该向贷者支付一定的利息,作为对其丧失流动性的补偿。

三、高利贷的合理性

当利息的存在已经成为普遍接受的客观现实时,继续抽象地讨论利息的本质,其现实意义不大。但现在还有不少国家存在对过高利息(高利贷)的限制。因此,探讨对“高利贷”的限制是否合理的问题,还是具有重要的现实意义的。

在欧洲,真正为高利贷正名的,其实是宗教改革运动中的加尔文(1509—1564)。生活在瑞士的加尔文重新诠释《圣经》,声称圣法并不禁止高利贷,自然法允许高利贷,放债是帮忙,任何劳动都应得到报酬,钱并非不能创造财富。他不把财富看成罪恶,认为旧约中亚伯拉罕的财富并没有妨碍他成义,相反,他还认为,合理合法地赚取更多的财富,也是上帝恩宠的外在证据,这样一种对财富观念的革命,直接影响了资本主义经济的最初发展。

加尔文打破钱不生利的教条,为瑞士现代银行业的兴盛开辟了道路。他大声疾呼:“不要让钱闲着,让它生利”,这就是贷款的法则。在宗教改革中实行新教的瑞士、英国和荷兰都先后废除了高利贷禁令,为这些国家的经济发展扫除了融资的障碍,而天主教国家如法国则继续禁止高利贷,时间长达两百年。荷兰和英国走向腾飞而法国则长期落后,对于高利贷的态度未尝不是一个原因。

实际上,对高利贷合理性的解释还有以下理由:

首先,利息应包括对风险的补偿。萨伊在论述利息的本质时,就已经指出,利息包含风险性利息,它是贷款者借出货币后要承担一定风险的报酬,虽然风险性利息不能说明利息的本质,但能说明收取利息的原因。利息作为资金的使用价格,与一般商品交换价格的最大不同就是货币的借贷存在违约问题。当出现违约时,资金的贷出方连本金都无法收回。因此,当违约的可能性较高时,如果利息太低,货币借贷就无法实现。

比如:有一家公司出现了临时性的资金周转困难,需要100万的资金使用半年以渡过难关。如果能借到100万元,公司能起死回生,并如期偿还这100万的本息和,但这种概率只有50%;还有一种可能是,即使借到这100万元,该公司还是破产,这100万元本息将全部违约,无法偿还。在这种情况下,要求100%的利率是否合理(即到期还本付息200万元)?显然在这种情况下,贷款就跟买彩票类似,要求更高的利息有其合理性。同样地,如果50%的破产概率真实发生了,资金的借出方也应接受现实,而不能通过违法手段强行要求还贷。强行要求还贷也是违背契约精神的,因为高利率本身就隐含有无法还贷的概率。即,“欠债还钱、天经地义”,该说法本身就是不正确的。

其次,交易在理论上应该是公平交易、等价交易(劳动价值论认为应以劳动价值为基础的等价)。但在实践中,任何一笔交易都有其特殊性,这种特殊性只有交易双方自身才能理解,实际的交易从来都是讨价还价的结果。任何没有欺诈、自愿的交易都应被认为是公平的,也应该是经济个体的权利。

比如:现在社会上普通的利率水平是10%。现有A公司急需借入1年期100万元的借款,以接下一笔额外的订单。现有B银行通过公开的和A公司提供的资料判断,A公司在贷款期内有20%的破产违约概率,因此,B银行通过分析认为,如果要放这笔款,到期应还本付息137.5万元,即要求利率为37.5%。而A公司对自己的公司情况非常清楚,根本不存在破产违约可能,若能借入这100万元,就能额外完成一笔订单,实现额外的利润60万元。因此,对B银行的要价,公司很愿意接受。显然这种交易对全社会都是有益的,会增加社会福利。但这种借贷活动,在我国的现行法律下,却是违法的,被限制的,它超过了央行基准利率的四倍。

第三种反对高利贷的理由是放贷会加重借款人的负担,使困难的借款人更易违约,并形成对借款人的迫害,进而影响社会稳定。这种观点首先在逻辑上就不成立,如果限制高利贷,困难的贷款人连借钱的机会都被封死了,连重生的机会都没,还不是更加困难?如果不希望增加借款人的负担,又能对其提供帮助,那是社会保障和慈善的范畴,应该通过纳税和慈善倡议来解决。如果担心对无法还款的借款人的迫害,应该通过完善个人生存权和生命权的法律保障给予解决;完善的法律保障还有利于放款人将其纳入风险考虑范畴,增强其通过价格机制化解风险的意识,反而有利于社会稳定。且允许自由借贷,更能促进企业的冒险和创业,有利于社会财富的积累,从而有更多的资金可用于借贷,反而能降低全社会的总体利率水平。

总之,利息的本质是来源于资金的所有权与使用权分离的结果。资金使用权的转让,对于受让方,该使用权能为其带来生产能力或使得性收益,而转让方将付出机会成本、便利性成本和风险成本等。因此,利息从不同角度分析就有不同的含义。在实践中,正如其他的价格形式一样,不同人对该使用权的价值判断也不同,真实存在的利息通常是市场议价的结果。因此,反对高利贷,在一定意义上也是对货币资金市场交易的限制。而货币资金的交易是资本形成和生产力发展的重要渠道。

第二节 利率及其表现形式

一、利率和计息方式

利率是为使用一段时间单位资金而进行的支付，或者说是单位时间内付出利息的数量与本金的比率。即：

$$利率=\frac{单位时间内的利息}{本金}$$

因为利率的定义与时间相关，如果时间单位为年，就称为年利率，简称年率，是一年内的利息与本金之比；以此类推还有月率和日率等。通常实践中所有的利率都是年率（以后所有标明的利率，除非特殊说明，均指年利率），计算利息时，时间单位也相应地用“年”。

（一）计息方式

通常借贷时，除了要指明借贷的本金、利率和时间外，还应约定好计算利息或支付利息的方式。

计息方式有单利和复利两种。

单利是指总利息为各期利息的简单加总，前面各期的利息不能计入本金作为以后各期利息的计息基础。

例 13-1 假设你将 1 000 元存入银行，定期 5 年，银行承诺利率为 5%，单利计算，到期一次还本付息。

则到期时，你从银行取回的本息和将是：

$$1\ 000+1\ 000\times 5\%\times 5=1\ 250元$$

即：每年的利息是 50 元，5 年的总利息就是 250 元。

复利的计息方式与单利不同，它是将每期的利息都计入本金，作为下一期的计算基础；利息生成之后还应作为本金继续计息。因此，复利计息方式也称为“利滚利”。

复利计息方式还必须明确计算周期，不同的计算周期会有不同的结果。

例 13-2 假设你将 1 000 元存入银行，定期 5 年，银行承诺利率为 5%，复利计息，计息周期为 1 年，到期一次还本付息。则 5 年内各年的利息和本息和的变化过程如表 13-1。

表 13-1 复利计息的利息和本息和变化过程

时间	计息公式	利息	本息和
第一年年末	1 000×5%	50.00	1 050.00
第二年年末	1 050×5%	52.50	1 102.50
第三年年末	1 102.5×5%	55.13	1 157.63
第四年年末	1 157.63×5%	57.88	1 215.51
第五年年末	1 215.51×5%	60.78	1 276.28

比较以上两例可见，复利计息比单利计息多了 26.28 元的利息，这部分利息是利息产生的，不是本金产生的。

一般地，设 PV 表示本金，或称为现值；FV 表示未来的本息和，也称为终值；i 表示利率，是计息周期内的利率；N 表示时间长度，单位与计息周期相同。则有：

$$FV = PV \cdot (1+i)^N \tag{13-1}$$

式(13-1)是金融的基本公式。它在复利计息的环境下，将一个时点的价值与另一个时点的价值联系了起来。式中 $(1+i)^N$ 项称为“复利系数”，它是资金 N 期之后的终值与当前现值之间的转换比率。

(二)计息周期

在理论上，计息周期可以是任意时间长度。在实践中，通常为年、半年、季度、月度、周或按日计息。例 13-2 就是以年为计息周期。由于在实践中，所标明的利率均为年率，当计息周期小于 1 年时，该年率就是名义利率，实际计息周期的利率要用每年的计息次数去除名义利率。

例如：若利率为 4%，计息周期为季度，则，一个计息周期的利率就是 4%÷4=1%

在相同的名义利率下，不同的计息周期会有不同本息和。

例 13-3 假设你将 1 000 元存入银行，定期 5 年，银行承诺利率为 5%，复利计息，请计算计息周期分别为年、季度、月、周和日时的到期本息和。

表 13-2 不同计息周期下的本息和

计息周期	周期利率	周期数	本息和
年	5%	5	1 276.28
季度	1.2500%	20	1 282.04
月	0.4167%	60	1 283.36
周	0.0962%	260	1 283.87
日	0.0137%	1 825	1 284.00
连续计息	→0	→+∞	1 284.03

如表 13-2 所示，在给定的名义利率下，不同的计息周期会有不同的本息和。在本例中，计息周期为 1 年时，本息和为 1 276.28 元；1 季度时，为 1 282.04 元；1 个月时，为 1 283.36 元；1 周时，为 1 283.87 元；1 天时，为 1 284.00 元。可见，计息周期的缩短会增大借贷的终值，但计息周期减小到一定程度之后，最终本息和变化不大。

复利频率是指单位时间的计息次数，计息周期等于单位时间与复利频率之比。例如：单位时间为 1 年，复利频率为 4 次时，就是 1 年计息 4 次，则计息周期就是 1/4 年，即 1 个季度。

(三)连续复利

连续复利是一种复利计息方式，是指无限缩短计息周期，即复利每时每刻都在进行，复利频率趋于无穷大的计息方式。

设每年支付 m 次利息，年利率为 r，时间长度为 T 年；则计息周期为 $1/m$ 年，总期数为 mT 期，每个计算周期的实际利率为 i/m。根据一般的复利公式(13-1)有：

$$FV=PV\cdot(1+\frac{r}{m})^{mT} \tag{13-2}$$

令：$g=\frac{m}{r}$

则：$mT=\frac{m}{r}rT=grT$

$$FV=PV\cdot(1+\frac{1}{g})^{grT} \tag{13-3}$$

当 $m\rightarrow\infty$时，$g\rightarrow\infty$。根据极限理论有：

$e=\lim\limits_{g\rightarrow\infty}(1+\frac{1}{g})^{g}=2.71828$（e 为自然对数的底，是一个常数）

$$FV=PV\cdot e^{rT} \tag{13-4}$$

在例 13-3 中，按连续复利计息时：

$$FV=PV\cdot e^{5\%\times5}=1\ 284.03$$

这表明，即使不断缩短计息周期，最多的本息和也只能达到 1 284.03 元，与按日计息基本相同。

由于连续复利公式简单方便，在理论分析中通常都用连续复利。在实践中也可以将不同计息方式下的利率转换成等价的连续复利，然后用连续复利分析。

(四)利息支付方式

前述例子都假设是到期还本付息，但在实践中，多数利息都是分期支付，最后再返本。例如，长期国债通常是按约定的票面利率每半年支付一次利息。这种情况是属于单利还是复利？

表面上看，如果不考虑时间差异，最终获得的总利息确实与单利计息时相同。但最重要的差异就是利息的支付时间。提前支付了利息，就意味着，这部分利息的使用权已经回到了投资者手中，该投资者至少可以将该部分利息再投资，比如：全部再投入购买该债券，那么这部分已支付的利息就相当于可以计入本金。因此，提前支付利息的利息支付方式都可以看成是复利计息。利息的支付周期就是计息周期。

二、贴现率

通常情况下，资金借贷的利息支付都是在约定的借贷期末进行，并且是先已知本金再计算利息的；但在有些情况下，是先已知期末的利息和再计算利息。比例：在票据贴现中，企业将自己持有的票据转让给银行，实际上就是银行放款的一种方式；它相当于企业承诺在票据到期时向银行支付票面注明的金额，这就是银行期末收回的本息和，而现在银行给企业的款项就是银行给企业贷款的本金；在该情形下，我们先已知期末的本息和，这时候要计算利息显然以期末的本息和(终值)更为方便。在这种情况银行给出的利息率就是利息与期末本息和之比，即贴现率：

$$\text{贴现率}=\frac{\text{单位时间内的利息}}{\text{期末本息和(终值)}}$$

因此，贴现率只是利率的另一种表示方式。在给定借贷资金流的情况，贴现率与利率的关系如下：

$$d=\frac{r}{1+r}$$

其中：d 为贴现率，r 为利率。

三、到期收益率

在借贷活动或金融投资活动中，最简单的形式是：贷方即时将本金交付给借方并约定好利率，每年支付一次利率，到期返本。这时，该约定利率就可以称为贷方的收益率。但在实践中，借贷或投资活动产生的现金流形式复杂多样，我们如何去比较两种不同投资活动的收益大小？

例 13-4 某个投资者 A，面临两个投资机会：一是购买某一新发行的债券 B1，该债券票面利率 5%，每年支付一次利息，3 年后到期，按面值出售。二是购买某一以前发行的债券 B2，票面利率为 8%，也是每年支付一次利息，3 年后到期。本次利息刚刚支付过，市场价格为 105 元。请问该投资者该如何选择？(假设这两个债券的其他条件都相同)

对于债券 B1，我们可以很直观说，投资债券 B1 的年收益率为 5%；但对于债券 B2，我们却无法如此简单地判断，因为对于 B2，虽然每期利息也相等，但期初投入的本金是 105，而期末收回的本金却是 100 元。我们知道对于债券 B1，如果对于未来的现金流用 5%的利率贴现回期初，它会刚好等于期初的本金 100，即：

$$\frac{5}{1+5\%}+\frac{5}{(1+5\%)^2}+\frac{105}{(1+5\%)^3}=100$$

这正好给我们一个启示，能否找到一个比率 r，用该比率将债券 B2 的未来现金流贴现，使之刚好等于现在的市场价格。即：

$$\frac{8}{1+r}+\frac{8}{(1+r)^2}+\frac{108}{(1+r)^3}=105 \tag{13-5}$$

求解上式，可得 $r=6.12\%$

这样就容易比较这两个投资项目。显然投资债券 B2 的收益要高于债券 B1。

这个 r 就是到期收益率。它指的是以复利形式表示的资金使用价格，它是一种通用的价格形式。对于上述例子，计算该收益率时，假设投资者将持有该债券到期，因此称为到期收益率。

在实践中，有的投资者不会将债券一直持有到期，而是在中间某个时间出售转让了。

如果根据从买入到出售期间所产生的现金流计算得到的收益率，就称为持有期收益率，这是已实现的过去的收益。对于一般的投资项目，未来的现金流是无法确知的，只能做事前预测；如果根据某个投资项目预测的现金流计算得到的收益率，我们称之为内部收益率。

此外，收益率也和利率一样，对于相同的现金流，不同计息周期的收益率是不同的。上例中，B2 债券计算得到的到期收益率是假设按年复利的。如果要计算连续复利，应改用下式：

$$8e^{-r_c}+8e^{-2r_c}+108e^{-3r_c}=105 \tag{13-6}$$

可解得：$r_c=5.94\%$

它与前面计算的 r 不同。

某些现金流的时间不是很规则，即不是每隔相同时间产生一个现金流。在这种情况，直接计算年收益率是比较困难的，但计算连续就会相对简单。

例如，对于任意的现金流 CF_t，可以直接列出以下式子：

$$\sum CF_t\cdot e^{-t\cdot r_c}=0 \tag{13-7}$$

求得 r_c，再用连续复利转换成等价的按年计息的收益率，等价公式如下：

$$r_1=e^{r_c}-1 \tag{13-8}$$

例如，对于 B2 债券的上述两个结果有：

$$r_1=e^{5.94\%}-1=6.12\%$$

由于需求解的(13-5)、(13-6)、(13-7)等收益率方程都是高阶的，通常没有解析解，因此在传统上，很多教科书都提供了各种近似方程。但在计算机和各种计算器如此便利的条件下，这类方程可以很容易地求得其数值解，也有现成的计算器可用。因此，本书不再罗列各种近似公式。

四、利率的种类

(一)名义利率和实际利率

根据利率的真实水平划分，可分为名义利率和实际利率。

名义利率是指包括了通货膨胀因素的利率，通常金融机构公布或采用的利率都是名义利率。

实际利率是指货币购买力不变条件下的利率，通常用名义利率减去通货膨胀率即为实际利率。

例如：在银行存入一般定期存款 100 元，一年到期，银行的年利率是 6%，即一年后将连本带息得到 106 元。但是，如果在这一年发生了通货膨胀，物价水平普遍上涨 5%，那么在期末得到的 106 元，其真实的购买力只比期初的 100 元多 1 元；因为这时 105 元的购买力才相当于期初的 100 元，因而，这笔存款的实际利率为 6%－5%＝1%。

(二)固定利率和浮动利率

根据借贷期内利率是否变动,利率可分为固定利率和浮动利率。

固定利率是指在整个借贷期间内按事先约定的利率计息而不作调整的利率。

浮动利率是指在借贷期间内随市场利率的变化而定期进行调整的利率。但调整规则是事先约定的。在借贷期比较长的场合,通常使用浮动利率,如住房贷款等。

(三)市场利率和基准利率

根据利率的决定方式,通常分为市场利率和基准利率,基准利率又分为官定利率和公定利率。

市场利率是指按市场规律自由变动的利率,它主要反映了市场内在力量对利率形成的作用。

基准利率是指在多种利率并存的条件下起决定性作用的利率,当基准利率变动时,其他利率也相应发生变化。

官定利率又称法定利率,是由一国中央银行所规定的利率,各金融机构必须执行。

公定利率由民间权威性金融组织商定的利率,各成员机构必须执行。

(四)即期利率与远期利率

根据实际借贷发生的时间不同可分为即期利率与远期利率。

如果当借贷合约签订时,资金立即从一方转入另一方,借款将在未来某一特定时间连本带利还清,这时的利率就是即期利率。

如果在合约中确定一个利率条件,但在未来某一时间进行实际借贷资金交割,则约定的利率就是远期利率。在这种情况下,届时的利率水平是无法预知的。远期利率是根据当时市场状况对未来即期利率的预期或预测。

第三节　利率的应用问题

一、利息问题的四要素

利息问题是微观经济个体的经济、金融决策实践中的基本问题,也是货币时间价值的实践应用。分析利息问题首先必须明确问题的主体,任何利息问题都是关于某个微观主体的投资活动,或其他经济活动,不可将不同主体的信息相混淆。其次,一个完整的利息问题包括四个方面的基本要素:

1.现金流出

现金流出一般是投资本金,通常在期初流出;有些情况下,也可能是一系列的现金流出。

2.现金流入

现金流入一般是投资回报,可能是在投资期末一次性的返本付息,也可能是一系列的现金回流。

3.现金流的时间特征

所有现金流都有流出或流入的具体时间，这就是现金流变动的时间特征。

4.利率及计息方式

利率和计息方式通常要明确是单利还是复利计息，除非特别说明，通常情况下，涉及多个现金流的都指复利计息；在复利情况下，还要明确计息周期或者说明是否连续复利。

此外，根据具体问题的不同，所使用的利率类型也可能不同。它可能是投资者的要求收益率，也可能是市场利率，或者是到期收益率等等。

二、分析利息问题的一般方法

所有有关利息问题都是对利息四要素知三求一的问题。利息问题的分析首先要借助现金流图等工具将现金流入、流出及其时间特征描述清楚；其次，利用合适的利率对所有现金流进行时间贴现或利息累计列出现金流分析方程，根据已知的三要素求解第四个要素。

（一）现金流图

现金流图是描述现金流量作为时间函数的图形，表示资金在不同时间点流入与流出的情况。

现金流图包括三大要素：现金大小、流向、时间点。其中：大小表示资金的数额；流向指现金流入或流出；时间点是指现金流入或现金流出所发生的时间。

现金流图的画法：

(1)横轴表示时间轴，将横轴分为 n 等分，注意第 $n-1$ 期终点和第 n 期的始点是重合的。每一等分代表一个时间单位，可以是年、半年、季、月或天。

(2)与横轴垂直向下的箭头代表现金流出，与横轴垂直向上的箭头代表现金流入，箭头的长短与金额的大小成比例。

(3)代表现金流量的箭头与时间轴的交点即表示该现金流量发生的时间。

正确绘制现金流图，必须把握好现金流的三要素，即现金流量的大小、方向、时间点。在现金流图上，现金流出就是投资本金、现金流入就是投资回报，发生的时间点就是投资的时间特征。

从借款人角度出发和从贷款人角度出发所绘现金流图方向是相反的。

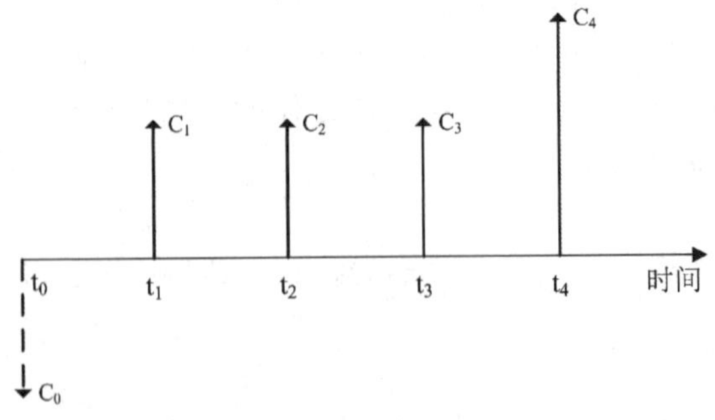

图 13-1　现金流图

(二)现金流分析方程

资金借贷的基本原则是:在任意时间参照点上,所有现金流出与流入量通过投资者的要求收益率或市场收益率的利息积累或贴现应该相等。根据该原则可以建立现金流分析方程。在该方程中,综合体现了利息问题的四个要素。通常已知利息问题的三个要素,利用该方程可求解第四个要素。

三、应用实例

(一)求本金

例 13-5 某人为了能在第 7 年末得到 1 万元款项,他愿意在第一年末付出 1 000 元,第 3 年末付出 4 千元,第 8 年末付出 X 元,如果以 6%的年利率复利计息,问 $X=$?

以第 7 年末为时间参照点,有:

$$1.06^6+4\ 000\times1.06^4+X\cdot1.06^{-1}=10\ 000$$

解得:$X=3\ 743.5$ 元

以第 8 年末为时间参照点,有:

$$1.06^7+4\ 000\times1.06^5+X=10\ 000\times1.06$$

解得:$X=3\ 743.5$ 元

也可以其他时刻为参照点,结果也相同。

例 13-6 假设你计划以每月等额还款的方式融资 20 万元购买住房。你面临以下贷款期限和相应的利率:

30 年期(360 个月等额支付) 5.625%

20 年期(240 个月等额支付) 5.500%

10 年期(120 个月等额支付) 4.625%

请问以上三种贷款方式相应的每月还款金额 X 分别是多少?

(1)30 年期

以期初为参照点,则有以下现金流分析方程:

$$200\ 000=\sum_{n=1}^{360}\frac{X}{(1+5.625\%/12)^n}$$

利用等比公式解得:

$$X=\frac{200\ 000\times(5.625\%/12)(1+5.625\%/12)^{360}}{(1+5.625\%/12)^{360}-1}=1\ 151.31$$

(建议用 Excel 的单变量求解功能求解)

(2)20 年期

以期初为参照点,则有以下现金流分析方程:

$$200\ 000=\sum_{n=1}^{240}\frac{X}{(1+5.5\%/12)^n}$$

利用等比公式解得：

$$X=\frac{200\ 000\times(5.5\%/12)(1+5.5\%/12)^{240}}{(1+5.5\%/12)^{240}-1}=1\ 375.77$$

(3)10 年期

以期初为参照点，则有以下现金流分析方程：

$$200\ 000=\sum_{n=1}^{120}\frac{X}{(1+4.625\%/12)^{n}}$$

利用等比公式解得：

$$X=\frac{200\ 000\times(4.625\%/12)(1+4.625\%/12)^{120}}{(1+4.625\%/12)^{120}-1}=2\ 413.92$$

(二)求利率

例 13-7 某人现在投资 4 000 元，3 年后积累到 5 700 元，问按季度计息的名义利率等于多少？

以第三年末为时间参照点有：

$$4\ 000(1+j)^{3\times4}=5\ 700$$

解得季度利率：$j=3\%$

因此名义利率为：$i^{(4)}=4j=12\%$

例 13-8 假设你计划以融资方式购买一辆 200 000 元的汽车，有以下两种融资方式可选：

(1)租赁＋购买方式，首先每月支付 2 466.5 元的租赁费，可以使用该车；在第 4 年末，你如果想拥有该车，再一次性支付 120 000 元。

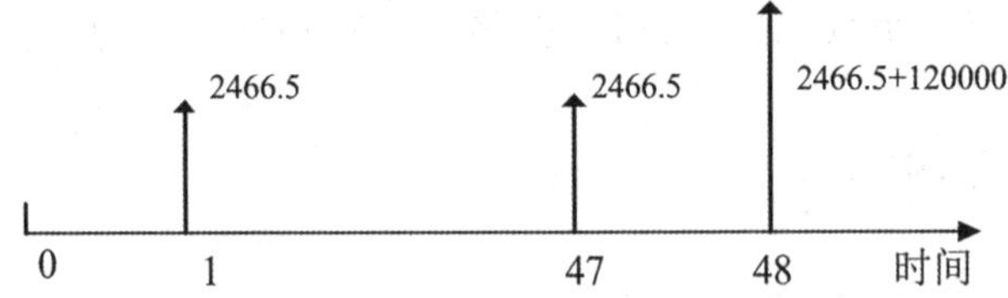

(2)分期支付购买方式，分期四年每月支付 4 560.70 元购买该车。

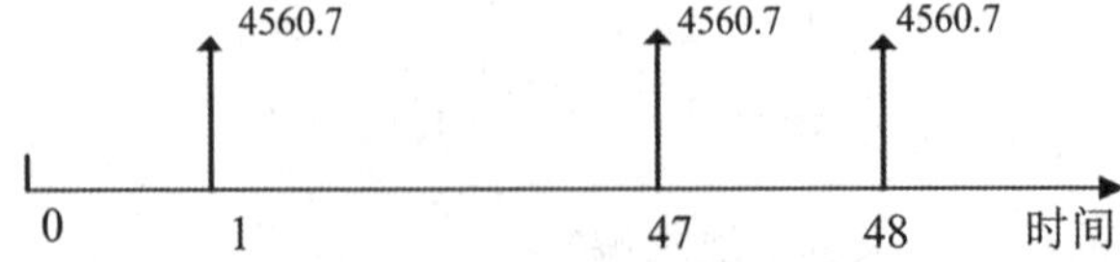

请问从资金成本角度看，哪种方式更好？

为了比较两种购买方式，需要计算每种购买方式的资金成本(从金融机构看是贷款的到期收益率)，设你实际支付的资金成本率(年利率)为 r，则：

(1)方式一的现金流方程为：

$$200\ 000 = \sum_{n=1}^{48} \frac{2\ 466.5}{(1+r/12)^n} + \frac{120\ 000}{(1+r/12)^{48}}$$

解得：$r=5.91\%$

(2)方式二的现金流方程为：

$$200\ 000 = \sum_{n=1}^{48} \frac{4\ 560.7}{(1+r/12)^n}$$

解得：$r=4.50\%$

因此，如果只从资金成本看，方式二更好。

(三)求时间

例 13-9 假定名义利率分别为 12%、6%、2%，问在这三种不同的利率情况下，按月复利计息，本金翻倍分别需要几年？

均以本金翻倍的时间点为参照：

$i^{(12)}=12\%$时，

$$(1+1\%)^{12n}=2$$

解得：$n=\frac{\ln 2}{12\ln 1.01}=5.8$

$i^{(12)}=6\%$时，

$$(1+0.5\%)^{12n}=2$$

解得：$n=\frac{\ln 2}{12\ln 1.005}=11.6$

$i^{(12)}=2\%$时，

$$(1+0.17\%)^{12n}=2$$

解得：$n=\frac{\ln 2}{12\ln 1.0017}=34.7$

例 13-10 假设在例 13-6 中 30 年期的贷款条件下，银行允许你将每月的支付由1 151.31元提高到 1 200 元，该贷款的到期时间是多少？如果每月支付额提高到 1 500 元呢？

(1)设到期时间为 n 个月，则有：

$$1\ 200=\frac{200\ 000\times(5.625\%/12)(1+5.625\%/12)^n}{(1+5.625\%/12)^n-1}$$

得，

$$n=\frac{\ln\frac{1\ 200}{1\ 200-200\ 000\times(5.625\%\div 12)}}{\ln(1+5.625\%\div 12)}=324.99(\text{月})=27.08\text{ 年}$$

(2)如果每月支付额提高到 1 500 元，则：

$$n=\frac{\ln\frac{1\ 500}{1\ 500-200\ 000\times(5.625\%\div 12)}}{\ln(1+5.625\%\div 12)}=209.73(\text{月})=17.48\text{ 年}$$

(四)求终值

例 13-11 某人现在投资 1 000 元,第 3 年末再投资 2 000 元,第 5 年末再投资 2 000 元。其中前 4 年以名义利率 5%每半年复利计息一次,后三年以连续复利 3%计息,问到第 7 年末,此人可获得本息和是多少?

以第 7 年末为时间参照点:

$$\begin{aligned}A(7)&=1\,000\times(1+j)^{8}\times e^{3\times0.03}+2\,000(1+j)^{2}\times e^{3\times0.03}+2\,000e^{2\times0.03}\\&=1\,000\times1.025^{8}\times e^{0.09}+2\,000\times1.025^{2}\times e^{0.09}+2\,000e^{0.06}\\&=5\,756\end{aligned}$$

第四节 利率决定理论

利率作为资金使用权的价格,在某笔交易或某项投资中,通常由交易双方通过议价决定。但在一般意义上的利率水平,是指一个国家或一个地区在某个时期内的平均利率水平,这种平均利率水平,在不同国家和不同时期之间都存在很大差异。

图 13-2 和图 13-3 显示了 2016 年世界各主要国家央行存款基准利率的差异,图 13-2 显示的是名义基准利率,最高的是加纳,达 25.5%,最低的是瑞典,为−0.5%。即使扣除各国的通货膨胀,比较其实际基准利率,各国之间仍然存在很大差异,如图 13-3,最高的是塔吉克斯坦,达 12%,最低的还是瑞典,为−1.48%。

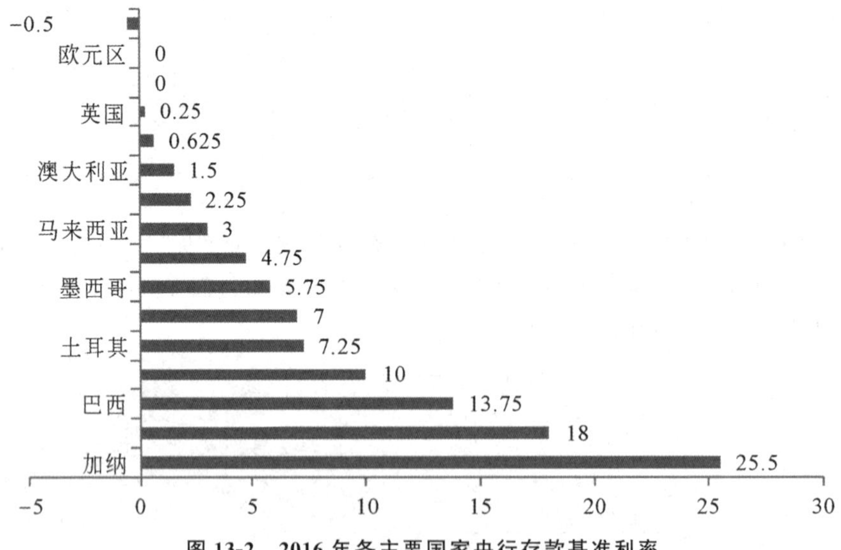

图 13-2 2016 年各主要国家央行存款基准利率

数据来源:IMF IFS 数据库

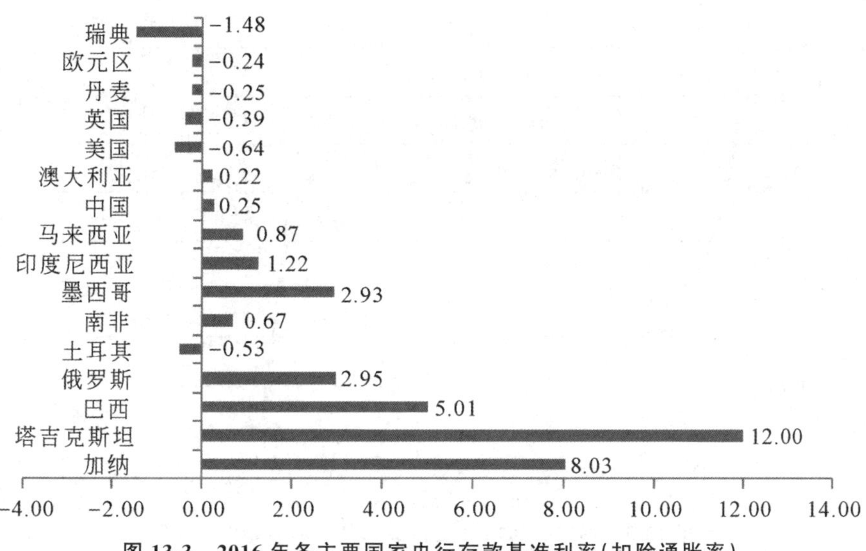

图 13-3 2016 年各主要国家央行存款基准利率(扣除通胀率)

数据来源:IMF IFS 数据库

从纵向比较看,各国在不同时期的利率水平也差别很大。图 13-4 和图 13-5 分别显示了 1990—2016 年中国人民银行的短期贷款基准利率和美国联邦基准利率的变化情况,在这期间,中国的短期贷款基准利率最高达 12.06%(1995 年前后),最低为 4.35%(2016 年),最高和最低之间相差 7.71%。而美国的联邦基准利率最高为 7%(1990 年),最低的是在 2008—2014 年期间,只有 0.13%,最高最低之间相差 6.87%。

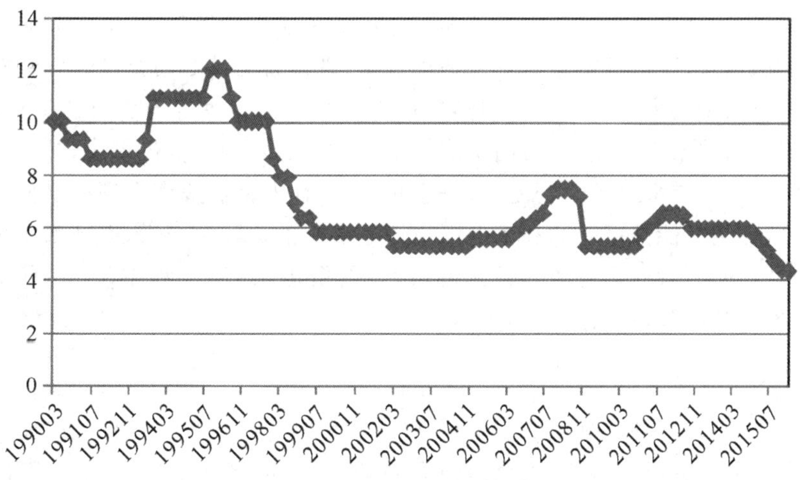

图 13-4 1990—2016 年中国人民银行短期贷款基准利率变化趋势图

数据来源:中国人民银行网站(季度数据,根据具体执行的基准利率的时间长度进行加权计算)

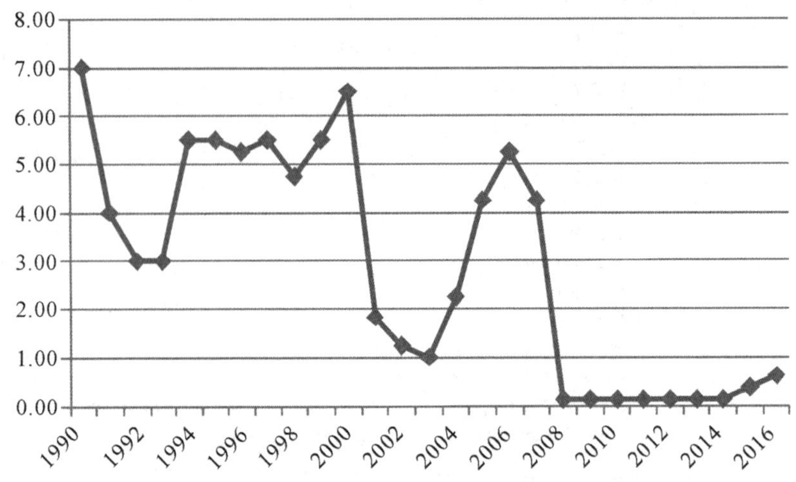

图 13-5　1990—2016 年美国联邦基准利率变化趋势图

数据来源：IMF IFS 数据库

这种差异是由哪些因素决定的？是如何决定的？对于这一问题，经济学家有过长期的研究，但意见并不一致，本节将对这些主要观点作简要介绍。

一、古典利率决定论

古典经济学家通常强调"实物"的作用。所谓"实物"是相对于"货币"而言的。在古典经济学家看来，货币仍是附着在"实物"经济之上的一层面纱而已，不会对实体经济产生实质影响。他们主张，人们借贷货币只是一种现象，现象背后的本质是借贷实物资本。人们借贷货币的目的是用来购买所需要的实物资本。利率并不决定于货币的供求，而决定于实物资本的供求关系。因此，古典利率决定论也称为储蓄和投资供求决定论。

借贷资本的需求来自于投资需求，是实物投资，而非证券投资。利率是使用资本需要付出的代价，借贷者能够接受的利率上限应该是资本的边际生产力，即新增 1 单位投资能够带来的收益，而后者通常是边际递减的，所以投资需求(I)与利率(r)具有反向变动的关系，是利率的减函数，用公式可以表示为：

$$I=I(r),\ I'(r)<0 \tag{13-9}$$

从储蓄供给来看，利率是出借资本可获得的报酬，它不能低于人们的时间偏好。如果利率水平高于人们的时间偏好，则会诱使人们减少当前消费而增加储蓄。即储蓄供给是利率的增函数，可用公式表示为：

$$S=S(r),\ S'(r)>0 \tag{13-10}$$

利率如同其他商品价格一样起着调节资本供求的作用。$S>I$，利率下调使投资增加。反之，$S<I$，利率上升，投资减少。当投资需求与储蓄供给相等时，调整过程才会停止。储蓄与投资的均衡决定了均衡的利率水平 r^*，如图 13-6 所示。

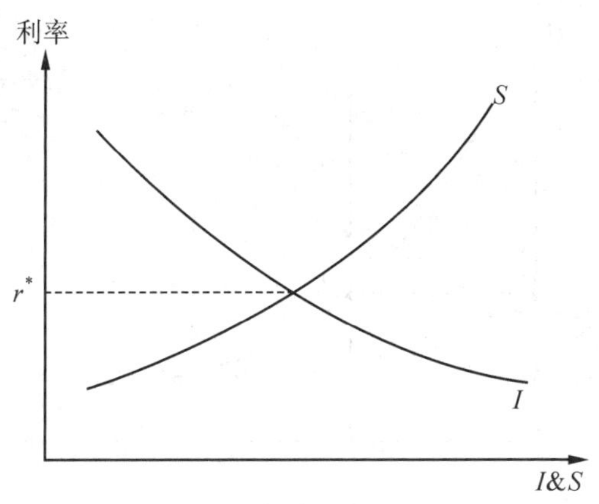

图 13-6 古典利率决定论

在储蓄和投资供求决定论下，分析利率的变动就要从储蓄与投资的变动入手。例如：如果技术进步导致资本的边际生产力提高，可能导致投资需求增加，即 I 右移，利率上升；如果收入增加，在边际消费倾向不变的情况下，储蓄会增加，即 S 右移，利率会下降等。

虽然该理论从局部来看是有道理的，但凯恩斯还是敏锐地指出了该理论的内在矛盾，即，它是无法确定均衡利率的。

考虑实际收入水平对储蓄供给的影响。设收入增加，则储蓄增加，S 右移，利率下降。但在利率下降时，投资会增加，投资增加又带来收入的增加，它又进一步导致储蓄增加，从而难以形成确定的均衡利率。同样，对于投资的变动，也会有类似的结论。

凯恩斯进一步指出，该理论的根本错误在于：未能正确判断经济体系中的因果关系。储蓄和投资是经济体系中被决定的因素，而不是决定因素。消费倾向、资本边际效率和利率才是经济体系中的决定因素。

二、流动性偏好理论

凯恩斯的利率理论以强调人们的流动性偏好为特点，因此称为流动性偏好理论。货币是流动性最强的资产，因此该理论也称为货币供求决定论。

人们之所以喜欢流动性，是因为人们都希望在需要用钱时，可立刻自行支配自己的钱。而把钱借给别人，意味着要承受未来可能出现的不方便，利率是使货币持有者放弃货币灵活控制权而支付的价格。

凯恩斯假设只有两种持有财富的形式：货币和债券。前者没有利息只有流动性便利。后者没有流动性便利，但有利息收入，且有不确定风险。利率 r 是债券的预期回报率，利率上升相当于持有货币的机会成本上升，货币需求下降。因此，货币需求 M_d 是利率的减函数。

关于货币供给，凯恩斯认为，货币供给是取决于货币当局的一个外生变量。因此，在 $M-r$ 坐标系中，M_s 是一条垂直于横轴的一条直线。

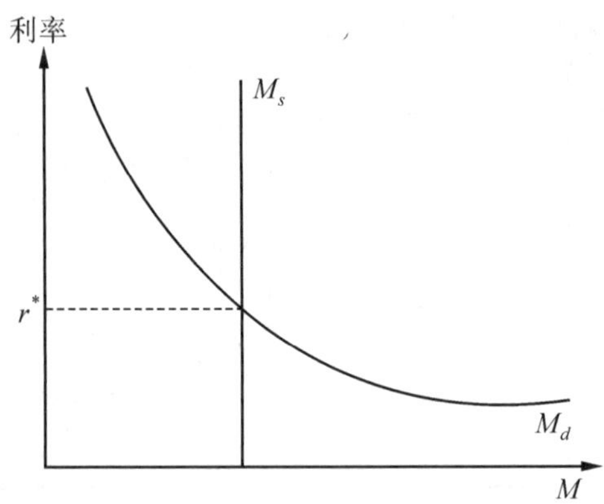

图 13-7 流动性偏好利率决定论

当 $M_d=M_s$ 时，即公众愿意持有的货币量刚好等于现有货币存量时，可以得到均衡的利率水平 r^*。因此，利率完全是一个货币现象，取决于货币的供给和需求。

在流动性偏好理论下，分析利率的变动要从货币需求和货币供给的变动入手。

从货币需求来看，它主要受收入水平和价格水平的影响。若收入增加，通常人们的支出计划也会增加，货币需求也上升。若价格水平上升，为维持原来的购买力，也倾向于增加货币持有量。在 M_s 不变的情况，都会导致 M_d 右移，使利率 r 上升。

货币当局增加货币供给时，在货币需求 M_d 不变的情况下，会降低利率。

但问题并不会这么简单，实际上，货币供给增加时，也会内生地导致 M_d 发生变化，从而导致均衡利率无法确定。这是由于货币供给增加通常还有其他三种效应：收入水平效应、价格水平效应和通胀预期效应。

收入水平效应是指货币量的增加意味着名义收入增加，在价格水平不变时，首先得到这部增加货币的人们，相当于实际收入增加，会倾向于持有更多的货币，导致货币需求曲线右移。

价格水平效应是指，在产出不变时，增加货币供给，会形成过多的货币追逐不变的商品，从而价格上升；价格上升时，为维持消费水平，也会持有更多的货币，即货币需求曲线右移。在价格水平上升的影响下，人们还会形成通胀预期，为维持购买力，也会增加货币需求。

货币供给增加的收入水平效应、价格水平效应和通胀预期效应都会导致货币需求曲线向右移动，从而导致均衡利率无法确定。如果再考虑货币当局是否真的能有效控制货币供给的问题，该理论的有效性就更加受到质疑。

三、可贷资金理论

古典利率决定论只强调实物因素，凯恩斯的流动性偏好理论又只强调货币因素，二者都存在片面性问题。俄林和罗伯逊等人在批判凯恩斯理论的过程中，逐步提出了可贷资金理论。

该理论认为利率既不是由投资与储蓄的均衡决定的，也不是由货币供给与货币需求的均衡决定的，而是由综合实物因素和货币因素的可贷资金供求决定的。

可贷资金的供给(LF_s)决定于储蓄和银行新创造的货币(ΔM^s)，即：

$$LF_s(r)=S(r)+\Delta M^s(r) \tag{13-11}$$

ΔM^s 是指银行通过贷款满足投资需求时，导致货币供给增加。它也可能是由于货币供给增加使价格水平上升，迫使消费增加储蓄或消费者改变流动性偏好，减少货币持有，形成的“强迫储蓄”，进一步导致货币供给增加。

可贷资金的需求包括进行实际投资而产生的需求 $I(r)$，也包括因超前消费或流动性偏好提升而增加的对窖藏货币的需求 $\Delta M^d(r)$；

$$LF_d(r)=I(r)+\Delta M^d(r) \tag{13-12}$$

可见，可贷资金供求分析，不仅包括了实物因素，也包含有货币因素，因此，也被称为准一般均衡分析。均衡利率决定于可贷资金供求相等之时。如图 13-8 所示，均衡利率既不在储蓄与投资决定均衡点 E_1，也不在纯货币均衡决定的 E_2 点，而是综合两个因素的可贷资金供求均衡点 E_3 决定均衡利率。

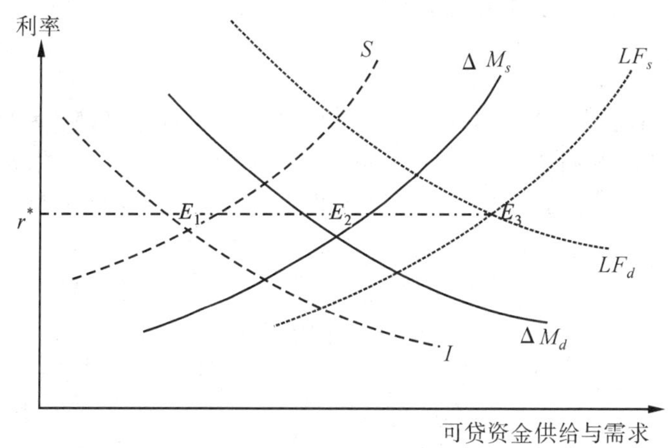

图 13-8 可贷资金理论

可贷资金论也同样面临很多批评。正如汉森所指出的，前面对于古典利率理论和凯恩斯理论的批评也同样适用于可贷资金论。按照可贷资金论的分析，利率决定于可贷资金供求的均衡点。可贷资金供给的增加来自于储蓄和新增货币和闲置余额的非窖藏的增加，既然供给曲线中“储蓄”会随着“可支配收入”水平的变化而变化，那么可贷资金总供给曲线也会随收入而变化；同样也会导致均衡利率“无法确定”的结果。

至此，前述三种利率决定理论都有结果“不确定”的局限。

四、一般均衡的利率决定理论

希克斯和汉森在新古典和凯恩斯理论的基础理上，提出了关于利率决定的一般均衡分析方法(IS-LM 理论)。

在新古典理论中，他们认为，储蓄不仅与利率相关，也与收入(Y)相关，是利率和收入的增函数，即：

$$S=S(Y,r),S_y>0,S_r>0 \tag{13-13}$$

投资是利率的减函数，即：

$$I=I(r),I'(r)<0 \tag{13-14}$$

当储蓄等于投资时($S=I$)，将得到一条关于收入(Y)和利率(r)的曲线 IS(y,r)，称为 IS 曲线，而不是古典利率理论的一个均衡点。如图 13-9 的左侧两图所示。它表明，在商品市场均衡时，不同的利率水平会有不同的收入水平与之对应。

在凯恩斯的货币均衡中，也有类似的情形。货币需求同样不仅与利率相关，也是收入的函数。货币需求是利率的减函数，是收入的增函数，即：

$$M^d=M^d(Y,r),M_y^d>0,M_r^d<0 \tag{13-15}$$

货币 M^s 由货币当局外生决定。当货币供给等于货币需求($M^s=M^d$)时，同样会得到一条关于收入(Y)和利率(r)的曲线 LM(y,r)，称为 *LM* 曲线(*L* 代表流动性，*M* 代表货币数量)。它也不是一个均衡点，即只有货币市场均衡仍无法确定利率，如图 13-9 的右侧两图所示。

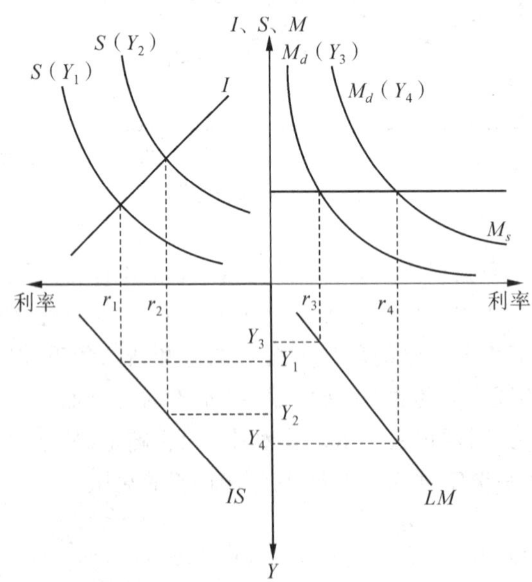

图 13-9 IS-LM 分析框架

可见,仅仅是商品市场均衡(投资等于储蓄,IS 曲线)无法决定利率。只有货币市场均衡(货币供给等于货币需求,LM 曲线)也无法决定利率。只有当 IS 和 LM 两条曲线相交之时,才同时决定了均衡的利率水平 r^* 和收入水平 Y^*。如图 13-10 所示。

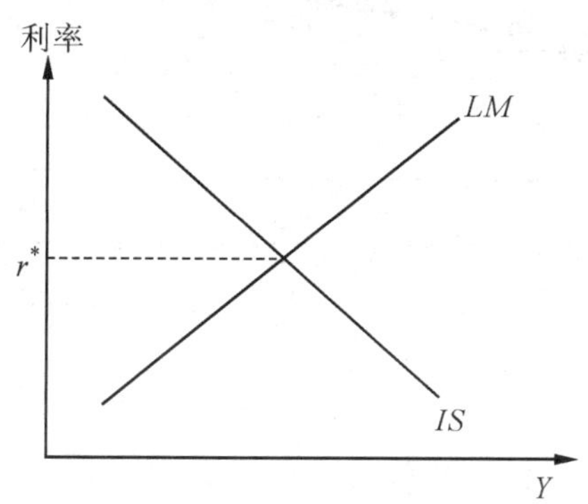

图 13-10 IS-LM 框架下的利率决定

IS-LM 理论再次证明了,古典利率决定理论和凯恩斯的货币均衡理论都是片面的或特殊的。只有同时考虑商品市场和货币市场,同时考虑储蓄的实物供给,投资的实物需求、流动性偏好的货币需求、货币供给数量才能在一般均衡意义上分析利率决定问题。

第五节 利率结构

一、利率期限结构

在同一个国度、同一时点上,具体的利率水平还受到很多因素影响。例如:不同的发行者(借款人)利率水平不同;同一个发行者,其借款期限不同,利率水平也不同。这些差异中,市场参与者和理论研究者最关注的是利率水平与借款期限的关系,即利率期限结构。

利率期限结构是指在风险等条件都相同的情况下,期限不同的债务工具的利率区别和联系。通常可以用收益率曲线反映利率期限结构。收益率曲线反映的是一种市场状况,随着观察时点的变化利率期限结构是随时变化的。如图 13-11,2017 年 1 月中国国债的收益率曲线表明,期限越长的国债,收益率越高。

历史数据表明,利率期限结构的既有可能是向上倾斜,也有可能是向右下倾斜,还有可能是水平的。同时,历史数据还表现出以下三种事实特征:

(1)不同期限的利率随着时间的推移会呈现出相同变动特征。

(2)如果短期利率较低,利率期限结构通常向上倾斜;如果短期利率较高,那么利率期限结构更多的是向下倾斜。

(3)利率期限结构通常是向上倾斜。

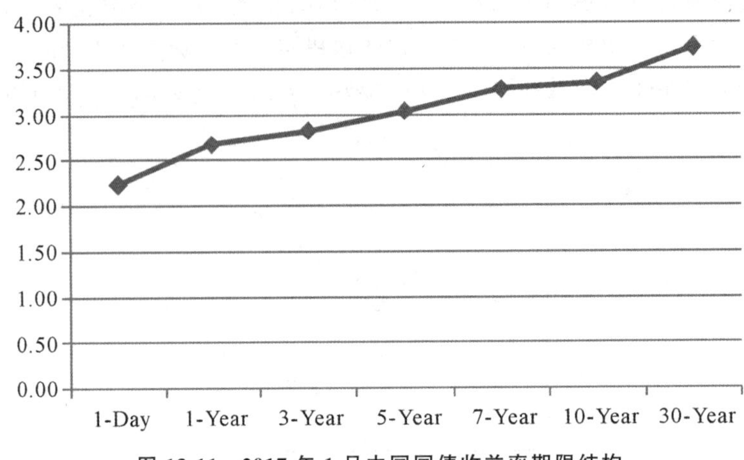

图 13-11　2017 年 1 月中国国债收益率期限结构

数据来源:国家统计局网站

究竟是什么因素决定了利率的期限结构呢?为什么利率期限结构会呈现出以上三种特征?经济学家为此提出了多种假设,这里简单介绍三种:预期理论,市场分割理论和流动性溢价理论。

(一)预期理论

该理论假设投资者仅关心债务工具的预期收益,而对期限没有任何偏好。只要某种债券的收益率更高,投资者会立即转向持有该债券,而不论其期限长短。

例如:假设某投资者有一笔闲置资金(A)要投资两年,现在市场上有一年期的债券和两年期债券可供选择,一年期债券的利率为 $r_{0,1}=6\%$,两年期的利率为 $r_{0,2}=8\%$,该投资者会如何选择投资策略?

直接投资两年期的收益率是确定的,如果选择投资一年期债券,该债券到期后,还要再投资,继续购买一年期的债券。但在一年之后的一年期债券的利率现在无法得知,投资者只能通过预期判断,假设该投资者预期该利率为 $r_{1,2}$,那么 $r_{1,2}$ 应等于多少会使得这两种投资策略无差异?即:

$$A \cdot e^{2\times 8\%}=A \cdot e^{6\%}e^{r1,2}$$

得:$r_{1,2}=10\%$

这表明,如果投资者预期 $r_{1,2}=10\%$,那么 $r_{0,1}=6\%$,$r_{0,2}=8\%$是合理的、无差异的。投资者现在购买 1 年期或两年债券都行,现在的利率结构是能保持的。

相反,如果投资者预期 $r_{1,2}<10\%$,投资者会直接购买两年期债券,而不购买 1 年期债券。这说明市场上的长期债券需求会上升,价格会上涨,长期利率将下降。短期债券的需求会下降,价格会下跌,短期利率将上升。

更进一步,如果预期的 $r_{1,2}<6\%$时,长期利率下降、短期利率上升的调整过程将持续到长期利率低于现在的短期利率时,才可能停止。即,利率期限结构的形状将不是现在的向右上方倾斜,而是会向右下方倾斜。

该例子表明,利率期限结构将直接取决于投资者对未来利率水平的预期。

一般地，假设 $r_{1,2}, r_{2,3}, r_{3,4}\cdots, r_{n-1,n}$ 表示现在对未来各年 1 年期利率的预期值，$r_{0,n}$ 表示现在 n 年期债券的即期利率。则在预期均衡时有：

$$A\cdot e^{r0,n\times n}=A\cdot e^{r0,1}e^{r1,2}\cdots\cdots e^{rn-1,n}$$

$$r_{0,n}=\frac{r_{0,1}+r_{1,2}+r_{2,3}\cdots\cdots+r_{n-1,n}}{n} \tag{13-16}$$

或：

$$A\cdot e^{r0,n\times n}=A\cdot e^{r0,n-1\times(n-1)}e^{rn-1,n}$$

$$r_{0,n}=\frac{r_{0,n-1}\times(n-1)+r_{n-1,n}}{n} \tag{13-17}$$

利率期限结构的形状取决于 $r_{0,n}$ 与 $r_{0,n-1}$ 的大小关系：

当 $r_{0,n}>r_{0,n-1}$ 时，利率期限结构向右上方倾斜；

当 $r_{0,n}=r_{0,n-1}$ 时，利率期限结构是水平的；

当 $r_{0,n}<r_{0,n-1}$ 时，利率期限结构向右下方倾斜；

因此，利率期限结构完全取决于投资者对未来各期即期利率的预期，即对 $r_{1,2}, r_{2,3}, r_{3,4}, \cdots, r_{n-1,n}$ 等的预期。如果预期未来利率是高于现在的短期利率，即未来利率将走高。那么利率期限结构将向上倾斜，或者说如果利率期限结构是向上倾斜，表示投资者预期未来的利率将走高。

如果预期未来的利率等于现在利率，即利率水平不变，利率期限结果将是水平的。

相反，如果预期未来的利率将下降，利率期限结构将向右下倾斜。

预期理论是一个精妙的理论，它揭示了在不同时间上利率期限结构发生变动的原因。它能够很好也解释事实特征(1)和(2)。从历史上看，如果短期利率上升，未来的短期利率将会更高；因此，短期利率上升，会提高人们对未来短期利率的预期值，根据预期理论，长期利率也会提高，即长短期利率同向变动。相反，短期利率下降时也类似。预期理论解释了利率期限结构呈现相同的变动特征。此外，当短期利率较低时，人们通常会预期未来短期利率会上升至一个正常的水平，从而利率期限结构向右上倾斜；相反，当短期利率较高时，通常会预期未来短期利率会下降，从而利率期限结构会向右下倾斜。因此，预期理论也解释了事实特征(2)；但不幸的是，由于短期利率既可能上升，也可能下降，因此预期理论无法解释事实特征(3)。

(二)市场分割理论

市场分割理论认为，在通常的情况下，投资者不愿冒太大的风险，而是希望确保收益。投资者要做到确保收益，就要使自己的资产和负债的期限相一致。例如，退休基金的债务大部分是定期定量支付的退休金。如果退休基金投资短期债券，在短期利率下降的情况下，它支付的退休金不变，但得到的短期债券的利息却不断减少，从而会遭受损失。所以，退休基金将选择投资与自己的债务期限相一致的长期债券。由于投资者总是努力使自己的资产和负债的期限相一致，不同期限的债券是不能相互替代的，债券市场将分割为期限不同的多个市场。

为简便，假定债券市场分割为短期债券市场和长期债券市场两个市场。在这两个债券市场上,债券的发行者是资金的需求者,他们需要资金的数量是随着债券收益率的上升而下降的。债券收益率越高,他们所需要的资金越少。债券的购买者是资金的供给者,他们提供资金的数量是随着债券收益率的上升而增加的;债券收益率越高,他们所提供的资金越多。因此,在横轴表示资金数量、纵轴表示债券收益率的坐标系里,资金需求曲线(D)是一条向右下方倾斜的曲线,资金供给曲线(S)是一条向右上方倾斜的曲线。当资金需求量和资金供给量相等时,即资金需求曲线和资金供给曲线相交时,形成了均衡的市场利率,如图 13-12 的(a)和(b)所示。

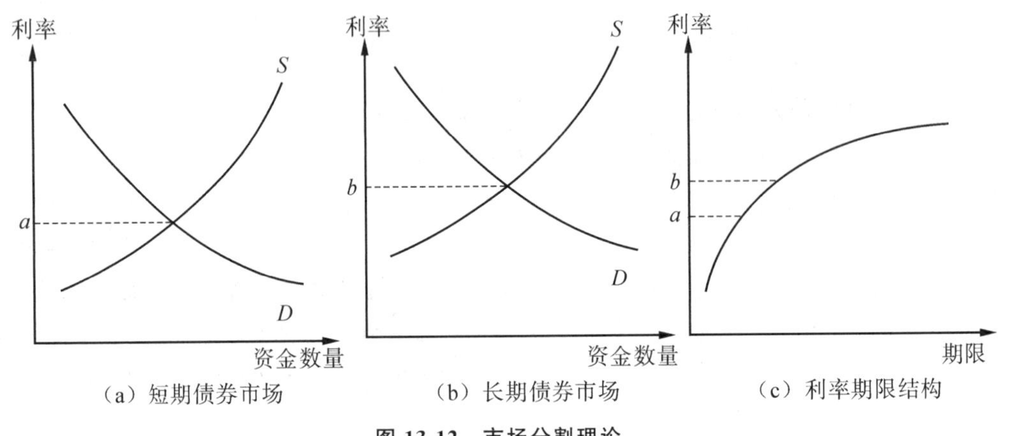

图 13-12　市场分割理论

因为债券市场分割为多个期限不同的市场,而每个市场的收益率是由该市场上资金的供给和需求决定的,所以就形成了水平的利率期限结构、上升的利率期限结构或下降的利率期限结构。例如,在图 13-12 中,短期债券市场的收益率较低,长期债券市场的收益率较高,形成了上升的利率期限结构,如(c)所示。

在通常情况下,资金供给者中能够提供短期资金的较多,提供长期资金的较少;而资金需求者通常更偏好于长期资金;形成短期资金市场供多需少,长期资金市场供少需多的局面,从而长期利率通常高于短期利率,即利率期限结构通常向上倾斜。但市场分割理论却无法解释前两个事实特征。

(三)流动性溢价理论

流动性溢价理论实际上是对预期理论的修正,使之也能解释事实特征(3)。该理论假设,不同期限的债券之间可以相互替代(与预期理论相同),但允许投资都对不同期限的债券存在偏好(类似市场分割,但不是完全分割)。偏好的来源是流动性差异,因此称为流动溢价理论。

流动性偏好认为短期债券的流动性较强,由于人们偏好于流动性,购买长期债券会要求得到流动性补偿,即对失去流动性的补偿。债券的期限越长,投资者要求得到的流动性补偿就越高。因此,按照流动性溢价理论,长期债券的年收益率等于短期债券预期年收益率的算术平均数与流动性补偿之和。具体地,流动性溢价理论可以写为:

$$r_{0,n}=\frac{r_{0,1}+r_{1,2}+r_{2,3}\cdots\cdots+r_{n-1,n}}{n}+l_{0,n} \tag{13-18}$$

式中第一项与预期理论完全相同，第二项$l_{0,n}$就是流动性偏好的修正项，它是指在0时刻的n期债券的流动性溢价，它总是取正值，并随着期限n的延长而上升。

从而，流动性溢价理论既可以用(13-18)式的第一项解释事实特征(1)和(2)，又可以用第二项解释事实特征(3)。

二、利率的风险结构

利率的风险结构是指具有相同的到期期限但是具有不同违约风险和流动性的金融工具收益率之间的相互关系。不同发行人发行的相同期限和票面利率的债券，其市场价格会不相同，从而计算出的债券收益率也不一样。反映在收益率上的这种区别，称为“利率的风险结构”。

实践中，通常采用信用评级来确定不同债券的违约风险大小，不同信用等级债券之间的收益率差则反映了不同违约风险的风险溢价，因此也称为“信用利差”。由于国债经常被视为无违约风险债券（简称“无风险债券”），我们只要知道不同期限国债的收益率，再加上适度的收益率差，就可以得出公司债券等风险债券的收益率，并进而作为贴现率为风险债券进行估值。

在经济繁荣时期，低等级债券与无风险债券之间的收益率差通常比较小；而一旦进入衰退或者萧条，信用利差就会急剧扩大，导致低等级债券价格暴跌。

（一）违约风险

违约风险是指金融工具的发行者也许不能履行其承诺的支付本金和利息的义务。许多国家政府发行的债权，特别是美国等发达国家政府发行的债权的违约风险相对较低。其原因是只要政府能够行使其税收和创造货币的权利，它们就能够用税收来支付它们发行债券的本金和利息。

相比之下，金融市场的交易者们通常认为一些欠发达国家政府发行的债券风险较大。原因是这些国家政治不稳定导致投资者对持有这些债券的信心不足。例如，一个过去7年中15次更换其政府的国家，可能会发生导致废除以前政府债务责任的军事政变或政府变更，该国家发行的债券就会具有相当大的违约风险。这样即使一些发展中国家发行的债券与发达国家发行的债券具有相同的到期期限，投资者仍然需要一个较高的汇率调整后的收益率，才能使他们考虑购买该国家的债券。

由于具有更大的违约风险，发展中国家的政府债券的收益率超过发达国家政府债券收益率的差额称为风险溢价。在这种情况下，风险的主要来源是政治的不稳定性，风险溢价来源于国家风险的不同。但是国家的风险绝不仅仅只是在政治上的，还在该国的经济现状等，如近年欧洲各国的主权债务危机，希腊、西班牙等国的国债风险就远高于其他国家。

违约风险对于私人企业也同样适用，由于不同的公司具有不同的现金偿还能力，导致某些大公司的违约风险要低于小公司，使得小公司必须支付更高的利息来吸引投资者。

（二）流动性风险

流动性风险是指因市场成交量不足或缺乏愿意交易的对手，导致未能在理想的时点完成买卖的风险。流动性差的债券使得投资者在短期内无法以合理的价格卖掉债券，从而遭受损失或丧失新的投资机会。市场流动性指标包括交易量、利率波动性、寻找交易对手的难易程度等。

与发达国家相比，很多发展中国家的金融市场的成交量很低。像美国、日本、英国等政府债券的持有者确信他们手中的债券在需要的时候很容易马上卖出；相比之下，卢旺达、孟加拉国等政府发行的债券变现能力就差很多。因此，发展中国家的金融工具多数情况下具有较低的流动性，他们的国家债券在汇率调整后的收益率通常高于发达国家相同到期期限的债券收益率。

同样，相同的国家中，公司债券市场不如政府债券市场活跃。比如，某人希望将其持有的某公司发行的债券变现，但是当他进入交易市场时，发现并没有多少投资者买卖该公司的债券，而政府发行的债券则是每天都拥有巨额的成交量，这样，公司债券的流动性也低于政府债券的流动性。结果，债券持有者通常期望与到期期限相同的政府债券相比，公司债券应该拥有更高的收益率，而公司债券的收益率越高也说明投资者未来卖出该债券的难度越大。

本章小结

利息是货币或其他价值形式的使用权价格，反映的是一种借贷关系。传统思想认为任何成果必须出于劳作，不劳而获是罪恶的，放贷取息是不道德的。在中世纪之后，许多经济学家、社会学家、甚至开明的宗教人士等从不同的角度论述了利息的本质，为利息正名。主要的学说有资本生产力说和利息补偿说。利息的本质是来源于资金的所有权与使用权分离的结果。资金使用权的转让，对于受让方，该使用权能为其带来生产能力或使得性收益，而转让方将付出机会成本、便利性成本和风险成本等。货币资金使用权的交易是资本形成和生产力发展的重要渠道。

利率是单位时间内付出利息的数量与本金的比率。利率与时间相关，有年率、月率和日率之分。计息方式有单利和复利两种。单利是指总利息为各期利息的简单加总，前面各期的利息不计入本金作为以后各期利息的计息基础。复利是将每期的利息都计入本金，作为下一期利息的计算基础。复利计息还必须明确计算周期，不同的计息周期会有不同的本息和。计息周期或付息周期可以是任意时间长度。连续复利是指无限缩短计息周期，即复利每时每刻都在进行，复利频率趋于无穷大的一种复利计息方式。

贴现率是利率的另一种表现形式，是利息与期末本息和之比。到期收益率是使债券等投资项目的投资支出和回报收入现金流折现值相等的一个折现比率；被认为是衡量利率最精确的指标。

利息问题包括四个方面的基本要素：现金流出、现金流入、现金流的时间特征和利率及计息方式。利息问题的分析首先要借助现金流图等工具将现金流入、流出及其时间特征描述清楚；其次，利用合适的利率对所有现金流进行时间贴现或利息累计列出现金流分析方程，根据已知的三要素求解第四个要素。现金流图是描述现金流量作为时间函数的图形，表示资金在不同时间点流入与流出的情况。

平均利率水平，在不同国家和不同时期之间都存在很大差异。解释这种差异的理论发展主要经历了古典利率决定论、流动性偏好理论、可贷资金论和一般均衡理论。

在同一时点上，在风险等条件都相同的情况下，期限不同的债务工具的利率之间的区别和联系称为利率期限结构。它反映的是一种市场状况，随着观察时点的变化，利率期限结构是随时变化的。对利率期限结构现象的理论解释主要经历了预期理论、市场分割理论和流动性溢价理论。

复习思考题

1.简述历史上对利息的认识过程。

2.利息的本质是什么？

3.高利贷的存在有其合理性吗？

4.单利和复利有何区别？

5.计算周期对本息和有何影响？

6.什么是连续复利？有何意义？

7.分期付息方式是复利吗？

8.你认为应该限制利率水平吗？为什么？

9.利息、利率、计息周期和计息方式存在什么样的关系？

10.假设银行向企业发放一笔贷款，贷款额为 100 万元，期限为 4 年，年利率为 6%，试用单利和复利两种方式计算银行应得的本息和。

11.如何理解利率的风险结构？

12.在现实经济中，哪些因素限制了利率作用的发挥？

13.简述利率的决定与影响因素。

14.结合利率的功能和作用，论述我国为什么要进行利率市场化改革？

15.试解释利率水平决定的“可贷资金理论”和“流动性偏好理论”。

16.如何评价三种利率决定理论？

作　业

1.请查阅近 30 年来的中国人民银行的短期存款、贷款基准利率的变化情况，据此分析你对利率决定的理解，以及利率与经济发展的关系。

2.请上网查找 5 条与“高利贷”相关的新闻、案例或法律条文，并据此分析你对“高利贷”的理解。

3.如果预期理论是正确的，请根据以下未来 5 年的 1 年期利率(第 1 年为实际利率，其余 4 年为预期利率)，计算出期限分别为 1 年到 5 年的利率，并绘制相应的利率期限结构图：

(1)6%，7%，8%，8%，8%

(2)6%，5%，4%，4%，4%

如果人们偏好短期债券，那么上述期限结构会如何变化？

4.你现在需要一笔 30 万元的 5 年期的贷款,以购买车位。现有某银行信贷业务员向你介绍一款"非常便宜的"专用的"车位信用卡分期"产品,你可以申请 30 万信用借款,按 5 年共 60 期分期还款,分期费率为 3.15‰,即每期还 5 945 元。当时市场上 5 年期的贷款利率为 5.6%。请问,该车位专用产品真得便宜吗?实际贷款利率是多少?

第十四章

货币需求与供给理论

本章导读

“津巴布韦最小面额的纸币是500津元，而现在一卷厕纸的价格已经达到15万津元；最大面额则为5万津元。然而，如果在津巴布韦乘坐出租汽车，即使全用5万面额的纸币付费，数钞票付给司机所要花费的时间也差不多与路途全程所用时间相当。

然而比起到餐馆吃饭来说，这还算不了什么。当用完餐准备结账时，一沓沓的钞票堆在餐桌中央，给用餐者的感觉就像是坐在拉斯维加斯的赌桌旁一样。一名印度商人介绍说：‘每次用完餐，你还得再等半小时结账。前些天我到当地税务部门交税，上交4 100万元税款，他们清点了一个多小时。这简直是疯了。’”①

津巴布韦这么多的货币从何而来？对于个人而言，货币是财富是一种形式，显然越多越好，但对于整个经济体，货币还是财富吗？到底需要多少货币是合适的？

本章将首先学习货币的需求理论，学习货币需求的决定因素和合适的货币需求量的决定理论。其次，学习货币供给过程以及货币供给理论。最后，学习货币供给与需求失衡时的经济现象——通货膨胀和通货紧缩，包括通货膨胀和紧缩的度量、产生原因和治理措施等内容。

一个社会到底需要多少货币？这是货币供给与需求理论的核心问题，也是经济学中最富争论的理论之一。但对于初学者这也许是个新奇的问题，因为经济学家一般不研究某个具体商品(如汽车、服装等)的需求是多少的问题，这些问题通常是由具体商品的厂商研究的，由市场供求关系决定。为什么不把货币需求问题交由市场决定呢？这也许是个不错的选择，在商品经济发展的早期也确实如此。但事实上，货币与普通的商品是不一样的，货币是人类文明史上的奇葩，它并非像一般的商品那样越多越好。消费品或生产资源的增加会增进社会福利，因此消费品、资本品或自然资源自然越多越好。但货币例外。从个人角度看，货币自然越多越好，但从整个社会来看，尽管货币是生产和交换中不可或缺的，但却不会在消费或生产中耗尽，只是简单地从一个人转移到另一个人手里，因此，流通

① 来源：《东方早报》2006年5月9日。

中的货币并非越多越好。

如果只从货币的交易媒介功能分析，李嘉图和米塞斯等人甚至主张："任何数量的货币都是最优的，它都能同样地执行好交换功能。"如果仅从交换媒介的角度看，在一定程度上，这是正确的。当所有人的货币都翻倍时，物价也翻倍；所有人的货币都减半时，物价也减半，交换秩序不会有什么变化。但重要的是货币完成交易服务，不仅起媒介作用，更重要的是货币还起到价值尺度的作用，即货币单位的价值大小；一货币单位衡量的价值量具体是多少（如：一元人民币等价于 1 公斤优质米或 2 公斤优质米）也问题不大，重要的是一货币单位衡量的价值量不能天天变。正如长度单位米具体所代表的长度大小是多少关系不大，但是一米所代表的长度一旦确定就不能变；如果今天一米代表的长度与明天代表的长度是不同的，人类的文明就到不了今天的程度，我们既盖不成楼，也造不成车。类似地，作为价值尺度，货币单位的价值量如果不能保持稳定，所有的经济个体都很难做决策，经济大厦也就无从搭建。因此，从静态来看，货币量是多少都可以实现商品交换功能，但是一旦确定之后，也就确定了单位货币的价值量，即价值尺度，以后就应保持这一价值尺度不变，该价值尺度也表现为一般物价水平或货币购买力。

由于经济发展，社会所创造的价值量不断增长和变化，货币的价值尺度在交换过程中才能得以体现，在交换时，货币不仅是价值尺度，还是价值的载体，因此，要维持这一价值尺度就面临困难。在金属货币时代，金、银等货币本位制度下，货币可以自由铸造，流通中的货币既有承担交换媒介和价值尺度的货币属性，也有商品属性（金银可作饰品等其他用途）。当经济发展需求更多货币时，币值会上升，可能超过这些贵金属作为其他用途的价值，或者超过开采和铸造成本；这时就会有更多的资源投入到贵金属的开采，或将其他用途的金银改铸成货币。因此，在金属货币时代，货币具有一定的内在稳定机制。但在以纸币为代表的信用货币时代，货币已经不再具有商品属性，货币的生产成本相对于其所代表的价值已经可以忽略不计，政府对货币的供给拥有很强的控制力。因此，为了实现价值尺度的稳定，必须能够正确地把握在不同经济状况下，对货币的需要量，政府才能根据货币需求调整合适的货币供给量。

货币需求和供给理论就是探讨货币需求动机和货币需求量的决定及其稳定性或可测性、货币的供应过程和控制等问题的理论。它是整个货币经济理论的中心，也是宏观经济理论的重要组成部分，是中央银行实行宏观调控的决策依据。

第一节　货币需求概述

一、货币需求的含义

货币需求是指经济主体在某一时点上为满足正常的生产、经营和各种经济活动需要，通过对各种资产的安全性、流动性和盈利性的综合衡量后所确定的最优资产组合中所愿意持有的货币量。与一般商品不同，人们对货币的需求是源于货币具有交易媒介、计价单位和价值储存手段的职能。能够满足商品生产和交换的需求,以及以货币形式持有财富的需求等。货币需求是一种派生需求,派生于人们对商品和商品交换的需求。经济学意义的货币需求是指购买愿望和购买能力的统一,也称有支付能力的需求或有效需求。

根据人们研究货币需求的视角不同,可以将货币需求分为不同的类型。

从货币需求主体来看,货币需求可以分为微观货币需求和宏观货币需求。微观货币需求是指单个个体在一定时点上对货币有能力的意愿持有量。宏观货币需求是指一个社会或一个国家在一定时期,由于经济发展和商品流通所产生的对货币的需要量。通常我们关注的是宏观货币需求,但宏观货币需求的确定又建立在微观货币需求之上。

从微观主体的角度来看,货币需求可以分为名义货币需求和实际货币需求。名义货币需求是指经济主体在不考虑商品价格变动情况下的货币意愿持有量,即 M_d。实际货币需求是指经济主体在扣除物价因素的影响后所需要的货币量,即 M_d/P。这种需求只能用货币的实际购买力来衡量。

二、货币需求的影响因素

(一)商品和服务的供给

商品和服务的供给是决定货币需求的主要因素之一。体现在经济个体资产负债表中的货币,是通过交换获取的,也就是说,他们必须通过出售商品或提供服务来“购买”货币。经济领域中的商品和服务的供给增加时,货币作为交换的对象,人们对货币的需求也会增加。

从微观上看,个人的收入状况是决定货币需求的重要因素。这一因素又可以分成收入水平和收入时间间隔两个方面。一般情况下,货币需求与收入水平的高低成正比,当居民等的经济主体收入增加时,他们对货币的需求也会增加;反之,则减少。取得收入的时间间隔与货币需求成正比,如果人们取得收入的时间间隔长,货币需求量就会增大;反之,则减少。

例如:发薪频率对货币需求的影响。假设张先生和李先生每个月都赚 1 000 元,但张先生的公司每个月发一次工资,而李先生的公司每周发一次工资;再假设张先生和李先生的收支刚好相等,并且支出是均匀的。则张先生在月初收到 1 000 元,每天花费 33 元左右,到月末花完,他每天的平均现金余额约为 500 元。李先生则在周初收到 250 元,每天花费 35 元左右,到周末花完,他每天的平均现金余额约为 125 元。可见,在收入水平相同的情况下,发薪频率低的张先生对货币的需要量是发薪频率高的李先生的 4 倍。实际上,发薪频率等收入取得的时间间隔并不经常变化,因此在分析货币需求时,通常不用考虑该因素。但该因素的分析,对理解货币和货币需求具有重要帮助。

从宏观上看,个人收入的加总就是一国的国民收入,或者是国内的总产出。随着生产力进步,生产率的提高,人口的增长,国内总产出一般逐年递增,因此,货币需求也会逐年递增。

此外,商品和服务的供给既来源于劳动产出,也来源于社会分工的深化。比如:在我国改革开放之前,社会分工不彻底,个人搬家这种事情,通常请亲戚朋友帮忙;出门旅游也经常借宿亲戚家,就不需要货币。现在,搬家通常请搬家公司,出门旅游就住酒店,这就增加了对货币的需求。

(二)市场利率

从经济个体的资产负债表看,货币只是其一种资产,如果不持有货币,人们就会选择持有其他资产,如债券、股票或其他实物资产。持有货币不会带来收益,其他资产会带来收益,如债券有利息,股票有分红,其他实物资产会有租金、产出或利润等收入;市场利率是货币资金使用价格,是持有货币的机会成本。

市场利率上升,说明其他资产的收益增加,持币的机会成本增加,人们会调整其资产组合,减少货币持有量,增加其他资产,从而货币需求量下降。反之,市场利率下降时,货币需求则上升。

货币需求除了受市场利率的影响外,还受到其他因素的影响;当其他因素导致货币需求变化时,也会影响市场利率的变化。比如,当出现新的技术、新的投资机会时,新的投资收益率高于现有利率水平,对货币需求就会增加;在货币供给不变时,作为资金的使用价格,市场利率就会上升。相反,货币需求减少时,市场利率就会下降。

(三)汇率

在开放经济中,经济个体的资产配置选择范围扩大了,除了本国货币和资产之外,还可以选择外国货币和外国资产。权衡国内外货币或资产时的主要依据就是汇率的变化,通常本国货币贬值时,货币需求减少;本国货币升值时,货币需求增加。这种由于汇率变动原因导致对国外货币或非货币资产选择的变动,进而导致货币需求变动的现象通常称为"货币替代"。

货币替代就是指在开放经济与货币可兑换条件下,本币的货币职能部分或全部被外国货币所替代的一种经济现象。货币替代可分为直接货币替代和间接货币替代。直接货币替代是指两种或多种货币在同一经济区域作为支付手段相互竞争。也就是一个国家同时存在两种或多种不同的货币,都可作为支付手段用于商品交易,经济主体持有不同货币的交易余额,而且各种货币之间可以无成本地自由兑换。直接货币替代是货币作为支付手段的职能替代。直接货币替代现象主要发生在金融开放程度较高的发展中国家。间接货币替代是指经济主体持有以不同币种表示的非货币金融资产并在这些资产之间进行转换,从而间接影响对该国和外国货币的需求。

货币替代现象是在布雷顿森林体系崩溃后出现的。在金本位制和布雷顿森林体系时代,各国货币按固定比例兑换,不存在汇率风险,因此也就没有货币替代现象。在金本位制下,各国货币按照铸币中含有的贵金属含量进行兑换,汇率只在由黄金输送点确定的狭窄范围内波动。布雷顿森林体系下,各国货币则是通过美元与黄金挂钩,不同货币之间存在固定的平价。但是在铸币时期却存在另一种意义上的"货币替代"现象,即同一币种中贵金属含量多的货币被含量少的货币所替代。这一劣币驱逐良币的规律被称为格雷欣法则。布雷顿森林体系崩溃后出现的货币替代呈现出与此相反的特点,即良币替代劣币,经济学家将这种规律称为格雷欣法则Ⅱ。之所以出现这种现象是因为纸币本身没有价值,当发生通货膨胀或者货币贬值时,货币的购买力会降低,所以人们更愿意将劣币兑换成良币以避免购买力的损失。

(四)货币流通速度和一般物价水平

对商品和劳务的货币支付总是在一定价格水平下进行的,价格水平越高,需求的货币越多;反之,则越少。货币流通速度越快,单位货币所实现的交易量就越多,完成一定交易量所需货币就越少;反之,流通速度越慢,需要的货币就越多。

这两个因素对货币需求的影响可用货币流通规律说明。若以 M 代表货币需求量,P 代表物价水平,Q 代表社会商品流通量,V 代表货币流通速度,则根据货币流通规律有如下公式:

$$M=P\cdot Q/V$$

可见,物价水平和社会商品流通量同货币需求成正比,货币流通速度同货币需求成反比。

(五)金融业的发达程度

金融业发达程度也与货币需求密切相关,它与货币需求的关系主要表现在两个方面:一是通过货币获得的便利性和支付清算体系的多方清算功能,影响货币的预防需求和支付需求;二是通过扩大交易的内容和范围,影响货币的交易需求。

首先,人们持有货币的一个重要动机是在需要货币进行支付时手头就有货币可使用,能满足不时之需,这种货币需求称为货币的预防需求;在金融业发达经济中,非货币资产,如债券、股票等,可以迅速变现,也可以方便地通过临时的借贷,如使用信用卡等,实现支付,因此没有必要持有太多的现金。

其次,高效的金融清算体系能降低债权债务清算过程的货币需求。例如:如图 14-1 所示,有 5 个人之间的交叉债权债务关系在下个月的 1 日到期。在没有自动清算体系的条件下,由于债务同时到期,每个人在到期日之前都必须备足应付债务金额,以供偿债。即 A、B、C、D、E 每人应持有的现金余额分别为:200 元、200 元、200 元、300 元和 200 元,货币总需求为 1 100 元。如果他们在同一个自动清算体系中,每人只需持有各自债权债务的净额,就可以自动完成清算,即,只要 B 和 D 分别在各自的账户中保存 100 元的现金余额就可以完成全部的债权债务清算,货币总需求为 200 元,比原来减少了 900 元。

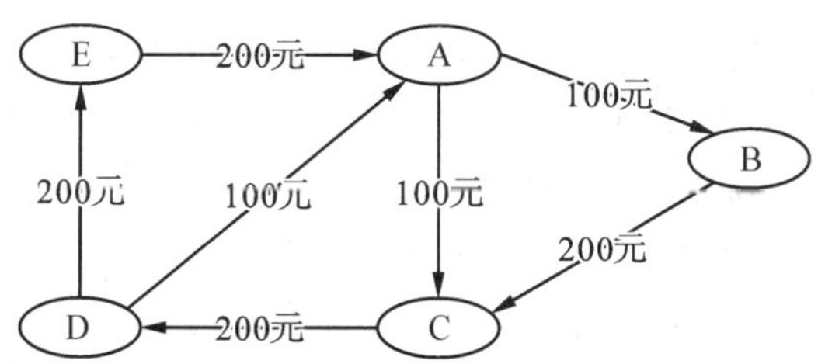

图 14-1 交叉债权债务关系

最后,金融的发达也意味可供交易的金融资产更多,金融资产的交易量也更大,这些更多的金融资产交易也需要更多货币支持。

(六)预期和信心

前述五点是决定货币需求的客观因素。货币需求在相当程度上还受到人们的主观意志和心理活动的影响。一般地说，人们的心理活动对货币需求的影响主要表现在对未来利率、物价水平的预期，以及对政府的信心。

公众往往根据之前的经济形势形成自己对未来的预期。当利率上升幅度较大时，人们往往预期利率将下降，而有价证券等金融资产的价格将上升，于是人们将减少手持现金，增加有价证券的持有量，以期日后取得资本溢价收益；反之亦然。

如果预期物价水平上升，公众普通会认为商品价格在不久的将来会上涨，因而会马上去消费——买汽车、房子和电视机等，而不是等价格更贵了再去买。因此，大家会减少现金余额，则货币需求减少。相反，如果预期物价水平下降，会延迟消费，等价格更低了再买，会增加现金余额，货币需求上升。

在信用货币制度下，对物价水平的预期，实际上就是对货币的信心，本质上就是对货币发行政府的信心，对政府控制货币币值的能力和意图的信心。对物价水平的小幅变动的预期只是在量上对政府信心的变动；在有些情况下，也可能在质上对政府和货币的信心发生变化，比如，一国与他国发生交战，且败局在即，公众对该国货币的认可就会急剧下降并导致货币需求骤减。通常来说，货币信心对货币需求的影响只有在政府发生严重危机时才会起作用。

第二节　货币需求理论

中国在古代就产生了货币需求思想的萌芽。《管子》是一部记录中国春秋时期(公元前770—前476)齐国政治家、思想家管仲及管仲学派的言行事迹的书籍，其《国蓄篇》就有：

人君铸钱立币，民庶之通施也。人有若干百千之数矣，然而人事不及、用不足者何也？利所有并藏也。

译文：

君主铸造发行的货币，是民间的交易手段。即算好了每人需要几百几千的数目。然而仍有人用费不足，钱不够用，这又是为什么呢？钱财被积聚起来了。

这意思是君王给百姓所铸造的用于流通的钱币已经达到每人平均“若干百千之数”，不应该不够了。这就是一种按每人平均钱币多少即可满足流通需要的货币需求分析思路，它一直是中国控制钱币数量的主要思路。

在西方，早在公元200年左右，罗马法官鲍尔斯鸠就曾说过：“货币的价值被货币的数量所左右。”这是能找到的最早有关货币数量和其价值之间关系的描述。货币数量论真正的产生是在16世纪的欧洲，是由法国人让·博丹首次提出。16—17世纪美洲新金矿的发现和“地理大发现”，使南美洲金银大量流入欧洲，致使欧洲市场物价上涨，货币贬值(史称“价格革命”)。法国早期重商主义者认为导致物价上涨的原因主要是垄断及对外贸易。让·博丹对其提出反驳，认为白银流入是货币价值低落的原因，货币的价值、商品的价格决定于货币的数量。

英国的约翰·洛克认为货币价值高是因为对货币的需求量大于供给量。他将普通商品的价值区分为固定价值和市场价值两种，认为固定价值基因于其所满足的欲望，市场价值则为供求关系所决定。因此认为货币也是一种商品，也分为两种价值。货币的市场价值也是由供求关系所决定的。由于货币能够换取世界万物，所以货币具有无限的需求，不存在供大于求的情形。洛克说："对于货币的需求，各地都差不多相同，其用途也总是一样。但就其供给而言，其数量愈减少，其价格即愈增高，其购买力也愈大。尤其是在货币缺乏时，由于没有可替代之物，使其价格会愈随数量之减少而增高，因而同等数量的货币就能与较多数量的物品相交换。"因此，洛克得出结论——货币的价值完全由供给数量来决定。

18 世纪英国的经济学家大卫·休谟通过总结早期的货币需求理论，在其《政治讲话》一书里对货币商品价格提出了卓越的论述。18 世纪前期的英国正处于工场手工业的鼎盛时期，产业革命即将发生，英国工业资本的发展已经超过了商业资本，资本主义经济的进一步发展和对外扩张的需要迫切要求克服重商主义体系的束缚，大力开展自由贸易。休谟正是从反对重商主义、贸易差额论的角度提出了自己的货币数量论。

休谟货币数量论的主要内容可以概括为：

(1)货币在数量上不仅包括金属货币，还包括象征性的货币，如银行券和政府发行的各种有价证券。

(2)货币数量对商品价格的影响有严格的比例关系。若商品增加，价格就下降；货币增加，价格就上涨，反之亦然。

(3)影响商品价格的货币数量，不是指一国货币的绝对数量，而是指在流通界流通的货币数量，即货币总量减去贮藏货币的差额。同样，影响物价的商品数是指上市或行将上市的商品数，即物品总量与自我消费和仓库贮存部分的差额。

(4)货币对价格的影响有一个时滞现象存在。因为数量增加对商品价格的影响是需要一段时间的，只有当货币流通到全国并使人们感受到金银数量的增加，才能发挥作用。

(5)货币数量变动能够影响物价，但它所影响的只是商品的绝对价格，而不能影响商品的相对价格。

马克思对货币需求的基本观点是流通中必需的货币量为实现流通中待售商品价格总额所需的货币量：

$$\text{执行流通手段的货币必要量}(M)=\frac{\text{商品价格总额}}{\text{货币流通速度}}$$
$$=\frac{\text{商品平均价格}(P)\times\text{待售商品数量}(T)}{\text{货币流通速度}(V)}$$

马克思的货币需求公式反映的是一种实际交易过程，因此反映的是货币交易需求。根据马克思的劳动价值论思想，商品价格由其价值决定，价值又源于社会必要劳动，因此商品价格是在流通领域之外决定的，是一个既定的值，必要的货币量是根据这一既定值来确定。

一、传统货币数量说

随着经济理论的发展，近代西方货币数量论除了注重对货币流通量与商品价格及货币价值关系的质的认定外，还注重对它们关系的量的分析。这一时期的主要成就是费雪方程式和剑桥方程式。

(一)费雪方程式

1911年,美国耶鲁大学教授欧文·费雪在《货币购买力》一书中提出了货币的唯一功能是充当交换媒介。货币并不直接满足人们的欲望,人们需要货币仅仅是因为货币具有购买力,可以用来交换商品和劳务。因此,一定时期内社会所需要货币总额必定等于同期内参加交易的各种商品和价值的总和,据此,他提出了著名的"现金交易方程式",即:

$$M \cdot V = P \cdot T \text{ 或 } P = M \cdot V / T$$

其中,M 为一定时期内流通中的货币数量,是一个由模型之外的因素所决定的外生变量;V 为货币的流通速度,即每单位货币在1年内与商品交易的平均次数,由人们的支付习惯、社会信用制度、人口密度等制度因素决定;这些因素在短期内不变,因而可视为常数;P 为一般物价水平,即各类商品价格的加权平均数;T 为该时期内商品和劳务的总交易量,对产出水平常常保持固定的比例,且费雪认为工资和价格是完全有弹性的,所以是大体稳定的。费雪认为,因为工商业的发展取决于自然资源和技术情况,不决定于货币的数量,也是相对稳定的;M、P 是不稳定的,是个变量,因为 M 是由货币管理当局控制的,而在 T、V 相对稳定的情况下,P 不能不受 M 的影响。他指出,在货币流通速度与商品交易量不变的条件下,物价水平随流通货币量的变动成正比例变动。货币数量决定着物价水平,而不是物价水平决定着货币数量。他还分析了货币数量与物价水平这一因果关系的传导机制,指出:从货币量的增大到物价水平的上升有一个过渡时期,有许多短变动。

在货币市场均衡的情况下,货币存量就等于人们所愿意持有的货币量,即货币需求 M_d:

$$M_d = P \cdot T / V$$

仅从交易媒介功能考察,全社会在一定价格水平下的总交易量决定了人们的名义货币需求量 M_d,而名义货币需求又取决于名义收入水平引起的交易水平、经济中影响人们的交易方式、决定货币流通速度 V 的制约因素。

由于所有商品或劳务的总交易量不容易获得,而且人们关注的重点往往在于国民收入而不在总交易量,所以 $M_d = P \cdot T / V$ 常常被改写成:

$$M \cdot V = P \cdot Y \text{ 或 } P = M \cdot V / Y$$

式中 Y 表示一定时期的国民收入,该式也被称为"国民收入方程式"。

"现金交易方程式"中货币的主要作用是交换,"国民收入方程式"中货币的关键在于人们持有。理论界把"国民收入方程式"看成是费雪的"现金交易方程式"与马歇尔和庇古为代表的剑桥学派的"现金余额方程式"之间的过渡形式。

现金交易方程式将影响物价水平的主要因素概括为三个,并用精致的数学公式予以模型化,为深入分析货币与物价的关系提供了有用的分析工具,同时揭示了"货币量的变化相应引起价格的变化"这一原理,基本结论适合于个人的货币需求分析。但其也存在缺陷:认为货币只有交易媒介功能;没有考虑微观主体动机对货币需求的影响;不涉及市场利率的影响;假定货币流通速度和商品交易量不受货币变动的影响。

(二)剑桥方程式

以马歇尔和庇古为代表的剑桥学派,在研究货币需求问题时,重视微观主体的行为。他们认为,财富有消费以获得享受、出于安全和便利考虑而持有货币、投资以获得利息三种用途。处于经济体系中的个人对货币的需求,实质是选择以怎样的方式保持自己资产的问题,并断定货币需求同人们的财富或名义收入保持一定的比例,这一比例取决于持有货币的机会成本和人们对未来的预期等。

对整个经济体系来说,也是如此,因此有:

$$M=k\cdot P\cdot Y$$

假定货币供给和货币需求会很快自动趋于平衡,则:

$$M_d=M=k\cdot P\cdot Y$$

其中,M 为货币供给量;M_d 为名义货币需求量,是人们持有以备购买商品和劳务的货币数量;k 为以货币形态持有的名义国民收入的比例,由人们的资产选择行为决定,受到利率、通货膨胀等因素的影响,被假定是一个常数;P 为一般物价水平;Y 为一定时期内按不变价格计算的商品和劳务的总价值;PY 表示名义国民收入。

剑桥方程式的思路是:社会每个成员在一定时期内可以运用的资财,是他们在这个时期中的全部收入,在其收入中一部分以现金形式保存时,引起对现金的需求。但对现金的需求与全社会成员的收入之间有稳定的比例关系。他指出:若全社会在一个年度中的平均现金余额为 M,则 kY/M 是每一个货币单位的实际价格,即每一个货币单位所能购买到的实物商品量,也就是货币的购买力。

所以现金余额方程式与现金交易方程式的结论基本相同,即物价水平决定于货币量,与货币量的多少呈反方向、同比例变动。但是,这两个方程式有不同的经济意义和分析方法:

(1)对货币的功能考察不同。费雪方程式强调货币的交易手段功能,剑桥方程式强调货币作为一种资产的功能。

(2)对货币需求分析的侧重点不同。费雪方程式侧重货币总流量和总产出与价格水平的关系,故也称现金交易说;剑桥方程式关注微观主体的持币动机,侧重用货币形式保有资产存量占收入的比例,故也称现金余额说。

(3)货币需求决定因素不同。费雪方程式强调了技术上的因素,并排除了在短期内利率对货币需求的任何可能的影响;剑桥方程式强调了个人的选择,决定人们持币多少,有个人的财富水平、利率变动、持有货币可能拥有的便利等诸多因素。

二、凯恩斯主义的货币需求理论及其发展

20 世纪 30 年代的资本主义经济危机,货币流通速度发生了巨大的波动,一些经济学家在大萧条后开始致力于研究影响货币需求的其他因素,以求解释货币流通速度波动的原因。

(一)凯恩斯的流动性偏好理论

1936 年,凯恩斯在《就业、利息和货币通论》中提出货币需求是指一定时期内经济主体能够且愿意持有的货币数量。他的货币需求理论又称流动性偏好理论。流动性偏好,

是指人们宁愿持有流动性高但不能生利的现金和活期存款而不愿持有股票和债券等虽能生利但较难变现的资产。

1.货币需求动机

人们在不同条件下出于不同考虑，对货币有着不同的需要，这些需求共同构成货币需求。根据凯恩斯的观点，人们持有货币有三种动机：交易动机、预防动机和投机动机。

交易动机：即人们为了保证日常交易的顺利进行而必须保留一部分货币，它取决于收入多少、收入与支出间隔期的长短、企业的产量以及产量经过多少程序才能到达消费者手中等因素。由此决定的交易性货币需求是收入的递增函数。

预防动机：即人们为应付意外情况发生而产生的持有货币的愿望，它取决于人们对未来交易水平的预期，而未来交易水平又与收入成比例，据此产生的货币需求也是收入的递增函数。

投机动机：人们为了在未来的某一适当时机进行投机活动而产生的持有货币的愿望，由这种愿望产生的货币需求是投机性货币需求。当现行利率过高时，人们预期利率会下跌，便放弃货币而持有债券，即减少货币需求，这样不仅可以获得较高的债券收益，而且当以后利率下跌时还会因债券升值获得额外的资本盈溢。当现行利率过低时，人们预期利率会反弹，便放弃债券而持有货币，即增加货币需要量，这样可使收益损失和风险降至最低。因此，投机性货币需求是利率的减函数，同利率的高低呈反方向变动。

2.货币需求函数

在交易动机和预防动机中，货币主要充当交换媒介和价值储藏手段，货币需求的利率弹性不大，是收入的递增函数，需求相对稳定并可以预计。若以 M_1 表示满足交易动机和预防动机而需要的货币，Y 表示所得收入，则有：

$$M_1=L_1(Y)$$

在投机货币需求中，货币主要发挥财富储藏的功能，利率弹性较大，是利率的递减函数，这种货币需求很难预测，若以 M_2 表示满足投机性动机需要的货币，r 表示利率，则有

$$M_2=L_2(r)$$

因此，凯恩斯的总货币需求 M 取决于两个流动性偏好函数，货币名义总需求为：

$$M=M_1+M_2=L_1(Y)+L_2(r)=L(Y,r);L_Y>0 \quad L_r<0$$

货币实际总需求，即扣除了物价因素之后的货币需求量为：

$$\frac{M}{P}=L_1(Y)+L_2(r)$$

3.流动性陷阱

流动性陷阱是凯恩斯提出的一种假说，指当一定时期的利率水平降低到不能再低时，人们就会产生利率上升而债券价格下降的预期，货币需求弹性就会变得无限大，即无论增加多少货币，都会被人们储存起来。发生流动性陷阱时，靠增加货币供应量不再能影响利率或收入，货币政策就处于对经济不起作用的状态。

在以利率为纵轴，货币量为横轴的平面上，可以用货币需求曲线上与某一最低限度利

率水平相对应的一段平行于横轴的曲线来描述流动性陷阱。出现这种情况，增加的货币供应量将完全被投机性货币需求吸收，不会引起利率的下降和投资的增加。由于利率的不确定性将造成债券价格升降，人们便有机会在持有债券和持有货币之间进行选择。当市场利率降低(债券价格提高)，且低于某种"安全水平"时，人们预期未来利率将上升(债券价格下跌)，从而愿意多持有货币。反之，人们就会少持有货币而多购买债券。

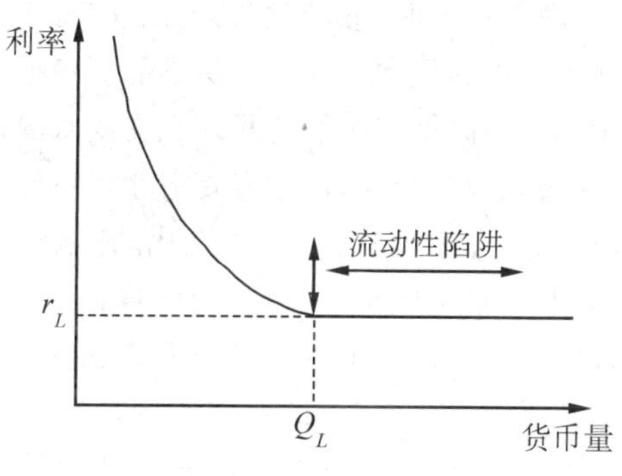

图 14-2 流动性陷阱

凯恩斯理论相对于之前传统货币数量说，有许多独创的地方：

(1)凯恩斯理论强调了货币作为资产或价值储存的重要性，将货币总需求划分为出于各种动机的货币需求。

(2)凯恩斯理论继承了传统货币数量论关于收入在货币需求中的决定作用，还发现了利率也是货币需求的决定因素。

(3)发现了"流动性陷阱"的极端情况。

(二)流动性偏好理论的发展

凯恩斯流动性偏好理论在货币需求理论的发展中具有非常重要的地位。因为它抛弃了货币纯粹作为交易媒介的观点，第一次将货币作为与各种生息资产并列的一种资产来研究。自从流动性偏好理论提出后，许多后凯恩斯主义学者围绕着三个货币需求动机，开展了更为深入的研究，并取得了丰富的成果，典型的有鲍莫尔平方根定律——合理现金持有量的模型、惠伦模型和托宾的资产组合模型。

凯恩斯理论中，交易动机的货币需求只是收入的函数，与利率无关。美国经济学家威廉·杰克·鲍莫尔发现交易动机的货币需求是利率的递减函数，于 1952 年提出了鲍莫尔模型，即"平方根定律"。鲍莫尔认为，任何企业或个人的经济行为都以收益的最大化为目标，因此在货币收入取得和支用之间的时间差内，没有必要让所有用于交易的货币都以现金形式存在。由于现金不会给持有者带来收益，所以应将暂时不用的现金转化为生息资产的形式，待需要支用时再变现，只要利息收入超过变现的手续费就有利可图。一般情况下利率越高，收益越大，生息资产的吸引力也越强，人们就会把现金的持有额压到最低限度。但若利率低，利息收入不够变现的手续费，那么人们宁愿持有全部的交易性现金。

凯恩斯理论中，预防动机的货币需求只是收入的函数，与利率无关。美国经济学家惠伦在考虑了收入和支出在时间上的不确定性以后，分析了决定预防性货币需求的因素，于 1966 年提出的确定预防性货币需求的最佳值公式，即惠伦模型。惠伦认为，决定人们预防性货币需求大小的因素主要有两个：一是持币的成本，包括非流动性成本和利息损失成本，二是收入和支出的状况。所谓的非流动性成本，是指因低估在某一支付期间内的现金需求而带来的损失。当人们不能及时获得足量贷款而手中又没有能迅速变现的资产时，会因缺乏必要的支付能力而陷入经济困境，甚至破产，此时的非流动性成本极高。当人们的资产缺乏流动性，但能随时得到足量贷款时，非流动性成本的大小取决于贷款利率的高低。当人们持有足够且易变现的流动性资产时，非流动性成本等于变现的手续费。人们普遍具有流动性偏好倾向，故该情况是大量和经常存在的。所谓的利息损失（机会成本），是指持有数额一定时，成本大小取决于利率的高低。所谓的收入和支出状况，是指只有当收入和支出的差额（净支出）超过持有的预防性现金余额时，才需要将非货币性资产转化为货币，而这种可能性出现的概率分布受每次收入和支出数额、次数变化的影响，所以，收入和支出状况会引起预防性货币需求的变化。对于惠伦模型，西方经济学界认为其基本结论比较符合现实经济中的一般情况，特别是证明了预防性货币需求对利率的敏感性有较大的政策意义。

凯恩斯在货币投机需求理论中认为，人们对利率变动的预期是确定的，当市场利率变动时，人们只会在货币与债券之间选择其一。这种观点既无法解释人们同时持有货币与债券的现象，也无法说明人们同时持有其他收益率各不相同的金融资产这一现实，因而遭到不少批评。许多学者对凯恩斯的理论发表了新的见解，其中最有代表性的就是“托宾模型”，主要研究在未来预计不确定性存在的情况下，人们怎样选择最优的金融资产组合，所以又称为“资产组合理论”。这个理论是对凯恩斯投机性货币需求理论的发展，论证了在未来不确定的情况下，人们依据总效用最大化原则在货币与债券之间进行组合，货币的投机需求与利率呈反方向变动。

托宾认为，资产的保存形式有两种：货币和债券。债券称为风险性资产，货币被称作安全性资产。风险和收益同方向变化，同步消长，收益越大，风险越大；收益越小，风险越小。

由于人们对待风险的态度不同，就可能做出不同的选择决定，据此，托宾将人们分为三种类型：风险回避者、风险爱好者、风险中立者。托宾认为，现实生活中前两种人只占少数，绝大多数人都属于风险中立者，资产选择理论就以他们为主进行分析。

托宾认为，收益的正效用随着收益的增加而递减，风险的负效用随风险的增加而增加。若某人的资产构成中只有货币而没有债券时，为了获得收益，他会把一部分货币换成债券，因为减少了货币在资产中的比例就带来收益的效用。但随着债券比例的增加，收益的边际效用递减而风险的负效用递增，当新增加债券带来的收益正效用与风险负效用之和等于零时，他就会停止将货币换成债券的行为。同理，若某人的全部资产都是债券，为了安全他就会抛出债券而增加货币持有额，一直到抛出的最后一张债券带来的风险负效用与收益正效用之和等于零时为止。只有这样，人们得到的总效用才能达到最大。这也就是所谓的资产分散化原则。这一理论说明了在不确定状态下人们同时持有货币和债券的原因，以及对二者在量上进行选择的依据。

“托宾模型”表明利率越高，预期收益越高，而货币持有量比例越小，证实了货币投机需求与利率之间存在着反方向变动的关系。“托宾模型”还论证了货币投机需求的变动是通过人们调整资产组合实现的。这是由于利率的变动引起预期收益率的变动，破坏了原有资产组合中风险负效用与收益效用的均衡，人们重新调整自己资产组合的行为，导致了货币投机需求的变动。所以,利率和未来的不确定性对于货币投机需求具有同等重要性。

三、现代货币数量说

20世纪50年代开始,大规模的经济萧条已不再是资本主义世界的主要问题,而是通货膨胀,70年代后,简单的通货膨胀又演变为"滞胀"问题为凯恩斯主义所无法解释。1956年,在对货币数量论的一片反对声中,美国经济学家米尔顿·弗里德曼发表了《货币数量论:一种重新表述》,从而标志着现代货币数量论的诞生。弗里德曼认为:人们想要持有的资产远远不止生息资产(债券)和货币两种,而是应该在更广泛的资产范围内进行选择。

(一)影响人们实际持币量的因素

弗里德曼根据消费者选择理论,分析了总财富及其构成、持有货币的机会成本、持有货币给经济主体带来的效用四个方面对货币需求的影响。

1.总财富

弗里德曼认为,一般的现期收入会受到经济波动的影响,用它来衡量财富是有缺陷的,必须用持久性收入来作为财富的代表。持久性收入,是指消费者在较长一段时间内所能获得的平均收入。

2.财富构成

总财富包括人力财富和非人力财富。人力财富是指人们获取收入的能力;非人力财富是指物质资本,指生产资料及其他物质财富。人力财富对非人力财富的比率是影响货币需求的重要因素。因为人力财富是流动性最差的财富,所以当人力资本占总财富的比重较大时,说明总财富的流动性就比较低,因此对流动性高的资本的需求就大。所以说人力资本在总财富中占的比例越大,对货币的需求就越大;非人力财富占的比例越大,对货币的需求就越小。

3.持有货币的机会成本

持有货币的机会成本是指其他资产的预期报酬率,包括任何当期支付的所得或所支和各种资产项目价格的变动。

4.持有货币给经济主体带来的效用

弗里德曼认为货币数量论并非关于产量、货币收入或物价的理论,而是关于货币需求的理论,是明确货币需求由何种因素决定的理论。

(二)弗里德曼的货币需求函数

弗里德曼认为,影响货币需求的因素是多种多样的。他用一个多元函数来表示货币需求,其公式为:

$$M=f(P,r_b,r_e,\frac{1}{P}\cdot\frac{\mathrm{d}P}{\mathrm{d}t},W,Y,U)$$

式中,M代表名义货币需求量,f代表函数关系,P代表物价水平,r_b代表固定收益的债券利率,r_e代表非固定收益的证券收益率,$\frac{1}{P}\cdot\frac{\mathrm{d}P}{\mathrm{d}t}$代表物价变动率,$Y$代表恒久性收入,$W$代表非人力资本对人力资本的比率,$U$代表反映主观偏好和风险及客观技术与制度等因素的综合变数。这个货币需求函数被称为现代货币数量论的新解释。

弗里德曼的货币需求理论将货币视为一种资产,从而将货币理论纳入了资产组合选择理论的框架,摒弃了古典学派视货币为纯交易工具的狭隘理念。首先设置了预期物价变动率这一独立变量,确定了预期因素在货币理论中的地位。其次强调实证研究的重要性,改正了以往学者们在经济理论,尤其是在货币理论中只顾抽象演绎的缺陷,使货币理论向更可操作的货币政策靠拢了。

(三)弗里德曼理论和凯恩斯理论的区别

弗里德曼理论和凯恩斯理论都是沿着剑桥方程式的思路来发展货币数量理论。但是他们存在着本质上的区别:

(1)凯恩斯考虑的仅仅是货币和生息资产之间的选择,而弗里德曼所考虑的资产范围则要广泛得多。同时,凯恩斯将货币的预期报酬率视为零,而弗里德曼则把它当做一个随着其资产预期报酬率变化而变化的量。

(2)凯恩斯认为,货币需求函数是以货币流动性偏好为基础的,利率是决定货币需求的重要因素,其利率仅限于债券利率,收入为即期的实际收入水平。而在弗里德曼的货币需求函数中,货币需求的利率弹性较低,即对利率不敏感,其利率则包括各种财富的收益率,收入则是具有高度稳定性的恒久收入,是决定货币需求的主要因素。

(3)凯恩斯认为,货币流通速度与货币需求函数不稳定。而弗里德曼则认为,货币流通速度与货币需求函数高度稳定。

(4)凯恩斯认为,国民收入是由有效需求决定的,货币供给量对国民收入的影响是一个间接作用的过程,即经由利率、投资及投资乘数作用而作用于社会总需求和国民收入。弗里德曼则认为,由于货币流通速度是稳定的,货币流通速度的变动则直接引起名义国民收入和物价水平的变动,所以货币是决定总支出的主要因素。

第三节　货币供给概述

一、货币供给和货币供给量

货币供给是指一定时期内一国银行系统向经济中投入、创造、扩张(或收缩)货币的行为,是银行系统向经济中注入货币的过程。货币供给是一个流量概念,是银行的负债,反映在一定时点上银行的资产负债表上。

货币供给量是指一国各经济主体持有的、由银行系统供应的债务总量。货币供给量是一个存量概念。

二、货币供给的层次划分

在当代不兑现信用货币制度下,货币形态的多样化已成为现实。货币既包括流通中的现金,也包括在银行体系的存款,甚至各种票据及其他信用流通工具也在一定程度上作为货币的替代物参与流通,执行着货币的某些职能。

在实践中,一般依据资产的流动性,即各种资产转化为通货或现实购买力的能力来划分不同的货币层次,进而有了不同口径的货币供应量。

世界各国在货币统计上都有各自的划分标准。

(一)美国的货币划分标准

美国的货币统计口径分为四个层次:M1、M2、M3、L 和 Debt。

M1:财政部、联邦储备银行和各存款机构金库之外的通货,非银行发行的旅行支票、各种活期存款、可转让支付命令账户(NOW)、自动转账服务账户(ATS 账户)等近似活期存款账户的存款。

M2:M1、商业银行发行的隔夜回购协议存款、美国银行海外分支机构对美国居民开办的隔夜欧洲美元存款、储蓄存款和小额定期存款、货币市场存款账户、货币市场互助储蓄金额等。

M3:M2、大额定期存款、商业银行和储蓄机构发行的定期回购协议负债、由美国居民持有的美国银行海外机构的欧洲美元定期存款等。

L:M3、非银行的社会公众持有的美国储蓄债券、短期国库券、商业票据和银行承兑票据、货币市场互助基金中上述资产的净额。

Debt:国内非金融机构持有的美国联邦政府、州和地方政府债务,私人机构在信贷市场上的债务(私人债务包括法人债券、抵押债券、消费信用、其他银行票据、银行承兑票据和其他债务工具)。

(二)英国的货币统计口径

英国的货币统计口径分为:M1、M2、英镑 M3、M3、PSL1、PSL2。

M1:流通中的钞票和硬币、英国私人部门的英镑即期存款。

M2:流通中的钞票和硬币、英国私人部门持有的在银行的 10 万英镑以下的活期存款和其他存款(一个月内通知银行提取的零售性存款)。

英镑 M3:M1、英国私人部门的英镑定期存款、英国公有部门的英镑存款。

M3:英镑 M3、英国居民持有的其他通货存款。

PSL1:私人部门所持有的英镑 M3、私人持有的国库券、私人在地方机关及金融机构的存款、纳税存款证、银行承兑汇票。

PSL2:PSL1、其他各种流动性资产如国民储蓄证券及在住房协会、信托储蓄银行和国民储蓄银行的存款等。

虽然各国对货币层次的划分不完全相同,但基本标准是一致的,都是根据货币性资产的流动性强弱而划分的。流动性是指各种货币性资产形态转化为现金所需要的时间和成本的多少,它反映了各种货币性资产作为流通手段和支付手段的方便程度。现金和活期存款是直接可以用于购买和支付的货币,因而流动性最强,被普遍列为第一层次。第二层次的货币性资产,一般包括各类定期存款和储蓄存款,其流动性较活期存款弱。各类非银行金融机构的存款,属于第三层次。再下一个层次的货币性资产,一般是各种短期金融工具,如国库券、银行承兑票据等,其流动性比各种存款弱,比其他长期证券强。

各类货币性资产的流动性不同，表明其在流通中作为购买和支付手段的方便程度不同，形成现实购买力的程度不同，对市场供求关系、物价变动等方面的影响也就不同。按照流动性强弱划分货币层次，进而有区别有重点地加以监测和控制，可以达到更好的控制货币的效果。从各国的实践情况看，流动性最强的 M1 和次强的 M2 一般被作为货币量监控的重点。

(三)IMF 的货币划分标准

为了协调各国的货币统计口径，便于国际经济分析和比较，IMF(国际货币基金组织)对货币层次的划分提供了一个参考标准，它将货币分为三个层次：通货、货币和准货币。

(1)通货：是指流通于银行体系以外的现钞，即居民手中的现钞和企业单位的备用金，不包括商业银行的库存现金。

(2)货币：等于通货加私人部门的活期存款之和。

(3)准货币：由银行的定期存款、储蓄存款、外币存款以及各种短期信用工具如银行承兑汇票、短期国库券等构成。

(四)中国的货币划分层次

中国从 1990 年起开始编制货币供应量统计口径，从 1994 年 10 月开始由中国人民银行向社会定期公布货币供应量统计数据。中国目前的货币供应量划分为以下三个层次：

M0＝流通中现金

M1＝M0＋活期存款(狭义货币)

M2＝M1＋定期存款＋储蓄存款＋其他存款＋证券公司客户保证金(广义货币)

M2－M1＝准货币

中国的货币供应量口径将现金单独划为第一层次(M0)，是出于管理和控制的需要。与发达国家相比，中国的现金在交易中所占比重较大，范围较广泛，单独对其进行监测有特殊意义。

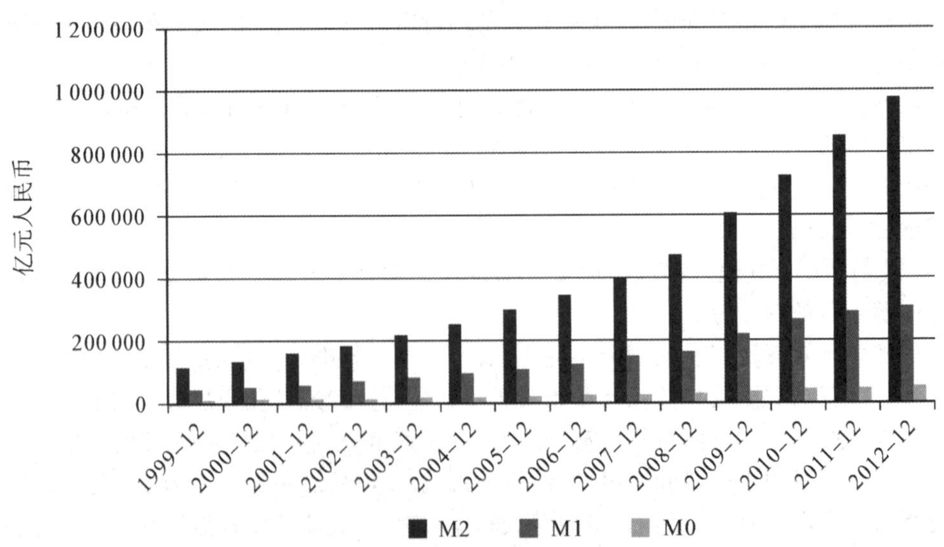

图 14-3　1999—2012 年中国各层次货币供给统计

三、货币供给过程

由于货币供应量包括通货与存款货币，货币供给的过程也分解为通货供给和存款货币供给两个环节。

(一)通货供给

通货供给包括三个步骤：

(1)由一国货币当局下属的印制部门(隶属于中央银行或隶属于财政部)印刷和铸造通货；

(2)商业银行因其业务经营活动而需要通货进行支付时，便按规定程序通知中央银行，由中央银行运出通货，并相应贷给商业银行账户；

(3)商业银行通过存款兑现方式对客户进行支付，将通货注入流通，供给到非银行部门手中。

通货虽然由中央银行供给，但中央银行并不直接把通货送到非银行部门手中，而是以商业银行为中介，借助于存款兑现途径间接将通货送到非银行部门手中。由于通货供给在程序上是经由商业银行的客户兑现存款的途径实现的，因此通货的供给数量完全取决于非银行部门的通货持有意愿。非银行部门有权随时将所持存款兑现为通货，商业银行有义务随时满足非银行部门的存款兑现需求。如果非银行部门的通货持有意愿得不到满足，商业银行就会因其不能履行保证清偿的法定义务，而被迫停业或破产。

上述通货供给过程是货币扩张过程，货币收缩过程与上述程序正好相反。

(二)存款货币供给

在不兑现信用货币制度下，商业银行的活期存款与通货一样，充当完全的流通手段和支付手段，存款者可据以签发支票进行购买、支付和清偿债务。因此，客户在得到商业银行的贷款和投资以后，一般并不立即提现，而是把所得到的款项作为活期存款存入同自己有业务往来的商业银行之中，以便随时据以签发支票等方式进行支付。

商业银行对客户放款和投资时，就可以直接贷入客户的活期存款。所以，商业银行一旦获得相应的准备金，就可以通过账户的分录使自己的资产(放款与投资)和负债(活期存款)同时增加。从整个商业银行体系看，即使每家商业银行只能贷出它所收受的存款的一部分，全部商业银行却能把它们的贷款与投资扩大为其所收受的存款的许多倍。换言之，从整个商业银行体系看，一旦中央银行供给的基础货币被注入商业银行，为某一商业银行收受为活期存款，在扣除相应的存款准备金之后，就会在各家商业银行之间辗转使用，从而最终被放大为多倍的活期存款。

(三)人民币发行程序

人民币的发行程序如图 14-4 所示，它主要通过人民银行的货币发行库和业务库的管理来实现。

中国人民银行作为中央银行，掌握本国货币发行权，又称为“发行的银行”。人民币的具体发行由中国人民银行设置的发行基金保管库(简称发行库)来办理。人民币的发行程序大致分为四步：

(1)提出人民币的发行计划,确定年度货币供应量。每年由人民银行总行根据国家的经济和社会发展计划,提出货币发行和回笼计划,报国务院审批后,具体组织实施。包括负责票币设计、印制和储备。

(2)国务院批准人民银行报批的货币供应量计划。

(3)进行发行基金的调拨。发行库是人民银行为国家保管人民币发行基金的金库。发行基金是中央银行为国家保管的待发行的货币。它是货币发行的准备基金,不具备货币的性质,由设置发行库的各级人民银行保管,总行统一掌管,发行基金的动用权属于总库。发行基金包括两部分:原封新券、回笼券。

(4)普通银行业务库日常现金收付。业务库是各商业银行对外营业的基层机构为办理日常业务保留营业用现金而设立的金库。业务库的库存现金是银行办理日常现金收付的周转金。各商业银行将人民银行发行库的发行基金调入业务库后,再从业务库通过现金出纳支付给各单位和个人,人民币钞票就进入市场。这称为"现金投放"。同时,各商业银行每日都要从市场回收一定的现金,当业务库的库存货币超过规定的限额时,超出部分要送交发行库保管。这称为"现金归行"。货币从发行库到业务库的过程叫"出库",即货币发行;货币从业务库回到发行库的过程称为"入库",即货币回笼。

图 14-4　人民币发行过程

第四节　商业银行的存款货币创造

一、存款货币

存款货币可分为原始存款和派生存款两个部分。原始存款是指商业银行接受客户的现金存款以及从中央银行获得的再贴现或再贷款而形成的准备金存款。原始存款是商业银行从事资产业务的基础,也是信用扩张的源泉。

派生存款是由商业银行的贷款等业务而衍生出来的存款,是在原始存款基础上扩大的那部分存款。

派生存款的形成必须以一定量的原始存款为基础,在商业银行系统内通过存贷款活动形成。原始存款的发生只改变货币的存在形式,而不改变货币的总量。派生存款的发生意味着存款货币总量的增加。

派生存款产生的过程就是商业银行创造存款货币的过程。它是通过各级商业银行吸收存款、发放贷款、转账结算,不断地在各银行存款户之间转移,形成新的存款额,最终导致银行体系存款总量增加的一系列过程。

钱对人们来说，要么就是以现金形式存在，要么就是以账户里的电子数据形式存在。当需要现金时，便从账户里取出存款，获得现金。在一般人的意识里，钱包里的现金和银行账户里的电子账目是完全等同的。从购买力上讲，它们是一样的。但从货币的本质上来讲，纸币和银行账户里的钱是完全两回事。如果打开钱包，抽出一张纸币，会看到上面印有“中国人民银行”几个字，它们说明这张钞票是中国的中央银行发行的；而银行账户里的钱，即以电子账目存在的货币，则是商业银行发行的存款信用货币，它们是在央行发行的纸币的基础上而派生出来的。人们通常认为它们相等，是因为当人们去取款的时候，央行发行的货币和商业银行创造的信用货币，两者间可以自由、等价的兑换。是等价兑换掩饰了两者在本质上的不同。

贷款是凭借借款人的还款能力创造出来的。是银行相信借款人有能力在约定时间内归还本金和利息，才将他人的存在银行的货币的使用权暂时先借给借款人，这种使用权和纸币一样，在市场上可以流通。但是它不同于纸币，因为纸币是无限期留存的，而通过贷款派生出的使用权是受时间限制的，即它会随着贷款的放出而出现，随着贷款的终结而消失。

纸币是央行发行的货币，是国家的信用；而商业银行通过贷款派生的是银行信用货币，即央行货币的短期使用权。所谓银行信用，一是由于该使用权是基于借款人的还款信用，借款人若没能力还款，银行不会借钱出去，因此货币的短期使用权也不会产生；二是由于存款行为也是依赖于商业银行的信用，如果银行信用不好，没人前来存钱，同样也无法创造新的贷款。

美国经济学家和诺贝尔奖获得者弗里德曼在20世纪80年代拍摄的“Freedom To Choose”电视纪录片中说过：“如果我去问银行家们，在填写或签收一张支票时，他们是否在创造新的货币，他们会问我是否发疯了。但是事实就是如此，银行信用货币的创造，不是通过某一银行的单一行为完成的，而是在银行间贷款和存款的交易中完成的，这是一个很简单、却至今仍鲜为人知的事实。”

二、存款货币形成的制度环境和基本条件

存款货币创造是整个银行体系的特殊机能，存款货币创造的功能是属于整个银行体系总体的。存款是通过在账簿上不断记账创造出来的，创造存款的规则，就是规定什么时候可以在账簿上作某种记账的规则。正是这些规则和制度赋予银行系统以创造多倍存款的能力。它们主要有两项：

（一）部分准备金制度是商业银行创造派生存款的必要前提

只有当一个存款机构不用保留100%的存款准备金时，才可能创造派生存款。当一家银行发放贷款或购买证券时，它就失去了等额的准备金。但是它们失去的这些准备金并不是化为乌有，而是进入另一些存款机构，再由后者用于扩大贷款或增加证券持有额。对于一定数量的存款来说，准备金比例越大，银行可贷资金就越少，存款货币的创造就越少；反之，则越多。

20世纪初以来，中央银行为了确保商业银行业经营的安全性，规定商业银行必须上缴一定比例的存款准备金，这就是法定存款准备金制度。但随着银行存款保险制度的建

立、金融市场和公开市场业务的发展、混业经营和金融创新的出现,法定存款准备金制度的必要性及其效能愈来愈低。因此,自 20 世纪 80 年代以来,西方国家出现了法定存款准备金率趋于零的现象,有些国家甚至已经取消了法定存款准备金制度。

但法定存款准备金制度的取消,并不意味着商业银行的存款准备金可以为零。只是中央银行不再强制要求存款准备金的水平罢了。即使取消法定存款准备金制度,商业银行也会依照自身经营的状况保留一定比例的准备金,否则商业银行势将面临流动性不足的风险。因此,即使取消法定存款准备金制度,部分准备制度也依然会存在,商业银行的存款货币创造也仍然受存款准备机制的制约,不可能是无限的。

(二)转账结算是商业银行派生存款过程的保证

存款货币是贷款投放的结果。存款货币经由转账结算的转移使得基础货币(即商业银行准备金)在商业银行间实现等量转移。如果贷款被提现,那么等量的准备金就会漏出银行系统。但只要在那笔准备金及由此产生的贷款到期前,将这部分漏出的准备金再存入银行,被银行系统吸收,那么存款货币的创造就会重新开始,并持续下去。只有当人们所提取的现金不再存入银行的时候,存款货币的创造才会停止。非现金结算制度的出现正是保证了这一情况不会发生。

非现金结算制度是银行制度的重要组成部分,它使得支票存款等具有转账支付等功能的存款具有了货币的交易媒介职能和支付手段的功能。于是人们在取得贷款后,不再提现,从而确保准备金保留在银行体系内部不断循环,存款货币创造过程才得以继续。可见,转账结算制度是存款货币创造过程得以维持、不被中断的前提。

三、存款货币的创造过程——一个例子

假设整个银行体系由中央银行和至少两家商业银行所构成;法定存款准备金率为 20%($r_d=20\%$);商业银行系统不保留超额存款准备金,即银行超额准备金为零;银行客户将其一切收入均存入银行体系(不存在现金漏损),经济体系中的所有交易均通过银行账户之间的转账结算方式进行支付,银行体系没有现金外流发生($c=0$),客户也没有将活期存款转为定期存款。

假设在该经济体系中有以下存贷款业务发生:

(1)设 A 银行吸收到客户甲存入 10 000 元现金,由于法定准备金率为 20%,且无超额准备金,则 A 银行产生了 8 000 元的可贷资金。假设全部贷给客户乙。则 A 银行的资产负债状况变化如下:

表 14-1 A 银行

单位:元

资　产		负　债	
准备金	+2 000	存款	+10 000
贷款(证券)	+8 000		
总额	+10 000	总额	+10 000

(2)客户乙将 8 000 元支付给客户丙,丙将其存入自己的往来银行 B,B 银行按法定存款准备金比率 20%提取准备金 1 600 元,其余 6 400 元贷给客户丁。

表 14-2 B 银行

单位:元

资　产		负　债	
准备金	+1 600	存款	+8 000
贷款(证券)	+6 400		
总额	+8 000	总额	+8 000

(3)客户丁将借到的 6 400 元用于支付给 C 银行的客户,最终被以支票存款的形式存入 C 银行。C 银行按法定存款准备金比率 20%提取准备金 1 280 元,并将余下的 5 120 元用于贷放。

表 14-3 银行 C

单位:元

资　产		负　债	
准备金	+1 280	存款	+6 400
贷款(证券)	+5 120		
总额	+6 400	总额	+6 400

(4)(1)~(3)的过程可以不断地循环进行,直到所有银行的法定准备金增加额达到 10 000元,即 10 000 元的原始存款全部转化成法定准备金,该过程才会结束。该过程结束后,整个银行体系的资产负债增加结果如表 13-4 所示。

表 13-4 存款货币完全扩张的结果

银行	活期存款	法定准备金	贷款
A	10 000	2 000	8 000
B	8 000	1 600	6 400
C	6 400	1 280	5 120
D	5 120	1 024	4 096
⋮	⋮	⋮	⋮
合计	50 000	10 000	40 000

由以上分析可以发现,在这个循环进行的存、贷款过程中,只有 A 银行吸收的 10 000 元存款是原始存款,其他存款都是基于该存款而派生出来的派生存款。这个存款派生过程结束时,整个银行体系的存款货币总额 D 变成了:

$$
\begin{aligned}
D &= 10\,000 + 8\,000 + 6\,400 + \cdots \\
&= 10\,000 \times [1 + (1-20\%) + (1-20\%)^2 + \cdots] \\
&= 10\,000 \times \frac{1}{20\%} \\
&= 50\,000
\end{aligned}
$$

一般地,假设法定存款准备金率为 r_d,准备金总额为 R(即原始存款),存款货币总额为 D,则:

$$D=R\times[1+(1-r_d)+(1-r_d)^2+\cdots]$$
$$=R/r_d$$

上述过程表明,在部分准备金制度下,一笔原始存款通过整个银行体系的派生存款创造过程,可产生大于原始存款若干倍的存款货币。这一扩张的数额,主要取决于两大因素:一是原始存款量的大小;二是法定准备金率的高低。原始存款量越多,创造的存款货币量越多;反之,越少。法定准备率越高,扩张的数额越小;反之,则越大。

这里的存款乘数是 1/20%=5,即存款货币是原始存款的 5 倍。存款乘数的含义是每一元准备金的变动所能引起的存款变动。用公式表示为:

$$K=1/r_d$$

四、存款货币创造的主要制约因素

存款货币的创造过程表明,存款货币的产生是由存款—贷款的循环过程导致的,该循环过程能否进行取决于两个方面的因素:一是非银行公众对贷款的需求,二是银行体系能否满足贷款需求,即银行体系的货币创造能力。前者表明存款货币创造机制是一种有弹性的货币机制,在银行体系的货币创造能力正常的情况下,社会的货币供应量能根据客观经济过程对货币的需求而自动调整。这里所讨论的存款货币创造的制约因素是指对银行体系的货币创造能力的制约,银行体系的货币创造能力就表现为存款乘数。存款乘数越大,存款货币创造的能力也越大。

存款乘数的决定因素主要有以下四个方面:

(一)法定存款准备金率(r_d)

商业银行必须从其吸收的存款中按一定比例提取法定存款准备金,上缴中央银行,商业银行不得动用。这部分资金就是法定存款准备金。法定存款准备金占全部活期存款的比例就是法定存款准备金率。法定存款准备金率越高,商业银行创造存款货币的倍数越小;反之,越大。

(二)超额准备金率(e)

商业银行为了安全和应付意外之需,实际持有的准备金常常多于法定存款准备金,从而形成了超额准备金。这是指商业银行超过法定存款准备金而保留的准备金,超额准备金占全部活期存款的比率就是超额准备金率。

(三)现金漏损率(c)

现金漏损率又称为商业银行活期存款的提现率,是指公众持有的现金与银行存款总额的比率,这部分现金减少了商业银行的可能达到的存款准备金总额,也是影响存款扩张倍数的一个重要因素。

(四)定期存款比率(t)和定期存款准备金率(r_t)

在现实中,公众在银行的存款不会全部是活期存款,有些会是定期存款。而定期存款的稳定性较好,储户取款的时间比较确定,通常中央银行对定期存款所要求的准备金率也较低。$r_t \cdot t$ 提高,银行信用扩张能力缩小;反之,则提高。

综合以上各因素的影响,存款乘数(K)的公式可修正为:

$$K=\frac{1}{r_d+c+e+r_t \cdot t}$$

第五节 货币供给理论

一、货币供给的决定因素

货币供给(M)取决于基础货币(B)和货币乘数(m)两个因素:

$$M=m\times B$$

(一)基础货币

基础货币是货币当局的负债,是由货币当局投放并为货币当局所能直接控制的那部分货币。它主要由商业银行的存款准备金和流通于银行体系之外为社会公众所持有的现金组成,即 $B=C+R$。基础货币又称高能货币或强力货币。

基础货币=流通中通货+商业银行准备金

表 14-5 中央银行的资产负债表

资 产	负 债
证券($A1$)	发行在外的现金($L1$)
贴现贷款($A2$)	银行存款($L2$)
财政借款或透支($A3$)	财政性存款($L3$)
黄金、外汇和特别提款权($A4$)	其他负债($L4$)
在途资金($A5$)	中央银行资本($L5$)
其他资产($A6$)	
合计	合计

从中央银行的资产负债表看,基础货币可以表示为:

$$\begin{aligned}B&=C+R\\&=L1+L2\\&=(A1+A2+A3+A4+A5+A6)-(L3+L4+L5)\\&=\sum\text{央行资产}-\sum\text{除通货和准备金外的负债和资本}\end{aligned}$$

基础货币是中央银行对公众和商业银行的负债,是商业银行创造派生存款的基础。中央银行可以在很大程度上对其进行控制。

每个国家的基础货币都来源于货币当局的投放。货币当局投放基础货币的渠道主要有三条：一是直接发行通货；二是变动黄金、外汇储备；三是实行货币政策，其中以公开市场业务，向商业银行提供再贷款和再贴现为主。

(二)货币乘数

货币乘数也称货币扩张系数，是用以说明货币总量与基础货币之倍数关系的一种系数。在基础货币一定的条件下，货币乘数决定了货币供给的总量。一般来说货币乘数都大于1，即每一单位基础货币的增加，将导致数倍的货币供给的增加。

假设：

(1)流通中现金 C 和活期存款 D 保持固定的比率(通货比率)：$C/D=k$；

(2)定期存款 T 和活期存款 D 也保持固定的比率：$T/D=t$；

(3)活期存款的法定准备金率为 r_d，定期存款的法定准备金率为 r_t；

(4)银行持有的准备金为 R，超额准备金为 E，超额准备金率为 e。

就狭义的货币定义 $M1$，$M1=C+D$，其中，D 表示商业银行活期存款，C 表示通货。以 B 表示基础货币，以 R 表示商业银行的准备金，则 $B=R+C$。

$$m=\frac{M1}{B}=\frac{D+C}{R+C}=\frac{D+C}{r_d\cdot D+r_t\cdot T+E+C}$$

$$m=\frac{D+k\cdot D}{r_d\cdot D+r_t\cdot t\cdot D+e\cdot D+k\cdot D}$$

$$=\frac{1+k}{r_d+r_t\cdot t+e+k}$$

若使用广义货币定义 $M2$，则：

$$m_2=\frac{D+C+T}{r_d\cdot D+r_t\cdot t\cdot D+e\cdot D+k\cdot D}$$

$$=\frac{D+k\cdot D+t\cdot D}{r_d\cdot D+r_t\cdot t\cdot D+e\cdot D+k\cdot D}$$

$$=\frac{1+k+t}{r_d+r_t\cdot t+e+k}$$

由以上推导可知，影响货币乘数的决定因素主要有五个方面：活期存款的法定准备金比率(r_d)、定期存款的法定准备金比率(r_t)、定期存款对活期存款比率(t)、超额准备金比率(e)及通货比率(k)。这些决定因素本身又分别受多种因素的影响，它们对货币乘数，从而对货币供给量的影响则更是纷繁复杂的。

影响货币供给量的经济主体主要有三大类：(1)中央银行；(2)商业银行；(3)非银行公众。中央银行决定法定存款准备金率 r_d 和 r_t；商业银行根据市场利率、投资机会和银行获取资金的难易和成本选择超额存款准备金水平，决定超额准备金率 e；公众持有通货的机会成本和流动性偏好程度影响 k 的大小；同时定期存款利率以及公众的收入和财富则是影响 t 的因素。

货币供给受基础货币和货币乘数影响，而基础货币由贴现贷款、公开市场业务、黄金和国际收支、财政收支等因素决定；货币乘数则由法定准备金率、超额准备金率、通货比率、定期存款比率、技术和制度性特征等因素决定。这些影响过程可汇总成图14-5所示。

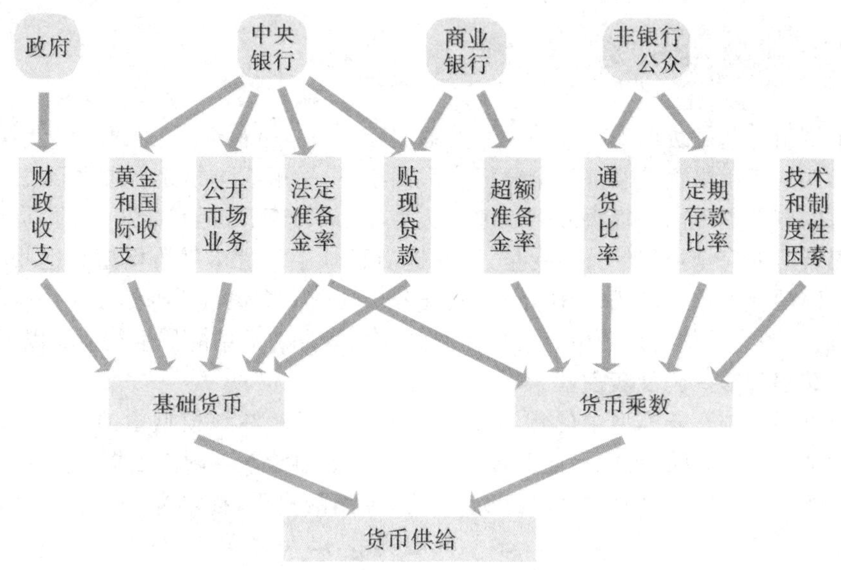

图 14-5 货币供给的主要影响因素和过程

(三)货币乘数与存款乘数的联系与区别

货币乘数和存款乘数都是用以阐明现代信用货币具有扩张性的特点。货币乘数是以货币供应量为分子、以基础货币为分母的比值;货币乘数是从中央银行的角度进行的宏观分析,关注的是中央银行提供的基础货币与全社会货币供应量之间的倍数关系。

存款乘数是以总存款(原始存款加派生存款)为分子、以原始存款为分母的比值。是从商业银行的角度进行的微观分析,主要揭示银行体系是如何通过吸收原始存款、发放贷款和办理转账结算等信用活动创造出数倍存款货币的过程。

(四)货币供给的内生性和外生性

货币供给的内生性是指货币供给的变动,主要取决于经济体系中的实际变量如收入、储蓄、投资、消费等因素,以及公众、商业银行等微观主体的经济行为,而不是取决于货币当局的政策行为。该理论认为货币当局并不能有效地控制货币供应量。其主要依据是货币供给受众多主体行为影响,实际经济运行对货币供给有决定性作用;金融创新对货币供给影响巨大;中央银行受制于多方因素,不能单独决定货币供给。

货币供给的外生性是指货币供给的变动,主要取决于货币当局的政策行为,而不是取决于经济体系中的实际变量和微观主体行为。认为货币当局能够有效地控制货币供给量。其主要依据是中央银行对基础货币的控制能力很强,同时对决定货币乘数的因素具有强大的影响力和控制力。

货币供给理论的内生性还是外生性一直是一个争论不断的问题,在我国也不例外。主张内生货币供应理论的学者认为:中央银行的独立性不强;经济运行中的内生性影响因素很强。而主张外生货币供应论的学者则认为:从本源上说货币供给都是由中央银行的资产负债业务决定的,货币供给是完全可以控制的;我国的中央银行有足够的权威和手段控制货币供应量。

二、外生的货币供给理论

货币供给与基础货币和货币乘数的关系实际上是一个恒等式，通过恒等变换，可以得到不同形式的货币乘数。经济学家分析货币供给时，采用不同的货币乘数形式，是因为他们所考虑的侧重点不同。货币外生性理论认为货币供给函数是稳定可测的，货币供应量是中央银行所能完全控制的外生变量，因此提出了外生的货币供给模型。这些模型首先表现为不同的货币乘数形式；其次，通过实证分析证明中央银行之外的影响因素是稳定可测的；从而证明货币供给是受中央银行控制的外生变量。常见的外生模型有以下几种：

(一)弗里德曼—施瓦茨模型

弗里德曼—施瓦茨模型中的货币定义为 $M2$。所以，在该模型中的“D”不仅包括商业银行的活期存款，而且也包括商业银行的定期存款和储蓄存款。根据此定义，$M=C+D$。弗里德曼和施瓦茨把为中央银行所能直接控制的货币，称之为“高能货币”。它由通货与商业银行准备金构成。如以 H 表示高能货币，以 R 表示商业银行准备金，则 $H=C+R$。则弗里德曼—施瓦茨模型的货币乘数可以通过以下恒等式变换得到：

$$M=C+D=\frac{C+D}{H}\cdot H=\frac{C+D}{C+R}\cdot H=\frac{\frac{C+D}{C\cdot R}}{\frac{C+R}{C\cdot R}}\cdot H$$

$$=\frac{\frac{1}{R}+\frac{D}{R}\cdot\frac{1}{C}}{\frac{1}{R}+\frac{1}{C}}\cdot H=\frac{\frac{D}{R}+\frac{D}{R}\cdot\frac{D}{C}}{\frac{D}{R}+\frac{D}{C}}\cdot H=\frac{\frac{D}{R}\left(1+\frac{D}{C}\right)}{\frac{D}{R}+\frac{D}{C}}\cdot H$$

$$m=\frac{\frac{D}{R}\left(1+\frac{D}{C}\right)}{\frac{D}{R}+\frac{D}{C}}$$

基础货币 H 由中央银行决定，影响货币乘数的变量在该模型中就简化成两个变量：存款对准备金的比率 D/R 和存款对通货的比率 D/C。

存款对准备金的比率 D/R 决定于银行体系，虽然银行体系不能决定存款和准备金的绝对量，但却决定这二者之比。一般来说，银行能够通过改变超额准备金迅速地达到它们意愿的存款与准备金之比。同时，这一比率受制于中央银行的法定准备金率的规定，还受经济形势的影响，尤其在经济萧条，贷款无法顺利发放时，银行也不得不改变其意愿的 D/R。如果将货币乘数写成：

$$m=\frac{1+\frac{D}{C}}{1+\frac{D}{C}/\frac{D}{R}}$$

就容易看出，货币乘数与存款对准备金的比率 D/R 是同方向变化的。

存款对通货的比率 D/C 决定于公众的选择，同样的，公众无法决定存款和通货的绝对量，但能决定其比率，影响因素主要是公众对流动性的偏好程度和持有通货的机会成本。同样也可以将货币乘数改写成：

$$m=\frac{\frac{D}{R}\left(1+\frac{D}{C}\right)}{\frac{D}{R}+\frac{D}{C}}=\frac{\frac{D}{R}/\frac{D}{C}+\frac{D}{R}}{\frac{D}{R}/\frac{D}{C}+1}=1+\frac{\frac{D}{R}-1}{\frac{D}{R}/\frac{D}{C}+1}$$

上式同样表明，货币乘数也与存款对通货的比率 D/C 同方向变化。

弗里德曼和施瓦茨应用以上分析框架，检验了美国 1867—1960 年的货币史，得出的主要结论是：基础货币是广义货币供应量的长期性和主要周期性变化的主要原因，存款对准备金的比率 D/R 和存款对通货的比率 D/C 则对金融危机情况下的货币供给有决定性影响，而存款对通货的比率 D/C 则对货币温和的周期性变化有重要作用。同时，他们也认为货币供给函数是稳定可测的，中央银行可以采取相应的措施抵消银行体系和公众选择对货币供给的影响，因此，中央银行对货币供给具有很强的控制能力，货币供给是外生的。

（二）卡甘模型

卡甘的研究与弗里德曼、施瓦茨的研究几乎是同时进行的，他们所用的分析方法也很相似，研究过程也经常交流，但卡甘是专门研究货币存量的决定及其影响的。

根据货币的定义：$M=C+D$，两边同时除以 M，并移项后得：$\frac{D}{M}=1-\frac{C}{M}$

以 R 表示存款准备金，则$\frac{R}{M}=\frac{R}{D}\cdot\frac{D}{M}=\frac{R}{D}\left(1-\frac{C}{M}\right)$

高能货币 H 为货币供给 M 的一部分，有：

$$\frac{H}{M}=\frac{C+R}{M}=\frac{C}{M}+\frac{R}{M}=\frac{C}{M}+\frac{R}{D}(1-\frac{C}{M})=\frac{C}{M}+\frac{R}{D}-\frac{R}{D}\cdot\frac{C}{M}$$

$$M=\frac{H}{\frac{C}{M}+\frac{R}{D}-\frac{R}{D}\cdot\frac{C}{M}} \tag{13-1}$$

货币乘数为：$m=\dfrac{1}{\frac{C}{M}+\frac{R}{D}-\frac{R}{D}\frac{C}{M}}$

可见，在卡甘的分析中，货币乘数的决定也只有两个因素：通货与货币供给量之比（C/M）和准备金与存款之比（R/D），这只是在形式上与弗里德曼、施瓦茨的分析略有不同。卡甘认为政府控制基础货币，公众和商业银行共同决定基础货币为公众和银行的持有比例。通货与货币供给量之比（C/M）和准备金与存款之比（R/D）上升，货币乘数变小；反之，货币乘数增大。

卡甘不仅定性地分析了货币供给的各个决定因素，并且实证检验了各决定因素对货币供应变化率的作用。

首先对(13-1)式取自然对数得：

$$\ln M=\ln H-\ln\left(\frac{C}{M}+\frac{R}{D}-\frac{R}{D}\cdot\frac{C}{M}\right)$$

再对上式两边分别对时间求导数，可得：

$$\frac{1}{M}\frac{\mathrm{d}M}{\mathrm{d}t}=\frac{1}{H}\frac{\mathrm{d}H}{\mathrm{d}t}-\frac{M}{H}\left(1-\frac{R}{D}\right)\frac{\mathrm{d}\left(\frac{C}{M}\right)}{\mathrm{d}t}-\frac{M}{H}\left(1-\frac{C}{M}\right)\frac{\mathrm{d}\left(\frac{R}{D}\right)}{\mathrm{d}t}$$

利用以上分析框架，卡甘用统计分析方法检验了美国1875—1960年期间各决定因素对货币供给的长期性增长和增长率的周期性变化所发挥的作用。卡甘的研究结论是：基础货币的增长是9/10的货币存量增长的原因，只有1/10的长期性货币增长是由通货比率和准备金比率的下降引起的。而在周期性变化中，通货比率是最重要的，它是货币存量变化率周期变动的约一半的来源，而基础货币和准备金比率则分别导致约1/4的变动。

(三)乔顿模型

1969年，美国经济学家乔顿(Jerry L. Jordan)对以上两个模型进行了改进和补充，考虑了不同种类的存款采用的不同准备金率对货币供应量的影响，导出了一个较为复杂的货币乘数模型。

该模型采用狭义的货币定义$M1$，即$M1=D+C$。

其中，D表示商业银行活期存款，C表示通货。以H表示基础货币，R表示商业银行的准备金，则$H=R+C$。

乔顿的货币乘数形式是：

$$M1=C+D=\frac{C+D}{H}\cdot H=\frac{kD+D}{kD+r(D+T+G)}\cdot H$$
$$=\frac{kD+D}{kD+r(D+tD+gD)}\cdot H=\frac{k+1}{k+r(1+t+g)}\cdot H$$
$$m=\frac{k+1}{k+r(1+t+g)}$$

式中，r：各种存款(包括活期存款D，定期存款T，政府存款G)的加权平均准备率；k：通货与活期存款比率；t：定期与活期存款比率；g：政府存款与活期存款比率。

在乔顿模型中，决定货币乘数的变量有k、r、t、g。不难理解，当r、t、g上升时，货币乘数减小。对于通货比率k，通常也认为其上升时，意味着，在存款扩张中现金漏出的增加，货币乘数下降。但在数学上，还存在另外一种可能：k与货币乘数同方向变动。货币乘数可以改写成以下形式：

$$m=\frac{k+1}{k+r(1+t+g)}=1+\frac{1-r(1+t+g)}{k+r(1+t+g)}$$
$$=1-\frac{r(1+t+g)-1}{k+r(1+t+g)}$$

当$r(1+t+g)>1$时，k与货币乘数同方向变动。$r(1+t+g)>1$意味着$m<1$，活期存款小于存款准备金总额，在活期存款扩张的过程中，漏向其他存款准备金的数额很大，以至于活期存款相对于准备金而言，不是扩张而是收缩了。因此，在H保持不变时，k降低，基础货币中的C下降，准备金R等值上升，D随之上升，但上升的绝对量小于R上升量，因此$M1$下降，货币乘数减小，即货币乘数与k同方向变动。但在实际情况中，这种情形很少出现。

第六节 通货膨胀及其度量

一、物价总水平和货币购买力

价格是商品价值的货币表示。例如：面包的价格是 2 元/块，就意味着一块面包的购买力是 2 元，就是其购买货币的能力。因此，一单位商品的价格就代表了该商品的购买力。实际上，任何商品的购买力也可以用其他商品来表示。比如：现在 1 块面包可以换 0.5斤面粉，则这块面包的购买力就是 0.5 斤面粉；而 1 斤面粉的购买力就是 2 块面包，不过现在已经有了货币这一一般等价物，所有商品的购买力都用货币表示(价格)，就容易直观地比较。

同样的，商品的价格也隐含着货币的购买力。例如：面包的价格是 2 元/块，就意味着 1 元钱只能买到 0.5 块面包，即一单位货币的购买力用面包表示就是 0.5 块面包。因此，货币的购买力就是商品价格的倒数。

假设整个社会只有四种商品，它们的价格分别是：

面包	2 元/块
衣服	50 元/件
鞋子	20 元/双
电视机	2 000 元/台

则货币的购买力就可以用以上价格的倒数构成的序列表示，即一单位货币的购买力是：

	0.5 块面包；
或	1/50 件衣服；
或	1/20 双鞋子；
或	1/2 000 台电视机。

如果市场上所有商品的价格都翻倍了，即：

面包	4 元/块
衣服	100 元/件
鞋子	40 元/双
电视机	4 000 元/台

则一单位货币的购买力就减半，变成了：

	1/4 块面包；
或	1/100 件衣服；
或	1/40 双鞋子；
或	1/4 000 台电视机。

市场上的商品种类很多，用哪一种商品来表示货币的购买力合适呢？显然用哪一种都不合适，用任何一种都只能片面地表明货币的购买力。既然所有商品的购买力都用货

币表示，自然地，用所有商品的价格来表示货币的购买力应是合适的。

假设，整个社会全部的商品就是：100 块面包、20 件衣服、10 双鞋子和 1 台电视机，我们将这所有的商品称为一篮子商品，这一篮子商品的价格就是：

100×2＋20×50＋10×20＋1×2 000＝3 400 元

相应的，货币购买力就可以表示成：

1/3 400 单位篮子商品

如果所有商品的价格都翻倍之后，该篮子商品的价格就是：

100×4＋20×100＋10×40＋1×4 000＝6 800 元

货币购买力就减半成：

1/6 800 单位篮子商品

以上一篮子商品的价格就称之为价格总水平，用 p 表示；货币购买力用 PPM（purchasing power of money）表示，则有：

$$PPM=\frac{1}{p}$$

经济分析关心的是价格水平或购买力的变动，而不是绝对值。因此，经济分析通常用编制指数的方法表示价格水平。设定某个时期为基数，将该时期的价格水平设定为 100；将其他时期的价格水平，根据其与基期价格的相对大小，换算成它的价格指数。例如，在上述例子中，人为地将初期一篮子商品的价格水平 3 400 元设定为价格指数 100，则价格翻倍后的价格指数就是 200。这样就能容易地看出该期的价格比基期上涨了 100%。如果计算出某一期的价格指数为 106，说明该期的价格水平比基期上涨了 6%。

在实践中，根据这一篮子商品的构成的不同，各国都编制并发布不同的价格指数。主要价格指数有：消费者价格指数（CPI）、生产者价格指数（PPI）和 GDP 平减指数（GDP Deflator）等。

消费者价格指数所用的一篮子商品价格是城乡居民所购买的生活消费品和服务项目的价格。

生产者价格指数所用的一篮子商品价格是企业购买的一篮子物品和劳务的总费用。

GDP 平减指数所用的篮子商品最广泛，它包括全部商品和服务，除消费外，还包括生产资料和资本、进出口商品和劳务等。因此，这一指数能够更加准确地反映一般物价水平走向，是对物价总水平最宏观的测度。

二、货币供求与物价总水平的变动

在微观经济学中，学习了供给和需求如何决定某种特定商品的价格。事实上，决定货币购买力（物价总水平）的供求因素与决定某个商品价格（购买力）的供求因素类似，也可以通过货币的供给与需求曲线来分析。

(一)货币供给与货币需求

货币供给有两个特征。一是给定市场上的货币总量时,经济个体(不包括中央银行和商业银行)的货币使用行为是无法改变这一货币总量的。就个体而言,人们可以通过购物将手中货币用掉;但从总体上看,他们所花掉的货币并没有消失,而是从一个人手中转移到了另一个人的手中。二是货币供给主要由中央银行控制,具有很强的外生性,这一特征决定了货币供给不会因为货币购买力(物价总水平)的变动而直接变动。因此,在货币购买力—货币数量(PPM-M)平面上,货币供给可以简化成为一条垂直线。如图 14-6 所示。

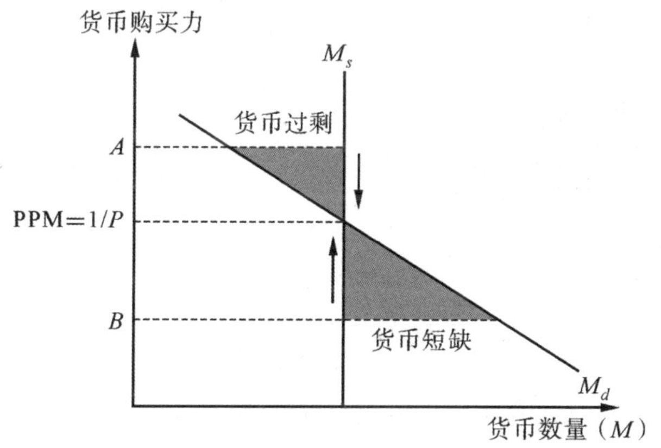

图 14-6 货币供给与货币需求的购买力曲线

货币需求与货币购买力的关系主要反映在货币需求的交易动机和预防动机。人们获得货币要付出成本,得到货币之后,主要有两种用途:一是现在就消费或投资;二是留着它,增加持有的现金余额,以后再消费或投资。假如物价水平突然下跌到现在的一半(单位货币的购买力上升一倍),则人们只需保留原有货币量的一半左右就能满足原来的交易或预防需求。相反,如果物价水平上升一倍(货币购买力下降到原来的一半),则需要持有原有货币量的一倍,才能满足原定的交易和预防等货币需求,即购买同样的商品和服务需要更多的货币。可见,货币需求与其购买力的关系也与普通商品与价格的关系类似,货币需求是其购买力的减函数,是物价水平的增函数。如图 14-6 所示。

在货币供给等于货币需求时,会有一个稳定的均衡货币购买力(物价水平);如果物价水平偏离其均衡水平,会有内在的稳定机制使其恢复均衡。例如,如果由于某种意外的原因,在货币供给与需求状况不变(货币供给和需求曲线没有移动)的情况下,物价水平突然降低(货币购买力突然上升)到 OA 位置,货币需求减少,而货币供给不变,市场就出现货币过剩现象($M_d < M_s$),这时人们就会发现手中持有的货币多于在当前价格水平下的货币需求,就会试图将多余的货币花出去,增加对各种商品或服务的购买。但货币的一次性支出,并不会减少货币总量,而只是转移到别人的手中,这种货币剩余导致的购买支出的增加会循环往复地进行,直到物价水平回升,减缓货币过剩状况,使之逐步恢复到均衡状态。如 14-6 图中的箭头方向所示。

相反,如果物价水平突然上升,货币购买力下降到 OB 位置,货币需求增加,出现货币短缺，人们就会减少对商品和服务的购买，物价水平又会下降，减缓货币短缺状况，逐步恢复到均衡状态。

“为什么物价总水平会一直变动？如果说货币供给和货币需求的均衡决定物价总水平，那么原因就很明了：当且仅当这两个基本因素——货币供给或货币需求——其中一个或两个同时变化的时候，物价总水平才会发生变化。”①

(二)货币供给对物价总水平变动的影响

图 14-7 描述了当经济中货币供给增加或减少对物价总水平的影响。

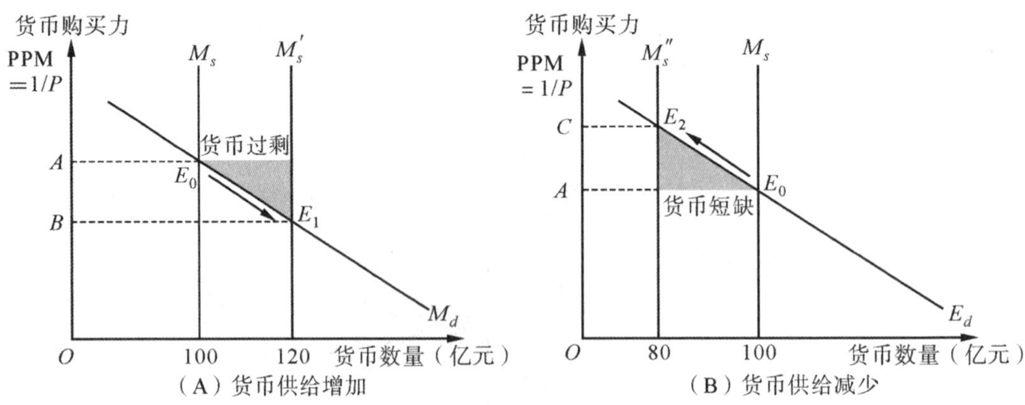

图 14-7　货币供给变动对物价总水平的影响

如图 14-7(A)，初始的货币供给 M_s 与货币需求 M_d 相交于 E_0，确定了初始的货币购买力(OA)和初始的物价水平($1/OA$)；当货币供给增加到 M_s' 时，流通中的货币总量就增加了 20 亿元，这多出来的 20 亿元就是在价格水平 $1/OA$ 上的超额货币供给。钱多了，公众就会增加消费和投资；因为货币用了不会消失，而仅仅是转移，因此这部分货币会循环往复地被使用，最终导致消费品和资本的价格水平提高，物价总水平上升，货币购买力下降，同时也使得货币需求增加。最后货币购买力下降到 OB，货币需求也上升到 120 亿元，市场在新的物价水平上实现均衡。

图 14-7(B)则相反，当货币供给减少到 M_s''(80 亿元)时，流通中的货币总量减少了 20 亿元。市场上的货币总量满足不了在价格水平 $1/OA$ 上货币需求量。钱少了，人们就会减少消费和投资，从而降低消费品和资本品的价格水平，导致物价总水平下降，货币购买力上升；同时也使得货币需求减少。最后，货币购买力上升到 OC，货币需求下降到 80 亿元，货币供求在新的物价水平 $1/OC$ 上实现均衡。

(三)货币需求变动对物价总水平的影响

图 14-8 描述了货币需求变动对物价总水平的影响

货币需求的增加会导致物价总水平的下降。如图 14-8(A)，初始的货币供给 M_s 与货币需求 M_d 相交于 E_0，确定了初始的货币购买力(OA)和初始的物价水平($1/OA$)；在货币供给和货币需求不发生改变的情况下，该物价总水平是均衡的，具有内在的稳定性。如果

① [美]默里·罗斯巴德:《银行的秘密》，清华大学出版社 2011 年版，第 36 页。

因为某种原因，货币需求增加，需求曲线由原来的 M_d 右移到 M'_d，则在现有的物价水平下，潜在的货币需求变成了 120 亿元，比现实的货币供给 100 亿元多了 20 亿元，出现货币短缺。在这种情况下，人们会减少支出、增加储蓄以提高货币持有量。支出的减少，带来物价水平的下降，缓解货币短缺问题，最终，货币购买力上升到 OB，物价水平下降到 $1/OB$，货币供给和货币需求在新的物价水平下恢复到 100 亿元的均衡。

图 14-8(B)则相反，当由于某种原因导致的货币需求减少，需求曲线由原来的 M_d 左移到 M''_d，在现有的物价水平下，货币需求变成了 80 亿元，而公众手中实际持有的货币量为 100 亿元，超过了货币需要量。这多出来的 20 亿元，会使公众增加消费和投资，提高物价总水平，降低货币购买力，提高货币需求，使之恢复到 100 亿元。最终货币供给与货币需求在新的物价水平 $1/OC$ 上实现新的均衡。

综合以上分析，物价总水平只会因为货币供给和货币需求的变动而变动。如果货币供给增加，物价总水平上升；货币供给减少，物价总水平下降。如果货币需求增加，物价总水平下降；货币需求减少，物价总水平上升。

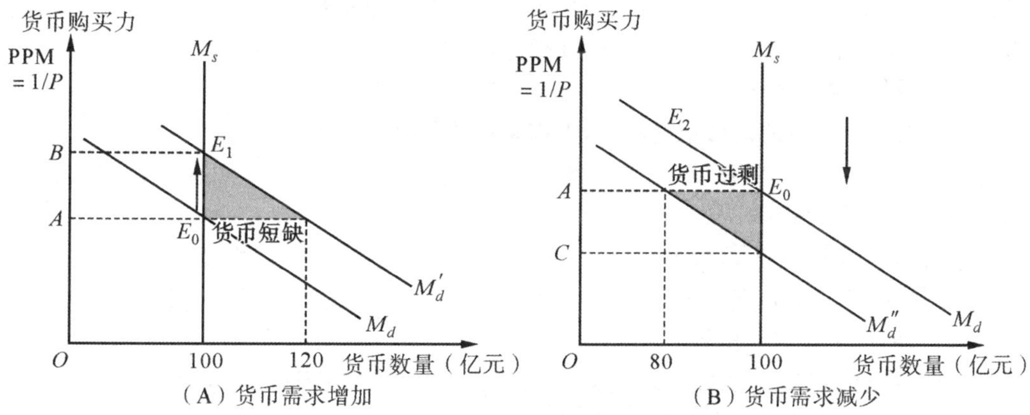

图 14-8 货币需求变动对物价总水平的影响

虽然物价总水平的变动只受货币供给和货币需求的影响，但导致货币供给和货币需求变动的影响因素却很复杂。

二、通货膨胀的成因及其分类

(一)通货膨胀

关于通货膨胀，许多经济学家都提出了各自的论述。如，马克思认为，在纸币流通的条件下，由于货币的发行量超过商品流通中的实际需要量，从而引起的货币贬值，一般物价水平上涨的经济现象。新剑桥学派代表人物琼·罗宾逊认为，通货膨胀通常指的就是物价总水平的持续上升。货币学派代表人物弗里德曼认为，通货膨胀在任何时空条件下都是一种货币现象。新古典综合学派代表人物保罗·萨缪尔森认为，通货膨胀是指物品和生产要素的价格普遍上涨时期。新自由主义者哈耶克认为，通货膨胀是指货币数量的过度增长，这种增长会合乎规律地导致物价上涨。但作为一个概括金融现象的概念，对通货膨胀的定义还是比较一致的。

通常，我们把通货膨胀定义为：商品和服务的货币价格总水平的持续上涨现象。

以上定义强调了四个方面要点：

(1)强调商品和服务，通货膨胀把商品和服务的价格作为考察对象，目的在于与股票、债券以及其他金融资产的价格相区别。

(2)强调“货币价格”，即每单位商品、服务用货币数量标出的价格。通货膨胀分析中关注的是商品、服务与货币的关系，而不是商品、服务与商品、服务之间的对比关系。

(3)强调“总水平”，是普遍的物价水平波动，而不仅仅是地区性的或某类商品及服务的价格波动。

(4)强调“持续上涨”，通货膨胀并非偶然的价格跳动，而是一个“过程”，并且这个过程具有上涨的趋向。

通货膨胀多以物价总水平的波动幅度表示，物价总水平的变动则通过物价指数来反映。物价指数是本期物价水平对基期物价水平的比率，它是一般物价水平的指数形态，用以反映物价水平的涨跌幅度。价格水平的高低则是通过各种价格指数来衡量，主要有生产者物价指数、消费者物价指数和GDP平减指数等指标，具体用哪个指标根据应用场合选择。

(二)通货膨胀的分类

由于对通货膨胀的认识角度不同，人们将通货膨胀划分为多种类型。

按物价上涨速度来看，可以分为温和通货膨胀(＜10%)、奔腾通货膨胀(10%～100%)和超级通货膨胀(＞100%)。

按人们预期来看，可以分为未预期到的通货膨胀和预期到的通货膨胀。

按对价格影响的差别来看，可以分为平衡的通货膨胀，即价格同比例上涨和非平衡的通货膨胀，即价格按不同比例上涨。

按形成原因来看，分为需求拉上型、成本推进型、供求混合推动型和结构型通货膨胀。

(三)通货膨胀的成因及表现

马克思主义政治经济学认为通货膨胀产生的真正原因是资本对利润率平均化的要求，即相同单位的资本要求得到相等的投资回报，即资本无差别化。然而现实中资本无差别化不可能存在，这往往受到资本进入行业或产业的难易程度影响。所以资本进入行业或产业的难易程度产生了利润平均化的级差，这种行业或产业之间客观存在的级差利润率可以在完全市场条件下取得某种均衡，这种均衡一旦被打破，就会拉大行业或产业之间的利润率比率，从而产生通货膨胀。打破平衡往往是由成本、需求、创新这三者的易变性决定的，这三者在大多数情况下并不由企业决定，比如成本中，原料、人力资本由外部决定，需求由顾客决定。

在西方经济学中，对通货膨胀形成原因的分析通常包括以下几种：

1.需求拉上说

该理论认为，通货膨胀来自于需求方面，当经济中总需求的扩张超出总供给的增长，即“太多的货币追求太少的商品”时，过度需求拉动价格总水平持续上涨，从而引起通货膨胀。需求拉上说又分为凯恩斯学派和货币学派两种理论。

凯恩斯对充分就业和非充分就业做了区分，当产量低于充分就业的水平时，需求的增加可能导致两种结果：一是产量提高但价格水平不变；二是由于瓶颈现象，有效需求的增加引起产量增加，同时又引起物价上涨的半通货膨胀。当产量达到充分就业以后，由于生产能力的制约，总需求增长不再引起产量的增加，而只是导致物价水平按同一比例增长；这种产出保持在充分就业上，物价水平上升，这才是真正的通货膨胀。

货币主义对需求拉动型通货膨胀的解释是以货币数量论为基础的($MV=PY$)，即认为生产量恒等于充分就业的产量。在货币流通速度 V 是一个固定值时，当货币量 M 增加，物价水平 P 也将按同一比例增加。如果货币数量与产量以同一比例增长，就不会引起通货膨胀。

2.成本推进说

需求拉上型通货膨胀理论在20世纪50年代以前在一定程度上反映了当时的实际经济状况，从而在一定程度上说明了当时的通货膨胀的原因。但到了20世纪50年代后期，经济情况发生了变化，一些国家出现了物价持续上升而失业率却居高不下，甚至失业率和物价同时上升的情况。一些经济学家就开始探讨其缘由，认为通货膨胀和物价上涨根源于成本方面。

成本方面的原因造成的通货膨胀，又称为供给型通货膨胀，是由厂商生产成本增加而引起的一般价格总水平的上涨。该理论认为，通货膨胀的根源并非总需求过度，而是由于总供给方面生产成本上升所引起的。通常情况下，商品的价格是以生产成本为基础加上一定的利润而构成的。因此，生产成本的上升必然导致物价水平的上升。造成成本向上移动的原因大致有：工资过度上涨；利润过度增加；进口商品价格上涨。

(1)工资推进的通货膨胀

工资推进论认为通货膨胀是工资过度上涨所造成的成本增加而推动价格总水平上涨。工资是生产成本的主要部分，工资上涨使得生产成本增长，在既定的价格水平下，厂商愿意并且能够供给的数量减少，从而使得总供给曲线向左上方移动。

在完全竞争的劳动市场上，工资率完全由劳动的供求均衡所决定，但是在现实经济中，劳动市场往往是不完全的，强大的工会组织的存在往往可以使得工资过度增加，如果工资增加超过了劳动生产率的提高，则提高工资就会导致成本增加，从而导致一般价格总水平上涨，而且这种通胀一旦开始，还会引起"工资—物价螺旋式上升"，工资物价互相推动，形成严重的通货膨胀。

(2)利润推进的通货膨胀

利润推进的通货膨胀是指拥有控制产品市场价格能力的垄断企业，为了追求高额利润，以超过生产成本上升的幅度来提高产品价格，进而导致总体物价水平的上升。与完全竞争市场相比，不完全竞争市场上的厂商可以减少生产数量而提高价格，以便获得更多的利润，为此，厂商都试图成为垄断者，结果导致价格总水平上涨。

(3)进口成本推进的通货膨胀

如果一个国家生产所需要的原材料主要依赖于进口，那么，进口商品的价格上升就会造成成本推进的通货膨胀，其形成的过程与工资推进的通货膨胀是一样的。

汇率变动引起进出口产品和原材料成本上升以及石油危机、资源枯竭、环境保护政策不当等造成原材料、能源生产成本的提高也会引起成本推进型通货膨胀。

3.供求混合推动论

在现实生活中,需求拉上的作用与成本推进的作用常常是混合在一起的,这种总供给和总需求共同作用情况下的通货膨胀称之为供求混合推进型通货膨胀。实际上,单纯的需求拉上或成本推进不可能引起物价的持续上涨,只有在总需求和总供给的共同作用下,才会导致持续性的通货膨胀。

4.结构性通货膨胀论

一些经济学家认为,即使整个经济中的总需求和总供给处于均衡状态时,由于经济结构方面的因素变动,一般物价水平的上涨也会发生,这就是结构型通货膨胀。结构型通货膨胀是指当产业结构发展不平衡时,由于低生产率的部门与高生产率部门的工资进行攀比而造成的通货膨胀。通常用工资结构来解释结构性通货膨胀,从形式上表现为成本推动型的通货膨胀。根据工资结构差异成因的不同又形成了需求移动论、不平衡增长论、小国通胀论和相对工资论。

(1)需求移动论

"需求移动论"从经济结构的变化导致需求在部门之间的移动来解释通货膨胀的原因。该理论认为产业结构的变化会带来一些部门的兴衰,需求将在部门之间发生转移。需求增加的部门,其工资物价自然会上升,但需求减少的部门,其工资物价未必下降。因此,由于短期内需求在部门之间的大规模转移,资源因缺乏流动性而不能从需求下降部门流向需求扩张部门,以及工资和价格向下刚性这三方面的原因,在总需求不变情况下,也会引发结构性通货膨胀。

(2)不平衡增长理论

不平衡增长理论提出了一个以不同劳动生产率增长率为核心的结构性通货膨胀模型。在这个模型中,经济活动分为两个部分,一是劳动生产率不断提高的先进部门(工业部门),另一是劳动生产率保持不变的保守部门(服务部门)。当前者由于劳动生产率的提高而增加货币工资时,由于攀比,后者的货币工资也以同样比例提高。在成本加成定价的通常做法下,整个经济必然产生一种由工资成本推进的通货膨胀。

(3)小国型通货膨胀论

该理论认为,有一类小国家,它们参与国际贸易,但进出口总额在世界市场上所占份额很小,相当于处于完全竞争市场,其通货膨胀取决于三个因素:世界通货膨胀率,开放部门与非开放部门之间劳动生产率的差异,以及开放部门与非开放部门在国民经济中所占的比重。

(4)相对工资理论

相对工资理论认为,工人们关心相对工资胜过关心绝对工资,如果工资比在别处的工资相对地下降,他们就可能退出劳动。因此,在经济结构的变化中,某一部门的工资上升,将引起其他部门向它看齐,从而以同一比例上升。相对工资理论将社会经济部门划分为扩张部门和非扩张部门。扩张部门在经济繁荣时期由于劳动力缺乏而工资上升,但在衰退时货币工资却降不下来。非扩张部门的劳动者为求得公平也要提高工资。因此繁荣时期由扩张部门开始的工资上升必然蔓延到其他部门,而使整个经济的工资水平普遍上升。这一过程一旦开始,则"提高工资的主要力量不再是劳工缺乏,衰退时期工资上升的程度将与繁荣时期工资上升的程度相等或接近于相等。”

四、通货膨胀的影响

如果通货膨胀率是稳定的，人们可以完全预期，那么通货膨胀率对社会经济生活的影响很小。因为在这种可预期的通货膨胀之下，各种名义变量(如名义工资、名义利息率等)都可以根据通货膨胀率进行调整，从而使实际变量(如实际工资、实际利息率等)不变。但是，在通货膨胀率不能完全预期的情况下，人们无法准确地根据通货膨胀率来调整各种名义变量，以及他们应采取的经济行为；通货膨胀将会影响社会收入分配及其他经济活动。

(一)产出效应

现代经济学界在通货膨胀对经济增长有什么样的影响或经济效应这一问题上，一直存在着争论，大致有促进论、促退论和中性论这三种不同的意见。

促进论认为通货膨胀能促进经济增长，其理由是：

(1)在通货膨胀的情况下，由于商品价格的提高一般快于工资的提高，结果导致实际工资降低，厂商的利润增加，这样就会刺激厂商扩大投资，进而促进经济增长。

(2)在货币经济中，通货膨胀是一种有利于高收入阶层(即利润收入和租金收入阶层)而不利于低收入阶层(即工薪收入阶层)的收入再分配，由于高收入阶层的边际储蓄倾向较高，因此，通货膨胀会促使社会储蓄率的提高，这就有利于经济增长。

(3)通货膨胀实际上是货币发行者从货币持有者手中获得收入的过程。在人们货币需求一定的情况下，政府通过发行货币，获得对一部分商品或劳务的支配权，实质上是政府向所有货币持有者征税(货币税或通货膨胀税)，从而使政府收入增加。如果政府将所获得的这种通货膨胀税收入用于投资，则将提高社会的投资率，从而推动经济增长。

正是由于以上原因，通胀促进论认为，适度的通货膨胀有利于降低企业的真实劳动成本，增加生产，刺激就业，对经济增长有促进作用。

促退论认为，由于以下原因，通货膨胀必然会导致低效率和阻碍经济增长：

(1)在持续性的通货膨胀过程中，货币的价值尺度和市场价格机制将遭到严重破坏，这会导致消费者和生产者做出错误的决策，从而导致经济资源的不合理配置和严重浪费，使经济效率大大下降。

(2)通货膨胀意味着货币购买力的下降，降低工薪阶层实际收入水平和储蓄价值，因此公众都不愿以货币的形式进行储蓄，以免遭受经济损失。在预期物价会进一步上涨的心理支配下，公众势必为避免将来物价上涨所造成的经济损失减少储蓄而增加目前消费，这就会使社会储蓄率下降，从而使投资率和经济增长率下降。

(3)通货膨胀会动摇人们对货币的信心，并促使人们更多地持有那些价格随通货膨胀不断上涨的实物资产或从事房地产等投机活动，而不去从事正常的生产性活动，结果将严重地阻碍经济的增长。而且，在严重的通货膨胀情况下，人们会放弃货币，而用实物作为交易媒介，这会使交易成本大大提高，从而造成经济效率的损失。

(4)在实行累进税制的国家，发生通货膨胀时，企业和个人将因为名义收入的提高而承担更高的税负，这会影响生产的积极性，不利于经济增长。

(5)如果本国通货膨胀长期高于外国,则使本国产品相对于外国产品的价格上升,从而不利于本国的出口,并刺激进口的增加。本国通货膨胀率长期高于外国,还会促使人们将国内储蓄转移到国外,这势必导致本国国际收支的逆差,并使黄金和外汇外流,从而给经济增长带来压力。

(6)如果通货膨胀超过一定限度,便会产生预期作用,造成物价与成本螺旋式地上涨,从而有可能变成累积性的恶性通货膨胀,这种恶性的通货膨胀甚至有可能导致经济和社会的崩溃。

通胀中性论认为,人们对通货膨胀的预期最终会中和它对经济的各种效应,因此,通货膨胀对经济既无正效应,也无负效应,它是中性的。同促进论和促退论相比,持中性论观点的学者并不多,其理论依据似乎还比较模糊和牵强,故人们一般主要讨论促进和促退两种效应,也即通货膨胀的正效应和负效应。

大部分经济学家认为,通货膨胀对经济的促进作用只是在开始阶段的极短时间内,且需要具备一定的条件。就长期来看,通货膨胀对经济只有危害,没有促进作用。

(二)就业效应

一种观点认为通货膨胀会造成需求增加,这会要求工厂更多地生产相应产品,要想增产,多雇佣劳动力是必不可少的,所以会造成就业机会增加。

另一种观点认为通货膨胀会造成货币贬值,相应的商品价格就会变高,这将导致需求减小,从而生产减少,就业减少。

(三)强制储蓄效应

储蓄通常是指用于投资的货币积累,其来源主要是家庭、企业和政府的结余。当政府通过向中央银行借债的方式增加投资,导致扩大货币发行,会强制性地增加社会的投资需求,结果是物价上涨。在名义收入不变的条件下,社会公众按照原有的方式和规模进行消费,消费的实际余额将随物价的上涨而减少。减少的比例大体相当于政府运用通货膨胀实现强制储蓄的部分,如此实现的政府储蓄就是强制储蓄。

(四)收入再分配效应

1.在债务人与债权人之间,通货膨胀将有利于债务人而不利于债权人

在通常情况下,借贷的债务契约都是根据签约时的通货膨胀率来确定名义利息率的,所以当发生了未预期的通货膨胀之后,债务契约无法更改,从而就使实际利息率下降,债务人受益,而债权人受损。其结果是对贷款特别是长期贷款带来不利的影响,使债权人不愿意发放贷款。贷款的减少会影响投资,最后使投资减少。

2.在雇主与工人之间,通货膨胀将有利于雇主而不利于工人

在不可预期的通货膨胀之下,工资增长率不能迅速地根据通货膨胀率来调整,即使在名义工资不变或略有增长的情况下,使实际工资下降。实际工资下降会使利润增加,利润的增加有利于刺激投资,这正是一些经济学家主张以温和的通货膨胀来刺激经济发展的理由。

3.在政府与公众之间,通货膨胀将有利于政府而不利于公众

在不可预期的通货膨胀下,名义工资总会有所增加(尽管并不一定能保持原有的实际工资水平),随着名义工资的提高,达到纳税起征点的人增加了,有许多人进入了更高的纳税等级,这样就使得政府的税收增加,但公众纳税数额增加,实际收入却减少了。一些经

济学家认为，这实际上是政府对公众的掠夺，这种效应的存在，既不利于储蓄的增加，也影响了私人与企业投资的积极性。

(五)对资产结构的调整效应

一个经济体的资产主要由两部分组成：实物资产和金融资产。在通货膨胀时期，不同的财富结构将导致不同的影响，或受益或受损。在通货膨胀中，实物资产的货币价值通常会与通货膨胀率保持相同的变动方向。至于变动幅度，则有高有低。而金融资产中的股票，其货币价值通常会呈上升趋势。金融资产中的存款、债券等固定收益的资产，在通货膨胀期间债权人会受到损失，而债务人则会受益。当然如果在通货膨胀期间采用浮动利率方式可在一定程度上减少或避免损失。

五、通货膨胀的治理

由于通货膨胀的一个直接原因在于总需求大于总供给，这里的总需求是有货币支持的有能力的需求，即货币存量大于总供给对货币的需要量。因此，当出现通货膨胀时，政府往往采取紧缩性的货币政策和财政政策以抑制过旺的总需求。

(一)货币政策

紧缩性货币政策的核心是降低货币供应量增长率，以抑制社会总需求。货币当局可能采取的紧缩手段有：

(1)通过公开市场业务出售政府债券，以相应地减少经济体系中的货币存量。

(2)提高再贴现率，抑制商业信用。

(3)提高商业银行的法定准备率，以缩小货币扩张乘数。

(二)财政政策

财政政策是通过调节财政收入和支出水平以实现既定的宏观经济目标。运用财政政策治理通货膨胀有以下几种方式：

(1)增加税收。一方面增加政府财政收入，弥补财政赤字；另一方面，使企业和个人的利润和收入减少，从而使其投资和消费支出减少。

(2)削减财政支出，包括购买性支出和转移性支出，以平衡预算，消除财政赤字，从而消除通货膨胀的隐患。

(3)发行公债，利用其“挤出效应”，降低投资和消费，以抑制社会总需求。

(三)收入政策

收入政策的理论基础主要是成本推进型的通货膨胀，因为成本推进型通货膨胀是由于供给方面成本的提高，特别是工资的提高，导致物价水平的上涨。收入政策通过控制工资的增长来控制收入和产品成本的增加，进而控制物价水平。由政府拟定物价和工资标准，劳资双方共同遵守，其目的是一方面降低通货膨胀率，另一方面不至于造成大规模的失业。收入政策可采取以下几种形式：

(1)确定工资—价格指导线。政府根据统计的劳动生产率的平均增长率来确定工资和物价的增长标准，并要求各部门将工资—物价的增长幅度控制在这一标准之内。

(2)以税收为基础的收入政策。即政府以税收作为奖励或惩罚的手段限制工资、物价的增长。

(3)工资—价格管制。工资—价格管制,是指由政策强行规定工资、物价的上涨幅度,直至冻结工资和物价。

(四)供给政策

早期的治理通货膨胀主要强调需求因素而忽略了供给因素。20 世纪 80 年代以后,吸收了供给学派的研究成果,对供给因素给了足够的重视。实施供给政策的主要目的是刺激生产和促进竞争,从而增加就业和社会的有效供给,平抑物价,抑制通货膨胀。供给政策的主要措施有:

(1)放宽产业管制,刺激竞争,降低物价,从而抑制通货膨胀。

(2)减税和改税,降低边际税率以刺激投资,刺激产出。

(五)收入指数化政策

收入指数化政策一般被当作是一种适应性的反通货膨胀政策。所谓收入指数化就是工资、利息、各种证券收益以及其他收入一律实行指数化,同物价变动联系起来,使各种收入随物价指数的变动而做出调整,从而避免通货膨胀所带来的损失,并减轻由通货膨胀所带来的收入再分配问题。显然,收入指数化政策只能缓解通货膨胀对收入阶层的损失,并不能对通货膨胀起多大的抑制作用。

(六)对外经济政策

一般来说,一国国内的通货膨胀与其国际收支状况具有相互推拉的作用。在各国都出现通货膨胀的情况下,一国必须采取适当的对外经济政策,以减轻国际收支失衡对国内物价的不利影响,并阻止国外通货膨胀的输入。这方面的措施主要有:

(1)实行浮动汇率。由于在浮动汇率制度下,本国货币对外汇汇率的升降完全由市场供求关系所决定。例如,当国外发生通货膨胀,将使本国国际收支出现顺差时,本国货币升值。一方面使本国出口减少,而进口增加,从而有利于恢复本国国际收支的平衡;另一方面,本币升值还将使进口国的国内价格下降,从而可以隔绝国外通货膨胀对本国物价的影响。

(2)与各国在贸易和金融领域采取协调措施,如与各国加强协作,共同采取控制各国货币供应量的增长率、改善国际金融制度以及其他反通货膨胀的措施,以制止世界性通货膨胀的蔓延,等等。

(七)其他政策

货币学派认为央行应当以一个不变的比率保持货币供应增长,不会因其他方面的压力而增加货币供应,从而降低公众的预期通货膨胀率,降低成本推动的可能性,有助于防止通货膨胀和潜在失业的增加。

通货膨胀形成过程中,垄断形成的高价格通常能对通货膨胀起到推波助澜的作用,因此,通过制定反托拉斯法限制垄断高价,也是不少发达工业国家价格政策的基本内容。

六、通货紧缩

通货紧缩是和通货膨胀相对应的概念,指商品和服务价格总水平的持续下降。当市场上流通的货币减少，公众的货币所得减少，购买力上升，导致物价下跌，形成通货紧缩。长期的货币紧缩会抑制投资与生产，导致失业率升高及经济衰退。

较早提出通货紧缩问题的是马克思，他在《资本论》中，多次分析到流通中货币的膨胀和收缩问题。认为通货的膨胀和收缩可能由经济的产业周期引起，可能由流通中的商品数量、价格变动引起，可能由货币流通速度变化引起，还可能由于技术因素引起。

凯恩斯在他的代表作《就业、利息和货币通论》中，对通货紧缩现象的分析，更多使用的是就业不足和有效需求不足这样的术语，通过对20世纪30年代经济大危机的分析，提出"有效需求不足"的论断，认为有效需求不足是导致通货紧缩的根本原因。与凯恩斯的有效需求理论不同，欧文·费雪是从供给角度，联系经济周期来研究通货紧缩问题的，他同样通过对20世纪30年代世界经济危机的研究，提出了"债务—通货紧缩"理论。他认为企业的过度负债是导致大萧条的主要原因；将通货紧缩的过程看作是商业信用被破坏和银行业引发危机的过程。克鲁德曼的通货紧缩理论认为，通货紧缩是由于社会总需求不足引起的，他认为通货紧缩，物价下降，是市场价格机制强制实现经济均衡的一种必然，更是"流动性陷阱"作用的结果，主张用"有管理的通货膨胀"来治理通货紧缩。

从总体上看，西方经济学家认为通货紧缩的一般原因包括：(1)紧缩性的货币和财政政策；(2)经济周期的变化；(3)投资和消费的有效需求不足；(4)新技术的采用和劳动生产率的提高；(5)金融体系效率的降低；(6)汇率制度的缺陷。

物价水平的持续下降，导致人们悲观情绪，持续观望，消费和投资进一步萎缩；同时，实际利率上升，企业不敢借款投资，债务人的负担加重，银行贷款难以及时收回，出现大量坏账等。由通货紧缩导致的财富缩水效应、经济衰退效应、财富分配效应和失业效应，使得通货紧缩对经济发展产生严重危害。

关于通货紧缩的防范和治理措施，与通货膨胀相对应，主要包括：实行扩张性的财政政策和货币政策；增加财政公共支出；削减税率，鼓励消费等。

本章小结

1.货币需求

货币需求是指经济主体在某一时点上为满足正常的生产、经营和各种经济活动需要，通过对各种资产的安全性、流动性和盈利性的综合衡量后所确定的最优资产组合中所愿意持有的货币量。通常我们关注的是宏观货币需求，但宏观货币需求的确定又建立在微观货币货币需求之上。

货币需求的影响因素主要包括商品和服务的供给、市场利率、汇率、货币流通速度、一般物价水平以及金融业的发达程度等。货币需求还受到人们对未来利率、物价水平的预期，以及对政府的信心等的影响。

传统货币数量说的主要成就是费雪方程式和剑桥方程式。费雪方程式，也称为交易方程式，认为一定时期内社会所需要货币总额必定等于同期内参加交易的各种商品和服务价值的总和。

剑桥学派认为经济体系中的个人对货币的需求，实质是选择以怎样的方式持有自己资产的问题,并断定货币需求同人们的财富或名义收入保持一定的比例,这一比例取决于持有货币的机会成本和人们对未来的预期等。他们提出的货币需求方程也称为现金余额方程式,它与现金交易方程式的结论基本相同,即物价水平决定于货币量,与货币量的多少呈反方向、同比例变动。但两个方程式有不同的经济意义,费雪方程式强调货币的交易功能,剑桥方程式强调货币作为一种资产的功能。

凯恩斯的流动性偏好理论认为人们持有货币有三种动机:交易动机、预防动机和投机动机。在交易动机和预防动机中,货币主要充当交换媒介和价值储藏手段,货币需求的利率弹性不大,是收入的递增函数;在投机需求中,利率弹性较大,是利率的递减函数。

后凯恩斯主义学者围绕着三个货币需求动机,开展了更为深入的研究,并取得了丰富的成果,典型的有鲍莫尔平方根定律——合理现金持有量的模型、惠伦模型和托宾的资产组合模型。

弗里德曼根据消费者选择理论,分析了总财富及其构成、持有货币的机会成本、持有货币给经济主体带来的效用四个方面对货币需求的影响。他认为,影响货币需求的因素是多种多样的,他用一个多元函数来表示货币需求。

2.货币供给

货币供给是指一定时期内一国银行系统向经济中投入、创造、扩张(或收缩)货币的行为,是银行系统向经济中注入货币的过程。

在当代不兑现信用货币制度下,货币既包括流通中的现金,也包括在银行体系的存款,甚至各种票据及其他信用流通工具也在一定程度上作为货币的替代物参与流通,执行着货币的某些职能。在实践中,一般依据资产的流动性,即各种资产转化为通货或现实购买力的能力来划分不同的货币层次,进而有了不同口径的货币供应量。为了协调各国的货币统计口径,便于国际经济分析和比较,IMF(国际货币基金组织)对货币层次的划分提供了一个参考标准,将货币分为三个层次:通货、货币和准货币。

由于货币供应量包括通货与存款货币,货币供给的过程也分为通货供给和存款货币供给两个环节。

存款货币可分为原始存款和派生存款两个部分。原始存款是指商业银行接受客户的现金存款以及从中央银行获得的再贴现或再贷款而形成的准备金存款。原始存款是商业银行从事资产业务的基础,也是信用扩张的源泉。派生存款是由商业银行的贷款等业务而衍生出来的存款,是在原始存款基础上扩大的那部分存款。派生存款产生的过程就是商业银行创造存款货币的过程。它是通过各级商业银行吸收存款、发放贷款、转账结算,不断地在各银行存款户之间转移,形成新的存款额,最终导致银行体系存款总量增加的一系列过程。

货币供给取决于基础货币和货币乘数两个因素。基础货币是货币当局的负债,由货币当局投放并为货币当局所能直接控制的那部分货币,主要由商业银行的存款准备金和流通于银行体系之外为社会公众所持有的现金组成的,货币乘数也称货币扩张系数,是用以说明货币总量与基础货币之倍数关系的一种系数。

影响货币供给量的经济主体主要有三大类:(1)中央银行;(2)商业银行;(3)非银行公众。中央银行决定法定存款准备金率;商业银行根据市场利率、投资机会和银行获取资金的难易和成本选择超额存款准备金水平,决定超额准备金率;公众持有通货的机会成本和流动性偏好程度影响通货比率的大小;定期存款利率以及公众的收入和财富则是影响定期存款比率的因素。

货币供给的内生性是指货币供给的变动,主要取决于经济体系中的实际变量如收入、储蓄、投资、消费等因素,以及公众、商业银行等微观主体的经济行为,而不是取决于货币当局的政策行为。货币供给的外生性是指货币供给的变动,主要取决于货币当局的政策行为,而不是取决于经济体系中的实际变量和微观主体行为。

货币供给与基础货币和货币乘数的关系实际上是一个恒等式,通过恒等变换,可以得到不同形式的货币乘数。货币外生性理论认为货币供给函数是稳定可测的,货币供应量是中央银行所能完全控制的外生变量,因此提出了外生的货币供给模型。这些模型首先表现为不同的货币乘数形式;其次,通过实证分析证明中央银行之外的影响因素是稳定可测的,从而说明货币供给是受中央银行控制的外生变量。常见货币供给外生模型有:弗里德曼—施瓦茨模型、卡甘模型和乔顿模型。

3.货币购买力和通货膨胀

货币的购买力就是商品价格的倒数。一篮子商品的价格称为价格总水平,用 p 表示,货币购买力用 PPM 表示,则:

$$PPM=\frac{1}{p}$$

根据这一篮子商品构成的不同,各国都编制了并发布不同的价格总水平指数。主要价格指数有:消费者价格指数、生产者价格指数和 GDP 平减指数等。

货币供给和货币需求的均衡决定物价总水平,当且仅当货币供给或货币需求其中一个或两个同时变化的时候,物价总水平才会发生变化。如果货币供给增加,物价总水平上升;货币供给减少,物价总水平下降。如果货币需求增加,物价总水平下降;货币需求减少,物价总水平上升。虽然物价总水平的变动只受货币供给和货币需求的影响,但导致货币供给和货币需求变动的影响因素却很复杂。

通货膨胀是指商品和服务的货币价格总水平的持续上涨现象。如果通货膨胀率是稳定的,人们可以完全预期,那么通货膨胀率对社会经济生活的影响很小。在这种可预期的通货膨胀之下,各种名义变量(如名义工资、名义利息率等)都可以根据通货膨胀率进行调整,从而使实际变量(如实际工资、实际利息率等)不变。在通货膨胀率不能完全预期的情况下,人们无法准确地根据通货膨胀率来调整各种名义变量,以及他们应采取的经济行为。通货膨胀将会影响社会收入分配及其他经济活动。

复习思考题

1.简述交易动机和预防动机的货币需求特征。

2.简述投机目的的货币需求特征。

3.传统的货币需求理论面临哪些新问题?

4.试分析我国货币需求的影响因素。

5.中央银行所属的造币厂的纸币库存应计入货币供给量吗?

6.货币供给与货币流通有区别吗?

7.有人说货币供给过程就是现金发行的过程,你认为对吗?

8.试分析货币供给是由哪些经济主体的哪些行为决定的。

9.试分析存款乘数与货币乘数的区别与联系。

10.什么是通货膨胀、通货紧缩?

11.比较衡量通货膨胀的消费物价指数、批发物价指数、GDP 平减指数的优缺点。

12.有人说:"通货膨胀具有一种有利于低收入阶层的收入再分配效应,即在通货膨胀过程中,高收入阶层的收入比低收入阶层的收入增加得少",你认为对吗?请说明理由。

第十五章

资产定价理论简介

本章导读

资产定价理论是金融理论的重要组成部分之一。自证券交易市场产生以来,人类就开始了对衡量证券投资收益的研究,收益的无法确定导致交易的风险。因此,正确地对证券进行定价便成为交易能够顺利进行的重要环节。

期权定价模型由Fisher Black和Myron Scholes提出并于1973年发表,几乎是同时,芝加哥期权交易所正式挂牌交易标准化期权合约。不久,德克萨斯仪器公司就推出了安装有根据这一模型计算期权价值程序的计算器。现在,几乎所有从事期权交易的经纪人都有类似的计算机,利用根据这一模型开发的程序对交易估价。1995年8月31日《纽约时报》在悼念布莱克逝世的文章中指出Black-Scholes公式是今天全球期权市场的基础。期权定价理论成为金融理论基石之一的原因不仅在于它在特定金融市场中的商业成功,还在于它可以广泛应用于企业债务定价、企业投资决策的分析中。因此期权定价理论的提出被誉为"第二次华尔街革命"。1997年,瑞典皇家科学院将诺贝尔奖授予芝加哥大学的Scholes和麻省理工学院的Merton教授,表彰他们共同完成的期权定价理论。表彰评语为:"他们犀利的分析,成为对各种衍生品定价的通用解决方法的关键。与先进的计算机信息技术相结合,他们的理论促成了近10年到15年的新型金融产品和市场的爆炸性发展。"

本章简要介绍金融资产定价理论的发展过程和一般方法。

第一节 资产定价理论概述

一、金融理论发展对资产定价理论的影响

现代金融理论的发展是资产定价理论的思想基础,资产定价理论的发展反过来又为金融理论的进一步创新提供了实践的舞台。

古希腊时期人们已有期权的思想萌芽。亚里士多德《政治学》一书载有古希腊一名智者(名字叫泰利斯)以预定橄榄榨油机租金价格而获利的例子。在冬季,泰利斯通过对星象进行研究,预测橄榄来年春天的收成。因此,经与农户协商,他得到第二年春天以固定价格使用榨油机的权利。橄榄丰收使榨油机供不应求时,泰利斯通过转让榨油机使用权利而获利。这便是购买和转让看涨期权最早期的实践活动。从欧洲16世纪"郁金香球茎热"投机中期权思想的应用到期权正式应用于农产品和工业品的保值,都可以看到这些思想的作用痕迹。然而,直到19世纪的后期,随着工业革命的完成和市场经济中企业制度的建立,金融理论进入加速发展的态势时,才为现代资产定价理论的出现奠定思想基础。

1896年,美国经济学家欧文·费雪提出了关于资产的当前价值等于其未来现金流贴现值之和的思想。这一思想对后来的资产定价理论的发展起到奠基石的作用。

1934年,美国投资理论家本杰明·格雷厄姆(Benjiamin Graham)的《证券分析》一书,开创了证券分析史的新纪元。其理论被当时的证券业奉为"证券业的圣经"。

1938年,弗里德里克·麦考莱(Frederick Macaulay)提出"久期"的概念和"利率免疫"的思想。所谓久期,就是指资产持有人得到全部货币回报的平均时间,它事实上是个加权平均数,其权数是证券有效期内各笔收入的现值相对于证券价格的比。久期的概念对于债券投资具有十分重要的意义。久期概念在麦考利提出几十年后,才被广泛接受和应用。

1952年,哈里·马柯维茨发表了著名的论文"证券组合分析",为衡量证券的收益和风险提供了基本思路。他利用概率论和数理统计的有关理论,构造了一个分析证券价格的模型框架。在他的模型中,证券的价格是个随机变量,证券的价值和风险可以用这个随机变量的数学期望和方差来度量。从一般的心理分析出发,马柯维茨假定经济理性的个人都具有厌恶风险的倾向,也即收益一定时采用风险最小的投资行为,即在他的模型中投资者在收益一定时追求最小方差的投资组合。虽然模型排除了对风险爱好者的分析,但是,毫无疑问现实中绝大多数人属于风险厌恶型,因而他的分析也具有一般性。在一系列理论假设的基础上,马柯维茨对证券市场分析的结论是:在证券市场上存在着有效的投资组合。所谓"有效的投资组合"就是收益固定时方差(风险)最小的证券组合,或是方差(风险)固定的情况下收益最大的证券组合。这一理论为金融实务努力寻找这种组合提供了理论依据,其分析框架成了构建现代金融工程的各理论分析的基础。

1958年,莫迪利安尼(F.Modigliani)和默顿·米勒(M.H.Miller)在《美国经济评论》上发表论文"资本成本、公司财务与投资理论",提出了现代企业金融资本结构理论的基石——MM定理(Modigliani-Miller Theorem),这一理论构成现代金融理论的重要支柱之一。

到了20世纪60年代,马柯维茨的思想被人们广泛接受,其他学者进一步发展他的理论。金融界的从业人员也开始应用这些发展的理论进行资产组合选择和套期保值决策,并用定量化的工程思想指导业务活动。另外,马柯维茨的学生威廉·夏普(Willam Sharpe)提出了马柯维茨模型的简化方法——单指数模型。同时,他还和简·莫森(Jan Mossin)和约翰·林特纳(John Lintner)一起创造了资本资产定价模型(简称CAPM),这一理论与同时期的套利定价模型(APT)标志着现代金融理论走向成熟。在此之前,对于金融产品的价格,特别是瞬息万变的有价证券的价格,人们一直感到一种神秘的色彩。人们认为这些价格是难以捉摸的。夏普的 CAPM 和 APT 的模型给出了包括股票在内的基本金融工具的理论定价公式,它们既有理论依据又便于计算,从而得到了人们的广泛认同。根据这两个模型计算出来的理论价格也成了金融实务中的重要参考。夏普的理论与马柯维茨的理论一脉相承。在马柯维茨对有价证券收益与风险的数学化处理的基础上,夏普引入了无风险证券,利用数学规划的方法,分析了存在无风险证券条件下理性投资者的决策问题。通过分析,他得出了著名的资本市场线方程和证券市场线方程,明确揭示了个别证券与整个证券市场的关系。在夏普的理论中,投资者的有效投资组合必定是"无风险证券"与"市场组合"的某种组合,而市场组合只与市场本身的构成有关,与其他因素无关;任何个别有价证券的理论价格都可以分解为两个部分:与市场组合相关的部分和只与自己相关的部分。因此,每一个有价证券的风险也就被分为两个部分:系统风险和非系统风险。对风险的分类是夏普理论的主要贡献,与风险分类相关的两个著名的系数——α 系数和 β 系数已经成为华尔街投资者的常识。与夏普理论不同,套利定价模型(APT)源于一个非常朴素的思想,那就是在完善的金融市场上,所有金融产品的价格应该使得在这个市场体系中不存在可以让投资者获得无风险利润的机会。如若不然,对套利机会的追寻将推动那些失衡的金融产品的价格恢复到无套利机会的状态。根据这一思想决定金融产品价格的方法就是无套利定价法。

20 世纪 70 年代,美国经济学家罗伯特·默顿(Robert Merton)在金融学的研究中总结和发展了一系列理论,为金融学和财务学的工程化发展奠定了坚实的数学基础,取得了一系列突破性的成果。

1973 年,费雪·布莱克(Fisher Black)和麦隆·舒尔斯(Myron Scholes)在美国《政治经济学杂志》上发表了著名论文"期权与公司债务定价",成功推导出期权定价的一般模型,为期权的广泛应用铺平道路。布莱克和舒尔斯采用无套利分析方法,构造一种包含衍生产品头寸和标的股票头寸的无风险证券组合,在无套利机会的条件下,该证券组合的收益必定为无风险利率,这样就得到了期权价格必须满足的微分方程。可以建立无风险证券组合的原因是股票价格和衍生品价格都受同一种基本的不确定性的影响:即基础资产(这里指股票)价格的变动。在任意一个短时期内,看涨期权的价格与标的股票价格正相关,看跌期权价格与标的股票价格负相关。如果按适当比例建立一个股票和衍生品的证券组合,股票头寸的盈利(亏损)总能与衍生品的亏损(盈利)相抵,因而在短期就可以决定组合的价值。这里关键的是,在非常短的时期无风险证券组合的收益必定是无风险利率。由此,布莱克和斯克尔斯推出了他们的期权(不支付利息的股票欧式期权)定价公式。

布莱克和舒尔斯期权定价公式的推出是现代金融理论的重大突破。默顿克服了公式中无风险利率和资产价格波动率为恒定的假设,将该模型扩展到无风险利率满足随机的情况。布莱克、舒尔斯和默顿的工作,为期权等衍生品交易提供了客观的定价依据,促进了金融衍生工具的极大发展。舒尔斯和默顿为此获得了 1997 年诺贝尔经济学奖。

布莱克—舒尔斯—默顿期权定价模型问世以后,金融学者对模型的适用条件做了更为完善的补充和修正。比如针对该模型考虑的是价格连续变化的情况,考克斯(Cox)、罗斯(Ross)和鲁宾斯坦(Rubinstein)提出了用二项式方法来计算期权的价格;罗尔(Roll)运用连续时间定价法给出了证券支付红利时的看涨期权定价公式;布雷纳(Brenner)和格莱(Galai)研究了期权提前执行时的平价关系等。

到了20世纪80年代,达莱尔·达菲(Darrell Duffie)等人在不完全资本市场一般均衡理论方面的经济学研究为资产定价理论的发展提供了重要的支持。

金融理论的发展一直遵循着这样一种趋势,那就是尽快将工程技术领域和基础自然科学领域的最新进展应用于金融领域。西方主流经济学研究的基本方法是供给与需求的分析,以至于有了教会一只鹦鹉学会说“供给”与“需求”两个词,它也会成为经济学家的说法;而金融理论创新性地提出了无套利分析方法,将金融市场上的某个头寸与其他金融市场头寸结合起来,构筑起一个在市场均衡时不能产生不承受风险的利润的组合头寸,由此测算出该头寸在市场均衡时的价值即均衡价格。现代金融理论的研究取得的一系列突破性成果,如资本资产定价模型、套利定价理论和期权定价公式等,都是灵活地运用这种无套利的分析技术而得出的。在“无套利均衡”的理论分析基础上,大量金融产品被创造出来并投入实际应用。

二、资产定价理论对金融发展的意义

准确地为资产进行定价能降低交易的盲目性和不确定性,促进交易发展,交易为人们的最终消费服务。

资本资产定价模型表明了消费与资产收益之间的内在联系(数学上可用联合分布函数表示),因此,如果我们将资产收益过程固定(或者加以模拟),则我们就是在讨论人们的消费行为。比如在永久收入假设等消费行为研究中,给定了收益过程,因此,需要分析和预测的就是经济人的消费行为;如果我们将消费过程固定(或者加以模拟),则我们实质上是在探讨资本资产定价模型,其实质就是在给定(无论是外生给定还是数值模拟或参数校准)人们消费行为的情形下,讨论资产价格的决定。这样的联系初步表明,资产定价,消费之间相互影响,从而资产定价、交易与宏观经济之间必然存在密切的联系。

第二节　资产定价的一般方法

资产定价是金融理论研究的基础性工作,它是保值、套利、金融产品设计和创新以及风险管理等的基础。

一、绝对定价法与相对定价法

绝对定价法就是根据金融工具未来现金流的特征,运用恰当的贴现率将这些现金流贴现成现值,该现值就是绝对定价法要求的价格。股票和债券定价大多使用绝对定价法。这种方法的优点是比较直观,也便于理解。

例如：假设某金融工具，未来各期能产生的现金流为 $C_i, i=1,2,\cdots,n$，某投资者对投资的要求收益率为 r，则他愿意为该金融工具支付的价格就是：

$$p=\frac{C_1}{(1+r)^1}+\frac{C_2}{(1+r)^2}+\frac{C_3}{(1+r)^3}+\cdots+\frac{C_n}{(1+r)^n}$$

该投资者如果要求的收益率很高，他愿意支付的价格就很低，他可能很难买到该金融工具；相反，要求收益率很低，他愿意支付的价格就高，就很容易买到，但他可能会觉得亏了。如果该要求收益率是市场普通接受的收益率，该价格就是市场的均衡价格。

绝对定价法有两个缺点：一是金融工具（特别是股票）未来的现金流难以确定；二是恰当的贴现率难以确定，它既取决于金融工具风险的大小，还取决于人们的风险偏好，而后者是很难衡量的。实际上，夏普的CAPM、罗斯的APT等等重要的资产定价理论都是为了确定恰当的贴现率。但半个世纪以来，金融理论界在此领域的成果虽然多如牛毛，但至今远未形成定论，理论与实际还相距甚远。

相对定价法则利用不同金融工具价格之间的内在关系，直接根据给定金融工具的价格求出相关金融工具的价格。该方法并不关心基础工具价格的确定，它仅仅把基础工具的价格假定为外生给定的，然后运用无套利定价法、风险中性定价法或其他均衡方法为金融产品定价。

例如：经典的资本资产定价模型

$$r_i-r_f=\beta(r_M-r_f)$$

其中 r_i 为证券 i 的收益率，r_f 和 r_M 分别为无风险收益率和市场组合收益率，β 为证券 i 的系统性风险系数，用证券 i 与市场组合的相关性度量。该模型就是典型的相对定价法，我们并不关心无风险收益率和市场组合收益率是如何确定的，假设其外生给定，然后根据投资者证券组合选择逻辑——给定要求收益率时，组合的风险最小——来确定证券 i 的收益率与市场组合收益率的关系。

期权和期货等衍生产品定价也主要运用相对定价法。它主要根据衍生工具与基础资产的内在价格关系确定衍生工具的价格。

相对定价法的优点主要有两个：一是在定价公式中没有风险偏好等主观的变量，因此比较容易测度；二是它非常贴近市场。在用绝对定价法为基础产品定价时，投资者即使发现市场价格与理论价格不符，也往往无能为力。而在用相对定价法为金融产品定价时，投资者一旦发现市场价格与理论价格不符，往往意味着无风险套利机会就在眼前。

二、无套利定价法

（一）无套利定价法的思想

严格意义上的套利是在某项金融资产的交易过程中，交易者可以在不需要期初投资支出的条件下获取无风险报酬。比如同一资产在两个不同的市场上进行交易，但各个市场上的交易价格不同。这时，交易者可以在一个市场上低价买进，然后立即在另一个市场上高价卖出。如果市场是有效率的话，市场价格必然由于套利行为作出相应的调整，重新回到均衡的状态。这就是无套利的定价原则。根据这个原则,在有效的金融市场上,任何一项金融资产的定价,应当使得利用该项金融资产进行套利的机会不复存在。换言之,如果某项金融资产的定价不合理,市场必然出现以该项资产进行套利活动的机会,人们的套利活动会促使该资产的价格趋向合理,并最终使套利机会消失。

例如,期初有两项投资 A 和 B 可供选择。我们已经知道到了期末这两项投资可以获得相同的利润,还有这两项投资所需的维持成本也相同。那么根据无套利原则,这两项投资在期初的投资成本(也就是它们期初的定价)应该相同。假如两者的期初定价不一致,比如投资 A 的定价低于投资 B,则套利者将卖空定价高的投资 B,然后用其所得去买入定价低的投资 A,剩下的即为期初实现的利润。到了期末,由于两个投资的回报以及维持成本相同,套利者正好可以用做多投资 A 的利润去轧平做空的投资 B。值得注意的是,套利者这么做的时候,没有任何风险。如果市场有效率,上述无风险利润的存在就会被市场其他参与者发现,从而引发一些套利者的套利行为,结果产生以下的市场效应:大量买入投资 A 导致市场对 A 的需求增加,A 的价格上涨;大量抛售 B 使 B 的价格下跌。结果 A 和 B 的价差迅速消失,套利机会被消灭。所以,投资 A 和 B 的期初价格一定是相同的。

(二)无套利定价法的简单应用

例 15-1 假设现在 6 个月即期年利率为 10%(连续复利,下同),1 年期的即期利率是 12%。如果有人把今后 6 个月到 1 年期的远期利率定为 11%,试问这样的市场能否产生套利活动?

答案是肯定的,套利过程如下:

第一步,交易者按 10%的利率借入一笔 6 个月资金(假设 1 000 万元)。

第二步,签订一份协议,该协议规定该交易者可以按 11%的价格 6 个月后从市场借入资金 1 051 万元(等于 $1\,000e^{0.10\times0.5}$),期限 6 个月。

第三步,按 12%的利率贷出一笔 1 年期的款项,金额为 1 000 万元。

第四步,1 年后收回 1 年期贷款,得本息 1 127 万元(等于 $1\,000e^{0.12\times1}$),并用 1 110 万元(等于 $1\,051e^{0.11\times0.5}$)偿还 1 年期的债务后,交易者净赚 17 万元(1 127 万元−1 110 万元)。

由此可见,以上三个利率至少有一个利率是不合理的。假如即期利率是市场可见的、合理的,远期利率是交易者想要确定的,那么他就可以假设一个远期利率 r,然后根据以上套利过程,令套利利润为 0,就可求得无套利远期利率 r。即:

$$1\,000e^{0.12\times1}-1\,000e^{0.10\times0.5}e^{r\times0.5}=0$$

$$r=\frac{0.12\times1-0.10\times0.5}{0.5}=0.14$$

例 15-2 假设一种不支付红利股票目前的市价为 10 元,我们知道在 3 个月后,该股票价格要么是 11 元,要么是 9 元。假设现在的无风险年利率等于 10%,现在我们要找出一份 3 个月期协议价格为 10.5 元的该股票欧式看涨期权的价值。

解:为了找出该期权的价值,可构建一个由一单位看涨期权空头和 Δ 单位的标的股票多头组成的组合。为了使该组合在期权到期时无风险,即,不论股票价格是 11 还是 9,组合的价格应相等。因此,Δ 必须满足下式:

$$11\Delta - 0.5 = 9\Delta$$
$$\Delta = 0.25$$

该无风险组合的现值应为：$2.25e^{-0.1\times0.25} = 2.19$

由于该组合中有一单位看涨期权空头和0.25单位股票多头，而目前股票市场为10元，因此：

$$10 \times 0.25 - f = 2.19$$
$$f = 0.31$$

三、风险中性定价法

在对衍生证券定价时，我们可以假定所有投资者都是风险中性的。在所有投资者都是风险中性的条件下，所有证券的预期收益率都可以等于无风险利率r，这是因为风险中性的投资者并不需要额外的收益来吸引他们承担风险。同样，在风险中性条件下，所有现金流量都可以通过无风险利率进行贴现求得现值。这就是风险中性定价原理。

为了更好地理解风险中性定价原理，我们仍然用例15.2来说明。

由于欧式期权不会提前执行，其价值取决于3个月后股票的市价。若3个月后该股票价格等于11元，则该期权价值为0.5元；若3个月后该股票价格等于9元，则该期权价值为0。

为了找出该期权的价值，我们假定所有投资者都是风险中性的。在风险中性世界中，我们假定该股票上升的概率为P，下跌的概率为$1-P$。这种概率被称为风险中性概率，它与现实世界中的真实概率是不同的。实际上，风险中性概率已经由股票价格的变动情况和利率所决定：

$$e^{-0.1\times0.25}[11P + 9(1-P)] = 10$$
$$P = 0.6266$$

这样，根据风险中性定价原理，我们就可以求出该期权的价值：

$$f = e^{-0.1\times0.25}(0.5 \times 0.6266 + 0 \times 0.3734) = 0.31\text{元}$$

本章小结

本章主要介绍金融资产定价理论的发展和主要方法，包括绝对定价法和相对定价法、无套利定价法和风险中性定价法。

绝对定价法就是根据金融工具未来现金流的特征，运用恰当的贴现率将这些现金流贴现成现值，该现值就是绝对定价法要求的价格。相对定价法则利用不同金融工具价格之间的内在关系，直接根据给定金融工具的价格求出相关金融工具的价格。该方法并不关心基础工具价格的确定，它仅仅把基础工具的价格假定为外生给定的，然后运用无套利定价法、风险中性定价法或其他均衡方法为金融产品定价。

套利是指利用一个或多个市场上存在的价格差，在不冒任何风险(或风险极小的)情况下通过贱买贵卖赚取利差的行为。套利是市场无效率的产物。在有效的金融市场上，金融资产不合理定价引发的套利行为，最终会使市场重新回到不存在套利机会的均衡状态，这时确定的价格就是无套利均衡价格。风险中性指的是投资者并不需要额外的收益来吸引他们承担风险，所有现金流量都可以通过无风险利率进行贴现求得现值。无套利和风险中性都是市场均衡时的一种特征。

复习思考题

1.银行希望在6个月后为客户提供一笔6个月的远期贷款。银行发现金融市场上即期利率水平是:6个月利率为9.5%，12个月利率为9.875%。按照无套利定价思想，银行为这笔远期贷款索要的利率是多少?

2.假如英镑与美元的即期汇率是1英镑=1.6650美元，远期汇率是1英镑=1.6600美元，6个月期美元与英镑的无风险年利率分别是6%和8%，问是否存在无风险套利机会?如存在，如何套利?

附 录

重要金融历史事件年代表

年 代	事 件
B.C.500 之前	埃及用称重的金属作为货币。谷物与白银在美索不达米亚用于支付。中国将珠贝作为货币使用。吕底亚(小亚细亚)开始使用琥珀金硬币。B.C.600 年,中国开始使用青铜币,形状像劳动工具;希腊及其殖民地发行第一枚银币。
B.C.500 年	吕底亚希腊硬币。
B.C.5 世纪晚期	北非迦太基硬币。
B.C.4 世纪	印度从伊朗引进了希腊风格的硬币。
B.C.4 世纪晚期	托勒密在埃及建立了希腊硬币系统。
约 B.C.300 年	罗马开始使用银币。
约 B.C.221 年	中国将方孔圆币作为标准通货。
约 B.C.75 年	第一枚英国硬币铸造。
B.C.31—14	在奥古斯都时期,罗马帝国硬币开始流通。
1 世纪	北非王国仿效罗马铸造硬币。
3 世纪	埃塞俄比亚从 3 世纪开始铸造阿克苏姆硬币。
227—642 年	撒撒尼统治者在中东铸造了德拉克马银币。
5 世纪	汪达尔人在迦太基仿效罗马铸造硬币。
627—649 年	中国唐朝引入标准铜币。
7 世纪	第一枚伊斯兰硬币。从 696 年起,硬币上只有铭文。
8 世纪晚期	查理曼大帝复兴“罗马帝国”,欧洲大部分地区使用白银便士。
995	第一张纸币(交子)在中国公开发行,形成了第一个“自由银行制度”(其中银行可自由发行票据及吸收存款,没有集中控制基础货币)。

1214	热那亚发行第一张可流通的政府债券。
1407	热那亚圣乔治银行成立,成为欧洲第一家现代银行。
15世纪后期	欧洲中部的白银产量增加,并且在欧洲白银存量减少的情况下,又在美洲发现了银矿,欧洲开始了每年通胀2%持续到17世纪初的“价格革命”。
1526	日本发现石见银矿,这是个区域性重要事件。
1545	在现今的玻利维亚发现波托西银矿,这是一个全球性的白银供应的重要事件。白银的另一重大发现是1546年在墨西哥的萨卡特卡斯银矿。这两个地方都是西班牙的殖民地。用这些银矿铸造的西班牙银比索(也被称为银元)是17世纪和18世纪的主要国际货币。
1555	第一个减少硬币磨削的创新设计——硬币边缘标记设计。
1575	法国铸行铜币。虽然之前已有实验,但这是第一个具有长期使用基础的西方真正的代币。(在中国,代币已使用多个世纪。)
1602	第一个有组织的股票(股权)交易所在阿姆斯特丹成立。
1650	大约在这一年,第一张期货合约在日本大阪的淀屋米市诞生。
1656	斯德哥尔摩银行发行欧洲第一张纸币。
1667	“The Insurance Office”,世界第一家保险公司,在伦敦成立。
1668	瑞典议会建立了世界上第一个中央银行,今天的瑞典银行。
1680	在巴西米纳斯吉拉斯大量发现黄金。
1694	英国政府建立了准中央银行——英格兰银行。
1704	俄罗斯成为第一个采用十进制铸币的西方国家。(中国早就实行十进制铸币。)美国于1792年使用十进制。英国直到1971年才采用十进制铸币。
1717	在造币厂厂长牛顿选择了金银铸造比例之后,英国实际上采用了金本位制度。
1719—1720	法国发生密西西比泡沫;英国发生南海泡沫。
1774	第一家共同基金在荷兰成立。
1775	第一家银行清算所在伦敦成立。
1780	第一个通货膨胀指数化债券在美国马萨诸塞州发行。
1789—1796	由于过度发行货币,法国发生第一次西方的恶性通货膨胀。中国在此前已经发生过多次高通胀,其中也可能有恶性通胀。

1791	美国联邦政府拥有部分产权的美国银行建立,其特许证在1811年不获续期;美国第二银行在1816年至1836年存续。两家银行都有一些准中央银行职能。
1816	英国在法律上采用单一金本位制度。从这个时候起,英镑取代了西班牙银比索成为主要的国际货币。
1844	英格兰银行垄断货币发行,成为正式的中央银行。它的模式在随后几十年影响许多其他国家。第一次在远距离通信中使用电报(巴尔的摩至华盛顿特区)。电报很快在国际金融市场中变得至关重要。
1849	美国加州发现了金矿,1851年在澳大利亚也发现金矿。
1859	在美国内华达州发现康斯托克银矿脉。
1861	美国在内战期间放弃了金本位制。
1865	法国,比利时,瑞士和意大利在法国货币标准的基础上组成拉丁货币联盟。
1886	在南非发现金矿。在此后几年,由于南非黄金大量冲击市场,那些存在通缩的金本位制国家出现了一个温和的通货膨胀。
1907	美国,智利,丹麦,埃及,意大利,日本,瑞典发生金融危机。第一个现代证券化——有高级档的抵押债券,由 Samuel W.Straus 在纽约发行。
1914	美国联邦储备体系成立为美国的中央银行。
1914—1918	第一次世界大战,所有交战国和其他许多国家暂停其金或银本位制度,标志着实体金银币结束的开始。战争开始了美元的崛起,成为与英镑几乎同等重要的国际货币。
1917	俄国革命。十月革命后,布尔什维克开始第一次尝试建立一个中央计划经济,其中货币具有与在市场经济非常不同的作用。
1919	英国将英镑与美元和黄金脱钩。
1926	英国恢复金本位,随后许多其他国家也恢复。(美国曾在1919年恢复)。法国通过黄金条款稳定法郎。
1928	中国建立中央银行。
1929	全世界的大萧条开始。阿根廷,澳大利亚和乌拉圭放弃金本位,到1936年,几乎所有的金本位国家都放弃他们旧的黄金兑换比率或施加外汇管制,形成事实上的放弃金本位。
1935	在美国政府的购银法案导致的通缩之后,中国成为最后放弃银本位的大国。印度建立了印度储备银行作为中央银行。
1939—1945	第二次世界大战。交战国实行外汇管制。英镑区和法国的法郎区进入正式的战争状态。德国和日本将占领地区纳入其货币区。战争后期,东欧纳入到了苏联的共产主义和中央计划经济轨道,直到1989年。

1944	布雷顿森林国际货币协议。
1947	国际货币基金组织开始运作,一定的金本位形式有效地恢复。
1949	阿尔弗雷德·温斯洛·琼斯在纽约建立了第一个对冲基金。
1968	双层黄金市场开始,自由市场的黄金价格高于政府间的黄金交易价格。John Oswin Schroy 在巴西建立了第一只货币市场共同基金。
1971	美国贬值美元,结束了黄金对所有货币的兑换。布雷顿森林货币体系开始解体。
1972	英国浮动英镑汇率,英镑区解体。芝加哥商品交易所提供了第一张货币期货合约,这也是第一个实物商品以外的期货合约。
1973	美元贬值,然后美元汇率浮动;其他主要货币也跟随浮动,在实践上结束了布雷顿森林体系。Black-Scholes 公式发表,开启了计算机驱动的金融工程时代。
1975	大约在这个时候,世界各地所有常用的货币第一次成为纯粹的代币,不再有黄金或白银含量。
1979	西欧国家建立了欧洲货币体系。
1980 年代	富裕国家开始从银行融资为主导向债券融资为主导转变。
1988	巴塞尔协议规定了银行最低资本要求的国际标准,是国际金融监管的里程碑。
1997—1999	东亚(1997—1998),俄罗斯(1998)和巴西(1998—1999 年)发生金融危机。俄罗斯危机导致美国的长期资本管理公司倒闭和美国金融市场的恐慌。
1999	十一个西欧国家(主要是德国,法国,意大利和西班牙)开始发行统一的货币——欧元。成员国货币 2002 年开始退出流通。
2008—2009	源于美国抵押贷款证券的世界金融危机爆发。这场危机导致几十年来的首次全球经济衰退。
2010—2012	欧元区外围国家发生债务危机。

资料来源:

1.[英]凯瑟琳·伊格尔顿、乔纳森·威廉姆斯著,徐剑译:《钱的历史》,中央编译出版社 2011 年版。

2.http://www.centerforfinancialstability.org/hfs/Key_dates.pdf.

3.Glyn Davies, A History of Money: from Ancient Times to the Present Day (3rd ed). Cardiff: University of Wales Press, 2002.

参考文献

1.胡庆康主编:《现代货币银行学教程》(第三版),复旦大学出版社 2011 年版。

2.戴国强主编:《货币金融学》(第三版),上海财经大学出版社 2012 年版。

3.黄达主编:《金融学》(第四版),中国人民大学出版社 2011 年版。

4.殷孟波:《货币金融学》(第 2 版),西南财经大学出版社 2012 年版。

5.周莉:《投资银行学》(第三版),高等教育出版社 2011 年版。

6.庞红、尹继红、沈瑞年编著:《国际结算》(第四版),中国人民大学出版社 2012 年版。

7.王小能:《中国票据法律制度研究》,北京大学出版社 1999 年版。

8.张晓芬、李劲涛:《国际结算》,北京大学出版社、中国林业出版社 2007 年版。

9.徐莉芳:《国际结算与信贷》,上海立信出版社 2004 年版。

10.佟玉凯、纪宣明:《金融学》,经济科学出版社 2011 年版。

11.苏宗祥、徐捷:《国际结算》(第五版),中国金融出版社 2010 年版。

12.王广谦:《中央银行学》(第三版),高等教育出版社 2011 年版。

13.冯菊平:《支付体系与国际金融中心》,上海人民出版社 2009 年版。

14.万立明:《上海票据交换所研究(1933—1951)》,上海人民出版社 2009 年版。

15.苏宁:《支付体系比较研究》,中国金融出版社 2005 年版。

16.张亦春、郑振龙、林海:《金融市场学》(第 4 版),高等教育出版社 2013 年版。

17.郑振龙、陈蓉:《金融工程》(第三版),高等教育出版社 2012 年版。

18.兹维·博迪等著,初晨等(译):《投资学精要》(第 7 版),中国人民大学出版社 2010 年版。

19.米什金著,马君潞等译:《货币金融学》(原书第 2 版),机械工业出版社 2011 年版。

20.高顺芝、丁宁:《商业银行经营管理学》,东北财经大学出版社 2012 年版。

21.张晓明:《商业银行经营管理》,清华大学出版社,北京交通大学出版社 2012 年版。

22.史建平、吴治民:《商业银行业务与经营》(第 2 版),中国人民大学出版社 2010 年版。

23.徐文彬、陈雪红、彭娟娟:《商业银行经营学》,经济科学出版社 2011 年版。

24.谢绵陛:《交易理论——议价、拍卖和市场》,经济科学出版社 2010 年版。

25.刘纪鹏:《大道无形:公司法人制度探索》,中国经济出版社 2009 年版。

26.朱锦清:《公司法学》,清华大学出版社 2017 年版。

27.[美]威廉·戈兹曼著,张亚光译:《千年金融史:金融如何塑造文明,从 5000 年前到 21 世纪》,中信出版社 2017 年版。

推荐阅读书目

1.陈志武:《金融的逻辑 1:金融何以富民强国》,西北大学出版社 2015 年版。

2.陈志武:《金融的逻辑 2:通往自由之路》,西北大学出版社 2015 年版。

3.罗伯特·希勒(Robert Shiller)著,束宇译:《金融与好的社会》,中信出版社 2012 年版。

4.周其仁:《货币的教训》,北京大学出版社 2012 年版。

5.默里·罗斯巴德(Murroy N.Rothbard)著,杨农译:《银行的秘密:揭开美联储的神秘面纱》(第 2 版),清华大学出版社 2012 年版。

6.[秘鲁]赫尔南多·索托著,于海生译:《资本的秘密》,华夏出版社 2017 年版。

7.[美]威廉·戈兹曼著,张亚光译:《千年金融史:金融如何塑造文明,从 5000 年前到 21 世纪》,中信出版社 2017 年版。